Mq pp. 269-292
crot. janvier 1972.
mg. 2 cartes.

36075

# RECHERCHES
## SUR
# LE HAINAUT ANCIEN

Mémoire qui a obtenu la Médaille d'or
au concours de 1860-1861
de la société des Sciences, des Arts et des Lettres du Hainaut.

Mons. — Masquillier et Dequesne.

CARTE
DU
PAGUS HAINOENSIS
ET DE SES DIVISIONS,
antérieurement au XIII.e siècle.

*Clermont*
*Castillon*
*mont*
**Beaumont**
*Sobre-S.<sup>t</sup> Géry*
*Eppion*
*Renlies*
*Vergnies*

O D I E N S I S

*Froid-Chapelle*
*Rianche*
*bliard*

*Boussu-en-Fagne*

*Virelles*
*Salles*
*Chimay*
*Villers*
*Seloigne*

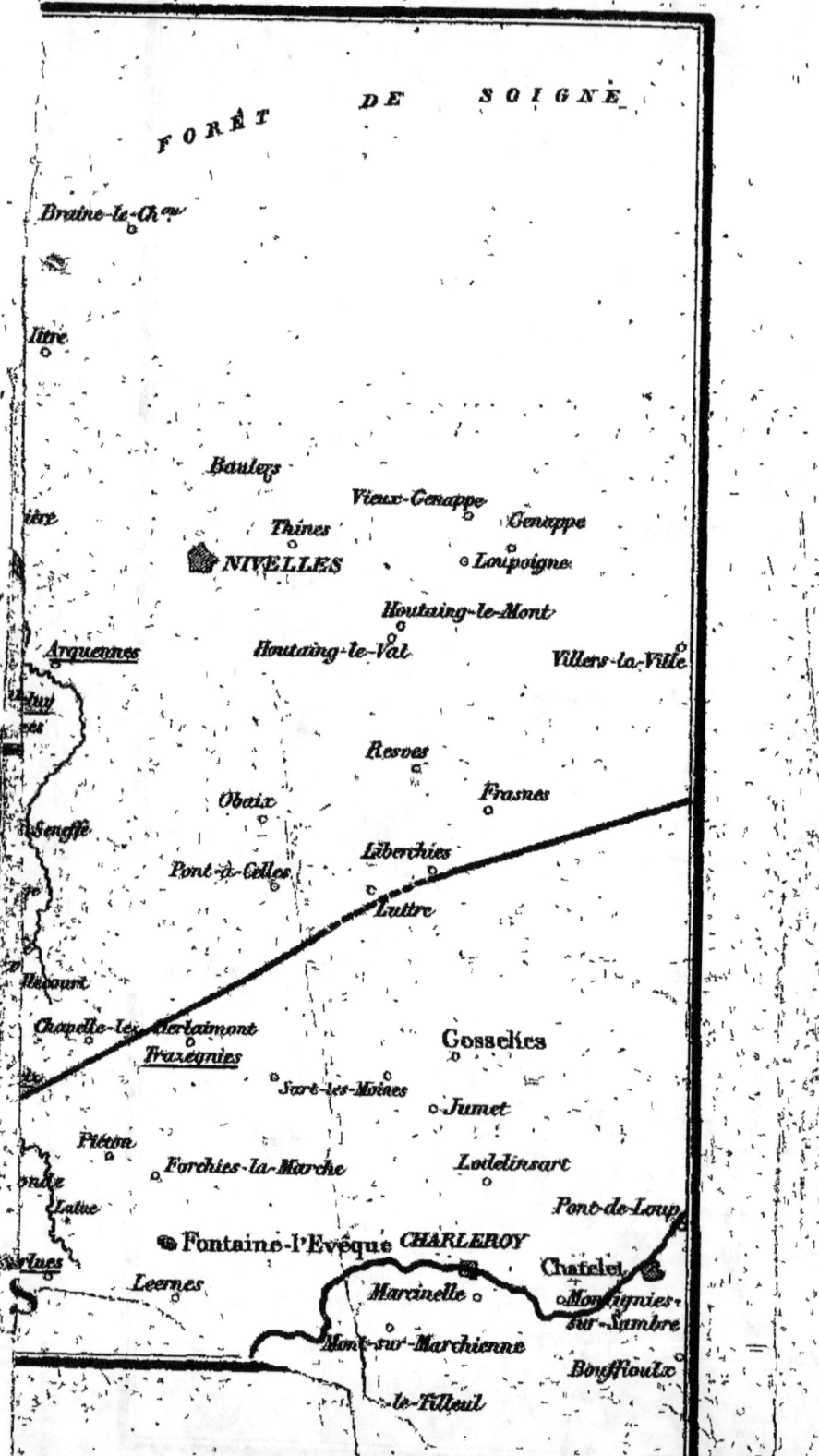

# RECHERCHES

## SUR

# LE HAINAUT ANCIEN

## (PAGUS HAINOENSIS)

### DU VII.ᵉ AU XII.ᵉ SIÈCLE,

PAR Ch. DUVIVIER,

Avocat à la Cour d'appel de Bruxelles, Membre de plusieurs Sociétés savantes.

BRUXELLES
LIBRAIRIE ANCIENNE DE Fr.-J. OLIVIER
Rue des Paroissiens, 5 bis.

1865

# PRÉFACE.

> Nihil enim ad cognoscendum antiquiorem statum regionis, provinciæ et ecclesiarum magis nos illuminat quam antiqua regum diplomata et monimenta quae in coenobiis vetustioribus, praesertim ordinis canonicorum regularium divi Augustini itemque ordinis divi Benedicti, reperiuntur.
> ANDREÆ CATULLI *Tornacum Nerviorum*, p. 18.
>
> Res magni laboris esset, sed utilissima, in historia medii ævi, si quis ex scriptoribus coævis et diplomatibus mappas geographicas conficeret.
> LEIBNITZ, *Miscellanea*, p. 429.

Le mémoire suivant fait partie d'une œuvre plus considérable à laquelle nous avons consacré nos loisirs de plusieurs années. Nos recherches s'étaient depuis longtemps portées vers l'étude de la géographie ancienne de notre pays : le concours ouvert, en 1860-1861, par la Société des Sciences, des Arts et des Lettres du Hainaut, nous a amené à détacher de l'ensemble de notre travail la partie que nous publions aujourd'hui et que la Société a daigné couronner.

L'illustre Leibnitz, dont nous avons invoqué le nom et l'autorité, a signalé l'utilité de ces investigations dans le passé. Reconstituer, canton par canton, les anciens territoires, étudier leur organisation, leurs divisions civiles et politiques, n'est-ce pas en effet asseoir les bases de l'histoire, éclairer les faits et leur assigner leur place et leur cadre ? Comment retracer sûrement les annales des peuples disparus, si leur situation et leur importance territoriale restent inconnues, si l'on n'est pas au courant des partages, des accroissements, des amoindrissements que le sol a subis? Pourquoi négligerait-on cette étude préliminaire, aussi nécessaire pour l'intelligence du développement chronologique des événements que pour l'interprétation de tant de textes obscurs qui se heurtent et se contredisent trop souvent?

On a scruté chaque phrase, chaque mot du conquérant des Gaules, dans l'espoir de retrouver la trace des peuples qu'il a soumis et des territoires qu'ils ont occupés : il y aurait injustice à laisser dans l'ombre les populations franques et germaniques, qui ont habité notre sol à des époques moins obscures et plus rapprochées, qui nous ont légué leurs mœurs et leurs institutions et nous touchent, en réalité, de bien plus près que les vaincus de César. Nous possédons, à leur égard, non pas les récits peut-être partiaux d'un conquérant étranger, mais leurs propres documents, leurs actes officiels, les diplômes, qui sont aux nations ce que sont à l'homme les actes de son état-civil. Et, qu'on veuille le remarquer, ces investigations bien dirigées offriront une voie quasi-sûre pour arriver à connaître cette organisation romaine elle-même, objet de tant de recherches patientes et méritoires, mais qui ont trop absorbé l'attention des érudits : on sait, en effet, que la concordance des territoires gaulois avec la cité romaine et les anciens diocèses est aujourd'hui démontrée, et que les archidiaconés représentent très souvent les *pagi* des époques romaine et franque.

Malheureusement, les travaux de ce genre sont arides, et les recherches pénibles; aussi ne les entreprend-on qu'avec hésitation. La Belgique, nous devons le dire, est restée sous ce rapport, malgré diverses tentatives [1], en arrière des autres nations

---

[1] En 1779, M. Gérard lut, à l'Académie de Bruxelles, un mémoire sur le mode de publication d'une collection des chroniques belges et des documents anciens. Il entrait dans ce plan de publier « une description des » Pays-Bas autrichiens au moyen-âge par *pagi* ou cantons et comtés,

de l'Europe. L'Allemagne, au contraire, a dirigé vers ce but sa patiente érudition ; les *pagi* de la Germanie avec leurs divisions civiles et ecclésiastiques se sont recomposés sous la plume savante des Besselius, des Cremer, des Schœpflin, des Crolius ¹, etc. La Hollande cite les noms de Kluit, d'Alting, et plus récemment de MM. Acker Stratingh et Vandenberg ². La France, depuis trente ans, est entrée dans le mouvement, sous l'inspiration d'un homme que la mort a malheureusement enlevé à la science ³ : de consciencieux travaux y ont paru dans les mémoires des sociétés savantes ⁴.

» avec une notice alphabétique et raisonnée des endroits qui en ressortissent tant au sacré qu'au profane. » Voyez De Reiffenberg, *Archives philologiques*, t. vi, pp. 327 et suiv. — En 1846, l'Académie de Belgique avait songé à dresser la carte archéologique du royaume : le regretté Schayes était chargé de la partie postérieure à la domination romaine; nous ne savons ce qu'est devenu ce projet. Voy. *Bulletins de l'Académie*, t. xiii 1ᵉ, p. 758. — Les travaux de Des Roches et d'Imbert que nous aurons plusieurs fois l'occasion de citer sont incomplets et inexacts. Le comte de Bylandt a publié un excellent mémoire sur la Flandre, sous le titre de *Descriptio historico-geographica comitatûs Flandriæ*, etc., dans les *Annales académiques de l'université de Louvain*, 1824-1825.

¹ Besselius, *Chronicon Gotwicense*, prodromus ; Schœpflin, *Alsatia illustrata*. Voy., comme exemple de dissertations sur les *pagi* de l'Allemagne, les mémoires de Crolius, Cremer, Lamey, etc..., dans les *Acta academiæ Theodoro-Palatinæ*. (Manheim, année 1772 et suivantes). On trouve, au tome v de ce recueil, p. 187, une dissertation approfondie sur l'Ardenne, le Condroz, etc.

² Kluit, *Historia critica comitum Hollandiæ*; Alting, *Descriptio agri Batavi et Frisii*; Acker Stratingh, *Aloude staat en geschiedenis des Vaderlands* (Groningue, 1847); Vandenberg, *Handboek der Middel-Nederlandsche geographie*, etc. (Leyde, 1852).

³ Guérard, de l'institut. Il a tracé, dans son *Essai sur le système des anciennes divisions territoriales de la Gaule*, la véritable marche à suivre dans l'examen de ces questions.

⁴ Voyez divers articles publiés dans la *Bibliothèque de l'École des chartes*, dans les *Mémoires de la Société des Antiquaires de la Normandie*, tome xi, etc. Mʳ Desnoyers, dans les tomes xvii, xviii, xxv et xxvi de l'*Annuaire de la Société de l'histoire de France*, a entrepris un travail complet sur la géographie ecclésiastique de l'ancienne Gaule.

Partout on a senti la nécessité de refondre l'histoire en la prenant à son début et en discutant les origines. Les anciens monastères ont vu mettre au jour leurs précieuses collections de titres. Il n'existe peut-être plus, dans toute l'Allemagne, dix abbayes dont les cartulaires n'aient été livrés à la publicité [1]. L'Angleterre a fait la même chose : de nombreuses sociétés s'y sont constituées pour tirer de leur poussière les documents anciens [2]. Le gouvernement français, de son côté, fait éditer la grande collection des cartulaires de France sous la direction de l'institut [3].

Nous possédons sans doute, dans notre Belgique, des recueils de ce genre [4], mais le nombre en est bien petit et les plus importants gisent encore dans la poussière de nos archives.

Les cartulaires de S.‑Pierre de Blandain, de S.‑Lambert de Liége, de Vaulsor, de Nivelles, de S.‑Ghislain, de S.‑Denis-en-Brocquerois, d'Aulne, etc., qui renferment des documents de la plus haute antiquité, mériteraient certainement de voir le jour. Là dorment ignorés les matériaux indispensables à l'exécution de travaux du genre de celui que nous livrons aujourd'hui au public. Puisse le gouvernement ou les sociétés historiques, si nombreuses en Belgique, entendre notre vœu et le réaliser !

Il nous reste à indiquer le procédé que nous avons employé pour reconstruire l'ancien *Pagus Hainoensis*.

Notre système est celui qui a été présenté à l'Académie de Bruxelles, en 1779, celui qu'ont adopté les écrivains allemands

[1] La magnifique collection de Pertz, outre les chroniques et les monuments législatifs, contiendra un recueil complet de tous les diplômes émanés des empereurs d'Allemagne. Voy. aussi les publications de Lacomblet, de Dronke, etc.

[2] Voy. les publications du gouvernement anglais et de la Société Camdéenne.

[3] Parmi les cartulaires déjà publiés, il faut noter ceux de Saint-Père de Chartres, de Notre-Dame de Paris, et surtout celui de Saint-Bertin qui est d'une importance capitale pour notre pays.

[4] Voyez les publications de la Commission royale d'histoire, le *Cartulaire de Saint Bavon* (inachevé) édité par M.' Serrure, les chroniques publiées par la Société d'Émulation de Bruges.

les plus accrédités, et qui a été repris par M. Guérard [1]. « Pour
échapper », dit ce dernier, « aux erreurs et aux contradictions
» que l'on rencontre sur ce point dans tous nos ouvrages de
» géographie, de même que pour ne rien introduire d'arbitraire
» dans le travail, il faudra s'imposer la loi de n'attribuer à chaque
» pays que les lieux qui y sont expressément placés par les au-
» teurs contemporains eux-mêmes. Ainsi toute ville, quelque
» célèbre qu'elle soit d'ailleurs, devra être écartée lorsqu'il sera
» question de fixer les bornes des pays, si elle se présente dans
» les monuments sans l'indication de la division territoriale.
» Au contraire, tout lieu, quelque insignifiant qu'il paraisse
» d'abord, dont la position dans tel territoire sera indiquée,
» devra être relevé soigneusement, car il servira à retrouver
» l'étendue et les limites de ce territoire. »

Telle est la marche que nous avons suivie. Nous avons toutefois jugé convenable d'ajouter à notre liste ainsi composée [2],
certaines localités dont l'attribution au Hainaut n'est pas douteuse; mais nous avons eu soin de les distinguer des autres par
un astérisque.

Autant que possible, nous avons cherché à retrouver, sous la
forme ancienne, les noms modernes; il en est toutefois quelques-
uns que nous n'avons pu découvrir. Certaines dénominations se
sont altérées en passant dans le langage moderne [3] ou nous ont
été transmises d'une manière tronquée par les copistes; d'autres
se sont restreintes à un hameau, une ferme, une pièce de terre [4];
d'autres enfin ont entièrement disparu, soit que la localité ait pris

---

[1] *Essai*, etc.
[2] V. les preuves, partie II.
[3] Ainsi Montignies-le-Teigneux (*scabiosa*) est devenu Montignies-le-Tilleul; *Vellerella braiosa*, Vellereille-lez-Brayeux; *Maisendis cultura*, Metz-en-Couture; *Funderio*, Pont-de-Loup, etc.
[4] M. Le Glay, *Lettre sur Gualtercourt ou Wahiercourt, ancien village du Cambrésis*, dans les *Archives du nord de la France et du midi de la Belgique*, t. III, p. 257. Voyez ci-après notre liste aux mots *Liniacœ*, *Hriniolum*, etc.

un nom nouveau [1], soit que, réunie à une autre, elle se soit fondue dans celle-ci [2].

Nous donnerons, d'après les pouillés antérieurs au XVIᵉ siècle, la composition des deux archidiaconés de Hainaut et de Valenciennes, qui correspondaient aux anciennes divisions civiles du même nom ; nous y joindrons les localités limitrophes appartenant soit à d'autres diocèses, soit à d'autres archidiaconés de l'évêché de Cambrai. Le lecteur jugera, par la comparaison, combien la géographie civile trouve d'éclaircissements dans la géographie ecclésiastique.

MM. Schayes et Piot [3], avaient dressé la liste des localités des Pays-Bas où ont eu lieu des découvertes d'antiquités celtiques, romaines et franques ; nous avons repris ce travail pour le Hainaut, en y faisant des rectifications et des additions qui l'augmentent de plus du double.

Les trois cartes que nous avons fait exécuter présenteront, avec l'aspect moderne de notre *pagus*, sa configuration sous les Mérovingiens et les Carlovingiens, tant au point de vue ecclésiastique qu'au point de vue civil.

Nous complèterons notre mémoire par une série de documents, dont un grand nombre sont inédits. Nous avons jugé utile d'en republier d'autres, édités d'une manière incomplète et fautive, ou peu connus parce qu'on ne les trouve rapportés que dans des recueils excessivement rares et qui ne sont pas à la portée de tout le monde.

En terminant, nous offrirons nos remerciements aux personnes qui ont bien voulu nous aider soit de leurs conseils, soit de leurs communications. Nous citerons avec reconnaissance les noms de MM. Wauters, De Ram, Van der Rit, Rousselle, Lacroix, Devillers, Michaux, Le Glay père et Jules Le Glay.

---

[1] Le Cateau-Cambrésis et Vendegies-sur-Escaillon portaient primitivement les noms de *Perona* et *Duo flumina*; le village de Beaufort, dans l'arrondissement d'Avesnes, s'appelait, au XIIᵉ siècle, *Kisinias*. Voy. notre liste au mot *Chuinegæ*.

[2] Voyez notre liste aux mots *Albuniaca*, *Noufluz*, etc.

[3] Schayes et Piot, *Les Pays-Bas avant et pendant la domination romaine*, t. III, (2.ᵉ édition).

# INTRODUCTION.

Avant de rechercher quelle était, avant le XII.e siècle, la consistance du *pagus Hainoensis*, il importe de rappeler au lecteur quelques notions générales sur le système des divisions romaines et franques.

Jules César, à son entrée dans la Gaule, la trouva divisée en un grand nombre de peuplades, dont chacune avait ses usages, ses lois et son gouvernement propres. Après la conquête et à partir du règne d'Auguste, cette contrée fut partagée en provinces, divisées elles-mêmes en cités dont le nombre s'éleva peu à peu jusqu'à cent quinze [1].

Les Romains appelaient *civitas* une agrégation d'individus soumis aux mêmes lois, à une même juridiction; et ce mot s'entendait de la division administrative ou civile comme du territoire occupé par cette agrégation [2]. La *cité* ressortissait à la province

---

[1] Cæsar, *De bello gallico*, passim; Wastelain, *Description de la Gaule-Belgique*, préface p. 2; Rapsaet, *OEuvres complètes*, t. III, p. 72; Guérard, *Essai sur le système des divisions territoriales de la Gaule*, pp. 7 et suiv.

[2] « Cœtus hominum jure sociali, quæ civitates appellantur. » Cicéron, cité dans Rapsaet, t. III, p. 72. — « Quem cum legione una miseret ad » Venetos, Unellos, Osismios, Curiosolitas, Sesuvios, Aulercos, Rhedones, » quæ sunt maritimæ civitates. » Cæsar, lib. II, cap. XXXIV. Voy. aussi lib. II, cap. XV et XXVIII; lib. IV, cap. III et XXIV; Taciti *Historiæ*,

et était administrée par des fonctionnaires (*rectores*, *curiones*) dont le chef immédiat était le gouverneur de la province. La cité se subdivisait elle-même en *pagi* ou cantons, dont plusieurs sont nommés dans les monuments de la période romaine [1]. César, Tite-Live et Tacite mentionnent la *civitas* et les *pagi* des Morins et des Nerviens, mais sans les désigner nominativement [2]; et une inscription, découverte en Écosse, en signale un, le *pagus Condrustis*, qui appartient à notre sol [3].

Il entrait dans le système des Romains, relativement aux divisions du sol conquis, de ne pas morceler un territoire pour l'attribuer à différentes cités ou *pagi*. Une peuplade assez considérable constituait à elle seule une *civitas*, comme les Atrebates, les Nerviens, etc. [4]; sinon, elle était jointe à d'autres, et leur réunion constituait la *civitas*. C'est ainsi que les Condruses, les

---

lib. IV, cap. LXXIX. — Schayes, *Les Pays-Bas*, etc., t. II, p. 231, a donc tort de prétendre que la *civitas* ne désignait pas un territoire tout entier avec son chef-lieu.

[1] « Is pagus adpellabatur Tigurinus; nam omnis civitas Helvetia in
» quatuor pagos divisa est. » Cæsar, lib. I, cap. XII. — « Suevorum
» gens est longe maxima et bellicosissima Germanorum omnium. Hi cen-
» tum pagos habere dicuntur. » Idem, lib. IV, cap. I. — Le mot *pagus* était parfois pris dans le sens de *civitas* : Pline (lib. IV, cap. XVII) nomme la cité de Boulogne *pagus Gesoriacus*. Voyez aussi ce que nous dirons du *pagus* ou *civitas Nerviorum*. — Cf. Wastelain, préface, p. 8 ; Guérard, *Essai*, etc., p. 47 ; le même *Polyptyque de l'abbé Irminion*, t. 1, p. 41.

[2] « In Menapios atque in eos pagos Morinorum.... » Cæsar, lib. IV, cap. LXXXI ; Taciti *Historiæ*, lib. IV, cap. XV. — Voy. le texte de Tacite au chapitre I, § 1.

[3] Un autel votif trouvé à Birrens (Dumfriesshire) porte : « DEAE VIRA-
DESTHI PAGVS CONDRVSTIS MILI. IN COH. II TVNGRO. SVB SILVIO AVSPICE
PRAEFE. » Roach Smith, *Collectanea antiqua. Etchings and notices of ancient remains*, etc., t. III, p. 202. — La rareté de cet ouvrage nous engage à reproduire une autre inscription qui y est rapportée et qui concerne le *pagus Betgau*, situé entre Trèves et Cologne. La voici : « DEAE
RICAG. | DEDAE PAGVS | VELLAVS MILI T | COH II TVNG. | V. S. L. M. |
Ibidem, p. 304.

[4] Voy. ci-après, chap. I, § 1.

Corèses, les Segnes et les Pemanes se fondirent avec les débris des Atuatiques dans le nom collectif de Tongrois, tout en conservant, à titre de subdivisions, leur territoire distinct [1]. Il est rare — et les savants sont d'accord là-dessus — que les Romains aient attribué à différentes cités des fractions d'une même peuplade [2].

Le christianisme ayant fait des progrès sensibles dans les Gaules après Constantin, l'Église y trouva établies les divisions civiles dont nous venons de parler et les adopta, à peu d'exceptions près : les papes et les conciles en firent bientôt une obligation aux évêques. Un évêque, subordonné au métropolitain, fut placé au chef-lieu de chaque *civitas* et sa juridiction fut mesurée exactement sur la circonscription du territoire de la cité [3]. Le métropolitain exerçait son autorité spirituelle sur toute l'étendue d'une province.

[1] On vient de voir, dans l'inscription citée, un exemple de ce que nous avançons; d'un autre côté, les diplômes romains, qu'on trouvera ci-après, ne mentionnent que les Tongres, et non les Condruses, Corèses, etc. Voy. aussi M. Roulez, dans les *Bulletins de l'Académie*, t. XVII, 2ᵉ part., p. 334; Schayes, t. I, p. 406.

[2] Walkenaer, *Géographie ancienne des Gaules* (Paris, Dufart, 1839), t. I, p. 236; Jacobs, *Géographie historique de la Gaule*, dans la *Revue des sociétés savantes*, t. v, (1858), p. 554.

[3] « Ut episcopi debeant per singulas civitates esse. » Capitulaire de 775. Baluze, t. I, p. 167; Pertz, *Leges*, t. I, p. 24. Cela est si vrai que des chroniqueurs ont considéré la *Notitia provinciarum et civitatum* comme le tableau, non des divisions civiles, mais des sièges épiscopaux. Voyez Balderic (édit. de M. Le Glay), lib. I, cap. VII. — Des circonstances particulières nécessitèrent, dans les premiers siècles, l'union de deux évêchés sous un même pasteur; mais ils conservèrent toujours intactes leurs limites anciennes et leur administration particulière. C'est ainsi que furent unis, du VIᵉ au XIᵉ siècle, les diocèses de Cambrai et d'Arras. La bulle de séparation s'exprime ainsi : « Illos omnino limites inter Atrebatensem et » Cameracensem ecclesias fore praecipimus, quos antiquitus fuisse vel » scriptorum monumentis, vel territoriorum diremptione, vel cartis ali- » quibus indiciis potuerit comprobari. » Acherii *Spicilegium*, t. III, p. 127; M. Desnoyers, *Topographie ecclésiastique de la France*, dans l'*Annuaire de la Société de l'histoire de France*, t. XXVI (1861), p. 311.

Ce point est d'une importance qui n'échappera à personne : les divisions civiles ont varié, les divisions ecclésiastiques sont restées immuables. Il en fut ainsi, en Belgique, jusqu'au XVI.ᵉ siècle, époque de la création des nouveaux évêchés, et, en France, jusqu'à la révolution de 1789. On comprend dès lors quel puissant secours on peut tirer de la connaissance des divisions ecclésiastiques dans l'examen des divisions civiles. « La géographie ecclé-
» siastique de la France ancienne, dit M. Desnoyers [1], est à juste
» titre considérée comme l'une des bases les plus solides de la
» connaissance de sa géographie politique et civile, ou tout au
» moins comme l'un des auxiliaires les plus sûrs de l'étude des
» subdivisions et des transformations successives que le terri-
» toire de la Gaule a subies, au milieu des nombreuses vicis-
» situdes du moyen-âge [2]. »

Les Francs, s'étant rendus maîtres des Gaules, laissèrent subsister les divisions topographiques des Romains, à l'exception de la *provincia* qui ne se conserva intacte que dans l'ordre ecclésiastique. Les nouveaux conquérants se ruèrent tout d'abord sur les chefs-lieux des cités où chaque chef de bande se tailla un petit royaume [3]. L'unification de la monarchie, sous Clovis fit

---

[1] Desnoyers, dans l'*Annuaire* etc., t. XVII, (1853), p. 117.

[2] Guérard (*Essai*, etc., p. 78 et suiv.) a discuté et prouvé cette thèse que d'autres, avant lui, avaient énoncée sans en fournir la démonstration. Voyez, parmi les auteurs belges, Bucherius, *Belgium romanum*, pp. 30 et 610; le même *Disputatio historica de primis Tungrorum seu Leodiensium episcopis*, à la suite du t. I des *Gesta pontificum Tungrensium et Leodensium* de Chapeauville, pp. 6, 7 et suiv.; Van Espen, *Jus ecclesiasticum*, t. I, pars I, tit. XIX, caput. 1; Andreæ Catulli *Tornacum Nerviorum*, p. 33; Wastelain, préface p. 8; Des Roches, *Histoire ancienne des Pays-Bas*, p. 98; Rapsaet, t. III, passim; Schayes, *Les Pays-Bas avant et pendant la domination romaine*, t. I, p. 51; Le Ram, *Synodicon Belgicum*, t. I, préface, p. XXVI; Galesloot, *La province de Brabant sous l'empire romain*, dans la *Revue d'histoire et d'archéologie*, publiée à Bruxelles, t. I, p. 176; Warnkœnig, *Histoire de la Flandre*, t. I, p. 130; Warnkœnig et Gérard, *Histoire des Carolingiens*, t. II, p. 163.

[3] « Tradunt.... juxta pagos vel civitates reges crinitos super se creavisse. » Grégoire de Tours, apud dom Bouquet, t. II, p. 166.

disparaître ces roitelets qui furent remplacés par des ducs et des comtes.

Les Francs maintinrent parfois aux divisions romaines leur nom primitif (*Pagus Fanomartensis*, *territorium Menapiorum*[1]); plus souvent ils imposèrent aux anciens territoires des dénominations tirées soit de la nature du sol (*Pabula*, *Brackbant*), soit du voisinage d'une rivière (*Masgau*, *Hainegau*) ou d'une forêt (*Pagus Ardennensis*, *Fania*) etc. Le mot *gau*, *gaw*, *gow*, qui signifie *district* ou *canton*, correspondait au latin *pagus*, terme consacré dans le langage officiel des actes, mais qui n'a plus, dans cette période, de signification bien précise.[2] Les divisions de la *cité*, qui remontaient aux Gaulois, ne cessèrent pas, en général, d'exister; seulement la dénomination de *pagus*, sous laquelle elles étaient connues, s'appliqua sans discernement à tout territoire, à celui de la cité comme à la dernière de ses subdivisions. C'est ce qui a donné naissance à la classification arbitraire en *pagi majores* ou *fortiores*, *mediocres* et *minores*[3]; cette distinction n'est pas indiquée dans les diplômes, et, s'il nous arrive d'employer l'un de ces termes dans le cours de notre travail, ce sera par motif de clarté et sans y attacher aucune idée de division officielle.

A côté de la division territoriale, s'offre la division administrative en *duchés* et *comtés*. Ces mots signifient proprement « l'étendue de la juridiction d'un duc ou d'un comte[4]. » Cette

---

[1] « ... *In territorio Menapiorum* quod nunc Mempiscum vocant... » Charte de 847. Voy. ci-après notre *Codex diplomaticus* n° XIII. — Sur le *pagus Fanomartensis*, voy. ch. VII, section 2.

[2] Jacobs, loc. citato; le même, *Géographie de Grégoire de Tours*, dans le tome II de la *Traduction de Grégoire de Tours et de Frédégaire*, par Guizot, (Paris, 1861), pp. 266 et 267.

[3] Voyez notamment Rapsaet, t. III, pp. 132 et 137; De Smedt, *Corpus chronicorum Flandriæ*, introduction, p. 10. — Ce que nous avons rencontré dans nos recherches se borne à la qualification de *pagellus* donnée au canton de Liége dans une charte de Charlemagne, de l'an 779. Miræus, t. I, p. 496; Lacomblet *Urkundenbuch fur die Geschichte des Niederrheins*, t. I, p. 1.

[4] Wastelain, préface, p. 10; Rapsaet, t. III, p. 308. — « D'abord le

juridiction n'était pas nécessairement restreinte au territoire d'un *pagus*: certains comtes administraient plusieurs *pagi* et réciproquement un *pagus* pouvait se diviser en plusieurs comtés [1]. Les ducs et les comtes, officiers temporaires, concentraient entre leurs mains les pouvoirs administratif, judiciaire et militaire [2].

Les subdivisions du PAGUS étaient le *finis*, la *condita* ou *condecla*, l'*aicis*, la *marca*, le *vicus* et la *villa* [3]. Le comté à son tour se subdivisait en centenies et vicairies (*centenæ, vicariæ*), à la tête desquelles étaient placés des juges inférieurs au comte et appelés *centenarii* et *vicarii* [4]. Ces dénominations étaient sur-

---

» comté, dit M. Guérard (*Essai*, etc. p. 53), comprenait tout le territoire
» de la cité ou du diocèse; dans le deuxième âge, il ne comprit souvent
» qu'un district de la cité; puis il s'en forma encore d'autres au détri-
» ment des anciens, et ces nouveaux comtés ne s'étendaient que sur des
» cantons ou subdivisions de districts.

[1] La meilleure règle de politique de Charlemagne, dit le moine de Saint-Gal, fut de ne donner à chaque comte qu'un seul comté : « Providentissimus Carolus nulli comitum, nisi his qui in confinio vel termino Barbarorum constituti erant, plusquam unum comitatum aliquando concessit. » Monachus Sangallensis, *De ecclesiastica cura Caroli magni*, apud dom Bouquet, t. v, p. 111.

[2] Voy., sur les premiers ducs et comtes de la Belgique, Mabillon, *Acta storum ordinis sancti Benedicti*, sæculo II, pp. 307, 464, 806; le même, *Annales*, etc., lib. XIV, n° 49, p. 440; Miræus, t. II, p. 1128; *Acta storum Belgii*, t. II, pp. 401 et suiv.; t. IV, p. 423; t. v, pp. 260 et 533; Pardessus, *Diplomata, chartæ, epistolæ ad res francicas spectantia*, t. II, pp. 103, 217, 219.

[3] « In pago Andecavo, in condita Regadoniase... » Diplôme de 804. *Amplissima collectio*, t. 1, p. 55. — «...... In pago Hattuaria, in Ade-
» heimero marca, in villa quæ dicitur Geizefurt.... » Diplôme de 863. *Codex diplomaticus Laureshamensis* (Manheim, 1768, in-4°), p. 68. — Voy. aussi M. Guérard, *Essai*, etc., p. 48 et suivantes.

[4] «..... In pago Turonico, in vicaria Mullacense.... in villa Linari-
» lias.... » Diplôme de 930. *Thesaurus anecdotorum*, t. I, p. 68. —
«.... Silva in loco qui dicitur Benutfelt, infra centina Belslanglo', infra
» vasta Ardenna.... » Diplôme de 770 *Amplissima collectio*, t. I, p. 32.
— « In pago Osismensi, in centena Acancionensi. » *Chronicon Fontanellense*, apud Acherii *Spicilegium*, t. III, p. 207.

tout usitées en Allemagne et dans le centre et le sud de la Gaule, où les divisions qu'elles représentaient devinrent territoriales. En Belgique, au contraire, soit que ces juridictions inférieures aient disparu de bonne heure, soit qu'elles y aient reçu plus communément la dénomination de *pagus* ou de *comitatus*, elles ne figurent guères dans les documents du moyen-âge : un seul diplôme, donné en faveur de l'abbaye de Saint-Martin de Tours, en 909, cite les vicairies de Bavai et de Tournai [1].

Au IX.e siècle apparaît, dans le système politique, un principe nouveau, l'hérédité des offices, qui engendrera la féodalité : le titre de comte cesse d'être personnel pour s'attacher au sol. Aussi voit-on peu à peu les termes de *pagus* et de *comitatus* se confondre et finir par s'appliquer tous les deux à la circonscription territoriale. Plus tard, au XII.e siècle, le mot *pagus* perd sa signification première et se prend désormais dans le sens de *village*.

Comme on l'a vu, l'Église, immuable par son essence, conserva, sous les Francs, la division en cités ou diocèses. Ceux-ci furent, vers le IX.e siècle, partagés en districts appelés archidiaconés, qui s'établirent successivement dans chaque diocèse, à mesure que se fit sentir l'utilité de ces divisions ; et il est naturel de penser que leur circonscription fut calquée sur celle des *pagi* existants. On peut dire, avec Guérard [2], que « la connaissance des

---

[1] Voy. notre *Codex diplomaticus*, n.º XX, et le chapitre VII, section 1, § 2. — Quant aux centenies, l'une d'elles est nommée dans la note précédente ; mais la localité citée se rapproche de l'Allemagne. En voici un autre exemple : « Namucensi comitatui, licet injuste, subjacebat *centenaria* justitia Anseromiæ. » *Cantatorium Sancti-Huberti*, apud de Reiffenberg, *Monuments*, etc., VII, 283. — La vie de saint Sauve mentionne aussi des vicaires et des centeniers. « Convocantes vicarios, tribunos et centuriones, judices et decanos regis... » *Vita sancti Salvii* (écrite au VIII.e siècle), apud dom Bouquet, t. III, p. 647 ; J. De Guyse, t. IX, p. 136. Voy. aussi Miræus, t. I, p. 673.

[2] Guérard, *Essai*, etc., p. 88 et suiv., et toutes les autorités qu'il cite ; le même, *Polyptyque d'Irminion*, loc. citato. — Sur les archidiaconés du diocèse de Cambrai, voy. ch. III, § 1.

» archidiaconés doit faciliter beaucoup celle des *pagi*, parce
» que les évêques, en procédant à la circonscription des pre-
» miers, ont dû se régler très souvent sur celle des seconds
» que renfermaient leurs diocèses. » Les archidiaconés se divisèrent à leur tour en décanats, dont le territoire correspondait
vraisemblablement à certaines subdivisions civiles existant à l'époque de leur création [1].

[1] A. De Valois, *Notitia*, etc., préface, p. xii, fait correspondre les décanats aux centenies et viairies ; mais on manque de preuves positives à
cet égard. Voy. ce que nous dirons aux chapitres III, § 1, et VII, sect. 1, § 2.

# CHAPITRE PREMIER.

## § I.

Entre les diverses provinces de la domination romaine, figurait la *provincia Belgica secunda* qui avait Rheims pour capitale et qui renfermait douze cités correspondant exactement aux douze diocèses de la métropole ecclésiastique [1]. Nous n'avons à nous occuper ici que de la *civitas Cameracensis*, devenue le diocèse de Cambrai [2].

De l'avis presque unanime des savants, le diocèse de Cambrai comprenait exactement le territoire anciennement occupé par les Nerviens [3]. Ce point ne saurait plus être aujourd'hui contesté [4]. La *civitas Cameracensis* a donc pris la place de la *civitas* ou *pagus Nerviorum* primitif dont le nom est à peine cité dans les historiens [5]. La tradition, écho des temps reculés, a conservé le souvenir du canton des Nerviens, et les vieux chroniqueurs ne se

---

[1] *Notitia dignitatum per Gallias*, apud dom Bouquet, t. 1, p. 128.

[2] Nous ne parlons pas de Bavai, détruite au v⁰ siècle et qui fut certainement avant Cambrai la capitale des Nerviens.

[3] On sait que César et les empereurs maintinrent au territoire nervien les limites qu'il avait avant la conquête : « ... Quos (Nervios) Cæsar diligentissime conservavit, suisque finibus atque oppidis uti jussit... » Cæsar, lib. II, cap. XXVIII.

[4] Henschenius, *Exegesis de episcopatu Tungrensi*, dans les *Acta sanctorum Belgii*, t. 1, p. 287; Bucherius, lib. VIII, cap. XI; Wastelain, p. 436; Rapsaet, t. III, pp. 23, 41 et suiv.; Schayes, t. III, p. 295.

[5] « Omnium, qui supererant, consensu legatos ad Cæsarem miserunt (Nervii), seque ei dediderunt et, in commemoranda *civitatis* calamitate, ex DC ad III senatores, ex hominum millibus LX vix ad D, qui arma ferre possent, sese redactos esse dixerunt. » Cæsar, lib. II, cap. XXVIII. — « Coactus est... exercitum in hibernis collocare legionesque *in plures civitates*

font pas faute de mentionner, sous les Romains, les cantons qu'on retrouve, à l'époque suivante, dans toute l'étendue du diocèse de Cambrai [1].

Les renseignements qu'on possède sur le règne de Clovis font connaître qu'à cette époque le roi Ragnacaire occupait la *civitas Cameracensis* [2]. Clovis lui-même n'eut peut-être pour tout royaume, au début de son règne, que la *civitas Tornacensis* [3].

A ces royautés éphémères succéda l'organisation en duchés et comtés dont nous avons parlé. C'est à ce moment aussi qu'on voit apparaître, dans l'histoire, les divers *pagi* ou divisions de la *civitas*. Vers le VII.ᵉ siècle, on rencontre, dans la cité de Cambrai, les *pagi* suivants : le *Cameracensis*, l'*Antwerpiensis* ou *Rien*, le *Bracbatensis*, l'*Hainoensis* ou *Hannoniensis*, le *Fanomartensis*, le *Templutensis* et la *Wasia*, qui correspondaient, selon nous, aux districts créés par les Romains ou conservés par eux, de la période gauloise [3].

---

distribuere; ex quibus unam in Morinos ducendam C. Fabio legato dedit, alteram in Nervios Q. Ciceroni. » Idem, lib. IV, cap. XXIV. — « Sed legionem terrestri itinere Fabius Priscus legatus in Nervios Tungrosque duxit, *exque civitates* in deditionem acceptæ .... » Taciti *Historiæ*, lib. IV, cap. LXXIX. — « Bellum adversus Transrhenanas gentes a Druso gestum refertur, in quo inter primores pugnaverunt Senectius et Anectius tribuni *ex civitate Nerviorum*. » Titi Livii *Epitome librorum deperditorum*, lib. CXXXIX. — « Quippe viribus cohortium abductis, Vitellius è proximis *Nerviorum Germanorumque pagis* segnem numerum armis oneraverat. » Taciti *Historiæ*, lib. IV, cap. XV.

¹ Au moyen-âge on appelait encore *comitatus Nerviorum* le territoire de l'ancien Brabant : « . . . . . Cum Nerviorum comitatum, ut præscripsimus, esset adeptus (Balduinus). » Tomellus, *Historia Hasnoniensis monasterii*, dans le *Thesaurus*, etc., t. III, p. 792; J. de Guyse, passim, et notamment t. VII, pp. 420 et 422; t. VIII, p. 278; Baudouin d'Avesnes, p. 5; *Chronicon Blandiniense* édité par M. Van de Put, dans les *Annales Sancti-Petri Blandiniensis*, p. 9; Alberici *Chronicon*, apud dom Bouquet, t. XI, p. 356.

² « Ragnacarus rex apud Cameracam. » Grégoire de Tours, lib. II, cap. 42.

³ Guérard, *Essai*, etc., p. 147. — Nous omettons de cette liste, dressée par Guérard, la *Fania* et le *Samblensis*; on verra pourquoi au chap. VI.

Avant d'aller plus loin, nous avons à rechercher ce qu'était la *Forêt Charbonnière*, rivale de la forêt d'Ardenne et qui s'étendait sur la plus grande partie du territoire nervien. C'est même sous son nom que fut longtemps désignée la cité de Cambrai, ou tout au moins le Hainaut et le Brabant dont la mention n'apparaît qu'aux vii.ᵉ et viii.ᵉ siècles. Force nous est donc de nous arrêter avec quelques détails à l'examen de la situation de cette forêt, qui a toute l'importance d'une division politique [1].

## § II.

On ignore généralement ce que comprenait cette antique forêt Charbonnière, qui couvrait, aux vi.ᵉ et vii.ᵉ siècles, une vaste portion du sol belge. Signalée à diverses reprises, dans les plus anciens monuments de notre histoire, elle va s'effaçant peu à peu dans le cours du moyen-âge et finit par perdre sa dénomination, en se fractionnant en diverses forêts de moindre importance. Au xv.ᵉ siècle, son nom n'est plus qu'un souvenir, et sa véritable situation est inconnue [2].

L'étymologie du mot ne présente aucune difficulté. Selon du Cange, Boucher, etc. [3], elle aurait pris son nom de l'industrie

---

[1] La dissertation qu'on va lire est tirée d'un article publié par nous dans la *Revue d'histoire et d'archéologie*, t. iii (Bruxelles, 1861), p. 1 et suiv. Nous l'avons revu et remanié pour le faire entrer dans notre travail.

[2] C'est ainsi qu'au commencement du xv.ᵉ siècle, de Dynter, t. i, p. 11, réduit la Charbonnière à la forêt de Mormal ; au siècle suivant, Guicciardin la rejette au-delà de la Sambre. Voy. ci-après.

[3] Du Cange, v.° *Carbonaria* ; Bucherius, *Belgium romanum*, p. 380 ; Wastelain, p. 447 ; Wendelin, *Natale solum legis salicæ*, p. 86 ; A. de Valois, v.° *Carbonaria* ; dom Bouquet, t. iii, p. 637, note. — Sigebert écrit *Carbonia* et *Carbonaria silva* (Pertz, *Monumenta*, etc., t. vi, pp. 308 et 342) ; Gislebert (*Chronicon Hannoniæ*, p. 137) l'appelle *nemus Carboneria* ; l'auteur des miracles de saint Feuillen (*Acta sanctorum Belgii*, t. iii, p. 8), *nemus Charbeneira* ; on trouve *silva Cherboniriensis* dans une charte de

de ses habitants qui se livraient à la fabrication du charbon de bois [1]. Cette industrie devait être considérable à des époques où la houille n'était pas en usage [2]. Wendelin et Schayes [3] conjecturent qu'après la soumission des peuples belges aux Romains, la population, détruite en partie, ne parvint jamais à réparer ses pertes, et que de vastes forêts, entre autres la Charbonnière, envahirent les terres abandonnées par la culture. Au voisinage

1137, de Nicolas, évêque de Cambrai (Miræus, t. I, p. 103); et un autre acte de 1125 la nomme *les Charbonnières* (silva de Carbonariis). Miræus, t. IV, p. 561.

[2] Boucher atteste que, de son temps, on se servait encore de ce mode de chauffage dans nos provinces : « Carbonaria sylva .. ita dicta à carbonibus qui, ex fagis inibi frequentibus, tunc (ut hodie) fieri et ad vicinos deferri solebant. » *Belgium romanum*, p. 380.

[3] On pourrait contester cette étymologie et objecter que toutes les forêts étant jadis des lieux de fabrication du charbon de bois, on ne voit pas pourquoi celle-ci aurait seule porté ce nom; que partant le mot *Carbonaria* doit plutôt s'entendre de la production du charbon de terre. A cela on peut répondre que le terme provient du latin, et que les Romains n'employaient à leur usage que le charbon de bois, qu'ils appelaient *carbo*, mot qui a conservé cette signification jusqu'au XIIIe siècle, comme le prouve le texte de Renier cité ci-dessous. D'autre part, si l'on connaissait alors le charbon de terre, il ne paraît pas qu'on eût déjà songé à l'extraire du sol; nous n'en voulons pour preuve que les innombrables donations de bois de chauffage faites un peu plus tard aux monastères et aux habitants des villages. (Voy. notre article sur les défrichements au moyen-âge, dans la *Revue d'histoire et d'archéologie*, t. I, p. 74). Ce n'est qu'au XIIIe siècle qu'on voit apparaître la houille : Renier, moine de Liège, en mentionne ainsi la découverte : « . . . . . Annus iste (1213) finem postulat, sed prius volo tres utilitates describere quæ apud nos sunt inventæ, omni memoria dignæ ; videlicet marla de qua plurimum impinguatur terra, et *terra nigra* CARBONUM SIMILLIMA, quæ fabris et fabrilibus et pauperibus ad ignem faciendum est utilissima . . . . . . » Martene et Durand, *Amplissima collectio*, t. V, p. 49. — Un acte de 1274 cite, à Frameries, Elouges, Quaregnon, les « carbonnières » qui paraissent désigner ici des mines de charbon. De Saint-Genois, *Monuments anciens*, t. I, p. 646.

[3] Wendelin, *Natale solum*, etc., p. 137; Schayes, *Les Pays-Bas*, etc., t. II, p. 23.

des villes ou sur le parcours des routes, la population, moins éparse et initiée à la vie romaine, se serait adonnée à l'industrie et au commerce, et particulièrement à la préparation du charbon nécessaire aux gynecées, aux stations et aux postes militaires répandus sur la surface du pays [1].

Quoiqu'il en soit, la forêt Charbonnière était connue des Romains : Sulpice Alexandre, auteur cité dans Grégoire de Tours [2], en fait mention à l'occasion d'un avantage remporté sur les Francs par les Romains, en l'an 388 de l'ère chrétienne.

## § III.

Quelles étaient la situation, l'étendue et les limites de la forêt Charbonnière ? Ici les historiens se divisent, et la plupart, sans souci des textes, ont imaginé, à priori, des limites qui sont en désaccord complet avec les documents que nous possédons. La divergence d'opinions s'explique, si l'on considère que les forêts, simples accidents du sol, ne sauraient avoir de délimitation bien précise, spécialement quand elles confinent à d'autres forêts et qu'il n'existe pas entre elles une séparation naturelle, comme un fleuve, une montagne, etc. Il en était ainsi dans le nord de la Gaule, où l'on voit se succéder les forêts d'Ardenne, de la Charbonnière, de Fagne (*Fania*), de Thiérache (*Theorascia*), d'Arouaise (*Aridu Gamantia*), de Cuise ou de Compiègne (*Cottia silva*), etc. Aussi a-t-on considéré la Charbonnière comme

---

[1] On trouve, dans l'intérieur ou à proximité de la Charbonnière, un certain nombre de relais de poste et de villes assez importantes sous les Romains ; ainsi nous avons : Tournai et Courtrai, *Pons Sealdis* (Escaupont), *Bagacum* (Bavai), *Vodgoriacum* (Waudrez), *Fanum-Martis* (Famars), *Hermoniacum* (Vendegies-sur-Escaillon), *Locus Quartensis* (Quartes, sur la Sambre), *Perniciacum* (peut-être Perwez ou Taviers), *Geminiacum* (peut-être Gembloux).

[2] Dom Bouquet, t. II, p. 164.

une partie des Ardennes, en même temps qu'on lui donnait, comme dépendances, d'autres forêts, par exemple, la Thiérache et la Fagne. On ne contestera pas qu'une délimitation aussi exacte que possible aurait son utilité et aiderait singulièrement à éclaircir plusieurs problèmes historiques qui ont préoccupé les savants.

Nous dirons, au sujet de notre forêt, qu'elle a dû être, sous la période mérovingienne, très-considérable et fort connue: on la voit, en effet, figurer comme un des grands territoires de l'empire des Francs. Plus tard son importance diminua: de vastes éclaircies y apparurent, la culture convertit d'énormes étendues de terrains boisés, et, au XII.ᵉ siècle, elle finit par ne plus s'entendre que d'un petit territoire dans la partie orientale du Hainaut actuel [1]. Son nom, qu'on rencontre tantôt au singulier et tantôt au pluriel [2], donnerait à croire qu'il n'était que l'expression générique d'un certain nombre de forêts plus ou moins considérables.

Parmi les écrivains, les uns indiquent la situation de la Charbonnière entre Sambre et Meuse [3]; d'autres, entre la Meuse et l'Escaut, sur le territoire des anciens Nerviens et dans les *pagi* voisins [4]; d'autres, enfin, l'étendent sur tout le Hainaut et les quartiers de Bruxelles et de Louvain, depuis l'extrémité du Hainaut jusqu'à Louvain, Diest et le Démer, ou tout au moins jusqu'à la Dyle [5].

Laissant de côté cette multiplicité d'opinions, basées sur de

[1] Une charte de 1199 place les Écaussines près de la Charbonnière, tandis que, quatre siècles auparavant, cette localité devait se trouver au centre de la forêt: «... *Juxta Carbonarias, in territorio de Scalcinis*...» Citation de M. Wauters, *Hist. des environs de Bruxelles*, t. III, p. 425.

[2] Nithardi *Historia*, apud Pertz, t. II, pp. 656 et 658.

[3] Guichardin, *Description des Pays-Bas*, p. 40 (édit. de 1582).

[4] Dom Calmet, t. I, p. 439; Mabillon, *Acta Sanctorum Benedictinorum*, sæculo V, p. 308, note; A. de Valois, v.ᵒ *Carbonaria*; Bucherius, p. 380.

[5] Du Cange, v.ᵒ *Carbonaria*; Wastelain, p. 447; Wendelin, pp. 86 et 137; M. Debuck, dans les *Acta Sanctorum*, *Vita sanciæ Ursulæ*, t. IX d'octobre, p. 127; Schayes, t. II, p. 205; Galesloot, *La province de Brabant*, etc., pp. 360 et 361.

seules conjectures, voyons si les chroniques peuvent nous fournir d'utiles indications.

Il est certain, d'abord, que la *Carbonaria* n'embrassait, au x.e siècle, qu'une partie de la Lotharingie : un texte de Sigebert ne laisse aucun doute à ce sujet [1]. Jacques de Guyse [2] nous apprend, d'autre part, qu'elle était située dans l'ancien diocèse de Cambrai.

A l'ouest, d'après les *Annales de Metz*, elle formait la limite entre l'Austrasie et la Neustrie [3]. L'Escaut constituant la ligne de démarcation des deux royaumes, il en résulte que la forêt Charbonnière avait, pour limite occidentale, ce fleuve dans une bonne partie de son parcours [4]. Cette délimitation concorde parfaitement encore avec ce que l'on sait des conquêtes de Clodion, lequel, en l'an 459 ou 442, partant de *Dispargum*, « traversa la forêt Charbonnière et arriva à Tournai [5] ».

Nous placerons donc, dans la forêt Charbonnière, les territoires situés sur la rive droite de l'Escaut, au moins depuis Valenciennes jusqu'à Gand, c'est-à-dire, la partie française de l'ancien Hainaut, le Hainaut belge et une partie de la Flandre orientale [6]. On en verra la preuve ci-après.

A Gand, l'Escaut, au lieu de poursuivre son cours vers le

---

[1] « Hæc gens (Ungarorum), tempore primi Ottonis, aggressa Lotharingiam, deducta est a duce Conraddo usque ad silvam Carbonariam... ». *Vita Wicberti et gesta abbatum Gemblacensium*, apud Pertz, t. VIII, p. 513; Mabillon, *Acta*, etc., sæculo V, p. 308.

[2] *Annales du Hainaut*, t. VI, p. 19.

[3] « Pippinus ad Carbonariam silvam pervenit, qui terminus utraque regna dividit. » *Annales Metenses*, ad ann. 690, apud Pertz, t. I, p. 283 ; voy. aussi Nicolaus, in *Vita sancti Lamberti*, apud Chapeauville, t. I, p. 380.

[4] Wastelain, pp. 56 et 57.

[5] Grégoire de Tours, apud dom Bouquet, t. II, p. 166; *Gesta regum Francorum*, ibidem, p. 544. Voy. ci-après, § 4.

[6] C'est sans doute ce que Meyer (*Annales Flandriæ*, ad annum 879) a voulu constater, lorsqu'il dit : « ... Unde liqueret Hannoniam unà cum Flandria fuisse sylvam Carbonariam ».

nord, tourne subitement à l'orient jusqu'à Termonde, d'où, remontant vers le septentrion, il reçoit le Rupel et se dirige sur Anvers. Ce ne serait, en aucune façon, forcer le sens du texte des *Annales de Metz*, cité plus haut, que de considérer ce fleuve, jusqu'à l'endroit où il reçoit le Rupel, comme la limite de notre forêt. Nous verrons en effet plus loin qu'il faut nécessairement placer la forêt de Soigne dans les limites de la Charbonnière; et notre opinion est d'autant plus plausible, qu'on ne rencontre, jusqu'à la jonction du Rupel à l'Escaut, ni cours d'eau de quelque importance, ni limite naturelle bien tracée. Remarquons, en outre, d'après l'observation d'écrivains sérieux, que l'Escaut, avec le Rupel et la Dyle, formait à la fois la limite du territoire nervien et du *pagus Brachbatensis* [1].

Vers le nord-est nous suivrons donc le Rupel, et nous remonterons, à l'est, tout le cours de la Dyle jusqu'à sa source. Ici les documents recommencent à nous fournir quelques indices.

A l'est, la Charbonnière confinait à l'Ardenne, à la limite des deux diocèses de Cambrai et de Liége. C'est ce qui résulte de deux chartes, des années 1070 et 1076, qui placent dans l'Ardenne le pays de Lomme ou de Namur [2]. Cette donnée fournit l'explication du texte obscur, dans lequel César marque l'étendue de l'Ardenne [3].

Le *Chronicon Moissiacense*, contrairement au sentiment de certains auteurs, paraît aussi distinguer de la forêt Charbonnière les environs de la Meuse [4]; la même distinction résulte d'un texte des

---

[1] Voy. le remarquable travail de M. GALESLOOT, *Le Brabant sous l'empire romain*, et les autorités citées. (*Revue d'histoire et d'archéologie*, t. », p. 178).

[2] « In pago Lommensi, in comitatu Ardennensi ». La charte de 1076 est dans MIRÆUS, t. IV. p. 504; celle de 1070 est inédite, on la trouvera, à sa date, dans notre *Codex diplomaticus*.

[3] « Arduennam silvam, quæ est totius Galliæ maxima, atque ab ripis Rheni finibusque Trevirorum *ad Nervios pertinet* » Cæsar, lib. VI, cap. 29.

[4] « ... Carbonariam silvam transeuntes, usque Mosam fluvium terram silvasque vastantes, succederunt ». *Chronicon Moissiacense*, ad ann. 715,

*Annales de Metz* [1], et Folcuin en retranche formellement la Hesbaie [2]. Or, l'ancienne *Hasbania*, bornée par la Meuse à l'est et la Dyle à l'ouest [3], était séparée par cette dernière rivière de l'ancien Brabant, lequel appartenait à la Charbonnière.

Des sources de la Dyle en descendant vers la Sambre, nous ne rencontrons plus de limite tracée par la nature; mais il semble qu'on puisse établir la démarcation, en tirant une ligne droite à partir des villages de Loupoigne et Houtain-le-Val en Brabant, Liberchies, Thiméon et Gosselies en Hainaut, et aboutissant aux environs de Charleroi ou de Fontaine-l'Évêque. Voici les motifs qui nous font adopter cette délimitation : 1.° L'ancien pays de Lomme ou de Namur appartenait, comme on vient de le voir, à l'Ardenne ; 2.° Le village de Thiméon, d'après des textes qu'on

---

apud Pertz, t. I, p. 283; dom Bouquet, t. II. p. 654. — Adrien de Valois, nous ne savons par quel motif, cite précisément ce texte à l'effet de prouver qu'elle s'étendait jusqu'à la Meuse. La signification de *transire* (aller au delà) indique bien que l'armée neustrienne avait dépassé la Charbonnière, lorsqu'elle arriva sur les bords de la Meuse.

[1] « Qui (Pippinus) populum inter Carbonariam silvam et Mosam fluvium, et usque ad Fresonum fines, vastis limitibus habitantem, justis legibus gubernabat ». *Annales Metenses*, apud Pertz, t. I, p. 316. — « Germaniæ monarchiam à silva Carbonaria usque Rhenum, et à Mosa usque Mosellam tenente mediano Pippino ». *Vita sancti Evermari* (écrite au x° siècle), dans les *Acta Sanctorum Belgii*, t. V, p. 274 ; voy. aussi *Acta Sanctorum*, t. III de février, pp. 231 et 232. — Du moment que l'on admet que Pépin gouverna les pays situés entre l'Escaut et la Meuse, on doit convenir que le premier texte suppose que la Charbonnière ne s'étendait pas jusqu'à cette dernière rivière; s'il en avait été autrement, il eût suffi de dire : « ... Omnem populum in Carbonaria... ». *Voy.*, sur les possessions de Pépin, *Acta Sanctorum Belgii*, t. I, pp. 238 et suiv.

[2] « Hungri... Hasbanium ignibus et deprædatione agressi, Carbonariam petunt ». *Gesta abbatum Lobbiensium*, apud Pertz, t. IV, p. 66.

[3] *Acta Sanctorum Belgii*, t. II, p. 448; t. IV, p. 211; t. V, p. 1; Miræus, t. I, p. 141, note, etc. — Remarquons pourtant que l'ancien diocèse de Liége ne correspondait pas à cette délimitation ; il comprenait, jusqu'à la Lasne, une partie de la rive gauche de la Dyle dans tout son parcours. Nivelles et Louvain, par exemple, faisaient partie de ce diocèse, bien que d'après nous ces deux villes fussent comprises dans la forêt Charbonnière.

trouvera plus loin, était situé à la lisière de la Charbonnière;
5.° Philippe de Harveng, qui vivait au xii.° siècle, place l'entrée
de la forêt entre Fosses et Seneffe [1]; 4.° Enfin Gislebert et Jacques
de Guyse rapportent qu'en 1185, à la suite des querelles de Philippe d'Alsace et de Baudouin de Hainaut, son beau-frère, le duc de
Louvain et l'archevêque de Cologne, alliés de Philippe, envahirent
le Hainaut, entrèrent dans la forêt Charbonnière, brûlèrent le
Roeulx, passèrent devant Binche, et, après avoir campé aux
Estinnes, s'arrêtèrent à Beaumont [2]. L'itinéraire des ennemis de
Baudouin indique assez qu'ils pénétrèrent dans le Hainaut par la
frontière nord-est, et que Gouy-le-Piéton et le Roeulx furent les
premières localités, situées dans la Charbonnière, qu'ils rencontrèrent dans leur marche.

Nous arrivons donc à la Sambre; mais ici nous nous trouvons
arrêtés par une difficulté; presque tous les auteurs considèrent
les forêts de Fagne et de Thiérache, situées au delà de la Sambre,
comme des sections de la Charbonnière. Il nous parait, au contraire, que la Sambre, dans presque tout son parcours, constituait la limite de notre forêt [3]. Les historiens se sont laissés aller
à cette erreur par la considération qu'une portion de la Fagne et
de la Thiérache dépendait du Hainaut. Mais remarquons que
la Thiérache presque entière appartenait au diocèse de Laon
(*civitas Laudunensis*), et qu'il faudrait ainsi prolonger notre
forêt au delà des limites du diocèse de Cambrai. La Fagne, de son

---

[1] « Profectus est (de Fossis), et, intendens ire Sonegias, Carbonariam silvam ingressus est... ». Philippus abbas, in *Vita s<sup>ti</sup> Foillani*. Voy. ses œuvres complètes (Douai, 1621), p. 794.

[2] « Archiepiscopus Coloniensis et dux Lovaniensis per nemus Carbonariam transierunt, et Ruez villam comburentes et ante Bincium transeuntes, Lestinis pernoctaverunt, et in locum qui Belmontes dicitur, qui distat uno milliari à Montibus, pervenerunt ». Gislebert, p. 137. — « Intraverunt Hannoniam versus villam quæ dicitur *Le Piéton*. Hi omnes transierunt per silvam Carbonariam... (*ut supra*) ». J. de Guyse, t. xii, p. 306.

[3] Notre opinion parait être aussi celle de M. Wauters, *Hist. des environs de Bruxelles*. t. iii, p. 425.

côté, s'étendait en partie dans le pays de Lomme, et nous avons vu que le *Lommensis* figurait dans l'Ardenne. Nous devons donc considérer ces deux forêts comme indépendantes de la Charbonnière, et mieux vaudrait, comme le fait Wastelain, les rattacher à l'Ardenne [1].

Nous suivrons donc, en continuant vers le sud, tout le cours de la Sambre jusqu'aux environs de Landrecies.

La limite méridionale de la Charbonnière est plus difficile à déterminer. Adrien de Valois, qui l'étend à l'est jusqu'à la Meuse, la prolonge au midi, — à tort croyons-nous, — jusqu'à l'Oise et la Somme [2].

Nous avons vu qu'elle était située dans le diocèse de Cambrai; mais le couvrait-elle dans toute son étendue, et spécialement comprenait-elle l'ancien *pagus Cameracensis*? Cette extension est difficile à supposer. On sait, en effet, que la Charbonnière se prenait souvent pour le Hainaut, ce qui tendrait à en séparer le Cambrésis; Jacques de Guyse donne même à penser qu'elle s'arrêtait à la ligne séparative de l'ancien *pagus Hainoensis* proprement dit et du *pagus Fanomartensis* [3]. On pourrait, à notre avis, y comprendre la partie de ce *pagus* située sur la rive gauche de la Sambre.

Au delà de ces limites prenaient naissance diverses autres forêts, connues dès les premiers âges de notre histoire et qui se prolon-

---

[1] Wastelain, loc. cit. — Cet écrivain a pour lui au moins le texte de César que nous avons cité plus haut.

[2] *Notitia Galliarum*, v.° Carbonaria. — Voy. dans les *Annales Metenses* (Pertz, t. 1, p. 318), un texte qui distingue positivement la Charbonnière du Vermandois.

[3] « In omnibus finibus Galliæ proclamatur ad arma. Descendunt nobiles et ignobiles per Cameracesium, et Fanum-Martis, et usque ad silvam Carbonariam et Ablatones, quæ fortis et firma civitas habebatur ». Extrait de Baudouin, dans J. de Guyse, t. IX, pp. 220-229. C'est dans le récit des invasions normandes en Hainaut que les deux chroniqueurs nous fournissent ce renseignement. On comprendra que nous ne nous faisons point ici l'écho de ces récits fabuleux; mais les limites qu'ils tracent à la forêt Charbonnière ne sont pas dénuées de vraisemblance.

geaient jusqu'au centre de la France ; nous en citerons spécialement deux : les forêts d'Arouaise (*Aridagamantia*)[1], et de Cuise (*Cottia silva*)[2].

En résumé donc, la Charbonnière embrassait la plus grande partie de l'ancien diocèse de Cambrai, sauf certains territoires au nord, au sud-est et au midi[3]. L'antique *pagus Brachbatensis*, situé à la droite de l'Escaut, depuis Condé jusqu'à Termonde, et borné à l'est et au sud par la Dyle et la Haine, y était compris :

[1] « Hic itaque locus super stratam publicam constitutus in silva quæ dicitur Aridagamantia ; quæ quidem silva, à castro quod dicitur Dusia (alias: Epera), usque ad fluvium, Sambre tunc temporis continuo protendebatur ». *Acta Sanctorum*, t. ı de Janvier, p. 831. — L'Arouaise commençait à l'ouest de Bapaume et s'avançait jusqu'aux frontières du Cambrésis et du Vermandois, et aux sources de la Sambre où elle confinait à la Thiérache. WASTELAIN, p. 373; Gosse, *Histoire de l'abbaye d'Arouaise*, p. 6. — Une partie de cette forêt portait le nom de *Humida Gamantia*. SIGEBERTI *Continuatio Aquicinctina*, ad annum 1186. Ce serait, selon PERTZ (t. VIII, p. 424), la partie située vers la Sambre. — *Voy.* encore, sur l'Arouaise, ibidem, p. 424 ; *Acta Sanctorum Belgii*, t. II, pp. 369, 370 et 379.

[2] « Franci denuo in Cottia silva contra Theodaldum et Austrasios irruunt... » *Chronicon Moissiacense*, ad ann. 715, apud PERTZ, t. I, p. 283 ; dom BOUQUET, t. II, p. 654. — « Karolus juvenis, quem pater... Compendium secum duxerat, noctu rediens de venatione in silva Cotia...» HINCMARI *Annales*, apud PERTZ, t. I, p. 463. Cette forêt « franchissait au nord « l'Aisne, l'Ailette, la Serre, et allait se confondre avec les bois de la Thié- « rache, et avec la forêt Charbonnière, attenant aux immenses Ardennes » H. MARTIN et PAUL LOUIS JACOB (LACROIX), *Histoire de Soissons*, citée dans SCHAYES, t. II, p. 96. — *Voy.* encore PERTZ, t. I, pp. 462, 499, 504 ; *Acta Sanctorum Belgii*, t. II, pp. 138 et 156, et A. DE VALOIS, hoc verbo.

[3] La tradition en a conservé le souvenir. « Legitur quod civitas Cameracensis, à tempore Honorum atque Wandalorum... usque ad tempora Walteri, Montensis comitis, ipsa extitit metropolis, non solùm in spiritualibus, verùm etiam in temporalibus, totius silvæ Carbonariæ ». J. DE GUYSE, t. VI, p. 18. — « Et licèt territorium, quod nunc dicitur Hannoniense, ex multis integritur comitalibus et territoriis diversimodè singulariter nuncupatis, tamen Serviam Cambronariam aut silvam Carbonariam primo legimus particulariter fuisse nuncupatum ». Ibidem, p. 16. Pour

Jacques de Guyse [1] écrit qu'elle contenait une partie du duché de Brabant tel qu'il existait de son temps, et il y place Ath et ses environs, Alost et Audenarde [2], localités situées dans l'ancien *pagus* de ce nom. On sait aussi que l'étymologie du mot *Brabant* indique un pays boisé [3].

Mais le véritable centre de notre forêt, c'était le Hainaut. L'auteur de la vie de saint Lambert, Nicolas, qui vivait vers 1120 [4], le dit expressément; et l'on rencontre, dans les documents du moyen-âge, diverses localités de cette province attribuées à la

---

bien comprendre ce texte, il faut savoir que J. de Guyse donne souvent le nom de Hainaut à toute la cité de Cambrai.

[1] «... In quo (Brachanto) silva Carbonaria suam propriam denominationem adhuc videtur obtinere ». T. vi, p. 17.

[2] *Ibidem*, pp. 151, 154, et 156. — Il est de tradition qu'au ix⁰ siècle Gérard de Roussillon fonda ou plutôt restaura les monastères de Leuze, de Renaix, d'Antoing et de Condé, autrefois situés dans les limites du *pagus Brachbatensis*; c'est là qu'il se serait réfugié à la suite de ses démêlés avec Charles le Chauve. Voy. dans la *Revue trimestrielle*, t. iv, p 172, notre article sur *Gérard de Roussillon et ses possessions dans nos contrées*. Or, remarquons que le roman de Gérard, écrit au xii⁰ siècle, rapporte que ce paladin, après avoir soutenu la guerre contre Charles le Chauve, dut s'enfuir et se faire *charbonnier* :

> Giran, pour gaigner leur très povrete vie
> Se mist à ung mestier qu'il n'avoit apris mie,
> Ce fut à charbon faire, dus devint charbonniers.

*Le roman de Gérart de Rossillon* (publié par M. Mignard), p. 103, vers 2327. La fuite réelle ou supposée de Gérard dans l'ancien Brabant aura donné naissance à ce conte. — Rappelons aussi que J. de Guyse fait de plusieurs de ces localités (Leuze, Blaton, Thumaide, Frasnes, etc.), qu'il place dans la forêt Charbonnière, le théâtre des luttes contre les Normands au ix⁰ siècle (t. ix, pp. 220-229).

[3] Bollandus, dans les *Acta Sanctorum Belgii*, t. ii, p. 340; Schayes, t. ii, p 206.

[4] « Austria dicebatur ea pars regni Francorum quæ à Burgundia usque ad mare Frisonum extenditur, et hinc Rheno, illinc *silva Carbonaria*, seu *Hannonia*, concluditur ». Chapeauville, t. 1, p. 380. — Voy. aussi Frodoard, apud dom Bouquet, t. viii, p. 209; J. de Guyse, t. vi, pp. 12, 33, etc.

Charbonnière, ainsi : Lobbes et Thuin où s'arrêtèrent les Hongrois en 954[1], Saint-Feuillen[2], Mons[3], etc.

Nous avons mentionné certaines forêts que l'on a gratuitement considérées comme des subdivisions de la Charbonnière. En dehors de celles-là, elle en comprenait plusieurs qui n'étaient pas de médiocre étendue, ou, pour mieux dire, elle se fractionna, après les grands défrichements opérés par les monastères, en plusieurs forêts distinctes. Comme elles appartiennent toutes, plus ou moins, au Hainaut, nous en traiterons au chapitre IV.

## § IV.

Avant de terminer au sujet de la Charbonnière, relatons les événements dans lesquels elle a joué un certain rôle jusqu'au Xe siècle.

On a vu plus haut combien la population gauloise, réduite par les guerres romaines, était peu considérable sur le sol belge : aussi les empereurs essayèrent-ils, à diverses reprises, d'implanter dans notre patrie les bandes germaniques qui, fixées au delà du Rhin, inquiétaient l'empire par leurs invasions continuelles. Trente-cinq ans avant notre ère, les Ubiens vinrent se fixer sur notre territoire. Tibère, en l'an 8 du Christ, transféra, à la droite de la Meuse, quarante mille Suèves et Sicambres[4]. Probus en fit autant en l'an 277, et, peu après, Maximien donna à une colonie de Francs un certain nombre de terres incultes des Tréviriens et des Nerviens, sans doute une partie de la forêt Charbonnière[5].

---

[1] Folcuin, dans Pertz, t. IV, p. 66.
[2] Miræus, t. 1, p. 103.
[3] J. de Guyse, t. VI, p. 339.
[4] Suétone, apud dom Bouquet, t. 1, p. 371. — Eutrope dit quatre mille. Voy. aussi Schayes, t. 1, p. 394; M. Debuck, in Vita sanctæ Ursulæ, t. IX d'octobre, p. 127.
[5] « Tuo, Maximiane Auguste, nutu, Nerviorum et Treverorum arva jacentia lætus postliminio restitutus et receptus in leges Francus exco-

Sulpice Alexandre rapporte qu'en l'an 388, sous Théodose-le-Grand, les Francs, conduits par leurs chefs Sunnon et Gondebaud, tentèrent une invasion dans la Germanie. A cette nouvelle, les chefs romains qui commandaient à Trèves rassemblent une armée, et les poursuivent jusque dans la Charbonnière, où ils en firent un grand carnage [1]. Le texte de Sulpice Alexandre fournit, comme nous l'avons dit, la première mention de cette forêt.

Elle joue un rôle assez considérable dans l'histoire des premiers temps de la monarchie franque. Les chroniques rapportent que le roi Clodion, en 439 ou 442, partit de *Dispargum* et, traversant la forêt Charbonnière, s'empara de Tournai et de Cambrai [2]. La loi salique fait de ses limites celles du territoire

luit ». Eumène, apud dom Bouquet, t. I, p. 714; Schayes, t. I, p. 397; M. Debuck, *ibidem*.

[1] « ... Francos de Germania ejecerunt et apud Carbonariam silvam magna strage eos vicerunt ». Sulpicius Alexander, apud Gregor. Turon., lib. II, cap. 9 (dom Bouquet, t. II, p. 164); *Gesta Treverorum*, apud Pertz, t. VIII, p. 157, etc.

[2] « Tradunt enim multi eosdem (Francos) de Pannonia fuisse digressos, et primum quidem littora Rheni amnis incoluisse; dehinc, transacto Rheno, Thoringiam transmeasse; ibique juxta pagos vel civitates reges crinitos super se creavisse de prima et, ut ita dicam, nobiliori suorum familia... Ferunt etiam tunc Chlogionem utilem ac nobilissimum in gente sua regem Francorum fuisse, qui apud Dispargum castrum habitabat, quod est in termino Thoringorum (un MSS. porte: *Tungrorum*). In his autem partibus, id est, ad meridionalem plagam, habitabant Romani usque Ligerim fluvium... Chlogio autem, missis exploratoribus ad urbem Camaracum, perlustrata omnia ipse secutus, Romanos proterit, civitatem adprehendit, in qua paucum tempus residens, usque Suminam fluvium occupavit ». Gregor. Turon., apud dom Bouquet, t. II, p. 166. — L'auteur des *Gesta regum Francorum*, qui vivait au IXe siècle, dit : « Chlodio autem rex misit exploratores de Despargo, castello Toringorum, usque ad urbem Camaracum. Ipse postea cum grandi exercitu Rhenum transiens, multo populo Romanorum prostrato, hostes fugavit. Carbonariam silvam ingressus, Tornacensium urbem obtinuit. Exinde Camaracum urbem properavit... » Dom Bouquet, t. II, p. 544. — « ... Carboniam silvam ingressus, urbem Tonacum optinuit ». Sigebert, apud Pertz, t. VI, p. 308. — Où était situé *Dispargum* ? Est-ce Duysbourg en Brabant, ou Duysbourg au delà

des Saliens. Aux termes de cette loi [1], le détenteur d'une chose mobilière appartenant à autrui est tenu, sur la poursuite du véritable propriétaire, d'indiquer celui de qui il la tient et de le faire comparaître au plaid. Si les parties habitent dans la juridiction salique, c'est-à-dire entre la forêt Charbonnière, la mer et le fleuve *Ligeris*, le délai de comparution est de quarante

du Rhin, entre Wesel et Dusseldorf? La question a été traitée et résumée, dans ces dernières années, par MM. WAUTERS, (*Hist. des environs de Bruxelles*, t. III, p. 421) et MOKE, (*La Belgique ancienne* etc., p. 421). Nous l'avons nous-même exposée dans la *Revue d'histoire et d'Archéologie*, t. III, p. 17. Nous pensons, avec ces deux savants, qu'il n'est pas possible de chercher *Dispargum* au delà du Rhin. En effet, Grégoire de Tours dit précisément que les Francs avaient passé le Rhin (*transacto Rheno*) avant leur expédition de *Dispargum* à Tournai. D'un autre côté Clodion était roi des Francs Saliens, et Duysbourg au delà du Rhin appartenait au territoire des Ripuaires. Enfin, entre Tournai et le Rhin, existent de grands fleuves que le chroniqueur n'eût pas manqué de citer, si Clodion avait eu à les traverser. Au contraire, Duysbourg en Brabant se prête parfaitement aux circonstances du récit. Cet endroit est à une demi lieue de la Dyle (*in termino Thoringorum*), qui servait de limite à la Tongrie et au pays des Nerviens ou forêt Charbonnière. Il semble en outre résulter de la concision du texte, que le roi franc n'eut qu'à traverser cette forêt, sans parcourir aucun autre territoire.

[1] « Si quis servum aut ancillam, caballum aut bovem, aut jumentum, aut quamlibet rem sub alterius potestate agnoverint, mittat eam in tertiam manum, et ille apud quem agnoscitur debet adrhamire ; et si intra Ligerim, aut Carbonariam, aut citra mare ambo manent, et qui cognoscitur et apud quem cognoscitur, in noctes XL placitum faciant, et in ipso placito quanticamque fuerint qui rem ipsam vendiderunt aut cambiaverunt, aut fortasse in solutionem dederunt, omnes intra placitum istum commoneantur, hoc est, unusquisque cum negotiatoribus suis alter alterum admoneat... Quod si trans Ligerim aut Carbonariam ambo manent, ille apud quem res agnoscitur, in noctibus LXXX lex ista custodiatur ». WENDELIN, *Natale solum*, etc., p. 36. — *Voy.* les variantes dans PARDESSUS, *Loi salique*, pp. 27, 58, 148, 211. — On connaîtrait les limites du territoire des Saliens si l'on pouvait se mettre d'accord sur la signification du mot *Ligeris*. Est-ce la Loire? Serait-ce, comme le prétend Wendelin, le Jaar ou le Geer, qui coule aux environs de Tongres? Faut-il, avec MM. Dumortier, Debuck et Muller, traduire ce mot par la Lys? Ne serait-ce

nuits [1]; en dehors de ces limites, il est porté à quatre-vingts nuits.

Un peu plus tard, la Charbonnière fit partie de l'Austrasie dont elle formait la frontière occidentale [2]. Elle figure, au VII<sup>e</sup> siècle, parmi les possessions, ou, tout ou moins, dans le gouvernement de Pepin de Landen [3].

Elle fut alors le théâtre de drames sanglants.

En 690, nous voyons Pepin de Herstal, en guerre avec Thierri, roi de Neustrie, la traverser à la tête des troupes austrasiennes, en se dirigeant vers le Vermandois [4]. En 715, Ragenfred, ou Rainfroid, maire du palais de Dagobert, après avoir battu les Austrasiens dans la forêt de Cuise, la traverse à son tour et porte le fer et le feu jusqu'à la Meuse [5]; Charles Martel, enfin, y pénètre deux ans après, et dévaste le royaume de Chilpéric [6].

Au siècle suivant, la *Carbonaria* entra dans la composition de la Lotharingie, et, un peu plus tard, du duché de Basse-Lorraine [7]. Elle joue un grand rôle dans les querelles des fils de Louis le Débonnaire : on sait que ce prince, trop faible pour porter la

pas plutôt la Lezère, rivière des environs de Trèves, nommée *Ligeris* dans une foule de diplômes? L'espace nous manque pour examiner ici cette question; nous l'avons traitée avec détail dans la *Revue d'histoire et d'archéologie*, t. III, p. 19.

[1] On sait que les Germains supputaient les délais par nuits. Tacite, *De moribus Germanorum*, cap. XI.

[2] *Voy.* plus haut, p. 15, note 3.

[3] *Voy.* plus haut, p. 17, note 1. — Sur les possessions de Pepin, voyez *Acta Sanctorum Belgii*, t. I, pp. 238 et suiv.

[4] *Annales Metenses*, apud PERTZ, t. I, p. 318. — Dom CALMET place ce fait en 687. *Histoire de Lorraine*, t. I, p. 439.

[5] *Chronicon Moissiacense*, apud dom BOUQUET, t. II, p. 654; PERTZ, t. I, p 323.

[6] *Annales Metenses*, apud PERTZ, t. I, p. 323.

[7] On sait que la Lotharingie comprenait les territoires situés entre le Rhin et l'Escaut. Le duché de Basse-Loraine, formé par Brunon, comprenait l'archevêché de Cologne, les évêchés de Liége et de Cambrai; elle renfermait donc le Brabant, le Limbourg, Juliers, la Gueldre, le Luxembourg, le Namurois, le Hainaut, etc. WASTELAIN, pp. 63 et 68.

couronne des empereurs, avait, vers la fin de son règne, fait divers règlements pour le gouvernement de ses États entre ses fils.

Par le partage de 855, les *pagi* correspondants à notre forêt échurent à Louis le Germanique [1]. En 857 et 859, furent conclus de nouveaux partages qui donnèrent à Charles le Chauve la plus grande partie de notre territoire; mais Louis le Débonnaire étant mort le 20 juin 840, il fallut procéder à une nouvelle division de la Gaule. La guerre s'alluma et nous voyons, en 840 et 841, les peuples de nos contrées appeler Charles le Chauve pour éviter de tomber sous la domination de Lothaire [2]. Cette dernière année, peu de jours avant la bataille de Fontenay (25 juin 841), Louis et Charles, voulant éviter l'effusion du sang, offrirent à Lothaire les pays situés entre l'Escaut et le Rhin [3]; ce dernier refusa et

---

[1] Il reçut, entre autres territoires, « Toringiam, Ribuarias..., Frisiæ, Ardenna, Asbania, *Bragbento*, Franderes, Menpiscon, Medebenti, *Amau*, etc. ». Dom Bouquet, t. vi, p. 443. — En 834, nous voyons déjà Louis le Germanique convoquer « Bajoarios, Austrasios, Saxones, Almannos, necnon *et Francos* qui citra Carbonariam consistebant ». *Annales Bertiniani*, apud Pertz, t. p. 427. Le mot « *Austrasios* », mis en regard des mots « *et Francos*, etc. », semble désigner ici les habitants de la Charbonnière. Il en résulterait que la dénomination d'Austrasie s'était conservée, particulièrement dans nos contrées, jusqu'au ix.e siècle.

[2] « Omnes inter Mosam et Sequanam degentes ad Karolum miserunt, mandantes ut, antequam à Lothario præoccuparentur, veniret, adventum ejus se præstolaturos promittentes. Quamobrem cum perpaucis Karolus, hoc iter accelerans, ab Aquitania Cerisiacum venit, et à Carbonariis et infra ad se venientes benignè suscepit ». Nithardi *Historia*, apud Pertz, t. ii, pp. 656 et 658. — Il est vrai que Lothaire paraît s'être réconcilié avec ses sujets. « .... Per idem tempus, cum Lotharius à Lodhuvico reverteretur, et omnes citra Carbonarias ad illum venirent, Mosa trajecta, ratum duxit ut Sequanam usque procederet ». Nithardi *Historia*, apud Pertz, t. ii, p. 958. — « (Karolus) cum Sequanam venisset, repperit Guntboldum, Warnarium, Arnulfum, Gerardum, necnon et omnes à Carbonariis et infra, comites, abbates, episcopos... ». Ibidem, p. 658.

[3] « Cedebant illi uterque portionem regni, alter usque Carbonarias, alter verò usque Renum ». Ibidem, p. 661.

essuya une défaite sanglante, après laquelle on voulut le forcer de se contenter du territoire situé entre le Rhin et la Meuse [1]. La querelle fut enfin terminée, en 843, par le partage de Verdun; Lothaire obtint ce qu'il avait refusé en 841, c'est-à-dire les territoires situés entre le Rhin et l'Escaut [2].

Vers 880, les Normands subirent dans la forêt Charbonnière une défaite considérable, près d'une localité appelée *Thimium* [5];

[1] Nithard, qui rapporte ces faits, y ajoute un incident assez curieux. Les envoyés, chargés de porter à Lothaire la proposition de ses frères, y ajoutèrent, par erreur ou par fraude, la forêt Charbonnière : « ... ignoro qua fraude decepti, augent illi, supra definitam partem, usque in Carbonarias ». Nithard, p. 670.

[2] « ... inter Rhenum et Scaldem in mare decurrentem, et rursus per Cameracensem, Hainaoum, Lomensem, Castritium et eos comitatus qui Mosæ citra contigui habentur ». *Annales Bertiniani*, apud dom Bouquet, t. vii, p. 62.

[5] « Hludovicus vero rex et ejus exercitus supra fluvium Hisam... Post hæc Hludovicus parat redire in regnum suum, occurritque Normannis à præda revertentibus, et facta congressione apud Tumiomum eosdem vicisset, nisi contigisset Hugonem filium suum ibi ruere. Multi quoque nobiles illius gentis ibi corruerunt; cæteri qui evasere rediere ad castra sua... ». *Annales Vedastini*, ad ann. 880, apud Pertz, t. i, p. 518; dom Bouquet, t. viii, p. 80 — « Per idem tempus, Ludovicus, qui Austrasiis imperabat, cognita morte æquivoci sui, regnum illius invadere disponit, et, transvadata Mosa, imperii fines occupavit... Facta itaque pactione datisque sacramentis, cum in regnum idem rex reverteretur, repente obviam habuit Normannorum innumerabilem multitudinem juxta Carbonariam, in loco qui dicitur Thimium, cum ingenti præda classem repetentem. Cum quibus mox confligens, maximam eorum partem prostravit; reliqui dilapsi in supradicto fisco regio se communiunt... Noctu ad classem fugiunt ». *Annalista Saxo*, apud Pertz, t. vi, p. 584; *Reginonis Chronicon*, ibidem, t. i, p. 590 — « (Hludovicus) postea in Galliam profectus, filios Hludovici ad se venientes suscepit; totumque regnum Hlotharii suæ ditioni subjugavit. Inde ad expugnandos Nordmannos, qui in Scalla fluvio longo tempore recederunt, convertit exercitum, initoque certamine plusquam v millia ex eis prostravit ». *Annales Fuldenses*, apud dom Bouquet, t. viii, p. 39. — « In silva Franciæ Carbonaria plusquam novem millia Northmannorum cæduntur ». Sigebert, ad ann. 880, apud Pertz, t. vi, p. 342. — Voy. encore *Acta Sanctorum*, *Vita sanctæ Gudilæ*, au t. i de

et, en 954, les Huns ou Hongrois, après avoir dévasté l'Italie et la Germanie, furent amenés par le duc Conrad jusqu'en Lotharingie, et de là dans la Charbonnière, aux environs de Lobbes où ils s'arrêtèrent [1]. Après cela, notre forêt n'est plus citée que dans les chartes et les écrivains du xii<sup>e</sup> siècle, chez lesquels elle ne représente qu'une faible partie de sa primitive étendue.

janvier, p. 518; *Acta Sanctorum Belgii*, t. v, p. 730; Jacques de Guyse, t. IX, pp. 220-229 — On a beaucoup disserté sur le lieu qui fut le théâtre de la défaite des Normands. Voy. Mabillon *Annales*, etc., lib. xxxviii, n° 21; L'abbé Lebœuf, dans les *Mémoires de l'Académie des Inscriptions*, t. xxiv, p. 694; A. de Valois, v° *Tudinium*, etc. On a, tour à tour, proposé Thin-le-Moutier, dans le Rhetelois, Thun sur l'Escaut et Thuin. Il y a à répondre : 1.° que Thin-le-Moutier est très éloigné de la Charbonnière; 2.° que Thun sur l'Escaut s'appelait, en latin, *Thun*, et non *Thimium*; 3.° que Thuin a toujours été désigné sous le nom de *Tudinium*. Nous avons prouvé, dans la *Revue d'histoire et d'archéologie*, t. III, p. 23, qu'il faut y voir le village de Thiméon, appelé *Thimium*, dans une charte de 1125 (Miræus, t. III, p. 327) et situé à proximité de la Sambre et de la voie romaine de Bavai à Cologne.

[1] *Voy.* le texte de Folcuin plus haut, p. 17 note 2. — *Voy.* aussi Frodoard, apud dom Bouquet, t. VIII, p. 209.

# CHAPITRE DEUXIÈME.

L'étymologie du mot *Hainaut* ne présente aucune difficulté, et c'est bien à tort qu'on s'est évertué à la chercher dans les idiomes oubliés, ou à la rattacher à des circonstances et à des faits sans valeur. Sans parler des rêveurs qui voient, dans l'appellation de Hainaut un souvenir des Huns [1], on l'a fait, tour à tour, dériver du celtique *hen*, *vieux*, ce qui signifierait *vieille contrée*, *vieux pays* [2]; du tudesque *nauw*, *épais*, *serré*, et de *haig*, *haie*, *bois* [3]; et encore de la racine celtique *aien*, qui veut dire *source* [4]. Pour nous, le Hainaut est tout simplement le *gau* ou canton de la Haine [5]. Qu'après cela on tire le mot *Haine* d'un radical celtique, saxon ou tudesque, nous n'y voyons aucun inconvénient.

Le mot *Hainaut* apparaît, dans la période qui nous occupe,

---

[1] J. DE GUYSE, t. I, p. 176; VINCHANT et RUTTEAU, p. 1; DE BOUSSU, *Hist. de Mons*, p. 9. — Jacques de Guyse ne se contente pas de celle-là et cite encore comme origine possible du mot : *Hasnon*, dont Baudouin II fit reconstruire l'abbaye; *Hait-nom*, c'est-à-dire *nom haï*; *Annena*, à cause de la fertilité du sol; *Agonia*, parce qu'on y trouve de valeureux combattants ou parceque le Hainaut eut plus d'agonies à souffrir que d'autres contrées (!!). t. VI, pp. 6 et 8.
[2] M. CHOTIN, *Mémoire sur l'étymologie historique et l'orthographe des noms de villes, bourgs, villages et hameaux de la province de Hainaut*, publié dans les *Mémoires et publications de la Société des Sciences, des Arts et des Lettres du Hainaut*, tomes de 1857 et de 1858.
[3] M. PIÉRARD, *Notice sur Maubeuge*, Introduction, p. 7.
[4] DE REIFFENBERG, *Histoire du Hainaut*, t. 1, p. 58.
[5] « Juniores à nomine præterfluentis fluvii Haïnou vocaverunt... » Folcuinus, *De gestis abbatum Lobbiensium*, apud D'ACHERY, *Spicilegium*, t. VI, p. 544. — M. PIÉRARD, (*Guide du touriste sur le chemin de fer de Paris à Maubeuge*, p. 8), prétend qu'on ne trouve nulle part, dans l'ancienne forme du mot, la terminaison *Gau*. Nous lui citerons le *Heinigowe* d'une charte de 947. MIRÆUS, t. I, p. 504.

orthographié de mille manières[1]. Au milieu de cette variété, nous ne ferons qu'une seule observation, c'est que, depuis le règne de Ferrand, les sceaux des comtes portent la légende : *Signum comitis Hannoniæ*; avant cette date, ils portaient invariablement celle-ci : *S. comitis Hainoie*[2]. Dans le cours de ce travail, nous emploierons constamment la forme *pagus Hainoensis*, qui se rapproche le plus de l'orthographe officielle des sceaux.

Si l'on pouvait rapporter au Hainaut une monnaie mérovingienne du VIe ou du VIIe siècle, découverte par M. Chalon et portant pour légende « HENEGAV . CITAS », elle offrirait la plus ancienne mention de notre province. Mais il est difficile d'adopter cette opinion pour des motifs qu'on verra plus loin[3]. Le Hainaut est cité aussi dans le testament de sainte Aldegonde, qui est antérieur à 675; malheureusement ce document est faux, ou tout au moins interpolé; il a été copié sur une vie de la sainte, écrite au IXe siècle[4]. La première mention authentique se rencontre dans la vie de saint Ansbert, évêque de Rouen, écrite par Aigrad, son disciple, vers l'an 720[5].

D'après Folcuin, le Hainaut aurait primitivement porté le nom de *pagus Fanomartensis*, changé plus tard en celui de *pagus*

---

[1] Nous avons relevé les formes suivantes : *Ainau* et *pagus Ainau*; *pagus Haginau*, *Haginaus*, *Hagnanus*; *territorium Hagnau*; *pagus Hagnoensis*, *Hagnou*, *Hagnuensis*, *Haienoensis*, *Hainau*, de *Hainau*, *Hainacus*, *Hainaucus*; *Hainogia*; *pagus Hainaus*, *Hainacensis*, *Hainensis*, *Hainiacus*; *Hainioum*, *Hainnoum*; *pagus Hainoavius*; *Hainodium*, *pagus Hainoensis*, *Hainoginensis*, *Hainonensis*; *Hainou*; *pagus Hainou*, *Hainuensis*, *Haionensis*, *Hannacensis*; *territorium Haonaunum*; *pagus Hayman*, (*Hayniou?*), *Haynau*, *Haynoensis*, *Heinia*, *Heinigowe* et *Hennunca*. Voy. les textes cités dans cet ouvrage.

[2] VREDIUS, *Sigilla comitum Flandriæ*, pp. 23-30.

[3] Voy. ci-après le chapitre IV.

[4] Nous publions le texte entier de ce testament. *Codex diplomaticus*, n° IV.

[5] « Deportatur (Ansfridus) in Altummontem, monasterium quod est situm in territorio Haonauno, super Sambram fluvium ». *Acta Storum*, t. II de février, p. 354; *Acta S. Belgii*, t. v, pp. 141 et 144.

*Hainoensis*, du nom de la Haine qui le traverse [1]. Si l'allégation de Folcuin se rapporte à la domination romaine, nous l'admettons [2]. A cette époque, le nord de notre province était inculte et presque inhabité, comme le prouvent l'existence de vastes et profondes forêts et l'absence de stations et de postes romains ; vers le sud, au contraire, se trouvait concentrée une population assez nombreuse, amassée vers Famars et Bavai. Mais, dès l'arrivée des missionnaires chrétiens, le pays changea de face : la vie et la civilisation se portèrent vers le nord transformé, et le nom de Hainaut, emprunté à la langue des conquérants, devint l'appellation ordinaire du Hainaut proprement dit, comme aussi du *Fanomartensis*.

[1] « Est locus ubi, intra terminos pagi quem veteres, à loco ubi superstitiosa gentilitas fanum Marti sacraverat, Fanomartense dixerunt, juniores, à nomine præterfluentis fluvii, Hainou vocaverunt, et pago Sambrino Sambra fluens blanda et amœna ripa decurrit ». Acheryi, *Spicilegium*, t. VI, p. 544. — « Pagus antiquitus à Fano-Martis Martinsis, à modernis vero à fluvio suo dictus Haynoensis ». *Vita S. Waldetrudis*, auctore Philippo abbate, dans ses Œuvres (Douai, 1621), p. 781 ; J. de Guyse, t. VII, p. 40.

[2] La preuve qu'il en doit être ainsi, c'est d'abord l'expression « *superstitiosa gentilitas* », qui se rapporte à des temps antérieurs au Christianisme ; outre cela, de toutes les mentions du *Fanomartensis* remontant à la période franque, il n'en est aucune qui se rapporte au Hainaut tout entier.

# CHAPITRE TROISIÈME.

## § I.

Nous consacrerons ce chapitre à la recherche des limites anciennes du Hainaut, recherche aride, qui n'a pour s'étayer qu'un petit nombre d'indications isolées, mais que facilitera singulièrement la solution du problème historique des rapports de l'archidiaconé avec le *pagus*. Les divisions du diocèse (archidiaconés, décanats), que l'Église a longtemps conservées intactes, ont-elles été calquées sur les divisions civiles, contemporaines de leur création ? Cette concordance, si elle était démontrée, nous offrirait la ressource de la comparaison et guiderait nos pas en l'absence ou dans le silence des documents contemporains.

Pour résoudre ce problème, il importe de connaître l'époque à laquelle l'Église organisa ses divisions.

On a vu que les diocèses étaient partagés en districts confiés à la surveillance et placés sous la juridiction de fonctionnaires appelés archidiacres. Conseillers ordinaires de l'évêque, les archidiacres traitaient, de concert avec lui, les questions d'intérêt général. Dans leur circonscription, ils réglaient les choses du domaine spirituel; ils avaient, sous l'approbation de l'évêque, la nomination des doyens et le contrôle de leurs actes et de leur

---

« ..... Ita tamen ut debita obsonia persolvant et presbiteri eorumdem altarium de cura animarum episcopo et archidiaconis rationem reddant .... » Ch. de 1057. *Codex*, n.° XLIX. Cette mention se rencontre dans un grand nombre de chartes.

conduite[1]; ils visitaient les paroisses[2], intervenaient aux donations, ventes, échanges, opérés par les monastères. Véritables *missi* ecclésiastiques permanents, ils réunissaient, dans leur district, les pouvoirs administratifs et judiciaires. D'après un réglement de 1195[3], les archidiacres du diocèse de Cambrai résidaient en cette ville et ne pouvaient s'absenter que pour le besoin de leurs études, la visite de leur district ou tout autre motif raisonnable.

Guérard pense que l'érection des archidiaconés remonte au commencement du IX.e siècle[4], puisque, un demi-siècle plus tard, l'archevêque de Rheims, Hincmar, promulguait, sur la juridiction territoriale des archidiacres, des statuts qui s'appliquaient vraisemblablement à toute la province ecclésiastique de Rheims, et non pas seulement à l'évêché de ce nom[5]. Les circonscriptions archidiaconales figurent, en effet, de bonne heure, dans les différents diocèses de cette province : Tournai avait trois archidiacres en 937 et 1026 ; Arras possédait, de toute antiquité, ses deux archidiaconés d'Artois et d'Ostrevant ; Soissons avait six archidiacres au X.e siècle ; Amiens, deux en 985[6].

[1] « Si decanus, in ministerio vestro, aut negligens, aut inutilis et incorrigibilis fuerit, vel aliquis eorum obierit, non inconsiderate decanum eligite. Et si ego in longinquo sum, decanum illum, qui electus est, interim constituite, donec ad meam notitiam electio illa referatur et mea constitutione aut confirmetur aut immutetur. » *Capitula archidiaconibus presbiteris data per Hincmarum* (877), dans ses Œuvres complètes publiées par Sirmond, t. 1, p. 738.

[2] Ibidem, et *Codex*, n.° CLIII.

[3] *Codex*, n.° CLIII.

[4] On rencontre toutefois, avant cette époque, des mentions d'archidiacres ; mais il est douteux qu'ils aient possédé une juridiction territoriale, car l'institution des paroisses ne remonte pas plus haut. Le plus souvent il n'en existait qu'un seul, comme on le voit dans les diocèses de Rheims et de Soissons aux IV.e et VI.e siècles. Rheims en eut deux au VIII.e siècle. M. Desnoyers, t. XXIII (1859), pp. 145 et 184.

[5] Voyez la note 1 ci-dessus.

[6] Miræus, t. I, pp. 39 et 271 ; Achery *Spicilegium*, t. III, p. 125 et t. V, p. 533 ; M. Desnoyers, t. XXIII (1859), p. 146, t. XXV (1861), p. 320 ; t. XXVI, (1862), pp. 415 et 536.

Jusqu'à l'année 1277, le diocèse de Cambrai compta cinq archidiacres : c'étaient, par ordre de préséance, ceux de Cambrésis, de Brabant, de Hainaut, de Valenciennes et d'Anvers [1]. En 1277, l'évêque Nicolas de Fontaine, de l'avis de son Chapitre, créa l'archidiaconé de Bruxelles, en détachant du vaste archidiaconé de Brabant, les décanats de Bruxelles, de Pamèle et d'Alost [2]. Le lecteur nous permettra d'entrer dans quelques détails à ce sujet.

Ce que nous venons de dire est en contradiction avec ce qu'ont écrit Carpentier, et MM. Le Glay et Desnoyers qui l'ont suivi aveuglément [3]. Carpentier, l'auteur de généalogies mensongères et de documents falsifiés, s'est avisé, pour satisfaire l'amour-propre nobiliaire de certaines familles de son temps, de forger une série d'archidiacres de Bruxelles des XI.e et XII.e siècles. La fraude résulte de l'acte de 1277 que nous avons signalé.

On objectera qu'il a pu exister, à une époque antérieure à 1277, un archidiaconé de Bruxelles, supprimé et réuni à celui de Brabant au XII.e ou au XIII.e siècle, et que des chartes présentent la signature de six et même de sept archidiacres, antérieurement à la division. A cela nous répondrons : 1.° que s'il avait existé anciennement un archidiaconé de Bruxelles, la tradition s'en serait perpétuée jusqu'en 1277, et l'évêque Nicolas de Fontaine n'aurait pas manqué de faire valoir cet état de choses ancien à l'appui de la mesure qu'il prenait ; 2.° les chroniques ni les chartes ne citent l'archidiaconé de Bruxelles avant 1277; 3.° un chroniqueur, qui écrivait en 1180, porte textuellement à cinq le nombre des archi-

---

[1] Le diocèse de Liége avait aussi, dès le XIII.e siècle, deux archidiacres de Brabant et de Hainaut ; mais ces dénominations ne se rapportaient pas à un ordre de choses ancien. En effet, l'archidiaconé de Hainaut comprenait les territoires que les comtes de Hainaut acquirent, vers le XI.e siècle, dans le pays de Lomme, territoires qui n'appartinrent jamais au *pagus Hainoensis*. Cet archidiaconé renfermait les décanats de Florennes, de Fleurus, de Thuin, de Gembloux et d'Andenne.

[2] Nous publions la charte ci-après, *Codex*, n.° CLVII.

[3] CARPENTIER, *Histoire de Cambrai*, t. I, p. 439 ; M. LE GLAY, *Cameracum Christianum*, p. 387 ; M. DESNOYERS, t. XXV (1861), p. 353.

diacres [1] ; 4.° L'archidiacre qu'on voit figurer, dans les titres relatifs à des localités qui firent plus tard partie de l'archidiaconé de Bruxelles, est toujours celui de Brabant [2] ; 5.° Il est vrai que des actes du XI.° siècle portent la signature de sept archidiacres [3] ; mais le fait n'a rien d'étonnant, puisque le diocèse d'Arras, qui avait deux archidiacres, resta uni à celui de Cambrai jusqu'en 1093 [4] ; 6.° Il est vrai aussi qu'après la séparation des deux diocèses on rencontre, en 1095, 1099, 1112, 1121, 1159 et 1164 [5], six documents portant la signature de six archidiacres ; mais il a pu arriver que des archidiacres étrangers, se trouvant à Cambrai, soient intervenus à certains actes, pour leur donner plus de solennité.

L'évêché de Cambrai n'avait donc, avant le XIII.° siècle, que cinq archidiaconés. Ils ne sont nominativement cités qu'au XI.° siècle, à l'exception de celui du Cambrésis. Voici les dates les plus anciennes, avec le nom des archidiacres :

[1] « Hinc est quod sedes Cameracensis quinquo habet archidiaconos... » Continuator Gestor. episcopor. Camerac., apud Pertz, t. VII, p. 501.

[2] Rodulphe était, en 1095, 1098, 1100, 1112, archidiacre de Brabant, et il est désigné formellement comme tel en 1095 et 1109 (CARPENTIER, t. II, p. 13 ; Premier cartulaire de l'abbaye de Saint-Martin de Tournai, aux archives du Royaume, fol. 16, verso) ; or il figure, dans les années 1100 et 1110, comme archidiacre des autels de Wetteren ou Weerde et de Pamèle, localités situées dans l'archidiaconé de Bruxelles. (LE GLAY, Glossaire, etc., p. 26 ; Cartulaire d'Eenham, aux archives du Royaume, fol. 51). — En 1126, 1129, 1138, 1143 et 1145, Ansellus et Thiery sont cités comme archidiacres de localités appartenant aux deux archidiaconés. MIRÆUS, t. II, pp. 964 et 968 ; t. III, p. 40 ; t. IV, p. 366 ; HUGO, Annales Præmonstratenses, t. II, preuves, p. 227 ; Cartulaire d'Eenham, fol. 63 etc.

[3] MIRÆUS, t. I, pp. 58 et 163 ; M. LE GLAY, Glossaire, etc., pp. 13, 14 et 17.

[4] M. DESNOYERS, t. XXV (1861), p. 350. — Une charte de 1089 mentionne les deux archidiacres d'Artois et d'Ostrevant avec l'archidiacre de Brabant. Codex, n° LXXIV.

[5] M. LE GLAY, Glossaire, etc., pp. 25, 33 et 34 ; le même, Camerac. Christian., p. 389 ; MIRÆUS, t. II, p. 950 ; notre Codex n° XCI.

ARCHIDIACONÉ DE CAMBRÉSIS [1]: 910, Pierre; 1080 et 1089, Mascelin; 1095, Jean [2].

ARCHIDIACONÉ DE BRABANT [3]: 1076, 1089, 1090, Gérard; 1092, Mascelin; 1095, 1098, 1100, 1110, 1112, 1117, Rodulphe; 1117, Vautier; 1126, 1129, Vautier; 1132, 1133, 1138, 1143, 1145, Thiéry, etc. [4].

ARCHIDIACONÉ DE HAINAUT [5]: 1080, Widric; 1125, Ansellus; 1127, Erleboldus; 1131, Alard; 1159 et 1167, Alard; 1177, Hugo [6].

ARCHIDIACONÉ DE VALENCIENNES [7]: 1080, Ansfrid; 1109, 1113, 1120, 1123, Thiéry; 1159, Evrard [8].

ARCHIDIACONÉ D'ANVERS [9]: 1230, Vautier [10].

[1] Liste de CARPENTIER: Gérard, 1073; Widric, 1079; Désiré, 1080; Raoul, 1101, etc. Désiré, cité par Carpentier en 1089, était archidiacre, non du Cambrésis, mais d'Artois *Codex*, n.° LXXIV.

[2] *Amplissima collectio*, t. I, p. 205; *Gallia Christiana*, t. II, preuves, p. 24; MIRÆUS, t. II, p. 1135; *Codex*, n.° LXXV.

[3] D'après CARPENTIER: Mascelin, 1089; Raoul, 1098; Jean, 1103; Arnould, 1120; Manassès, avant 1139; Gérard, 1139; Raoul, 1146; Thiéry, 1148, etc.

[4] BALDÉRIC, p. 355; *Codex*, n.°° LXXIV, LXXVI, LXXX, LXXXIX; CARPENTIER, t. II, preuves, p. 13; M. LE GLAY, p. 26; MIRÆUS, t. I, pp. 371 et 677; t. II, pp. 964 et 968; t. III, p. 40; t. IV, p. 366; *Cartulaire d'Eenham*, fol. 47, 51, 56 et 62; *Premier cartulaire de Saint-Martin de Tournai*, fol. XVI, verso.

[5] D'après CARPENTIER: Gérard, 1089; Thiéry, 1103; Ponce, 1112, etc.

[6] MIRÆUS, t. II, p. 1135; t. III, p. 35; MAGHE, *Chronicon Bonæ-Spei*, pp. 3, 9 et 97; *Codex*, n°° CXIV, CXXIX, CXL.

[7] D'après CARPENTIER: Frédéric, 1089; Alard, avant 1103; Vautier, 1116; Guy, 1126; Séverin, 1158; Amaury, 1197, etc.

[8] MIRÆUS, t. II, pp. 815 et 1135; *Cartulaire de Saint-Amand*, liber albus, n.° 48, aux archives du département du Nord, à Lille; *Codex*, n.°° XCVII, CIV, CXXX.

[9] D'après CARPENTIER: Alard, 1089; Anselme, 1103; Siger, 1106; Albéric, 1106; Humbert, 1123; Guy, 1145.

[10] *Cartulaire d'Eenham*, fol. 199.

Archidiaconé de Bruxelles [1] : il n'a été créé qu'en 1277.

Ces dates concernent les premières mentions relatives aux archidiaconés ; mais l'existence de plusieurs archidiacres, sans relation à un archidiaconé déterminé, est signalée dans des actes beaucoup plus anciens : on en trouve cinq en 1074, sept en 1070, 1073 et 1074, six en 1046 et 1064 [2], deux au moins dans la première moitié du xi.<sup>e</sup> siècle, et au début du x.<sup>e</sup>, ou même à la fin du ix.<sup>e</sup> [3]. Or il est rationnel d'admettre, avec M. Desnoyers [4], que « le nombre » des archidiacres d'un diocèse indique presque toujours autant » de territoires archidiaconaux distincts, même dès l'époque la » plus ancienne à laquelle on voit apparaître plusieurs fonction- » naires ecclésiastiques revêtus de ce titre. » Baldéric, chroniqueur du xi.<sup>e</sup> siècle, qui s'étend longuement sur les faits et gestes des évêques de Cambrai de cette époque, qui nomme même plusieurs archidiacres, n'eût pas manqué de relater, si elle avait été récente, la division du diocèse en districts archidiaconaux.

Il est donc constant que la création des archidiaconés dans la plupart des diocèses, et spécialement dans la province de Rheims

---

[1] D'après Carpentier : Widon, 1039 ; Wautier, 1093 ; Jean, 1139 ; Samson, 1132 ; Albert, 1141 ; Aimar, 1156, etc.

[2] M. Le Glay, *Glossaire*, etc., pp. 7, 8 et 11 ; Miræus, t. i, pp 55, 58, 153, 155, 811 ; *Codex*, n° liii et lvi.

[3] « .... Ergo ibi (Cameraci) ut erant frequentes pontifices sancti, *archidiaconi*, decani .... » *Vita S. Gudilæ* (écrite vers 1057). *Acta S. Belgii*, t. v, p. 705. — « Henricum regem Lothariensem adeunt dominus prepositus et archidiaconus (Lietbertus), *aliique archidiaconi* (circa 1050)». Balderic, p. 330. — « Precor etiam nostros carissimos archidiaconos, dominum Willelmum atque Leuuulphum, necnon fratrem Lietbertum ... » Charte de l'an 1031. M. Tailliar, *Recherches pour servir à l'histoire de l'abbaye de Saint-Vaast*, dans les *Mémoires de l'Académie d'Arras*, t. xxxi, p. 369 — « Negotium *archidiaconis* et primis militum commendavit (Erluinus, circa 1013)». Balderic, p. 189. — « ... Proinde *cum suis archidiaconibus*, cœterisque sedis suæ commanipulantibus, consilio inito, direxit (Dodilo) propere ad cellam (887-903). » *Vita S. Dodonis*, écrite au x<sup>e</sup> siècle. *Acta S. Belgii*, t. vi, p. 377.

[4] *Annuaire*, etc, t. xxiii (1859), p. 148.

et dans le diocèse de Cambrai, doit être reportée dans le courant et très probablement au début du IX.ᵉ siècle.

Ce point étant démontré, il sera facile de résoudre la question de concordance entre les archidiaconés et les *pagi* de l'époque carlovingienne.

M. Jacobs, en France, a contesté cette concordance et soutenu qu'elle n'existe qu'à l'état d'exception [1]; mais il s'est hâté de revenir sur cette erreur [2]. MM. Warnkœnig et Gérard partagent la même opinion pour les diocèses de Belgique, et spécialement pour celui de Cambrai [3]. Sans doute, la règle que nous admettons n'est pas absolue, elle offre des exceptions : certaines délimitations civiles ont subi des changements en passant dans l'ordre ecclésiastique [4]. Mais on peut affirmer, sans crainte de se tromper, qu'en général la base des divisions ecclésiastiques, dans le nord de la

---

[1] *Études historiques et géographiques*, dans la *Revue des sociétés savantes*, t. v, p. 566 (Paris, 1858).

[2] *Géographie de Grégoire de Tours, de Frédégaire et de leurs continuateurs*, à la suite de la *Traduction de Grégoire de Tours*, par M. Guizot, (Paris, Didier et Cⁱᵉ.) 1861, t. ii, p. 295.

[3] *Histoire des Carolingiens*, t. ii, p. 163. — Pour justifier leur opinion, ils citent le grand *pagus* de Brabant, qui « se trouvait scindé en trois archidiaconés ne répondant à aucune division de ce *pagus* », les deux premiers (Brabant et Bruxelles) situés dans l'évêché de Cambrai, le 3ᵉ (Brabant-Wallon), dans le diocèse de Liége. Il y a beaucoup d'erreurs dans ce peu de mots. Rien ne prouve d'abord que le territoire du Brabant-Wallon fit anciennement partie du Brabant ; au contraire, Nivelles, dans l'ordre ecclésiastique, dépendait avec Fosses, Marchiennes, etc., du *concilium* de Fleurus dans le diocèse de Liége ; or, une lettre pastorale, adressée, en l'an 800, par un évêque de Liége à ses paroissiens, démontre que les seules divisions du diocèse étaient le Condroz, la Hesbaie, l'Ardenne et le pays de Lomme (*Amplissima collectio*, t. vii, p. 16). Nivelles, appartenant au diocèse de Liége, ne pouvait dépendre que du pays de Lomme, dont une partie prit dans la suite le nom de Brabant-Wallon. Quant aux deux archidiaconés de Bruxelles et de Brabant, nous venons de voir qu'ils n'existent que depuis 1277. On arrive ainsi à une conclusion diamétralement opposée à celle de MM. Warkœnig et Gérard.

[4] On en verra un exemple dans l'archidiaconé de Hainaut.

Gaule, a été la division territoriale en *pagi*; et tout concourt à le démontrer.

Le bon sens indique, en effet, que, nés sous le régime des *pagi*, les archidiaconés n'ont dû avoir d'autres limites que celles des divisions civiles auxquelles ils empruntèrent même leur nom. Dans quel but les évêques auraient-ils adopté une délimitation arbitraire, sans tenir compte des circonscriptions existantes? Pourquoi eussent-ils morcelé des cantons, distincts au point de vue politique, pour les faire entrer dans une même circonscription ecclésiastique? Comment prescrire et faire exécuter des mesures uniformes, dans un archidiaconé formé de lambeaux de territoires divers, soumis à des lois particulières et à des princes différents toujours en lutte entre eux? A un autre point de vue, en refusant d'appliquer à leurs diocèses l'organisation territoriale qu'ils avaient sous les yeux, les évêques n'auraient pas manqué de composer d'un même nombre de paroisses les circonscriptions ecclésiastiques nouvelles; or elles diffèrent essentiellement d'étendue, comme les divisions civiles dont elles portent le nom.

Les *pagi* du diocèse de Cambrai (*Cameracensis*, *Brachbatensis*, *Hainoensis* proprement dit, *Fanomartensis*, *Rien* ou *Antwerpiensis*) donnèrent naissance à autant d'archidiaconés [1]; et, pour avoir la preuve de leur concordance, il suffit de reconstruire, autant que les documents le permettent, l'un de ces *pagi*, et de le comparer avec l'archidiaconé correspondant. Nous avons fait cette expérience pour le Hainaut, et, par la simple inspection des cartes jointes à notre travail, on se convaincra que les archidiaconés de Hainaut et de Valenciennes, à part de légères modifications que nous signalerons, s'étendaient sur le même territoire que les *pagi Hainoensis* et *Fanomartensis*.

Nous admettrons donc, comme principe, que les divisions civiles

---

[1] On remarquera que le grand *pagus* de Hainaut, étant d'une étendue considérable, fut divisé en deux archidiaconés, correspondant aux deux *pagi* inférieurs qu'il contenait. Il n'en fut pas de même du *pagus Brachbatensis*, à raison peut-être de sa médiocre importance avant le XI.e siècle.

et ecclésiastiques ne différaient pas entre elles dans l'ensemble de leur circonscription. A l'aide de ces dernières, dont la composition est connue par les pouillés ou registres des taxes perçues par l'évêque, il est possible d'arriver à une délimitation exacte et précise des *pagi* [1]. Ajoutons toutefois que nous n'y recourrons qu'en l'absence de textes précis, ou pour confirmer un document douteux.

Un mot maintenant sur la division des archidiaconés en décanats ruraux ou de chrétienneté.

Les nécessité d'une bonne administration, le besoin de contrôle et de surveillance donnèrent naissance à ces subdivisions, qui renfermaient un certain nombre de paroisses et qui prirent le nom de décanats ou de *concilia*, selon les diocèses. Les doyens ruraux, placés sous la surveillance des archidiacres, avaient, dans l'étendue de leur ressort, mais dans des bornes plus étroites, le même genre d'attributions que ceux-ci. Ils apparaissent généralement assez tard, et ce n'est qu'au xi.e siècle qu'on les rencontre dans le diocèse de Cambrai. M. Desnoyers [2] estime toutefois que l'institution remonte beaucoup plus haut, et il en voit la preuve dans les statuts promulgués, par Hincmar, au synode de Rheims de 852, et qui s'appliqueraient à tous les diocèses de la métropole. Un titre de ces statuts règle, en effet, les obligations des doyens ruraux [3].

Les décanats correspondaient-ils à certaines divisions territoriales de l'ordre civil ? Les documents font défaut pour résoudre la question avec certitude ; mais nous adopterons, en thèse générale,

---

[1] L'opinion que nous émettons est celle des écrivains qui ont le mieux étudié et connu l'organisation civile et ecclésiastique du pays. Ils ont toutefois indiqué plutôt que démontré cette opinion. Nous citerons : A. de Valois, *Notitia* etc., préface, p. 12 ; Guérard, *Essai*, etc., passim ; le même, *Polyptyque d'Irminon*, t. I, p. 43 ; M. Desnoyers, loc. cit., et t. xxv (1861) pp. 361 363.

[2] T. xxv (1861), p. 357.

[3] Voici la rubrique de ce titre : « Capitula quibus de rebus magistri et decani per singulas ecclesias inquirere . . . debeant ». *Hincmari Opera*, t. I, p. 716. Voyez aussi le texte de l'an 877 cité plus haut. — Le diocèse de Laon avait des décanats au ix.e siècle. M. Desnoyers, t. xxvii (1863), p. 730.

l'affirmative, comme nous l'avons fait pour les divisions archidiaconales, et par les mêmes motifs [1]. Les *pagi* avoient leurs divisions en vicairies, centenies, etc., et il est à supposer que les évêques auront modelé leur système de divisions en décanats sur l'organisation en vigueur dans l'ordre civil et politique. On verra ci-après que deux diplômes, des années 673 et 909, signalent, dans le Hainaut, une vicairie qui correspond assez bien au décanat de Bavai.

Nous allons indiquer, avec quelques observations, les décanats dépendants des deux archidiaconés de Hainaut et de Valenciennes.

ARCHIDIACONÉ DE HAINAUT. — 1.° *Décanat de Mons.* — C'est par erreur qu'il est cité, en 1139, sous le titre d'archidiaconé de Mons [2]. Ce décanat s'est agrandi, vers le nord, par l'adjonction de localités prises au Brabant, à savoir, Braine-le-Comte, Petit-Rœulx, Ronquières, Henripont, Arquennes, les Ecaussines, Feluy, et peut-être Marche, Naste et Mignaut [3]. Cette extension est antérieure à l'année 1177 et ne remonte pas au-delà de 1130 [4]. Mentionnons aussi certaines dissemblances, vers la limite-nord, entre le *pagus* et l'archidiaconé : le village frontière de Casteau fait partie du décanat de Chièvres, dans l'archidiaconé de Brabant, bien qu'il appartienne au *pagus Hainoensis* [5]; Jacques de Guyse comprend, dans le décanat de Mons, Havay, qui se rattachait en réalité au décanat de Maubeuge [6]; et la charte citée, de 1139, y place An-

---

[1] A. DE VALOIS et GUÉRARD, *loc. citat*; M. DESNOYERS, t. XVII, p. 121.

[2] « In Hainoensi archidiaconatu et in Montensi archidiaconatu... » *Codex*, n° CXIX.

[3] Voyez le chapitre suivant et le pouillé ci-après.

[4] Braine-le-Comte est placé dans le Brabant en 1150, et il figure, dans la liste des décanats de 1180 (recueillie par J. de Guyse), comme appartenant au décanat de Mons. D'autre part, Feluy était, dès l'année 1177, dans l'archidiaconé du Hainaut. Voyez notre *Codex*, n.ᵒˢ CXXIV et CXL.

[5] Chartes de 847 et 871. *Codex*, n°ˢ XIII et XVI, et le pouillé.

[6] Voyez, dans le pouillé ci-après, le mot *Gognies*, au décanat de Maubeuge. J. de Guyse n'est rien moins qu'exact; on en verra d'autres preuves.

greau, que nos pouillés relèguent dans le décanat de Bavai. Ces modifications semblent résulter de la délimitation nouvelle qui se fit au xii.ᵉ siècle. Doyen ; en 1176, Regnier [1].

2.° *Décanat de Bavai.* — Il est nommé décanat de Hornu en 1073, 1086 et 1159 [2], et décanat de Bavai en 1177 [3]. La première appellation est curieuse et prouve l'importance du village de Hornu aux xi.ᵉ et xii.ᵉ siècles. Des travaux récents ont démontré l'existence de la Cour des Chênes à Hornu, où les comtes de Hainaut tinrent plus d'une fois leurs plaids [4] : une décision fut rendue, en 1190, par le comte Baudouin, en la cour plénière de Hornu ; et il s'en trouve datées de 1338, 1340, 1346, 1347 et 1350 [5]. Le décanat de Hornu ou de Bavai correspondait, comme nous l'établirons, à une vicairie appelée, en 673, *pagus Bavacensis*, et, en 909, *vicaria Bavacensis* [6]. Ce décanat ne subit aucune modification territoriale au xii.ᵉ siècle, comme on peut s'en convaincre par la charte de 1159 qui vient d'être citée. Doyens : en 1075 et 1086, Sigefroid ; en 1176, 1177, 1180, 1182, 1184 et 1186, Vautier [7].

3.° *Décanat de Binche.* — Il est cité en 1159 et 1177 [8] ; mais

---

[1] Miræus, t. iii, p. 347.

[2] « Signum Seyfridi decani de Hornu... ». Chartes de 1073 et 1086. *Codex*, n.ᵒˢ LV et LXXI. — « Altare de Sancto-Vedasto, quod in decanatu de Hornuto prope Bavacum situm est... » Charte de 1159. *Codex*, n.° CXXVIII. Une charte de 1089 cite de même un décanat de Soignies qui n'est autre que le décanat de Chièvres. *Codex*, n.° LXXIV.

[3] *Codex*, n.° CXLII.

[4] F. Hachez, *la Cour des Chênes à Hornu*, dans les *Annales du Cercle archéologique de Mons*, t. iv, p. 111 ; L. Devillers, *Analectes montois*, 1ᵉʳ fascicule, et *Annales* précitées, t. ii, p. 417 ; M. Pinchart, *Histoire du Conseil souverain de Hainaut*, pp. 2 et 3.

[5] MM. Hachez et Devillers, *loc. citat.*

[6] Voyez chap. vii, sect. 1, § 2.

[7] *Codex*, n.ᵒˢ LV, LXXI, LXXIV ; M. Le Glay, *Glossaire*, etc., p. 73 ; Charte de 1186, dans le *Chartrier de l'abbaye de Ghislenghien*, aux Archives du Royaume ; Miræus, t. ii, p. 976 ; t. iii, pp. 347 et 351.

[8] « ...Altare de Goien super Sambram, quod in archidiaconatu

on serait tenté de croire qu'il ne portait pas ce nom dès l'origine : Binche, en effet, est mentionné, en 1124 et 1179, comme une simple dépendance de Waudrez [1]. C'est par erreur que le testament de sainte Aldegonde, pièce évidemment falsifiée, rejette dans le Brabant Anderlues, qui appartient à notre décanat [2]. Jacques de Guyse se trompe aussi en attribuant au décanat de Binche les Écaussinnes, qui étaient situées, comme on l'a vu, dans celui de Mons [3]. Doyens : en 1177, Godefroid [4]; en 1197, Godinus [5].

4° *Décanat de Maubeuge.* — Il est nommé en 1169 [6]; et, parmi les localités qu'y place un titre de cette date, figure Dimechâux qui appartint plus tard au décanat d'Avesnes. La liste de 1186, reproduite par Jacques de Guyse, est d'accord avec cette charte [7].

ARCHIDIACONÉ DE VALENCIENNES. — 1.° *Décanal de Valenciennes.* — On le rencontre à l'année 1120 [8]. J. de Guyse y fait figurer Onnezies que nos pouillés attribuent au décanat de Bavai [9].

---

Hainoensi, in decanatu scilicet Binzio situm est . . . . ». Charte de 1159. *Codex,* n.° CXXIX. — » . . . Signum Godefridi decani de Binchio . . . » Charte de 1177. *Codex,* n.° CXL.

[1] « . . . Altare sancti Remigii de Waldrecho cum appenditiis suis Bincio et Spinetho . . . ». Charte de 1124. *Codex,* n.° CXIII. — « . . . . Ecclesiam de Waudre, cum appenditio suo Bince . . . ». Charte de 1179. *Codex,* n.° CXLIV. — Au siècle suivant, l'alleu de Binche, qui appartenait aux comtes de Hainaut, comprenait lui-même, dans sa circonscription, Waudrez, Buvrinne, Bruille, Waudriselle, Matée, Lustre, Fantegnies et Mont-Sainte-Geneviève. M. LEJEUNE, *l'Alleu de Binche,* dans les *Annales du Cercle archéologique de Mons,* t. II, p. 413.

[2] *Codex,* n.° CXL.

[3] Voyez le pouillé ci-après.

[4] Voyez la note 8 de la page précédente.

[5] MAGNE, *Chronicon Bonæ-Spei,* p. 4.

[6] « . . . Altaria de Damolziis, de Dimoncel, de Berela, que in archidiaconatu Hainoensi, in decanatu vero Melbodiensi sita sunt . . . ». *Codex,* n.° CXXXI.

[7] Voyez le pouillé ci-après.

[8] MIRÆUS, t. II, p. 805.

[9] Voyez le pouillé ci-après, au mot Angre, décanat de Bavai.

Doyens : en 1120, Werimbaldus [1] ; en 1176 et 1184, Thomas [2].

2.° *Décanat d'Haspres.* — Nous n'avons rencontré aucune mention ancienne de ce décanat. Le pouillé, publié par M. Le Glay, y place à tort Roisin qui dépendait du décanat de Bavai ; un autre pouillé enlève au décanat d'Haspres le village de Basuel, pour le reporter au décanat du Cateau, dans l'archidiaconé de Cambrésis [3].

3.° *Décanat d'Avesnes.* — Il est cité en 1159 [4]. Ce décanat était fort étendu et renfermait un grand nombre de localités. J. de Guyse y place, on ne sait trop pourquoi, le village de Willaupuis, situé bien loin de là, dans le décanat de Saint-Brixe, archidiaconé de Brabant. Doyen : en 1104, Adelard [5].

§ II.

On pourrait croire que les districts territoriaux ou administratifs n'étaient pas délimités, sous la période franque, avec la même précision qu'aujourd'hui : en effet, telle localité est placée, par les diplômes, tantôt dans un canton et tantôt dans un autre ; mais il est à remarquer que ce fait se produit toujours à l'occasion d'une localité-frontière. La confusion provient de ce que la plupart des villages, autrefois très étendus, n'étaient pas délimités d'une manière certaine ; de là le doute sur l'attribution à tel ou tel district. L'absence de notions géographiques, ou l'éloignement, a parfois aussi, comme le fait observer Desselius [6], induit en erreur un chroniqueur ou le rédacteur d'un diplôme. Notons encore qu'aux X.° et XI.° siècle existait déjà, dans la Gaule, cet absurde système

---

[1] Voyez la note 3 de la page précédente.
[2] Miræus, t. III, pp. 347 et 351.
[3] Voyez le pouillé ci-après, à ces mots.
[4] «... Altare de Latofonte, quod in Valencianensi archidiaconatu, in decanatu scilicet Avesnensi situm est ... » *Codex*, n.° CXXX.
[5] *Codex*, n.° XCIV.
[6] *Chronicon Gottwicense*, prodromus, p. 539. Voyez aussi *Acta Academiæ Theodoro-Palatinæ*, t. III, p. 253.

d'enclavements qui rendait si compliquées, jusqu'à la fin du siècle dernier, les relations de la vie civile.

En ce qui concerne la limite occidentale du Hainaut, nous n'éprouverons aucune difficulté à la déterminer : l'Escaut, de Condé à Bouchain, séparait ce canton de l'Ostrevant. Sur la rive droite, le Hainaut possédait les localités d'Escaupont, de Saint-Sauve, une partie de Valenciennes, Douchy, etc. [1] ; tandis que, sur la rive gauche, appartenaient à l'Ostrevant : Anzin (*Azinium*)[2], la paroisse et l'église de Saint-Vaast à Valenciennes [3], Wavrechain sous Denain (*Wavercinium*)[4], Lourches (*Lorsium*)[5], Rœulx près Bouchain (*Ruoth*)[6], et Bouchain lui-même. Nous rencontrons ici déjà un exemple de la confusion que nous avons signalée. Le village de Haussi dans l'arrondissement de Cambrai, est situé sur la rive droite de l'Escaut; or il est placé dans l'Ostrevant en 822 [7], dans le Hainaut en 847 [8], et dans le Cambrésis en 1107 et 1119 [9]. Par sa position, cette localité appartenait au Hainaut ; mais il n'est pas impossible qu'elle fût une enclave de l'un des deux cantons voisins.

Au sud-ouest, s'étendait le petit *pagus Cameracensis*, dont la limite, vers le Hainaut, subit quelques changements dans la suite des temps ; des localités en furent successivement détachées pour être incorporées dans le Hainaut [10]. Deux enclaves de ce dernier

---

[1] Voyez, ci-après, notre liste des localités et la carte.
[2] Miraeus, t. I, p. 33 ; *Thesaurus anecdotorum*, t. III, p. 783.
[3] « ... Alture quod dicitur Sancti-Vedasti, situm in pago Austrovandensi, ante castrum Valentianense .. » Ch. de 1098. *Codex*, n.° LXXXVIII.
[4] Miraeus, t. I, p. 33.
[5] Miraeus, t. II, pp. 1131 et 1133 ; *Codex*, n.° CXII.
[6] Ibidem.
[7] « ... In pago Ostrebantinse, Halciaeus. » *Codex*, n.° XI.
[8] « ... In pago Haynuensi ..... Halciacum. » *Codex*, n.° XIII.
[9] Miraeus, II, pp. 1131 et 1133.
[10] Avesnes-lez-Aubert et Thun-Saint-Martin, qui appartenaient au Cambrésis, dépendaient, en 1789, du Hainaut, du Cambrésis et de l'Artois ; Briastre, Busigny, Caudry, Escandœuvres, Iwuy et Rieux faisaient, à la

canton dans le Cambrésis sont signalées dès 958 et 1057 : ce sont les villages de Tilloy (*Tiletum*) et de Wambaix (*Wambia*), placés alternativement dans les deux cantons ¹.

Observons qu'à part les grandes divisions de l'Austrasie et de la Neustrie, séparées par l'Escaut, les territoires secondaires dans le nord ne sont généralement pas délimités, sous les Francs, par des fleuves ou des rivières, comme la Sambre, la Haine, la Selle, etc. C'est ainsi que la Selle, qui devrait être la ligne naturelle de démarcation entre le Hainaut et le Cambrésis, traverse obliquement les deux cantons et ne les délimite que dans une très faible partie de son parcours, aux environs du Cateau-Cambrésis ². Sur la rive gauche et vers son embouchure, se trouvent les villages de Noyelles, d'Avesnes-le-Sec et de Villers-en-Cauchie qui appartenaient au Hainaut ³ ; le Cambrésis ne commençait qu'au delà de ces localités avec *Lis* (Viesly), *Castellum* (le Cateau Cambrésis) etc. ⁴. Ajoutons que la même singularité se retrouve dans les divisions ecclésiastiques.

Au sud, notre canton était borné par une fraction du Cambrésis, et par le grand *pagus Laudunensis*, dont le nord prenait la déno-

---

même époque, partie du Hainaut et du Cambrésis, bien qu'ils eussent anciennement appartenu à ce dernier canton. M. LE GLAY, *Glossaire*, pp. 4, 13, 14, 19, 25, 34, 51 et 58.

¹ *Codex*, nᵒˢ XXIV et XLIX.

² ..... « Tandem in hac quæ tunc temporis circa ecclesiam beati Quintini martyris villula erat, et Perona nomen antiquitus habebat, et ubi fluvius (Sella) subterfluens, quasi limes quidam, Cameracensem et Haynoensem patriam dirimit... » *Chronicon Muri Sti-Andreæ de Castello*, apud Pertz, t. VII, p. 527. Cette chronique, publiée pour la première fois par Pertz, d'après les indications de M. Le Glay, date du XII.ᵉ siècle et donne des renseignements fort intéressants sur le Hainaut.

³ Voyez notre liste, à ces mots.

⁴ *Lis* (911) *Vendelgeiæ*, *Perona* ou *Castellum* (911 et 1001). MIRÆUS, t. II, p. 911 ; t. I, p. 148 ; BALDERIC, p. 100. Jacques De Guyse paraît vouloir rattacher au Hainaut le village de Viesly : « Comes Flandriæ cum Jacobo de Avesnis... intraverunt per Cameracesium in Hannonia, et acceperunt *Vallis*, *Solemes*, *Sampiton*, *Haussi*.... ». t. XII, p. 306. Le texte de Gislebert,

mination de Thiérache, du nom de la forêt qui le couvrait [1]. Le Hainaut appartenant au diocèse de Cambrai et le *Laudunensis* au diocèse de Laon, le premier avait naturellement, de ce côté, la même limite que le diocèse de Cambrai; limite facile à déterminer, car on sait que la consistance des anciens diocèses n'a pas varié. Ce que nous dirons de la Thiérache et les renseignements qu'offrent les diplômes prouvent cette concordance : ainsi le village de Floyon, placé à la lisière du Hainaut, appartient au diocèse de Cambrai ; et Fontenelle (Laonnais), ancienne dépendance de ce même village, appartient aussi bien à ce qu'on a appelé le *pagus* de Thiérache qu'à l'archidiaconé de ce nom dans le diocèse de Laon [2]. Au *pagus Laudunensis* se rattachent encore d'autres localités, proches du Hainaut ou du diocèse de Cambrai, comme *Altripa* (Autreppe), *Hanapio* (Anappe), *Rausidus* (Rosoy), etc. [3].

A l'est, le Hainaut confinait, à la hauteur de Feluy, au Brabant-Wallon (ancien *Lommensis*), situé dans le diocèse de Liége, et dans lequel se rencontre Nivelles, et peut-être aussi Feluy dont nous venons de parler [4]. Marche-les-Écaussines, village voisin, a certainement pris son nom, comme Forchies-la-Marche, de sa

---

auteur contemporain copié par Jacques De Guyse, ne fait pas mention de cette localité. GISLEBERT, p. 136.

[1] La carte du *Cameracum Christianum* de M. Le Glay laisse, en dehors du diocèse de Cambrai, l'abbaye de Ferny, qui pourtant en faisait partie. Un diplôme de 804 porte textuellement : « In pago Kameracense, in villa que nominant Fedimlago .... » M. LE GLAY, *Glossaire*, etc., Introduction, p. 16. En 1141, Nicolas, évêque de Cambrai, dota cette abbaye (MIRÆUS, t. II, p. 832); et, au XIII.e siècle, des arbitres, assemblés à Montdidier, déclarèrent qu'elle appartenait au Cambrésis. N. LELONG, *Hist. ecclésiastique et civile du diocèse de Laon*, p. 186

[2] Voyez le chapitre VI.

[3] *Hanapio* (845), *Altripa* (879), *Rausidus* (VII.e siècle). *Amplissima collectio*, t. I, p. 109 ; DOUBLET, *Histoire de l'abbaye de Saint-Denis*, pp. 782 et 783 ; DOM BOUQUET, t. IX, p. 414 ; FLODOARD (édition de Colvenère) p. 219. — On peut citer aussi les localités-frontières de Nouvion, Saint-Michel, Hirson, pays et diocèse de Laon (Thiérache).

[4] Testament de sainte Aldegonde. *Codex*, n.° IV. — Au XII.e siècle, la tour

position à la limite des deux cantons ou des deux diocèses [1]. Plus bas, et laissant Seneffe dans le Hainaut [2], se continue la ligne de séparation de ce canton et du *pagus Lommensis*, comme aussi des deux diocèses de Liége et de Cambrai [3]. Nous citerons d'abord les villages de Fosses (*Fossas*), Florennes (*Florines*), Villers-Pervîn (*Villare*), Marchiennes-au-Pont (*Marcinæ*), Pont-de-Loup (*Funderlo*), Bouffioulx (*Bufiols*), Frasnes (*Fraxinus*), Vaux (*Vallis*), Pesche (*Pesco*), Couvin (*Cubinium*) et Virelles (*Virellis*), qui faisaient sûrement partie du pays de Lomme ou de Darnau et en deça desquels doivent se restreindre nos recherches [4]. Du côté du Hainaut, les villages de Morlanwelz et de Piéton ont toujours été considérés

de Feluy était sous l'obéissance du duc de Louvain. Ce village entra, par la suite, dans la prévôté de Braine-le-Comte. Gislebert, p. 248; Delecourt, *Introduction à l'histoire administrative du Hainaut*, p. 72. — On verra toutefois, dans notre pouillé, que Feluy appartenait au décanat de Mons, dans l'archidiaconé de Hainaut.

[1] Un affluent de la Senne, appelé le *Brabant*, traverse Marche-les-Écaussinnes de l'est à l'ouest. D'autre part une dépendance de ce village porte le nom de Courrières; or voici ce que nous lisons dans une chronique: « Anno 1171, Godescalcus de Tyer, in augmentum curiæ nostræ de Courieres, dedit in eleemosynam quamdam terram in ejus confinio, de domini sui Hugonis de Boussois, à quo illam in feudum tenebat, consilio, quæ, in silvam conversa, illam partem nemorum de Courieres conficit quæ est in Hannoniensi solo..... ». Maghe, *Chronicon abbatiæ Bonæ-Spei*, p. 97.

[2] Seneffe est placé dans le diocèse de Cambrai par un grand nombre de chartes. Voyez notre liste au mot *Senephyum*. — « Est villa quæ Senophia dicitur, in Hannoniensis territorii confinio sita..... » *Vita S. Aulberti*, dans un manuscrit du xiv.<sup>e</sup> siècle, à la bibliothèque de Bourgogne, n.° 21002.

[3] On verra ci-après (Preuves, partie III) la composition des décanats ou *concilia* limitrophes dans les deux diocèses.

[4] *Fossas* (908), *Florines* (1012), *Villare* (1033), *Marcinæ* (840), *Funderlo* (840), *Bufiols* (948), *Fraxinus* (779 et 844), *Vallis* (x.<sup>e</sup> siècle), *Pesco* (789), *Cubinium* (872), *Virellis* (673). Voyez Miræus, t. I, pp. 34, 54, 139, 337 et 496; *Acta S. Belgii*, t. VI, p. 375; M. Estienne, *Histoire de S. Aldegonde*, p. 135; Lelong, *Histoire du diocèse de Laon*, p. 603; Bouillart, *Histoire de l'abbaye de Saint-Germain des Prés*, pièces justificatives, p. 19; *Bibliothèque de l'École des chartes*, 2.<sup>e</sup> série, t. II, p. 74; *Monuments historiques*, cartons des rois (publication de l'Institut), t. I, n.° 90. *Codex*, n.° XII.

comme villages frontières [1]; et, immédiatement au-dessous de ce dernier, se présente Fontaine-l'Évêque, dont les évêques de Cambrai et de Liége se sont, dans tous les temps, disputé la juridiction [2].

En continuant vers le sud, on arrive aux limites d'un *pagus* peu connu, le *pagus Sambrensis*, qu'on a rattaché au Hainaut, mais qui appartient en réalité au pays de Lomme [3]. Il commençait à l'est du village de Leernes, situé à la frontière du Hainaut [4], et comprenait l'abbaye d'Aulne, voisine de celle de Lobbes (Hainaut), et entre lesquelles il faut, par conséquent, tracer la limite des deux *pagi* [5].

---

[1] « Tout si cum il gisent entre le pierre grise et le haule forest de Morlainwes, par devers la Hagne, joignant à la conté de Namur. » Charte de 1263 DE REIFFENBERG, *Monuments*, t. I, p. 146. — C'est par erreur qu'un autre texte du XIIIe siècle place ce village à la limite du Hainaut et du *Brabant* : « Quod ad locum quemdam, in confinibus Hannoniæ et Brabantiæ, se transferret, prope villam quæ Morlanwez dicitur. » *Vita B. Guilielmi*, apud JACQUES DE GUYSE, t. XIV, p. 230. — Sur Piéton, voyez la note 2 de la page 18. — Des lettres des échevins de Liége, du 21 novembre 1645, attestent qu'après enquête, faite à Jumet, il a été reconnu que, de tout temps, ce village a appartenu à la principauté de Liége. Bibliothèque de Bourgogne, manuscrit n.º 7079. Voyez aussi DE NENY, *Mémoires sur les Pays-Bas*, t. II, p. 62. — D'autres localités, comme Fleurus, Chatelineau, Heppignies, Monceau, appartenaient au Namurois. DE REIFFENBERG, *Monuments*, t. I, pp. 34 et suivantes, et 94.

[2] Les pouillés du diocèse de Liége énoncent Fontaine-l'Évêque comme ceux du diocèse de Cambrai. Au temporel, cette ville fut toujours l'objet de vives contestations entre les comtes de Hainaut et les évêques de Liége; aussi jouit-elle d'une espèce d'indépendance jusqu'en 1757, époque à laquelle Marie-Thérèse la fit occuper par ses troupes. DEWEZ, *Dictionnaire géographique*, hoc verbo; Neny, *Mémoires sur les Pays-Bas*, t. II, page 57; DELECOURT, *Introduction*, page 3.

[3] Voyez-ci après, chapitre VI.

[4] « ... In confinio Samblensis pagi, villa quæ Lederna vocatur... » *Vita S. Autberti*, apud Mabillon, *Acta*, etc., seculo VI, pars I, p. 599.

[5] « In pagum nuncupatum Hainau, in locum..... qui vocatur Laubacus; construxit etiam aliud monasterium in pago Sambreo, nomine Alneo... » *Vita S. Landelini*, apud *Acta S.torum*, t. II de juin, p. 1065; *Acta S. Belgii*,

Plus bas, prenaient naissance les forêts de Fagne et de Thiérache, qui s'étendaient à la fois dans le *Lommensis* et le *Hainoensis*. La position de Virelles, de Vaux et de Pesche, dans le premier de ces districts, prouve qu'au sud-est les limites civiles du Hainaut continuaient à concorder avec les limites ecclésiastiques et avec celles que nous avons assignées à la Charbonnière.

Au nord, le Hainaut confinait au Brabant. Une opinion, généralement accréditée, veut que la ligne de démarcation entre les deux cantons ait été le cours de la Haine, depuis sa source jusqu'à son embouchure à Condé [1]. Nous combattons cette opinion en nous basant sur le texte des chartes, et nous prolongeons le Hainaut bien au-delà de la Haine sur la rive droite. Il serait étrange, en effet, qu'un territoire, aussi étendu que le Hainaut, eût tiré son nom d'une rivière située à l'une de ses extrémités et qui ne lui appartenait qu'à titre de limite commune. En second lieu, il y aurait désaccord complet entre la délimitation civile et la délimitation ecclésiastique qui se prolonge bien au-delà de la Haine.

L'archidiaconé de Brabant, calqué sur le *pagus* de ce nom à une époque où celui-ci était entier, conserva sa circonscription primitive jusqu'à la création de l'archidiaconé de Bruxelles (1277), en dépit des partages et des morcellements que subit ce territoire, de la part des ducs de Louvain et des comtes de Hainaut et de Flandre. Incorporé dans des États différents, le *pagus* avait depuis longtemps perdu son individualité; mais la dénomination de Brabant, conservée dans l'ordre ecclésiastique, continua pareillement de subsister dans l'ordre civil. De nombreux documents des XI.e et

---

t. IV, p. 460. Voyez aussi MIRÆUS, t. II, p. 823. — Thuin appartenait aussi au *Sambrensis* : « Villam de Thuin exeuntes, Hannoniam intraverunt.... » *Histoire des Ronds*, dans JACQUES DE GUYSE, t. XV, p. 128. — « Itaque in guerra comitis Hanoniensis, nullus patebat à Hanonia introïtus vel exitus, nisi per Tudunum castrum vel per Cymacum... ». GISLEBERT, p. 142. — « Apud Tudunum episcopi Leodiensis castrum.... ». Ibidem.

[1] DES ROCHES, *Mémoire* cité, p. 40 ; BUTKENS, *Trophées*, etc., t. I, p. 2 ; WASTELAIN, page 439 ; *Acta S. Belgii*, t. VI, p. 296 ; MM. WARNKOENIG et GÉRARD, *Histoire des Carolingiens*, t. II, p. 93.

xii.ᵉ siècles nomment ce canton comme s'il existait encore ; et, jusqu'au xvi.ᵉ siècle, beaucoup de localités du Hainaut sont placées en Brabant par les chartes [1]. C'est avec ces données, jointes aux indications précises des diplômes, que nous établirons de ce côté la délimitation ancienne des deux cantons.

La ville de Condé est située en Brabant ou en Hainaut, selon qu'il s'agit de la rive gauche ou de la rive droite de l'Escaut et de la Haine [2]. En suivant le cours de cette dernière jusqu'aux environs de Saint-Ghislain, on trouve, sur la rive droite et, par suite, en Brabant, les villages de Pommerœul, Ville-Pommerœul et Hautrage [3];

---

[1] « Quicumque in toto comitatu et dominatione Hannoniensi, tam in Hannonia quam Brabantia et Ostrevanno... » Gislebert, p. 55, etc. — Montigny-lez-Lens est placé en Brabant en 1107 et 1119 ; Lens, en 1258 et 1389 ; les villes de Leuze et d'Ath, à toutes les époques jusqu'après le xvi.ᵉ siècle, etc. Voyez Miræus, t. ii, pp. 1131 et 1155 ; Dom Baudry, *Annales de Saint-Ghislain*, apud De Reiffenberg, *Monuments*, etc., t. viii, pp. 236 et 462 ; Gislebert, p. 4 ; Baudouin d'Avesnes, p. 31 ; Duchesne, *Histoire de la maison de Châtillon-sur-Marne*, preuves, p. 58 ; Le Waitte, *Historia Camberonensis abbatiæ*, p. 218.

[2] « Canonici ecclesie Condatensis, qui vocantur de Hanonia, sunt quatuordecim... ; canonici ejusdem ecclesie, qui vocantur de Brabantia, sunt undecim... ». Voyez le pouillé ci-après, au décanat de Chièvres. — « Pascua infra allodium Condati, territorio Brabantiæ conterminata..... ». Charte de l'an 1200. Miræus, t. i, page 725. — « Condatum in Brabantia... » Jacques de Guyse, t. viii, p. 16 ; Butkens, t. i, p. 17. — « Condatum in Hannonia... ». *Auctarium Aquicinctinum Sigeberti*, publié par Miræus, p. 220.

[3] « .... In pago Bragbantense, in loco qui dicitur Villa... ». Charte de 864. Miræus, t. i, p. 646, et t. iii, p. 9. — « Tradidi libere et absolute... Villam in Brabantia, ac Pomeriolum, Autregium quoque et Vilerol... ». Dipl. de 1211. De Reiffenberg, *Monuments*, etc, t. i, p. 132. — « Ego Walterus de Villa in Brabantia... ». Ch. du xiii.ᵉ siècle, *Codex*, n.° dlix. — MM. Warnkœnig et Gérard (t. ii, p. 97) traduisent erronément le *Villa* de la charte de 864 par Ville-sur-Haine, qu'ils attribuent ainsi au Brabant ; et ils en concluent que le Hainaut s'arrêtait à la Haine ; mais, à la page 122 de leur ouvrage, ils placent la même localité dans le Hainaut. — Une charte de 1090, en faveur de l'abbaye de Crespin, s'exprime comme suit : « Cellam S.ᵗᵃᵉ Trinitatis, in pago Bracbbantensi, inter duas Hagnas, vivam scilicet et mortuam.... donavimus... ». Miræus, t. ii, p. 1139 ; *Gallia Christiana*, t. iii,

et, sur la rive gauche, dans le Hainaut, Escaupont, Crespin et Saint-Ghislain [1].

« A partir de Saint-Ghislain, la ligne frontière cesse de suivre la Haine et se dirige vers le nord ; aussi n'aperçoit-on plus, au voisinage immédiat de cette rivière, aucune localité du Brabant [2], tandis qu'il s'en rencontre plusieurs, sur la rive droite, qui appartiennent au Hainaut. Nous citerons d'abord le lieu appelé *Calviniaca* dans un diplôme de 871, et qui n'est autre que le hameau de Cavins, à Siraut [3] ; or un diplôme de 822 relègue Siraut dans le Brabant, sous le nom de *Securiacum* [4] ; d'où la conséquence que la ligne de démarcation passait entre ce village et son hameau actuel. Plus loin, vers l'est, se présente Casteau (*Castellum*) qu'un diplôme de 870 assigne au Hainaut [5], puis Saint-

---

preuves, p. 25; Raissius, *Cœnobiarchia Crispiniana*, p. 26. Quel serait ce lieu du Brabant sur la Haine ? Montignies-sur-Roc possédait, d'après le pouillé ci-après (Preuves, partie III), une chapelle de la Trinité ; mais ce village, situé à la rive gauche de la Haine, appartient au Hainaut. Ce sera sans doute le hameau de Pommerœul, appelé Petit-Crepin, situé sur la rive droite et par conséquent en Brabant.

[1] « .... Locum deserti, vocabulo antiquo Ursidongus vocatum, in extremis finibus Haniensis pagi .. ». *Vita S. Ghisleni*, apud Mabillon, *Acta*, etc., sæculo II, p. 791. — « Esse illum locum (Ursidongum) in confinio, inter duos velut limites Hainensis pagi sive Brabantis, in ripa fluminis quod Haina dicitur, à quo et eadem pars regionis vocabulum sumpsit. » *Homilia de actibus et predicationibus S. Ghisleni*, écrite en 938 et citée par Dom Baudry, apud de Reiffenberg, *Monuments*, etc., t. VIII, pp. 235 et 236. — La relation d'une chasse du roi Dagobert prouve encore que la Haine délimitait les deux cantons jusqu'aux environs de Saint-Ghislain : « .... Rex Dagobertus.... tunc venationis causa erat in pago Brabant. Quamobrem quadam die hujus negotio peragrans solitudinem Hainæ fluvio contiguam.... ». *Vita S. Ghisleni*, apud Mabillon, *Acta*, etc., sæculo II, p. 791. — Sur Escaupont, Crespin, etc., voyez notre liste ci-après (Preuves, partie II).

[2] Les plus proches, outre *Securiacum* dont nous allons parler, sont : *Novæ-domus* (Neufmaisons), *Montinium* (Montignies-lez-Lens), etc. Miræus, t. II, pp. 1151 et 1155 ; Gislebert, p. 4.

[3] Voyez notre liste, au mot *Calviniaca*, et *Codex*, n.° XVI.

[4] Ibidem, et *Codex*, n.° XI.

[5] Voyez notre liste à ce mot. Nous avons fait remarquer (p. 41) que

Denis, attribué au même canton [1] et qui touchait à la forêt de Broqueroie située en grande partie dans le Brabant [2]; et enfin, en continuant vers l'est, le Rœulx (*Ampolinis*) et Strepy (*Siterpies*) qui appartiennent au Hainaut [3].

En remontant de nouveau vers le nord, on arrive au village de Thieusies, qui, d'après la vie de saint Ghislain, était situé à l'extrémité du Hainaut [4]. De là, la limite se dirige en droite ligne vers Casteau, d'après les pouillés, figure dans l'archidiaconé de Brabant.

[1] « .... In pago Hannoniensi, Harminium, Baliolis, Sancti-Dyonisii in Brokerul. » Fragment d'une charte de 866, cité dans VINCHANT et RUTTEAU, p. 194. Ce diplôme inédit sera prochainement publié par M. Vos, vicaire à Lobbes, qui prépare un travail sur l'abbaye de ce nom. Les pouillés placent aussi St-Denis dans l'archidiaconé de Hainaut, décanat de Mons.

[2] « Robertus, qui ab Hanoniensibus continuos sustinebat assultus, eorum vires parvipendens, commoto exercitu, in comitatum Hanoniensem venit; cui Hanonienses, in Brabantia, in territorio qui dicitur Brokeroia, prope Montes, occurrerunt; et, cum gravi bello dimicarent, Hannonienses numero pauci ad defensionem ceciderunt quamplures.... Robertus equidem iniquitate et superbia accensus, prope Montes, in loco qui dicitur Dura, Hainam fluvium transivit, sicque per Hannoniam transeundo.... et praetermittens Valencenas, manere proposuit in loco qui dicitur Wayercins super Scaldum fluvium. » GISLEBERT, p. 12; JACQUES DE GUYSE, t. XI, p 172. — VINCHANT (t. II, p. 228) fait de *Dura* le village de Thieu; mais, ne serait-ce pas plutôt Douvrain, dépendance de Baudour?

[3] Voyez notre liste (Preuves, partie II).

[4] « Villa Tiedeias quæ regionis finitima videtur.... » *Vita S. Ghisleni*, apud *Acta S. Belgii*, t. IV, p. 385. — Le moine Renier, qui écrivit, vers 1010, les miracles de saint Ghislain, fait de ce lieu le village de Thielrode; voici ses paroles : « Quidam vir rusticus, nomine Berberus, ex pago Bracbatensi, de villa Tielrode vocitata, quia lumen oculorum ejus nox clauserat... sed quia unius diei itinere ad locum quo tendebat (Saint-Ghislain) non pervenire sinebat longior via, in villam quam Baldurnium vocitat rustica lingua, requiem ei prestitit nox soporifera.... » *Codex*, n° XXXIV. — Dom Baudry admet aussi Thielrode (DE REIFFENBERG, *Monuments*, t. VIII, p. 268); mais Ghesquierre a réfuté cette erreur, par la simple considération qu'il est matériellement impossible à un aveugle, voyageant à pied, d'accomplir en un jour le trajet de Tielrode à Baudour (environ 30 lieues). *Acta S. Belgii*, t. IV, p. 389. Renier oubliait que le premier biographe de saint Ghislain, copié par lui, était moine de l'abbaye de ce nom en Hainaut.

Seneffe, en rejetant, dans le Brabant, Mignaut [1], Soignies et sa dépendance appelée les Germes (*Germinium, Germiniacus*) [2], les Ecaussines [3], Marche en partie [4], Henripont [5] et Braine-le-Comte [6], bien que ces quatre dernières localités fussent situées dans l'ar-

et qu'il entendait par les mots « *regionis finitima* » une localité frontière de ce canton. Renier au contraire, moine de l'abbaye de S¹-Pierre de Gand, située dans le *pagus* de Brabant, à bénévolement cherché, à l'une des extrémités de ce dernier canton, une localité dont le nom ressemblât à celui de *Tüdelas*.

[1] « Item in Brabanto villam Miniacum.... ». Testament de sainte Aldegonde. *Codex*, n.° IV.

[2] Deux bulles de 1107 et de 1119 placent les Germes dans le Brabant. Miræus, t. II, pp. 1181 et 1158. Voyez aussi *Codex*, n° XLII. — Soignies appartenait à l'archidiaconé de Brabant, décanat de Chièvres. L'avis de Wastelain (p. 439) concorde avec le nôtre, quant à la situation de cette ville; mais Corneille Smet (*Acta S. Belgii*, t. IV, pp. 3 et 4) rejette cette opinion, par le motif que Soignies était sous la domination des comtes de Hainaut en 1071, puisque Richilde fait don de ce lieu à l'évêque de Liége, avec le reste du Hainaut. Smet perd de vue que la partie sud du Brabant était, en 1071, réunie au Hainaut depuis un demi siècle : c'est ainsi que Leuze, Antoing et Condé, dont la comtesse fait hommage dans le même acte, appartenaient également à l'ancien Brabant.

[3] Un diplôme de l'année 775 signale, dans le Brabant, un lieu appelé *Scancia*, qui paraît correspondre aux Ecaussines. *Codex*, n.° X. — Au XII° siècle, la forme du mot est *Scaleinæ*. Voyez p. 14 note 1 ; Gislebert, p. 187.

[4] Voyez plus haut, p. 47.

[5] Voyez le paragraphe précédent.

[6] « Ecclesia beatæ Waldetrudis de Montibus, in pago Bracbatensi, villam quæ Brena-Wilhota dicitur possidebat.... » Diplôme de 1150. *Codex*, n.° CXXIV. Voyez quatre autres documents de l'an 1193 dans notre *Codex*, n°ˢ CLI, CLII, CLIV et CLV. — « ... Comes autem suos contra ducem, in Brabantia, in Brania Wilhotica, et Binchio et Veteri-villa et Namurco posuit... » J. de Guyse, t. XIII, p. 10. — La châtellenie de Braine-le-Comte, qui comprenait Haut-Ittre, Feluy, Bois-Seigneur-Isaac, Braine-le-Château, Vautier-Braine, Braine-le-Comte, les Ecaussines, Henripont, Longue-Rue, Quenast, Saintes et Steenkerke, nous paraît être une division de l'ancien Brabant, auquel cette châtellenie aura appartenu primitivement toute entière. Delescluat, *Introduction* etc., p. 73.

chidiaconé de Hainaut [1]. Au dessus de Braine-le-Comte et appartenant au Brabant, se remarquaient les villes et villages de Tubise, Ittre, Hennuyères, Lembecq, Saintes, Enghien, etc. [2].

Le comté de Hainaut, avec les accroissements qu'il reçut et dont nous parlerons au chapitre VIII, ne subit aucun morcellement jusqu'au XVIIe siècle. Tel que nous l'avons délimité, il embrassait environ cent trente communes du Hainaut belge et deux cent dix du département du Nord en France. Il s'étendait, en Belgique, sur les arrondissements de Mons (en entier), Charleroi, Soignies et Thuin (en partie), et en France, sur ceux d'Avesnes (en entier), de Valenciennes et de Cambrai (en partie) [3]. Au XVe siècle, avec le Brabant et l'Ostrevant, il renfermait vingt deux villes closes, neuf cent cinquante villages et un grand nombre de châteaux [4].

[1] Voyez l'explication de ce fait au paragraphe précédent.

[2] Sur Tubise, Ittre, Hennuyères, voyez une charte de 877, dans MIRÆUS, t. 1, p. 502. — « Villam in Brabantia Lembecam. » J. DE GUYSE, t. XII, pp. 170 et 204. — « In pago Bracbatensi.... est villa; super Sainam fluvium posita, à collimitaneis Lembeca vocitata.... » *Vita S. Veronis*, auctore Alberto, apud DE GUYSE, t. IX, p. 428. — « Xantas in Brabantia.... » *Vita S. Reinoldi*, apud *Acta Sanctorum*, t. IV de juillet, p. 173.; *Acta S. Belgii*, t. IV, p. 643. — « Apud Xantum in confinio Brabantia.... » *Auctarium Usuardi*, ibidem.

[3] On a attribué, sans motif, au Hainaut, les localités suivantes : 1.º Blaton et Soignies (IMBERT, p. 132), qui appartenaient au Brabant ; 2.º Aulne et Charleroi appelé autrefois *Carnettum* (IMBERT loco citato), qui dépendaient du pays de Lomme; 3º une localité désignée, en 946, sous le nom de *Masuic* et placée dans un comté appelé *Haisou*, qu'on a pris pour le Hainaut (*Libellus de gestis abbatum Gemblacensium* apud ACHERI *Spicilegium*, t. VI, p. 512). PERTZ (t. VIII, p. 526) a fait la rectification : il faut lire *Masau* (le Masgau) au lieu de *Haisou*. Le Cartulaire de Gembloux, aux Archives du royaume (nº 84), porte : « In comitatu Masaù (ou *Maisou*), Masuic ».

[4] M. HENNE, *Histoire de Charles-Quint*, t. I, p. 13.

# CHAPITRE QUATRIÈME.

Le Hainaut, centre du *pagus Nerviorum*, suivit, pendant cinq siècles, les destinées du reste de la Gaule. Le système nouveau d'administration tendait fatalement à la destruction des peuplades indigènes ; les taxes ruineuses, les travaux écrasants imposés à la population, l'incorporation des hommes valides dans les armées de l'empire, et plus tard les invasions des peuples d'outre-Rhin, tout concourait à amener ce résultat. La puissance nervienne, célébrée par César, s'était vite évanouie, et ce peuple, qui avait mis cinquante mille guerriers sous les armes, ne fournissait plus, dès le deuxième siècle de notre ère, que six ou sept mille hommes aux armées romaines [1].

La population primitive, mélangée de Romains, de troupes auxiliaires actives et de vétérans belges renvoyés dans leurs foyers après de longs services [2], vit nécessairement se modifier, à ce contact, ses mœurs, ses usages et ses lois ; le caractère national lui-

---

[1] Les inscriptions trouvées en Angleterre ne mentionnent que six cohortes nerviennes. Bocking, *Notitia dignitatum*, etc., t. II, p. 932 ; M. Roulez, *Du contingent fourni par les peuples de la Belgique aux armées de l'empire romain*, dans les *Mémoires de l'Académie de Belgique*, t. XXVII, p. 4. — La cohorte romaine était composée, selon M. Roulez, de 500 ou de 1000 hommes ; d'après M. Galesloot, *loc. cit.* elle était de 600 hommes.

[2] Il n'est pas douteux, comme l'expriment MM. Moke (*La Belgique ancienne*, etc., p. 273) et Galesloot (*loc. cit.* p. 183), que ce renvoi des vétérans dans leurs foyers ne fût, pour Rome, un puissant moyen de civilisation. On a publié, en pays étranger, plusieurs diplômes des empereurs romains accordant aux vétérans un congé honorable avec certains privilèges. Parmi ces diplômes, il en est qui mentionnent les *Bethasii*, les *Suntci*, les *Menapii*, les *Nervii*, les *Tungri*, les *Frisiones*, les *Batavi*, etc. Voyez les recueils suivants : Lysons, *Reliquiæ Britannico-Romanæ* (Londres, 1813, t. I, in-folio) ; Gazzera, *Notizia di alcuni nuovi diplomi imperiali di congedo militare* (Turin, 1834, in-4°) ; Cardinali, *Diplomi imperiali* (Velletri,

même disparut[1]. Tout ce que l'on sait de cette époque est romain, il ne reste rien de la race indigène. On peut s'en convaincre, en comparant le nombre relativement restreint d'antiquités gauloises trouvées dans le nord de la Gaule, et l'immense quantité de débris romains dont notre sol est encore jonché.

Les Romains ont laissé des traces ineffaçables de leur séjour dans les Gaules. Sans parler de leurs institutions et du système de divisions territoriales que nous avons eu l'occasion d'indiquer, il faut, dans l'ordre matériel, citer ces monuments encore debout, ces découvertes de substructions, vases, médailles, etc., et surtout ces étonnantes voies de communication, appelées *Chaussées Brunehaut*, et qui sillonnent l'Europe entière.

On a vu que le territoire de l'ancien Hainaut s'étendait sur près de trois cent quarante localités modernes ; et, dans ce nombre, il en est cent trente deux qui ont mis au jour, comme le prouvera notre liste[2], des antiquités plus ou moins remarquables. Or, si l'on veut bien observer que, depuis un demi siècle au plus, on prend la peine d'enregistrer soigneusement les faits archéologiques de ce genre, qu'on ne possède aucun renseignement sur les trouvailles de près de quinze siècles, et qu'enfin le chiffre des découvertes va s'augmentant tous les jours, on arrivera à cette

---

1833, in-4°) ; HENZEN-ORELLI, *Inscriptionum latinarum amplissima collectio*, t. III ; le même, dans les *Jahrbücher des Vereins von alterthumsfreunden in Rheinlande*, t. XIII ; BOCKING, *Notitia* etc. — Nous publierons ci-après (*Codex*. nos I, II et III) ceux de ces documents qui concernent les troupes nerviennes.

[1] Les Nerviens se vantaient pourtant encore, au II.e ou au III.e siècle, de leur origine germanique : « Circa adfectationem germanicæ originis ultro ambitiosi sunt.... » Tacite, *De moribus Germanorum*, cap. XXVIII. Une inscription, trouvée en Angleterre, confirme ce dire de l'historien romain : « FORTVNAE COH. I NERVANA GERMANOR ». ROACH SMITH, *Collectanea antiqua*, etc. t. III, p. 202 (planche).

[2] Preuves, partie I. — C'est l'arrondissement d'Avesnes qui a fourni le plus d'éléments à la statistique que nous avons dressée. Cela tient à sa position géographique au sud de Bavai, et aux chaussées qui le traversaient en mettant Bavai en communication avec le centre des Gaules.

conclusion que la plupart des localités du Hainaut furent habitées sous les Romains, sinon simultanément, au moins à des époques diverses, pendant les quatre siècles de leur domination.

Une autre remarque à ce sujet et qui est digne d'attention, c'est que les lieux signalés par des découvertes plus ou moins considérables sont, en général, les plus anciennement cités dans les diplômes et autres documents de l'époque franque ; en d'autres termes, ces endroits furent les premiers habités par la race conquérante. La raison en est simple : les Francs prirent naturellement la place des vaincus. Les arrivants se fixèrent dans les lieux qui leur offraient le plus de facilité pour se créer des habitations, se groupant dans les villages à moitié détruits, faisant disparaître les ruines et profitant de ce qui restait debout. Nous ne parlons pas seulement de villes comme Trèves, Tongres, Tournai, mais des villes inférieures et des plus infimes villages ; ainsi, dans le Hainaut : Haulchin (cité en 877)[1], Grand-Reng et Vieux-Reng (779), Waudrez (779), Les Estinnes (694), Escaupont (847), Anderlues (673), Dour (965), etc.

Il serait difficile de passer sous silence ces grandes et merveilleuses voies de communication, dues au génie romain, et dont on suit encore les traces après dix huit siècles. L'histoire de ces chaussées se lie intimement aux évènements militaires de la période mérovingienne et carlovingienne. On peut dire qu'elle est l'histoire de la marche et des mouvements des armées dans le moyen-âge. A ces époques barbares, l'esprit grossier des Francs ne s'élevait pas encore à la réalisation d'un progrès matériel ; les Francs, en six siècles, ne créèrent pas une seule route, ils se contentèrent d'user de celles qui existaient. Aussi le théâtre des batailles est-il toujours marqué à proximité des chaussées.

Ces routes avaient, dans nos contrées, un centre commun où elles venaient aboutir ; c'était Bavai. De là rayonnaient, vers le

---

[1]. On y a découvert aussi des antiquités franques. Voyez notre liste, preuves, partie I.

nord et le centre de la Gaule, huit voies militaires importantes ¹. La première conduisait à Tongres, par Taisnière-sur-Hon, Aulnois, Gognies-Chaussée, Givry, les Estinnes, Waudrez, Morlanwelz, Trazegnies, Gembloux, etc.; la deuxième, à Trèves, par la Longueville, Feignies, Boussois, Marpent, la Thure, etc.; la troisième, à Rheims, par la forêt de Mormal, Quartes, Pont-sur-Sambre, Saint-Remi-Chaussée, Etroeungt (*Duronum*), la Capelle, etc.; la quatrième, à Soissons, par Forest, le Cateau-Cambrésis, etc.; la cinquième, à Cambrai, par Saint-Vaast, Vendegies (*Hermoniacum*), Wargnies-le-Petit, Villers-Pol, Somaing, Saulsoit, etc.; la sixième, à Tournai, par Bellignies, Audregnies, Quiévrain, Escaupont, Château-l'Abbaye; la septième, à Gand, par Bellignies, Audregnies, Quiévrain, Hensies, Grand-Glise, Aubechies, Blicqy, etc.; la huitième, à Utrecht, par Hon-Hergies, Sars, Genly, Noirchin, Ciply, Hyon, Nimy-Maisières, Masnuy-Saint-Jean, Masnuy-Saint-Pierre, Chaussée-Notre-Dame, etc. ².

L'état physique de notre pays essuya autant de transformations que l'état politique et social de ses habitants. A peine défriché sous les Gallo-Germains, le nord de la Gaule possédait, du temps des Romains, de vastes plaines livrées à la culture. Les progrès des Nerviens dans la science agricole se maintinrent jusqu'après Constantin³; mais les deux siècles suivants amenèrent l'anéantis-

---

¹ Bucherius *Belgium romanum*, lib. I, cap. XIV; MIRÆUS, *Chronicon Belgicum*, p 127; M. LEBEAU, *Antiquités de l'arrondissement d'Avesnes*, dans le *Recueil des notices et articles* de ce savant (publié par M. Michaux, Avesnes, 1859) pp. 27 et suiv.; M. BRUYELLE, *Des chaussées romaines du Cambrésis*, dans les *Mémoires de la Société d'émulation de Cambrai*, t. de 1859, p. 189; M. HOUZÉ, *Sur les voies romaines dans l'arrondissement d'Avesnes*, ibidem, p. 214; M. VAN DER AIT, *Les grandes chaussées de l'empire romain créées en Belgique*, pp. 4 et suiv. — DE BAST (*Second supplément*, etc., p. 60) n'en compte que sept, parce qu'il n'en fait qu'une des deux qui, se dirigeant sur Gand et Tournai, suivent le même tracé jusqu'à Quiévrain, où elles se divisent en deux branches. D'OUTREMAN, p. 4, en ajoute une neuvième allant à Valenciennes par Eth., Sebourg et Etrœux.

² Voyez la note précédente.

³ M. GALESLOOT, *loc. cit.* p. 182, et le passage d'Eumène y cité.

sement de tout ce qui avait été acquis jusque là : les campagnes défrichées retournèrent à l'état sauvage et de sombres forêts envahirent un sol jadis fécondé par la charrue.

La forêt Charbonnière a fait, de notre part, l'objet d'un examen attentif; nous l'avons montrée s'étendant sur la plus grande partie de la cité de Cambrai. Il importe de signaler les morcellements qu'elle subit, après les défrichements du moyen-âge, et les noms nouveaux que prirent ses divisions dans notre Hainaut.

Ecartons d'abord une allégation de Wendelin [1], qui mentionne, aux environs de Saint-Ghislain et de Mons, une forêt qu'il nomme *Cerasia silva*, ou bois de Cirau (Siraut), d'après un texte relativement récent des additions au martyrologe d'Usuard [2]. Le mot *Cella*, cité dans ce passage, se rapporterait, suivant Wendelin, à Saint-Ghislain, qui est en effet connu sous cette dénomination. Nous n'avons rencontré le nom de cette forêt dans aucun texte ancien; la seule qui soit citée, au nord-ouest de Mons, est la *Silva Balduli* (bois de Baudour) [3]; et nous pensons, avec Vinchant, que l'opinion de Wendelin n'est pas fondée. Siraut, d'une part, s'est toujours traduit par *Securiacum* [4], et, d'autre part, on lit « *Terasia* », au lieu de « *Cerasia* », dans la plupart des textes d'Usuard. Une localité de la Thiérache portait en effet le nom de *Cella* ou *Cellula* (l'Échelle) [5].

Cela fait nous citerons :

---

[1] Wendelin, *Natale solum legis Salicæ*, p. 86.

[2] « Item in cœmeterio (civitatis Hannoniæ quæ dicitur) Condatum nomine, sancti Wasnulphi confessoris, qui, de Scotia insula veniens, in saltum Cerasia, in loco qui nunc vocatur Cella... » Molanus, *Additiones Usuardi*, apud Sollerius, *Usuardi martyrologium* (Anvers, 1717), p. 572.

[3] Charte de 1065, *Codex*, n° L.

[4] Voyez notre liste, au mot *Calviniaca*.

[5] Lelong, *Histoire du diocèse de Laon*, p. 77. — C'est la même localité qui est citée dans la vie des saints Algise et Elton : « .... In quadam eremo silvæ Terascinæ, quæ Cellula vocabatur, juxta locum qui Mons-Sancti-Juliani dicitur, super flumen Oysiæ, fixit baculum suum in terra.... » *Vita S Adelgisi. Acta S.* tortom. t. 1, de juin, p. 234. — « ....Sanctus autem Eloqius cum beato Algiso in loco quodam habitaverunt, ab hominibus

1° La forêt de Broqueroie (*Brocherul*, 863; *Brotherota* et *Broqueroia*, xıı°. siècle; *Brochroie*, 1181), située en partie dans le Hainaut et en partie dans le Brabant ¹. Elle s'avançait au nord de la Haine au-dessus de Mons. D'après une charte de 1181 et un acte de partage de 1194, conclu entre l'abbé d'Hasnon, le comte de Hainaut et le sire de Rumigny, elle couvrait les territoires de Masnuy-Saint-Pierre, Masnuy-Saint-Jean, Montignies, Louvignies, Thieusies, Gottignies, Saint-Denis, Ville-sur-Haine, Nimy, Obourg, Ghlin, Maisières et Erbisœul ². On la retrouve aujourd'hui dans les bois de Ghlin, de Braile, de Mons ³, de Hasnon ⁴, de la Haie-le-Comte ⁵, de Naast, des dames de Mons, et d'Havré ⁶.

remoto, intra Elpram fluvium et Iseram, in Theraccnsi pago.... » *Vita S. Ettonis. Acta sanctorum*, t. ıı, de juillet, p. 60.

¹ Voyez notre liste, au mot *Brocherul*.

² « Quandam haiam, quæ est inter villam de Bajunriu et veterem calciatam quæ venientibus de castello Montensi pervia est, transit etiam per Novam-villam nostram indominicatam; quæ etiam haia extenditur in longum usque ad terram sancti Vincentii de Sonnits ». Charte de 1181. *Codex*, n.° cxlıx. — « Pars quidem ecclesiæ Hasnoniensis jacet à via quæ movet à capella de Masnul per Adesertum (Adæ-sartum) et per Jullisartum, usque ad villam quæ dicitur Castel. Eadem pars extenditur à supradicta via usque ad Erbisuel, et usque ad nemus sanctæ Waldetrudis penes Maisières. Partem quoque dominî comitis Flandriæ et Haynoniæ et partem Nicolai de Ruminio et participum ejus dividit rivulus qui dicitur Straubise, transmeans Duransart: videlicet pars comitis Flandriæ et Haynoniæ extenditur inter Saisinam et Bagenriu usque ad nemus sancti Vincentii Sonegiensis; pars etiam Nicolai de Ruminio et participum suorum extenditur inter Novam-Villam et Montiniacum, usque ad bruem de Louvinies ». Partage de 1194. De Reiffenberg, *Monuments*, etc., t. ı, p. 319.

³ Cité au douzième siècle : « Ne dominus comes, per advocatiam, in nemoribus B. Waldetrudis aliquid habeat reclamare, assignatum est ei nemus Montense in proprietatem ». Gislebert, p. 25. — C'est dans cette partie de la grande forêt de Broqueroie qu'était située l'abbaye de Saint-Denis : « Abbas cœnobii Sancti-Dyonisii, quod est situm in sylva Montensi ». *Cartulaire de l'abbaye de Saint-Martin de Tournai*, n.° 149, fol. 20, verso, aux Archives du royaume à Bruxelles.

⁴ Cité dans les textes ci-dessus de 1181 et 1194.

⁵ Idem.

⁶ Cité en 1119 : « Incisionem lignorum in silva de Havrech ». *Codex*, n.° cvııı; voyez aussi Miræus, t. ı, p. 559.

2° Le bois de Seneffe (*Sonefia silva*) [1], qui se prolongeait jusqu'à Nivelles [2]. Bien qu'il ne doive pas être confondu avec la forêt de Soigne (*Sungia* ou *Sonniaca silva*), nous pensons qu'il en dépendait et que ces deux forêts appartenaient à la Charbonnière [3]. La forêt de Soigne, qui couvrait tout le plateau situé entre la Senne et la Dyle, commençait au sud de Bruxelles et pénétrait jusque dans le Hainaut, où elle confinait à la Charbonnière proprement dite dont nous allons parler [4]. Au XVIe siècle, elle avait encore sept lieues de circuit et se terminait vers Braine l'Alleud et Braine-le-Château [5]. Les bois de Hal et de Forest en sont encore des restes [6]. D'après A. de Valois [7] la forêt de Soigne tirerait son

---

[1] Ghesquière (*Acta Storum Belgii*, t. III, p. 18), imprimé à tort *Sonesia*; tous les manuscrits de la vie de saint Feuillan portent *Sonefia* ou *Soneffia*. Voyez notamment un manuscrit du XIe siècle, à la Bibliothèque de Bourgogne, n.° 18654.

[2] « Contigit eum per silvam Soneñam, Nivellæ contiguam, errare et in impias latronum manus incidere ». *Vita S. Gertrudis*, manuscrit de la Bibliothèque de Bourgogne (XIIe siècle), n.° 14934. — « In silva cœnobio sanctæ Gertrudis contigua quæ Sonesia (Sonefia) dicitur. » *Acta S. Belgii*, t. III, p. 18. — « Dum consummatus est (Foillanus) in silva Sonefia martyrio ». *Vita S. Ettonis*, apud *Acta sanctorum*, t. III de juillet, p. 60. — Hillin, dans le récit des miracles de saint Feuillan, place son martyre dans la Charbonnière : « In pago Bainaugia nomine, in nemore nuncupato Charbeneira, loco qui dicitur Ampolinis, contermino parochiæ vici qui vocatur Siterpies, ubi fusus est cruor innoxius beati Foyllani ». *Acta S. Belgii*, t. III, p. 8. — Une chapelle et un monastère furent construits à l'endroit même où le saint avait succombé; et, en 1126, Burchard, évêque de Cambrai, confirmant les biens du monastère de Saint-Feuillan, s'exprime ainsi : « ..... Altare de Strepi cum omnibus appendiciis, altare de Arkenna.... ad usus fratrum qui in capella Sancti-Foillani, in silva de Carbonariis.... » Miræus, t. I, p. 103; t. IV, p. 361. Une charte de 1137 dit la même chose. Miræus, t. I, p. 103.

[3] Vinchant, t. II, p. 160; Wastelain, p. 439; M. Galesloot, loc. cit.

[4] M. Wauters. *Hist. des environs de Bruxelles*, t. III, p. 371.

[5] Guichardin, *Description*, etc., p. 49.

[6] M. Wauters, loc. cit.

[7] *Notitia*, etc., voyez *Sonegiæ*.

nom de la ville de Soignies. Le contraire serait plus exact, et l'on en pourrait dire autant de Seneffe, relativement à la *Sonefia silva.*

3.° La Charbonnière proprement dite, qu'on voit figurer dans les actes du xi.° au xiv.° siècle. Elle était bornée, au nord, par la forêt de Soigne, et était située entre Mons, Soignies, Braine-le-Comte, Gosselies, et la Sambre jusqu'aux environs de Thuin. C'est à cette division de la forêt Charbonnière que s'appliquent quelques-uns des textes cités au chapitre premier.

4.° La forêt de Mormal, signalée aux xii.° et xiii.° siècles [1]. Elle prenait naissance au sud de Bavay et arrivait, à l'ouest, jusqu'au Quesnoi, au sud, jusqu'aux approches de Landrecies, et, à l'est, en longeant la Sambre, jusqu'aux environs de Quartes [2]. A la fin du siècle dernier, elle avait quatre lieues du nord au sud et deux de l'est à l'ouest [3]. Thomas de Savoie y fit placer, au xiii.° siècle, des taureaux, des vaches et des chevaux à l'état sauvage et de race étrangère, pour les acclimater en Hainaut [4]. Rappelons aussi que De Dynter fait traverser par Clodion cette forêt, qu'il confond avec la Charbonnière telle qu'elle existait au v.° siècle [5].

Nous verrons, au chapitre VIII, en quoi consistaient la Fagne et la Thiérache.

La chasse, ce grand délassement des rois de la première et de la seconde race, les amena souvent dans ces contrées, et nos

---

[1] De Saint-Genois, *Pairies du Hainaut*, t. I, pp. 214, 216, 230, 316 etc.; J. de Guyse, t. xi, p. 114.

[2] Guichardin, p. 40; De Saint-Genois, loc. cit.

[3] *Recherches sur l'ancien Hainaut*, manuscrit de M. Hyppolite Rousselle. — En 1789, elle contenait dix sept mille cinq cent soixante trois arpents, dont trois quarts de hêtres et un quart de chênes. *Mémoire administratif, historique et statistique sur le Hainaut* (18° siècle), manuscrit n.° 40 de la Bibliothèque de Bourgogne; M.™ Clément-Hemzay, *Promenades dans l'arrondissement d'Avesnes*, t. I, p. 109. En 1836, elle avait encore près de neuf mille hectares. *Annuaire du département du Nord*, 1836, p. 13; 1837, p. 34.

[4] J. de Guyse, t. xiv, p. 178.

[5] « Clodio.... Carbonariam silvam, quæ nunc Mormal nuncupatur, ingressus, urbem Tornacum obtinuit ». De Dynter, t. I. p. 2.

légendes relatent avec complaisance les exploits cynégétiques de Dagobert et de Charlemagne [1]. Le buffle, l'aurochs, l'ours surtout foisonnaient dans les forêts. L'abbaye de Saint-Ghislain tira son nom primitif (*Ursidongus*) de l'ours qui guida le saint à l'endroit où il bâtit son monastère [2]. L'empereur Othon défendit, en 945, de poursuivre ces animaux qui commençaient à disparaître [3]. Au siècle suivant, en 1071, Théoduin, évêque de Liége, trouvait, dans un envoi d'ours que lui faisait l'évêque de Paderborn, une délicate allusion à l'inféodation récente du Hainaut, et particulièrement au caractère de ses habitants, que Philippe de Harveng nous dépeint encore, de son temps, sous des couleurs peu brillantes [4]. Ce ne fut qu'au XII.e siècle que les comtes autorisèrent la destruction des bêtes fauves dans le Hainaut [5].

---

[1] J. DE GUYSE, t. VII, p. 246; MABILLON, *Acta*, etc., seculo II, p. 791; *Acta S. Belgii*, t. V, p. 709 et 727; M. DE REIFFENBERG, *Hist. du Hainaut*, p. 48.

[2] *Acta S.torum*, t. IV d'octobre, p. 1031; *Acta S. Belgii*, t. IV, p. 377. — Une autre localité du Hainaut porte encore le nom d'Orsinval (*Ursenens*). Voyez notre liste, preuves, partie II.

[3] J. DE GUYSE, t. VII, p. 276.

[4] « Misistis enim ursos cum melle mellisque alumno, pretiosaque contexta, quibus quatuor insignibus et aliud quiddam innuit res gesta. Nam quid per ferocitatem ursinam, nullius tam rei quam mellis avidam, nisi gens illa *Hainaucensium*, quæ semper exasperata est inter fluctus bellorum, signatur? Quid vero per mellis alumnum, nisi regem dixerimus dominum nostrum ?... » *Amplissima collectio*, t. I, p. 487. Martène et Durant sont d'avis qu'il faut lire « *Hainaucensium* ». On sait que le Hainaut avait été inféodé à l'évêque de Liége dans le courant de cette année. MIRÆUS, t. III, p. 15. — « Ad Haynonensium perversas nationes iter flexit, quasi, fama forsitan divulgante, Deo adhuc rebelles intellexit, nec solùm, tunc temporis, duro cervice et incircumciso corde fuisse gens illa cognoscitur, verum etiam usque in hodiernum exasperans invenitur.... » PHILIPPE DE HARVENG, p. 753.

[5] « Comitum Hanonensium jus erat in Hannonia quoddam de ursis pascendis et ipsorum ursorum custodibus, quod quidem in detrimentum et gravamen hominum pauperum erat, et idem quoque in tædium hominum divitum vertebatur. Isto comes, misericordiæ respectu, jus illud et con-

L'attrait qu'offrait aux princes ce vaste et giboyeux territoire y détermina la construction de palais ou villas qui ne furent, au début, que des haltes en vue de ces grandes chasses d'automne si vantées dans les chroniques. Le palais des Estinnes (*Liphtinæ*), situé sur la chaussée romaine de Bavay à Tongres, est célèbre par le concile qui s'y tint en l'an 743 [1]. Il fut le séjour favori de Dagobert et de Pepin de Herstal qui date des Estinnes plusieurs de ses diplômes [2]; et plus tard Charles-le-Chauve y fit battre monnaie [3]. Valenciennes (*Valentianæ, portus Valentianæ* [4]), à l'autre extrémité du Hainaut, avait aussi son palais : le roi Clovis III y tint, en 693, un plaid dont la relation nous a été conservée [5]; après lui, Childebert III y séjourna en 698 [6], et Charlemagne y convoqua une assemblée en 771 [7].

suetudinem prorsus universis hominibus suis remisit.... ». GISLEBERT, p. 268. Voyez aussi notre article sur les défrichements, dans la *Revue d'histoire et d'archéologie*, t. ii, pp. 74 et 131.

[1] LABBEI *Concilia*, t. vi, p. 1337. MIRÆUS rapporte qu'il y vit encore des restes de l'ancien palais : « Quo loco veteris palatii et villæ regiæ vestigia hodieque supersunt. » *Chronicon Belgicum*, p. 132.

[2] MABILLON, *Acta*, etc, seculo ii, p. 791 ; le même, *De re diplomatica*, p. 295; *Acta S. Belgii*, t. iv, p. 354 ; WAULDE, *Chronique de Lobbes*, p. 338. — Estinnes-au-Val, où était situé le palais, est encore rempli des souvenirs des Pepin ; il y a la cour de Pepin, la ruelle du roi Pepin, etc. M. LEJEUNE, *Coup-d'œil géographique, statistique et historique sur le canton de Rœulx*, p. 14.

[3] Voyez page suivante. Un acte de 870 est encore daté des Estinnes. BOEMER, *Regesta Carolorum*, p. 163.

[4] C'est à sa position sur l'Escaut que cette ville doit la qualification de *portus* : « In portu Valencianas, sancti Salvii confessoris... ». USUARDI *Martyrologium*, p. 373. — « Qui Valentianarum stratas et domus.... nec non et portum navium.... mendicando diu lustrans... ». *Miracula S. Ghisleni. Codex*, n.° XXXIV. — Voyez aussi plus loin la légende d'une pièce de monnaie frappée à Valenciennes.

[5] L'importance de ce document nous a engagé à le reproduire. *Codex*, n.° VI.

[6] DOM BOUQUET, t. iv, pp. 678 et 679 ; PARDESSUS, *Diplomata* etc., t. ii, pp. 247 et 248.

[7] « Anno 771, dominus rex synodum habuit ad Valentianas. » *Annales*

Nous devons dire un mot des monnaies franques qui furent frappées dans le Hainaut.

Il faut d'abord rejeter, comme suspect, en tant qu'il se rapporte au Hainaut, un tiers de sol d'or mérovingien, indiqué par M. Chalon [1] et portant la légende : « HENEGAV CITAS ». Le Hainaut n'eut jamais le rang de *civitas*; et, en prenant ce mot dans le sens moderne de *ville*, il resterait à découvrir cette ville inconnue, chef-lieu d'un *pagus* sous les mérovingiens.

On a invoqué la destruction de Bavai, au v.ᵉ siècle, pour lui contester deux monnaies avec la légende « BAVACA CIVITAS » et « CAVACA VICO [2] »; mais ce lieu n'avait pas moins de titres à un atelier monétaire que Thuin, Chièvres, Condé, etc. [3] Au ix.ᵉ siècle, Bavai possédait un château-fort [4], et sa position au centre de huit chaussées romaines lui valut toujours, dans le moyen-âge, une certaine importance.

Les autres monnaies du Hainaut sont : un denier d'argent frappé aux Estinnes (LEPTINAS FISCO); d'autres, à Mons (CASTRA-

---

*Francorum*, apud DOM BOUQUET, t. v, pp. 18, 37 et 340. — « Præfatus custos Adulphus oravit abbatissam euntem Valencianas ad placitum Karoli regis. » *Chronicon Centulense*, apud ACHERII *Spicilegium*, t. IV, p. 504. — Voyez aussi deux diplômes de Charles-le-Chauve, datés de 863 et de 863, et donnés à Valenciennes. DOM BOUQUET, t. VII, p. 612; t. VIII, p. 435; BOUXEL, pp. 153 et 163.

[1] Ce tiers de sol, trouvé aux environs de Mons, a été présenté, le 7 Janvier 1835, par M. Chalon à la Société des Sciences, des Arts et des Lettres du Hainaut. Le savant numismate, sans rien affirmer, incline à penser qu'il appartient au Hainaut. Voyez *Mémoires et rapports de la Société des Sciences, des Arts et des Lettres*, 1836, p. 15.

[2] La première, qui est de Charles-le-Chauve, a été publiée par LEBLANC (*Traité des monnaies de France*, p. 125) et la deuxième par ECKHART (*De rebus Franciæ orientalis*, t. I, pp. 293 et 294). Celui-ci croit qu'il faut lire BAVACA au lieu de CAVACA. Voyez aussi GHESQUIÈRE, *Mémoire sur trois points intéressants de l'histoire monétaire des Pays-Bas*, p. 53. — DE BAST (*Deuxième supplément*, p. 143) est d'un avis contraire.

[3] GHESQUIÈRE, pp. 89 et 109; *Revue de la numismatique belge*, t. IV, pp. 332 et 360.

[4] Voyez, ci-après, le chapitre VII, § 2.

LOC), à Valenciennes (VALENCIANIS PORTUS) et à Maubeuge (MELBODIO)[1].

La période qui nous occupe vit s'accomplir une révolution qui exerça une influence décisive sur le sort de l'humanité : nous voulons parler de la conversion au Christianisme. Sous les empereurs romains du III.e et du IV.e siècle, la religion nouvelle avait déjà pénétré dans notre pays avec les missions de saint Materne, de saint Piat, etc.[2]; mais les invasions des Huns, des Vandales et des Francs firent bientôt disparaître toutes traces de ces prédications. Le Christianisme ne s'introduisit efficacement, dans ces contrées sauvages, que vers la première moitié du VII.e siècle. Ce siècle brille, dans l'histoire religieuse du Hainaut, comme un phare dans les ténèbres du passé. Après comme avant, c'est l'obscurité la plus complète, les annales sont muettes jusqu'au XII.e siècle; mais, dans le cours du VII.e siècle, on peut suivre les évènements pas à pas, année par année. Cette époque fut celle des grands missionnaires, et aucune province ne fut plus que le Hainaut, remuée par leurs prédications[3].

Le premier soin des apôtres de la nouvelle religion était de construire des monastères, « comme on élève une citadelle en

---

[1] Ghesquière, pp. 74 et 90; *Revue de la numismatique belge*, t. IV, pp. 337 et 351. Nous mentionnerons, au chapitre VII, § 3, une monnaie de Renaud qui gouverna le Hainaut, avec Garnier, entre les années 966 et 973; elle porte à l'avers le mot MONTES.

[2] *Acta S. Belgii*, t. I, pp. 406 et suiv.; t. II, p. 191. Superior était évêque des Nerviens au milieu du IVe siècle, et des ornements, trouvés à Bavai dans le tombeau de Licinius, témoignent que la religion, sous Honorius, avait fait des progrès sensibles en Hainaut. De Bast, p. 64; M. Lebeau, *Bavai*, dans le *Recueil de notices et articles divers sur l'histoire de la contrée formant l'arrondissement d'Avesnes*, p. 197. Ce recueil, qui renferme les œuvres historiques de M. Lebeau, ancien président du tribunal d'Avesnes, a été édité par M. Michaux aîné (Avesnes, 1852).

[3] Nous citerons, parmi les missionnaires du Hainaut: saint Géry, évêque de Cambrai († entre 614 et 622); saint Feuillan († 655); saint Walbert et sainte Bertille († 669); saint Aubert († 669); saint Etton († 670); saint Vincent Madelgaire († 677); saint Humbert († 682); sainte Aldegonde

» pays conquis, pour ne pas même laisser naître la pensée de
» l'insurrection¹. » On vit successivement se fonder les abbayes
de Saint-Amand (vers 654), de Waslers (vers 640), de Maubeuge
(vers 644), de Crespin (vers 647), de Saint-Ghislain (vers 649),
de Lobbes et de Maroilles (vers 653), d'Aulne (vers 675), etc.²
En construisant des habitations au milieu de ces lieux incultes,
en y attirant les populations, en défrichant par eux-mêmes un
sol ingrat, les apôtres chrétiens rendirent à l'humanité un des
plus grands services que l'histoire ait jamais eu à enregistrer³.
« Les premiers moines », dit M. de Reiffenberg⁴, « étaient des
» agriculteurs, il était beau de voir des mains sanctifiées remuer
» vaillamment la bêche et le hoyau. La croix et la charrue ont
» commencé la civilisation moderne. » Heureux les monastères,
s'ils avaient borné leur mission à cette œuvre de progrès ; mais,
dès le XIV.ᵉ siècle, ils devinrent un obstacle à cette même civilisation qu'ils avaient si puissamment contribué à fonder. Il faut
toutefois accorder cette justice à certains ordres religieux, particulièrement aux Bénédictins, qu'ils rendirent aux temps modernes
un nouveau service signalé, en conservant le dépôt des monuments
littéraires de l'antiquité et en rassemblant, dans leurs annales,
les éléments de l'histoire du moyen-âge.

(+ 685); saint Ghislain (+ 685); sainte Waudru (+ 686); saint Landelin (+ 686); saint Vindicien (+ 707); saint Hildulphe (+ 707); saint
Ursmar (+ 713). Voyez la préface des tomes II-V des *Acta S.torum Belgii*.

¹ PAILLARD DE SAINT-AIGLAN, *Mémoire sur les changements que l'établissement des abbayes etc., a introduits dans l'état social de la Belgique*, dans
les *Mémoires couronnés de l'Académie*, t. XVI (1843), p. 23.

² MABILLON, *Annales*. etc., passim ; BRASSEUR, *Origines omnium Hannoniæ cœnobiorum*, passim.

³ PAILLARD DE SAINT-AIGLAN, p. 52 et suivantes.

⁴ *Histoire du Hainaut*, p. 37.

## CHAPITRE CINQUIÈME.

Nous exposerons brièvement, dans ce chapitre, les destinées politiques du Hainaut entre le v.⁰ et le xi.⁰ siècle.

A la mort de Clovis, ses quatre fils se partagèrent ses États : Thierry, l'un d'eux, obtint le royaume de Metz, dans lequel entra le Hainaut et presque toute la Belgique. Un peu plus tard, la Gaule se divisa en Neustrie et Austrasie; et celle-ci, selon Pontanus, Henschenius et Hontheim [1], comprenait l'Alsace, Worms, Mayence, Trèves, une partie du Palatinat, Rheims, le Cambrésis, le Hainaut, Namur, le Limbourg, Liége, le Brabant, la Flandre, Clèves, Juliers, la Gueldre, la Hollande, la Zélande et Utrecht.

Le Hainaut n'est pas cité, sous son nom, dans les traités et les actes du droit public, avant le règne de Louis-le-Débonnaire. Il apparaît, dans le partage de 830 ou 838, sous le nom de *Ainau*; et il entra dans le lot de Charles, avec la Flandre, le Mempisque, le Mélantois, etc. [2]. En 843, les fils de Louis-le-Débonnaire se partagèrent à Verdun le royaume paternel : Lothaire obtint les pays situés entre la Meuse, l'Escaut, le Rhône et le Rhin [3]; et de lui ou de son fils Lothaire vient le nom de Lotharingie, qui remplaça

---

[1] Pontanus, *Origines Francorum*, lib. vi, cap. 7; Henschenius, *Dissertatio de Sigeberto rege Austrasiæ*, apud *Acta S. Belgii*, t. iii, pp. 26 et suiv.; Hontheim, *Historia Trevirensis diplomatica*, t. i, p. 21. Voyez aussi Wastelain, p. 55.

[2] Dom Bouquet, t. vi, p. 413; Baleze, t. i, p. 690. — Il va de soi que la dénomination de « Ainau » comprenait toutes les divisions du *pagus*; nous n'en voulons pour preuve que le silence de l'acte sur le *pagus Fanomartensis*.

[3] « Lotharius... inter Rhenum et Scaldem in mare decurrentem, et rursus per Cameracensem, Hainaoum, Lomensem, Castritium, et eos comitatus qui Mosæ citra contigui habentur ». *Annales Bertiniani*, apud Dom Bouquet, t. vii, p. 62.

celui d'Austrasie et servit à désigner la partie de la Gaule que le monarque avait obtenue dans la succession de son père. A la mort du roi Lothaire, ses oncles, Louis-le-Germanique et Charles-le-Chauve se divisèrent son royaume : Charles eut la Lotharingie occidentale, et par conséquent notre province, que le traité mentionne sous le nom de *Hanioum* [1].

Dans le courant de ce siècle, le Hainaut fut aussi compris dans plusieurs *missatica* : ainsi, en 822, Louis-le-Pieux envoya, comme *missi*, l'évêque Régnier et le comte Béranger, dans les quatre évêchés de Noyon, d'Amiens, de Térouane et de Cambrai [2]. Peut-être aussi le Hainaut fut-il compris dans un *missaticum* de 853, qui nous a été conservé [3].

La Lotharingie, après ses rois, eut ses ducs et fut vivement disputée, au X.ᵉ siècle, entre les rois de France et les empereurs d'Allemagne qui finirent par la posséder sans contestation. Elle resta dès lors unie à l'empire ; et, pour exprimer ce lien, dit Hontheim [4], il était d'usage que les rois de Germanie, après leur élection sur le sol germanique, se fissent couronner à Aix-la-Chapelle, c'est-à-dire, en Lotharingie.

Au milieu du X.ᵉ siècle, le duché fut divisé, par l'archevêque Brunon, en Lotharingie supérieure et Lotharingie inférieure ou duché de Lothier. Celle-ci se composa notamment des diocèses de Cologne, d'Utrecht, de Liège et de Cambrai [5].

A la même époque, les comtes qui gouvernaient ces divers territoires se rendirent tout à fait indépendants. Charles-le-

---

[1] Miræus, t. I, p. 28. — Les localités suivantes de l'ancien Hainaut sont citées au traité : *Melbarium* (Maubeuge), *Laubiæ* (Lobbes), *S. Salvius* (Saint-Sauve), *Crispinium* (Crespin), *Mareliæ* (Maroilles), *Altus-Mons* (Haumont).

[2] Dom Bouquet, t. VI, p. 430.

[3] Miræus, t. I, p. 346 ; Dom Bouquet, t. VII, p. 616.

[4] « Videtur ad exprimendum hunc nexum institutum esse, ut electio regis in solo germanici regni, coronatio peragerentur Aquisgrani in Lothariensi. Hontheim, t. I, p. 241.

[5] Hontheim, t. I, p. 243 ; Dewez, *Dictionnaire géographique*, vᵒ Belges.

Chauve avait, dès 877, autorisé dans son royaume les transmissions héréditaires; ce fut la constitution de la féodalité, dont les progrès furent tout aussi rapides dans l'empire d'Allemagne que dans le royaume de France. C'est une remarque fort juste, faite par Wastelain, que les rois de France surent, mieux que les empereurs, tenir dans la dépendance les feudataires de la couronne [1]. Le génie de la race franque était très hostile à la centralisation; et les empereurs, au milieu des guerres qui désolèrent l'empire, étaient sans force pour s'opposer aux envahissements des comtes dans notre pays. C'est au X.<sup>e</sup> siècle que notre *pagus* devint de fait indépendant.

Le Hainaut, tel que nous l'avons délimité (*pagus major*), est cité, sous le titre de comté, en 908, 909 et 911 [2], bien que ses diverses parties n'aient pas été réunies, avant le XI<sup>e</sup> siècle, sous le gouvernement d'un comte unique. La raison en est que la qualification de *comté*, comme cela résulte des textes mêmes, se confondait alors déjà, avec le mot *pagus*, dans une même signification.

[1] Wastelain, p. 75.
[2] « Laubacensem abbatiam, in pago ac in comitatu Hainuensi.... » Diplôme de 908. Chapeauville, t. I, p. 167; Miræus, t. I, p. 34. — « Est autem ipse mansus... situs in *pago vel comitatu* Haienoensi, in vicaria Bariarinse (Bavacinse), in villa Apeiz vel Petia... » Diplôme de 909. Codex, n.° xx. — « In comitatu Hainoensi, Oninium .. » Dipl. de 911. Balderic, p. 100. Ce qui prouve que ces textes s'appliquent au grand *pagus* de Hainaut, c'est que le village d'Onaing (*Oninium*) n'appartient pas au *pagus Hainoensis* proprement dit dont nous allons parler, mais au *pagus Fanomartensis*.

## CHAPITRE SIXIÈME.

Des territoires aussi vastes que le Hainaut, le Brabant, l'Artois, etc., se divisaient naturellement en plusieurs circonscriptions, qui portaient, elles mêmes, soit le titre de *pagus*, soit celui de *comitatus*. Il n'est pas rare de voir une localité placée, par un même acte, dans deux *pagi* de noms différents, qui représentent alors, l'un le canton supérieur, l'autre le canton inférieur [1]. Cette règle si simple n'a pas toujours été bien comprise, et l'attribution d'une localité à un double canton a donné lieu à des erreurs vraiment curieuses, que nous ne relèverons pas ici, parcequ'elles ne se sont pas produites au sujet du Hainaut.

Un fait inobservé jusqu'ici, c'est que l'une des subdivisions d'un *pagus* porte habituellement le même nom que le *pagus* principal. Le pays de Lomme, l'Artois, le Hainaut sont dans ce cas : à côté du *Darnuensis* dans le premier, de l'*Ostrebantensis* et du *Fanomartensis* dans le second et le troisième, existaient nécessairement d'autres districts inférieurs, que les documents ne signalent que très rarement, à raison de cette identité de dénomination. Mais comment établir la consistance et les limites de ces cantons dont il ne reste aucune trace dans les actes? Ce sera en éliminant de leur circonscription les localités connues pour appartenir aux autres divisions du *pagus* supérieur. Si ce mode de procéder laisse à désirer sous

---

[1] « In pago Tornacense seu Gandinse, in loco qui vocatur Brakela... » *Annales de la Société d'Emulation de Bruges*, 1re série, t. III. — « Haspon videlicet, in comitatu Attrebatensi, in pago Ostrebanto, super fluvium Scarbum », *Thesaurus anecdotorum*, t. III. p. 781; Miræus, t. I, p. 32. — « Summolum, in pago Arduennensi et in comitatu Hoiensi... ». *Amplissima collectio*, t. I, p. 487. — « Gemblacum, in comitatu scilicet Lomacensi atque Darnuensi... ». Mabillon, *Acta*, etc., seculo V, p. 800.— « Hasnoch, super fluvio Merbate, in pago Hasbaniensi sive Diestensi... ». Miræus, t. I, p. 490.

le rapport de la précision, par la raison que les localités à éliminer ne se rencontrent pas toujours aux confins de deux cantons, il reste la ressource de combler les lacunes par la comparaison des divisions civiles et des divisions ecclésiastiques.

Ajoutons une observation qui a son importance. Quand nous parlons de cantons inférieurs (*pagi minores*), nous n'entendons pas, politiquement et administrativement parlant, les rattacher, comme les archidiaconés d'un diocèse, à une administration supérieure et centrale. Ce lien exista certainement à l'origine: dans le système romain, la *civitas* avait un chef suprême, concentrant, sous son autorité, les administrations particulières des cantons; à l'époque mérovingienne, un territoire comme le Hainaut a pu être régi, pendant un siècle ou deux, par un pouvoir central, ayant sous sa dépendance les comtes des cantons de Famars et de Hainaut proprement dit (*pagus minor*). Mais cette organisation hiérarchique disparut de bonne heure; les districts inférieurs, à l'époque où l'histoire les offre à notre examen, relèvent, directement et sans intermédiaire, de la royauté. Toutefois les dénominations anciennes, communes à plusieurs subdivisions, restèrent en usage, comme expression géographique. Elles offrent l'image d'un état de choses ancien et traditionnel, rien de plus. C'est dans ce sens que nous étudierons les divisions du *pagus major Hainoensis*.

De combien de cantons inférieurs se composait le territoire du Hainaut? Quels étaient-ils? Dans quelles limites s'étendait leur circonscription? Ces questions, traitées souvent à la légère, n'ont pas encore été résolues d'une manière satisfaisante. C'est, en effet, s'exposer à des erreurs certaines que de fixer *a priori* des limites à un territoire, et de bâtir des hypothèses plus ou moins hasardées sur sa composition; scruter et combiner les textes, voilà la seule marche à suivre et qu'on a malheureusement toujours négligée. De là vient que nous avons à relever, dans chaque partie de notre travail, tant d'affirmations inconsidérées dues à un examen trop superficiel des textes.

Citons d'abord une erreur singulière qui a entraîné plusieurs historiens. Le traité de partage de 870, énumérant les possessions acquises à Charles-le-Chauve, signale, en Brabant, l'existence de quatre comtés qu'il ne désigne pas nominativement ; et, en poursuivant l'énumération, il cite, après le Brabant, les pays de Hainaut, du Cambrésis et de Lomme [1]. D'Outreman, De Vadder et Gramaye voient, dans ces trois derniers cantons, trois des comtés du *Brachbantum* [2]. D'Outreman cite même un bref du pape Paschal II, de l'an 1107, « dans lequel, selon la susdite division, les villages d'Erin, Alem, Wercim et Anvaing sont posés en Brabant, et toutefois ces villages là sont maintenant l'un en Ostrevant, l'autre en Hainaut, le troisième en Cambrésis… ». Cette thèse n'a pas besoin de réfutation. Il n'a jamais existé, entre les trois cantons cités et le Brabant, le moindre rapport de dépendance ; et quant aux localités mentionnées par D'Outreman, il n'en est pas une qui soit située en dehors de l'ancien territoire du Brabant [3].

Vinchant, Imbert, De Reiffenberg et M. Piérard comptent, dans le Hainaut, cinq *pagi* inférieurs : le Hainaut proprement dit, le *Sambrensis*, le *Fanomartensis*, le *Cameracensis* et la *Faniu* [4]

---

[1] « In Brachbanto comitatus IV ; Cameracesium, Hanioum, Lomensem ». MIRÆUS, t. I, p. 28. Dans le texte imprimé des *Annales Bertiniani* (DOM BOUQUET, t. VII, p. 110), on a placé une virgule après « quatuor ». C'est ce qui aura donné lieu à l'erreur que nous signalons.

[2] D'OUTREMAN, *Hist. de Valenciennes*, partie II, ch. IV, n° 2 ; DE VADDER, *Traité de l'origine des ducs et du duché de Brabant*, t. I, p. 53 ; GRAMAYE, *Antwerpia*, cap. II, p. 11. — DIVÆUS (lib. I *Rerum Brabanticarum*, cap. II), plus judicieux, se borne à dire : « Almoinus monachus, historiæ Francorum libro V, Lotharingii partes regni sigillatim enumerans, quatuor in Brachbanto, totidem in Hasbanto comitatus, unum in Texandria ponit. *Nomina tamen comitatuum Brachbanti ipse non commemorat* ».

[3] Voici le texte de la bulle : « In pago Bragbatensi, Herinas, Alenium… Warcinium, Anvinium… ». MIRÆUS, t. II, p. 1153. Herinnes, Alain, Warchin et Anvain sont quatre villages sur la rive droite de l'Escaut, près de Tournay, dans les limites du Brabant, et, comme le dit une charte de 1138 que nous publions, « *in capite Bragbatensis archidiaconatus* ». Codex, n° CXVIII.

[4] VINCHANT et RUTTEAU, p. 2 ; IMBERT, *Mémoire cité*, p. 14 ; DE REIF-

Ernst ne mentionne que le *Fanomartensis*, la *Fama*, le *Sambrensis* et le *Templutensis* [1]; Wastelain retranche ce dernier [2]; et enfin Besselius [3] n'admet que les deux premiers et rejette le *Sambrensis* dans le pays de Lomme.

Voyons ce qu'il faut penser de ces opinions contradictoires.

1.° *Pagus Cameracensis*. Il est toujours distingué du Hainaut [4], et il formait, sous l'autorité de l'évêque de Cambrai, un canton séparé. A aucune époque, les comtes de Hainaut n'ont possédé le Cambrésis ni exercé aucune suprématie sur les évêques ; et l'on ne peut admettre que ce district, qui renfermait Cambrai, siège de l'ancienne *civitas*, se fût jamais trouvé sous la dépendance d'un canton voisin [5].

2.° *Pagus Sambrensis*, ainsi appelé du nom de la Sambre qui le traversait [6]. Il est passé sous silence dans les documents offi-

---

FENBERG, *Hist. du Hainaut*, p. 53 ; M. PIÉRARD, *Notice sur Maubeuge*, Introduction, p. 7. — DE REIFFENBERG, conséquent avec son système, place dans le Hainaut, d'après le traité de 870, *Cameracum*, *S. Gaugerici prope Cameracum*, *Hunnulcurt*; mais il pousse un peu loin la distraction lorsqu'il y place Fosses (*Fossas*) qui appartient sans conteste au *pagus Lommensis* (voyez chapitre III § 2), Soignies (*Sunniacum*), Antoing (*Antonium*), Leuze (*Luitosa*) et Condé (*Condatum*), que les chartes placent dans le *pagus Brachbatensis*.

[1] ERNST, *Mémoire historique et critique sur les comtes de Hainaut de la première race*, dans les *Bulletins de la Commission royale d'histoire*, 2ᵉ série, t. IX, p 396.

[2] WASTELAIN, p. 449.

[3] BESSELIUS, *Chronicon Gottwicense*, prodromus, pp. 619 et 763.

[4] Deux chartes, des années 958 et 1057, placent, à la vérité, dans le *pagus* de Hainaut, Wambaix (*Wambia*) et Tilloy (*Tiletum*), compris dans le Cambrésis. Nous avons montré (chapitre III §2) que ce sont là des enclavements. C'est ainsi encore que deux localités du Cambrésis, Blargnies et Eousies, se trouvaient, de toute antiquité, enclavées dans le Hainaut. LE GLAY, *Glossaire*, etc., Introduction, p. XIV.

[5] Le *pagus Cameracensis* est déjà nommé dans un diplôme de Clotaire III, sous la date de 660. Voyez GUÉRARD, *Cartulaire de Saint-Bertin*, p. 21.

[6] On trouve : *pagus Sambreus*, *Sambrensis*, *Sambricus*, et *Sambrinus*.

ciels, et peut-être n'est-il qu'un *pagus* de fantaisie imaginé par Folcuin [1].

Comme le *Cameracensis*, il n'appartient pas au Hainaut [2], et nous le rejetons dans le pays de Lomme, par le motif que les deux seules localités du *Sambrensis* qui nous soient connues, à savoir Aulne et Hansinne, sont situées dans le diocèse de Liége [3]. Or le Hainaut appartenait à la cité ou diocèse de Cambrai, et l'on a vu que le système des divisions romaines et franques, conservées intactes par l'Église, repousse l'idée de partage d'un canton entre deux cités. On remarquera aussi que le Hainaut est soigneusement distingué du *Sambrensis* : les villages frontières de Lobbes et de Leernes, qui dépendaient du premier, sont placés « aux confins du pays de Sambre [4]. » Quant à l'attribution du *Sambrensis* au pays de Lomme, elle résulte notamment de la position du village d'Hansinne au cœur de ce dernier canton, à

---

[1] « Est locus ubi.... pago Sambrico Sambra fluens blanda et amœna decurrit... ». Acherii *Spicilegium*, t. vi, p. 544.

[2] M. Desnoyers (*Annuaire*, etc., t. xxvi, p. 342) place le *Sambrensis* dans les doyennés de Maubeuge et de Bavai. C'est là une erreur évidente.

[3] « .... Profectus est in pagum nuncupatum Hainou, in locum super fluvium Sambram situm, qui... vocatur Laubacus..., et ibi construxit sibi et discipulis monasteriales habitationes Construxit etiam aliud monasterium in pago Sambrico, nomine Alneo ; tertium quoque ædificavit in Templutensi pago, Waslaus dictum .. » *Vita S. Landelini*, apud Mabillon, *Acta* etc., seculo ii, p. 875 ; *Acta S.torum*, t. ii de juin, p. 1065 ; *Acta S. Belgii*, t. iv, p. 460. — « Godefridus Florinensis.... in pago Sambrico, prædium grande vocabulo Hancenias... dedit... ». *Acta S. Arnulfi*, auctore Hariulfo (xie siècle), apud Mabillon, *Acta*, etc., seculo vi, pars ii, p. 515. — Un texte, postérieur au xiie siècle, place Lobbes dans le *Sambrensis* : « In pago Sambrico, cœnobio Laubias, sancti Ursmari episcopi et confessoris. » *Additiones Usuardi*, apud Sollerius, p. 218. Cette erreur est déjà réfutée par le passage ci-dessus de la vie de saint Landelin.

[4] Voyez la note précédente et p. 41, note 1. — « In confinio Samblensis pagi, villa quæ Lederua (alias : Lederva et Lererda) vocatur... » *Libellus de gestis abbatum Gemblacensium*, apud d'Achery, *Spicilegium*, t. vi, p. 519 ; Pertz, t. viii, p. 536. — Leernes apparaît aussi dans la vie de saint Thiéry, sous le nom de *Lerna*. Mabillon, *Acta*, etc., seculo vi, pars ii, p. 500.

l'est de Marchiennes-au-Pont, Pont-de-Loup, Florennes et Boussioulx, localités du *pagus Lommensis* [1].

3.° *Fania* (la Fagne) Cette forêt ne formait pas, à proprement parler, un canton distinct. Elle couvrait la partie sud-est de notre *pagus*, c'est-à-dire l'arrondissement d'Avesnes presque en entier et se confondait, comme on le verra plus loin, avec le *pagus Templutensis* [2].

4.° *Theurascia* (la forêt de Thiérache) [3] Examinons, pour n'y plus revenir, la consistance de cette forêt, qui pénétrait dans la partie sud du Hainaut où elle confinait à la Fagne.

La Thiérache (*Theuruscia, Tirascia, Teoracia*, etc.), mentionnée pour la première fois vers le milieu du vi.<sup>e</sup> siècle [4], couvrait une partie des cités de Laon, de Cambrai et de Tongres; en d'autres termes, elle s'étendait dans le Laonnais, le Hainaut et le Namurois [5]. Elle embrassait elle-même des forêts assez considérables, parmi lesquelles nous citerons les bois de Nouvion, de Saint-Michel, d'Hirson, de la Fère, etc. [6]. L'énumération des localités, que placent dans la Thiérache les documents anciens,

---

[1] Voyez. p. 58.

[2] Voyez chapitre VII, section 2, § 3.

[3] Ce chapitre était écrit, lorsque nous avons lu, dans le t. xxvii (1863) de l'*Annuaire de la Société de l'histoire de France*, la dissertation de M. Desnoyers sur l'archidiaconé de Thiérache, dans le diocèse de Laon. Nous sommes heureux de nous trouver d'accord avec lui sur presque tous les points et nous avons mis son travail à profit. Le même savant cite deux recueils que nous n'avons pu nous procurer : ce sont les *Bulletins de la Société académique de Laon*, dont le tome premier renferme une *Notice sur la Thiérache* par M. Piette, et, en second lieu, une revue publiée par le même sous le titre : *La Thiérache*.

[4] *Vita S. Theodulphi*, apud *Acta Storum*, t. i. de mai ; Mabillon, *Annales ordinis S. Benedicti*, seculo i. p. 613 ; M. Desnoyers, *Annuaire*, etc. p. 710.

[5] De Valois, v.<sup>is</sup> *Fania* et *Theorascia* ; Wastelain, p. 329 ; Lelong, *Hist. du diocèse de Laon*, p. 9.

[6] La forêt de Nouvion avait encore, en 1824, une étendue de 4400 hectares; celle de Saint-Michel renfermait 2921 hectares. Brayer, *Statistique du département de l'Aisne*. (Laon, Melleville, 1824).

aidera à la délimiter. Elle renfermait entre autres : Aubenton (*Albento*), Autreppe (*Alta-Ripa*), Bluci (localité inconnue), Bucilli (*Buciliacum*), La Capelle, (*Capella*), l'Échelle (*Cella* ou *Cellula*), Estreaupont (*Struta ad pontem*), Femy (*Fidemium*), Floyon en Hainaut (*Fleon*), Foigny (*Fusniacus*), Guise, Hirson, Leheries (*Lescheriæ*), Montreuil près la Capelle (*Monasteriolum*), Montcornet (*Mons-Cornutus*), Oistermont, Origny (*Auriniacum*), Rosoy (*Rausidus* ou *Rôsetum*), Rumigny (*Ruminiacum*), Saint-Michel, Taisnières en Hainaut (*Taisneræ*), Thénaille (*Tenoliæ*), Villers-la-Tour (*Villare*), Vervins (*Verbinum*), etc.[1] Elle touchait donc à l'Arouaise à l'ouest[2], et allait, vers le sud, jusqu'à l'Oise et aux sources de la Sambre[3] ; à l'est, elle pénétrait dans le pays de Lomme jusqu'aux environs de Couvin et de Revin[4] ; et, au nord, elle joignait la Fagne dans le Hainaut.

Lors de l'établissement des diocèses, la Thiérache resta divisée entre les trois évêchés de Cambrai, de Tongres et de Laon. La partie la plus considérable, située dans ce dernier diocèse, y forma, dans l'ordre ecclésiastique, un archidiaconé[5], et peut-être

---

[1] MABILLON, *Acta*, etc., seculo v, pp. 487, 495 et 909 ; *Acta S torum*, t. 1 de juin, p. 224 ; *Amplissima collectio*, t. 1, p. 1380 ; HUGO, *Annales Præmonstratenses*, t. II, preuves, p. 572 ; PERTZ, t. XIV, p. 656 ; LELONG, p. 598 ; COLLIETTE, *Mémoires sur le Vermandois*, t. II, p. 272 ; M. MIGNAUX, *Histoire des seigneurs d'Avesnes*, pp. 80 et 167 ; MELLEVILLE, *Notice sur l'ancien diocèse de Laon*, pp. 2 et 4 ; WASTELAIN, p. 329 ; A. DE VALOIS, v.° *Theoracia*, etc.

[2] Voyez chap. I, § 2, et GOSSE, *Histoire de l'abbaye d'Arouaise*, pp. 6 et 8.

[3] « Unde per Terasciam iter agentes (Normanni), Hisam transeunt... » *Annales Vedastini*, apud dom Bouquet, t. VIII, p. 82 ; PERTZ, t. I, p. 520.

[4] WASTELAIN, p. 329. — Deux hameaux du village de Mémignies, à deux lieues de Chimai, portent encore le nom de grande et de petite Thiérache. VANDERMAELEN, *Dictionnaire de la province de Hainaut*.

[5] L'archidiaconé de Thiérache renfermait 5 doyennés, 138 cures et 172 paroisses ; les cinq doyennés étaient ceux d'Aubenton, de Crécy, de Guise, de la Fère et de Ribemont. M. MELLEVILLE, *Notice*, etc., p. 4 ; M. DESNOYERS, p. 697.

un *pagus* dans l'ordre civil [1]. Quant aux fractions de la Thiérache disséminées dans les diocèses de Cambrai (*pagus Hainoensis*) et de Liége (*pagus Lommensis*), elles n'eurent aucune existence propre comme divisions civiles [2]. Des textes, il est vrai, donnent la qualification de *pagus* à la partie située dans le Hainaut [3]; mais ce langage manque d'exactitude : la Thiérache n'y occupait qu'une mince lisière de terrain et n'avait pas, comme la Fagne, l'étendue nécessaire pour constituer seule un canton particulier.

Cette absence de précision se remarque particulièrement dans certains textes de la vie de saint Ursmar qu'on nous permettra d'expliquer. D'après Anson, qui écrivait au commencement du VIII.⁰ siècle, le saint serait né à Floyon, « dans le canton de Hainaut ou de Thiérache [4] »; Rathier, évêque de Vérone, qui amplifia, vers 960, la relation d'Anson, place Floyon « dans le canton de Thiérache », sans parler du Hainaut [5]; Balderic, enfin, le place « en deçà de la forêt de Thiérache ». Y a-t-il

---

[1] « Item, in pago Theoracensi, villam Blicti (*alias* : Illueï) ». Testament de sainte Aldegonde, ci-après, *Codex*, n.⁰ IV.

[2] « Erluinus ... quietam terram suæ parochiæ reperit, præter paucas villarum circa Terasciam. » BALDERIC, p. 183.

[3] « Cui (comiti Wicberto) dedit amplas possessiones inter Theoracensem et Hanoniensem pagum, super fluvium Helpram adjacentem ... » *Vita S. Hiltrudis*, dans MABILLON, *Acta* etc., seculo III, pars II, p. 421. — Voyez les notes suivantes.

[4] « Beatus Ursmarus, in pago Hainau vel Theorascensi, in villa quæ vocata est Fleon, oriundus fuit ...... » *Acta S. Belgii*, t. VI, p. 245. — Le village de Floyon (arrondissement d'Avesnes), était autrefois considérable et comprenait, entre autres dépendances, le village actuel de Fontenelle (Aisne). C'est à Fontenelle même que la tradition place la naissance de saint Ursmar : « Jacebat autem in villa Fleon dicta, cui vicina est illa nativitatis sancti Ursmari ministrata. » *Vita S. Ursmari*, ex Folcuino. *Acta S. Belgii*, t. VI, p. 273; LELONG, p. 80.

[5] « Beatus igitur Uramarus episcopus .... pago Theoracensi et villa quæ vocatur Fleon oriundus ... ». SURIUS, *De probatis sanctorum vitis*, tome de mars, p. 185. Cette vie n'a pas été admise par les Bollandistes dans leur collection ni dans les *Acta S. Belgii*. Voyez *Acta S.torum*, t. II d'avril, p. 558; *Acta S. Belgii*, t. VI, p. 238.

contradiction entre ces trois désignations et faut-il, avec Adrien de Valois[1], corriger le texte d'Anson par celui de Rathier? Nullement. Il suffit de savoir que Floyon, village du Hainaut, situé à l'extrême limite de ce canton et du Laonnais, appartenait ainsi, non *au canton* de Thiérache (Laonnais), mais à la partie de la forêt qui s'étendait en Hainaut. On a donc pu dire, à part la qualification de *pagus* donnée à cette fraction de forêt, que Floyon était à la fois dans le Hainaut et dans la Thiérache, ou simplement dans la Thiérache (forêt), ou encore en deçà du *pagus* de Thiérache (Laonnais).

Nous avons, dans ce chapitre, rejeté de la circonscription du Hainaut les cantons qui y sont étrangers. Il nous reste à examiner ceux qui entraient dans sa composition et qui sont au nombre de deux : le *pagus Hainoensis* proprement dit (*pagus minor*) et le *Fanomartensis*.

[1] A. DE VALOIS, v.° *Theorascia.*

## CHAPITRE SEPTIÈME.

### SECTION I.

#### § I.

On ne possède pas la preuve formelle qu'il ait existé, dans le voisinage de la Haine, un petit canton appelé *pagus Hainoensis*, comme le canton principal dont il dépendait [1]; mais tout concourt à l'établir. Le *Fanomartensis*, ainsi qu'on le verra dans la section suivante, s'arrêtait aux limites de l'archidiaconé de Valenciennes; et, au nord et à l'est, s'étendait un territoire arrosé par la Haine et qui a naturellement dû porter le nom de *Haine-gau*, canton de la Haine. L'existence, dans l'ordre ecclésiastique, de l'archidiaconé de Hainaut, dont la réunion avec celui de Valenciennes constituait exactement le grand *pagus Hainoensis*, suffit seule à le prouver.

Un monastère avait été fondé, au VII.<sup>e</sup> siècle, dans un lieu appelé *Castri-Locus*, qui devint plus tard la ville de Mons. L'allégation de J. de Guyse, de Vinchant et de Dewez [2], que Charlemagne, visitant le Hainaut, en 804, aurait conféré à cette ville le titre de capitale en la dotant de priviléges particuliers, doit être reléguée au rang des fables. Il est même à supposer que le monastère de *Castri-Locus* aura entièrement disparu, aux VIII.<sup>e</sup> et IX.<sup>e</sup> siècles; car il n'en

---

[1] Une lettre de Gerbert porte : « Godefridus comes, si Castrilucium cum Hainao redderet, fortassis ad sua remerare valeret ... ». Cette mention ne se rapporterait-elle pas au *pagus minor*, puisque, à la même époque, vivait un comte de Valenciennes?

[2] J. DE GUYSE, t. VII, p. 436 ; VINCHANT, t. II, p. 141 ; DEWEZ, *Dictionnaire géographique*, v.° Mons. — Voy. DELEWARDE, t. I, p. 383 ; DE REIFFENBERG, t. I, p. 57.

est fait aucune mention dans le traité de partage conclu, en 870, entre Charles-le-Chauve et Louis-le-Germanique. Vers le x.ᵉ siècle, l'importance de cet endroit, comme position militaire, engagea les comtes à y bâtir une forteresse, dans laquelle ils fixèrent leur résidence et qui devint ainsi le chef-lieu du district [1]. De là le nom de *comitatus Montensis* [2], qui ne doit pas s'entendre exclusivement du canton de Hainaut en opposition avec le canton de Famars, mais qui désigne l'étendue des possessions, plus ou moins vastes selon les époques, des comtes de Mons dans le Hainaut.

A ce propos, faisons observer que l'acte de partage de l'empire entre les fils de Louis-le-Débonnaire, en 839, cite un comté de *Castritium* ou *Castricensis* [3], qu'il ne faut pas confondre avec le comté de Mons (*Castri-Locus*) [4]. Le pays de Castrice était situé sur la Meuse, aux environs de Donchéri et de Maisières qui dépendaient de ce canton [5].

[1] « Pater meus itaque ad oppidum prædicti Rageneri quod dicitur Mons-Castrati-Loci, ubi etiam uxor ejus cum duobus filiis parvis morabatur ... » Richer, dans notre *Codex*, n.° xxxii. — La ville de Mons fut, jusqu'à la fin du xi.ᵉ siècle, désignée sous le titre de *castrum* ou de *castellum*; « Comitatum Reginberi quondam comitis cum castello munitissimo Mons nomine ... sancto Lamberto tradidit ... ». Lambertus Aschaffenburgensis, apud Dom Bouquet, t. xi, p. 64. — Voyez aussi les preuves, partie ii, v.° *Castrilocus*.

[2] « Lacessunt bello Godefridum et Arnulphum comites, qui post Guarnerum comitatum Montensem invaserunt ... ». Sigebert, apud Dom Bouquet, t. viii, p. 315; Pertz, t. vi, p. 352. — « Godefridus comitatum Montensem depopulatur ... » Idem, apud Dom Bouquet, t. x, p. 217; Pertz, t. vi, p. 356, etc.

[3] « Lotharius ... inter Renum et Scaldem in mare decurrentem, et rursus per Cameracensem, Hainnoum, Lomensem, *Castritium* ... ». *Annales Bertiniani*, apud Dom Bouquet, t. vii, pp. 62 et 249.

[4] C'est l'erreur dans laquelle est tombé Ernst (*Mémoire sur les comtes d'Ardenne*, dans les *Bulletins de la Commission royale d'histoire*, 2.ᵉ série, t. x, pp. 265 et 266). — Voy. A. de Valois, hoc verbo; Wastelain, p. 319; Lelong, p. 302; Masson, *Annales Ardennaises*, p. 196. — Eckhart (*De rebus Franciæ orientalis*, t. ii, p. 559) déclare ignorer ce qu'était ce comté de Castrica.

[5] « Posteà profectus est archiepiscopus Heriveus super Mosam, propter

Au nord et à l'est, le petit canton de Hainaut avait les limites que nous avons assignées au canton principal ; mais au sud et à l'ouest, où il confinait au *pagus Fanomartensis*, il est moins facile de les établir, par la raison que nous avons signalée au début du chapitre précédent. On aura toutefois une démarcation à peu près exacte, en éliminant les localités connues pour appartenir au pays de Famars [1] ; et, bien que le nombre n'en soit pas grand, il sera évident pour tout le monde que la circonscription des deux *pagi* concorde avec celle des archidiaconés de Hainaut et de Valenciennes. La limite s'obtiendra en tirant une ligne, partant de la Haine, à la droite de Condé, et se dirigeant vers le sud jusqu'au dessus de Berlaymont ; là elle tourne à l'est, en laissant, au nord, Solre-le-Chateau et venant aboutir au *pagus Lommensis*, aux environs de Ranche.

## § II.

Le *pagus minor Hainoensis*, ainsi délimité, ne se partageait-il pas lui-même en cantons plus petits, possédés par des comtes inférieurs ou régis par des fonctionnaires spéciaux sous l'autorité des comtes de Mons ? C'est ce que nous allons examiner.

Nous avons fait observer, en traitant du *pagus* en général, que les divisions en *finis*, *condita*, *vicaria*, *centenia*, étaient peu connues dans notre pays, ou, du moins, que ces dénominations s'em-

---

quoddam castellum, in terra sui episcopii situm, quod nominant Macerias, recipiendum ; quod tenebat Erlebaldus, comes pagi Castricensis ..... ». FLODOARDI *Annales*, ad annum 920, apud PERTZ, t. v, p. 368. — « Munitio quam vocant Macerias, sita supra Mosam, infra terram Remensis ecclesiæ, Artoldo archiepiscopo redditur ..... ». Ibidem, p. 403. — « Berleboldus in quadam summitate supra Mosam et prope Castricii ruinas ..... ». Chronique du XII.e siècle, dans LELONG, p. 593.

[1] Voyez la carte, et, ci-après, preuves, partie II. — Le village de Marchipont (canton de Dour), situé à la limite des archidiaconés et des *pagi* de Hainaut et de Famars, doit probablement ce nom (*marca*, frontière) à sa position.

ployaient rarement dans les diplômes pour marquer la situation des localités. Mais, qu'on les nomme *vicairies*, *pagi*, ou autrement, il est certain que des circonscriptions inférieures existaient dans le Hainaut (*pagus minor*), dont le territoire embrassait plus de cent lieues carrées.

La division des archidiaconés en décanats, dans l'Eglise, est un premier argument pour l'affirmative. D'autre part, dans l'ordre civil et dès le XII<sup>e</sup> siècle, apparaissent des circonscriptions administratives, qui semblent continuer un état de choses ancien. Nous voulons parler des prévôtés, qui figurent, dans le Hainaut proprement dit, au nombre de quatre et sous le même nom que les décanats. Celle de Mons renfermait 4 villes et 91 villages; celle de Bavai, 18 villages; celle de Maubeuge, 2 villes et 71 villages; et celle de Binche, 51 villages [1]. Ces indices de l'existence de divisions anciennes sont confirmés par des énonciations formelles puisées dans les documents contemporains; et il résulte d'un texte dont nous allons parler que ces divisions portaient, dans le Hainaut, le nom de vicairies.

Le canton de Hainaut (*pagus minor*) se composait de plusieurs vicairies, parmi lesquelles figure la *vicaria Bavacensis* [2], appelée *pagus Bavacensis* dans le testament de sainte Aldegonde [3], et qui, à notre avis, correspondait au décanat de Bavai dans l'archidiaconé de Hainaut.

La ville de Bavai, siège primitif de la cité des Nerviens, détruite par les Vandales en l'an 407, ne se releva jamais de ses ruines; toutefois la découverte de monnaies des empereurs Justi-

---

[1] Vinchant et Ruttéau, p. 18.
[2] « Est autem ipse mansus ... situs in pago vel comitatu Hajenoense, in vicaria Bariarinse, in villa Apeiz vel Pelia ... » Diplôme de 909. *Codex*, n° xx. Il faut évidemment lire *Bavacinse* au lieu de *Bariarinse* : pour qui connaît l'écriture des actes anciens, une erreur de ce genre n'a rien que de probable.
[3] *Codex*, n.° iv. — Le village de Louvignies est mentionné, dans les pouillés, sous le nom de « Louvegnies in *Bavacesio*. » Voyez, ci-après, le décanat de Bavai, preuves, partie iii.

nien, Marcien, Anthemius, Zénon, Basilique et Anastase prouve qu'elle resta habitée après cet événement [1] ; et, comme centre de routes militaires, elle offrait une position stratégique qui ne pouvait être négligée. Aussi possédait-elle, sous les carlovingiens, un château fort (*castellum*), mentionné dans les actes de saint Liboire écrits à la fin du IX.e siècle [2]. Cette importance relative lui valut d'être le chef-lieu du décanat du même nom, puis d'une prévôté qui succéda à la vicairie dans l'ordre civil [3].

La vicairie de Bavai renfermait entre autres les localités de Apeiz ou *Petia* (Poix ?), Bavissiaux, Houdain, Vendegies-au-Bois, Bettrechies et Louvignies [4]. Un acte de 974, relatif à l'abbaye de Crespin [5] située dans les limites de cette subdivision, signale l'intervention de deux comtes, nommés Richizon et Amelric, et dont l'un était peut-être le vicaire de ce territoire.

Une vicairie en suppose d'autres ; il est même impossible de porter la lumière dans la chronologie des comtes de Hainaut si l'on n'admet pas que certains d'entre eux ne gouvernaient que des subdivisions du *pagus minor* [6]. Ce ne serait certes pas aller trop

---

[1] DE BAST, *Supplément*, p. 50 ; SCHAYES, t. II, p 296.

[2] « Cum enim esset (mulier) de castello quod Bavaca nominatur.... » *Translatio S. Liborii* (écrite au IX.e ou au X.e siècle). *Acta S.torum*, tome V de juillet, p. 433 ; PERTZ, t. IV, p. 156. — On a vu, au chap. IV, que des monnaies franques avaient été frappées à Bavai.

[3] La prévôté de Bavai comprenait, au moyen-âge, les villages d'Audignies, Belignies, Hon-Hergies, Houdain, la Flamengrie, la Longueville, Louvignies-Frehart, Mecquignies, Obies-Bavissiaux, Pont-sur-Sambre, Saint-Vaast et Taisnière-sur-Hon. M. LEBEAU, dans le *Recueil*, etc., p. 245.

[4] Preuves, partie III.

[5] *Codex*, n.° XXVIII.

[6] Il faut en dire autant du Brabant ; ainsi les miracles de saint Ghislain, écrits par le moine Rainier vers l'an 1010, font connaître, au X.e siècle, un comte Egbert, dont les possessions avoisinaient celles de l'abbaye : « Surgens ergo vade, dic Herberto comiti, qui jugiter extitit domino meo optimus vicinus, quod est Malbodium.... ». MABILLON, *Acta*, etc., seculo II, p 797 ; *Acta S. Belgii*, p. 368. — « Quid queret, quidve petat puella veniens de Cervia, Godrada nomine, brevi intimetur ratione. Hec igitur, cum esset de servili comitis Egberti conditione..... » *Codex*, n.° XXXIV.

loin dans le champ des conjectures, que de faire correspondre une vicairie à chaque décanat de l'archidiaconé de Hainaut et de supposer que ces vicairies, sous le nom de comtés, auront appartenu à des titulaires particuliers, avant d'entrer, sous le titre de prévôtés, dans la composition du comté de Hainaut tel qu'il est connu au XII° siècle. On aurait ainsi :

1° La vicairie de Bavai (*vicaria Bavacensis*) dont il vient d'être parlé.

2° La vicairie de Mons (*vicaria Montensis*). L'existence des vicairies étant admise, une d'elle, comme le décanat, aura pris son nom de la localité la plus considérable du territoire, connue par son monastère et bientôt élevée au rang de chef-lieu d'un comté. C'est ainsi que Tournai donna à la fois son nom à un *pagus* et à une vicairie [1].

3° La vicairie de Maubeuge ou de Hautmont (*vicaria Melbodiensis* ou *Altimontensis*). Un texte de Balderic nous apprend que le comte Herman, fils de Godefroid-le-Captif, comte de Verdun, possédait, au commencement du XI° siècle, le territoire dans lequel était située l'abbaye de Hautmont [2], et qui correspondait vraisemblablement à une vicairie. Godefroid de Florennes, époux d'Alpaïde, tenait en fief, du comte Herman, le monastère de Hautmont; c'est par ce motif, sans doute, que l'auteur des miracles de saint

―――

— Ce comte Egbert (Herbert de Vermandois ?) possédait sans doute le comté ou vicairie de Chièvres. Voy. Dom Baudry, apud De Reiffenberg, t. VIII, p. 272. — Cette ville fut un alleu jusqu'au XII.° siècle. Baudouin d'Avesnes, — dans D'Achery, *Spicilegium*, t. VII, p. 594.

[1] « In pago vel comitatu Tornacensi, in vicaria Tornaico... » Diplôme de 909. *Codex*, n.° xx.

[2] « Procedente vero tempore, contigit Arnulfo, patri domini episcopi, à comite Herimanno in beneficio compensari (monasterium Altummontense) ». Balderic, p. 253. — « Ordo monachalis ad canonicalem redactus sic ad tempus domini Gerardi episcopi (circà 1013) usque remansit. Quod vero cernens episcopus, præcepto Heinrici imperatoris consilioque Herimanni comitis ac voluntate sui fratris Godefridi, fratris videlicet episcopi, qui ex parte Herimanni comitis ipsum locum in fisco tenebat, emelioravit ». Balderic, p. 233.

Gengulphe le qualifie de comte de Hainaut, ou, plus exactement, de comte en Hainaut [1].

4° La vicairie de Lobbes (*vicaria Lobiensis*), ou de Waudrez? La petite chronique de Lobbes et un titre de l'an 1095 mentionnent un *duché* de Lobbes, qui pourrait bien n'avoir été qu'une modeste vicairie [2]. Herman, fils de Godefroid-le-Captif, posséda sans doute aussi ce territoire, puisqu'on le voit faire don, en 1015, à l'abbaye de Saint-Vannes de Verdun, d'une partie du village de Buvrinnes [3].

## § III.

Les chroniqueurs anciens ont imaginé une longue suite de comtes de Hainaut se transmettant leurs possessions par voie d'hérédité, depuis le VII° jusqu'au XII° siècle. Ce serait perdre son temps que de relever ces inepties. L'hérédité des fiefs ne s'établit

---

[1] « Eo tempore Arnulphus, Alpaidis et Godefridi, Hainoensis pagi comitis, filius, Florinis dominabatur .... » *Miracula S. Gengulfi* (écrits vers 1030), apud *Acta sanctorum*, t. II de mai, p. 649. Henschenius (p. 650) pense, sans motif sérieux, qu'il faut substituer le mot *Ardennensis* au mot *Hainoensis*. — Il n'est pas possible de rapporter ce texte à un autre Godefroid qu'à Godefroid de Florennes. Celui-ci eut, en effet, un fils du nom d'Arnould, qui signa avec sa mère, Alpaïde, une charte de donation, vers l'an 1035. *Codex*, n° XL. — M. Wauters (*Revue d'histoire et d'archéologie*, t. IV, p. 100) fait d'Alpaïde la femme de Godefroid qui gouverna le Hainaut de concert avec un comte Arnould, à dater de 973. C'est là une erreur évidente de la part du savant historien : le comte qui gouverna le Hainaut était Godefroid I, comte d'Ardennes, de Verdun et d'Eenham, surnommé le Captif, et qui mourut après l'an 1004. Il suffit, pour le prouver, de se rappeler que Godefroid fut fait prisonnier, en 984, par le roi Lothaire, et que celui-ci voulut lui imposer, comme condition de sa mise en liberté, la restitution du Hainaut aux fils de Regnier III. Voy. ci-après.

[2] « Hildulfus dux obiit Lobim .... » *Annales Laubienses*, apud Pertz, t. IV, p. 12. — « Dedit et mansum sive domum in ducatu Lobiæ .... » Lettre des moines de Lobbes à Otbert, évêque de Liége (circà 1095). Acusini *Spicilegium*, t. VI, p. 599.

[3] *Codex*, n.° XXXV.

qu'au x.e siècle, et, avant cette époque, le Hainaut, comme les autres cantons, eut ses gouverneurs, simples fonctionnaires amovibles à la volonté du souverain. Les noms cités dans les chroniques appartiennent, pour la plupart, à de grands propriétaires fonciers, bienfaiteurs des monastères ; deux ou trois eurent peut-être le gouvernement d'un district, mais il est difficile de rien affirmer sur ce point [1].

La chronologie de nos premiers comtes héréditaires est déjà, par elle-même, un dédale dont il est quasi impossible de sortir : elle mériterait d'être étudiée soigneusement et refaite en entier, à raison des erreurs dont elle fourmille. On a libéralement donné à des comtes du x.e siècle des territoires qui ne furent réunis que longtemps après sous une même domination ; et l'on n'a jamais tenu compte de ce fait, qu'au x.e siècle les Regnier, minces personnages, ne possédaient qu'une infime partie du Hainaut, partagé alors entre deux ou trois comtes différents. Notre but n'est pas ici d'entreprendre, sur cette matière, un travail qui nous mènerait fort loin ; nous reproduirons simplement la liste officielle des comtes, en l'accompagnant de nos observations [2].

Voici cette liste :

1. Regnier I, dont on ignore l'extraction. Il combattit les Normands avec succès, fut élevé à la dignité de duc de Lotharingie et mourut après l'année 916 [3], laissant plusieurs enfants, parmi lesquels Gislebert, Regnier et Albert [4]. Dudon de Saint-Quentin, qui

---

[1] On peut citer : saint Walbert († 660); saint Vincent († 677); saint Hildulphe († vers 707). Les deux premiers portaient le titre de comte, et le dernier celui de duc. Il est même cité sous le nom de duc de Lobbes. Voy. *Acta S. Belgii*, t. III, préface et pp. 10, 380, 381, 443 ; t. v, pp. 533, 535, 536 ; Achery *Spicilegium*, t. vi, p. 599, etc.

[2] Nous prenons pour guide l'excellent mémoire d'Ernst, déjà cité.

[3] Richer, écrivain de la fin du x.e siècle, le fait mourir un peu plus tard : « Hac tempestate (circa 921), Ragenerus, vir consularis et nobilis, cognomento Collo-Longus, finem vitæ apud Marsnam palatium accepit ... » Pertz, t. III, p. 921.

[4] Albert est cité, dans une charte de 939, comme frère de Gislebert et de Regnier. *Codex*, n.o XXIII.

écrivait sa chronique au xi.ᵉ siècle, le qualifie pompeusement de *Hasbaniensis et Hainauensis dux* ¹ ; mais nous hésitons, quant à nous, à le considérer comme ayant eu un gouvernement particulier dans le Hainaut. Nommé dans plus de cent diplômes relatifs à la Hesbaie et à l'Ardenne, il n'est cité que deux fois à propos du Hainaut dans des actes des années 905 et 908 ² ; et encore n'y figure-t-il peut-être qu'à titre de duc de Lotharingie ³.

Un document incontesté, de l'an 908, donné en faveur de l'abbaye de Lobbes, qualifie de comte de Hainaut un certain comte Sigehard, qui possédait aussi un gouvernement aux environs de Liége ⁴. En dépit des explications qu'on a tentées ⁵, il faudra toujours considérer Sigehard comme ayant gouverné la partie du Hainaut qui avoisine Lobbes, c'est-à-dire, ce que nous avons appelé la vicairie de Lobbes ou de Waudrez, et peut-être aussi celle de Maubeuge ⁶. Quant à Regnier, cité, dans ce même diplôme

---

¹ Butkens, *Trophées de Brabant*, t. 1, preuves, p. 12.

² Le premier est inédit ; nous le publierons ci-après, *Codex*, n.° xix. On trouvera un extrait du second à la note 3 ci-dessous.

³ C'est vers cette époque que Charles-le-Simple le revêtit de cette dignité. Ernst, pp. 425 et 426.

⁴ « Repehardus et Reginbarius, egregii comites, nostram adeuntes serenitatem... etc. Idcirco hoc nostrae confirmationis præceptum fieri jussimus, per quod Laubacensem abbatiam, in pago ac in comitatu Hainuensi sitam, cujus ad præsens comes videtur adesse Sigehardus, ad fiscum nomine Tectis... in pago ac in comitatu Liwensi positum, cujus etiam in præsentiarum idem comes dignoscitur existere Sigehardus ; atque abbatiam nomine Fossas... in pago ac in comitatu Lummensi constitutam, cujus nunc adest comes Berengarius. » Miræus, t. 1, pp. 34 et 254, Chapeauville, t. 1, p. 167 ; Ernst, p. 474. — En 921, le même Sigehard tenait l'abbaye de Crospin en commende. Baldric, p. 102 ; Miræus, t. iv, p. 175.

⁵ Vinchant (t. ii, p. 157) fait de Sigehard le cousin de Regnier ; Delewarde (t. ii, pp. 137 et 138) l'appelle « comte de Hainaut sous le gouvernement général de Regnier » ; De Reiffenberg (t. 1, pp. 52 et 83) lui donne et lui refuse tour à tour cette qualité, et pense que le mot *comes* se rapporte à *Laubacensem abbatiam*, mais la suite du diplôme est contraire à cette opinion. Voy. aussi Ernst, p. 397.

⁶ On remarquera que jamais les Regnier n'apparaissent dans les di-

de 908, en compagnie d'un comte Repehard qui nous est inconnu, s'il n'intervient pas en qualité de duc de Lotharingie, nous devons restreindre ses possessions aux vicairies de Bavai et de Mons [1].

II. Regnier II, fils du précédent, cité en 924 par Flodoard, est nommé comte de Hainaut dans la vie de saint Gérard de Brogne [2]. Il aida son frère Gislebert à réformer l'abbaye de Saint-Ghislain et mourut après 932, laissant deux fils, Regnier et Rodolphe [3].

III. Regnier III, que des écrivains ont confondu avec le précédent [4]. Une chronique, récemment publiée, relate un épisode intéressant de la vie de ce comte. Il avait usurpé certaines possessions de la reine Gerberge, qui chercha le moyen d'en tirer vengeance. Un homme dévoué, père de l'historien Richer, parvint à s'emparer par stratagème de la ville de Mons, dont le comte faisait construire ou réparer les murs. Il livra cette ville aux flammes et emmena captifs la femme et les enfants de Regnier. A cette nouvelle, celui-ci se hâta, pour obtenir leur liberté, de

plômes relatifs aux abbayes de Lobbes et de Maroilles. Toutes les circonstances dans lesquelles ils sont cités se rapportent ou à Mons ou à l'abbaye de Saint-Ghislain.

[1] Voici ce que dit Folcuin de Regnier au long col : « Franco (episcopus).... accito sibi *Regineiro quodam*, quem Longum-Collum vocant, viro strenuo et in bellicis rebus exercitato... ». Achery *Spicilegium*, t. vi, p. 560 ; Dom Bouquet, t. viii, p. 220. — On sait que Folcuin fut abbé de Lobbes : or, si Regnier avait possédé le territoire de cette abbaye, Folcuin, qui vivait sous son arrière-petit-fils, n'eût pas parlé avec ce sans-gêne de la famille de son souverain.

[2] « Interea Gislebertum Berengarius, qui sororem ipsius uxorem habebat, comprehendit, quemque, oblatis obsidibus sibi pro eo filiis Ragenarii, fratris ipsius Gisleberti, dimisit ... » Flodoard, ad annum 924, apud Pertz, t. v, p. 369. — « Gislebertus itaque, accersitis, ad se Cameracensi episcopo Tiedone atque Raginero, Hainoensi comite .... » *Acta sanctorum*, t. ii d'octobre, p. 311 ; Mabillon, *Acta*, seculo v, p. 266.

[3] Ce dernier est cité par Flodoard, ad annum 944. Pertz, t. v. p. 390.

[4] Miræus, Delewarde, etc , n'admettent que quatre Regnier ; Butkens, Des Roches et Ernst en comptent cinq. Il existe, dans les *Acta S. Belgii*, t. vi, p. 277, une savante dissertation sur les cinq Regnier.

restituer tout ce qu'il avait pris ¹. Ces faits se passaient vers 956 : un an ou deux après, l'archevêque Brunon le fit prisonnier et l'envoya en exil au delà du Rhin. On ne sait quand il mourut ².

Comme son prédécesseur, Regnier III posséda les mêmes territoires que Regnier I. On trouve, dans le Hainaut, en même temps que lui (vers 947), un comte du nom d'Amulric, qui avait peut-être succédé à Sigehard dans la partie-est du *pagus* ³.

IV. Le gouvernement du Hainaut fut alors confié à un certain comte Richer, cité, en 965, dans un diplôme de l'empereur Othon en faveur de l'abbaye de Saint-Ghislain ⁴. Il mourut après 966 ⁵.

V. Garnier et Renaud lui succèdèrent et périrent, en 975, dans un combat livré contre les fils de Regnier III ⁶. On peut conjecturer que ces deux seigneurs possédèrent divisément les cantons qui obéissaient à Regnier III. La monnaie, mentionnée par M. Chalon ⁷ et portant d'un côté « MONTES » et de l'autre « RAINNADUS », semble accorder à Renaud seul le comté ou la vicairie de Mons. S'il en est ainsi, Garnier aura possédé la vicairie de Bavai.

VI. Othon II nomma alors au gouvernement du pays les comtes Arnould et Godefroid ⁸. Le premier, qu'on a pris tour à tour pour

---

¹ *Codex*, n.° XXXII. — D'après FLODOARD (PERTZ, t. v, p. 403 et 404), cet évènement n'aurait pas eu Mons pour théâtre, mais bien un fort sur le Cher. Nous préférons la leçon de Richer, qui tenait le récit de son père.

² ERNST, *loc. cit.*, p. 471.

³ « Alter ibidem comes, ex pago Hainou, Amulricus nomine.... ». BALDERIC, p. 111.

⁴ *Codex*, n.° XXVII. — Un comte Richer est cité, en 966, dans le pays de Liège. ERNST, *Histoire du Limbourg*, t. VI, p. 96.

⁵ ERNST, p. 474.

⁶ BALDERIC, p. 148; SIGEBERT, apud PERTZ, t. VI, p. 351.

⁷ M. CHALON, *Supplément aux recherches sur les monnaies des comtes de Hainaut*, p. XI.

⁸ BALDERIC, p. 148. — « Actum imperante Ottone, dominantibus consulibus Godefrido et Arnulfo. » Acte de l'an 978. *Codex*, n.° XXIX. Le mot « *consulibus* » indiquerait-il que Godefroid et Arnould ne gouvernaient que provisoirement le Hainaut ?

Arnould II, comte de Flandre ¹, et pour un seigneur de Florennes ², était comte de Valenciennes et fils d'Isaac, comte de Valenciennes et de Cambrai ³. Le second n'est autre que Godefroid-le-Captif, comte de Verdun, d'Eenham et d'Ardenne ⁴.

Ils eurent à lutter, en 976, contre les fils de Regnier III. Godefroid, fait prisonnier, en 984, par le roi Lothaire, refusa de souscrire à la condition mise par celui-ci à sa sortie de captivité, c'est-à-dire à la restitution de Mons et du Hainaut ⁵. Il ne devint libre qu'en 986, et perdit, en 998, la ville de Mons, dont Regnier IV parvint à s'emparer dans le courant de cette année.

Ces deux comtes gouvernaient le Hainaut dans les mêmes conditions que Garnier et Renaud, c'est-à-dire, divisément. La lettre de Gerbert, que nous citons en note, et les actes rapportés par Dom Baudry permettent d'affirmer : 1° que Godefroid seul possédait la ville de Mons et sa vicairie que Regnier IV parvint à récupérer en 998 ⁶ ; 2° qu'Arnould avait obtenu en partage la

---

¹ Baudouin d'Avesnes, apud Achery Spicilegium, t. VII, p. 385.

² Ernst, Dissertation sur la maison royale des comtes d'Ardenne, dans les Bulletins de la Commission royale d'histoire, 2.ᵉ série, t. x, pp. 259 et 260 ; M. Wauters, dans la Revue d'histoire et d'archéologie, t. IV (1863), p. 99.

³ D'Outreman, p. 76 ; Vinchant et Ruteau, p. 156 ; Miræus, Chronicon Belgicum, p. 236 ; Art de vérifier les dates, t. III, p. 27. — La qualification de fidelis imperatoris que donne à cet Arnould l'historien Balderic, les éloges qu'il fait de lui, les alliances constatées des comtes de Valenciennes avec les évêques de Cambrai, tout nous porte à croire qu'Arnould était bien comte de Valenciennes. Voy. Balderic, pp. 149, 186, 229.

⁴ Ernst, loc. cital., p. 257. M. Wauters (loc. cital., p. 100) pense que ce Godefroid était le sire de Florennes, frère d'Arnoul. Le texte cité à la note suivante démontre qu'il en est autrement.

⁵ « Godefridus comes, si Castrilucium cum Hainao redderet » Gerberti Epistolæ, apud Dom Bouquet, t. IX, p. 284.

⁶ Voy. la note précédente. — « Anno 998 comes Reginerus abstulit Montem-Castri comiti Godefrido ». Alberici Chronicon, apud Dom Bouquet, t. X, p. 287. — Remarquons encore que c'est Godefroid seul qui dévaste les environs de Mons en l'an 1015. Sigebert, apud Dom Bouquet, t. X, p. 217 ; Pertz, t. VI, p. 355.

vicairie de Bavai, au moins à dater de 978 [1]; 3° qu'après 989, Arnould se réconcilia avec Regnier, à qui il paraît avoir restitué une partie de ses biens [2]; 4° qu'enfin Regnier rentra dans la possession entière de la vicairie de Bavai, peut-être après la prise de Valenciennes par le comte de Flandre, en 1006, et, dans tous les cas, avant l'an 1009 [3].

VII. Regnier IV, devenu maître du Hainaut, le conserva jusqu'à sa mort arrivée après l'an 1012.

VIII. Regnier V lui succéda; il épousa, en 1015, Mathilde, fille d'Herman et petite-fille de Godefroid-le-Captif qui avait tenu si longtemps le comté [4]. Ce mariage termina la querelle des deux familles. Regnier V est cité dans deux chartes de 1018 et de 1024 [5], et il mourut non pas, comme l'ont dit tous les écrivains, entre les années 1030 et 1034, mais après l'année 1040 [6].

On peut inférer, de deux passages de Balderic et d'une charte que nous avons cités [7], que, vers les années 1013 et 1015, le comte

[1] En 978, Godefroid et Arnould sont cités ensemble. Voy. la note 8 de la page 101. — « Hæc traditio facta est regnante Othone imperatore atque Arnulfo comito.... ». Acte de 985 ou environ, *Codex*, n.° XXX. Cette charte d'un asservissement fait à l'abbaye de Saint-Ghislain prouve qu'Arnould avait le gouvernement de la vicairie de Bavai, dans laquelle était située l'abbaye. C'est à tort que Dom Baudry, p. 301, affirme que cet acte est signé par le comte Regnier.

[2] « Tempore Arnulfi et Raineri comitum ...... sequens patratum est miraculum..... » *Miracula S. Ghislení*, apud Mabillon, *Acta*, etc., seculo II, p. 789. Le miracle dont il est ici question eut lieu après l'an 989.

[3] « Facta est hec traditio anno ab incarnatione domini MVIIII .... imperante Haignocensibus comite Raignero .... ». Charte de l'an 1009. *Codex*, n.° XXXIII.

[4] Balderic, p. 255.

[5] Dom Baudry, p. 310; *Codex*, n.° XXXVIII.

[6] La date de 1030 et de 1034, admise par tous les historiens, doit être rectifiée; on lit, en effet, dans une charte d'asservissement de l'année 1040, la souscription suivante : « Actum anno MXL, indictione VIII, regnante Conrado imperatore, et Raynero comite .... ». *Codex*, n.° XLI. — Les *Annales abbatiæ Etnonensis*, écrites au XI.° siècle, placent la mort de Regnier en 1039 (1040, nouveau style). Pertz, t. V, p. 13.

[7] Voy. p. 96, note 2, et p. 97, note 3.

Herman, beau-père de Regnier, possédait le territoire correspondant aux anciens décanats de Binche et de Maubeuge. Regnier en devint possesseur lui-même, soit après son mariage, soit à la mort du comte Herman [1].

IX. Sa fille Richilde lui succéda. On n'a pas de renseignements sur l'époque de son mariage avec le comte Herman de Saxe [2], et tout ce qu'on sait de celui-ci, c'est qu'il conclut, sous Wason, évêque de Liége (1042-1048), un traité d'alliance avec Baudouin V de Flandre [3]. Du mariage d'Herman et de Richilde on a fait naître un fils, appelé Roger et devenu, dit-on, évêque de Châlons-sur-Marne, où il aurait fondé le monastère de Toussaint-en-l'Ile [4]; mais cette allégation est contraire aux données historiques [5]. Herman étant mort, le comte de Flandre, Baudouin V, envahit le Hainaut, s'empara de Mons et donna pour époux à Richilde, en 1053

[1] « .... Multa in Malbodiensi coenobio ad similem virtutem excitavit (Theodericus); multos post lapsum ad poenitentiam revocavit; et, annuente Gerardo, episcopo Cameracensi, et Rainero, comite Montensi, ordinem religionis monasticæ .... in eodem monasterio correxit » Vita S. Theoderici, apud MABILLON, Acta, etc., seculo VI, pars II, p. 563.

[2] ERNST, p. 508. — « Eo tempore, Balduinus, filius comitis Flandrensis, Richildem comitissam, quæ antea Hermanno, nepoti ipsius comitis, nupserat, uxorem duxit .... ». Chronicon Sancti-Andreæ de Castello, apud PERTZ, t. VII, p. 533. — Une circonstance curieuse et peu connue, c'est que Regnier V eut lui-même un fils, du nom d'Herman, qui signa avec lui, en 1032, une charte pour l'abbaye de Saint-Ghislain. DOM BAUDRY, p. 315.

[3] « Quodam tempore Herimannus, Montis qui dicitur Castrorum-Locus comes et marchio, pactum cum Balduino Flandrensi jurejurandi firmavit. » Gesta episcoporum Leodiensium, dans l'Amplissima collectio, t. IV, p. 875.

[4] J. DE GUYSE, t. XI, p. 19. Il rapporte qu'il fit le voyage de Châlons pour s'assurer du fait.

[5] Nous possédons une copie de l'acte de fondation du monastère; elle est datée comme suit : « Actum XVI kalendarum decembris, anno ab incarnatione domini M° LXII°, regnante Philippo anno IIII, pontificante domino Rotgero XX. » En admettant que Roger, évêque depuis 20 ans, c'est-à-dire, depuis 1042, soit monté sur le trône épiscopal à l'âge de 20

ou 1034 [1], son fils Baudouin IV, appelé Baudouin de Mons et qui vécut jusqu'en 1070. Arnould, fils de ce dernier, lui succéda sous la tutelle de sa mère [2]; mais il fut tué, en février 1071, à la bataille de Cassel. Richilde gouverna alors, sous le nom de son second fils, Baudouin II de Hainaut [3]; en 1083, elle se démit de la régence et se retira au monastère de Messines où elle mourut en 1086 [4].

## SECTION II.

### § I.

Nous arrivons à la deuxième subdivision du *pagus Hainoensis*. La *Notice de l'empire* et l'*Itinéraire d'Antonin*, documents du V<sup>e</sup> siècle, placent à Famars le siège d'un commandement mili-

---

ans, on arrive à cette conclusion qu'il serait né en 1022; or, à cette époque, Richilde pouvait avoir 5 ou 6 ans au plus, puisque le mariage de son père fut conclu en 1015. De tout cela il résulte que Roger, fils de cette princesse, n'a pu être évêque de Châlons.

[1] Une charte de l'abbaye de Saint-Ghislain, de l'an 1066, est datée de la douzième année de la domination de Baudouin et de Richilde. Dom BAUDRY, p. 327. Il semble donc qu'il faut fixer à l'année 1053, avec IRÆUS (*Thesaurus anecdotorum*, t. III, p. 570), l'invasion du Hainaut par le comte de Flandre. Une charte que nous publions d'après M. WAUTERS, et une plainte adressée, en 1054 ou 1055, à l'empereur par les moines de Saint-Ghislain (*Codex*, n.<sup>os</sup> XLV et XLVI) prouvent qu'en 1054 Baudouin régnait en Hainaut. MEYER (*Annales Flandriæ*, p. 29), et ERNST (p. 512) placent la date de l'invasion à l'année 1051, et M. WARNKOENIG (*Histoire de la Flandre*, t. I, pp. 157 et 159), à l'année 1050.

[2] On a dit que Baudouin de Mons avait assigné le comté de Flandre à Arnould, son fils aîné, et celui de Hainaut à Baudouin, son second fils. On voit toutefois figurer Arnould, comme comte de Hainaut, dans un acte de 1070, pour l'abbaye de Saint-Ghislain. *Codex*, n.° LII.

[3] Richilde est mentionnée, dans des actes de 1073 et de 1076, comme gouvernant le Hainaut avec son fils Baudouin. *Codex*, n.<sup>os</sup> LV et LXI.

[4] Un acte de 1083 nomme le comte Baudouin seul, mais un autre de 1086 le cite encore avec sa mère. *Codex*, n<sup>os</sup> LXVII et LXXI.

taire [1]. Avant cette époque, il n'est pas question de cette forteresse, et l'absence de vestiges d'une voie romaine entre Famars et Bavai prouve qu'elle ne fut bâtie qu'après la chute de Bavai, en 407 [2]. Cambrai devint alors la capitale du territoire nervien et le siège de l'évêché. La construction de Famars, non loin des ruines de Bavai, n'eut sans doute d'autre but que de couvrir, contre les incursions franques, les approches du chef-lieu de la *civitas*. Il est presque certain que la forteresse resta debout après la chute de la domination romaine, puisqu'elle donna son nom au vaste territoire du *pagus Fanomartensis* [3].

On trouve ce nom orthographié de différentes manières : *pagus Fanomartensis* [4], *Farmatensis* [5], *Falmarcinsis* [6], *Phanomartensis* [7], etc.

La première mention du pays de Famars se rencontre dans l'acte de donation de saint Hunebert en faveur de l'abbaye de Maroilles, située dans ce canton ; mais on n'est pas d'accord sur la date de ce diplôme : Miræus la recule à l'an 667, Pardessus, à l'an 671, et Corneille Smet hésite entre les années 675-676 [8]. Ce district apparaît pour la dernière fois dans le récit de la

---

[1] « Præfectus lætorum Nerviorum Fano-Martis Belgicæ secundæ ... » *Notitia dignitatum*, etc., apud Dom Bouquet, t. I, p. 128 ; *Itinerarium Antonini*, ibidem, p. 107 et 108.

[2] De Bast, *Deuxième supplément*, etc., p. 108.

[3] « Castellum ab antiquitate gentilium de Fano-Martis adhuc tenet vocabulum .... ». *Vita S. Gaugerici*, auctore Baldérico, apud *Acta S. Belgii*, t. II, p. 302. — « Pagus antiquus à Fano-Martis Martinsis, à moderno vero à fluvio suo dictus Haynoensis ..., ». *Vita S. Waldetrudis*, auctore Philippo abbate, dans ses Œuvres (Douai, 1621), p. 781.

[4] Miræus, t. I, p. 9 ; *Acta S. Belgii*, t. IV, p. 119 ; Pardessus, *Diplomata*, etc., t. II, p. 255.

[5] Doublet, *Histoire de l'abbaye de Saint-Denis*, p. 692 ; Pardessus, t. II, p. 418.

[6] Doublet, p. 688, etc.

[7] Idem, p. 786.

[8] Miræus, t. I, p. 9 ; Pardessus, t. II, p. 155 ; *Acta S. Belgii*, t. IV, p. 118.

translation des restes de saint Pierre et de saint Marcellin, écrit par Eginhard au IX.⁴ siècle, et dans la vie de saint Etton, qui est plus récente, mais dont on ne connait pas la date précise¹. Quoiqu'il en soit, cette dénomination disparut de bonne heure, pour faire place au nom générique de Hainaut ou à celui de comté de Valenciennes.

Avant de rechercher les limites du *Fanomartensis*, signalons ici une nouvelle erreur dans laquelle sont tombés la plupart de ceux qui ont écrit sur la géographie ancienne de notre province. Des Roches², entre autres, considère comme dépendant du *pagus Hainoensis minor* toutes les localités qui se présentent, dans les documents, avec la mention « *in pago Hainoensi* ». On a vu, au contraire, que cette indication se rapporte toujours au *pagus major*, et la preuve en est que des diplômes placent dans le *pagus Hainoensis* des endroits qui appartiennent sans conteste au *Fanomartensis*, comme Valenciennes, Escaupont, Douchy, Maroilles etc.³. Or, si la thèse de Des Roches était vraie, il s'ensuivrait que le *Fanomartensis* serait exactement la même chose que le *pagus Hainoensis minor*.

Le pays de Famars était borné, à l'ouest, par l'Escaut et le *pagus Cameracensis*; au sud, par ce dernier et le *Laudunensis*, avec une partie de la Thiérache et de la Fagne; à l'est, par le pays de Lomme et le *Hainoensis minor*; et, au nord, par ce dernier et le cours de la Haine dans la partie la plus rapprochée de son embouchure. Nous avons fixé, dans la section précédente, la démarcation entre le *Hainoensis* et le canton qui nous occupe : elle concorde avec les limites des deux archidiaconés de Hainaut et de Valenciennes, et on ne trouve aucune des localités du *Fanomartensis* en dehors de ce dernier⁴.

---

[1] Dom Bouquet, t. VI, p. 274; *Acta S.* (...) de juillet, p. 48 et suiv.
[2] Mémoire cité.
[3] Voyez, ci-après, preuves particulières, et les cartes.
[4] Voyez la carte des archidiaconés. C'est aussi l'opinion de Wastelain, p. 441, et de M. Le Glay, dans ses (...) Cameric, p. 420.

Le territoire de Famars, outre la Sambre, était arrosé par des rivières d'une certaine importance ; on peut citer : *Sella* ou *Savus* (la Selle), *Hon* (le Honeau), *Escalon* ou *Escalius* (l'Escaillon), *Unctius* (la Ronelle), *Helpra major* et *minor* (l'Helpe majeure et l'Helpe mineure) [1]. Il renfermait aussi des monastères célèbres, tels que Maroilles, Saint-Sauve, Liessies, etc.

Nous avons dit plus haut ce qu'il faut penser du texte de Folcuin, relatif au nom de l'ancien pays de Famars. Nous nous bornerons à le rappeler pour constater que ce pays, au point de vue territorial, dépendait du Hainaut (*pagus major*) : les mêmes localités sont placées indifféremment dans le *pagus* principal ou dans sa subdivision [2], et le canton de Famars n'est cité ni dans les actes de partage entre les fils de Louis-le-Débonnaire, ni dans le traité de 870 ; il y est compris sous la dénomination générique de Hainaut.

## § II.

Le *pagus Fanomartensis* avait, lui aussi, à n'en pas douter, ses subdivisions en vicairies, centenies, etc. ; mais il nous manque ici, pour les reconstituer, la ressource de leur comparer les divisions des temps postérieurs. Le pays de Famars et l'Ostrevant furent morcelés, au XII.e siècle, et subirent un bouleversement complet dans leurs circonscriptions administratives. Aucune d'elles ne rappelle les divisions anciennes : ainsi, à l'ouest, la prévôté de Valenciennes, comprenant trente-trois villages, et la chatellenie de Bouchain qui renfermait soixante-trois villages et deux villes, s'étendaient à la fois dans le Hainaut et dans l'Ostrevant ; à l'est, le comté de Beaumont (onze villages) et la principauté de Chimai (trente un villages) embrassèrent à la fois des localités de l'évêché de Cambrai et d'autres démembrées de l'évêché de Liège ; au

---

[1] Voyez notre liste à ces mots, preuves, partie II.
[2] Voyez notamment, dans notre liste, les mots *Crux*, *Maricolæ*, *Solamnium* et *Valentianæ*.

centre, la prévôté du Quesnoy, créée dans la seconde moitié du xii.e siècle, étendit sa juridiction sur quarante-huit villages du Hainaut pris dans les décanats d'Haspres, de Valenciennes et d'Avesnes ; enfin la terre d'Avesnes, formée, dans les derniers temps, de trente-trois villages, en possédait beaucoup plus aux xi.e et xii.e siècles [1]. Nous n'avons donc, pour nous servir de guide dans notre recherche, que les divisions ecclésiastiques en décanats

Nous rangerons parmi les divisions du *Fanomartensis* :

1° Un canton cité, en 958, sous le nom de comté de Godefroid, et dans lequel était situé le village de Wambaix (arrondissement de Cambrai, canton de Carnières) [2], enclave du Hainaut dans le Cambrésis [3]. Le comté de Godefroid était probablement une vicairie qui correspondait au décanat d'Haspres. Nous conjecturons que, dans les temps anciens, ce district aura porté le nom de vicairie de Solesmes, localité connue dès le vii.e siècle. Les récits fabuleux, rapportés par Jacques de Guyse, font souvent mention du comté de Solesmes, dans le pays de Famars [4]. Quant au Godefroid cité dans le diplôme de 958, nous ignorons qui il était.

2° Le canton ou vicairie de Valenciennes (*vicaria Valentianensis*), correspondant au décanat du même nom. Cette ville, par sa situation et son palais royal, éclipsa de bonne heure Famars, qui n'avait eu qu'une importance militaire momentanée. La vie de saint Sauve rapporte qu'après la mort du saint, tué non loin de là, Charlemagne fit convoquer les *vicaires, centeniers* etc., pour rechercher l'auteur du meurtre : l'un d'eux était sans doute le chef ou le vicaire du territoire de Valenciennes [5].

---

[1] Vinchant et Rotteau, p. 18.— Sur la consistance de la terre d'Avesnes, voyez le paragraphe 3.

[2] « Villam videlicet quæ vocatur Vuambia, sita in pago Hainia, in comitatu Godefridi. » Diplôme de l'an 958. *Codex*, n.° xxiv.

[3] Voy. chap. iii, § 2.

[4] De Guyse, l. vi, p. 17, etc.

[5] « Convocantes *vicarios*, tribunos et centuriones, judices et decanos regis.... ». *Vita S. Salvii* (écrite au viii.e siècle), apud Dom Bouquet, t. iii, p. 647 ; J. de Guyse, t. ix, p. 136.

5° Le *pagus Templutensis*, qu'il faut plutôt considérer comme une vicairie et dont nous traiterons au paragraphe suivant.

La réunion de ces trois cantons constituait le district de Famars. On le trouve cité, au XI.ᵉ siècle, en tout ou en partie, sous le nom de *comté* ou *marche* de Valenciennes (*comitatus*, *marchia Valentianensis*) [1] ; mais, comme le comté de Mons, le comté de Valenciennes ne représente, à proprement parler, que l'étendue du territoire gouverné par les comtes de ce nom, étendue qui varia selon les époques. Après sa réunion au comté de Hainaut (vers 1046), le comté de Valenciennes conserva longtemps encore son individualité, sous le rapport des lois, des usages et de l'administration ; et les comtes ajoutaient habituellement à leur titre ordinaire de comtes de Hainaut celui de comtes de Valenciennes [2].

### § III.

Nous venons de ranger, parmi les divisions du *Fanomartensis*, le *pagus Templutensis* ou *Fania* ; il nous reste à en fournir la preuve.

Ghesquierre, A. de Valois, Wastelain, etc. [3], estiment avec raison que ces désignations représentent, à peu de chose près, la même portion de territoire dans le Hainaut, sauf que la Fagne s'étendait jusqu'au décanat de Maubeuge et que le *Templutensis*

---

[1] « Dedit sanctæ Mariæ, sancto Lamberto comitatum de Hainou et marchiam Valentiam.... » Ancienne relation de l'inféodation du Hainaut à l'évêque de Liége, en 1071. Ernst, *Histoire du Limbourg*, t. VI, p. 169 ; Miræus, t. III, p. 15.

[2] « Balduinus, Hainaucensium et Valentianensium comes.... ». Charte de 1089. Miræus, t. I, p. 517. — « Henricus, Dei gratiâ, Leodiensis electus, paribus Montis in Hannonia et Valenchenis, et omnibus Hannoniæ militibus, præpositis, juratis, scabinis Montis in Hannonia, Valenchenensibus et omnium bonarum villarum in Hannonia ». Charte de 1247. De Reiffenberg, *Monuments*, etc., t. I, p. 345.

[3] Ghesquière, apud *Acta S. Belgii*, t. IV, p. 151 ; A. de Valois, v.° *Fania* ; Wastelain, p. 443 et suivantes.

embrassait, comme il a été dit au chapitre VI, la partie de la Thiérache située dans le Hainaut. On voit, en effet, dans la vie de saint Landelin et dans un diplôme de l'an 634 ou 640, que le monastère de Waslers, au sud de Liessies, était situé à la fois dans la Fagne et dans le *Templutensis* [1].

Le mot *Fania* ou *Fania* [2] vient du latin *fagus*, hêtre [3], ou peut-être de *fangia, fanga, humide, fangeux*, à raison de la nature du sol entrecoupé d'étangs et de rivières [4]. Quant au mot *Templutensis*, il serait difficile d'en indiquer l'origine [5]. On trouve indifféremment écrit : *pagus Templutensis* ou *Templucensis* [6].

---

[1] « Tertium quoque ædificavit (Landelinus) cœnobium in Templutensi pago, Guaslaris dictum.... ». *Vita S. Landelini*, apud MABILLON, *Acta*, etc., seculo II, p. 875. — « In Templutensi pago, cœnobium Waslaus.... » *Alia vita*, apud *Acta S.torum*, t. II de juin, p. 1055 ; *Acta S Belgii*. t. IV, p. 461. — « Prædium meum, Wallare dictum, in Fania, versus Theorasciam....». Diplôme de 634 ou 640. MIRÆUS, t. I, p. 489. GHESQUIÈRE (*Acta S. Belgii*, t. IV, p. 457), PARDESSUS (*Diplomata*, etc, t. II, p. 30), et M. LE GLAY (*Revue des Opera diplomatica de Miræus*, p. 40), considèrent ce diplôme comme entaché de faux.

[2] Le mot est orthographié tantôt au singulier et tantôt au pluriel : « Fanias transit.... ». HERIGERI *Gesta episcoporum Leodiensium*, apud PERTZ, t. IX, p. 184. — « .... Et in venditione nemorum de Faagnes .... » *Revue d'histoire et d'archéologie*, t. III, p. 211.

[3] DU CANGE, v.° *Fania*. — Les forêts de hêtres étaient nombreuses dans notre pays et dans le nord de la France : beaucoup de localités portent encore le nom de Fayt, tiré du même radical. Un diplôme de Childebert II (667) mentionne une « *Jocunda Fania* » aux environs de Stavelot et de Malmédy. *Amplissima collectio*, t. II, p. 10 ; PARDESSUS, *Diplomata*, etc., t. II, p. 143. C'est par erreur que ce dernier, dans sa table des noms de lieux, traduit ces mots par *Liessies*.

[4] ERNST, *Histoire du Limbourg*, t. I, p. 82 ; M. PIÉRARD, *Notice sur Maubeuge*, p. 266.

[5] Il existe, dans la province de Namur, canton du même nom, une localité appelée Temploux ; il va sans dire qu'elle n'a aucun rapport avec notre *pagus*. Il en est de même d'un hameau du village de Saint-Aubin, canton d'Avesnes-nord, appelé *le Templa*; ce hameau a pris son nom d'une ferme possédée par les Templiers. M.me CLÉMENT-HÉMERY, *Promenades*, etc., t. II, p. 161.

[6] *Acta S. Belgii*, t. IV, pp. 461, 466, etc.

La Fagne est citée, pour la première fois, en l'an 634 ou 640. Le *Templutensis* apparaît plus rarement et ne figure que dans des vies de saints, à la rédaction desquelles il n'est pas possible d'assigner une date. On peut supposer que le nom de Fagne, plus connu, aura remplacé le *Templutensis* dans les actes.

La Fagne se composait d'une série de petites forêts, connues soit sous le nom de *haies* (*Haia*), usité dans tout le Hainaut [1], comme la haie d'Avesnes [2], la haie de Fourmies [3], la haie d'Anor, la haie Catelenne [4], la haie de Cartignies [5]; soit sous le nom de *Fagne* comme la fagne de Trélon [6], la fagne de Sains [7], la fagne de Chimai, la fagne de Marienbourg [8]. La Fagne, en général, avait encore au XVI.ᵉ siècle, seize lieues d'étendue [10].

La Fagne était située entre la Charbonnière, la Thiérache et l'Ardenne et se rattachait à cette dernière [11]. Selon Des Roches,

---

[1] La forêt de Broqueroie est nommée *haia* dans une charte de 1181. *Codex*, n.°

[2] Elle est citée dès l'année 1112, et elle dut à son importance d'être appelée *haia* sans autre désignation. *Codex*, n.° CI. — Elle s'étendait, selon M. Michaux, de la vallée de la Sambre, près de Sassogne, jusqu'à portée de Sivry (Belgique). En 1836, elle renfermit 3150 hectares, et, en 1787, 7370 arpents divisés comme suit : 1.° Garde de Sassogne, 451 arpents; 91 perches; 2.° Garde de Dampierre, 888 arpents, 47 perches; 3.° Garde de la Croisette, 789 arpents, 11 perches; 4.° Garde d'Avesnes, 616 arpents, 68 perches; 5.° Garde de Beugnies, 1170 arpents, 99 perches; 6.° Garde de la Villette, 947 arpents, 16 perches; 7.° Garde de Sars, 770 arpents, 18 perches; 8.° Garde de Belleux, 850 arpents, 30 perches; 9.° Garde de Willies, 885 arpents, 84 perches. M. Michaux, *Chronologie historique des seigneurs d'Avesnes*, introduction ; *Annuaire historique du département du Nord*, 1836, p. 13.

[3] En 1787, 1200 arpents, 36 perches. M. Michaux, *loc. cital.*

[4] En 1787, 934 arpents, 61 perches. *Ibidem.*

[5] En 1787, 122 arpents, 41 perches. *Ibidem.*

[6] En 1787, 700 arpents, 43 perches. *Ibidem.*

[7] En 1836, 3300 hectares. *Annuaire*, etc., 1836, p. 13; 1838, p. 66.

[8] En 1787, 1996 arpents, 24 perches; en 1836, 970 hectares, *Ibidem*; M. Michaux, *loc. cit.*

[9] M. Michaux, *loc. cit.*; M. Piérard, p. 266.

[10] Guicharoin (édition de 1562), p. 41.

[11] Voyez pages 13 et 14.

Ghesquierre et Dewez, elle était comprise entre le pays de Famars proprement dit à l'ouest, la Thiérache au sud et l'ancien Hainaut au nord [1]. Cette délimitation manque de précision et nous allons essayer de l'établir d'une manière plus exacte.

Il résulte des dénominations que nous venons de citer que notre forêt s'étendait, non seulement dans le Hainaut, mais aussi dans le pays de Lomme [2]. Aussi M. Piérart la prolonge-t-il avec raison jusque dans l'ancienne prévôté de Maubeuge et les territoires de Chimai et de Beaumont [3].

Nous bornerons la Fagne, au nord, par la Sambre, et nous tirerons une ligne à peu près droite des environs de Thuin jusqu'à Philippeville, et de là jusqu'à Givet [4] ; à partir de cette ville, nous remonterons la Meuse jusqu'à Vireux, puis le cours du Viroin jusqu'à l'endroit où il se partage en l'Eau-Blanche et en l'Eau-Noire. En suivant cette dernière rivière jusqu'à la hauteur de Chimai [5], la limite allait, par une ligne droite englobant Waslers [6], aboutir aux environs de Trélon [7] ; et de là, laissant Floyon

[1] Des Roches, *Mémoire* cité, p. 44 ; Ghesquière, apud *Acta S. Belgii*, t. IV, p. 151 ; Dewez, *Dictionnaire géographique*, v.° *Hainaut*. — M. Desnoyers (*Annuaire* etc., 1861, pp. 342 et 367) semble ne s'être pas bien rendu compte de la position de la Fagne et du *Templutensis*.

[2] On trouve, dans le pays de Lomme, Boussu-en-Fagne, Villers-en-Fagne, Fagnol, Sart-en-Fagne, etc., aux environs de Chimai et de Philippeville.

[3] M. Piérart, p. 266.

[4] On trouve, au sud-est de Philippeville, les deux villages de Sart-en-Fagne et de Villers-en-Fagne.

[5] Chimai est situé entre l'Eau-Blanche au nord et l'Eau-Noire au sud. Nous venons de citer la fagne de Chimai ; Boussu-en-Fagne, d'autre part, est situé entre ces mêmes rivières.

[6] « Prædium meum, Wallare dictum, in Fania, versus Theoraseiam. » Miræus, t. I, p. 489 — « Monasterium Wallare, versus Theorasciæ saltum, in finibus Faniæ. » Folcuin, apud Pertz, t. VI, p. 57.—Une charte de 1143 cite la ferme de Merlesart, entre la Fagne et la Thiérache : nous manquons de renseignements pour déterminer la position de cet endroit. *Codex*, n.° CXXII.

[7] Nous avons cité la fagne de Trélon. Cette ville est placée en Fagne dans le testament de sainte Aldegonde. *Codex*, n.° IV.

au sud¹ et traversant l'Helpe mineure, elle se dirigeait vers l'Helpe majeure pour aboutir à la Sambre en laissant Taisnières à l'ouest².

La Fagne par elle-même constituait-elle une division civile ; en d'autres termes, avait elle le titre de *pagus*? Nous ne le pensons pas. On a déjà vu qu'il n'y a guère d'exemples d'un district dépendant en même temps de deux cités ou diocèses ; or la Fagne s'étendait à la fois dans les diocèses de Cambrai et de Liége. Au sud, elle s'arrêtait en deçà de la limite des diocèses de Cambrai et de Laon ; et il resterait ainsi, sans attribution à un canton distinct, une étroite bande de terre, qui appartenait, comme ou l'a vu, à la forêt de Thiérache. Il est à remarquer aussi que le décanat d'Avesnes, qui, à notre avis, succéda au *pagus Templutensis*, ne s'arrêtait pas aux limites de la Fagne, mais se prolongeait jusqu'au diocèse de Laon. Enfin, de tous les textes que nous possédons au sujet de la Fagne, aucun ne lui donne la qualification de *pagus*. Il en est autrement du *Templutensis* qui porte ce titre dans tous les documents ³. Il correspondait exactement, d'après nous, au décanat d'Avesnes, et forma ce qu'on appelait, au XI.ᵉ siècle, la terre où le territoire de ce nom⁴.

¹ Voyez les textes d'Anson et de Ralbier, cités à la p. 79.
² Ce village porte encore le nom de Taisnières-en-Thiérache.
³ Voyez plus haut le passage de la vie de saint Landelin. — « Villam Ligniceas *Limacas*, selon J. de Guyse), quæ sita est in pago Hagnou et Templutensi... » *Vita S. Humberti* (XI.ᵉ siècle), dans les *Acta S. Belgii*, t. IV, p. 151 ; J. de Guyse, t. VII, p. 333. Voyez ci-après, preuves, partie II, au mot *Lideneicas*. — La légende a aussi conservé le souvenir d'un Brunulphe, appelé *comes Templacensis* au VII.ᵉ siècle. J. de Guyse, t. VI, p. 372 ; De Reiffenberg, *Monuments*, etc. t. I, p. CXI.

⁴ La terre d'Avesnes s'étendait, en 1787, sur les localités suivantes : Anor, Avesnelles, Banlieue-Haute, Banlieue-Basse, Barzies, Beugnies, Cartignies, Damousies, Dimechaux, Dimont, Dompierre, Favril, Fayt-Ville, Fayt-Château, Felleries, Ferrière-la-Grande, Flaumont, Fourmies, Glageon, Hautmont, Roussières, Limont et Fontaine, Mont-Fontenelle, Ofies, Prisches et Lignières, Ramousies, Sains, Saint-Hilaire, Saint-Remy-Mal-Bâti, Sars-Poterie, Semeries, Vieux-Reng, Waudrechies, Wignehies, et Willies. Dans le cours du moyen-âge, furent détachés de la terre d'A-

Nous avons prolongé la Fagne jusqu'à l'ancien décanat de Maubeuge, et par conséquent jusque dans le Hainaut (*pagus minor*); mais le *Templutensis*, qui représente pour nous l'ancien décanat d'Avesnes, appartenait, dans son entier, au *Fanomartensis*, c'est-à-dire, à l'archidiaconé de Valenciennes. Les documents anciens en fournissent la preuve : plusieurs localités, rangées par les chartes dans le *Fanomartensis*, appartenaient, à n'en pas douter, au *Templutensis*; ainsi l'acte de donation de saint Hunebert à l'abbaye de Maroilles (671-676) place cette localité dans le pays de Famars[2], et la vie de saint Etton, écrite peut être au xi.e siècle, y met Ficbau (*Fisciacum*), hameau de Dompierre près d'Avesnes[3].

La Fagne fut fécondée, au vii.e siècle, par les prédications de saint Ursmar de Lobbes [4] ; c'est à lui qu'est due la conversion au Christianisme des habitants du Hainaut oriental [5]. Parmi les monastères élevés dans cette contrée, nous citerons spécialement Maroilles, Liessies, et Wallers dont les biens passèrent par la suite au prieuré de Moustier-en-Fagne.

§ IV.

Jacques de Guyse cite, dès le ix.e siècle, des comtes de Valenciennes, et Miræus et d'Outreman en ont donné chacun une liste

vesnes les fiefs suivants : la terre d'Eclaibes, celles du Sart-de-Dourlers, de Saint-Aubin, de Floursies, de Semousies, de Banrepaire, de Beaurieux, de Landrecies, d'Etrœungt, de Rinsart, de Trélon, de Floyon et d'Hugemont. M. Michaux, introduction, p. 4 et suiv.

[1] Telle ne semble pas être l'opinion de Des Roches (*Mémoire*, etc., pp. 40 et 44) et de Besselius (*Chonicon Gotwicense*, p. 619). Voyez Wastelain, p. 441, et M. Le Glay, dans Halderic, p. 420.

[2] Miræus, L. i, p. 9 etc. Voyez, ci-après, preuves, partie ii.

[3] *Acta S. torum*, t iii de juillet, p. 48 et suivantes.

[4] « Cum in partibus Galliæ, in Fania scilicet et Teoracia multi per eum conversi fuissent.... se ad prædicandum Flandriæ contulit, versus Menapium fines..... » Mabillon, *Acta* etc., seculo iii, pars i, p. 255 ; Dom Bouquet, t iii, p. 628.

[5] Paillard de Saint-Aiglan, p. 29.

différents¹. Il est difficile, en l'absence de documents contemporains, de rien préciser à cet égard ; nous nous bornerons à rappeler ici les noms de ceux qui apparaissent dans les diplômes.

Un comte Arnould intervient, en 818, dans un acte de l'abbaye de Maroilles, située dans le *Templutensis*². Gouvernait-il cette vicairie, ou le canton de Famars dans son entier, c'est ce qu'on ne saurait affirmer. Les donations faites à ce monastère citent encore, en 870, Ingelram³, et, en 921, les comtes Haganon et Isaac⁴. Ce dernier fut, pense-t-on, comte de Valenciennes et de Cambrai⁵. Gislebert ravagea, en 924, ses terres et celles de Regnier, comte de Mons⁶ ; et, la même année, Isaac fut obligé de comparaître au synode de Troslei et de restituer à l'évêque de Cambrai un château dont il s'était emparé⁷. Il est nommé pour la dernière fois en 959⁸,

---

¹ J. DE GUYSE, t. IX, p. 172 ; MIRÆUS, t. I, p. 516 ; D'OUTREMAN, p. 61 et suiv.

² MIRÆUS, t. I, p. 246 ; *Acta S. Belgii*, t. IV, p. 133. MIRÆUS donne, par erreur, à ce diplôme la date de 821.

³ MIRÆUS, t. I, p. 36 ; *Acta S. Belgii*, t. IV, p. 124. Ici encore MIRÆUS commet une erreur en fixant la date de ce diplôme à l'année 921.

⁴ MIRÆUS, t. I, p. 36 ; J. DE GUYSE, t. IX, p. 318. — « Unde factum est ut... ille princeps catholicus abbatiam (Maricolensem) de manu Isaac, qui tunc temporis comitatus dignitatem administrabat, receptam sanctæ Mariæ Cameraci subjectam faceret... » *Appendix ad vitam S. Humberti Maricolensis*, apud MABILLON, *Acta*, etc., seculo II, p. 863. — CARPENTIER (t. I, p. 87) cite, avant Isaac, Raoul, frère de Baudouin-le-Chauve, comte de Flandre. Serait-ce le même qu'on voit apparaître dans un autre diplôme de 921, donné à l'abbaye de Maroilles ? Voyez MIRÆUS, t. IV, p. 175 ; BALDERIC, p. 102 ; *Annales Vedastini*, ad annum 895, apud PERTZ, t. I, p. 529 ; REGINONIS *Chronicon*, ibidem, p. 567.

⁵ CARPENTIER, *loc. cit.*

⁶ « Idem vero Gislebertus dimissus terram Berengarii Ragenariique fratris suis et Isaac comitis deprædationibus plurimis vastat ». FLODOARDI *Annales*, apud PERTZ, t. V, p. 373.

⁷ « Isaac quoque comes quoddam castellum Stephani Cameracensis episcopi dolosa infestatione comprehendens, incendit.... Synodus episcoporum Remensis diocesos apud Trosleium octobri mense habita.... in qua Isaac comes ad emendationem et satisfactionem venit... » Ibidem. Voy. aussi FLODOARD, *Historia ecclesiæ Remensis* (édition de Colvenère, 1617).

⁸ FLODOARDI *Annales*, p 385.

et il mourut, selon Carpentier, en 952. Arnould, qui lui succéda, est cité dès l'an 965 [1]; il obtint, en 973, avec Godefroid-le-Captif, les possessions de Regnier III [2]. Balderic rapporte qu'il construisit, à la demande de l'évêque Rothard (978-994), un monastère de chanoines à Valenciennes [3]. On le voit encore figurer dans une relation de la translation du corps de saint Sulpice, en 986 [4]; Outre le comté de Valenciennes, Arnould possédait, en l'an 1001, aux environs du Cateau, un comté dans le Cambrésis [5]. Il fut chassé de Valenciennes, en 1005 ou 1006, par Baudouin-le-Barbu, comte de Flandre [6].

Un récit du XI.⁰ siècle relate certaines donations faites à l'abbaye de Saint-Pierre de Blandain, en 983, 994 et 998, par un comte Arnould qu'il nomme comte de Valenciennes [7]. Arnould aurait

---

[1] Balderic, p. 133 et suiv.
[2] Voyez section I, § 3.
[3] « In castro Valentianensi monasterium est canonicorum quod Arnulfus comes, consilio et auctoritate Rothardi episcopi, construxit…. » Balderic, p. 229.
[4] « Ea tempestate qua Ottonis administrabatur imperium, regnum quoque Francorum Ludovici regebatur sceptro…. cathedræ itidem Cameracensi præsidente Herluino, Haynau comite Godefrido, Valentianarum quoque Arnulpho…. » Acta Sanctorum, t. II de janvier, p. 788.
[5] « In loco qui vocatur Castellum-Sanctæ-Mariæ, quod vocabatur antea Vendelgeias, quod situm est in pago Cameracensi, ac comitatu Arnulfi comitis…. » Diplôme de 1001. Balderic, p. 183, Miræus, t. I, p. 148.
[6] Balderic, pp. 56 et 186; Annales Elnonenses majores, apud Pertz, t. V, p. 12; Annales Leodienses et Laubienses, ibidem, t. IV, p. 18; Sigebert, apud Pertz, t. VI, p. 354; Iperii Chronicon, dans le Thesaurus anecdotorum, t. III, p. 570; Meyer, p. 24. — On rencontre, à l'année 1011, un comte Arnould qui avait des possessions dans l'ancien Brabant. Revue d'histoire et d'archéologie, t. III, p. 444.
[7] « Eodem anno (983), 3 kalendas julii, Arnulfus, comes Valentianensis, pro sua anima fratrisque sui Rodgeri defuncti tradidit, etc. » — « Anno domini 994, indictione VII, regnante Hugone rege…. Arnulfus, comes Valencianensis, et uxor sua Lietgardis, cum filio suo Adalberto, tradiderunt, etc. » — « Anno domini 998…., Arnulfus, comes Valentianensis, etc… » Annales Sancti-Petri Blandiniensis, publiées par M. Van de Putte, pp. 110, 113 et 114.

eu, d'après ce récit, un frère nommé Roger, mort avant 985 ; et sa femme Lietgarde lui aurait donné un fils du nom d'Adalbert. L'auteur a certainement confondu Arnould de Valenciennes avec Arnould, comte de Gand et fils de Thierry, deuxième comte de Gand et de Hollande. Cet Arnould succéda à son père, dans ce comté, en 988 ; il épousa, en effet, Lietgarde et eut d'elle un fils du nom d'Adalbert, qui tint, après lui, le comté de Gand [1].

---

[1] Kluit, *Historia critica comitum Hollandiæ*, etc., t. I, pars I, p. 36, et pars II, p. 178 ; t. II, pars I, p. 52 ; Duchesne, *Histoire de la maison de Gand*, preuves, pp. 48 et 50.

## CHAPITRE HUITIÈME.

Il nous reste à indiquer succinctement les changements qui s'opérèrent dans le Hainaut jusqu'au xii.ᵉ siècle, c'est-à-dire, les accessions de territoires, l'extension de la souveraineté des comtes dans les pays voisins, et spécialement la réunion des deux comtés de Mons et de Valenciennes sous une même domination.

A l'est, le comté de Hainaut s'agrandit au delà des bornes du diocèse de Cambrai et au détriment du pays de Lomme et de l'évêché de Liége. Cette extension est représentée, dans le pays de Lomme, par l'archidiaconé de Hainaut, créé au xiii.ᵉ siècle et formé des *concilia* ou décanats de Florennes, de Fleurus, de Thuin, de Gembloux et d'Andenne. Les châteaux de Florennes et de Couvin, qui appartenaient déjà à nos comtes au xi.ᵉ siècle, furent vendus par eux, en 1096, à l'évêque de Liége [1]. La ville de Thuin, et peut-être tout le *Samblensis*, étaient, dès le xi.ᵉ siècle, incorporés dans le Hainaut dont ils ne cessèrent jamais de faire partie. Au siècle suivant, la seigneurie de Chimai et le comté de Beaumont étaient tenus en fief de la cour de Mons; et, suivant Jacques de Guyse, le château de Beaumont appartenait déjà à Richilde en 1049 [2].

Au sud, le *pagus Hainoensis* ne reçut aucun accroissement vers le Laonnais ou la Picardie; mais, au sud-ouest, les comtes usurpèrent sur le Cambrésis les villages de Briastre, Caudry Escau-

---

[1] Miraeus, t. i, p. 364; Chapeauville, t. ii, p. 52; Vinchant et Ruteau, p. 204.

[2] Gislebert, p. 54; J. de Guyse, t. xi, p. 20; t. xii, p. 14. — Un seigneur de Chimai signe, en 1065, un acte de donation faite par le comte de Hainaut à l'abbaye d'Hasnon. *Codex*, n.° li.

dœuvres, Hordain, Iwuy, Morlain, Rieux et la moitié de Busigny [1].

A l'ouest, le château de Douai (*castrum Duacense*), dans l'Ostrevant, échut aux comtes de Hainaut, sans doute lorsque Baudouin I, époux de Richilde, étendit sa domination sur le Hainaut et la Flandre, ou peut-être lors de la réunion des comtés de Hainaut et de Valenciennes [2]; mais cette forteresse fut enlevée à son fils, après 1091, par Robert-le-Frison [3].

Le comté d'Ostrevant (à l'exception de Douai) et le château de Valenciennes, sur la rive gauche de l'Escaut, vinrent s'ajouter au territoire du Hainaut dans le XII.e siècle. L'Ostrevant appartenait depuis longtemps à des comtes qui, à raison de la possession du château de Valenciennes, s'intitulaient châtelains de cette ville, mais n'exerçaient aucun pouvoir sur son territoire, dans le Hainaut [4]. On cite, parmi les châtelains : Hugues (1058), qui eut deux fils, Anselme et Isaac ; ce dernier est cité en 1065 [5] ; en 1112, on trouve un Regnier de Trit, etc. [6]. Gérard, frère utérin de Baudouin IV, lui céda, en 1164, le château et la châtellenie avec l'Ostrevant et quelques terres en Cambrésis [7]. Depuis cette époque, l'Ostrevant servit d'apanage aux fils aînés des comtes de Hainaut.

[1] M. LE GLAY, *Glossaire*, etc., introduction, p. XIII.
[2] DE REIFFENBERG, *Histoire du Hainaut*, t. 1, p. 42.— « Ego Balduinus, comes Hainoensium et Valentianensium, nec non et Duacensium et Austrovalensium. » Charte de 1089. MIRÆUS, t. 1, p. 517.
[3] GISLEBERT, p. 28 ; DE REIFFENBERG, t. 1, p. 181.
[4] « Castellano Valencenensi, qui ex jure castellaciæ Ostrevanum tenebat. » GISLEBERT, p. 43.
[5] *Codex*, n° LI.
[6] D'OUTREMAN, pp. 103 et 304 ; VINCHANT et RUTTEAU, p. 180 ; J. DE GUYSE, t. XII, p 50.
[7] Item (acquisivit) alodium Obterbenti seu terram Ostrevanni ; item quidquid Godefridus prædictus in Cameracesio hereditarie possidebat, et omnia prædicta comitatui Hannoniæ, consilio pariter et assensu omnium ad quos spectabat, pro perpetuo adjunxit et incorporavit... » J. DE GUYSE, t. XII, p. 14 ; VINCHANT et RUTTEAU, p. 180 ; GISLEBERT, p. 43 ; BAUDOUIN D'AVESNES, apud ACHERII *Spicilegium*, t. VII, p. 596 ; D'OUTREMAN, p. 304 ; DE REIFFENBERG, t. II, p. 38.

L'accroissement le plus considérable dont profita le Hainaut fut, au nord, l'acquisition d'une notable partie de l'ancien Brabant.

On sait que Godefroid-le-Captif possédait, dans la seconde moitié du x.ᵉ siècle, une partie du Brabant, et notamment les comtés d'Eenham et d'Alost ¹. Ces biens passèrent à ses fils, Godefroid II et Herman ou Hezelon. Ce dernier construisit à Eenham un double monastère ² et donna, vers 1015, à l'abbaye de Saint-Vannes de Verdun, où il se fit moine par la suite, des propriétés à Elsloo (?), commune d'Everghem (*Haslud*, *Hastium*), à Velsique (*Fesseca*, *Felsica*), à Roucourt, près Péruwelz (*Rotgericurtis*), et à Hemelveerdegem (*Ermefredegehem*), localités situées dans l'ancien Brabant ³. La même année, Godefroid et Herman donnèrent encore

---

¹ «Est etiam locus super Scaldum fluvium quem dicunt Iham, ubi modernis temporibus honorabilis vir comes Godefridus et uxor sua Mathildis . . . . castro quidem munito, navigium, mercatum, teloneum, cœteraque negotia statuerunt. . . Extra autem (castrum), Herimannus filius duo monasteria struxit. » BALDERIG, p. 240. — « . . . . Iste dux Godefridus dictus est Eihamensis, etc. . . . » SIGEBERTI *Auctarium Affligemense*, apud PERTZ, t. VI, p. 399. Voyez aussi *Genealogia comitum Flandriæ*, dans le *Thesaurus anecdotorum*, t. III, p. 380, et dans le *Corpus chronicorum Flandriæ*, édité par M. DE SMEDT, t. I, p. 2. — L'acte de donation à l'abbaye de S.-Ghislain du village de Ronquières (canton de Soignies), situé dans l'ancien Brabant, est signé par Godefroid-le-Captif (977-981). DOM BAUDRY, p. 301.

² Voyez la note précédente.

³ « Hermannus quoque venerabilis comes, in comitatu Bragbantinense, in prædio quod Haslud vocatur triginta eidem contulit mansa . . . ; simili modo apud Fensecum dedit ecclesiam, . . . ». Diplôme de 1015. *Codex*, n° XXXVI. Voyez aussi *Codex*, n.ᵒˢ XXV et XLIV. — « Dedit enim (Hermannus) sancto Petro et sancto Vitono Haslud cum ecclesia, in Fesseca unam ecclesiam, in Rotgericorte XII mansos, in Ermefredegehem unam ecclesiam. De his factum est, post mortem ejus, concambium, et dedit pro his comes Balduinus Flandrensis Bouvilare cum dimidia ecclesia, Hevenges similiter cum dimidia, in Vitereio vineas . . . . in Harvia XXX mansos. . . . » HUGONIS FLAVINIACENSIS *Chronicon Virdunense*, apud LABBE, *Bibliotheca nova manuscripta*, t. I, p. 167 ; PERTZ, t. VIII, p. 375. — « Prædictus Herimanus tradidit beato Vitono Rogeri-curtem et Felsicam cum Bovo quod voca-

à cette abbaye trente manses à Buvrinnes, en Hainaut, village qu'ils avaient reçu de Lambert de Louvain en échange de celui d'Assche [1]. Un fils et une fille d'Herman, morts en bas-âge, furent enterrés à Velsique. Sa dernière fille, Mathilde, mariée, vers 1015, à Regnier V de Hainaut, lui apporta en dot le Brabant et reçut le château et le comté d'Eenham lorsque son père se fût fait moine à Verdun, en 1034 [2].

Les termes de Sigebert feraient croire que Regnier V devint possesseur du vaste *pagus Bracbatensis*, qui couvrait presque tout le nord du diocèse de Cambrai ; mais il est certain que l'héritage d'Herman, transmis au comte de Hainaut, ne comprenait que les parties sud et ouest du Brabant, les seules où nos comtes exercèrent jamais leur domination. C'était là, selon nous, le Brabant proprement dit, subdivision du grand *pagus* de ce nom, et qui se composait des territoires où furent créés, dans l'ordre ecclésiastique, les décanats de Chièvres, de Saint-Brixe de Tournai (rive droite de l'Escaut), de Hal, de Grammont, de Pamele et d'Alost [3].

tur Basloth, in comitatu Brabantieno.... ». *Historiæ episcoporum Virdunensium continuatio*, apud ACHERI *Spicilegium*, t. XII, p. 269 ; DOM CALMET, *Histoire de Lorraine*, t. II, preuves, p. 13.

[1] « Contulerunt.... XXX mansos cum ecclesia integra in villa Berunes, quæ sita est in comitatu Hayno, quam prius à comite Lamberto nostro justo concambio acceperant pro alia villa Asca.... ». Charte de 1015. *Codex*, n.° XXXV. Voyez aussi *Codex*, n.ᵒˢ XXV, XXXVI et XLIV. — « Godefridus dux, Gozelonis frater.... XX mansos in Beurunes dedit.... » HUGO FLAVINIACENSIS, apud LABBE, t. I, p. 188.

[2] « Alteram quoque filiam tradidit nuptui Regineró Montensi comiti, simul cum tota provincia Bracbatensi. Deinde cum omnia sua ad votum ordinasset, relicto in manus Regineri castro (Eiham) et comitatu, apud Virdunum effectus est monachus.... » SIGEBERTI *Auctarium Affligemense*, apud PERTZ, t. VI, p. 399. Voyez aussi MEYER, loc. cit. ; ERNST, *Dissertation sur les comtes d'Ardenne*, p. 280.

[3] Jean de Leyde, qui appelle le Brabant proprement dit, *comitatus Bogronensis*, ne l'étend que sur les districts d'Audenarde et d'Alost : « Hic Balduinus, frater Roberti, fuit comes Flandriæ, Hannoniæ, Bogronensis.... Contulit eidem (Roberto) comitatum Bogronensem, id est, Aëlst, Audenaerden, cum suis districtibus, et Walacriam.... », « Comes

Quant au comté d'Eenham, sa circonscription s'est vraisemblablement conservée dans le décanat de Pamele, archidiaconé de Bruxelles.

La manière dont les comtes de Hainaut se virent dépouillés d'une partie de ce vaste héritage se lie intimement à l'histoire de l'acquisition du comté de Valenciennes, dont nous allons tracer le récit.

Ce fait important est environné d'obscurité. Gislebert, dont la relation est la plus digne de foi, tant à raison de sa position officielle que de l'époque à laquelle il écrivait, rapporte que, le comte de Valenciennes étant mort sans lignée, Herman et Richilde recueillirent sa succession par droit de parenté et rachetèrent les prétentions que formaient quelques seigneurs sur certaines parties de ce comté[1]. La difficulté consiste à combiner cet événement avec l'inféodation de la ville ou du comté de Valenciennes, faite, en 1006 ou 1007, à Baudouin IV, comte de Flandre. Essayons toutefois de coordonner les faits.

L'ambition des comtes de Flandre, au xi.e siècle, fut toujours, à notre avis, de se rendre maîtres des deux rives de l'Escaut et

---

Flandriæ subtiliter invasit comitatum Bogronensem, videlicet Audenaerden et Aelst, in prejudicium Henrici Romanorum imperatoris ». *Chronicon Belgicum*, apud KLUIT, *Historia critica*, etc., t. I, pars I, pp. 77, 189 et 194.

[1] « Sciendum igitur quod Hermannus comes, qui comes Montensis dicebatur, quia ipse mons caput erat et est, semperque erit totius Hanoniæ, uxorem habuit Richeldem comitissam .... Qui, defuncto comite Valencenensi absque proprii corporis hærede, tam jure hæreditario quam coemptione facta cum quibusdam nobilibus qui in hæreditate illa reclamabant, sibi in proprietatem comitatum illum vindicaverunt, et ipsum comitatum Valencenensem comitatus Hanoniensis et Castri-Montensis honori addiderunt .... » GISLEBERT, p. 2. — « Postmodum autem fuit ibi comes, Hermannus nomine, per uxorem suam Richildem, quæ sibi peperit filium et filiam. In illo tempore, mortuus est comes Valencennarum absque herede, et dictus comes Hermanus cum uxore sua Richilde, tum jure consanguinitatis, tum emptione, erga propinquiores tantum fecerunt quod illum comitatum sibi acquisiverunt cum alio .... » BALDUINUS AVESNENSIS, p. 8.

d'étendre leur domination sur la rive droite du fleuve, c'est-à-dire, sur le territoire de l'empire d'Allemagne. Ce but, qu'ils poursuivirent durant tout ce siècle avec une rare ténacité, est toute l'explication de leur politique. A cette politique se rapportent leurs luttes incessantes contre l'empire : tout agrandissement des comtes de Hainaut du côté de l'Escaut est le signal d'une guerre ou d'une invasion. Il suffit, pour s'en convaincre, de rapprocher ces deux ordres de faits, qui se complètent et s'éclaircissent l'un par l'autre.

On sait que l'Escaut formait l'ancienne limite de l'Austrasie et de la Neustrie, comme aussi de l'empire et du royaume de France. Le château de Valenciennes était situé à la rive gauche, et, par suite, dans le royaume ; mais il paraît qu'au commencement du XI.e siècle il appartenait à l'empire et se trouvait sous l'autorité d'Arnould de Valenciennes. Des contestations s'étant élevées, peut-être à ce sujet, entre Baudouin de Flandre et ce dernier, Baudouin vint, en 1006, assiéger Valenciennes, s'en empara et en chassa Arnould. L'empereur tenta vainement de s'opposer à cette usurpation : il mit le siège devant la ville, mais sans parvenir à expulser Baudouin, et, l'année suivante (1007), selon Sigebert, il lui donna en fief la ville de Valenciennes, pour se faire de lui un auxiliaire dans la guerre qu'il soutenait contre ses vassaux révoltés [1].

---

[1] « Obsessio Valentianarum à rege Henrico in mense septembri, quæ non prospere successit.... » *Annales Elnonenses majores* (écrites au XI.e siècle), apud PERTZ, t. V, p. 12. — « Ortis simultatibus inter Balduinum et Arnulfum comitem, Balduinus, collecta manu, Arnulfum, quia numero inferior erat, à Valentianis expulit: quod quidem castrum imperio Henrici subjugatum fuerat. Indignatus imperator rerum insolentia castrum et ipse obsidet.... » BALDERIC, p. 56. — « Castrum Valentianas, situm in marcha Franciæ et Lotharingiæ, quod Balduinus comes Flandrensium invaserat, imperator Henricus obsidet.... Henricus imperator, qui de obsidione Valentinianensi inefficax redierat, contra Balduinum profectus (1007), castrum Gandavum invadit, et, depopulata terra, aliquot Flandrensium primores capit. Unde Balduinus perterritus, imperatori satisfacit, Valentianas reddit, datisque obsidibus cum sacramento fidelitatis manus ei dedit. Postea imperator, seditione suorum coactus, Valentianas Balduino beneficiavit, ut sibi contra motus suorum auxilio esset. » SIGEBERT,

Herman, beau-père de Régnier V de Hainaut, s'étant fait moine à Verdun en 1033 ou 1034, son gendre devenait ainsi possesseur des comtés d'Eenham, de Brabant et d'Alost, et, par suite, de la rive droite de l'Escaut le long de la Flandre [1]. Ce voisinage était inquiétant pour Baudouin IV : il se jeta immédiatement sur le Brabant, s'empara par ruse du château d'Eenham et le détruisit de fond en comble (1034) [2]. A la suite de cette expédition, ou peut-être dès l'an 1006, on voit le comte de Flandre, Baudouin V, posséder, sur la rive droite de l'Escaut, un territoire assez étendu, qui comprenait au moins l'ancien décanat de Saint-Brixe, et peut être aussi celui de Chièvres, dans l'archidiaconé de Brabant. C'est ainsi que, dans un diplôme de l'an 1040, l'empereur d'Allemagne nomme Baudouin comte des localités de Péruwelz, Blaton, etc. [3] Vers la même époque, il intervient comme souverain dans une contestation au sujet de la dépendance de Soignies appelée les Germes [4]. Enfin, peu de temps après la mort du comte Herman, on le voit recevoir de l'abbaye

---

apud Pertz, t. vi, p 354. Voyez aussi *Genealogia comitum Flandriæ*, dans le *Thesaurus anecdotorum*, t. iii, p. 381, et dans le *Corpus chronicorum Flandriæ*, t. i, p. 46; Iperius, dans le *Thesaurus*, t. iii, p. 570; Meyer, ad ann. 1006; Mabillon, *Acta*, etc., seculo iv, pars i, p. 65.

[1] « Deinde cum omnia sua ad votum ordinasset, relicto in manus Regineri castro (Eiham) et comitatu, apud Virdunum effectus est monachus.. » Sigeberti *Auctarium Affligemense*, apud Pertz, t. vi, p. 399.

[2] « In diebus Ragineri Longi-Colli traditum est fraudulenter castrum quod dicitur Eiham et datum est Balduino Barbato, qui castrum funditus destruxit. » Sigeberti *Auctarium Affligemense*, ad ann 1033, apud Pertz, t. vi, p. 399. — « Balduinus comes Flandrensis, invaso Hainoensium comitatu, contra imperatorem rebellat. » *Chronicon Aquicinctinum*, apud Dom Bouquet, t. xi. p. 364. Voyez aussi Meyer, ad annum 1034; Warnkoenig, *Histoire de Flandre*, t. i, p. 154.

[3] « Omnem comitatum villæ nomine Basilicas (Basècles), à Croha usque ad Petras Boseras (Péruwelz ?), et de cruce quæ est in via Platonis (Blaton) ad aliam crucem.... consilio et consensu Balduini, ejusdem terræ comitis, suique militis Gossuini vice comitis..... ». Diplôme de 1040. Dom Baudry, t. viii, p. 330.

[4] *Codex*, n° XLII.

de Saint-Vannes de Verdun les biens de celle-ci dans l'ancien Brabant [1].

En 1046, Baudouin, poussé par Godefroid-le-Barbu, duc de Basse-Lorraine, prend encore une fois les armes et se jette sur le Hainaut [2]. Quelle fut la cause de cette nouvelle guerre? C'est, à n'en pas douter, l'avènement du comte Herman et de Richilde, sa femme, au comté de Valenciennes.

On sait que le règne d'Herman et de Richilde dura au plus dix ans, de 1040 à 1050, et que ce fut sous leur règne que s'ouvrit la succession au comté de Valenciennes [3]. Or la révolte du comte de Flandre, en 1046, n'aurait-elle pas eu précisément pour mobile cet accroissement de territoire, qui rendait les princes hennuyers maîtres de l'Escaut, de Condé jusqu'à Bouchain?

Les historiens du Hainaut pensent que, vers cette époque, les comtes de Flandre et de Hainaut transigèrent sur leurs prétentions

---

[1] Voyez le texte d'Hugues de Flavigny, plus haut, p. 111. — Un fait très important à noter, c'est que la juridiction du chef-lieu et de la coutume de Valenciennes s'étendait précisément dans l'ancien Brabant, jusqu'à Ath et la Dendre, bien que le comté de Famars ou de Valenciennes fût toujours resté dans les limites du *pagus Hainoensis*. La conséquence de ce fait, c'est que, cette partie du Brabant n'ayant jamais été unie à Valenciennes que de 1034 à 1046 ou 1048, comme on va le voir, c'est à cette époque qu'on peut rapporter l'extension de la juridiction du chef-lieu de Valenciennes, sur le territoire entre l'Escaut et la Dendre. Voyez la carte du chef-lieu dans d'OUTREMAN.

[2] « Anno 1046, Godefridus cum Balduino comite rebellat » *Annales Leodienses et Laubienses*, apud PERTZ, t. IV, p. 19. — « Anno 1046, instinctu Godefridi, comes Flandrensium Balduinus contra imperatorem rebellat... » SIGEBERT, apud PERTZ, t. VI, p. 358. — « Apud Aldenardam castellum constituit (1047), per quod, everso per Eham castello, Brachantum usque fluvium Teneram de regno Lotharlensi sibi usurpavit. Rex itaque Lotharlensis, qui et Cæsar et imperator Augustus, hostiliter super comitem Balduinum venit.... » *Genealogia comitum Flandriæ*, dans le *Thesaurus*, etc., t. III, p. 380.

[3] On peut supposer que le comte de Valenciennes, mentionné par GISLEBERT, n'était qu'un prétendant, puisque les comtes de Flandre détenaient la ville.

respectives relativement à Valenciennes et aux territoires situés sur la rive droite du fleuve. Par cet arrangement, le comte de Flandre aurait renoncé à ses droits sur Valenciennes et la partie romane du Brabant qu'il possédait (décanats de Saint-Brixe et de Chièvres); en compensation il aurait reçu la partie flamande du même *pagus* à la droite de l'Escaut, c'est-à-dire, Eenham, Grammont, Pamele et Alost. Cette opinion a pour elle la vraisemblance: on a vu, en effet, que sous le règne de Wason, évêque de Liége (1042-1048), le comte Herman conclut un traité de paix avec Baudouin de Flandre [1]; et ce dernier, dans une charte, prend soin de nous informer que c'est du comte Herman qu'il a reçu le château d'Eenham [2]. C'est sans doute par ce traité que se termina la guerre entamée par Baudouin en 1046 et que furent réglées les prétentions respectives des parties. La même année ou l'année suivante (1049), Baudouin fit la paix avec l'empereur.

Cette préoccupation constante des comtes de Flandre se manifeste encore dans la suite des événements. Une nouvelle occasion des plus favorables ne tarda pas à se présenter: Richilde était devenue veuve du comte Herman (vers 1051). Baudouin envahit le Hainaut, s'empare de Mons et donne pour époux à Richilde son fils Baudouin. Le mariage ayant eu lieu sans l'assentiment de l'empereur, suzerain du Hainaut, la guerre recommença. Elle fut enfin terminée, en 1057, par la confirmation du traité conclu avec Herman, c'est-à-dire, que le comte de Flandre se fit attribuer le comté d'Alost et la partie flamande du territoire situé entre l'Escaut et la Dendre [3]. Il obtint d'autant plus facilement la ratifi-

---

[1] Voy. p. 94.

[2] « Damus tibi et scripto confirmamus Einham antiquum castellum sicut nos recepimus de manu Herimanni comitis, et sicut nos hactenus quiete et solide tenemus.... ». Charte de 1063. MIRÆUS, t. I, p. 151.

[3] « Balduinus junior marchisus Nerviorum comitatum imperiali munificentia et auctoritate apostolica suscepit.... » *Annales Sancti-Petri Blandiniensis*, p. 9; *Genealogia*, etc., dans le *Thesaurus*, t. III, p. 381; IPERIUS, *ibidem*, p. 576; TOBELLUS, *ibid.* p. 792; ALBERICI *Chronicon*, apud DOM BOUQUET, t. XI, p. 356.

cation de tout ce qui s'était fait, que le mariage de Richilde avec son fils rendait celui-ci vassal de l'empire et éteignait toute réclamation de la part des souverains du Hainaut.

En résumé donc, on peut fixer à l'année 1047 ou 1048 la réunion des comtés de Hainaut proprement dit et de Valenciennes.

Nous avons fait remarquer la quasi indépendance dont semble avoir joui la division du *Fanomartensis* appelée *pagus Templutensis*. Des comtes de Valenciennes, à la vérité, interviennent, au x.ᵉ siècle, dans des actes de l'abbaye de Maroilles qui dépendait de ce canton ; mais il n'est nulle part fait mention, dans la première moitié du xi.ᵉ siècle, d'une suzeraineté ou d'une suprématie que les comtes de Valenciennes ou de Hainaut auraient exercée sur ce territoire. Le récit des historiens du Hainaut, relativement à la concession faite à Wedric d'Avesnes du territoire situé entre les deux Helpes, peut être exact, mais elle doit être placée entre les années 1050 et 1070 [1]. Wedric eut pour fils Thierry et Menzon, dont le premier entra en lutte contre le comte de Hainaut [2]. Il est cité en 1084, 1088 et 1095 : à cette dernière date il fonda l'abbaye de Liessies [3]. Thierry d'Avesnes fut le premier des seigneurs de ce nom qui, après les luttes les plus sanglantes, rendit hommage aux comtes de Hainaut.

[1] CARPENTIER (preuves, p. 9) rapporte une charte de l'an 1085, dans laquelle Wedric se qualifie, avec Wedric, châtelain de Tournai, de *principes Richildis*. Nous n'avons pas grande confiance dans l'authenticité de cette charte.

[2] « Hic itaque Theodericus, vir nobilis et magnæ potentiæ, dum contra comitem Montensem Balduinum frequenter bellum gereret... ». HARIMAN, apud ACHERII *Spicilegium*, t. XII, p. 413. — « .... Tenlans mitigare bella, quæ inter Montenses comites et principes Avesnenses multis annis duraverant.... » *Ibidem*, p. 416.

[3] *Codex*, nᵒˢ LXVIII, LXXII et LXXXIV. — Dans la charte de 1088, le comte Baudouin s'exprime ainsi au sujet de Thierry : « .... Theodericum, inter magnos nostri comitatus maximum.... ». *Codex*, n.ᵒ LXXII.

# PREUVES.

# PARTIE I.

Antiquités celtiques, romaines & franques trouvées dans l'ancien Hainaut & classées par localités [1].

## § I.

### Age de corne.

Mons (Belgique, arr. de Mons), à la porte du Parc. Marteau d'armes, gaîne de corne.

SCHAYES et PIOT, *Les Pays-Bas*, etc., t. III, p. 375 (2.ᵉ édit.).

---

[1] On a classé les découvertes archéologiques en quatre grandes divisions, qui sont : l'âge de corne, l'âge de pierre, l'âge de bronze et l'âge de fer. Cette classification, basée sur les progrès successifs réalisés par l'emploi de ces différentes matières dans la confection des armes, des objets de première nécessité, etc., ne présente, par elle-même, aucune certitude quant aux temps précis auxquels appartiennent ces objets. On n'a, en effet, aucune donnée sur l'époque de la mise en usage de la pierre, du bronze, du fer, et il paraît certain que la corne ou la pierre, par exemple, s'employèrent longtemps encore après la découverte des métaux. Toutefois, telle qu'elle est, cette division, adoptée en Allemagne, a au moins une base ; c'est ce qui nous a engagé à l'admettre. L'âge de corne paraît avoir précédé l'âge de pierre : les objets et instruments en corne appartiennent, selon MM. SCHAYES et PIOT (t. III, p. 399), à des peuplades très anciennes, fixées au bord de la mer, comme semblent le prouver les dépôts d'armes et d'ustensiles de corne trouvés en Suède et en Danemarck ; les crânes découverts au milieu de ces dépôts, ajoutent MM. SCHAYES et PIOT, ne se rapportent, par leur construction, ni à la famille gauloise ni à la famille germanique. L'âge de pierre correspond à des peuplades plus avancées en civilisation, mais qui ignoraient encore l'usage des métaux. L'emploi du bronze et du fer est beaucoup plus récent. A l'âge de fer

## § II.

## Age de pierre.

BAUDOUR (Belg., arr. de Mons, cant. de Lens). Hache de silex, débris d'armes de pierre.

> *Bulletins de l'Académie de Belgique*, t. xv, 2.ᵉ part., pp. 683, 685. — *Messager des Sciences historiques*, 1849, p. 343. — SCHAYES et PIOT, t. III, p. 491.

BELLIGNIES (France, arr. d'Avesnes, cant. de Bavai). Pierre druidique, dite *Pierre croute*.

> LAMBUEZ, *Histoire monumentaire du nord des Gaules*, t. I, p. 123. — BOTTIN, *Sur quelques monuments celtiques*, p. 6. — M.ᵐᵉ CLÉMENT-HEMERY, *Promenades dans l'arrondissement d'Avesnes*, t. II, p. 193. — LEBEAU, *Antiquités de l'arrondissement d'Avesnes*, travail republié dans le *Recueil de notices et articles divers sur l'histoire de la contrée formant l'arrondissement d'Avesnes* par M. LEBEAU (édition annotée par M. MICHAUX aîné), p. 9. — LE GLAY, *Nouveau programme d'études historiques et archéologiques sur le département du Nord*, p. 7. — *Annuaire du département du Nord*, 1836, p. 57. — SCHAYES et PIOT, t. III, p. 402.

BOIS D'HAINE (Belg., arr. de Charleroi, canton de Seneffe). Hache de silex.

> SCHAYES et PIOT, t. III, p. 575.

se rattachent les antiquités romaines, si nombreuses sur notre sol, et les antiquités de la période franque qui sont beaucoup plus rares. — Nous avons pris soin d'indiquer exactement les écrits, dissertations et recueils où sont relatées les diverses découvertes archéologiques que nous signalons.

BRAY (Belg., arr. de Mons, cant. de Rœulx). Pierre celtique.

    HEYLEN, *Dissertatio de antiquis romanorum monumentis in Austriaco Belgio*, etc., dans les *Anciens mémoires de l'Académie*, t. IV, p. 481. — LAMBIEZ, *Hist. monumentaire*, etc., p. 154. — *Messager des Sciences hist.*, 1849, p. 343. — TH. LEJEUNE, *Coup d'œil sur le canton de Rœulx*, p. 10. — *Annales du Cercle archéologique de Mons*, t. II, p. 138. — SCHAYES et PIOT, t. III, p. 402. — *Bulletins de l'Académie de Belgique*, t. XVIII, 2ᵉ partie, p. 114.

CIPLY (Belg., arr. de Mons, cant. de Mons). Hache de silex.

    *Bulletins de l'Académie*, t. XVIII, 1ʳᵉ part., 660. — SCHAYES et PIOT, t. III, 402.

CUESMES (Belg., arr. de Mons, cant. de Mons). Hache de silex.

    SCHAYES et PIOT, t. III, p. 576.

FRAMERIES (Belg., arr. de Mons, cant. de Pâturages). Hache de silex.

    SCHAYES et PIOT, t. III, 576.

GHLIN (Belg., arr. de Mons, cant. de Mons). Armes et instruments de silex, débris, pierre celtique.

    *Messager*, etc. 1849, pp. 342, 343. — *Catalogue du musée d'antiquités de Bruxelles*, n.ᵒˢ 4 et 9. — *Bull. de l'Acad.*, t. XV, 2ᵉ part., pp. 191, 195, et suiv.; t. XVI, 2ᵉ part. pp. 195, 196. — SCHAYES et PIOT, t. III, p. 404.

HARMIGNIES (Belg., arr. de Mons, cant. de Pâturages). Hache de silex.

    *Bulletins de l'Académie*, t. XVIII, 1ʳᵉ part., p. 660. — SCHAYES et PIOT, t. III, p. 405.

HAINE-SAINT-PIERRE (Belg., arr. de Thuin, cant. de Binche)[1]. Hache de silex.

    SCHAYES et PIOT, t. III, p. 576.

[1] C'est erronément que MM. SCHAYES et PIOT ont écrit Hour-St-Pierre.

Jemmapes (Belg., arr. de Mons, cant. de Mons). Hache de silex, poteries.

    *Bull. de l'Acad.*, t. xv, 2.e part., p. 191; t. xvi, 1.re part., p. 663; t. xviii, 1.re part., p. 660. — Schayes et Piot, t. iii, p. 406.

Mons (Belg., arr. de Mons), au mont Panisel. Haches de silex, déchets de silex, pierres sphéroïdales.

    *Bull. de l'Acad.*, t. xv, 2.e part., p. 191; t. xviii, 1re part., p. 660. — *Messager*, etc., 1847, p. 242; 1851, p. 81; Schayes et Piot, t. iii, p. 407.

Nimy-Maisières (Belg., arr. de Mons, cant. de Mons). Instruments de silex.

    *Bull. de l'Acad.*, t. xv, 2e part., pp. 191, 193. — *Annales du Cercle archéologique de Mons*, t. iii, pp. 133. — Schayes et Piot, t. iii, p. 407.

Obourg (Belg., arr. de Mons, cant. de Mons). Hache de silex.

    Schayes et Piot, t. iii, p. 576.

Prisches (Fr., arr. d'Avesnes, cant. de Landrecies). Pierre dite *des vallées*, autel druidique (?).

    Lebeau, dans le *Recueil*, etc., p. 9. — *Annuaire du départem. du Nord*, 1838, p. 23.

Quaregnon (Belg., arr. de Mons, cant. de Boussu). Haches de silex, hache dégrossie, débris d'armes de pierre.

    *Bull. de l'Acad.*, t. xv, 2.e part., p. 191; t. xvi, 1.re part., p. 663; t. xviii, 1.re part., p. 660. — *Messager*, etc., 1847, p. 242; 1849, p. 343. — Schayes et Piot, t. iii, p. 408.

Sans-Poteries (Fr., arr. d'Avesnes, cant. de Solre-le-Château). Pierre dite de *dessus-bise* ou de *sous-bise*.

    *Annuaire*, etc., 1838, p. 8. — Lebeau, dans le *Recueil*, etc., p. 9.

SOLRE-LE-CHATEAU (Fr., arr. d'Avesnes, cant. de Solre-le-Château). Pierres druidiques, blocs de grès brut, dits *pierres martines*.

> M.me CLEMENT-HÉMERY, *Promenades*, t. II. — LEBEAU. dans le *Recueil*, etc., p. 8. — Le même, *Notice sur la terre seigneuriale et sur les seigneurs de Solre-le-Château*, dans le *Recueil*, etc., p. 544. — *Annuaire du département du Nord*, 1838, p. 54.

SPIENNES (Belg., arr. de Mons, cant. de Mons). Haches de silex.

> *Bulletins de l'Acad.*, t. XVIII, 1.re part., p. 660. — SCHAYES et PIOT. t. III, p. 576.

TERTRE (Belg., hameau de Baudour, arr. de Mons, cant. de Lens). Hache de silex.

> *Bull. de l'Acad de Belg.*, t. XV, 2e part., p. 192. — SCHAYES et PIOT, t. III, p. 577 [1].

WASMUEL (Belg., arr. de Mons, cant. de Boussu). Hache de silex.

> SCHAYES et PIOT, t. III, p. 577.

## § III.

### Age de bronze.

GHLIN (Belg., arr. de Mons, cant. de Mons). Javelot de bronze, hache d'arme et hachette de bronze.

> *Catal. du musée de Brux.*, n° 22. — SCHAYES et PIOT, t. III, p. 412.

---

[1] Ce dernier ouvrage désigne erronément le Tertre sous le nom de Tertia.

HAULCHIN (Belg., arr. de Charleroi, cant. de Binche). Armes de bronze.
>> *Bull. de l'Acad.*, t. XVI, 1re part., p. 607. — SCHAYES et PIOT, t. III, p. 412.

MONTIGNIES-SUR-ROC (Belg., arr. de Mons, cant. de Dour). Hachettes de bronze.
>> *Annales du Cercle archéologique de Mons*, t. I, p. 83.

## § IV.

### Age de fer de l'époque romaine.

ANDERLUES (Belg., arr. de Charleroi, cant. de Binche). Débris de poteries, potiches, grains de collier.
>> *Mémoires de l'Académie* (savants étrangers), t. XXIII. — *Bulletins de l'Académie*, t. XV, 2.e part., p. 193. — SCHAYES et PIOT, t. III, p. 418.

ARQUENNES (Belg., arr. de Charleroi, cant. de Seneffe). Tuiles, lame, trois cents squelettes.
>> *Annales du Cercle archéologique de Mons*, t. IV, pp. 195 et 201.

ASSEVENT (Fr., arr. d'Avesnes, cant. de Maubeuge). Voie romaine, vestiges des fondations, débris de tuiles, puits.
>> M.me CLÉMENT-HEMERY, *Promenades*, t. II, p. 309. — LEBEAU, dans le *Recueil*, etc., p. 22. — *Annuaire*, etc., 1836, p. 22. — SCHAYES et PIOT, t. III, p. 421. — M. PIÉRART, *Recherches sur Maubeuge*, p. 74.

AUDREGNIES (Belg., arr. de Mons, cant. de Dour). Voie romaine, tuyau cylindrique en terre cuite.
>> *Mémoires de l'Académie* (savants étrangers), t. XXIII. — Ci-dessus, chap. IV. — SCHAYES et PIOT, t. III, p. 422.

AULNOIS (Belg., arr. de Mons, cant. de Pâturages). Voie romaine.

> Voy. ci-dessus, chap. IV.

AVESNELLES (Fr., arr. d'Avesnes, cant. d'Avesnes). Camp romain, fers de flèches, débris de tuiles, tombeau, borne antique.

> M.<sup>me</sup> CLÉMENT-HÉMERY, *Promenades*, t. II. pp. 139, 140. — LEBEAU, dans le *Recueil*, etc., pp. 34, 43 et 44. — *Annuaire*, etc., 1836, p. 24. — SCHAYES et PIOT, t. III, p. 423.

AVESNES (Fr., arr. d'Avesnes, cant. d'Avesnes). Une statue de Junon en bronze.

> LEBEAU, dans le *Recueil*, etc., p. 43.

BAS-LIEU (Fr., arr. d'Avesnes, cant. d'Avesnes-Nord). Débris de tuiles, fondations, tombeau.

> LEBEAU, dans le *Recueil*, etc., pp. 22 et 24. — *Annuaire*, etc., 1836, p. 8.

BATTIGNIES-LEZ-BINCHE (Belg., arr. de Charleroy, cant. de Binche). Chaussée romaine, monnaies.

> VANDER RIT, *Les chaussées romaines*, p. 6. — SCHAYES et PIOT, t. III, p. 425. — *Bulletin des séances du Cercle archéologique de Mons* (année 1864-1865), p. 14.

BAUDOUR (Belg., arr. de Mons, cant. de Lens). Six cents monnaies de Vespasien à Commode, tuiles, poteries.

> *Bull. de l'Acad.*, t. XV. 2.<sup>e</sup> part., p. 191, 192. — *Mém. de l'Acad.*, t. XXIII. — SCHAYES et PIOT, t. III, p. 425.

BAVAI (Fr., arr. d'Avesnes, cant. de Bavai). Ruines d'un temple, amphithéâtre, aqueducs, bains, inscriptions, routes romaines, tombeaux, puits, mosaïques, monnaies gauloises en or, bronze et argent.

> CAYLUS, *Recueil*, t. II, p. 339. — *Antiq. de France*, t. II, pp. 40, 449, 456, t. III, pp. 121, 122. — DE BAST, 2.<sup>e</sup> suppl., pp. 7 et suiv, 99 et suiv. — DANVILLE, *Notice de l'anc.*

*Gaule.* — Lambier, *Histoire mon.*, p. 236. — *Mém. des sciences*, etc., 1845, p. 555. — Schayes et Piot. t. II, pp. 412 et suiv.; t. III, p. 426. — Lebeau, dans le *Recueil*, etc., pp. 11, 15, 28, 31, 35, etc. — Le même, *Bavai*, dans le *Recueil*, pp. 112 et suiv. — *Annuaire*, etc., 1836, pp. 30 et suiv. — *Annales du Cercle archéologique de Mons*, t. I, p. 77.

Beaufort (Fr., arr. d'Avesnes, cant. de Maubeuge). Monnaies romaines de Valérien.

Mme Clément-Hémery, *Promenades*, t. I, p. 346. — *Annuaire*, etc. 1836, p. 51. — Schayes, t. III, p. 426. — Piérart, *Recherches*, etc., p. 94.

Bellignies (Fr., arr. d'Avesnes, cant. de Bavai). Voie romaine, souterrains dits *Trous des Sarrasins*, médailles de Macrin et Zénon.

Ci-dessus, chap. IV. — De Bast, *Ant.*, 2.e supp., p. 29. — *Mém. de la Société de l'Agriculture et des Sciences de Lille*, 1823-1824, p. 297. — Lebeau, *Antiquités*, etc., dans le *Recueil*, p. 23. — *Annuaire*, etc., 1836, p. 51. — Schayes et Piot, t. III, p. 427.

Berlaimont (Fr., arr. d'Avesnes, cant. de Berlaimont). Souterrains de construction romaine.

*Annuaire*, etc., 1836, p. 52.

Bermerain (Fr., arr. de Cambrai, cant. de Solesmes). Médaille de Constantin, statuette en bronze.

*Statistique archéologique de l'arrondissement de Cambrai*, dans le *Bulletin de la Commission historique du département du Nord*, t. VII (1853), p. 331.

Binche (Belg., arr. de Charleroi, cant. de Binche). Bronze d'Alexandre Sévère.

*Ann. du Cercle archéologique*, t. IV, p. 231.

BOUSSIÈRES (Fr., arr. d'Avesnes, cant. de Berlaimont). Aqueduc romain.

    *Annuaire*, etc., 1836, p. 59.

BOUSSOIS (Fr., arr. d'Avesnes, cant. de Maubeuge). Monnaies romaines, entre autres de Marc-Aurèle, voie romaine, débris, statue en pierre, etc.

    M<sup>me</sup> CLÉMENT-HÉMERY, *Promenades*, t. I, p. 324. — LEBEAU, *Antiquités*, etc., dans le *Recueil*, p. 23. — PIÉRART, *Recherches*, etc., p. 58. — Ci-dessus, chap. IV. — SCHAYES et PIOT, t. III, p. 433.

BOUSSU (Belg., arr. de Mons, cant. de Boussu). Monnaies d'Adrien.

    *Mém. de l'Acad. de Belg.* t. XXIII. — SCHAYES et PIOT, t. III, p. 433.

BRAY (Belg., arr. de Mons, cant. de Rœulx). Urnes funéraires.

    *Ann. du Cercle archéol.*, t. IV, p. 228.

BRUNHAUT-LIBERCHIES.

    Voyez *Liberchies*.

CASTEAU (Belg., arr. de Mons, cant. de Rœulx). Vase renfermant six à sept cents médailles romaines du III.<sup>e</sup> siècle.

    DE BAST, *Ant.*, 2.<sup>e</sup> suppl., p. 88. — *Anc. mém. de l'Acad. de Brux.*, t. V. — *Nouv. mém. de l'Acad. de Belg.*, t. XXIII. — SCHAYES et PIOT, t. III, p. 437.

CIPLY (Belg., arr. de Mons, cant. de Mons). Voie romaine.

    Ci-dessus, chap. IV.

CUESMES (Belg., arr. de Mons, cant. de Mons). Tombeau romain, bague, monnaies, etc.

    *Mém. de l'Acad.* (savants, étrangers). t. XXII. — *Ann. de la Société de Hainaut*, 1836, p. 15. — SCHAYES et PIOT, t. III, p. 443.

Dour (Belg., arr. de Mons, cant. de Dour). Monnaies d'argent, d'Auguste à Faustine, tombeaux.

> *Mém. de l'Acad. de Belg.*, t. XXIII. — *Annales du Cercle archéologique de Mons*, t. I, p. 86. — Schayes et Piot, t. III, p. 448.

Dourlers (Fr., arr. d'Avesnes, cant. d'Avesnes-Nord). Constructions romaines, restes d'aqueduc, tombeaux.

> M.me Clément-Hemery, *Promenades*, t. II, p. 258. — Lebeau, *Notice historique sur la terre seigneuriale et les seigneurs de Sart-de-Doulers*, dans le *Recueil*, p. 450. — *Annuaire*, etc., 1836, p. 75. — Schayes et Piot, t. III, p. 448. — Piérart, *Recherches*, etc., p. 252.

Ecuelin (Fr., arr. d'Avesnes, cant. de Berlaimont). Restes d'un réservoir d'alimentation d'un aqueduc romain.

> Bucherius, *Belgium romanum*, p. 502. — Piérart, *Recherches*, etc., p. 254.

Elesmes (Fr., arr. d'Avesnes, cant. de Maubeuge). Monnaies d'Auguste et de Tibère, ruines, débris.

> *Annuaire*, etc., 1836, p. 78. — Piérart, *Recherches*, etc., p. 19.

Elouges (Belg., arr. de Mons, cant. de Dour). Eminence parsemée de matériaux provenant d'édifices anciens.

> Lambiez, *Hist. mon. du nord des Gaules*, t. I, p. 240. — Schayes et Piot, t. III, p. 452.

Engle-Fontaine (Fr., arr. d'Avesnes, cant. du Quesnoy-Est). Chaussée Brunehaut.

> Carte de Cassini. — Lebeau, *Antiquités*, etc., dans le *Recueil*, p. 20. — Schayes et Piot, t. III, p. 453.

Eppe-Sauvage (Fr., arr. d'Avesnes, cant. de Trélon). Petites meules en granit de l'époque romaine.

> *Annuaire*, etc., 1836, p. 79.

EsCAUPONT (Fr., arr. de Valenciennes, cant. de Condé). Ruines d'un pont romain (?).

*Annuaire*, etc., 1832, p. 46.

ESTINNES-AU-MONT (Belg., arr. de Charleroi, cant. de Binche). Chaussée romaine, matériaux romains, substructions, briques, carreaux, fragments de poterie.

> HEYLEN, *Diss.* p. 439. — DE BAST, *Antiq.*, 2e suppl., p. 98. — VANDER RIT, *Les chauss. rom.*, pp. 6, 25. — TH. LEJEUNE, *Coup-d'œil sur le canton de Rœulx*, p. 14. — *Annales du Cercle archéologique*, t. IV, p. 228. — Ci-dessus, chap. IV. — SCHAYES et PIOT, t. III, p. 455.

ESTINNES-AU-VAL (Belg., arr. de Mons, cant. de Rœulx). Monnaies romaines de Gallien à Valens, chaussée romaine, fragments de tuiles, briques, carreaux, substructions, dalles en marbre, tuyaux de terre cuite, meules de moulins à bras, fragments de coupes et de vases, plaques de verre, clous, fer de lance, squelettes, etc.

> *Mémoires de l'Académie de Belgique*, t. XXIII — *Annales du Cercle archéologique de Mons*, t. III, pp. 157-168. — SCHAYES et PIOT, t. III, p. 455.

ETH (Fr., arr. d'Avesnes, cant. du Quesnoy-Ouest). Tombes gauloises en pierres de taille grossières, lames, glaives à deux tranchants, haches, vases.

> Mme CLÉMENT-HÉMERY, *Prom.*, t. I, p. 51. — LEBEAU, *Antiquités*, etc., dans le *Recueil*, p. 34. — *Annuaire*, etc., 1836, p. 80. — SCHAYES et PIOT, t. III, p. 455.

ETRŒUNGT (Fr., arr. d'Avesnes, cant. d'Avesnes-Sud). Tombeau romain, urnes, armes rouillées, fragments de tuiles, maçonneries, tuyaux en terre cuite, clefs, médailles, armes, mors, fer de cheval, voie romaine.

> Mme CLÉMENT-HÉMERY, *Prom.*, t. II, p. 127. — LEBEAU, *Antiquités*, etc., dans le *Recueil*, pp. 21 et 34. — Le même, *Etrœungt*, dans le *Recueil*, p. 309. — *Annuaire* etc., 1836, p. 81. — *Mémoires de la Société d'Émulation de Cambrai*, 1859, p. 214. — SCHAYES et PIOT, t. III, p. 456.

FAMARS (Fr., arr. de Valenciennes, cant. de Valenciennes-Sud). Vestiges de bâtiments, monnaies romaines de Jules César à Constantin, vases, lampes, statues de Mars et de Venus, pierre sigillaire avec inscription.

> *Antiquités de France*, t. ii, p. 41 ; t. iii, p. 121 ; t. viii, p. 6. — Heylen, *Diss.*, p. 430. — De Bast, *Antiq*, 2.e suppl., p. 153. — *Annuaire*, etc., 1833, pp. 48-50. — Schayes et Piot, t. iii, p. 456. — *Mémoires de la Société des Sciences et de l'Agriculture de Lille*, 1827-1828, p. 617 ; 1829-1830, p. 373 ; etc.

FEIGNIES (Fr., arr. d'Avesnes, cant. de Bavai). Route romaine.

> Heylen, *Diss.*, 440. — De Bast, *Ant.*, 2e suppl., 106. — Ci-dessus, chap. IV. — Schayes et Piot, t. iii, p. 457.

FELLERIES (Fr., arr. d'Avesnes, cant. d'Avesnes-Nord.) Voie pavée antique.

> *Annuaire*, etc., 1837, p. 13.

FELUY (Belg., arr. de Charleroi, cant. de Seneffe). Broche en bronze, meule, grains de collier, monnaies d'Antonin, boucles.

> *Annales du Cercle archéologique*, t. iv, pp. 193 et 200.

FERRIÈRE-LA-GRANDE (Fr., arr. d'Avesnes, cant. de Maubeuge). Squelettes, armes, boucles, hache, vases, épée romaine à deux tranchants, petits objets en cuivre, pots en terre cuite, coutelas, bracelets, colliers, urnes.

> *Annuaire*, etc., 1837, p. 15. — Piérart, *Recherches*, etc., pp. 76 et 77.

FLAUMONT (Fr., arr. d'Avesnes, cant. d'Avesnes-Nord). Camp romain, clous, tuiles brisées, monnaies de Vespasien et d'Antonin, boucles et agrafes de bronze.

> Lebeau, *Antiquités*, etc., dans le *Recueil*, p. 26.

FLOURSIES (Fr., arr. d'Avesnes, cant. d'Avesnes-Nord). Vaste réservoir maçonné, aqueduc, pavé et dalles en pierre bleue.

> M.me CLÉMENT-HÉMERY, *Promenades*, t. II, p. 152. — LE-BEAU, *Antiquités*, etc., dans le *Recueil*, p. 20. — Le même, *Notice histor. sur la terre seigneuriale et les seigneurs de Sart-de-Dourlers*, dans le *Recueil*, p. 462. — *Annuaire*, etc., 1837, p. 17. — SCHAYES et PIOT, t. III, p. 459. — PIÉRART, *Recherches*, etc., p. 255.

FONTAINE-VALMONT (Belg., arr. de Charleroi, cant. de Merbes-le-Château). Monnaies romaines.

> *Ann. du Cercle archéol.*, t. IV, 231.

FOREST (Fr., arr. d'Avesnes, cant. de Landrecies). Chemin Brunehaut.

> *Carte de Cassini.* — Ci-dessus, chap. IV. — SCHAYES et PIOT, t. III, p. 459.

GENLY (Belg., arr. de Mons, cant. de Pâturages.) Voie romaine.

> Ci-dessus, chap. IV.

GHLIN (Belg., arr. de Mons, cant. de Mons). Poteries brisées, tumuli, anneau en fer, monnaies, lampe, cuiller de bronze, hache d'armes, monnaie de Gordien III.

> *Bull. de l'Acad.*, t. XV, 2.e part., p. 191, 195 et suiv.; t. XVI, 1.re part., p. 665 à 666; t. XVIII. 1.re part., p. 600 et 605. — *Mémoires de l'Académie de Belg.*, t. XXIII. — *Catal du musée d'ant. de Brux.*, nos 23, 24, 210 et 211. — SCHAYES et PIOT, t. III, p. 463. — *Ann. du Cercle archéol.*, t. III, p. V; t. IV, préface, p. XII.

GIVRY (Belg., arr. de Mons, cant. de Pâturages). Puits, tumulus, voie romaine.

> *Bull. de l'Acad. de Belg.*, t. XVI, 1.re part., 667; t. XVIII, 1re part., p. 605. — VANDER RIT, *Les chauss. rom.*, p. 24. — SCHAYES et PIOT, t. III, p. 464. — PIÉRART, *Recherches*, etc., p. 40.

GOEGNIES-CHAUSSÉE et hameau de Rogeries (Belg., arr. de Mons, cant. de Pâturages). Voie romaine, vestiges de constructions, bouteille de verre, urnes en terre cuite, tombeau en pierre de taille, médailles, débris de poteries, tuiles.

  DE BAST, *Ant.*, 2.<sup>e</sup> suppl., pp. 28 et 81. — PIÉRART, *Recherches*, etc., pp. 3 et 4. — *Annuaire*, etc., 1837, p. 23. — *Ann. du Cercle archéol.*, t. I, p. 85.

GOTTIGNIES (Belg., arr. de Mons, cant. de Rœulx). Caveau de pierres grises, urne contenant six cents monnaies romaines.

  SCHAYES et PIOT, t. III, p. 465.

GOUGNIES (Belg., arr. de Charleroi, cant. de Charleroi). Débris de poteries, tuiles, chaussée romaine, couteau romain.

  DE BAST, *Ant.*, 2.<sup>e</sup> suppl., pp. 81, 98. — HEYLEN, *Diss.*, p. 439. — VANDER RIT, *Les chauss. romaines*, pp. 6, 24. — SCHAYES et PIOT, t. III, p. 465.

GRAND-RENG (Belg., arr. de Charleroi, cant. de Merbes-le-Château). Tombeau, ossements, deux cents squelettes, armes, fers de hache, fer de lance, tronçons d'épée, morceaux de bronze, vases en terre cuite.

  PIÉRART, *Recherches*, etc., p. 45.

HARGNIES (Fr., arr. d'Avesnes, cant. de Berlaimont). Voie romaine.

  *Annuaire*, etc., 1837, p. 26.

HAULCHIN (Belg., arr. de Charleroi, cant. de Binche). Substructions gallo-romaines, tuiles, monnaies romaines, cimetière gallo-romain, puits.

  VANDER RIT, *Les chauss. rom.*, p. 25. — *Bull. de l'Acad. de Belg.*, t. XVI, 1.<sup>re</sup> part., p. 667. — SCHAYES et PIOT, t. III, p. 470.

HAUSSI-SUR-SELLE (Fr., arr. de Cambrai, cant. de Solesmes).
Urne cinéraire, statuette en bronze.

> *Mém. de la Société d'Emulation de Cambrai*, 1862, p. 334.

HAVAY (Belg., arr. de Mons, cant. de Pâturages). Tombe.

> *Bull. de l'Acad. de Belg.*, t. XVIII, 1.re partie, p. 668. — SCHAYES et PIOT, t. III, p. 470.

HAVRÉ (Belg., arr. et cant. de Mons). Une trentaine de pièces de monnaies d'Antonin-le-Pieux, Marc-Aurèle et Faustine, fragments de poteries.

> *Mém. de l'Acad. de Belg.*, (savants étrangers), t. XXIII. — *Bull. de l'Acad.*, t. XVIII, 1.re part., p. 668. — SCHAYES et PIOT, t. III, p. 470.

HENSIES (Belg., arr. de Mons, cant. de Boussu). Route romaine, tuiles, vases.

> HEYLEN, *Diss.*, pp. 437, 441. — DE BAST, *Ant.*, 2.e suppl., pp. 103, 106. — VAN DER RIT, *Les chaussées romaines*, p. 29. — *Mémoires de l'Acad. de Belgique*, t. XXIII. — Ci-dessus, chap. IV. — SCHAYES et PIOT, t. III, p. 478.

HON-HERGIES (Fr., arr. d'Avesnes, cant. de Bavai). Route romaine, souterrains dits *Trous des Sarrasins*, anneau en bronze.

> HEYLEN, *Diss.*, pp. 418, 457. — DE BAST, *Antiq.*, 2.e suppl., p. 103. — Ci-dessus, chap. IV. — LEBEAU, *Antiq.*, etc., dans le *Recueil*, p. 25. — SCHAYES et PIOT, t. III, p. 23. — *Mémoires de la Société des Sciences et de l'Agriculture de Lille*, 1827-1828, p. 617.

HORNU (Belg., arr. de Mons, cant. de Boussu). Monnaie de Nerva en bronze.

> *Mémoires de l'Académie* (savants étrangers), t. XXII.

Houdain (Fr., arr. d'Avesnes, cant. de Bavai). Voie romaine, souterrains dits *Trous des Sarrasins.*

> Lebeau, *Antiquités*, etc., dans le *Recueil*, p. 23. — *Annuaire*, etc., 1837, p. 31.

Houdeng (Belg., arr. de Mons, cant. de Rœulx). Substructions.

> *Bull. de l'Acad. de Belgique*, t. xvi, 1.re part., p. 666. — Schayes et Piot, t. iii, p. 478.

Hyon (Belg., arr. et cant. de Mons). Voie romaine.

> *Annales du Cercle archéologique de Mons*, t. i, p. 43. — Ci-dessus, chap. IV.

Jemmapes (Belg., arr. et cant. de Mons). Débris d'amphores, cruches, vases.

> *Annales du Cercle archéologique de Mons*, t. i, p. 90.

Jeumont (Fr., arr. d'Avesnes, cant. de Maubeuge). Urnes de terre grise, lances, haches, débris de casques, vestiges de retranchements militaires, voie romaine.

> M.me Clément Hémery, *Prom.*, t. i, p. 233. — Lebeau, *Ant.*, etc., dans le *Recueil*, pp. 22 et 79. — *Annuaire*, etc., 1837, p. 35. — Schayes et Piot, t. iii, p. 481. — Piérart, *Recherches*, etc., p. 50.

La Longueville (Fr., arr. d'Avesnes, cant. de Bavai). Voie romaine.

> Heylen, *Dissert.*, p. 440. — De Bast, *Ant.*, 2.e suppl. p. 106. — *Annuaire*, etc., 1837. — Ci-dessus, chap. IV.

Lez-Fontaine (Fr., arr. d'Avesnes, cant. de Solre-le-Château). Tombeau de pierre bleue, bouton d'émail, squelettes.

> M.me Clément Hémery, t. ii, p. 63. — Lebeau, *Antiquités*, etc., dans le *Recueil*, p. 34. — *Annuaire*, etc., 1837, p. 50. — Schayes et Piot, t. iii, p. 489. — Piérart, *Recherches*, etc., p. 235.

LIBERCHIES (Belg., arr. de Charleroi, cant. de Gosselies). Ruines de constructions romaines, buste de bronze, buste de pierre, plaque de bronze à figure, clef, serrures, fer de lance, pointes de flèches, cuiller de bronze, tuile à inscription, pierre fine gravée, bague, manche de couteau de bronze à inscription, épingle en bronze, monnaies de Néron à Constantin, fûts de colonnes, poteries, meules, grains d'ambre.

> VAN DER RIT, *Les chaussées romaines*, p. 26. — *Mém. de l'Acad. de Belgique*, t. XXXIII. — *Bull. de l'Acad.*, t. X, 1.re part., p. 65; t. X, 2.e part., p. 17; t. XII, 2.e partie, p. 405. — *Annales du Cercle archéologique de Mons*, t. I, p. 84. — SCHAYES et PIOT, t. III, pp. 434 et 489.

LOUVEGNIES (Fr., arr. d'Avesnes, cant. de Bavai). Puits antique, patère de bronze, statuette de Mercure en bronze, statuette de Bacchus, Priapes, tombeau, coupes.

> DE BAST, t. II, pp. 5, 48. — M.me CLÉMENT HÉMERY, *Promenades*, t. II, p. 214. — LEBEAU, *Antiquités*, etc., dans le *Recueil*, p. 40.

LOUVROIL (Fr., arr. d'Avesnes, cant. de Maubeuge). Débris d'armes, statuette de Mercure en bronze, etc.

> PIÉRART, *Recherches*, etc., p. 126.

MAISIÈRES.

> Voy. *Nimy-Maisières*.

MARPENT (Fr., arr. d'Avesnes, cant. de Maubeuge). Voie romaine.

> HEYLEN, *Diss.*, p. 440. — DE BAST, *Antiq.*, 2.e suppl., p. 106. — Ci-dessus, chap. IV. — SCHAYES et PIOT, t. III, p. 497.

MASNUY-SAINT-JEAN (Belg., arr. de Mons, cant. de Lens). Voie romaine.

> Ci-dessus, chap. IV.

Masnuy-Saint-Pierre (Belg., arr. de Mons, cant. de Lens). Voie romaine.

Ci-dessus, chap. IV.

Maubeuge (Fr., arr. d'Avesnes, cant. de Maubeuge). Mercure en bronze.

Lebeau, *Antiq.*, etc., dans le *Recueil*, p. 43.

Maurage (Belg., arr. de Mons, cant. de Roeulx). Briques romaines, poteries.

*Annales du Cercle archéologique*, t. IV, p. 230.

Méquignies.

Voir *Mormal*.

Moncheau (Fr., arr. de Valenciennes, cant. de Valenciennes-Sud). Voie romaine.

Heylen, *Dissert.*, p. 441. — De Bast, *Antiq.*, 2.ᵉ suppl., p. 106. — Schayes et Piot, t. III, p. 503.

Mons (Belg., arr. et cant. de Mons). Route romaine vers Bavai, grand bronze romain (Antonin-le-Pieux).

Heylen, *Diss.*, p. 437. — De Bast, *Ant.*, t. II, 2ᵉ suppl., p. 103. — Schayes et Piot, t. III, p. 503. — *Bulletins des séances du Cercle archéologique de Mons*, année 1864-1865, p. 7.

Montay (Fr., arr. de Cambrai, cant. du Cateau). Chemin Brunehault.

Carte de Cassini. — Schayes et Piot, t. III, p. 504.

Montignies-Saint-Christophe (Belg., arr. de Charleroi, cant. de Merbes-le-Château). Voie romaine.

Heylen, *Diss.*, p. 440. — De Bast, *Ant.*, 2.ᵉ suppl., p. 106.— Schayes et Piot, t. III, p. 504.

Montroeul-sur-Haine (Belg., arr. de Mons, cant. de Boussu). Deux cents sépultures romaines, amphores, urnes cinéraires, quatre-vingt-neuf vases, soixante-sept plats et vases de terre sigillée, trois vases à parfums ou lacrymatoires, trois bracelets de bronze, deux aiguilles de tête, deux anneaux, etc., trois mille monnaies du Haut et du Bas-Empire, fibules, dard de fer, couteau de fer, lampes, faulx, buste de statuette.

*Mess. des sc. hist.*, 1846, pp. 511 à 513; 1847, p. 511. — *Bull. de l'Acad. de Belg.*, t. xv, 2<sup>e</sup> part., p. 134; t. xiv, 2.<sup>e</sup> part., p. 265. — *Mém. de l'Acad. de Belg.*, t. xii, xxiii. — *Mém. anc.*, t. v, xxxii. — *Revue de la num. belge*, 1<sup>re</sup> série, t. iii, p. 420. — Van der Rit, *Les chauss. rom.*, p. 29. — Schayes et Piot, t. iii, p. 504. — *Ann. du Cercle archéol.*, t. iv, préface, p. xii.

Morlanwelz (Belg., arr. de Charleroi, cant. de Binche). Voie romaine.

Ci-dessus, chap. IV.

Mormal (Forêt de—) (Fr., arr. d'Avesnes, cant. du Quesnoy-Est). Voie romaine, médailles en argent et en bronze de Commode à Vespasien, soixante squelettes.

De Bast, *Ant.*, 2<sup>e</sup> suppl., p. 29. — *Mém. de la Société d'Émulation de Cambrai*, 1850, p. 215. — *Mémoires de la Société de l'Agriculture et des Sciences de Lille*, 1823-1824, p. 297.

Naast (Belg., arr. de Mons, cant. de Soignies). Urnes, vases de verre, fragments de tuiles, monnaies d'Adrien à Constance Chlore.

*Mém. de l'Acad.* (Savants étrangers), t. xxii. — Schayes et Piot, t. iii, p. 507.

Nimy-Maisières (Belg., arr. et cant. de Mons). Substructions, débris de tuiles, potiches, urnes cinéraires, morceaux de bronze, médailles de Domitien, Néron, Antonin-le-Pieux, Faustine, Alexandre-Sévère, Gordien III, etc., bracelet, fibules, boucles, meules de moulin à bras, vases et coupes, voie romaine.

*Bull. de l'Acad. de Belg.*, t. xv, 2.<sup>e</sup> part., pp. 191 et 198.

t. xvi., 1.re part., p. 666 ; t. xviii, 2.e part., p. 600. —
Mém. de l'Acad., t. xxiii. — Annales du Cercle archéologique de Mons, t. i, p. 84; t. iii, pp. vi et xi; t. iv, préface, p. xii. — Ci-dessus, chap. IV. — Schayes et Piot,
t. iii, pp. 494 et 511.

Noirchin (Belg., arr. de Mons, cant. de Pâturages). Voie
romaine.

 Ci-dessus, chap. IV.

Obourg (Belg., arr. et cant. de Mons). Substructions, débris de
vases et de tuiles, coupe de bronze, monnaies, pierre à inscription.

 Bull. de l'Acad. de Belg., t. xviii, 1.re part., p. 668. — Mém.,
t. xxiii. — Annales du Cercle archéologique de Mons, t.
i, p. 105. — Schayes et Piot, t. iii, p. 513.

Pâturages (Belg., arr. de Mons, cant. de Pâturages). Meule à
bras, vases, monnaies romaines.

 Mém. de l'Acad. de Belg., t. xxiii. — Schayes et Piot, t. iii,
p. 518.

Pont-sur-Sambre, au hameau de Quartes (Fr., arr. d'Avesnes,
cant. de Berlaimont). Trépied, lampadaire de bronze, lampe de
bronze, inscription (contestée), voie romaine.

 Mém. de l'Acad. de Belg., t. xxiii. — Bull., t. vii. — De Bast,
Ant., 2.e suppl., p. 99 et suiv. — Lebeau, Ant., etc.,
dans le Recueil, p. 31. — Le même, Pont-sur-Sambre,
dans le Recueil, p. 304. — Annuaire, etc., 1838, p. 18. —
Ci-dessus, chap. IV. — Schayes et Piot, t. iii, p. 521.

Quaregnon (Belg. arr. de Mons, cant. de Boussu). Cinquante
vases de différentes formes, tumulus, sépultures.

 Bull. de l'Acad. de Belg., t. xvi, p. 663. — Schayes et Piot,
t. iii, p. 522.

Quaroube (Fr., arr. de Valenciennes, cant. de Valenciennes-Est). Route romaine.

> Heylen, *Diss.*, p. 441. — De Bast, *Ant.*, 2.e suppl., p. 106. — Schayes et Piot, t. III, p. 442.

Quartes.

> Voir *Pont-sur-Sambre*.

Quiévrain (Belg., arr. de Mons, cant. de Dour). Voie romaine.

> Heylen, *Diss.*, p. 437. — De Bast, *Ant.*, 2.e suppl., p. 34. — Ci-dessus, chap. IV. — Schayes et Piot, t. III, p. 523.

Quévy-le-Grand (Belg., arr. de Mons, cant. de Pâturages). Tombes romaines, débris.

> Piérart, *Recherches*, etc., p. 8.

Quévy-le-Petit (Belg., arr. de Mons, cant. de Pâturages). Monnaies de Gordien, de Philippe père et de Posthume.

> *Mém. de l'Acad. de Belg.*, t. XXXIII. — Schayes et Piot, t. III, p. 522.

Ramousies (Fr., arr. d'Avesnes, cant. d'Avesnes-Nord). Pavé en pierre bleue.

> *Mém. de la Société d'Émulation de Cambrai*, 1859, p. 218.

Rouveroy (Belg., arr. de Charleroi, cant. de Merbes-le-Château). Camp romain, chaussée romaine, casques en fer.

> *Mém. de l'Acad. de Belg.*, t. XXIII. — Schayes et Piot, t. III, p. 529. — Piérart, *Recherches*, etc., p. 36.

Ruesnes (Fr., arr. d'Avesnes, cant. du Quesnoy-Est). Monnaies de Jules César et d'Antonin, tombeaux, souterrains, voie romaine.

<blockquote>M<sup>me</sup> Clément-Hémery, Promen., t. i, p. 7. — Lebeau, Ant., etc., dans le Recueil, p. 22. — Annuaire, etc., 1838, p. 41. — Schayes et Piot, t. iii, p. 529.</blockquote>

Sains (Fr., arr. d'Avesnes, cant. d'Avesnes-Sud). Puits, substructions romaines, puits maçonnés, souterrains, aqueducs, vases, briques, médailles.

<blockquote>M.<sup>me</sup> Clément Hémery, Promenades, t. ii, p. 126. — Lebeau, Ant., etc., dans le Recueil, p. 22. — Annuaire, etc., 1838, p. 42. — Schayes et Piot, t. iii, p. 530.</blockquote>

Saint-Denis (Belg., arr. de Mons, cant. de Rœulx). Monnaies romaines, urnes, fioles de verre, scories de fer.

<blockquote>Mémoires de l'Acad. de Belgique, t. xii. — Bull. de l'Académie, t. xx, 2.<sup>e</sup> part., p. 193. — Schayes et Piot, t. iii, p. 531.</blockquote>

Saint-Hilaire (Fr., arr. d'Avesnes, cant. d'Avesnes-Nord). Substructions romaines, tuiles, pavé en pierre grise.

<blockquote>M<sup>me</sup> Clément-Hémery, Promen., t. ii, p. 148. — Lebeau, Antiq., etc., dans le Recueil, p. 24. — Annuaire, etc., 1838, p. 45. — Schayes et Piot, t. iii, p. 531.</blockquote>

Saint-Martin-sur-Escaillon (Fr., arr. de Cambrai, cant. de Solesmes). Deux vases romains en terre noire.

<blockquote>Mémoires de la Société d'Émulation de Cambrai, 1862, p. 336.</blockquote>

Saint-Remy-Chaussée (Fr., arr. d'Avesnes, cant. de Berlaimont). Voie romaine, tombeaux romains, fioles de verre, urnes.

<blockquote>Ci-dessus, chap. IV. — Mém. de la Société d'Émulation de Cambrai, 1859, p. 215.</blockquote>

Saint-Remy-Mal-Bâti (Fr., arr. d'Avesnes, cant. de Maubeuge). Débris d'armes et de vases, tombeaux, aqueduc romain.

  Piérart, *Recherches*, etc., p. 107.—*Mém. de la Société d'Émulat. de Cambrai*, 1859, p. 220.

Saint-Vaast (Belg., arr. de Mons, cant. de Rœulx). Morceaux de meules de moulins à bras, fragments de vases.

  *Annales du Cercle archéologique de Mons*, t. I, p. 89.

Saint-Vaast-lez-Bavai (Fr., arr. d'Avesnes, cant. de Bavai). Vases en terre, lampes, fioles, jattes, bracelets, voie romaine.

  *Annuaire*, etc., 1838, p. 46. — *Annales du Cercle archéologique de Mons*, t. I, p. 80. — Ci-dessus, chap. IV.

Sars-la-Bruyère (Belg., arr. de Mons, cant. de Pâturages). Voie romaine.

  Ci-dessus, chap. IV.

Sars-la-Buissière (Belg., arr. de Charleroi, cant. de Merbes-le-Château). Poteries, pièces de monnaie, cruches et urne en terre jaune, débris d'urnes funéraires.

  *Bulletin des séances du Cercle archéologique de Mons* (année 1864-1865), pp. 10 et 11.

Saulzoir (Fr., arr. de Cambrai, cant. de Solesmes). Voie romaine, médaille gauloise.

  Ci-dessus, chap. IV. — *Mém. de la Société d'Émulat. de Cambrai*, 1862, p. 585.

Sautain (Fr., arr. de Valenciennes, cant. de Valenciennes-Est). Voie romaine.

  Heylen, *Diss.*, p. 441.—De Bast, *Ant.*, 2.e suppl., p. 196.— Schayes et Piot, t. III, p. 533.

Solre-Saint-Géry (Belg., arr. de Charleroi, cant. de Beaumont).

Tombeaux, urnes funéraires, monnaies, fibules, épingles de bronze et autres objets de parure, javelot, vingt-deux monnaies d'Auguste à Marc-Aurèle.

*Bull. de l'Acad. de Belg.*, t. xvi, 1.re part., p. 669. — *Revue de la num. Belge*, 1.re série, t. v, p. 438. — Schayes et Piot, t. iii, p. 540.

Solre-sur-Sambre, au hameau de la Thure (Belg., arr. de Charleroi, cant. de Merbes-le-Château). Voie romaine.

Ci-dessus, chap. IV.

Somaing (Fr., arr. de Cambrai, cant. de Solesmes). Voie romaine.

*Annuaire*, etc., 1838, p. 63. — De Bast, 2.e suppl., p. 100.

Strepy (Belg., arr. de Mons, cant. de Rœulx). Tuyaux en terre cuite, substructions.

*Annales du Cercle archéol.*, t. iv, p. 229.

Taisnières-sur-Hon (Fr., arr. d'Avesnes, cant. de Bavai). Voie romaine.

*Annuaire*, etc., 1838, p. 63. — Ci-dessus, chap. IV.

Tentre, hameau de Baudour (Belg., arr. de Mons, cant. de Lens). Tuiles et poteries brisées.

*Bull. de l'Acad. de Belg.*, t. xv, 2.e part., p. 192. — Schayes et Piot, t. iii, p. 546.

Thulin (Belg., arr. de Mons, cant. de Boussu). Bronze de Marc-Aurèle, casserole de bronze, vase contenant cinq cent trente-cinq médailles romaines en argent de Septime-Sévère à Gallien.

*Ann. du Cercle arch. de Mons*, t. i, p. 83; t. iv, p. 206.

TRAZEGNIES (Belg., arr. de Charleroi, cant. de Fontaine-l'Évêque). Chaussée romaine, monnaies romaines, pierre milliaire.

 De Bast, *Ant.*, 2.<sup>e</sup> suppl., pp. 78, 98. — Heylen, *Diss.*, p. 439. — Vander Rit, *Les chaus. rom.*, p. 6. — Schayes et Piot, t. iii, p. 550. — Ci-dessus, chap. IV.

TRÉLON (Fr., arr. d'Avesnes, cant. de Trélon). Débris de tuiles romaines; médailles d'Auguste et de Domitien.

 Lebeau, *Antiquités*, etc., dans le *Recueil*, p. 22. — *Annuaire*, etc., 1838, p. 66.

TRIVIÈRES (Belg., arr. de Mons, cant. de Rœulx). Urne funéraire.

 *Ann. du Cercle archéol. de Mons*, t. iii, p. xvi.

VALENCIENNES (Fr., arr. et cant. de Valenciennes). Médaille de bronze de Maxence (350-355), autres médailles en bronze.

 *Bulletin de la Commission historique du département du Nord*, t. iii (1849), p. 147 ; t. iv (1853), p. 152.

VELLEREILLE-LE-BRAYEUX (Belg., arr. de Charleroi, cant. de Binche). Poteries, monnaies, briques, tuiles à rebords.

 *Mém. de l'Acad.* (savants étrangers), t. xxiii.—*Ann. du Cercle archéol.*, t. iv, p. 230.

VENDEGIES-SUR-ESCAILLON (Fr., arr. de Cambrai, cant. de Solesmes). Médailles romaines de bronze, fibules, débris de matériaux, tuiles, style à écrire, meule en grès, clefs, haches, fers de lances, statuettes.

 Schayes et Piot, t. ii, p. 437, et t. iii, p. 455. — Lebeau, *Hermoniacum*, dans le *Recueil*, p. 286. — *Mém. de la Société d'Émulat. de Cambrai*, 1862, p. 339.

VIEUX-RENG (Fr., arr. d'Avesnes, cant. de Maubenge). Vestiges de retranchements militaires.

 Lebeau, *Ant.*, etc., dans le *Recueil*, p. 79.

VILLERS-EN-CAUCHIES (Fr., arr. de Cambrai, cant. de Carnières). Fondations, voie romaine, tuiles, carreaux.

   HEYLEN, *Diss.*, p. 441. — DE BAST, *Ant.*, 2.e suppl., p. 106. — M<sup>me</sup> CLÉMENT-HÉMERY, *Promenades*, t. I, p. 320. — SCHAYES et PIOT, t. III, p. 555.

VILLERS-POL (Fr., arr. d'Avesnes, cant. du Quesnoy-Ouest). Voie romaine.

   Ci-dessus, chap. IV.

VILLERS-SIRE-NICOLE (Fr., arr. d'Avesnes, cant. de Maubeuge). Vestiges de retranchements militaires, débris de tuiles et de tuyaux, armes, monnaies d'or et d'argent.

   LEBEAU, *Ant.*, etc., dans le *Recueil*, p. 79. — PIÉRART, *Recherches*, etc., p. 35.

VILLE-SUR-HAINE (Belg., arr. de Mons, cant. de Rœulx). Tumulus, vases, fer de lance.

   *Bull. de l'Acad. de Belg.*, t. XVIII, 1.re part., p. 667. — SCHAYES et PIOT, t. III, p. 555.

WALLERS (Fr., arr. d'Avesnes, cant. de Trélon). Tombe romaine, monnaies de Trajan à Faustine.

   DE BAST, *Ant.*, 2.e suppl., p. 217. — SCHAYES et PIOT, t. III, p. 560.

WARGNIES-LE-PETIT (Fr., arr. d'Avesnes, cant. du Quesnoy-Ouest). Voie romaine.

   Ci-dessus, chap. IV.

WASMES (Belg., arr. de Mons, cant. de Boussu). Débris de tuiles, urnes cinéraires, monnaies romaines.

   *Mém. de l'Acad. de Belg.*, t. XXIII. — SCHAYES et PIOT, t. III, p. 561.

WASMUEL (Belg., arr. de Mons, cant. de Boussu). Fibule, meule de moulin, monnaies romaines.

> Bull. de l'Acad. de Belg., t. xv, 2.º part., p. 193. — Mém., t. xxiii. — Schayes et Piot, t. iii, p. 561.

WAUDREZ (Belg., arr. de Charleroi, cant. de Binche). Monnaies des premiers Césars, débris de meule, puits, bâtiments gallo-romains, urne, petite flèche de fer, vases, chaussée romaine.

> Mém. de la Soc. de Hainaut, 1838, p. 18. — Bull. de l'Acad. de Belg., t. ii, p. 437; t. xv, 1.re part., p. 194. — Cat. du Musée d'ant. de Bruxelles, p. 98, n.os 282 et 285. — Van der Kit, Les chaus. rom., p. 25. — Ci-dessus, chap. IV. — Schayes et Piot, t. iii, p. 561.

## § II.

### Age de fer de l'époque franque.

ESTINNES-AU-VAL (Belg., arr. de Mons, cant. de Rœulx). Ruines d'un palais franc, souterrain.

> Ch. Lejeune, Coup d'œil sur le canton de Rœulx, p. 14.

GIVRY (Belg., arr. de Mons, cant. de Pâturages). Hache et poignard.

> Annales du Cercle archéol. de Mons, t. i, p. 88.

HAULCHIN (Belg., arr. de Charleroi, cant. de Binche). Cimetierre franc, francisque et scramasaxe, fer de framée, plaque ciselée, agrafe, grains de collier, bague.

> Catal. du Musée d'ant. de Bruxelles, p. 106, n.º 364. — Bull. de l'Acad. de Belg., t. xxi, 1.re part., p. 117. — Annales du Cercle archéologique de Mons, t. iii, p. 16. — Schayes et Piot, t. iii, p. 572.

# PARTIE II.

Liste des localités attribuées au *pagus Hainoensis* et à ses subdivisions, dans les documents antérieurs au XIII.ᵉ siècle.

## SECTION I.

LOCALITÉS DU *pagus major Hainoensis* [1].

ACHINIAGÆ (779); AGINIAGÆ (AGIMAGÆ, *Mirœus*) (844) [2].

Haulchin? (Belgique, arr. de Charleroi, cant. de Binche).

---

[1] On sait qu'en général les chartes se bornent à marquer la situation des localités dans la circonscription mère, comme si, de nos jours, on mentionnait un lieu du Hainaut sans indiquer l'arrondissement ou le canton auquel il se rattache. Les endroits cités dans cette section appartiennent donc tout aussi bien au *pagus minor Hainoensis* qu'au *Fanomartensis*. On trouvera plus loin, à la section II, les localités que de rares documents attribuent à ces divisions du *pagus major*. — Nous avons fait précéder d'un astérisque les localités dont la position, sans être formellement indiquée dans le Hainaut ancien, n'est pourtant pas douteuse.

[2] « In pago Haginao, Hrinio, Hriniolo, Chuinegas, et illa ecclesia in Walderiego, simulque Achiniagas et Altoporto. » *Diploma Caroli Magni pro ecclesia Aquensi* (779). MIRÆUS, t. I, p. 496; QUIX, *Geschichte der stadt Aachen*, codex diplomaticus, p. 1; LACOMBLET, *Urkundenbuch für die geschichte des Niederrheins*, t. I, p. 1. — « .... In pago Hainense, Hrinio, Hriniolo, Kuinelas, Waldriaco, Aginiagas et Altoporto ». *Dipl. Lothar. imperat. pro ead. eccles.* (844). MIRÆUS, t. I, p. 337; QUIX, p. 2; LACOMBLET, p. 26. — Une charte de 751, donnée en faveur de l'abbaye de Saint-Denis est intitulée: « Carta de Aginiagas de Lummense ». *Monuments historiques, Cartons des rois* (publication de l'Institut, n.º 54; *Bibliothèque de l'École des chartes*, 2.ᵉ série, t. III, p. 416. Mais il s'agit là d'Achenne dans le pays de Lomme (arr. de Dinant, cant. de Ciney); tandis qu'il est ici question d'un lieu du Hainaut. Nous verrons, aux mots *Chuinegæ* et

Æpra aqua [1].
Ætimundi [2].
Agimagæ, Aginiagæ [3].

Albuniaco (749); Harbeneiæ et Harbineiæ (1083); Harbignies (1163) [4].

Harbignies, hameau de Villereau (Fr., arr. d'Avesnes, cant. du Quesnoy-Ouest), ou Beugnies (Fr., arr. d'Avesnes, cant. d'Avesnes-Nord).

*Vodgoriacum*, que l'église d'Aix-la-Chapelle ne conserva pas la possession de ces deux localités, qui passèrent aux abbayes d'Hautmont, de Nivelles et de Lobbes; les autres eurent sans doute le même sort et il est à croire qu'elles étaient situées dans le voisinage les unes des autres; or nous connaissons la situation de *Hrinium*, et de *Walderiego* (*Vodgoriacum*). On peut donc admettre avec Imbert (Mémoire cité, p. 132), mais sous toute réserve, qu'*Achiniagæ* correspond au village d'Haulchin. On verra, dans le pouillé ci-après, que l'abbaye de Lobbes et le chapitre de Binche avaient le patronat de ce village, situé aux environs de Grand-Reng (*Hrinium*).

[1] Voy. *Halpra*, et la Fagne ci-après.
[2] Voy. la Fagne.
[3] Voy. *Achiniagæ*.
[4] « .... Oratorium aliquod, cui vocabulum est Crux, et ponitur in pago Hainoavio, una cum adjacentiis suis in loca nuncupata Vuassoniaca, Vertuno, Santa, Albuniaco, Farmaria.... quod ipsum oratorium, quod ponitur infra fiscum Solemium, in pago Hainoavio... » *Diploma Pippini pro monast. Sancti-Dyonisii* (749). *Codex*, n.º VIII. — « Altaria de Ferrariis et de aliis iterum Ferrariis..., et in Givreyo..., et in Veteri-Ranio, et in Lismonte, et in Sancto-Albano/..., et in Doriario libera a personis tradidi... Præterea... confirmamus... Altum-Montem, Gyvreium, Vetus-Ranium, Lismontem, Fontanas, Ferarias superiores ex alteris Ferrariis..; in Havaio x mansos; apud Cipleium decem mansos..; apud Sanctum-Albanum ecclesiam et VII mansos..; apud Struem IIII..; Harbenias integras..; apud Slogium XI mansos..; apud Rangeleias juxta Elpram fluvium II mansos, Obigiis juxta Montem Castri-Locum x mansos..; apud Berellam II mansos... Nomina villarum sunt hec: Gumeneie, Harbineie, Bavaium, Lovenie... Berlanuions, Quarta, Squillinium, Perusium, Avesna, Berella, Dimencellum... » *Carta Gerardi episc. pro m.*terio *Altimont.* (1083). *Codex*, n.º LXVI. — « Est igitur allodium Harbignies supradicte ecclesie (Altimontensi) proprium... » *Carta Balduini comitis pro eodem* (1163). *Codex*, n.º CXXXIV. — M. Jacobs (Géo-

# PARTIE II.

Liste des localités attribuées au *pagus Hainoensis* et à ses subdivisions, dans les documents antérieurs au XIII.ᵉ siècle.

## SECTION I.

### LOCALITÉS DU *pagus major Hainoensis* [1].

ACHINIAGÆ (779); AGINIAGÆ (AGIMAGÆ, *Miræus*) (844) [2].    Haulchin ? (Belgique, arr. de Charleroi, cant. de Binche).

[1] On sait qu'en général les chartes se bornent à marquer la situation des localités dans la circonscription mère, comme si, de nos jours, on mentionnait un lieu du Hainaut sans indiquer l'arrondissement ou le canton auquel il se rattache. Les endroits cités dans cette section appartiennent donc tout aussi bien au *pagus minor Hainoensis* qu'au *Fanomartensis*. On trouvera plus loin, à la section II, les localités que de rares documents attribuent à ces divisions du *pagus major*. — Nous avons fait précéder d'un astérisque les localités dont la position, sans être formellement indiquée dans le Hainaut ancien, n'est pourtant pas douteuse.

[2] « In pago Haginao, Hrinio, Hriniolo, Chuinegas, et illa ecclesia in Walderiego, simulque Achiniagas et Altoporto. » *Diploma Caroli Magni pro ecclesia Aquensi* (779). MIRÆUS, t. I, p. 496 ; QUIX, *Geschichte der stadt Aachen*, codex diplomaticus, p. 1 ; LACOMBLET, *Urkundenbuch für die geschichte des Niederrheins*, t. I, p. 1. — « .... In pago Hainense, Hrinio, Hriniolo, Kuineias, Waldriaco, Aginiagas et Altoporto ». *Dipl. Lothar. imperat. pro ead. eccles.* (844). MIRÆUS, t. I, p. 337 ; QUIX, p. 2 ; LACOMBLET, p. 26. — Une charte de 751, donnée en faveur de l'abbaye de Saint-Denis est intitulée : « Carta de *Aciniagas* de Lummense ». *Monuments historiques, Cartons des rois* (publication de l'Institut), n.° 54 ; *Bibliothèque de l'École des chartes*, 2.ᵉ série, t. III, p. 416. Mais il s'agit là d'Achenne dans le pays de Lomme (arr. de Dinant, cant. de Ciney) ; tandis qu'il est ici question d'un lieu du Hainaut. Nous verrons, aux mots *Chuinegæ* et

\* Alburg (1119) [1].

Allodium (xii.e siècle) [2].

Altporto (779); Alto Porto (844) [3].

Altus mons, super Sambram (viii.e, x.e et xi.e siècles) [4].

Obourg (Belg., arr. et cant. de Mons).

Lalue ou Laluel, dépend. d'Anderlues (Belg., arr. de Charleroi, cant. de Binche).

Happart, à Bienne (Belg., arr. de Charleroi, cant. de Merbes-le-Château).

Hautmont (Fr., arr. d'Avesnes, cant. de Maubeuge).

*graphie des diplômes mérovingiens*, *Diplômes de l'abbaye de Saint-Denis*, dans la *Revue des sociétés savantes*, t. viii, 1862, 1.er semestre, p. 235) fait un seul nom des mots *Sancta Albuniaco* dans la charte de 749, et les interprète par Audigny-les-Fermes près de Wassigny (Cambrésis); mais cette localité sort des limites que nous avons attribuées au Hainaut. Un village du nom d'Aubigny-au-Bois (arr. de Douai, cant. d'Arleux) appartenait à l'Ostrevant. Voy. Miræus, t. i, p. 659; t. iv, p. 198; Baldéric, p. 220. Le village de Douchy (arr. de Valenciennes, cant. de Bouchain) avait, au xiiie siècle, une dépendance appelée les *Aubiaus* : « Je ai rechiut en lige fief... de terre ahanaule gisant ou tieroit de Douchy, s'en a as Aubiaus onze witeus... » De Reiffenberg, *Monuments*, etc., t. i, p. 400. — Nous pensons qu'il faut choisir entre Harbignies et Beugnies, dont le nom et la situation s'accordent avec le texte du diplôme.

[1] « Altare scilicet Sancti-Dyonisii (confirmamus)..; similiter allodium de Alburg..; similiter altaria de Gotignies et de Tyer, de Hosdeng quoque et de Tiosies libera vobis corroboramus... » *Bulla Calixti papæ II pro m.terio Sancti-Dyonisii in Broqueroia* (1119). *Codex*, n.o cviii.

[2] « Tempore quo... Lietardus Cameracensem diœcesim providebat, et Balduinus Hiolendis principatum Haynau possidebat, in prædicto pago, villa quæ vulgo Allodium dicitur, hæc virgo claris processet natalibus... » Philippus de Harveng, *Vita venerabilis Odæ*, page 780.

[3] Voy. *Achiniagæ*. — Imbert, *loc. citat.*, ignore le nom moderne de cet endroit, qui n'est autre, croyons-nous, que Happart. Ce nom s'est conservé dans Bienne-lez-Happart (et non le Happart), par corruption pour Bienne-lez-Hauport. Les pouillés ci-après écrivent indifféremment *Hapert* et *Haport*. Bienne est situé à proximité de Grand-Reng, mentionné dans les mêmes diplômes, et l'abbé de Lobbes était collateur de l'autel des deux localités. — De Saint-Genois (*Monuments anciens*, t. ii, tables) mentionne des seigneurs de Hautport.

[4] « Deportatur (Ansfridus) in Altum-Montem monasterium, quod est

AMERIAE [1].

AMLIGIS silva (VIII.e siècle); AMBLIGIA silva (877); AMBLIGIS (1080 et 1093) [2].

AMPOLINIS (XII.e siècle) [3].

Bois d'Amblise (Fr., arr. de Valenciennes, cant. de Condé).

Ancien nom du Rœulx (Belg., arr. de Mons, cant. de Rœulx).

---

silum in territorio Haonauno, super Sambre fluvium... » *Vita S. Ansberti*, auctore Aigrado (écrite vers 720). *Acta sanctorum*, t. II de février, p. 854; *Acta S. Belgii*, t. v, p. 141. Voyez aussi *Vita S. Aldegundis* (VIII.e siècle), dans les *Acta S. Belgii*, t. IV, p. 316; *Vita S. Vulmari* (VIII.e siècle), dans les *Acta sanctorum*, t. v de juillet, p. 811; *Vita S. Waldetrudis* (VIII.e siècle), dans les *Acta S. Belgii*, t. IV, p. 441; FOLCUIN, apud PERTZ, *Monumenta*, etc., t. IV, p. 69; BALDERIC (édition de M. LE GLAY), cap. v, p. 252. — M. MANNIER (*Études étymologiques, historiques et comparatives sur les noms de villes, bourgs et villages du département du Nord*. Paris, AUBRY, 1861) ne cite Hautmont qu'à l'année 870.

[1] Voy. *Balmeries*.

[2] « Silva quæ Amligis dicta est eidem fluvio villetur adjacere... » *Vita S. Landelini* (écrite vers le VIII.e siècle), apud *Acta S.torum*, t. II de juin, p. 1068; *Acta S. Belgii*, t. IV, p. 452 et suiv. — « Reddidimus itaque.... in pago Hainoginense, villam Halcim....; in eodem quoque pago, villam quæ dicitur Theonis....; Salcem cum silva quæ vocatur Ambligia ....; in præfato quoque pago, in villa Galdecialas nuncupata. » *Diploma Caroli Calvi pro monast. Bononiensi* (875). MIRÆUS, t. I, p. 249; J. DE GUYSE, t. VIII, p. 426; *Acta sanctorum*, t. IV d'octobre (nouvelle édition), p. 313; LEBEUCQ, *Histoire de la ville de Valenciennes*, p. 291. JACQUES DE GUYSE attribue sans motif ce diplôme à Charles-le-Simple et le fixe à l'année 903. — « Reddiderunt sancto Landelino silvam Ambligis.... ». *Dipl. Richildis pro m.terii Crispiniensi* (1080). MIRÆUS, t. II, p. 135; RAISSIUS, *Cœnobiarchia Crispiniana*, p. 17. — « Urbanus... carissimo suo Raguero abbati m.terii Sancti-Petri, quod est situm in villa quæ vocatur Crispinium, super fluvium Hon, in pago Hainau....; et silvam quæ Ambligis dicitur.... ». *Bulla Urbani II papæ pro eodem* (1093). MIRÆUS, t. II, p. 1140; RAISSIUS, p. 20; *Gallia christiana*, t. III, preuves, p. 26. Voir aussi PHILIPPE DE HARVENG, p. 777.

[3] « In pago Hainaugia nomine, in nemore nuncupato Charbeneira, loco qui dicitur Ampolinis, contermino parochiæ vici qui vocatur Siterpies, ubi fusus est cruor innoxius beati Foyllani.... ». *Miracula S. Foillani*, auctore Hillino, apud *Acta S. Belgii*, t. III, p. 8. — « Locum, aiunt, in

ANDERLUVLÆ ( avant 673 ) ;
ANDERLOBIA (975) ; ANDRELUVIA (1177) [1].

ANGRA (1075 et 1111) ; DAN-GRE (1148) [2].

Anderlues ( Belg., arr. de Charleroi, cant. de Binche ).

Angre (Belg., arr. de Mons, cant. de Dour.

[1] quo statis Ampolines vocat vicinia ; villa vero ad quam tendimus vocatur Seneffia ». PHILIPPE DE HARVENG, *Vita S. Foillani*, p. 764. — Burchard, évêque de Cambrai, dotant, en 1125, la chapelle de saint Feuillan, dit : « Dono ad augmentum cultus divini in sacello de Senophe, sito in loco martyrii S. Foillani.... altare de Strepi ». MIRÆUS, t. I, p. 103. — GISLEBERT, p. 158, place *Ampolinis* au Rœulx : « In monasterio S.ti–Foillani, apud Ruez. »

[1] « Item, in Brabante, villam Miniacum.... et aliam villam Fellui, et aliam villam Andegluvias.... » *Testamentum S. Aldegundis* (avant 673). *Codex*, n.° IV. — « Rivulus videlicet Lothosa dictus et confinis villa quæ dicitur Anderlobia ». *Dipl. Ottonis II pro m.terio Lobiensi* (975). WAULDE, *Chronique de Lobbes*, p. 371 ; MIRÆUS, t. I, p. 673. — « Altaria quæ Hugo de Harveng et Robertus frater ejus in archidiaconatu Hainoensi possidebant... quæ quidem altaria nominatim exprimere voluimus : altare scilicet de Cruce, de Monte-Sanctæ-Genoveiæ, de Monte-Sanctæ-Aldegondis, de Carneriis, de Ressais, de Haina quæ dicitur Poterie, de Andreluvia, de Felluy.... ». *Carta pro abbatia Bonæ-Spei* (1177). *Codex*, n.° CXL. — Nous avons démontré la concordance des archidiaconés et des *pagi* anciens ; aussi n'hésitons-nous pas à faire figurer dans notre liste les localités placées par les chartes dans l'archidiaconé de Hainaut. Quoiqu'en dise le testament de sainte Aldegonde, Anderlues n'appartenait pas au Brabant.

[2] « Petitionem haut (*sic*) contempnendam esse æstimavi postulantium à me ut altare de Angra ab omni consuetudine liberum.... facerem. » *Carta Lietberti episcopi pro ecclesia Cameracensi* (1075). *Codex*, n.° LVIII. — « In Hainau, altare de Angra, altare S. Mariæ de Bermeren et partem alodii ejusdem villæ, altare de Marticio et alodium Ursenens villæ, et terram de Durlero, altare de Basio cum ecclesia ; in pago Cameracensi, altare de Gambais ». *Privil. Odonis episc. pro eccles. Cameroc.* (1111). *Codex*, n.° C. — « In quibus hec propriis duximus exprimenda vocabulis : Vileirs videlicet cum altari, tres partes de Marech, Unaing cum altari, altare de Genlain, altare de Sanctis, altare de Hualdre, altare de Chiuvrain, altare de Dangre, altare de Montenni, altare de Lestinis. » *Bulla Eugenii III papæ pro eadem* (1148). *Codex*, n.° CXXIII.

— 153 —

Angrel (1139)[1].

Apeiz[2].

Argilia[3].

Artra (1075); Artre (1181)[4].

Avesne ( 1083 ) ; Avennas (1095 et 1103); Avesnæ (1106 et 1113); Avethnæ (xii.<sup>e</sup> siècle)[5].

Angreau (Belg., arr. de Mons, cant. de Dour).

Artres (Fr., arr. de Valenciennes, cant. de Valenciennes-Sud).

Avesnes (Fr., arr. et cant. d'Avesnes).

---

[1] « Altare Duo-Flumina nuncupatum.... ; in Hainoensi archidiaconatu et in Montensi archidiaconatu, altare de Angrel... ; in Villari de Calceia, curtillos... » *Carta Nicolai episc. pro capitulo Sanctæ-Crucis* (1139). *Codex*, n.º CXIX.

[2] Voy. la vicairie de Bavai, ci-après, section II.

[3] Voy. la Fagne ci-après.

[4] « Altare de Malricio cum Artra suo appenditio... » *Dipl. Lietberti episcopi pro eccles. Camerac.* (1075). Le Glay, *Glossaire*, etc., p. 14. Voyez aussi *Matricium*, et *Acta S. Belgii*, t. IV, p. 136 et suiv. — « Ecclesiam de Beverunes ; ecclesiam de Waudre cum appenditiis suis Binc et Espinoit ; ecclesiam sancti Remigii de Lestinis cum appenditio Veterelle ; ecclesiam de Lestines-in-Valle cum appenditio ; jus quod habetis in ecclesia de Sancta-Genoveía.... altare de Goi super Sambram.... ecclesiam de Sancto-Vedasto, ecclesiam de Breaugies, ecclesiam de Bertrecles.... ecclesiam de Caurag.... ecclesiam de Quarobie.... ecclesiam de Oneg.... ecclesiam de Seborc... ecclesiam de Quiregies.... ecclesiam de Genláin.... ecclesiam de Villari.... ecclesiam de Orsineval... ecclesiam de Maerec..., ecclesiam d'Artre.... ecclesiam de Bermerag.... altare de Ferrieres ». *Bulla Lucii papæ pro eccles. Camerac.* (1181). *Codex*, n.º CXLVIII.

[5] Sur *Avesne*, voyez *Albuniaco*. — « Duo clerici... quatuorque milites... ad locum qui vocatur Lethias divino afflati spiritu convenerunt. Ego G. hanc ecclesiam cum quodam membro suo quod Cartévias appellant omnino liberam feci, eidemque loco altare Avennatis castelli dicti similiter liberum confirmavi.... Tradidit etiam idem Theodericus eidem ecclesiæ allodium de Feron ; Balduinus quidem.... allodium de Semeriis,... ei similiter tradidit.... ». *Cartæ Gualteri et Manasse episc. Camer. pro eccl. Lætiensi* (1095 et 1103). *Codex*, n.<sup>os</sup> LXXXIV et XCIII. — « Villa de Semeries cum servis et ancillis...; villa etiam que dicitur Formies cum servis et

Avisinæ (775) ; Avesnæ sic-
cæ (1057, 1104 et 1157) [1].

Baddinelæ (1120) ; Batin-
gelæ (1123) ; Batinelæ (1152) ;
Badengies (1246) [2].

Avesnes-le-Sec (Fr., arr. de
Valenciennes, cant. de Bouchain).

Battignies (Belg., arr. de
Charleroi, cant. de Binche).

ancillis ; item teloneus villæ Avesnis.... ». *Bulla Paschalis II papæ pro
eadem* (1106). *Codex*, n.° xcv. — « Altare de Avesnis ecclesiæ Letiensi....
ascriptum.... » *Carta Odonis episc. pro eadem* (1113). *Codex*, n.° cm. —
« Altare villæ de Feron.... altare de Trelon, altare de Fissiaco, altare de
Lecies, de Carteniis, de Avesnis et de Struem.... altare de Sancto-Hylario,
altare de Florgiis, altaria de Semepries et de Rammousies, altare de Ihi
cum pertinentiis suis Havay et Gognies, altare de Parvo-Chevi cum appenditio suo Magno-Chevi... » *Bulla Alexandri papæ pro eadem* (1180). *Codex*,
n.° cxlvi. — « In territorio de Avethnis multisque aliis in Hannonia locis ».
Gislebert, p. 29. — Voy. encore des chartes de 1111, 1115 et 1131. *Codex*,
n.° xcviii, cv et cxvi.

[1] Sur *Avisinæ*, voyez le *Fanomartensis*. — « In pago Hainoensi, altare
de Siccis-Avesnis, præterea dimidium villæ Tiletum nuncupatæ.... ». *Dipl.
Lietberti episc. pro. capitul. S. Autberti Camer.* (1057). *Codex*, n.° xlix.
— « Confirmamus.... villam quoque totam Tiletum dictam.... ecclesiam
de Siccis-Avesnis.... altaria quoque de Thieus et de Maten et de Sausoio.... »
*Bulla Paschalis II pro eodem* (1104). Le Glay, *Glossaire*, etc. p. 27.
— « In quibus hæc propriis nominibus duximus exprimenda :... In Hay-
noensi pago, ecclesiam cum altari de Siccis-Avesnis.... altare quoque de
Thieus ; altare de Maheng, altare de Sausoith.... » *Bulla Innocentii papæ
II pro eodem* (1137). *Codex*, n.° cxvii. Voyez aussi Balderic, p. 185.

[2] « Tocius igitur decime Baddiniensis territorii tercium manipulum....
restituimus. » *Carta Burchardi episcopi pro eccl. Marchian.* (1120).
*Codex*, n.° cx. — « In comitatu Hainoensi, prædium Batingelarum cum
proxima silva Pelices.... » *Bulla Calixti papæ pro eadem* (1123). *Codex*, n.°
cxii. — « .... Ecclesia Marcenensis in propriis culturis suis quæ sunt in
territorio Batinensi.... tam in propriis culturis quam etiam in novalibus
quæ fiunt in loco qui Pelices dicitur.... » *Carta Nicholdi episc. pro eadem*
(1152). *Codex*, n.° cxxvi. — « Insuper juxta Binchium in Hannonia, curtem de Periches et prædium de Badengies ». *Carta Margaretæ comitissæ
pro eadem* (1246). Miræus, t. IV, p. 342. Voy. aussi Le Glay, *Mémoire sur
les archives de Marchiennes* (Douai, 1852), p. 7.

Baganums (ii.ᵉ siècle); Bagacum Nerviorum (iv.ᵉ siècle.);
Bavaca (ix ᵉ et x.ᵉ siècles); Bavaium (1083, 1105 — 1113 et
1151); Bavacum (1159) ¹.

* Baldurnium (circa 1010);
Baldulium (1065, etc.) ².

Baliolis (868) ³.

Basiacum (965, 1018, 1034,
etc.); Baiseum (1057); Hasium
(1111) ⁴.

Bavai (Fr., arr. d'Avesnes,
cant. de Bavai).

Baudour (Belg., arr. de Mons,
cant. de Lens).

Beaulieu, dépend. d'Havré
(Belg., arr. et cant. de Mons).

Baisieux (Belg., arr. de Mons,
cant. de Dour).

---

¹ « Nervii, quorum civitas Baganum ». Ptolémée, apud Dom Bouquet, t. 1, p. 77. — « Iter a Bagaco Nerviorum... » Antonini Itinerarium (iv.ᵉ siècle). Ibidem p. 107. — « Bavaca civitas ». Inscription d'une monnaie de Charles-le-Chauve, Voy. ch. iv. — « Cum esset (mulier) de castello quod Bavaca nominatur.... » Translatio S. Liborii (fin du ix.ᵉ siècle), apud Acta S.ᵗᵒʳᵘᵐ, t. v de juillet, p. 423; Pertz, t. iv. p. 156. — « Apud Ba-vaium quinque curtilia cum quartario.... » Carta Odonis episcopi pro m.ᵗᵉʳⁱᵒ Altimont. (1105-1113). M. Leglay, Bavai, dans le Recueil, etc., p. 260. — « Altare de Sancto-Vedasto, quod in decanatu de Horouto, prope Bavacum, situm est.... capellam quoque de Brebeigis.... dimidiam quoque ecclesiam de Berchetris.... » Carta Nicolai episcopi pro eccles. Cameracensi (1159). Codex. n.º cxxvii. — Sur la charte de 1083, voyez Albuniaco.

² « In villa quem Baldurnium vocitat rustica lingua requiem si præstitit nox soporifera... » Miracula S. Ghisleni (circa 1010). Codex, n.º xxxiv. — « Concessi... in silva Baldulii decimam quercum... » Carta Balduini comitis pro monast. S. Ghisleni (1065). Codex, n.º L.

³ « In pago Hannoniensi, Harminium, Baliolis, Sancti-Dyonisii in Brokerul ». Fragment d'une charte de 868 de Jean, évêque de Cambrai, cité dans Vinchant et Ruteau, p. 194.

⁴ « Horoud cum procinctu....; in Durno ecclesiam unam cum decimis de Offineis et de Slugia...; in villa Quaternione...; in Villare cum appendiciis Harminiaco et Bawineis....; in Resin...; in Basiaco mansos ii quos dedit sancta Aldegundis.... » Diplomata Ottonis, Henrici, Conradi, etc., pro monasterio Sancti-Ghisleni (965, 1018, 1034, etc.). Miræus, t. 1, p. 505;

\* Baseium (1046, 1046-1048, 1074) ; Basuellum (1164) [1].  Basuel, (Fr., arr. de Cambrai, cant. du Cateau).

Bavacensis pagus *ou* vicaria [2].
Bavacum [3].
Bavia [4].

Baviseis (avant 673) ; Bavisiel (1065) [5].  Bavissiau (Fr., arr. d'Avesnes, cant. de Bavai).

Bercetriæ [6].

Bereleiæ (1065) ; Berella (1083) ; Berela (1160) [7].  Berelles (Fr., arr. d'Avesnes, cant. de Solre-le-Château).

---

Dom Baudry, apud de Reiffenberg, *Monuments*, etc., t. VIII, pp. 293, 310, 316, etc. — « Altaria vero hujus modi ista sunt : ... in pago Hainoensi, altare de Oneng, altare de Vilario, altare de Maitrilio, altare de Montennelo, altare de Baiseio.... » *Dipl. Lietberti episc. pro eccles. Camer.* (1087). *Codex,* n.º XLVIII. — Sur la charte de 1111, voy. *Angra.*

[1] « Justitiam Basuelli...., libere resignavimus. Porro.... altare de Wasviler... bis firmavimus.... Præterea nemus de Watennis nobis communicaverunt.... ». *Carta Rogeri episcop. pro monasterio Sancti-Andreæ* (1164). M. Le Glay. p 50. — Sur les chartes de 1046-1048 et 1074, voy. *Buxutum et Bermerennium.* — M. Le Glay, dans sa carte du diocèse de Cambrai (à la suite du *Cameracum Christianum*) place Bazuel en dehors de l'archidiaconé de Valenciennes ; le pouillé qu'il publie et tous ceux que nous avons consultés portent le contraire.

[2] Voy. ci-après, section II.

[3] Voy. *Baganum.*

[4] Voy. la Fagne ci-après.

[5] Sur le diplôme de 673, voy. la *vicaria Bavacensis*, ci-après. — «... In Haspera decima t....; in comitatu Hainau, de Obsils et Bavisiel medietas terrarum et lodii ecclesiæ., in Bereleris (Bereleis ?) a le fossa (ad fossam ?) pars terræ plurima ampliata ; in Bermerain allodium I dedit quod emi.... » *Dipl. Balduini comitis pro eccl. Hasnon.* (1065). *Codex,* n.º LI.

[6] Voy. *Bertriceiæ.*

[7] « Altaria de Damolzils, de Dimoncel, de Berela.... que in archidiaconatu Haionensi, in decanatu vero Malbodiensi sita sunt.... concessimus.... ». *Carta Nicholai episcopi pro Hospital. Jherosolim.* (1160). *Codex,* n.º CXXXI. — Sur *Bereleiæ* et *Berella,* voy. *Baviseis* et *Albuniaco.*

BERMERENNIUM (1046 et 1046-1048); BERMERAIN (1065); BERMERENC (XI° siècle); BERMEREN (1111); BERMERAAG (1181) [1].

BERSISELÆ, *alias* BERSILELÆ (avant 673); BERTILEAS (858) [2].

BERTRICELÆ (avant 673); BERCHETRLÆ (1159); BERTRECEIS (1179); BERTRECIES (1181) [3].

Bermerain (Fr., arr. de Cambrai, cant. de Solesmes).

Bersillies-les-Bois (Fr., arr. d'Avesnes, cant. de Maubeuge).

Bettrechies (Fr., arr. d'Avesnes, cant. de Bavai).

[1] « Rerum autem.... ista sunt nomina : ecclesia de Ferrarias.... Waltennias.... Petrosum.... Romerias, terram sancti Humberti totam, pluribus annis destructam... » ; inter Eslogiam et Gondreceias viginti tres mansos.... terram de Bermerennio.... » *Dipl. Gerardi episc. pro eccl. Sancti-Andreæ* (1046). M. LE GLAY, *Glossaire*, etc., p. 5. Le diplôme de 1046-1048 est conçu dans les mêmes termes et il ajoute : «.... terram quam Fagala dedit in Sumanio... altare de Fontanis.... ». Voy. *Codex*, n.° XLIII. — « Prædiumque in Solman, aliudque in Bermerenc.... ». RALDERIC, pp. 308 et suiv. — Sur les chartes de 1065, 1111 et 1181, voy. *Baviseis*, *Angra* et *Artra*.

[2] « In primis villam ipsam in qua monasterium situm est.... quæ nuncupatur Malbodium, sitaque est in pago Haynoensi ; quasdam etiam villas quarum subjecta sunt nomina : villam quæ vocatur Curtissora.... et aliam villam quæ dicitur Collricium....; item villam quæ dicitur Grandisrivus...; item in pago Haynoensi villam Bersiseias et aliam villam Hermegiacum, Ichiacum et Hauvacum.... et Lanterterias.... et aliam villam Waldroechias.... » *Testamentum S. Aldegundis* (avant 673). *Codex*, n.° IV. — « In villa nuncupata Combles mansum dominicatum unum....; in villa etiam quæ dicitur Berilleas mansos duos vestitos, et in Vertinio mansum unum... » *Dipl. Lotharii regis pro Austardo medico* (858). *Codex*, n.° XV. — Sur cette localité, voy. M. PIERART, p. 24.

[3] « In pago Hainonensi, ecclesiam de Waudre cum appenditio suo Bince et aliis pertinentiis ejus ; ecclesiam de Lestinis cum Brae et aliis appenditiis suis ; ecclesiam de Goi super Sambram cum pertinentiis suis ; ecclesiam de Sancto-Vedasto cum pertinentiis suis Bertreceis et Braugels ; villam nomine Oneno, Monteni, Villare-Pontificale cum earum ecclesiis et pertinentiis.... » *Bulla Alexandri papæ pro ecclesia Cameracensi* (1179). *Codex*, n.° CXLV. — Sur *Bertriceiæ*, voyez la *vicaria* ou *pagus Bavacensis*.

Beurnes ( 963 ) ; Berones (alias : Bermies) (1015) ; Beurunes (alias : Berunnes et Bezunnes) (1015 et XII° siècle) ; Beverunes (1181). [1]

Buvrinnes (Belg., arr. de Charleroi, cant. de Binche).

Bincium ( 1124 ) ; Binchium (XII.° siècle) ; Binzium (1159) ; Bins (vers 1162) ; Bince (1179) ; Binc (1181) [2].

Binche (Belg., arr. de Charleroi, cant. de Binche).

Boussu [3].

Brae (1175 et 1179) [4].

Bray (Belg., arr. de Mons, cant. de Rœulx).

ci-après ; sur les diplômes de 1159 et de 1181, voyez *Baganum* et *Artra*.
[1] « In villa Beurnes, quæ sita est in pago Hainau dederunt ... xxx mansos cum ecclesia integra... ». *Bulla Johannis papæ XII pro monasterio S. Vitoni.* (963). *Codex*, n.° xxv. — « Triginta mansos cum ecclesia integra in villa Berones (alias : Bermies), quæ sita est in comitatu Haymo... ». *Carta Henrici imperat. pro eodem* (1015). *Codex*, n.° xxxv. — « In villa quoque Beurunes (alias : Bezunnes et Berunnes), quæ sita est in pago Hainau (alias : Haymo) dederunt... ». *Carta Henrici imperat. pro eodem* (1015). *Codex*, n.° xxxvi. — « Godefridus dux, Gozelonis frater, ibidem sepultus, xx mansos in Beurunes dedit... » Hugo Flaviniacensis, apud Labbe, *Bibliotheca nova manuscripta*, t. i, p. 168. — Sur la charte de 1181, voy *Artra*.
[2] « Concedimus altare sancti Remigii de Waldrecho cum appenditiis suis Bincio et Spinelbo, et duobus mansis Waldrisello et Bruilio ; altare iterum sancti Remigii de Lethinis cum appenditio Velleregio... ». *Carta Burchardi episc. pro ecclesia Cameracensi* (1124). *Codex*, n.° cxiii. — « Munivit terram Ramorum, castrum Sorre, Binchium ... ». Gislebert, p. 53. — « .... Altare de Goieo super Sambram, quod in archidiaconatu Hainoensi, in decanatu scilicet Binzio situm est... ». *Litt. Nicolai episc. pro eccl. Camerac.* (1159). *Codex*, n.° cxxix. — « Ex hoc accessimus ad castrum quod nominant Bins .. » *Itinerarium sancti Bernardi* (écrit vers 1162) *Codex*, n.° cxxxiii bis. — Sur les bulles de 1179 et de 1181, voy. *Bertricœa* et *Artra*.
[3] Voy. la Fagne ci-après.
[4] « Altare de Lestinis cum appendicio Brae... concessi... ». *Dipl. Alardi*

Brehelgeiæ (1159); Braugeis (1179); Braugies (1184)[1].

Brokerul (868); Brotherota (XII.e siècle); Brokeroia (XII.e siècle); Brochroie (1181)[2].

Brolium[3].

Bruilium (1124)[4].

Buxutum (IX.e ou X.e siècle, 1054-1055); Bussud (XI.e et XII.e siècles); Bossoth (1074); Bossuth (1080); Busud (1118); Buxu (1177)[5].

Breaugies, hameau de Hellignies (Fr., arr. d'Avesnes, cant. de Bavai).

Broqueroie, forêt, (Belg., Hainaut).

Bruille, à Waudrez (Belg., arr. de Charleroi, cant. de Binche).

Boussu (Belg., arr. et cant. de Mons).

---

episc. pro eccl. Camerac. (1175). Codex, n.° cxxxix. — Sur la charte de 1179, voy. Bertriceiæ.

[1] Voy. Baganum, Bertriceiæ et Artra.

[2] Sur la charte de 868, voy. Baliolis. — « Eremita quidam in proxima silva quæ Brotherota vocatur ». Historia Lætiensis m.teri. J. de Guyse, t. xi, p. 118. — « ... Et ut conventionem... de silva que dicitur Brochroie... conservaret.... » Carta Hugonis abbat. Hasnon. (1181). Codex, n.° cxlix. — « Hannonienses, in Brabantia, in territorio qui dicitur Brokeroia ». Gislebert, p. 12. — Nous avons indiqué, au chap. iv, la situation de la forêt de Broqueroie.

[3] Voy. la Fagne ci-après.

[4] Voy. Bincium.

[5] « Quasi intraret ecclesiam quæ est in villa Buxuto .... » Vita S. Ghisleni (IX.e ou X.e siècle), apud Mabillon, Acta, etc., seculo II, p. 793.; Acta sanctorum, t. iv d'octobre, p. 1032; Acta S. Belgii, t. iv, p. 380. — « Quædam interfuit mulierum de vico Cellæ contiguo, quem dicunt Buxutum... » Vita S. Gerardi (X.e siècle), apud Mabillon, Acta, etc., seculo v, p. 269; Acta S.torum, t. II d'octobre, p. 313. — « Dum per quinque dies in Hornuto, Buxuto, Durno moraretur ...; mox cuidam villæ nostræ quæ Villare dicitur insiluit .... In altera villa quæ Erchana dicitur .... » Litteræ monach. Sancti-Ghisleni ad imperatorem (1054-1055). Codex, n.° xlvi. — « Bussud castrum super Haynam fluvium munierunt.... ». Balderic, p. 148. — « Contulit etiam inter cœtera allodium sibi hereditarium, in villa

* Bussoit (1118)[1].  Boussoit (Belg., arr. de Mons, cant. de Rœulx).

Calviniaca (871); Calviniacus (899)[2].  Cavins, hameau de Siraut (Belg., arr. de Mons, cant. de Lens).

Haynau quæ est Bussud... » *Chronicon S.ti-Andreæ de Castello* (écrite en 1113), apud Pertz, t. VII, p. 530. — « Concambio dedi ad ecclesiam Sancti-Andreæ altare de Bussuth, quod situm est in Hanoensi pago... De etiam pro terra illa de Romeriis duo altaria, unum quoque de Bascio... duas partes de Formiis...; in villa de superiori Baissie medietatem quam ego tradidi pro Petroso...; alodium de Verten. » *Dipl. Lietberti episcopi pro abbatia S.ti Andreæ* (1074). *Codex*, n.° LVI. — « Altare de Bussuth in pago Hainoensi obtinuit.... », *Carta Gerardi episc. pro ead.* (1080). *Codex*, n.° LXIII. — « Villam Hornud cum appendicio suo Busud..; partem de Boussoit... » *Bulla Gelasii papæ pro m.terio S. Ghisleni* (1118). Dom Baudry, apud De Reiffenberg, t. VIII, p. 339. — « ... Beatrix de Busu, uxor Gossuini de Mons....», *Carta Alardi episc. Camer. pro m.terio Acquiscinct.* (1177). *Codex*, n.° CXLII. — On a prétendu que le *castrum Bussud*, mentionné par Balderic, est Boussoit sur la Haine (canton de Rœulx); mais le texte de 1118 que nous venons de citer prouve que cette localité s'appelait déjà Boussoit dans la première partie du XII.e siècle, époque voisine de celle de Balderic. Voy., sur cette question, Dom Baudry, *loc. cit.*, p. 297; *Acta S. Belgii*, t. IV, p. 361; M. Th. Lejeune, *Coup-d'œil sur le canton de Rœulx*, p. 59.

[1] Voy. le mot précédent.

[2] « In pago Hainau, in villa quæ vocatur Calviniaca, mansum dominicatum cum aliis mansis XIII, et, in eodem pago, in Castello, mansum quem tenet Herlandus clericus. » *Dipl. Caroli Calvi pro m.terio Elnonensi* (871). *Codex*, n.° XVI. — « Istæ autem sunt villæ, res et mansionilia... : Warniacus, Halciacus..., Calviniacus...; in villa Castello, mansi II ... » *Privil. Caroli Simplicis pro eodem* (899). Miræus, t. III, p. 291; *Amplissima collectio*, t. I, p. 247. — Il n'est pas douteux que *Calviniaca* ne corresponde au hameau de Siraut, appelé Cavins. Siraut, sous le nom de *Securiacum*, fut donné par Louis-le-Débonnaire, en 822, à l'abbaye de Saint-Amand, et il est mentionné encore aux années 847, 1112, 1119 et 1122. *Codex*, n.os XI, XIII, CX et CXI; Miræus, t. III, p. 1159. J. de Guyse (t. IX, p. 180) énonce en ces termes la donation de 822 : « Ludovicus, filius Karoli Magni, dedit ecclesiæ Sancti-Amandi Siriacum, gallicè Siraut, situatum in pago Haynagci ». Le chroniqueur place Siraut en Hainaut par rapport à son époque; mais cet endroit appartenait au *pagus Bracbatensis*, d'après les diplômes

CAPELLA (1111, 1120, 1162)[1].

CAPRINUM (circa 902); CAVREM (circa 982); CAVREN (1118 et 1119); CHIUVRAEN (1148); KEVREN (1169); CAURAC (1181); CHAVREN (1191)[2].

Capelle (Fr., arr. de Cambrai, cant. de Solesmes).

Quiévrain (Belg., arr. de Mons, cant. de Dour).

de 822, 847 et 1110. — Jusqu'à la fin du siècle dernier, l'abbaye de Saint-Amand posséda, à Siraut et dans les environs, une prévôté importante, dans laquelle était compris le hameau de Cavins, comme on peut le voir dans le mémoire intitulé : *Récapitulation pour les grand prieur, religieux et communauté de l'abbaye de Saint-Amand en Flandre.... contre M. le cardinal de Gesvres, abbé commandataire de la même abbaye* (Paris, veuve Knapen, 1737). Ce mémoire contient une histoire intéressante de la prévôté. Le cardinal de Gesvres répondit par un mémoire à consulter, écrit par DOM PAUL, prévôt de Siraut, et dont le manuscrit se trouve aux Archives du royaume sous le titre de *Cartulaire de la prévôté de Siraut*. M. Hachez, qui n'a pas connu le premier de ces documents, dit à tort que l'on ne possède aucun renseignement sur la prévôté avant 1420. *Annales du Cercle archéologique de Mons*, t. II, p. 257.

[1] « Quapropter ecclesiam sancti Salvii de Vendelgies super Escalium fluviolum, et ecclesiam sancti Humberti quæ dicitur ad Capellam.... concedo et dono ... » *Carta Odonis episc. Camer. pro m terio Aquiscinct.* (1111). *Codex*, n.° XCIX. — « Altare de Capella, juxta Novum-Castellum, quod est situm in pago Cameracensi,... concedimus.... » *Carta Burchardi episcopi pro eod.* (1120). *Codex*, n° CIX. — «.... Ecclesia Aquiscingensis totam terram ad Capellam pertinentem, quæ est in pago Hainoensi.... possidebat... » *Carta Nicolai episc. pro eodem.* (1162). *Codex*, n.° CXXXII. Cette dernière citation prouve que les mots « quod est situm, etc. » de la charte de 1120 se rapportent à *Novum-Castellum*. — L'abbaye d'Anchin possède toujours à Capelle une ferme considérable. Voyez *Bulletins de la Commission historique du département du Nord*, t. VII (1863), p. 333.

[2] « In pago Hainoensi, Caprinum.... » *Dipl. Caroli Simpl. pro episcopo Noviomensi* (circa 902). *Codex*, n.° XVIII. — «...., Calnetus, Nova-Villa... Cavrem. Ista piæ memoriæ Lindulphus a genitoribus suis jure hereditario sibi relicta præfato cœnobio.... contradideral.... ». *Dipl. Lotharii regis pro m terio Sancti-Eligii Noviom.* (circa 982). LE VASSEUR, *Hist. de l'Église de Noyon*, p. 024; COLLIETTE, *Mémoires pour servir à l'histoire du Vermandois*, t. III, livre 46, n.° 96. — « Partem cujusdam curtilis quod ad

Carbonaria silva (v.e siècle, etc) [1].

La forêt Charbonnière.

Carneriæ (1177) [2].

Carnières ( Belg. , arr. de Charleroy, cant. de Binche).

Castellum (847, 871, 899 et 1090) [3].

Casteau (Belg., arr. de Mons, cant. de Rœulx).

Castrilocus (642, etc.) ; Castrorum locus (viiie et x.e siècles); Castrilucium (985); Mons Castrilocus ( ix.e ou x.e siècle, 1085); Mons-Castratilóci ( x.e siècle ) ; Montes ( x.e siècle , 1084 et 1086 ) ; Mons ( vers 1162) [4].

Mons (Belg., cap. du Hainaut).

presbiteratum ecclesie nostre de Kevren pertinebat ecclesia Sancti-Eligii de Noviomo censualiter obtinere concessimus... ». *Carta capituli Cameracensis pro eod.* (1169). *Codex*, n.° cxxxvi. — Sur les diplômes de 1118, 1119, 1148, 1181 et 1191, voyez *Angra et Arira* ; Dom Baudry, t. viii, pp. 339, 345, 393 et 409 — C'est bien Quiévrain que le diplôme de 902 désigne sous le nom de *Caprinum*. Les possessions de l'Église de Noyon dans cette localité passèrent, comme on vient de le voir, en 968, sous l'évêque Lindulphe, à l'abbaye de S.t-Éloi de la même ville. Ainsi la charte de 1169, que nous venons de citer, fait mention de la ferme de l'abbaye à Quiévrain ; et on lit dans la déclaration des biens du clergé en 1787 : « La dite abbaye possède, en vertu de donation pure et simple lui faite par Lindulphe, évêque de Noyon, vers l'an 968, ainsi qu'il se voit de l'histoire de la maison, les terres et parties de biens suivants situés à Quiévrain.... ».

[1] Voyez ce que nous en avons dit au chapitre premier de ce travail.

[2] Voyez *Anderluvlæ*.

[3] « In pago Hagnuensi, Wariniacun, Halciacum... ; villarum dominicarum hæc nomina sunt : Scaldpons, Castellum.... » *Dipl. Caroli Calvi pro m.terio Elnonensi* (847). *Codex*, n.° xiii. — Sur les diplômes de 871 et de 899, voy. *Calviniaca*. — « Altare de Montiniaco.... cum appenditiis suis que sunt Castellum et Fetenias.... ». *Carta Gerardi episc. pro m.terio Hasnoniensi* (1090). *Codex*, n.° lxxvii.

[4] « Actum Castriloco.... » *Dipl. S. Autberti pro S. Landelino* (642).

CELLA et CELLA. S. GHISLENI[1].

CHEVI PARVUM et MAGNUM (1180); KEVY (1181); KEVI (1195 et XII.e siècle)[2].
CHIWENEIS[3].

Quévy-le-Petit et Quévy-le-Grand (Belg., arr. de Mons, cant. de Pâturages).

WAULDE, p. 320 ; MIRÆUS, t. I, p 490. — « In loco qui vocatur Castrorum locus, ut comperimus, ita vocatus, quia inibi quondam romanus exercitus castra locaverat. » *Vita S. Aldegundis* (VIII.e siècle), apud *Acta sanctorum*, t. II de janvier, p. 1033. — « In monte qui vocabitur Castrorum locus.... » *Altera vita*, auctore Hucbado, apud SURIUS. t. VI, p 338; *Acta sanctorum*, loc., cit., p. 1043. Voyez aussi DOM BAUDRY, apud DE REIFFENBERG, t. VIII, p. 236. — « Godfridus comes si Castriluctum cum Hainao Reinero redderet ... ». *Litteræ Gerberti* (983). *Codex*, n.º XXXI. — « Montem quemdam qui nunc Castriloeus dicitur designavit.... » *Vita S. Ghisleni*, apud MABILLON, *Acta*, sæculo II, p. 794 ; *Acta sanctorum*, t. IV d'octobre, p. 1031 ; *Acta S. Belgii*, t. IV, pp. 376 et 377. — « Pater meus itaque ad oppidum prædicti Ragineri, quod dicitur Mons-Castriloci.... quosdam suorum dirigit.... » RICHERII *Chronicon*. *Codex*, n.º XXXII. — « MONTES ». Monnaie du X.e siècle. Voyez ch. IV. — « Ecclesiam sancti Petri, quæ sita est in Montibus,...» *Carta Balduini comit. pro m.terio Sancti-Dionisii* (1084). *Codex*, n.º LXVIII. — « Balduinus, dono Dei, comes de Montibus, castello sito in pago Hainauco.... ». *Carta Balduini comitis pro m.terio Hasnoniensi* (1086). MIRÆUS, t. I, p. 262. — « Mons vocatur castrum primum in provincia Haynonensium ». *Itinerarium S Bernardi* (écrit vers 1162). *Codex*, n.º CXXXIII bis. — Sur la charte de 1083, voyez *Albaniaco*.

[1] Voyez *Ursidongus*.

[2] « Altare de Brania Willelina..... villam de Kevy... Kuarignon..; Gemapia. » *Bulla Lucii III papæ pro m.terio Stæ. Waldetrudis* (1181). MIRÆUS, t. III, p. 33). — « In Hainoia , de villis scilicet Kevi, Frameriis et de Quarinon... » *Dipl. Balduini comitis pro eodem* (1195). *Codex*, n.º CIII. — « Allodia autem quæ sibi B. Waldetrudis in proprietate domum retinuit, etiam suæ ecclesiæ in perpetuum cum omni libertate contulit, scilicet illam villam quæ Montes dicitur et ab antiquis Castriloeus nominabatur, et villas, in Hannonia, Quarignon scilicet et Gamapia , Frameries et Kevi ; et, in Brabantia, villas Herinis, Castris, Hal et Brainam-Castellum. » GISLEBERT, p. 14. — Sur la charte de 1180, voyez *Avesnæ*.

[3] Voyez *Chuinegæ*.

| | |
|---|---|
| Chuinegæ (Kiunegæ, *Miræus*) (779); Kuineiæ (Kinnebæ, *Miræus*) (844); Kuinei (Kuevei, *Miræus*) (1422); Chivegniæ (1172); Chiweneis (1174); Chieniæ (1174); Chuinies (1183) [1]. | Chevesnes, hameau de Sars-la-Buissière (Belg., arr. de Charleroi, cant. de Merbes-le-Château. |
| Cipliacum (974); Cipleium (1083); Cypli (1186) [2]. | Ciply (Belg., arr. et cant. de Mons). |

[1] Sur les diplômes de 779 et de 844, voyez *Achiniagæ*. — « .....In villis Rench et Kuinei .... » *Dipl. Burchardi episc. pro eccles. Aquensi* (1132). Miræus, t. I, p. 533; Quix, p. 18; Lacomblet, p. 194. — « ....Contractum illum qui factus est super ecclesiis de Reng et Chevegniis... ». *Carta Henrici archiepisc. pro eccles. Altimont.* (1172). *Codex*, n.° CXXXVII. — « In territoriis ecclesiarum Reng et Chiweniis. » *Dipl. Frederici imperat. pro eccles. Aquensi et m.terio Altimont.* (1174). Miræus, t. I, p. 514; Quix, p. 22; Lacomblet, p. 314. — « Quicquid juris habet Aquensis ecclesia in territoriis ecclesiarum Reng et Chieniis.... » *Carta Petri electi Camer. pro eisdem* (1174). *Cartulaire de l'abbaye d'Haumont*, fol. 48. — « Duas ecclesias à canonicis Aquensibus acquisitas, scilicet Gran-Reeng et Chuinies. » *Bulla Lucii papæ pro m.terio Altimont.* (1148). *Ibidem*, fol. 6. Cette bulle sera publiée prochainement par M. Micheaux, d'Avesnes. — Imbert, pp. 132 et suiv., traduit *Chuinegæ* par Kesny, près de la Haine, que nous ne connaissons pas; MM. Warnkoenig et Gérard (*Hist. des Carolingiens*, t. II, p. 12) croient y voir le village de Kain (!) près de Tournay, qui appartenait au Brabant; M. Chotin (*Mémoire sur l'étymologie des noms de lieux*, etc., dans les *Mémoires de la Société des Sciences*, etc., t. de 1857, p. 402) se prononce pour Quévy; mais ce lieu est toujours nommé *Checi* ou *Keni* dans les actes (voyez ce mot). Nous préférons Chevesnes, situé à proximité des autres possessions d'Aix-la-Chapelle et dont l'orthographe se rapproche de celle de *Chuinegæ* et de *Chiweneis*. — Un faux diplôme de l'an 691 mentionne une localité du nom de Kuineiæ (Carpentier, *Hist. de Cambrai*, t. II, preuves, p. 4; Pardessus, *Diplomata*, t. II, p. 219). Serait-ce le *Chuinegæ* ci-dessus ? On trouve aussi, dans Gislebert, le mot *Kiviniæ*, nom primitif du village de Beaufort (arr. d'Avesnes, cant. de Maubeuge) : « Comes in villa quæ dicebatur Kiviniis, quæ posteà Belfors nominata est ». Gislebert, p. 85.

[2] « Monasterium in villa Crespin constructum ....; in Cipliaco ecclesiam cum xxx mansis ; in Estron ecclesiam cum x mansis ; in Gelliniaco v

CLARUS VOIONUS [1].

COLLIRICIUM (avant 673) [2].   Colleret (Fr., arr. d'Avesnes, cant. de Maubeuge).

CONDATUM (870, 1065, XIIe siècle, etc.) [3].   Condé (Fr., arr. de Valenciennes, cant. de Condé).

COPINIUM [4].

CORBION [5].

CRISPINIO (870); CRISPIN (921); CRESPIN (931 et 974); CRISPINIUM (Xe siècle, 1009, 1093, etc.) [6].   Crespin (Fr., arr. de Valenciennes, cant. de Condé).

---

mansos...; advocatum qui bannum de villis Crispiniaco, Keniriniaco, Hausiniuniaco, Keviriciniaco, Vitarseniaco ad idem monasterium pertinentibus integre conquirant.... » *Dipl. Otionis imperat. pro monasterio Crispiniensi* (974). *Codex*, n.° XXVIII. — « Itaque quidam miles Anselmus nomine de Monte-Sanctæ-Aldegundis apud Cypli terram censualiter tenebat ». *Carta Aimonis magistri Templi Jherosolim. pro monasterio Altimont.* (1186). *Codex*, n.° CL. — Sur la charte de 1093, voyez *Albuniaco*.

[1] Voyez la Fagne.

[2] Voyez *Bersiscia*.

[3] *Partitio regni Lotharii* (870). MIRÆUS, t. 1, p. 28. — « .... Libertatem quoque piscandi in fluvio Hague à Gamapio usque ad Condatum.... » *Carta Balduini comitis pro monasterio S. Ghisleni* (1065). *Codex*, n.° L. — « Apud Condatum in Hannonia... » *Auctarium Aquicinctinum Sigeberti* (édition de MIRÆUS), p. 236. Voyez ce que nous avons dit au chap. III, § 2.

[4] Voyez la Fagne.

[5] Idem.

[6] *Preceptum de divisione regni Lotharii* (870). MIRÆUS, t. 1, p. 28. — « Dehinc venerabilis comes Sachardus expetiit ipse ut in prælato pago Hainou, super flumen Hon, abbatiunculam dictam Crispin... concederemus sanctæ Mariæ.... » *Dipl. Caroli Simpl. pro episcopo Camerac.* (921). BALDERIC, p. 103; MIRÆUS, t. IV, p. 175; *Acta S. Belgii*, t. IV, p. 126. — « Canonicis in loco Crespin nuncupato .....obas XV in villa Onainville. » *Dipl. Henrici regis pro m.terio Crispiniensi* (931). RAISSIUS, *Cœnobiarchia Crispiniana*, p. 12; MIRÆUS, t. II, p. 1129. — «... Canonicis in loco Crespin nuncupato... hobas XV in loco Onainilis...; in villa Harminiaco super fluvium Truila ecclesiam unam...». *Diploma ejusdem pro eod. m.terio* (931). *Codex*, n.° XXII. — « Beatus Landelinus.... ad locum silvis horridum, quem Crispinium vocant, sese subduxit. » *Vita S. Landelini*, apud *Acta*

Crux (749) ¹.

Crux (1117 et xii° siècle) ².

Curtissorra (avant 673); Curtissolra (viii° et x° siècles); Cousorne (xii° siècle) ³.

Damolziæ (1160) ⁴.

Dangre ⁵.

Didineigæ (alias: Didnetgæ) (921); Dienenlæ (1151) ⁶.

Croix (Fr., arr. d'Avesnes, cant. de Landrecies).

Croix-lez-Rouveroy (Belg., arr. de Charleroy, cant. de Merbes-le-Château).

Cousolre (Fr., arr. d'Avesnes, cant. de Solre-le-Château).

Damousies (Fr., arr. d'Avesnes, cant. de Maubeuge).

Dinche, dépendance de Prisches (Fr., arr. d'Avesnes, cant. de Landrecies).

---

*sanctorum Belgii*, t° iv, pp. 461 et 466. — « In loco Crispinium vocato super fluvium Hum constructo... ». *Carta servitutis* (1009). *Codex*, n.° xxxiii. Voyez aussi *Codex*, n.° lxxxi. — Sur les chartes de 974 et 1093, voyez *Cipliacum* et *Amligis*.

¹ Voyez *Albuniaco* et la sect. ii, chap. ii, ci-après. M. Mannier, p. 341, ne cite cette localité qu'à l'année 1180.

² Sur la charte de 1117, voyez *Anderlaviæ*. — « Quidam Guillermus nomine, filius cujusdam nobilis nomine Reinaldi, militis de Cruce in pago Hannoniensi..... » *Liber de fundatione cænobii Bonæ-Spei*, apud J. de Guyse, t. xii, p. 139.

³ Sur le testament de sainte Aldegonde, voyez *Bersiseiæ*. — « Sepulta est ergo in villa suæ quondam ditionis.... vocabulo Curtissolra.... » *Vita S. Aldegundis* (viii.° siècle). *Acta S.torum*, t. ii de janvier, p. 1040. — « Orta est in pago Hainoensi virgo Aldegundis..... Revertitur ad matrem quæ tunc morabatur in prædio suo quod nuncupabatur Curtissolra.... ». *Vita B. Aldegundis*, auctore Hucbaldo, apud Surius, t. vi, p. 335; *Acta S.torum*, t. ii de janvier, pp. 1041 et 1042. Voyez aussi Jacques de Guyse, t. vii, p. 162; *Acta S. Belgii*, t. iv, p. 297. — « Sanctus Walbertus, qui sepultus jacet apud Conserne, juxta Beaumont, in Hainonia..... » Baudouin d'Avesnes, apud Acherii *Spicilegium*, t. vii, p. 585.

⁴ Voyez *Bereleiæ*.

⁵ Voyez *Angra*.

⁶ « Res igitur de quibus loquimur conjacent in subdesignatis locis... : in pago Hainoensi, super fluvium Holpram, in villa Taisneras....; et in

DIMENCELLUM (1083); DIMON-
CEL (1160) ¹.

DUCIONIS SILVA ².

DULCIACUS, super fluvium
SAVE (IX.ᵉ et X.ᵉ siècles, etc)³.

Dimechaux (Fr., arr. d'Avesnes, cant. de Solre-le-Château).

Douchy, sur la Selle (Fr.,
arr. de Valenciennes, cant. de
Bouchain).

loco qui vocatur Fagetus...; atque in Flobodeleas (aliàs : Flobobeycas)....;
et in loco qui fertur Magnus-Mons.... Juxta hunc quoque locellum, in
Didineicas (aliàs : Didmeycas) ⁴. *Dipl. Caroli Simpl. pro abbatia Marito-
lensi* (921). MIRÆUS, t. I, p. 36 ; J. DE GUYSE. t. IX, p. 320. Les variantes
sont rapportées par M. LE GLAY, *Inventaire des chartes de la Chambre
des comptes de Lille* (Lille, 1863), p. 6. — Sur le texte de 1151, voyez *Acta S.
Belgii*, t. IV, p. 136. — Nous avions d'abord pensé que *Didineica* était
une erreur de copiste pour *Liluneica* (voyez ce mot), mentionné dans un
diplôme de Charles-le-Chauve en faveur de la même abbaye ; mais le
même nom se voit dans un acte de 1151, et le texte de MIRÆUS est tout-à-
fait conforme à celui de J. DE GUYSE et à l'indication de M. LE GLAY. M.
DE FORTIA, M. PIÉRART, p. 91, et M. MANNIER, p 343, traduisent *Didineicæ*
par Dimechaux (qu'on va voir sous le nom de *Dimencellum*), et font du
*Magnus-Mons* de notre diplôme le village de Dimont, situé près de Dimechaux. Nous examinerons ci-après ce qu'il faut entendre par *Magnus-
Mons*. Bornons nous à remarquer ici que Dimechaux, diminutif de
Dimont, dut en être jadis la dépendance : or ne serait-il pas étrange de
voir appeler *locus* la dépendance et *locellus* la localité mère ? Nous préférons pour *Didineica* le hameau de Dinche, à Prisches, où l'abbaye de
Maroilles a toujours eu des biens. Voyez M. MANNIER, p. 378, et la carte des
comtés de Hainaut, de Namur et de Cambresis publiée, en 1704, par
ordre de Fénelon sous ce titre : *Mappa comitatuum Hannoniæ, Namurci
et Cameraci* (edita à Guilielmo de l'Isle.... apud Tobiam Conr.-Lotter,
geogr. Aug., Vind.)

¹ Voyez *Albaniaco* et *Berelciæ*.

² Voyez la Fague, ci-après.

³ Douchy est placé dans le Hainaut par de nombreux diplômes. Voyez
MIRÆUS, t. I, pp. 39, 260, 261 ; t. II, p. 939 ; SANDERUS, t. I, pp. 267 et
268 ; DUCHESNE, *Hist. générale des maisons de Guines, de Gand*, etc.,
preuves, p. 43 ; KLUIT, *Hist. critica comitum Hollandiæ et Zelandiæ*, t. II,
pars I, pp. 18, 27 et 49 ; M. VAN DE PUTTE, *Annales abbatiæ Sancti-Petri
Blandiniensis*, pp. 88, 90 et 94 ; notre *Codex*, n.° XXVI.

\* Duo flumina [1].                     Vendegies-sur-Escaillon (Fr.,
                                         arr. de Cambrai, cant. de So-
                                         lesmes).

Dorlarium (1083); Dorlerus              Dourlers (Fr., arr. d'Avesnes,
(1111) [2].                              cant. d'Avesnes-Nord).

\* Durnum (965, 1054-1055,              Dour (Belg., arr. de Mons,
etc) [3].                                cant. de Dour).

\* Duronum ( iv.e siècle );
Strumum (1104); Struen (1150);
Estruem (1165); Struem (1180);          Etroeungt (Fr., arr. d'Avesnes,
Estruen (1186) [4].                      cant. d'Avesnes-Sud).

\* Erchana (1055-1056) [5].             Erquenne (Belg., arr. de
                                         de Mons, cant. de Dour).

Escalius fluviolus (1111) [6].          L'Escaillon, rivière.
Escalpont [7].
Eslogia [8].
Espinoit [9].

---

[1] Voyez *Angrel*. — Duo Flumina est le nom primitif de Vendegies-sur-
Escaillon. Voyez ce mot, et M. Le Glay, *Glossaire*, etc., p. xxiv.

[2] Voyez *Albuniaco* et *Angra*.

[3] Voyez *Basiacum* et *Buxutum*.

[4] *Itinerarium Antonini* et *Tabula Peutingeriana*, apud Dom Bouquet, t. i,
pp. 107 et 112. On place communément la station romaine de *Duronum* à Etroeungt, situé sur la chaussée de Bavay à Vervins. Voyez M. Lebeau, *Notice
historique sur la terre seigneuriale et les seigneurs d'Etroeungt*, dans le
*Recueil des articles*, etc., p. 364. — « Altare de Strumo, a domino Manasse...
collatum..., tenendum concedimus... » *Carta Manasse archiepisc. pro
monasterio Latiensi* (1104). *Codex*, n.° xciv. — « Latitudo vero ab aqua de
Gorgechon, usque ad laudas silve d'Estruem. » Charte de 1165, citée par
M. Le Glay, *Glossaire*, p. 33. — Les mentions de 1150 et 1186 se trouvent
dans M. Lebeau, *loc. cit.* — Sur la charte de 1180, voyez *Avesne*.

[5] Voyez *Buxutum*.

[6] Voyez *Capella*. — L'Escaillon sort d'un étang, à l'entrée de la forêt de
Mormal, et se jette dans l'Escaut, au dessous de Thiant, au sud-ouest de
Valenciennes.

[7] Voyez *Pons-Scaldis*.

[8] Voyez *Slogia*.

[9] Voyez *Spinethum*.

— 169 —

* Estron (974); Struem (1085); Estruem (1139)[1].

Estruem, Estruen[2].
Eumont[3].
Fagetus, Fagidus[4].
Fania silva[5].
Fanomartensis pagus[6].
Fanum-Martis[7].

Farinaria (749); Ferrariæ (1033, 1045 et 1046-1048); Ferrariæ superiores et Ferrariæ inferiores (1103); Fernes seu Ferieres (1095); Ferrieres (1181)[8].

Fayt (870); Fagetus super Helpram (921); Fagidus (1151)[9].

Etrœux (Fr., arr. de Valenciennes, cant. de Valenciennes-Est).

Ferrrière-la-Grande et Ferrière-la-Petite (Fr., arr. d'Avesnes, cant. de Maubeuge.

Fayt-le-Grand et Fayt-le-Petit (Fr., arr. d'Avesnes, cant. d'Avesnes-Sud).

[1] Altare de Estruem, à domno Odone concessum... eidem assignamus... ». *Carta Nicoldi episcopi pro canonicis S. Johannis Valencianens.* (1139). Miræus, t. I, p. 688 ; Le Glay, *Revue des Opera diplomatica de Miræus*, p. 61. — Sur les diplômes de 974 et de 1033, voyez *Cipliacum* et *Albuniaco*.

[2] Voyez *Duronum* et *Estron*.

[3] Voyez la Fagne, au mot *Ætimundi*.

[4] Voyez *Fayt*.

[5] Voyez chap. vii, sect. ii, § 3, et, ci-après, appendice.

[6] Voyez ci-après, sect. ii, chap. ii.

[7] Idem.

[8] Sur les diplômes de 749 et de 1083, voyez *Albuniaco*. — « Ecclesiam de Ferrariis cum appendiciis suis.... ». *Dipl. Conradi imp. prom. terio Sancti-Andreæ* (1033). Miræus, t. I, p. 56 — « Auferuntur et ab aliis decimæ de Ferières seu Fernes.... ». *Epistola monachorum Lobiensium ad Otbertum episc. Leod.* (1095), apud Acherii *Spicilegium*, t. vi, p. 599. — Sur les chartes de 1045, 1046-1048 et 1181, voyez *Bermerennium* et *Artra*. — M. Jacobs prend ce lieu pour Moulins, à dix-sept kilomètres au sud de Solesmes. *Géographie des diplômes de l'abbaye de Saint-Denis*, loco citato.

[9] « Et quod suppotaverit res ad eandem abbatiam pertinentes..., in pago

— 170 —

Fellui (avant 673); Felluy (1177) [1].
Fedon [2].
Fineis (1074) [3].
Fisciacum [4].
Fleon (VIII.e et IX.e siècles) [5].
Flobodeicæ (alias : Flobobeycæ (921); Florbeck (1162) [6].

Feluy (Belg., arr. de Charleroy, cant. de Seneffe).

Feignies (Fr., arr. d'Avesnes, cant. de Bavay).

Floyon (Fr., arr. d'Avesnes, cant. d'Avesnes-Sud).

Lieu à Dompierre (Fr., arr. d'Avesnes, cant. d'Avesnes-Nord).

Hainao, in villa Vereinio (alias: Verlinnio), super ipsum fluvium ; in eodem pago, in villa Lideneicas (alias: Liduneicas), super fluvium Helpram, mansos octo, et illos qui in Hulla conjacent... Per omnia districtum in circuitu Maricolas leucas duas usque ad Sanctum-Salvium, et usque ad Lancium pontellum, et usque ad villam Fayt, demùm usque ad Moutiniacum et exinde usque ad Landreinco, et in circuitu usque ad Saxiniaco. » Dipl. Caroli Calvi pro m<sup>terio</sup> Maricolensi (870) Miræus, t. I, p. 36; J. de Guyse, t. IX, p. 314; Acta S. Belgii, t. IV, p. 424. Les mots à dater de « Per omnia » ne se trouvent pas dans Miræus. J. de Guyse et Miræus attribuent à tort ce diplôme à Charles-le-Simple, en lui donnant la date de 921. — Sur le diplôme de 921, voyez Didineicæ. — « In Faglo novem mansos terræ. » Carta Lietardi episc. pro eo t. (1131). Acta S. Belgii, t. IV, p. 136. — Imbert confond cette localité avec Fayt-lez-Seneffe. — Voyez aussi Landrecietæ.

[1] Voyez Auderluviæ.
[2] Voyez la Fagne.
[3] « Concessi itaque..., in Hainonensi (pago), duo altaria de Fineis et de Werein.... » Carta Lietberti episc. pro capitulo Sanctæ-Crucis (1074). Codex, n.º LVII.
[4] Voyez le Fanomartensis, sect. II, chap. II, ci-après.
[5] « Beatus Ursmarus, in pago Hainau vel Theoraseensi, in villa quæ vocata est Fleon oriundus fuit ... » Vita S. Ursmari, auctore Ansone, apud Acta S. Belgii, t. VI, p. 245. — « Hic etiam vir (Ursmarus) de villa Fleon, quæ infra silvam Terasciam sita est, oriundus. » Balderic, p. 233.
[6] Sur la charte de 921, voy. Didineicæ. — « Altare de Fiseau, cum allodio de Florbeck ». Dipl. Nicolai episc. Camerac. pro ecclesia Lisnensi (1162). Miræus, t. III, p. 342; Acta sanctorum, t. III de juillet, p. 53; Acta S. Belgii, t. III, p. 673. — De Saint-Genois (Monuments anciens,

— 171 —

FONTANÆ (852, 1046-1048 et 1083) [1].

FORMIÆ (1074); FORMIES (1106, 1115, etc.) [2].

FORESTELLA (691, 697 et 1185) [3].

FRAMEREIÆ (IXᵉ ou Xᵉ siècle); FRAMERIÆ (1195); FRAMERIES (1150, 1195 et XIIIᵉ siècle) [4].

Fontaine-au-Bois (Fr., arr. d'Avesnes, cant. de Landrecies).

Fourmies (Fr., arr. d'Avesnes, cant. de Trélon).

Forestaille, à Bienne-lez-Happart (Belg., arr. de Charleroy, cant. de Merbes-le-Château)

Frameries (Belg., arr. de Mons, cant. de Pâturages).

etc., t. II, p. 464) et M. LE GLAY (Inventaire, etc., p. 6, et Revue des Opera diplomatica de Miræus, p. 154) traduisent par Flobeek ou Flobecq (arr. de Tournai, canton d'Ellezelles). C'est une erreur évidente : le lieu dont il est ici question était situé à Fissiaux, hameau de Dompierre, comme le prouve la charte de 1162. — Nous avions d'abord supposé que ce pouvait être Flaumont (Floberck, berg, montagne) ; mais on verra ci-après que ce village s'appelait Wulframnus-Mons.

[1] « In pago Haynau, per subscripta loca, id est, Wasvillarem, et Fontanas sive Wandiniacas, atque Landriciatas ». Dipl. Lotharii imperat. pro Ossardo clerico (852). Codex, n.º XIV. — Sur les chartes de 1046-1048 et de 1083, voyez Bermerenntum et Albuniaco. — M. MANNIER, p. 354, ne cite ce lieu qu'à l'année 1046.

[2] Voyez Buxulum et Avesne. — « Confirmamus villam quæ dicta Rumulgies... ; villam quæ dicta Formies ». Carta Rodulphi archiepisc. Remensis pro monasterio Lætiensi (1113). Codex, n° CV.

[3] « Concedo terram et silvam quæ est inter rivum de Grunghart et rivum de Bergnaut, qui defluunt in Sambrum ; quæ silva dicta est Forestella ab antiquo... » Diplomata Pippini pro S. Ursmaro Lobiensi (691 et 697). WAELDE, pp. 324 et suivantes ; MIRÆUS, t. II, p. 1126 ; t. III, p. 283. — « Lobias cum appendiciis suis Hudulfimons et Gruniaco, cum adjacente silva Forestella. » Bulla Lucii papæ pro eod. (1185). MIRÆUS, t. III, p. 713. — La liste des villages du Hainaut en 1772 mentionne le hameau de Grignard et Forestaille, à Bienne-lez-Happart, DELECOURT, Introduction à l'histoire administrative du Hainaut, p. 71 ; VINCHANT, t. II, p. 131.

[4] « ... Venerunt in villam Framereias.... » Vita S. Ghisleni, apud MABILLON, Acta, etc., seculo II, p. 795 ; Acta sanctorum, t. IV d'octobre.

GALDECIATÆ [1].

GAMAPIA (1065, 1150, 1195, et XIIᵉ siècle); GEMAPIA (1181) [2].

Jemmapes (Belg., arr. et cant. de Mons).

GARA-RAINGA, GARA-RANIGA [3].

GENTLINIUM (885); GENLAIN (1148 et 1181) [4].

Jenlain (Fr., arr. d'Avesnes, cant. du Quesnoy-Ouest).

GEUDEULS (1022) [5].

Gontroel, à Quévy-le-Grand (Belg., arr. de Mons, cant. de Pâturages).

\* GIVREYUM (1083); GYVREIUM (1147); GIVRI (1165); GYVRI (1179) [6].

Givry (Belg., arr. de Mons, cant. de Pâturages).

p. 1033; *Acta sanctorum Belgii*, t. IV, p. 383; J. DE GUYSE, t. VII, p. 274. — Sur la charte de 1195 et le texte de GISLEBERT, voyez *Chevi*. — « Contuli in territorio de Lestinis L boneria terre arabilis...; addidi praeterea in allodio meo de Swaldrei duos manipulos...; et in villa Gamapia duos manipulos...; et apud Frameries tertiam partem terragii... » *Commutatio Balduini comitis cum ecclesia B. Waldetrudis* (1150). *Codex*, n.º CXXIV. — « Contulit in territorio de Lessinis quinquaginta boneria terre arrabilis...; addidit praeterea ipse comes in allodio suo de Gualdrei....; et in villa Gamapia...; et apud Frameries.... » *Confirmatio ejusdem commutat. per Balduinum comitem* (1195). *Codex*, n.º CLI.

[1] Voy. *Waldrachiæ*.
[2] Voy. *Condatum, Chevi* et *Framereiæ*.
[3] Voy., au *Fanomartensis*, le mot *Graraniga*.
[4] « Villam Villare, in pago Hainoensi, super fluvium Unctium...; de silva per aestimationem; inter Villare et loco nuncupato Harilegias bunaria d...; in Gentlinio....; in ipso Villare....; in loco nuncupato Grando-Villare....; in alio loco nuncupato Munliaco....; in eodem Villare.... » *Dipl. Macharii pro ecclesia Cameracensi* (88). BALDERIC, p. 81; MIRÆUS, t. II, p. 935. — Sur les chartes de 1148 et de 1181, voy. *Angra* et *Artra*.
[5] « Medietatem villæ alterius, cui indidit antiquitas vocabulum Geudeuls nomine, et ipsa sita est in pago Haymon.... » *Privil. Benedicti papæ VIII pro ecclesia S. Vedasti Attrebat.* (1022). *Codex*, n.º XXXVII. — Le nom de cette localité est probablement défiguré, comme celui de *Haymon* (*Haynou*, *Hagnou*); nous le traduisons, sous toutes réserves, par Gontroel, ancienne ferme à Quévy. Voyez DELECOURT, *Introduction*, etc., p. 76.
[6] Voyez *Albuniaco*. — « Fuerant itaque in Gyvreio decem et septem

\* Gelliniacum ( 974 ); Glin (1180) ¹.   Ghlin (Belg., arr. et cant. de Mons).

Glaion ².

Goieum super Sambram (1148 et 1159); Goi (1179 et 1181) ³.   Ghoy, hameau de Labuissière (Belg., arr. de Charleroy, cant. de Merbes-le-Château).

Goldeciacæ ⁴.

Grandisrivus (avant 673) ⁵.   Grandrieux (Belg., arr. de Charleroi, cant. de Beaumont).

Grandovillare (855) ⁶.   Dépendance de Villers-Pôl (Fr., arr. d'Avesnes, cant. du Quesnoy-Ouest).

Granreeng, Grantreng ⁷.
Graraniga ⁸.

curtila..... » *Carta Balduini comit. pro m.terio Altimont.* (1147). *Codex,* n.° cxxii ᵇⁱˢ. — « Altare de Villari, quod est inter Berdelias et Givri.... donavimus ». *Carta Nicholai episc. pro eodem* (1165). *Codex,* n.° cxxxiv ᵇⁱˢ — « Erat igitur apud Gyvri quædam mansio.... » *Carta Aimonis magistri Templi Jherosol. pro eodem* (1179). *Codex,* n.° cxliv ᵇⁱˢ.

¹ « In quibus hæc propriis duximus exprimenda vocabulis..... : totam villam Villers in Calceia..... Wambalium cum pertinentiis suis..... ; altare de Glin, de Nimi, altare de Noirchin cum appenditio suo de Maisieres... » *Bulla Alexandri papæ pro capit. Sancti-Gaugerici* (1180). *Codex,* n.° cxlvii. — Sur la charte de 974, voyez *Cipliacum*.

² Voyez la Fagne, ci-après.

³ « .... Goieum super Sambram, in archidiaconatu Hainoensi .... » *Carta Nicolai episcopi pro ecclesia Cameracensi* (1159). *Codex,* n.° cxxix. — Sur les chartes de 1148, 1179 et 1181, voyez *Bincium*, *Bertriceiæ* et *Artra*.

⁴ Voyez *Waldraciæ*.

⁵ Voy. *Bersiscia*.

⁶ Voy. *Gentiniium*. — Ce lieu était sans doute une dépendance de Villers-Pôl, cité dans le même diplôme : aucune autre localité, du nom de Villers, n'appartenait au chapitre de Cambrai. Voy. le pouillé ci-après.

⁷ Voy. *Hrinium*.

⁸ Voy. le *Fanomartensis*, sect. ii, chap. ii, ci-après.

— 174 —

* Gruduracus ( xi<sup>e</sup> siècle ); Gruniacum (xii<sup>e</sup> siècle et 1185)[1]. — Château de Grignard, à Bienne-lez-Happart ( Belg. , arr. de Charleroi , cant. de Merbes-le-Château).

Grunghart rivus (691 et 697)[2]. — Ruisseau de Grignart, au même endroit.

Gualdrei [3].

* Guamiæ ( 1095 ); Wamiæ (1184)[4]. — Wasmes (Belg., arr. de Mons, cant. de Boussu).

Guariniacum [5].

Haia [6].

* Haimeries ( 1086 ); Ameriæ (1177)[7]. — Aymeries (Fr., arr. d'Avesnes, cant. de Berlaimont).

---

[1] « Gruduracus nomen est castri, quod situm est ad occidentem Laubiensis oppidi.... » *Miracula S. Ursmari* (xi<sup>e</sup> siècle). *Acta S. Belgii*, t. vi, p. 292. — « Castrum etiam quod dicitur Gruniacum.... » *Continuatio Gestorum abbat. Lobiens.*, apud Achery *Spicilegium*, t. vi, p. 598. — Sur la bulle de 1185, voy. *Forestella*. — M. J. Vos, vicaire à Lobbes, a publié une étude sur ce château, dans les *Annales du Cercle archéologique de Mons*, t. iii, p. 297.

[2] Voyez *Forestella*. Ce ruisseau prend sa source aux limites de Sars-la-Buissière et de Bienne-lez-Happart, et se jette dans la Sambre près des ruines du château de Grignart.

[3] Voyez *Vodgoriacum*.

[4] « ..... Altare de Guamiis perpetualiter tradidi.... » *Dipl. Gualcheri episcopi Cameracensis pro m<sup>terio</sup> S. Ghisleni* (1095). *Codex*, n.º lxxxv. — « Quartam partem villæ Belgiis cum pertinentiis et districtu in villa quæ dicitur Wamiæ... » *Bulla Lucii papæ pro eodem* (1184). Dom Baudry, apud De Reiffenberg, t. viii, p. 407.

[5] Voyez *Wariniacum*.

[6] Voy. chap. vii, sect. ii, § 3, et la Fagne ci-après.

[7] « Notum fieri volo me.... ecclesiam de Haimeries Aquicinensi ecclesiæ regendam constituisse.... » *Carta Gerardi episc. pro m<sup>terio</sup> Aquicinensi* (1086). Miræus, t. iii, p. 307. — « Beatrix de Buxu.... recognovit se.... ecclesiam de Ameriis... injusta vexatione fatigasse.... » *Carta Alardi episc. pro eodem* (1177). *Codex*, n.º cxlii.

Haimon-Caisnoit ( 1161 ) ;
Haymon-Chaisnoit ( 1178 ) ;
Haymonis Quercetus ( 1180 ) ;
Haimonscanoit (xii.e siècle) [1].

Haina fluvius (viii.e siècle, etc.) [2].

Haina (905 et 966) [3].

Haina Poteriensis ( 1138 ) ;
Haina Poterie ( 1177 ) [4].

Le Quesnoy (Fr., arr. d'Avesnes, cant. du Quesnoy).

La Haine, rivière ( Belg. et Fr.).

Haine-Saint-Pierre et Haine-Saint-Paul (Belg., arr. de Charleroy, cant. de Binche, et arr. de Mons, cant. de Rœulx).

Haine-St-Paul (Belg., arr. de Mons, cant. de Rœu[x).

[1] « Concessimus etiam et mediam partem molendini et mediam partem piscationis nostre que est in Villerel.... Concessimus in elemosinam prefate ecclesie ut omnes de Haimon-Caisnoit, qui ad molendinum de Villerel venire et molere voluerint...., veniant.... ». *Transact. inter Balduin. comit. et m. terium Sancti-Sepulchri* (1161). *Codex*, n.º cxxxii. — « Quedam mulier Mainscendis...... omne allodium quod in territorio de Harigni habebat..... contradidit..... Acta sunt hec in municipio quod dicitur Haymonchaisnoit.... » *Carta Balduini comitis pro m. terio Altimont.* (1178). *Codex*, n.º cxliii. — « ....Ad edificandam villam Forest nominatam liberam ea lege qua erat Haymonis-Quercetus. » *Conventio pro fundatione villæ de Forest* (1180). M. Le Glay, *Glossaire*, etc., p. 68. — « Haimonscanoit restauravit (comes Balduinus). » Gislebert, pp. 53 et 137. — Voy. ci-après *Noufluz*.

[2] Voy. passim.

[3] « ....In pago Hainoensi, in villa Waldrica mansum quondam Hamor dictum....; et econtra, ....In pago Hainoensi.... in villa Haina capellam..». *Dipl. Ludovici regis pro monast. Laubiensi* (905). *Codex*, n.º xix. — «... In pago Hainaco, villam Haina.... ». *Dipl. Ottonis imperat. pro m. terio Nivellensi* (966). Miræus, t. 1, p. 654.

[4] « ..... Altare quoque de Haina Poteriensi quod est dimidia ecclesia.... concedimus... ». *Carta Nicholai episc. pro eccles. Camerac.* (1138). *Codex*, n.º cxviii. — Sur la charte de 1177, voy. *Anderlaues*. — Il s'agit ici de Haine-S.-Paul, dont l'évêque Nicolas, en 1163, donna l'autel à l'abbaye de Bonne-Espérance. Mahne, p. 91. Voy. aussi une charte de 1202 publiée par M. Devillers, *Cartulaire de l'abbaye d'Aulne*, dans les

Halciacus (822, 847 et 899); Hausinimiacum (974); Haltiacus (1121) [1].

Halcim (877); Halcinis (1175) [2].

Hamor, apud Waldricam (905) [3].

Harbeneiæ, Harbineiæ, Harbignies [4].

Harigni, Harigniacum [5].

Harilegiæ (885) [6].

Haussy, sur la Selle (Fr., arr. de Cambrai, cant. de Solesmes).

Haulchin (Fr., arr. de Valenciennes, cant. de Valenciennes-Sud).

Lieu à Waudrez (Belg., arr. de Charleroi, cant. de Binche).

Hergies, section du village de Hon (Fr., arr. d'Avesnes, cant. de Bavai).

---

[1] *Annales du Cercle archéologique de Mons*, t. v, p. 395. Haine-Saint-Pierre y est formellement distingué de Haine-Poterie.

[2] Pour les diplômes de 847, 899 et 974, voy. *Castellum*, *Calviniaca* et *Cephacum*. — « In pago qui dicitur Ostrebantensi, in loco qui dicitur Halciacus.... ». *Dipl. Ludovici Pii pro m.terio Elnonensi* (832). *Codex*, n.° xi. — « Barisiacum et Haltiacum cum Variniaco, invito abbate, obtinuit..... ». *Litteræ Gualteri abbatis Elnon.* (1121). Miræus, t. iii, p. 34. — Le village de Haussi a toujours appartenu à l'abbaye de Saint-Amand. Voy. les cartulaires de cette abbaye, aux archives du département du Nord à Lille; M. Le Glay, *Notice sur les archives de St.-Amand*, pp. 7 et 22.

[3] Sur le diplôme de 877, voy. *Amligis*. — « ..... Aliam villam quæ dicitur Halcinis.... ». *Bulla Alexandri papæ pro m.terio Dononiensi* (1175). *Acta sanctorum* (nouvelle édition), t. iv d'octobre, pp. 322 et 324. Voy. aussi une charte de 1296, dans le fonds de Denain, aux archives du département du Nord à Lille.

[3] Voy. *Haina*. — Waudrez n'a conservé aucune dépendance de ce nom.

[4] Voy. *Albuniaco*.

[5] Voy. *Hornensis locus*.

[6] Voy. *Gentilinium*.

HARMEGIACUM (avant 673); HARMINIUM (868); HARMINIACUM, super fluvium Truila (951, 965, 1018, etc.) [1].

Harmignies (Belg., arr. de Mons, cant. de Pâturages).

HASPREA (1024); HASPERA (1024 et 1065); HASPRUM (XI.ᵉ siècle); HASPRÆ (XIIᵉ siècle) [2].

Haspres (Fr., arr. de Valenciennes, cant. de Bouchain).

HAUSINIMIACUM [3].

* HAVACUM (avant 673); HAVAIUM (1083); HAVAY (1180) [4].

Havay (Belg., arr. de Mons, cant. de Pâturages).

HELPRA MAJOR, fluvius (870, etc.) [5].

L'Helpe-majeure, rivière (Fr.).

HELPRA MINOR, fluvius (671-676, etc.); ÆPRA-AQUA (634 ou 640) [6].

L'Helpe-mineure, rivière (Fr.).

---

[1] Voy. *Bersiseiæ*, *Baliolis*, *Basiacum* et *Crispinio*.

[2] « Est preterea quidam locus in episcopio Cameracensi, qui vocatur Hasprea...., ». *Privil. Benedicti papæ pro ecclesia S. Vedasti* (1024), M. TAILLIAR, *Recherches pour servir à l'histoire de l'abbaye de Saint-Vaast*, dans les *Mémoires de l'Académie d'Arras*, t. XXXI, p. 366. — « Cellam quæ dicitur Haspera a comite Ricardo et abbate Theoderico Gemeticensis cœnobii dono acceperamus.... » *Carta commutat. inter mon.terio S. Vedasti et Gemeticense* (1024). J. DE GUYSE, t. IX, p. 246; MIRÆUS, t. I, p. 265. Celui-ci fixe à tort la date de cette charte à l'année 1044. — Sur le diplôme de 1065, voy. *Bavissis*. — « Corpora sanctorum ad villam Hasprum allata sunt... ». BALDERIC, p. 226. — « In confinibus Hannoniæ, in Haspris videlicet.... ». *Vita S. Hugonis*, apud J. DE GUYSE, t. IX, p. 56. — Voy aussi le *Fanomartensis*, sect. II, chap. II, ci-après.

[3] Voy. *Halciaous*.

[4] Voy. *Bersiseiæ*, *Albuniaco* et *Avesne*.

[5] Voy. *Fayt*, etc. — L'Helpe-Majeure naît à Eppe-Sauvage et se réunit à la Sambre près de Maroilles.

[6] Voy. *Maricolæ*, au *pagus Fanomartensis* ci-après, et la Fagne. — L'Helpe-Mineure sort des étangs de Trélon et se jette dans la Sambre près de Maroilles.

* Hercheline (1175) [1].   Erquelinnes (Belg., arr. de Charleroy, cant. de Merbes-le-Château).

Hergnaut rivulus (691) [2].   Le Herghenaut (?), rivière (Belg.).

Herinium [3].
Heriniolum [4].

* Hermoniacum (iv.e siècle) [5].   Lieu à Vendegies-sur-Escaillon (Fr., arr. de Cambrai, cant. de Solesmes).

Hon fluvius (921 et 1093);
Hum (1009); Hur (1091); Huns   Le Honneau, rivière (Fr.).
(vers 1162) [6].

---

[1] « Pro remedio anime nostre..... ecclesiam de Hercheline ecclesie de Bona-Spe..... concedimus..... ». *Carta Alardi electi Camerac. pro eccles. de Bona-Spé* (1175). *Codex*, n.º CXXXVIII.

[2] Voy. *Forestella*. — C'est, dit Wauters, *loc. citato*, le Herghenaut. Ce ruisseau prend sa source dans le bois de Fontaine, sous Mont-S.te-Geneviève, et se jette dans la Sambre au pied de la montagne de Forestaille.

[3] Voy. *Hrinium*.

[4] Voy. *Hriniolum*.

[5] *Tabula Peutingeriana*, apud Dom Bouquet, t. 1, p. 112. — Cette station romaine était située entre Cambrai et Bavai ; on l'a placée tour à tour à Sommaing-sur-Escaillon et à Bermerain (arr. de Cambrai, cant. de Solesmes). Voy. la dissertation de M. Le Glay, dans les *Mémoires de la Société d'Émulation de Cambrai*, 1823, p. 346. Ce savant la place au Clair-Ménage, dépendance de Vendegies-sur-Escaillon (même canton). On a fait en cet endroit de curieuses découvertes d'antiquités. — Sur Vendegies, voy. *Duo-Flumina* et *Vendelgies*.

[6] Sur les diplômes de 921, 1009 et 1093, voy. *Amligis* et *Crispinio*. « Allodium quod in villa de Sevurch super rivulum Hur..... ». *Litteræ Balduini comitis pro eccles. Crispin.* (1091). Miræus, t. IV, p. 188 ; Le Bouco, *Histoire de la terre et vicomté de Sebourcq*, p. 196. Miræus fixe à tort cette charte à l'année 1101 ; nous en rectifions la date d'après une copie qui est à la Bibliothèque impériale à Paris, *Chartes et diplômes*, t. XXXVI, p. 188. — « Allodium Roberti de Duace, situm in villa que nuncupatur Savurch super fluvium Hur ». *Carta abbat. Crispin. pro eod. m.terio* (1091).

\* Hornensis locus (v.ᵉ siècle); Territorium Harigniacense (1166); Harigni (1178) ¹. — Hargnies, sur la Sambre (Fr., arr. d'Avesnes, cant. de Berlaimont)

Hornutum (ix.ᵉ ou x.ᵉ siècle, 965, 1054-1055, etc.); Hornut (1073 et 1086) ². — Hornu (Belg., arr. de Mons, cant. de Boussu).

Hosdeng (avant 673) ³.

Hosdeng (1119) ⁴. — Houdain (Fr., arr. d'Avesnes, cant. de Bavai).

Houdeng-Gœgnies (Belg., ar. de Mons, cant. de Rœulx).

Hrinium (779 et 844); Ren (Villaren. *Miræus*) (947); Rench (1122); Reng (1172 et 1174); Grant-Reegs (1178); Granreeng (1185); Grantreng (1199) ⁵. — Grand-Reng (Belg., arr. de Charleroi, cant. de Merbes-le-Château).

---

¹ *Codex*, n.ᵒ lxxviii. — « Prope torrentem Hons, ante transitum, puer cœcus illuminatus est. ». *Itinerarium S. Bernardi* (écrit vers 1162). *Codex*, n.ᵒ cxxxiii bis. — Le Honneau se jette dans la Haine, à l'est de Condé Sébourg est situé sur un des affluents de cette rivière appelé parfois la petite Rhonelle.

¹ « Præfectus classis Sambricæ in loco Quartensi sive Hornensi ». *Notitia dignitatum*, apud Dom Bouquet, t. 1, p 138. — « Quidam igitur vir illustris, Amolricus nomine, elemosinam de toto proprio allodio in territorio Harigniacensi adjacente proposuit facere.... ». *Carta Balduini comitis pro m.terio Altimont* (1166). *Codex*, n.ᵒ cxxxv. — Sur la charte de 1178, voy. *Haimon-Caisnoit*.

² « In villa proxima quæ vocabulo dicitur Hornulum. » *Vita S. Ghisleni*, apud Mabillon, *Acta*, etc., seculo ii, pp. 799 et suivantes; *Acta S torum*, t. iv d'octobre, pp. 1033, 1035, etc.; *Acta S. Belgii*, t. iv, p 385.
— Sur les diplômes de 965 et de 1054-1055, voy. *Basiacum et Buxutum*.
— « Signum Seyfridi decani de Hornut. » *Cartæ servitutis* (1073 et 1086). *Codex*, n.ᵒˢ lv et lxxi.

³ Voy. *Bersiscia* et la *vicaria Bavacensis* ci-après.

⁴ Voy. *Alburg*. Comparez De Reiffenberg, *Monuments*, t. vii, p. 675.

⁵ Sur les diplômes de 779 et de 844, voy. *Achiniaga*; sur ceux de 1122,

HAINIOLUM (HUNIOLUM et HE-
RINIOLUM. *Miræus*) (779 et 844);
HENNIOLUM (1178) [1].

HUALDRE [2].

HULTA (870) [3].

Le Grand et le Petit-Rigneux
ou Rignoeul, fermes à Rouveroy
(Belg., arr. de Charleroy, cant.
de Merbes-le-Château).

La Hutte, section d'Avesnelles
(Fr., arr. d'Avesnes, cant. d'A-
vesnes-Sud).

---

[1] 1172, 1174 et 1183, voy. *Chaînegœ*. — « ..... In villa Ren constructam, in pago Hainegowe..... » *Dipl. Otton. imperat. pro ecclés. Aquensi* (947). MIRÆUS, t. I, p. 504; QUIX, p. 8; LACOMBLET, t. I, p. 55. — « Est igitur apud Grantreegn pars quædam possessionis... Cum tenerent de ipso Gregorio in alodio de Jovis-monte bonarium terre marlate.... Igitur..., annuente etiam Iberto, domino suo, coram hominibus suis Adam milite, Anselmo de Renniolo... » *Carta pro m. terie Altimont.* (1178). *Codex*, n.° CXLIII bis. — « Capellam de Grantreng, sicut juste ac pacifice possidetis... confirmamus ». *Bulla Innocentii papæ pro eodem* (1199). *Codex*, n.° CLXI. — IMBERT (Mémoire cité, p. 132) interprète *Hrinium* par Hargnies sur la Sambre, et *Ren* par Faurœulz. MM. WARNKOENIG et GÉRARD (*Hist. des Carolingiens*, t. II, p. 121) indiquent Herines, qui n'a jamais appartenu au Hainaut. Il s'agit ici d'une seule et même localité, c'est-à-dire de Grand-Reng, comme l'attestent différents actes de l'abbaye d'Hautmont. L'abbaye possédait déjà Vieux-Reng en 1083 (voy. *Vetus-Ranium*); ce ne peut donc être que Grand-Reng seul qu'elle acquit, en 1174, de l'église d'Aix-la-Chapelle. — La rente de dix marcs d'argent, stipulée dans l'acte de vente de 1174, fut remboursée en 1702. Voy. M. PIÉRART, p. 48. — M. CHOTIN (t. de 1858, p. 93) ne cite Grand-Reng qu'à la date de 1086.

[2] Voy. *Achiniacum* et *Hrinium*. M. LACOMBLET, t. I, p. 1, qui traduit *Hrinium* par Grand-Reng, prend *Hriniolum* pour Vieux-Reng; mais on vient de voir que celui-ci était appelé *Vetus-Ranium*. — MM. WARNKOENIG et GÉRARD (t. II, p. 121), dont le savant ouvrage renferme malheureusement de nombreuses erreurs dans l'interprétation des noms anciens, font de *Hriniolum* Huissignies, canton de Chièvres, qui appartenait à l'ancien Brabant. Il est hors de doute que ce mot désigne deux fermes situées à Rouveroy et appelées le Grand et le Petit-Rignœul. Voy., sur ces fermes, DELECOURT, *Introduction* etc., p. 72.

[3] Voy. *Vodgoriacum*.

[4] Voy. *Fayt*.

Hom, Hur [1].

Ichiacum (avant 673) ; Ihi (1180) [2].

Jovis-Mons (1178) [3].

Junchinæ (xi.e siècle) [4].

Karubium (637 ou 640) ; Quarobie (1181) [5].

Keniriniacum [6].
Kevi [7].

Ihy, hameau de Havay (Belg.; arr. de Mons, cant. de Pâturages).

Jeumont (Fr., arr. d'Avesnes, cant. de Maubeuge).

Joncquières, à Basuel (Fr., arr. de Cambrai, cant. du Cateau).

Quaroube (Fr., arr. de Valenciennes, cant. de Valenciennes-Est).

---

[1] Voy. Hon.
[2] Voy. Bersiseiœ et Avesne.
[3] Voy. Brinium.
[4] « Cotrada dedit S. Petro, in pago Hainau, super fluvium Save, in loco qui dicitur Niella ; de terra arabili bunaria IIII., et, de silva, in loco qui dicitur Junchinas, bunarium I et mancipia III ». Livre censal de l'abbaye de St. Pierre de Blandain (xi.e siècle), dans les Annales Sancti-Petri Blandiniensis, p. 81, et dans les Annales de la Société d'émulation de Bruges, 1.re série, t. III, pp. 207 et suivantes. — Une dépendance de Croix-lez-Rouvroy (Belgique) porte le nom de Joncquières, et c'est aussi le nom d'une ferme située à Basuel. Voy. M. Le Glay, Glossaire, etc., p. xxxviii. Nous optons pour cette dernière localité, à raison de sa proximité de Noyelles-sur-Selle, cité dans le même texte.
[5] « ... Regales fiscos OEnengium et Karubium, cum omnibus suis appendiciis... ; Item do et trado fiscum Tiletum ». Dipl. Dagob. regis pro eccles. Camerac. (637 ou 640). Miræus, t. III, p. 1 ; Pardessus, Diplomata, etc., t. II, p. 58. Ce diplôme est l'œuvre d'un faussaire. — Sur la charte de 1181, voy. Artra. — MM. Warnkœnig et Géraru (t. II, p. 121) traduisent ce nom par Gambron !
[6] Voy. Graraniga ou Fanomartensis, ci-après.
[7] Voy. Chevi.

— 182 —

\* Keviriciniacum (974)[1].

Kinkeræ, Kuinegæ, Kuinei, Kuinelæ, Kuivei[2].

Kuarignon[3].

Lætitia, super fluvium Helpram (xi.ᵉ siècle); Lesciæ (xi.ᵉ siècle); Lethiæ (1095); Letiæ (1103); Lecies (1180)[4].

Lamereiæ (aliàs Lanterteriæ) (avant 673)[5].

Lancius pontellus (870)[6].

Landregietæ (852); Landreiaco (870); Landrechies (1115); Landreciæ (1151)[7].

Quiévrechain (Fr., arr. de Valenciennes, cant. de Valenciennes-Est).

Liessies (Fr., arr. d'Avesnes, cant. de Solre-le-Château).

Lameries, hameau de Vieux-Reng (Fr., arr. d'Avesnes, cant. de Maubeuge).

Pont au Grand-Fayt (Fr., arr. d'Avesnes, cant. d'Avesnes-sud).

Landrecies (Fr., arr. d'Avesnes, cant. de Landrecies).

[1] Voy. *Cipliacum*.
[2] Voy. *Ckuinegæ*.
[3] Voy. *Quaternion*.
[4] « Cum die quadam in venatibus aprum agitaret (comes Wicbertus), contigit ut eum comprehenderet super fluvium Helpram, in loco qui Lætilia dicitur..... » *Vita S. Hiltrudis*, apud Miræus, *Chronicon ordinis S Benedicti*, p. 183. — « Wicbertus.... in loco qui hodie Lescias nuncupatur..' » *Altera vita*, apud Mabillon, *Acta*, etc., seculo iii, p. 2; *Acta sanctorum*, t. vii de septembre, p. 492. — Sur les chartes de 1095, 1103 et 1180, voy. *Avesne*. Voy. aussi la Fagne ci-après.
[5] Voy. *Bersiscia*.
[6] Voy. *Fayt*. — Il y avait jadis, au Grand-Fayt, un pont sur l'Helpe. *Annuaire du département du Nord*, t. de 1837, p. 48. Une charte de 1151 cite aussi un pont à Taisnières-en-Thiérache, *Codex*, n.ᵒ cxxiv bis.
[7] Sur les diplômes de 852 et de 870, voy. *Fontanæ* et *Fayt*. — « Altare de Landrechies...... ecclesie sancti Humberti concedimus..... » *Carta Odonis episc. pro m.terio Maricolensi* (1115). *Codex*, n.ᵒ civ. — « In Lan-

Latus-Fons (1159) [1].

Laubiæ super Sambram (691, 697, 870, etc.); Laubacum (908); Lobies (981, etc.) [2].

Lecies, Lesciæ, Lethiæ, Letiæ [3].

Lerna (xi.ᵉ siècle) ; Lederna (alias : Lederva et Leverda) (xii.ᵉ siècle) [4].

Lez-Fontaine (Fr., arr. d'Avesnes, cant. de Solre-le-Château).

Lobbes (Belg., arr. de Charleroy, cant. de Thuin).

Leernes (Belg., arr. de Charleroi, cant. de Fontaine-l'Évêque).

---

dreciis cum appendiciis suis..... ». *Carta Nicholai episc. pro eod.* (1151). *Acta S. Belgii*, t. iv, p. 136. — « Inter Maricolas et Landrecias decima quoque tota..... ; in Fageto villa hi qui curtilia abbatis tenere voluerint.... De haia quæ est inter Moncellum et Sennesium et Thaisneriis.... ». *Carta Nicholai episc. pro eod.* (1151). *Codex*, n.° cxxiv bis. — Les auteurs de l'*Annuaire, etc.*, t. de 1837, p. 37, ne citent Landrecies qu'au xi.ᵉ siècle.

[1] « Altare de Lato-Fonte, quod in Valenciahensi archidiaconatu, in decanatu scilicet Avesnensi situm est, conferentes.... ». *Carta Nicholai episc. pro hospital. S. Johannis Jherosolimit.* (1159). *Codex*, n.° cxxx.

[2] « ..... Laubias super Sambram..... » *Diplomata Pippini pro S. Ursmaro* (691, 697). Miræus, t. ii, p. 1126 ; t. iii, p. 283 ; *Divisio regni Lotharii* (870), apud Miræus, t. i, p. 28. — « ..... Idcirco hoc nostræ confirmationis præceptum fieri jussimus, per quod Laubacensem abbatiam..... in pago ac in comitatu Hainuensi sitam... ». *Dipl. Ludovici regis pro episc. Leod.* (908). Chapeauville, t. i, p. 167 ; Miræus, t. i, p. 34. Voy. encore des diplômes de 981 et de 984 dans Chapeauville, t. i, p. 209 ; Miræus, t. ii, p. 807. — La donation de Lobbes à l'évêque de Liége, en 908, bien qu'elle ne concernât que le temporel de l'abbaye, a parfois fait considérer celle-ci comme appartenant au diocèse de Liége : « Ea tempestate florebat..... inter cæteras Leodiensis et Cameracensis parochias Lobiensis ecclesia...». *Vita S. Theoderici* (xi.ᵉ siècle) , apud *Acta S., torm.*, t. iv d'août, p. 848.

[3] Voy. *Lætitia*.

[4] « Erat in villa quæ dicitur Lerna, quæ à Tudiniaco castro tribus millibus, à Lobiensi vero cœnobio quinquaginta stadiorum dividitur inter-

LIDENEICÆ (LIDUNEICÆ. *Miræus*) super fluvium Helpram (870) ; LIGNIACÆ (LIMACÆ. *J. de Guyse*) (XI° siècle) ; LANIECÆ (1131) [1].

LEPHSTINÆ (691) ; LESTINÆ (697, etc.) ; LEPTINÆ (743) ; LESTINA (IX° siècle) ; LIPHTINÆ ; (X.° siècle, etc.) [2].

Linières, à Prisches (Fr., arr. d'Avesnes, cant. de Landrecies).

Estinnes-au-Mont et Estinnes-au-Val (Belg., arr. de Charleroy, cant. de Binche, et arr. de Mons, cant. de Rœulx).

---

[1] vallo. ». *Vita S. Theoderici* (XI.° siècle), apud MABILLON, *Acta*, etc., seculo VI, pars II, p. 560. — « Is in confinio Samblensis pagi, villa quæ Lederna (*alias:* Lederva et Leverda) vocatur, natus est.... ». *Libellus de Gestis abbatum Gemblacensium*, apud ACHERII *Spicilegium*, t. VI, p. 519; PERTZ, t. VIII, p. 536.

 Sur le diplôme de 870, voy. *Fayt.* — « Villam quam Ligniacas priores dixere, quæ sita est in pago Haguou et Templutensi ». *Vita S. Humberti Maricolensis* (XI.° siècle), apud *Acta S.torum*, t. III de mars, p. 564; *Acta S. Belgii*, t. IV, p. 332. — « In Laniecis octo mansos ». *Carta Lietardi episcopi pro m.terio Maricolensi* (1131), apud *Acta S. Belgii*, t. IV, p. 136. — DE FORTIA traduit ce mot par *Limay*, et les *Recherches sur le Hainaut* (manuscrit de M. H. Rousselle), par *Ligny* près de Beaumont. BRASSEUR (*Cervus S. Humberti*, dans le *Hannoniæ prodomus*, p. 22) rapporte qu'on ignorait à Marcilles, de son temps, ce qu'était cette localité; mais les renseignements fournis par l'abbaye à Nicolas Lelong (*Hist. du diocèse de Laon*, p. 79) nomment la ferme de Linières à Prisches. Comparez *Annuaire du département du Nord*, 1837, p. 61, et 1838, p. 22; DIEUDONNÉ, *Statistique du département du Nord*, t. III, p. 412; M. MANNIER, p. 378. Voy. aussi le *Templutensis*, ci-après.

[2] « Data Lephstinis..... ». *Dipl. Pippini pro S. Ursmaro* (691 et 697). WAULDE, pp. 324 et 338; MIRÆUS, t. II, p. 1126 ; t. III, p. 283. — « In loco qui dicitur Leptinas ». LABBEI *Concilia*, t. VI. p. 1337. — « Quidam juvenis de villa regis quæ Listina vocatur.... ». *Translatio SS. Marcellini et Petri*, auctore Eghinardo, apud *Acta S.torum*, t. I de juin, p. 199. — « Lephtinas nomen est fundi in pago Hainoensi, olim sedes regia, nunc in beneficium plurimis distributus...... ». *Miracula S. Ursmari*, auctore Folcuino, apud *Acta S. Belgii*, t. VI, p. 284. — Voy. aussi les mots *Framereiæ*, *Bertriceiæ*, et ce que nous avons dit au chap. IV.

LETHINÆ S. REMIGII (1124);
LESTINÆ (1148); LESTINES (1152 et 1181) [1].

LESTINÆ (1175 et 1179); LESTINES IN VALLE (1181) [2].

LISMONS (1085) [3].

* LOVENIE (1085) [4].

LOVREILLA ( avant 675 );
LOVERUNA ( 844 ); LUVROILA ( 1112 ); LOVEROLES ( 1158 ); LOVROLES (1167) [5].

Estinnes-au-Mont (Belg., arr. de Charleroy, cant. de Binche).

Estinnes-au-Val (Belg., arr. de Mons, cant. de Rœulx).

Limont-Fontaine ( Fr. arr. d'Avesnes, cant. de Maubeuge).

Louvignies-Bavay (Fr., arr. d'Avesnes, cant. de Bavay).

Louvroil (Fr., arr. d'Avesnes, cant. de Maubeuge).

---

[1] Voy. Binctum, Angra et Artra. — « Altare de Lestines...; in pago Hainonensi, villam quæ dicitur Vilebirs, Onech, et tres partes de Maerech... ». Bulla Eugenii papæ pro eccl. Cameracæ. (1152). Codex, n.º CXXVII.

[2] Voy. Brae, Bertricelæ et Artra.

[3] Voy. Albuniaco.

[4] Idem.

[5] « In villa quod nuncupatur Malbodium sitaque est in pago Haynoensi, capellas IV :... quarta in Lovreilla.... ». Diploma Childerici regis pro S. Aldegunde (avant 675). Codex, n.º v. — « .... De villis nuncupantibus, in prædicto pago Hainoensi, Loveruna et Waldraico.... ». Dipl. Lotharii imperat. pro ecclesia Aquensi (844). MIRÆUS, t. I, p. 237; QUIX, p. 2; LACOMBLET, p. 24 — « Altaria sunt hæc...; altare de Luvroila.... ». Dipl. Odonis Cameracæ. episcopi pro eccl. Nivellensi (1112). MIRÆUS, t. 1, p. 676. — « In pago Haynoensi, allodium Loveroles ». Dipl. pro ecclesia Nivellensi (1158). MIRÆUS, t. 1, p. 702. — « In territorio Lovroles est quedam silvula.... Concesserunt nobis partem silve Hostelevæ dicte apud Sevure ». Carta Balduini comit. pro m.terio Altimont. (1167). Codex, n.º CXXXV bis. — Il ne s'agit pas ici, comme le pensent MM. WARNKOENIG et GERARD (t. II, p. 121), de Loverval, au sud-est de Charleroy, qui appartenait au diocèse de Liège ; mais bien de Louvroil, petit village au sud de Maubeuge. Une charte de 1164 appelle ce lieu « territorium Altimontensi territorio contiguum ». Cartulaire de l'abbaye d'Hautmont, fol. 27. — On lit aussi, dans une charte de 1311, que l'abbé d'Hautmont vend à Jakémon de Maubeuge « les terrages et disme de le court de Levroiles, qui gisent entre Maubeuge

\* Maisières (1180) [1].

Magnus-Mons (921) [2].

\* Mahen (1097) ; Maten (1104) ; Maheng (1137) [3].

Malbodium ( avant 675, etc., et VIII.ᵉ siècle ) ; Melbarium (870, etc.) [4].

Mansilium [5].

Marigilum (749) ; Maricolæ (818) ; Marillæ (870) ; Marellæ super fluenta Helpræ (921) [6].

Maisières, dépendance de Nimy-Maisières (Belg., arr. et cant. de Mons).

Grandmont, hameau de Semeries (Fr., arr. d'Avesnes, cant. d'Avesnes-Nord).

Maing (Fr., arr. de Valenciennes, cant. de Valenciennes-Sud).

Maubeuge (Fr., arr. d'Avesnes, cant. de Maubeuge).

Maroilles (Fr., arr. d'Avesnes, cant. de Landrecies).

---

« et le bois de Biaufort ». *Bulletins de la Commission royale d'histoire*, 2.ᵉ série, t. iv, p. 107. Voy. aussi M. Piérart, p. 133, et M. Mannier, p. 268.

[1] Voy. *Geltiniacum*.

[2] Voy. *Didineiæ*. Nous avons dit, en traitant de ce mot, qu'il n'est pas possible de tirer Dimont de *Magnus Mons*. On trouve, au nord-ouest de Liessies, un hameau ou section de commune appelé Grandmont. Voy. l'Atlas de Capitaine, carte n.° 54.

[3] « Ecclesia predicte beati Audberti.... altare ville que dicitur Mahen.... in perpetuum possidendum contradimus.... ». *Carta Manasse episc. pro manasterio Sancti-Autberii* (1097). *Codex*, n.° lxxxvii. — Sur les bulles de 1104 et de 1137, voy. *Avisinæ*.

[4] Voyez *Bersiseiæ* et *Lopreilla*. — « Erat quoddam monasterium quod vocatur Malbodium, haud procul à Laubaco.... ». *Vita S. Ursmari*, auctore Ansone, apud *Acta S. Belgii*, t. vi, p. 248. — *Divisio regni Lotharii* (870). Miræus, t. i, p. 28.

[5] Voy. la Fagne, ci-après.

[6] « ..... Casam S. Petri, quæ est constructa Marigilo monasterio.... ». *Placitum Pippini pro monasterio Sancti-Dionisii* (749), *Codex*, n.° viii. — « Monasterium quod dicitur Maricolas ». *Dipl. Ludovici Pii pro monas-*

Matritium (1057); Matri-
cium (1075); Marticium (1114);
Marech (1148); Maerech (1152);
Maereg (1181) [1].

Maresches (Fr., arr. d'A-
vesnes, cant. du Quesnoy-Ouest).

Merdosus Voionus [2].

Monasterium [3].

\* Moncellum (1157 et 1151) [4].

Monceau-Saint-Vaast (Fr.,
arr. d'Avesnes, cant. de Berlaimont).

Moncelz (1107 et 1119) [5].

Monchaux (Fr., arr. de Valenciennes, cant. de Valenciennes-Sud).

Mons, Montes [6].

---

*terio Maricolensi* (818). Miræus, t. I, p. 246; M. Le Glay, *Revue des Opera diplomatica de Miræus*, p. 29. Miræus fixe à tort la date de ce diplôme à l'année 821. — Sur le diplôme de 870, voy. Miræus, t. I, p. 36 — « In pago Hainoense, ablatiunculam dictam Marellius ». *Dipl. Caroli Simpl. pro epīsc. Camerac.* (920). Balderic, p. 103; Miræus, t. IV, p. 175; Dom Bouquet, t. IX, p. 549. — Voy. aussi le *Fanomartensis*, sect. II, chap. II, ci-après.

[1] Voy. *Basiacum*, *Artra*, *Angra* et *Lethinæ S. Remigii*.

[2] Voy. la *Fagne*.

[3] Voy. le *Templutensis* et la Fagne.

[4] « Concedimus etiam eidem ecclesie altare de Moncello, cum appendicio suo Sancto-Vedasto ». *Carta Nicholai episc. pro m.terio Alti-mont.* (1137). *Codex*, n.° CXVII bis. — Sur la charte de 1151, voy. *Lan-drecietæ*.

[5] « In pago Hainoensi, Guariniacum, Moncelz, Escalpont, cum appendiciis.... ». *Bulla Paschalis papæ pro m.terio Elnonensi* (1107). Miræus, t. II, p. 1155. — « In pago Hainoensi..... Moncelz, Scalponz, Guarinia-cum ». *Bulla Calixti papæ pro eod.* (1119). Miræus, t. II, p. 1155. — Sur Monchaux, voy. M. Mannier, p. 234, et M. Le Glay, *Notice sur les archives de l'abbaye de Saint-Amand*, p. 7.

[6] Voy. *Castrilocus*.

| | |
|---|---|
| Mons S.ᵗᵉ Aldegundis (1177)[1]. | Mont-Sainte-Aldegonde (Belg., arr. de Charleroy, cant. de Binche). |
| Mons S.ᵗᵉ Genovefæ (1177 et 1181)[2]. | Mont-Sainte-Geneviève (Belg., arr. de Charleroy, cant. de Binche). |
| Montensis silva[3]. Montenucium[4]. | Bois de Mons (Belg.). |
| Mormal silva (xii.ᵉ siècle)[5]. | Forêt de Mormal (Fr.). |
| Munliaco (885); Montenucium (1057); Monteni (1179); Muntenni (1148)[6]. | Montignies-sur-Roc (Belg., arr. de Mons, cant. de Dour). |
| * Nimy (1180)[7]. | Nimy-Maisières (Belg., arr. et cant. de Mons). |
| Noufluz (1119); Nofluz (1141); Nofluz (1142); Nuflus (1143)[8]. | Nom primitif du Quesnoy (Fr., arr. d'Avesnes, cant. du Quesnoy). |

---

[1] Voy. *Anderluviæ.*
[2] Voy. *Anderluviæ, Bræ* et *Artra.*
[3] Voy. chap. iv.
[4] Voy. *Munliaco.*
[5] Voy. chap. iv.
[6] Voy. *Gentinium, Basiacum, Angra* et *Bertriceiœ.* — Le *Munliaco* de 885 est bien le même que le *Montenucium* ou le *Muntenni* de 1057 et de 1148; peut-être ce mot aura-t-il été mal lu dans la charte de 885. — Comparez le pouillé ci-après, au décanat de Bavai.
[7] Voy. *Celliniacum.*
[8] « .... Confirmamus.... quidquid cognoscitur possidere....: Sausoit...., Noufluz, cum omnibus appendiciis suis... ». *Bulla Calixti papæ pro ecclesia Camerac.* (1119). *Codex*, n.° cvii. — « Curtim suam de Thilielo, que est in territorio de Nofluz.... emancipamus.... ». *Carta Nicholai episc. pro eccles. Viconiensi* (1141). *Codex*, n.° cxx. — « Erat enim, in territorio Hainonensi, allodium de Nofluz.... ecclesiæ nostræ assignatum.... ». *Commutatio Nicholai episc. cum Balduino comite* (1142). *Codex*, n.° cxxi. — « Item (apposui) curtim que dicitur Tilletum omnimodis liberam sine fine permanere decrevi. Duas quoque carrucas terre ad eamdem curtim per-

— 189 —

* Norcin (1179); Noinchin (1180) [1].

Nyella super fluvium Sèva (965); Niellæ (966); Nigella (1036); Niella (xi.e siècle) [2].

Noirchin (Belg., arr. de Mons, cant. de Pâturages).

Noyelles-sur-Selle (Fr., arr. de Valenciennes, cant. de Bouchain).

tinentes de territorio de Nuflus et duas de territorio de Mulli... absolvi... ». *Carta Balduini comit. pro fundat. abbat. Vicôniensis* (1143). Miræus, t. ii, p. 1185; M. Le Glay, *Revue des Opera diplomatica de Miræus*, p. 107. — On trouve Tilloy-lez-Nofflines, dans l'Artois; mais il ne saurait être ici question de ce village; en effet la charte de 1141 est intitulée « De Tileto in Hainonia », et c'est ce que confirme la charte de 1142. Nous aurions longtemps cherché le nom moderne de ce lieu, si le cartulaire de Vicogne, par la mention de la ferme de Tilloy, ne nous avait mis sur la voie. Nous y trouvons les indications suivantes : « Terra de Tilloit..., quod ad feodum de Vileirs quod tenet de ecclesia Cameracensi.... » (1219); « Curtem de Tilloit, quod pertinet ad feodum suum quod idem Johannes tenet de ecclesia Cameracensi... » (1219); « .... Terras sitas juxta semitam que tendit à Villari apud Tilloit.... » (1227); « .... Inter curtem de Tileto et antiquum rivum de Ursina-Valle.... » (1265); « .... Subtus curtem sitam de Tileto versus Ursinam-Vallem de novo construxit..... » (1266). *Cartulaire de l'abbaye de Vicogne*, aux archives du département du Nord à Lille, pièces n.os 37, 38, 39, 114 et 136. Il résulte de la charte de 1141 que la ferme de Tilloit existait sur le territoire de *Noflus*; et, d'après les chartes du xiii.e siècle que nous venons de citer, la même ferme était située à Villers-Pol ou à Orsinval qui y est contigu. Or, en réfléchissant qu'Orsinval touche au Quesnoi et que le comte Baudouin fait, en 1142, l'acquisition de *Nofluz*, sans doute pour le fortifier, il nous paraît probable, sinon certain, que ce lieu est devenu le Quesnoi qu'on voit apparaître dans les chartes quinze ou vingt ans plus tard.

[1] « Confirmamus.... jus quod habetis in decima de Norcin.... ». *Bulla Alexandri papæ III pro m.terio de Ghislenghien* (1179). *Codex*, n.o cxliv. — Sur la bulle de 1180, voy. *Gelliniacum*.

[2] « In Hainaco pago, super fluvium Seva, villas ii, Dulciaco atque Nyella.... ». *Dipl. Lothar. regis pro m.terio S. Petri Blandin.* (965). *Codex*, n.o xxvi. — « In pago Hainauco, villas.... Niellæ. ». *Dipl. ejusdem pro eod.* (966). *Annales S. Petri Blandin.*, pp. 81 et 90. — « In pago Haynau in Nigella ecclesiam unam.... ». *Dipl. Conrardi imperat. pro eod.* (1036). *Revue d'histoire et d'archéologie*, t. iii, p. 207. — Pour le texte du xi.e siècle, voy. *Junchina*. — Sur le village de Noyelles, voy. Sanderus.

* Obigiæ (1083) [1].

Obsiæ (1065) [2].

Oenengium (637 ou 640);
Oninium ( Omnium. Miræus,
Dom Bouquet, M. Le Glay );
Onainville (931); Onainiæ (931);
Oneng (1057) ; Unaing (1148);
Onech (1152) ; Onenc. (1179) ;
Oneg (1184) [3].

Pelices silva (1123) ; Perices curtis (1246) [4].
Petia [5].

* Petrosum ( 1046, 1046-
1048, 1074); Pekusium (1083) [6].

Eugies (Belg., arr. de Mons,
cant. de Pâturages).

Obies (Fr., arr. d'Avesnes,
cant. de Bavai).

Onnaing (Fr., arr. d'Avesnes,
cant. de Bavai).

Prische, à Binche (Belg., arr.
de Charleroy, cant. de Binche).

Preux-au-Bois (Fr., arr. d'A-
vesnes, cant. de Landrecies).

---

*Flandria illustrata*, t. I, p. 261, le pouillé ci-après, et l'*Annuaire du département du Nord*, 1834, p. 69.

[1] Voy. *Albuniaco*.
[2] Voy. *Baviseis*.
[3] Sur les diplômes de 637 ou 640, 931, 1057, 1148, 1153, 1179 et 1181, voy. *Karubium*, *Crispinio*, *Basiacum*, *Angra*, *Lethinæ S. Remigii*, *Bertriceiæ* et *Artra*. — « ..... In Hainoensi comitatu, Oninium.... » *Dipl. Carol. Calvi pro eccles. Camerac.* (911). Baldric, p. 100; Miræus, t. II, p. 937 ; Dom Bouquet, t. IX, p. 516 ; Pertz, t. VII, p. 424. Miræus donne à tort à cette charte la date de 909. Le texte d'*Oninium*, au lieu d'*Omnium*, a été restitué par Pertz, d'après l'original. Voy. aussi R. Mannier, p. 238. — MM. Warnkoenig et Gérard (t. II, p. 121) traduisent ce nom par Enghien !
[4] Voy. *Baddineiæ*. — Prische était autrefois une prévôté et dépendait de la paroisse de Binche. Delecourt, *Introduction*, etc., p. 71. — On ne doit pas confondre cette localité avec Prisches, en Thiérache, dont nous avons parlé aux mots *Didinetocæ* et *Lideneicæ*.
[5] Voy. *Apeiz* et le *Bauacensis* ci-après, sect. III, chap. I.
[6] Voy. *Bermerennium*, *Buxutum* et *Albuniaco*.

— 191 —

PIÉTON (XII.e siècle) [1].

PONS SCALDIS (IV.e siècle); SCALDPONS (847); SCALPONTIS (921); SCALPUR (1107); ESCALPONT (SCALPONZ. Miræus) (1119) [2].

QUARIGNON [3].

*QUARTENSIS LOCUS (V.e siècle); QUARTA (1083, 1125 et 1180) [4].

QUATERNION (IX.e ou X.e siècle et 965); QUARIGNON (XII.e siècle); KUARIGNON (1181); QUARINON (1195) [5].

Piéton (Belg., arr. de Charleroi, cant. de Fontaine-l'Évêque).

Escaupont (Fr., arr. de Valenciennes, cant. de Condé).

Quartes, section de Pont-sur-Sambre (Fr., arr. d'Avesnes, cant. de Berlaimont).

Quaregnon (Belg., arr. de Mons, cant. de Boussu).

---

[1] « .... Intraverunt Hannoniam, versus villam quæ dicitur le Piéton... ». JACQUES DE GUYSE, t. XII, p. 306.

[2] Tabula Peutingeriana, et Itinerarium Antonini, apud DOM BOUQUET, t. I, pp. 107, 108 et 112. — Sur les diplômes de 847, 1107 et 1119, voyez Castellum et Moncels. — « .... Quamdam villam quæ dicitur Scaldpontis sitam super flumen Scaldum.... » Dipl. Caroli Simplicis pro m.terio Elnonensi (921). Codex, n.° XXI.

[3] Voyez Quaternion.

[4] Voy., sur la citation du V.e siècle et les chartes de 1083 et 1180, les mots Hornensis locus et Gelliniacum. — « .... Quobirca.... altare de Quarta supra Sambram.... concessimus.... ». Carta Burchardi episc. pro capit. Sancti-Gaugerici (1125). Codex, n.° CXIV.

[5] « Decreverunt.... in villa Quaternione ædificare oratorium ». Vita S. Ghisleni, apud MABILLON, Acta, etc., seculo II, p. 795; Acta S.torum, t. IV d'octobre, p. 1034; Acta S. Belgii, t. IV, page 382. — Sur les diplômes de 965, 1181 et 1195, voyez Basiacum et Chevi. Le texte du diplôme de 965, donné par DOM BAUDRY, porte « in villa Quaterlesiam »; mais l'original, qui existe aux archives du Royaume, porte « Quaternione ».

* Quirigiacum (1152); Quiregies (1181)[1].

Racemus (IX.e ou X.e siècle);
Resin (965); Roysinus (XII.e
siècle)[2].

Railhies[3].
Ramulgies[4].
Rancia[5].
Ranium[6].
Ren, Rench, Reng[7].
Renniolum[8].
Resatium (975); Ressais
(1177)[9].
Resin[10].
Romertebia[11].

Curgies (Fr., arr. de Valenciennes, cant. de Valenciennes-
Est).

Roisin (Belg., arr. de Mons,
cant. de Dour).

Ressaix (Belg., arr. de Charleroi, cant. de Binche).

---

[1] « .... Decimam universitatis nutrimentorum que ecclesia de Viconia
intra procinctum parrochie, que Quirigiacum dicitur ... possidet... »
Carta capituli Camerac. pro m.terio Viconiensi (1152). Codex, n.º cxxv. —
Sur la charte de 1181, voy. Artra.

[2] « Cumque ad villam veniret cui Racemus nomen est ». Vita S. Ghisleni, apud Acta S. Belgii, t. IV, p. 378; etc. — Sur le diplôme de 965, voy.
Basiacum. — « Dum autem iret, ad quemdam viculum venit quem in-
colæ nominant Roysinum ». Philippus Abbas, Acta beati Ghisleni, dans
ses Œuvres, p. 770.

[3] Voyez la Fagne.
[4] Idem.
[5] Idem.
[6] Voy. Vetus-Ranium.
[7] Voy. Hrinium.
[8] Voy. Hriniolum.
[9] « In locis videlicet Resatio et Waldraico dictis... ». Dipl. Ottonis pro
m.terio Laubiensi (975). Wauldr, p. 371; Miræus, t. III, p. 296. — Sur la
charte de 1177, voy. Anderluvia.
[10] Voy. Racemus.
[11] Voy. le Fanomartensis, sect. II, chap. II, ci-après.

Roysinus [1].
Roncroet campus [2].
Sabis ou Sambra fluvius (avant J.-C.; 818, etc.) [3].   La Sambre (Belg. et Fr.)

Salneria [4].

Saltem (Salcem. Miræus) (877) [5].   Sautain (Fr., arr. de Valenciennes, cant. de Valenciennes-Est).

Santa (749); Sanctæ (1112 et 1148) [6].   Sains (Fr., arr. d'Avesnes, cant. d'Avesnes-Sud).

* Sanctus-Albanus (1085) [7].   Saint-Aubin (Fr., arr. d'Avesnes, cant. d'Avesnes-Nord).

Sanctus - Dionisius (868, 1081, 1082, 1084, etc.) [8].   Saint-Denis-en-Brocqueroie (Belg., arr. de Mons, cant. de Reeulx).

* Sanctus-Hylarius (1409 et 1480) [9].   Saint-Hilaire (Fr., arr. d'Avesnes, cant. d'Avesnes-Nord).

---

[1] Voy. *Racemus*.

[2] Voy. la Fagne.

[3] « Quum per eorum fines triduum iter fecisset, inveniebat ex captivis Sabim flumen ab castris suis non amplius millia passuum decem abesse. » Cæsar, lib. ii, cap. xvi. — Sur la charte de 818, voy. *Sassigniacœ*.

[4] Voy. la Fagne.

[5] Voy. *Amligis*.

[6] Voy. *Albuniaco*, *Angra* et la Fagne. — Nous traduisons la *Santa* de la charte de 749 par *Sains*; car il est certain que l'abbaye de Saint-Denis possédait des biens aux environs de cette localité. Une charte de 1186-1190, que nous publions (*Codex*, n.° cl), mentionne les propriétés de Saint-Denis à Nouvion, Wignehies et Buironfosse, et il résulte d'un acte de 1223 que Gautier d'Avesnes s'accorda avec l'abbaye au sujet des bois situés entre les villages de Buironfosse, de la Flamengrie, de Wignehies et de Fontenelles. M. Michaux, *Hist. des seigneurs d'Avesnes*, p. 93. Voy. aussi M. Mannier, p. 331.

[7] Voy. *Albuniaco*.

[8] Voy. *Baliolis*.

[9] « Altare de Sancto-Hylario ecclesiæ Letiensi concessi ». *Carta Odonis*

\* Sanctus-Remigius (1119); Saint-Remy-Mal-Bâti (Fr.,
Sanctus-Remigius-le-mal-batuth arr. d'Avesnes, cant. de Mau-
(1189).¹ beuge).

Sanctus-Salvius (870, ix.° Saint-Sauve (Fr., arr. de
siècle, etc.)². Valenciennes, cant. de Valen-
ciennes-Nord).

Sanctus-Vedastus (1159, Saint-Vaast-lez-Bavai (Fr.,
1179 et 1181); Sanctus-Vedas- arr. d'Avesnes, cant. de Bavai).
tus-in-Calciata (1177)³.

\* Sanctus-Vedastus (1193)⁴. Saint-Vaast (Belg., arr. de
Mons, cant. de Rœulx).

Sassigniacæ super fluvio Sassegnies (Fr., arr. d'A-
Sambra (818); Saxinacum (870)⁵. vesnes, cant. de Berlaimont).

---

episc. pro m.<sup>terio</sup> Lætiensi (1109). Codex, n.° xcvii. — Sur la charte de
1180, voy. Avesne.

¹ « Altare de Squiliuio cum suo appenditio Sancto-Remigio.... concessimus ». Carta Burchardi episc. pro m.<sup>terio</sup> Altimont. (1119). Codex, n.°
cvii bis. — « Perpetuo teneat et ratum permaneat quicquid de hereditate
sua apud Sanctum-Remigium-le-malbatuth sita... ». Carta Adolouyæ pro
m.<sup>terio</sup> Altimont. (1189). Codex, n.° cl ter. — On voit par ce dernier texte
qu'il faut dire Saint-Remy-Mal-Battu, et non Saint-Remy-Mal-Bâti.

² Voyez Fayt et le Fanomartensis.

³ « In villa igitur que Sanctus-Vedastus-in-Calciata vocatur adjacet
allodium... ». Carta Jacobi de Avesnis pro m.<sup>terio</sup> Altimont. (1177). Codex,
n.° cxli. — Sur les autres chartes, voy. Baganum, Artra et Bertri-
ceia.

⁴ « In bajulatione Binciensi.... à quibusdam servis et ancillis Sanctæ-
Waldetrudis, in villa que Sanctus-Vedastus dicitur... ». Carta Balduini
comit. pro m.<sup>terio</sup> Altimont. (1193). Codex, n.° cl sexies.

⁵ « .... Idcirco tradimus ad monasterium quod dicitur Maricolas... in
pago Hainoensi, super fluvio Sambra, villulam nomine Sassigniacas.... ».
Dipl. Ludovici Pii pro m.<sup>terio</sup> Maricolensi (818). Jacques de Guyse, t. ix,
p. 374; Miræus, t. i, p. 246. Miræus donne à tort à ce diplôme la date
de 821. Voy. M. Le Glay, Mémoire sur les archives des abbayes de Liessies
et de Maroilles (Lille, 1853), p. 54. — Sur le diplôme de 870, voy.
Fayt.

SAUSOIACUM (1095); SAUSOIUM (1104); SAUSOIT (1119); SAUSOITH (1137) ¹.

Sauizoir (Fr., arr. de Cambrai, cant. de Solesmes).

SAVE (viii.ᵉ siècle et 749); SELLA (706, etc.); SEVA (963) ².

La Selle, rivière (Fr.).

SCALDPONS, SCALPUR, SCALPONS) ³.

SEBOURCK (1089); SEVURCH (1091); SOVURCH (1091); SEVURC (1167); SEBORC (1181); SEBOURG (xii.ᵉ siècle); SEVORCH (xii.ᵉ siècle) ⁴.

Sebourg (Fr., arr. de Valenciennes, cant. de Valenciennes-Est).

SEMERELÆ (SEVIERCÆ. Henschenius) (xi.ᵉ siècle); SEMERIÆ (1095, 1103 et 1151); SEMERIES (1106); SEMERPIES (1180) ⁵.

Semeries (Fr., arr. d'Avesnes, cant. d'Avesnes-Nord).

¹ Sur les bulles de 1104, 1119 et 1137, voy. *Avisinæ* et *Noufluz*. — « ... Altaria perpetualiter tradidi... totum altare de Sausoiaco... ». *Carta Gualteri episcopi pro capit. S. Autberti* (1095). M. LE GLAY, *Glossaire*, etc., p. 28. — Voy. aussi *Codex*, n.ᵒ CXXI.

² Sur les textes du viii.ᵉ siècle, de 706, 749 et 963, voy. *Salemium* et *Nyella* ci-dessus, et *Avisinæ* au *pagus Fanomartensis*, ci-après. — La Selle prend sa source dans le département de l'Aisne, passe au Cateau, à Solesmes, Haussy, Haspres, Noyelles, Douchy, et se jette dans l'Escaut près de Denain.

³ Voy. *Pons-Scaldis*.

⁴ « Quidquid sponsus meus.... in villa quæ dicitur Sebourck hereditario obtinuit jure.... ». *Carta Ermentrudis pro Crispiniensi m.*ᵗᵉʳⁱᵒ (1089). RAISSIUS, *Cœnobiarchia Crispiniana*. p. 28; P. LEBOUCQ, *Hist. de la terre et vicomté de Sebourcq*, p. 194; *Gallia Christiana*, t. iii, preuves, p. 25; MIRÆUS, t. ii, p. 1139. — « His temporibus floruit Droco apud Sebourg, in territorio Hannoniensi.... »; « Ad villam nomine Sebourg vocitatam, quæ in Hannonicis finibus consistit, pervenit.... »; « In Hannonia, in villa de Sebourg.... ». *Vita S. Draconis*, apud JACQUES DE GUYSE, t. XII, pp. 354, 358 et 378. — « Terras suas quas apud Sevorch habebat.... ». GISLEBERT, p. 271. — Sur les chartes de 1091, 1167, 1181, voy. *Hon*, *Loureilla* et *Artra*.

⁵ « Nam clerici villam unam in pago Hagnou quam Semerelas vocant ».

| | |
|---|---|
| Senephyum (1084); Senophe (1125); Seneffia (1167 et xii.º siècle); Senephia (xiii.º siècle?)¹. | Seneffe (Belg., arr. de Charleroi, cant. de Seneffe). |
| Seviercæ ². | |
| Siterpies (xii.º siècle); Sterpeiæ (xii.º siècle); Strepi (1125) ³. | Strepy (Belg., arr. de Mons, cant. de Rœulx). |
| Slogia (965); Eslogia (1046 et 1046-1048); Slogium (1085) ⁴. | Elouges (Belg., arr. de Mons, cant. de Dour). |
| Solemium super fluvium Save (viii.º siècle et 749); Solempnium (1099) ⁵. | Solesmes (Fr., arr. de Cambrai, cant. de Solesmes). |

Jacques de Guyse. t. vii, p 360; *Acta S.torum*, t. iii de mars, p. 566; Mabillon, *Acta*, etc., seculo ii, p. 805. — Sur les chartes de 1093, 1103, 1106, 1131 et 1180, voy. *Avesne* et *Acta S. Belgii*, t. iv, p. 136. — Le *Seviercæ* d'Henschenius provient d'une erreur dans la lecture du texte manuscrit, et cette erreur a trompé beaucoup de monde : Geesquière (*Acta S. Belgii*, t. iv, p. 158) traduit par Senières, d'après une note qui lui avait été envoyée de l'abbaye de Liessies ; mais Hubert Drulart, sous-prieur de Maroilles, qui transmit à Brasseur des renseignements pour son ouvrage, rectifie cette leçon et adopte, comme Jacques de Guyse, celle de *Semereiæ*. Voy. Brasseur, *Cervus S. Humberti*, p. 32.

¹ Voy. *Ampolinis*. — « Concedo adhuc eidem loco.... Odam de Senephyo ». *Carta Balduini comitis pro m.terio S. Dyonisii* (1084). *Codem*, n.º lxviii. — « Ecclesiam de Seneffia .... dedimus.... ». *Carta Nicolai episc. pro ecclesia Bonæ-Spei* (1167). Maghe, *Chronicon abbatiæ Bonæ-Spei*, p 97. — « Est villa quæ Senephia dicitur, in Hannoniensis territorii confinio sita... ». *Miracula S. Autberti*, manuscrit de la Bibliothèque de Bourgogne n.º 21003.

² Voy. *Semereiæ*.

³ Voy. *Ampolinis*. — Ortus sane excellentissima Francorum prosapia in villa Sterpeias nuncupata.... ». *Vita S. Vincentii* (xii.º siècle), apud *Acta S.torum*, t. iii de juillet, p. 669 ; Jacques de Guyse, t. vii, p. 80.

⁴ Voy. *Basiacum, Bermerennium et Albuniaco*. — M. Chotin (t. de 1857. p. 373) ne cite cette localité qu'à l'année 1024.

⁵ « .... Cum autem in villam quæ dicitur Solemium, quæ est posita

Sonefia silva (xi.e siècle); 
Soneffia silva (xii.e siècle ?) [1].

Sonniaca silva (xii.e siècle) [2].

Spalt (xi.e siècle) ; Spatium (1239) [3].

Spinethum (1124) ; Espinoit (1181) [4].

* Squilinium (1083 et 1119) [5].

Struem, Struen, Strumum [6].

* Sumanum (1046-1048); Solman (xi.e siècle) [7].

Swaldrei [8].

Taisneræ super fluvium Helpram (921); Tassenarlæ (1142); Thasnerlæ (1131) [9].

Bois de Seneffe (Belg.).

Forêt de Soigne (Belg.).

L'Espaix, à Valenciennes (Fr., arr. et cant. de Valenciennes).

Espinois (Belg., arr. de Charleroi, cant. de Binche).

Ecuelin (Fr., arr. d'Avesnes, cant. de Berlaimont).

Sommaing, (arr. de Cambrai, cant. de Solesmes).

Taisnières-en-Thiérache (Fr., arr. d'Avesnes, cant. d'Avesnes-Nord).

super fluvium Save, in territorio Hainau.... » *Vita S. Ansberti*, auctore Aigrado, apud Mabillon, *Acta*, etc., seculo ii, p. 1030; *Acta S. Belgii*, t. v, p. 144. — « Altare de Solempnio.... liberum concedimus.... ». *Carta Gualteri episc. pro m.terio S. Dyonisii* (1099). *Codex*, n.° xci. — Sur le diplôme de 749, voy. *Crux*. Comparez le même mot au *Fanomartensis*.

[1] Voy. chap. iv.

[2] Voy. chap iv.

[3] « ... Altera femina, Goda vocata, ex pago Hagnanno, de prædio vocabulo Spalt... ». *Liber miraculorum S. Quintini* (xi.e siècle), apud Colliette, *Mémoires pour servir à l'histoire du Vermandois*, t. i, p. 379. — « In vico qui dicitur de Spatio .... ». *Carta pro ecclesia Sancti Johannis Valencenensis* (1239), Miræus, t. ii, p. 858. — La terre et seigneurie de l'Espaix fut incorporée, en 1461, dans la ville de Valenciennes. Leboucq, *Hist. ecclésiastique de Valenciennes*, p. 79.

[4] Voy. *Bincium* et *Artra*.

[5] Voy. *Albuniaco* et *Sanctus-Remigius*.

[6] Voy. *Dyronum*.

[7] Voy. *Bermerennium*.

[8] Voy. *Podgoriacum*.

[9] Voy. *Didineicæ* et la Fagne ci-après. Voy. aussi *Acta S. Belgii*, t. iv, p. 136.

TEMPLUTENSIS pagus [1].

TERLUINUS [2].

THEONIS (877); TIENS (1076); THIENS (1104 et 1137) [3].

Thiant, sur l'Escaillon (Fr., arr. de Valenciennes, cant. de Valenciennes-Sud).

THEORASCIA (VI.<sup>e</sup> siècle) [4].

La forêt de Thiérache (Fr. et Belg.).

THILIETUM [5].

TIEDELÆ (IX.<sup>e</sup> ou X.<sup>e</sup> siècle); TIOSIES (1119) [6].

Thieusies (Belg., arr. de Mons, cant. de Rœulx).

TILETUM (637 ou 640, 1057 et 1104) [7].

Tilloy (Fr., arr. de Cambrai, cant. de Cambrai-Ouest).

TILIOIT (1138); THILIETUM (1141); TILIETUM (1143); TIL- LOIT (1219) [8].

Tilloit, ferme à Orsinval (Fr., arr. d'Avesnes, cant. du Quesnoy-Ouest).

---

[1] Voy. chap. VII, sect. II, § 3, et ci-après.

[2] Voy. la Fagne.

[3] Sur le diplôme de 877 et les bulles de 1104 et 1137, voy. *Amligis* et *Avisinæ* — « .... Prefate ecclesie fratribus.... duo altaria concessi, unum apud villam Walzuncurt, alterum apud villam Tiens.... ». *Carta Lietberti episcopi pro m.<sup>terio</sup> Sancti Autberti* (1076): Codex, n.<sup>o</sup> LX. — MIRÆUS et IMBERT voient dans *Theonis* le village de Thun-l'Évêque, en Cambrésis; mais nous optons pour Thiant, avec MM. LE GLAY (*Revue des Opera diplomatica de Miræus*, p. 31) et MANNIER, p. 247.

[4] Voy. chap. VI.

[5] Voy. *Tilloit*.

[6] « Nam ex villa Tiedelas, quæ regionis finitima videtur.... ». *Vita S. Ghisleni*, apud MABILLON, *Acta*, etc., seculo II, p. 796; *Acta S.torum*, t. IV d'octobre, p. 1035; *Acta S. Belgii*, t. IV, p. 385.

[7] Voy. *Karubium* et *Avisinæ*. — Le village de Tilloy appartenait à l'archidiaconé du Cambrésis; nous avons expliqué, au chap. III, § 2, comment il se fait qu'il figure dans le Hainaut.

[8] « Confirmamus.... Tillioit, Maisnil.... ». *Bulla Innocentii papæ II pro m.<sup>terio</sup> Viconiensi* (1138). MIRÆUS, t. IV, p. 12. — Sur les autres chartes, voy. *Nousluz*. — M. LE GLAY (*Revue*, etc., p. 182) se trompe en traduisant par Tilley, arr. de Douai, cant. de Marchiennes.

Truila fluvius (931 et 965); Truilla (938) [1].  La Trouille, rivière (Belg. et Fr.).

Unaing [2].

Unctius fluvius (885); Untiel (1163); Ointiel (1266) [3].  La Rhonelle, rivière (Fr.).

Ursenens (1111); Orsineval (1181) [4].  Orsinval (Fr., arr. d'Avesnes, cant. du Quesnoy-Ouest).

Ursidungus, super flumen Haynæ (ix.e ou x.e siècle, 965, etc.); Cella (ix.e siècle, etc.); Cella S. Ghisleni (1024, 1096 et 1118) [5].  Saint-Ghislain (Belg., arr. de Mons, cant. de Boussu).

[1] « Qui mons, super fluvium Truilla situs, ob sui eminentiam Castrilocus dicitur ». *Homilia de actibus et prædicationibus S. Ghisleni* (938), cité dans Dom Baudry, *Monuments*, t. viii, p. 236. — « Pro quadam terra.... sita in loco qui Villare dicitur, cum prato.... super fluvium Truilæ conjacente.... ». *Dipl. Ottonis imper. pro m.terio S. Ghisleni* (965). *Codex*, n.º xxvii. — Sur la charte de 931, voy. *Crispinio*. — La Trouille prend sa source à Grand-Reng et va se réunir à la Haine sur le territoire de Jemmapes après avoir traversé Mons.

[2] Voy. *Œnengium*.

[3] Sur les chartes de 885 et de 1163, voy. *Gentilinium*, et *Codex*, n.º cxxxiv. — « .... A molendino de Fossart veniendo à sinistris usque ad molendinum de Salice, juxta ripam de Ointiel.... ». Charte de 1266. Leboucq, *Histoire ecclésiastique de Valenciennes*, p. 74. — Cette rivière, qui arrose, comme on l'a vu au mot *Gentilinium*, le village de Villers-Pol (*Villare super fluvium Unctium*), est la Rhonelle, qui prend sa source dans la forêt de Mormal et va se jeter dans l'Escaut à Valenciennes.

[4] Voy. *Angra* et *Artra*. — Nous pensons, avec MM. Le Glay (*Glossaire*, etc., p. 167) et Mannier (p. 375), qu'*Ursenens* est le village d'Orsinval, qui a toujours appartenu à l'Église de Cambrai.

[5] « .... In pago Hainau, super flumen Haynæ, in loco qui dicitur Ursidungus...; modo vero nuncupatur Cella nomine.... ». *Vita S. Ghisleni*, apud Mabillon, *Acta*, etc., seculo ii, p. 792; *Acta S.torum*, t. iv d'octobre, p. 1031; *Acta S. Belgii*, t. iv, p. 377; Jacques de Guyse, t. vii, p. 244. — « Venerabilis locus, olim ab incolis Ursidungus, nunc Cella vocatus.... ».

VALENCIANÆ (695 et 698);
VALENTIANÆ (VIII.<sup>e</sup> siècle, etc.);
PORTUS VALENCIANÆ (IX.<sup>e</sup> siècle);
VALENÇENÆ (1162), etc. [1].
   VARINIACUS [2].

Valenciennes (Fr., arr. et cant. de ce nom).

VEHUT (1064); WUT (1325) [3].

Ferme de Vult, à Villers-Pol (Fr., arr. d'Avesnes, cant. du Quesnoy-Ouest).

  \* VENDELGIES super Escalium (1111) [4].

Vendegies-sur-Escaillon (Fr., arr. de Cambrai, cant. de Solesmes).

---

*Dipl. Ottonis imperat. pro abbat. S. Ghisleni* (965), déjà cité. Voy. aussi une charte de 1024. *Codex*, n.° XXXVIII. — « Cella S. Ghisleni in pago Hainoensi... ». *Bulla Urbani papæ pro eadem* (1096). DOM BAUDRY, apud DE REIFFENBERG, t. VIII, p. 334. — Voy. la bulle du pape Gelase, de 1118. *Ibidem.*

[1] « Cum nos, in Dei nomene, Valencianis, in palacio nostro, resederemus ». *Placitum Clodovei III regis* (693). *Codex*, n.° VI. — Sur le texte de 698, voy. chap. IV. — « Adveniens vir quidam venerabilis Salvius... partibus Hainonensis fisci qui vocatur Valentianas.... » *Vita S. Salvii* (VIII.<sup>e</sup> siècle), apud *Acta Sanctorum*, 1 v de juin, p. 198; JACQUES DE GUYSE, t. IX, p. 104. — « In portu Valencianas, Sancti Salvii confessoris. ». USUARDI *Martyrologium*, apud SOLLERIUS, p. 373. — « Valencenas nominant oppidum grande et populosum ». *Itinerarium S. Bernardi* (écrit vers 1162). *Codex*, n.° CXXXIII bis. — Voy. aussi le *Fanomartensis*, section II, chap. II, ci-après.

[2] Voy. *Wariniacum.*

[3] « In pago de Hainau, Villerellum totum..... terram quoque de Vahut ». *Dipl. Lietberti episcopi pro ecclesia Sancti-Sepulcri* (1063). MIRÆUS, t. I, p. 153. — La charte de 1325 est un acte de vente de la ferme de Vult, passée entre l'abbaye du Saint-Sépulcre et le comte de Hainaut, et dont l'original est à la Chambre des comptes, à Lille. DE SAINT-GENOIS (*Pairies du Hainaut* p. 376) donne par erreur à cet acte la date de 1398. — On voit, dans la carte militaire de France et dans celle de FERRARIS, que la ferme de Vult ou de Vultz est située à Villers-Pol.

[4] Voy. *Capella.* — C'est à Vendegies-sur-Escaillon, avons-nous dit, que se trouvait la station romaine d'*Hermoniacum* (voy. ce mot). Au moyen-âge, Vendegies portait aussi le nom de *Duo-flumina.* Voy. ce mot.

VERTINNIUM (VERCINIUM. *Miræus*) (870); VERTEN (1074); WERCIN (1074 et 1190)[1].

VERT.NUM (749); VERTINIUM (858); VERTENUM (878)[2].

* VERTINIOLUM (1148, 1182, 1183)[3].

VETUS RANIUM (1085)[4].

VILARIUM[5].

VILARIUM (avant 1076); VILLARIUM (1089); VILLARE DE CALCEIA (1159); VILLERS-IN-CALCEIA (1180)[6].

Verchin (Fr., arr. de Valenciennes, cant. de Valenciennes-Sud).

Vertain (Fr., arr. de Cambrai, cant. de Solesmes).

Vertigneul, hameau de Solesmes (?) (Fr., arr. de Cambrai, cant. de Solesmes).

Vieux-Reng (Fr., arr. d'Avesnes, cant. de Maubeuge).

Villers-en-Cauchie (Fr., arr. de Cambrai, cant. de Carniéres).

---

[1] Voy. *Fayt, Buxutum* et *Finæiz.* — « Prediclus igitur G. concessit ut teneant quicquid possidebant apud Wercin ». *Carta preposit. Valentian. pro m.terio Altimont.* (1190). *Codex*, n.° CL quinquies. — GUESQUIÈRE croit qu'il s'agit, dans le diplôme de 870, de Vertain, au nord de Solesmes ; mais mieux vaut, avec MIRÆUS et IMBERT, y voir Verchin, sur l'Escaillon. Une ancienne traduction française de ce diplôme porte *Wercin.* DE SAINT-GENOIS, *Monuments anciens.* t. II, p. 464.

[2] « Voy. *Albuniaco* et *Bersineiæ.* — « Confirmantes censemus... Vertenum...; in pago Cameracensi, villam Wambasium, cum manso dominico.... ». *Bulla Johannis VIII papæ pro m.terio Sancti Gaugerici* (878). *Codex*, n.° XVII.

[3] « In episcopatu Cameracensi, altare de Vertiniolo.... » *Bulla pro abbatia S. Dionisii* (1148). DOUBLET, *Hist. de Saint-Denis*, p. 490 ; *Diploma Rotperi episc. pro ead.* (1182). Ibidem, p 517. — *Bulla Lucii papæ pro eadem* (1183). FÉLIBIEN, *Hist. de Saint-Denis*, preuves ; n.° 148.

[4] Voy. *Albuniaco, Brinium* et *Hriniolum.*

[5] Voy. *Villare.*

[6] « Boda in Wambasio unum mansum et terram arabilem unius modii (dedit) ; Werinfridus in Colrit unum mansum ; .... Alelmus prepositus in Vilario unum cambile .... », *Relatio cartæ Ligberti episcopi pro capit. S. Gaugerici* (avant 1076). *Codex*, n.° LXII — « .... Altare de villa Villario

VILARSENIACUM [1].

VILLARE super fluvium Unetium (885); VILARIUM (1057); VILERINS (1152); VILLARE PONTIFICALE (1179); VILLARE (1181) [2].

VILLARE [3].

VILLARE (965 et 1054-1055); VILARSENIACUM (974) [4].

\* VILLARE (1165 et 1185) [5].

VILLA-RELIA (x^e siècle); VELLEREGIUM (1124); VELLERELLA (1127); VELERELLE (1181) [6].

VILLERELLUM (1064); VILLEREL (1161) [7].

Villers-Pol (Fr., arr. d'Avesnes, cant. du Quesnoy-Ouest).

Villers-Saint-Ghislain, (Belg., arr. de Mons, cant. de Rœulx).

Villers-sire-Nicole (Fr., arr. d'Avesnes, cant. de Maubeuge).

Vellereille-le-Sec et Vellereille-le-Brayeux (Belg., arr. de Mons, cant. de Rœulx, et arr. de Charleroi, cant. de Binche).

Villereau (Fr., arr. d'Avesnes, cant. du Quesnoy-Ouest).

in Hainoensi pago sita.... ». *Dipl. Gerardi episcopi pro eodem* (1089). *Codex*, n.° LXXV. — Sur la charte de 1139 et la bulle de 1180, voy. *Gelliniacum* et *Angrel*. — Il n'y a pas à se méprendre sur le *Villers* de ces chartes : c'est Villers-en-Cauchies, dont la cure a toujours été à la collation du chapitre de St Géry. Voy. M. MANNIER, p. 315; M. LE GLAY, *Glossaire*, etc., p. 50, et *Nouveau mémoire sur les Archives départementales du Nord* (Lille, 1861), p. 47.

[1] Voy. *Villare* ci-dessous.

[2] Voy. *Gentlinium*, *Busiacum*, *Lethinœ S. Remigii*, *Bertriceie* et *Artra*. — M. LE GLAY (*Glossaire*, etc., p. 147) nous fait connaître le nom moderne de cette localité.

[3] Voy. *Urinium*.

[4] Voy. *Busiacum*, *Buxulum*, *Truila* et *Gipliacum*.

[5] Voy. *Givreyum*.

[6] « Fundus est quem Villam-Reliam vocant.... ». FOLCUIN, apud PERTZ, t. IV, p. 71. — Pour les chartes de 1124, 1127 et 1181, voy. *Bincium*, *Artra*, et MIRÆUS, t. III, p. 35; HUGO, *Annales Præmonstratenses*, t. I, preuves, p 300; JACQUES DE GUYSE, t. XII, p. 139.

[7] Voy. *Vehut* et *Haimon-Caisnoit*. — L'abbaye du Saint-Sépulcre a toujours eu le patronat de Villereau. Voy. le pouillé ci-après.

VODGORIACUM ( IV.ᵉ siècle );
WALDERIEGO (779); WALDRIA-
CUM (844); WALDRICA (905);
WALDRAICUM (973); WALDRE-
CHUM (1124); HUALDRE (1148);
SWALDREI (1150); WAUDRE
(1179 et 1181); GUALDREI
(1195) [1].

Waudrez ( Belg., arr. de
Charleroy, cant. de Binche).

VUASSONIACA (749) [2].

Wagnouville, hameau de
Poix (Fr., arr. d'Avesnes, cant.
du Quesnoy-Est).

WALLARE [3].

WALDRECHUM [4].

WALDRÆCHIÆ (avant 673);
GALDECIATÆ (GOLDECIACÆ. J. de
Guyse) (877); WAUDRICIÆ
(1184) [5].

Waudrechies ou Wauderchies
à Flaumont (Fr., arr. d'Avesnes,
cant. d'Avesnes-Nord).

---

[1] *Itinerarium Antonini*, apud DOM BOUQUET, pp. 107 et 108. — Sur
les diplômes cités, voy. *Achiniagæ, Haina, Resatium, Bincium, Framereiæ, Bertrisciæ, Angra et Artra*.

[2] Voy. *Albuniaco*. — Un évêque de Tournai portait, à la fin du XIII.ᵉ
siècle, le nom de Jean de Wassogne; mais JEAN DE THIELRODE (p. 43) nous
apprend que ce lieu était situé près de Laon (*Johannes de Vassonia juxta
Laudunum*). M. JACOBS (*Géographie*, etc., dans la *Revue des Sociétés
savantes*, t. VIII, 1862, 1.ᵉʳ semestre, p. 235) se décide pour Wassigny,
village du département de l'Aisne qui n'a jamais appartenu au Hainaut.
Nous préférons le hameau de Wagnouville à Poix. Voy. la carte militaire
de la France, n.° 13, et la carte de l'ancienne province de Cambrésis,
jointe au *Glossaire topographique* de M. LE GLAY. — En 1148 un Druon
de Wagouville possédait la dîme de Vieux-Mesnil; et l'on voit, en 1192,
l'abbaye de Saint-Denis de France renoncer à ce qu'elle possédait dans
ce village, situé non loin de Poix. Voy. le *Cartulaire de Vicogne*, aux
Archives du département du Nord, à Lille.

[3] Voy. le *Tomplutensis* et la Fagne, ci-après.

[4] Voy. *Vodgoriacum*.

[5] Voy. *Amligia et Bersisciæ*. — « ... Item que erat terra de dotario

— 204 —

WALDRISELLUM (1124) [1].

WAMBASIUM. (878 et avant 1076); WAMBIA (958); WAMBATIUM (1180) [2].

WANDIGEIS [3].

WARINIACUM (847); WARNIACUS (899); VARINIACUS (1121); GUARINIACUM (1107 et 1119) [4].

WASVILLARE (852 et 1131); WASVILER (1164); WAISVILER (1190) [5].

WAUDINEICÆ (852); WATERNIÆ (1046, 1046-1048, 1164) [6].

Waudriselle, à Waudrez (Belg., arr. de Charleroi, cant. de Binche).

Wambaix (Fr., arr. de Cambrai, cant. de Carnières).

Wargnies-le-Grand et Wargnies-le-Petit (Fr., arr. d'Avesnes, cant. du Quesnoy-Ouest).

Wasvilier, à Montay (?) (Fr., arr. de Cambrai, cant. du Cateau).

Ferme et bois de Watigny, à Fontaine-au-Bois (Fr., arr. d'Avesnes, cant. de Landrecies).

---

parrochie de Waudriciis.... et ipsa terra proxima est territorio de Wifraumont.... ». *Carta pro m.terio Altimont.* (1184). *Codex*, n.° CXLIX bis. — D'après M. DE FORTIA, *Galdeciatæ* serait Cauchie, au midi d'Avesnes. Le P. de Sainte-Barbe (*Livre des annotations, mémoires, etc., du Hainaut*, manuscrit n.° 583 de la Bibliothèque de Valenciennes, t. I, p. 101) traduit par *Godesies* ou *Wodecies*, qui n'est autre que notre Waudrechies. Ce lieu, jadis village distinct, est aujourd'hui réuni à Flaumont.

[1] Voy. *Bincium*.

[2] « Vendicavimus videlicet villam quæ vocatur Wambia, sitam in pago Heinia, in comitatu Godefridi.... » *Dipl. Ottonis imperat. pro ecclesia Cameraç.* (958). *Codex*, n.° XXIV. — Sur les diplômes de 878, 1076 et 1180, voy. *Vertinum*, *Filarium* et *Gelliniacum*; voy. aussi ce que nous avons dit au chap. III, § 2.

[3] Voy. le *Bavacensis* ci-après.

[4] Voy. *Castellum*, *Calviniaca*, *Halciacus* et *Moncelz*.

[5] Sur les diplômes de 852, 1131 et 1164, voy. *Fontanæ*, *Baseium* et *Acta S. Belgii*, t. IV, p. 136. — « Proventus molendini nostri de Waisviler... ». Charte de 1190. DE REIFFENBERG, *Monuments*, t. I, p. 316. — Il ne reste de ce village, dit M. LE GLAY, *Glossaire*, etc., p. LXIII, que la ferme de Hurtevent, au nord-est du Cateau, entre Pommerœul et Montay.

[6] Voy. *Fontanæ*, *Bermerennium* et *Baseium*. — M. LE GLAY estime que

WAUDRE [1].
WILHIES [2].
WILLAMANUS [3].
WULFRAMNUS-MONS (1083); MONS-WLFRAMNI (1131); WLFRAUMONT (1184) [4].   Flaumont-Wauderchies (Fr., arr. d'Avesnes, cant. d'Avesnes Nord).

---

## SECTION II.

LOCALITÉS SITUÉES DANS LES DIVISIONS DU *pagus major*.

---

## CHAPITRE PREMIER

### Article I.

### PAGUS MINOR HAINOENSIS

On a vu que les diplômes ne distinguent jamais le *pagus minor Hainoensis* du *pagus principal*. Nous pourrions ranger

---

le *Waudineicæ* de 852 représente le village de Waudignies, dans le Cambrésis; c'est plutôt la cense et le bois de Watigny, près de Fontaine-au-Bois, non loin de Landrecies.
[1] Voy. *Vodgoriacum*.
[2] Voy. la Fagne.
[3] Idem.
[4] « Confirmamus..... *Wulframnum - Montem integrum ...* ». *Carta Gerardi episc. pro m. terto Altimont.* (1083). *Codex*, n.° LXVI. — La citation de 1131 est tirée d'une bulle du pape Innocent II (*Codex*, n.° CXVI bis); une main plus récente y a écrit, au-dessus du mot, le nom de *Flaumont*. — Sur la charte de 1184, voy. *Waldræchiæ*. — On voit par les textes ci-dessus que l'étymologie du mot Flaumont (*flavus mons*), admise par plusieurs écrivains, n'est pas sérieuse.

ici, sous la présente rubrique, une bonne partie des localités citées dans la section première et qui appartiennent sans aucun doute au *pagus minor*; mais nous nous bornerons, pour éviter une répétition fastidieuse, à renvoyer aux cartes jointes à ce travail. On y verra quels sont les endroits que nous avons cru pouvoir attribuer au *pagus minor*. Nous passerons donc aux subdivisions de ce canton, c'est-à-dire, à ses diverses vicairies.

### Article II.

DIVISIONS DU *pagus minor Hainoensis*.

#### § I.

### Vicaria Montensis

(décanat de Mons).

Il n'existe aucune mention de cette vicairie, et nous ne pouvons que renvoyer le lecteur à ce que nous avons dit au chapitre VII.

#### § II.

### Vicaria Binchiensis (Lobiensis?)

(décanat de Binche).

Même observation.

## § III.

### Vicaria Melbodiensis
(décanat de Maubeuge).

Même observation.

---

### § IV.

### Vicaria seu pagus Bavacensis
(décanat de Bavai).

APEIZ vel PETIA (909)[1].

BAVISEIS (avant 675)[2].

BERTRICELÆ (avant 675)[3].

Poix ? (Fr., arr. d'Avesnes, cant. du Quesnoy-Est).

Bavissiaux, hameau d'Obies (Fr., arr. d'Avesnes, cant. de Bavai).

Bettrechies (Fr., arr. d'Avesnes, cant. de Bavai).

---

[1] « Est autem ipse mansus..... situs in pago vel comitatu Hainoensi in vicaria Bariarinse, in villa Apeiz vel Petia.... ». *Dipl. Roberti abbatis Sancti Martini Turonensis, pro Guntberto*, etc. (909), *Codex*, n.° XX. — Nous avons déjà fait remarquer que *Bariarinse* est certainement une erreur de copiste pour *Bavacinse*. — Le nom moderne qui correspond le mieux aux mots *Apeiz* et *Petia* est celui du village de Poix, situé non loin de Bavai ; mais nous devons ajouter que Poix appartenait, d'après les pouillés, au décanat d'Haspres. Voy. ci-après.

[2] « In pago Bavacensi, villam que vocatur Hosdeng cum ecclesia, et aliam villam que vocatur Wandigeis cum ecclesia et appendiciis, et aliam villam Bertriceias.... ». *Testamentum B. Aldegundis* (avant 673). *Codex*, n.° IV.

[3] Voy. *Baviseis*.

Hosdeng (avant 675) [1].　　　Houdain (Fr., arr. d'Avesnes,
　　　　　　　　　　　　　　cant. de Bavai).
Petja [2].

　　　　　　　　　　　　　　Vendegies-au-Bois? (Fr., arr.
Wandigeis (avant 675) [3].　d'Avesnes, cant. du Quesnoy-
　　　　　　　　　　　　　　Est).

## CHAPITRE DEUXIÈME.

### Article I.

### PAGUS FANOMARTENSIS [4].

　　　　　　　　　　　　　　Avesnes-le-Sec (Fr., arr. de
Avisinæ (775) [5].　　　　　Valenciennes, cant. de Bou-
　　　　　　　　　　　　　　chain).

---

[1] Idem.
[2] Voy. Apeia.
[3] Voy. Bavisois. — Vendegies-au-bois dépendait du décanat d'Haspres.
[4] Nous ne rangeons ici que les localités dont la situation dans le *Fanomartensis* est textuellement indiquée dans les diplômes. Elles sont peu nombreuses par le motif que nous avons signalé dans le chapitre premier.
[5] « .... In pago Fanmartense, cella qui dicitur Cruce, qui aspicit ad fisco Solemnio...: et Avisinas quem vassus genitoris nostri tenuit.... ». *Dipl. Caroli Magni pro m.terio S. Dyonisii* (775). *Codex*, n.° x. — Imbert (Mémoire cité) interprète ce nom par Avesnes-le-Sec, et nous sommes de son avis : Avesnes-le-Sec est, en effet, situé non loin de Solesmes et de Croix, principales propriétés de l'abbaye de St-Denis dans le Hainaut.

Caux (706 et 751); Cruce (775) ¹.

Fanum-Martis (iv.ᵉ, v.ᵉ et xi.ᵉ siècles); Famars (1144) ².

Fisciacum (xi.ᵉ siècle et 1180); Fiscau (1162) ³.

Graraniga (Gara-Rainga et Gara-Raniga. *J. de Guyse*) (706); Kenininiacum (974); Kerinain (1192) ⁴.

Croix (Fr., arr. d'Avesnes, cant. de Landrecies).

Famars (Fr., arr. de Valenciennes, cant. de Valenciennes-Sud).

Grand-Fissault hameau de Saint-Hilaire (Fr., arr. d'Avesnes, cant. d'Avesnes-Nord).

Querenaing ? (Fr., arr. de Valenciennes, cant. de Valenciennes-Sud).

¹ « Cognoscat magnitudo seu utilitas vestra quod nos villa nostra, nuncupante Solemio, que ponitur in pago Falmartinse, super fluvium Save, una cum omne messeto vel adjacentiis suas, quicquid fiscus noster tam de Graraniga quam de Romerteria ibidem tenuit... et oratorio illo ad Cruce, quæ subjungit ab ipso termino de ipsa villa Solemnio.... ». *Dipl. Childeberti pro m.ᵗᵉʳⁱᵒ Sancti-Dyonisii* (706). *Codex*, n.° vii. — « .... Cella qui dicitur Crux, qui aspicit ad fiscum Solemnium... ». *Dipl. Pippini pro eodem* (751). *Codex*, n.° ix. — Sur le diplôme de 775, voy. *Avisinæ*. Comparez, à la section première, le mot *Crux*.

² « Præfectus Lætorum Nerviorum Fano Martis Belgicæ secundæ.... ». *Notitia*, etc., apud Dom Bouquet, t. i, p. 128; *Itinerarium Antonini*, ibidem, t. i, pp. 107 et 108. — « Castellum.... ab antiquitate gentilium de Fano Martis adhuc tenet vocabulum.... ». *Vita S. Gaugerici*, auctore Balderico, apud *Acta S. Belgii*, t. ii, p. 302. — « Confirmamus.... ecclesiam de Famars cum oblationibus et decimis.... ». *Bulla Lucii papæ pro ecclesia S. Nicolai Valencian.* (1144). Leboucq, *Histoire ecclésiastique de Valenciennes*, p. 66.

³ « Fisciaco, in pago Fanomartensi.... ». *Vita S. Ettonis*, dans les *Acta S.torum*, t. iii de juillet, pp. 48 et suiv. — Sur les chartes de 1162 et 1180 voy. *Avesne* et *Flobodeicæ*, à la section première.

⁴ Sur les diplômes de 706 et de 974, voy. *Crux* ci-dessus, et *Cipliacum* à la section première. — « In decima de Kerinain assignavi.... ». *Dipl. Balduini comitis pro canon. Valentianens.* (1192). J. de Guyse, t. xiii, p. 44; Miræus, t. ii, p. 980; M. Le Glay, *Revue*, etc., p. 94. — C'est d'après M. Le Glay que nous interprétons *Graraniga* par Querenaing; mais cette interprétation nous paraît sujette à caution.

| | |
|---|---|
| Haspræ (xii.ᵉ siècle) [1]. | Haspres (Fr., arr. de Valenciennes, cant. de Bouchain). |
| Maricolæ, super fluviolum Helpre (671-676) [2]. | Maroilles (Fr., arr. d'Avesnes, cant. de Landrecies). |
| Romerteria (706); Romeriæ (1046, 1046-1048, 1074) [3]. | Romeries (Fr., arr. de Cambrai, cant. de Solesmes). |
| Sanctus-Salvius (ix.ᵉ siècle et 870) [4]. | Saint-Saulve (Fr., arr. de Valenciennes, cant. de Valenciennes-Nord). |
| Solemium super fluvium Save (706); Solemnium (751); Solemnio (775) [5]. | Solesmes (Fr., arr. de Cambrai, cant. de Solesmes). |
| Valentianæ (771, 860, ix.ᵉ siècle, etc.) [6]. | Valenciennes (Fr., arr. et cant. de Valenciennes). |

[1] « Munifice cellulam monachorum Haspris, in Fani-Martis territorio... fertur construxisse (Pippinus) ». *Ex antiquis chronicis*, apud J. de Guyse, t. ix, p. 242. — Comparez *Hasprea*, dans la section première.

[2] « Monasterium quod vocatur Maricolas... situm in pago Fanomartensi, super fluviolum qui vocatur Helpre.... ». *Dipl. S. Humberti pro m.terio Maricolensi* (671-676). Balderic, p. 50; Miræus, t. 1, p. 9; *Acta S. Belgii*, t. iv, p. 118; Pardessus, *Diplomata*, etc., t. ii, p. 155. — Voy. *Marigilum*, à la section première.

[3] Voy. *Crux*, et, dans la section première, les mots *Bermerennium* et *Budutum*.

[4] « Rector monasterii S. Salvii martyris, quod in pago Fanomartensi, in vico Valentianas appellato, in ripa Scaldis fluvii situm est.... ». *Translatio SS. Marcellini et Petri*, auctore Eginhardo, apud *Acta S.torum*, t. 1 de juin, p. 199; Dom Bouquet, t. vi, p. 273; Du Chesne, *Scriptores rerum gallicarum*, t. ii, p. 651. — Sur la citation de 870, voy. *Sanctus-Salvius*, dans la section première.

[5] Voy. *Crux* et *Avisinæ*. — Comparez *Solemium*, à la section première.

[6] « .... Dominus rex (Carolus) synodum habuit ad Valentianas.... ». *Annales Francorum*, apud Dom Bouquet, t. v, pp. 18 et 37. — « In pago Fanomartinse, super fluvium Scalthus, mansum unum ex fisco nostro Valentianas.... ». *Dipl. Lotharii regis pro m.terio S. Dyonisii* (860). D Oultreman, preuves, à sa date; Doublet, p. 786; Miræus, t. 1, p. 247. — Voy. aussi *S. Salvius*, et, dans la section première, le mot *Valenciana*.

## Article II.

DIVISIONS DU *pagus Fanomariensis*.

### § I.

### Vicaria Valentianensis
(décanat de Valenciennes).

Voyez ce que nous avons dit au chapitre VII.

### § II.

### Vicaria Hasprensis (Solemnensis ?)
(décanat d'Haspres).

Même observation.

### § III.

### Vicaria seu pagus Templutensis
(décanat d'Avesnes)

| | |
|---|---|
| LIGNIACÆ (XI.e siècle) [1]. | Linières, à Prisches (Fr., arr. d'Avesnes, cant. de Landrecies). |

[1] Voy. *Lideneicæ*, à la section première.

MONASTERIUM (époque incon-  Moustier-en-Fagne (Fr., arr.
nue) [1].  d'Avesnes, cant. de Trélon).

WALLARE (691); WASLARE
(VIII<sup>e</sup> siècle?); WASLAUS (idem);  Wallers (Fr., arr. d'Avesnes,
GUASLARIS (idem); WASLERUS  cant. de Trélon).
(X<sup>e</sup> siècle) [2].

# APPENDICE.

## LA FAGNE.

ÆPRA aqua (634 ou 640) [3].    L'Helpe mineure, rivière (Fr.).

---

[1] « Et ea quæ in pago Templutensi Monasterium dicta, ab eodem Lan-delino ædificata et Lobiis deputata ». Ancien manuscrit de Lobbes, cité dans VINCHANT et RUTTEAU, p. 75. — Voy. ci-après la Fagne.

[2] « Similiter monasterium Wallare, cum universis appendiciis... ». Dipl. Pippini pro m.<sup>terio</sup> Laubiensi (691). MIRÆUS, t. II, p. 1126. — « In Templuensi pago.... cœnobium Waslare... ». Vita S. Landelini, apud Acta S. Belgii, t. IV, p. 461. — « In Templutensi pago, cœnobium Was-laus,... », Altera vita, ibidem, p. 461. — « Tertium quoque ædificavit cœno-bium in Templutensi pago, Guaslaris dictum,... ». Altera vita, apud MABIL-LON, Acta, etc., seculo II, p. 875. — « Ad monasterium quod ex nomine fluvii secus illud decurrentis vocatur Waslerus.... ». Vita S. Dodonis, apud Acta S. Belgii, t. VI, p. 572. — Voy. aussi RAISSIUS, p. 182; PHILIPPE DE HARVENG, p. 777.

[3] « Prædium meum in Fania, Wallare dictum...; villam Baviam...; aquam ipsam et ipsius decursum, sicut defluit per territorium ipsum, in-cipiens à loco qui vocatur Raillies usque dum descendit in aquam dic-

| | |
|---|---|
| ÆTIMUNDI (634 ou 640) ; EUMONT (697) [1]. | Bois de Neumont, à Baives, Moustier et Wallers (Fr., arr. d'Avesnes, cant. de Trélon. |
| ARGILIA rivus (1112) [2]. | Ruisseau inconnu. |

[1] tam Æpram : silvam quæ dicitur Ætimundi totam... usque ad aquam prædictam inter Baviam et Wallare.... ; et ab eadem aqua totam silvam quæ dicitur Brolium et Fania, et Mansilium, et Clarus-Voionus, et Willamanus, silvam propè Wilhies à monte Gomundi et Merdoso Voiono usque in villam de Wilhies... silvam Ducionis... ». *Dipl. Dagoberti pro sancto Landelino* (634 ou 640). WAULDE, p. 315 ; MIRÆUS, t. I, p. 489 ; PARDESSUS, *Diplomata*, etc., t. II, p. 30.

[1] Voy. *Æpra.* — « Villas de Moustiers et de Bavis.... Hæc autem sunt loca de præcinctura illius prædii : terminus aquæ incipiens a loco qui dicitur Ralhiers usque de sub Moustiers ad nemus sanctæ Monegundis diffluiens. Terminus silvarum : nemus totum quod dicitur Eumont usque ad aquam venientem de Walhiers. cum omni territorio et pagnagio et justitia in omnibus, et ab aqua Wallers totum nemus quod dicitur Bruelh et Fangias usque ad Le Voion usque ad Willenier, et alia silva juxta Wilhies à monte qui dicitur Gomont et Merdosum-Vadum, usque ad villam de Wilhies et nemus situm in finio de Duchon ». *Dipl. Pippini pro m.terio Laubiensi* (697). MIRÆUS, t. III, p. 283. — Le bois de Neumont, dont il est ici question, s'étendait depuis le bois de Baillièvre jusqu'à l'Helpe, sur les villages de Baives, Wallers et Moustier. M. PIÉRART, p. 247 ; *Annuaire*, etc., 1836, p. 37 ; *Recherches sur l'ancien Hainaut* (manuscrit de M. H. ROUSSELLE).

[2] « Quatuor potestates villarum adunari fecit, videlicit de Willies, de Monasterio in Fania, de Wasleirs et de Trelon.... et quoddam allodium quod.... allodio ville que Helpra dicitur.... et terre de Simeri contiguum est... Exinde in Faniam procedentes, processum est à superiori furceo Turbe per Copinii avialia... usque ad campum de Runcroet...; in loco ubi tres vie in invicem copulantur, videlicet de Helpra ad Trelon, de Willies ad Wasleirs et inde ad Letias.... De hac via processerunt usque ad rivum Merdosi-Voium et inde usque..... ad originem rivi de Argilia... et... venerunt ad terram sancti Martini de Glaion, et inde usque ad rivum de Corbion.... Ab alio rivo qui Salneria dicitur usque ad Tassenarias et usque ad calceiam ubi transeunt euntes de Letiis ad Feron, et è transverso usque ad terram de Sanctis et de Ramulgies.... ». *Carta Odonis episc. pro m.terio Lætiensi* (1112). *Codex*, n.° CI.

| | |
|---|---|
| Bavia (654 ou 640); Bavis (697) [1]. | Baives (Fr., arr. d'Avesnes, cant. de Trélon). |
| Brolium silva (654 ou 640); Bruelh nemus (697) [2]. | La taille du Borgne, à Wallers (Fr., arr. d'Avesnes, cant. de Trélon). |
| Clarus Voionus (654 ou 640); Voion (697) [3]. | Clair-Voyant, ruisseau à Willies et Eppe-Sauvage (Fr., arr. d'Avesnes cant. de Trélon). |
| Copinium (1112) [4]. | Lieu inconnu. |
| Corbriolum (XI.e siècle); Corbion rivus (1112) [5]. | Ruisseau inconnu. |
| Ducionis silva (654 ou 640); Duchon (697) [6]. | Hauteur, au nord-ouest de Moustier-en-Fagne (Fr., arr. d'Avesnes, cant. de Trélon). |
| Fania (654 ou 640); Fangiæ (697) [7]. | Partie de la Fagne (Fr.). |
| Féron (1095, 1112) [8]. | Féron (Fr., arr. d'Avesnes, cant. de Trélon). |

---

[1] Voy. Æpra et Ætimundi.

[2] Voy. Æpra et Ætimundi. — D'après M. Piérart, p. 247, ce serait un lieu appelé la taille du Borgne. — Un ruisseau, nommé le Brule, passe à Wallers ; il reçoit le Merdris et le Brumbaix. Mme Clément-Hémery, Promenades, etc., t. II, p. 89.

[3] Voy. Æpra et Ætimundi. — On trouve, entre Willies et Eppe-Sauvage, des fontaines qui forment la petite rivière de Clair-Voyant, laquelle se jette dans l'Helpe-majeure, Mme Clément-Hémery, t. II, p. 88 ; Dieudonné, Statistique du département du Nord, t. III, p. 388.

[4] Voy. Argilia.

[5] Idem. — « Gloriosus vero Etto in delegatum sibi locum a domino cælitus advenit, super fluvium nomine Corbriolum ». Vita S. Ettonis, apud Acta Sanctorum, t. III de juillet, p. 61.

[6] Voy. Æpra et Ætimundi. Comparez M. Piérart, p. 247.

[7] Voy. Æpra et Ætimundi.

[8] Voy. Argilia. et le mot Avesne au pagus major.

GLAION (1112)¹.                   Glageon (Fr., arr. d'Avesnes, cant. de Trélon).

HELBRA (1112)².                   Eppe-Sauvage (Fr., arr. d'Avesnes, cant. de Trélon).

LETIÆ (1112)³.                    Liessies (Fr., arr. d'Avesnes, cant. de Solre-le-Château).

MANSILIUM (634 ou 640)⁴.          Mansille, ferme à Ramousies (Fr., arr. d'Avesnes, cant. d'Avesnes-Nord).

MERDOSUS VOIONUS (634 ou 640); MERDOSUS VADUS (697); MERDOSUS VOIUS (1112)⁵.    Le Merdris, à Wallers (Fr., arr. d'Avesnes, cant. de Trélon).

MERLESSART (1145); MERLE-SART (1182)⁶.   Lieu inconnu.

MOUSTIERS (697); MONASTE-RIUM (1112 et 1185)⁷.   Moustier-en-Fagne (Fr., arr. d'Avesnes, cant. de Trélon).

RAILHIES (634 ou 640); RAL-HIERS (697)⁸.   Étang, entre Baillièvre et Robechies (Belg., arr. de Charleroi, cant. de Chimai).

¹ Voy. *Argilia*.
² Idem. Voyez aussi ce mot, au *pagus major*.
³ Idem, et le mot *Lætitia*, au *pagus major*.
⁴ Voy. *Æpra*. Comparez M. PIÉRART, *loc. cit.*
⁵ Voy. *Æpra, Argilia* et *Ætimundi*. Comparez M. PIÉRART, p. 254; M⁰⁰ CLÉMENT-HÉMERY, t. II, p. 89.
⁶ « Quidquid terre culte et inculte nostri juris inter duas silvas Faniam et Teraciam.... in qua curtim que Merlessart nuncupatur construxerunt ». *Carta Radulphi abb. Maricol* (1145). *Codex*, n.° CXXII. — « Concessitque ecclesia de Cymaco .. ad usus eorum qui in domo de Merlesart commorantur » *Carta capituli Chimacensis pro abbatia Clari-fontis* (1183). MIRÆUS, t. IV, p. 521.
⁷ Voy. *Argilia* et *Ætimundi*. — « In Cameracensi episcopatu, Monasterium in Fania....». *Bulla Lucii papæ pro m.terio Lobiensi* (1183). MIRÆUS, t. III, p. 713.
⁸ Voy. *Æpra* et *Ætimundi*. Comparez M. PIÉRART, p. 247.

| | |
|---|---|
| Ramulgies (1112, 1115, etc.); Rammousies (1180) [1]. | Ramousies (Fr., arr. d'Avesnes, cant. d'Avesnes-Nord). |
| Rancia (XI.ᵉ siècle) [2]. | Rance (Belg., arr. de Charleroi, cant. de Beaumont). |
| Runcroet campus (1112) [3]. | Lieu inconnu. |
| Salneria rivus (1112) [4]. | Ruisseau du département de l'Aisne. |
| Sanctæ (1112) [5]. | Sains (Fr., arr. d'Avesnes, cant. d'Avesnes-Sud). |
| Simeri (1112) [6]. | Semeries (Fr., arr. et cant. d'Avesnes). |
| Tassineriæ (1112) [7]. | Taisnières-en-Thiérache (Fr., arr. d'Avesnes, cant. d'Avesnes-Nord). |
| Terluinus (avant 675 et XI.ᵉ siècle); Trelon (1112 et 1180); Trellum (XII.ᵉ siècle) [8]. | Trélon (Fr. arr., d'Avesnes, cant. de Trélon). |
| Turba rivus (1112); Tourbe (1219) [9]. | Ruisseau inconnu. |

[1] Voy. *Argilia*, et les mots *Avesne* et *Formiæ* au *pagus major*.
[2] *Vita S. Hiltrudis*, apud *Acta sanctorum*, t. VII de septembre, p. 499.
[3] Voy. *Argilia*.
[4] Idem.
[5] Idem, et le mot *Santa* au *pagus major*.
[6] Idem, et le mot *Semereiæ* au *pagus major*.
[7] Voyez *Argilia* et le mot *Taisneræ* au *pagus major*.
[8] *Testamentum S. Aldegundis* (avant 675). *Codex*, n.° IV. — « Mulier quædam de villa quæ Terluinus nuncupatur... ». *Vita S. Hiltrudis*, apud J. de Guyse, l. VIII, p. 354. — « Dum contra eum (Nicolaum) pro Trellum castello placitaret... ». Hermanni *Chronicon*, apud Acherii *Spicilegium*, t. XII, p. 417. — Voy. aussi *Argilia* et le mot *Avesne*, au *pagus major*.
[9] Voy. *Argilia*. — Une charte de Liessies mentionne le « wies de Tourbe jusque au rieu de Willies, si comme Tourbe fu en Eppre ». *Premier cartulaire de Liessies*, aux Archives du département du Nord, à Lille, charte n.° 55.

WALLARE (634 ou 640) ; WAS-LOI (870) ; WASLARE (X.° siècle) ; WASLEIRS (1412) [1].

WILHIES (634 ou 640, 697, etc.) ; WILLIES (1412) [2].

WILLAMANUS (634 ou 640) ; WILLEMER (697) [3].

Waslers (Fr., arr. d'Avesnes, cant. de Trélon).

Willies (Fr., arr. d'Avesnes, cant. de Trélon).

Localité inconnue.

---

[1] Voy. Æpra et Argilia. — « Cœnobium Waslare versus Theorasclesalium, in finibus Fanire... ». FOLCUIN, apud ACHERII *Spicilegium*, t. VI, p. 548 ; PERTZ, t. VI, p. 57. Voy. aussi MIRÆUS, t. I, p. 28, et le mot *Wallare*, au *pagus Templutensis*.

[2] Voy. Æpra, Ætimundi et Argilia.

[3] Voy. Æpra et Atimundi.

# PARTIE III.

Tableau des archidiaconés de Hainaut et de Valenciennes avec leurs divisions en décanats, antérieurement au XVI.e siècle [1].

## ARCHIDIACONATUS HANNONIENSIS

### DECANATUS DE BAVACO.

| NOMS ANCIENS. | NOMS MODERNES. | PATRONS. | TAXES. | COLLATEURS. |
|---|---|---|---|---|
| Angriel | Angreau (Belg.) | S. Amand. | xxv l. | Capit. S. Crucis Camer. |
| Capell. ibid. | | | xv l. | id. |

[1] Nous avons fait usage, pour la reconstitution de ces deux archidiaconés, tels qu'ils existaient avant le XVI.e siècle, de différents textes de pouillés anciens du diocèse de Cambrai. Nous citerons : 1.° Un pouillé du XV.e siècle, appartenant aux archives du Royaume, (collect. des cartulaires et manuscrits, n.° 387a), et provenant de la bibliothèque de feu M. DeJonghe. Il est intitulé : « *Taxationes antiquorum beneficiorum civitatis et dyocesis Cameracensis.* » Ce pouillé est postérieur à l'année 1407, comme le prouve une note relative au chapitre de Lobbes, et il doit avoir été rédigé à Maubeuge, car il donne les noms des chapelains de cette ville. Ce pouillé est le plus complet et le plus correct de tous ceux que nous avons pu examiner ; c'est celui que nous publierons, en signalant en note les variantes tirées des autres pouillés. 2.° Un pouillé du XIV.e siècle (in-folio vélin), reposant aux archives de l'État, à Mons, et provenant des archives de l'abbaye de Saint-Denis en Broqueroie. Il est intitulé : *Stimatio decime omnium beneficiorum ecclesiasticorum in cyvitate et dyocese Cameracensibus, tam in regno quam in imperio, et ecclesiarum cathedralis, collegiatarum et conventualium, dignitatum, personnatuum et officiorum perpetuorum, parochiarum et capellaniarum, secundum modum antiquis observatum ordinem alphabeti* ». Ce pouillé est plus ancien que le précédent, et nous l'aurions pris pour base de notre travail s'il avait renseigné les collateurs des diverses paroisses. Les variantes de ce pouillé nous ont été indiquées par M. DEVILLERS. M. LACROIX (*Inventaire des archives du Hainaut*, p. 28), et, après lui, M. DESROVERS

| Angrs [1] [Cantuar. ibid.] [2] | Angre (Belg.) | S. Martin. | xxxii l. iis. | Cap. Camer. |

(*Annuaire*, t. xxv, p. 376) citent un pouillé des mêmes archives, rédigé vers le xvi.ᵉ siècle et intitulé : « *Taxationes beneficiorum diœcesis Cameracensis juxta antiquam taxam cum eorum collatoribus* ». Nous n'en avons pas fait usage. 3.° Un pouillé des archives de l'archevêché de Malines, mentionné par M. Desnoyers (*Annuaire*, t. xxv, p. 375), et dont une copie nous a été communiquée par M. de Ram. Il date des années 1440-1447, et il a pour titre : « *Taxationes beneficiorum civitatis et diœcesis Cameracensis secundum antiquam taxationem, sed reductam ad monetam currentem per decretum Urbani quinti* (+ en 1307) *cum designatione suorum collatorum* ». Ce pouillé est presque aussi complet que le premier, mais il est incorrect, si nous en jugeons par la copie. Il est postérieur à celui des archives du Royaume, car le chiffre des taxes y est souvent plus élevé, et il cite un plus grand nombre de chapellenies. Pour les taxes, il a beaucoup de ressemblance avec les deux suivants : 4.° Un pouillé qui paraît être aussi du xv.ᵉ siècle, et provenant des archives de la ville de Bruxelles (Recueil D, copie du xviii.ᵉ siècle, pp. 193 et suiv.). Il a pour titre : « *Codex antiquus episcopatus Cameracensis in suos decanatus divisus, et patroni pastoratuum in iisdem existentium. — Codex ex pervetusto libro manuscripto cui titulus est; Taxationes beneficiorum Cameracensis civitatis diœcesis, secundum antiquam* (sic), *ubi habentur sequentia circa medium fol.* xxxi et xx ». La partie flamande est plus complète que la partie wallonne. Il se borne à donner le nombre des chapellenies sans les indiquer et il omet le chiffre de la taxe. Il a beaucoup de rapport avec le suivant : 5.° Un pouillé publié par M. Le Glay (*Cameracum Christianum*, p. 494) ; ce savant et M. Desnoyers (*Annuaire*, etc. t. xxv, p. 375) en placent la rédaction à la fin du xv.ᵉ siècle. Il donne toutefois le décanat de Lessines qui ne fut créé qu'au xvi.ᵉ siècle. M. Le Glay, dans sa publication, a supprimé les chapellenies. 6.° La liste des paroisses du Hainaut, en 1186, publiée dans J. de Guyse (t. xii, p. 335). Cette liste, si tant est qu'elle remonte au xii.ᵉ siècle, renferme de nombreuses erreurs. M. Benezech (*Etudes sur l'histoire de Hainaut de J. de Guyse*. Valenciennes, Prignet, 1851) a publié, d'après les manuscrits de Valenciennes, des variantes qui figureront dans les notes. Nous ferons usage, pour désigner les différents pouillés, des abréviations suivantes : M, pouillé de Mons ; MA, pouillé de Malines ; B, pouillé des archives de Bruxelles ; L, pouillé de M. Le Glay ; G, liste de J. de Guyse, et BE, variantes de M. Benezech.

[1] Angre cum Oignezies (Onnezies), L. Voyez ce dernier mot au décanat de Valenciennes, et aussi une charte de 1139. *Codex*, n° cxix. — [2] L.

| | | | | |
|---|---|---|---|---|
| Basiu [1]. | Baisieux (B.). | S. Aldegund. | xxi l. vi s. [2] | Abb. Bernard. |
| Bavay [3]. | Bavai (Fr.) | B. Maria. | xxxii l. | Abb. id. |
| Cap. ibid. de Parvo Querebeto [4]. | | | xii l. | Capit. Camer. |
| Cap. ibid. Sancti Jacobi. | | | ix l. [5]. | id. |
| Cap. ibid. d'Audregnies [6]. | Audignies (F.). | | x lib. | id. |
| Cap. ibid. S. Katherine. | | | xv l. | id. |
| Cap in cimiterio ejus per Petrum d'Ayne fundata [7]. | | | | id. |
| [Belignies] [8]. | Bellignies (F.). | | xii l. | Abb. de Crisp. |
| Bertrechies [9]. | Bettrechies (F.). | S. Martin. | xv l. | Capit. Camer. |
| Bliaughies [10]. | Blaugies (B.). | S. Albin. | xxv l. | Abb. S. Ghisl. |
| Cap. ibid. b. Marie [11]. | | | | id. |
| Boussut [12]. | Boussu (B.). | S. Gauger. | xl l. | id. |
| Cap. SS. Nicolay et Katherine. | | | xvi. l. [13] | id. |
| Cap. ibid. b. Marie. | | | xv. l. | id. |
| Cap. ibid. castri. | | | xx l. [14]. | id. |
| Cap. S. Nicolay de Henneton [15] | Henneton (B.). | | xv l. [16]. | id. |
| Crespin [17]. | Crespin (F.). | S. Martin. | xxv l. [18]. | Abb. de Crisp. |
| Cap. ibid. beate Marie. | | | xv l. | id. |

[1] Baysiu, M; Haisieu, MA; Balsieu, L; Basieul, B; Baizue, G; Baizieu, BE. — [2] xxi l. vi s., MA. — [3] Bavacum, MA, L, B. — [4] Carcheto, MA? — [5] MA. — [6] Dandregines, MA. — [7] Capellania in cimiterio non taxata, MA. — [8] L, G, BE; Bellegnies, MA. — [9] Bietrechies, M, L, B, G; Bittrenes, MA; Betterchies, BE. Voyez ci-après une charte de 1159. Codex, n.° cxxviii — [10] Blaugies, M; Bliangies, MA; Blyaughies, L; Blianchies, B; Bliaugies, G; Bliangie, BE. Voy. ci-après une charte de 1159, Codex, n.° cxxviii. — [11] Non taxata, MA. — [12] Bussut, B; Bossut, G. — [13] xvi l. x s., MA. — [14] MA. — [15] M donne cette chapelle séparément. — [16] xx l., MA. — [17] Crispinium, L; Crispin, B. — [18] xxx l., MA et L.

| | | | | |
|---|---|---|---|---|
| Cap. ibid. sancti Nicolay. | . | . | xiii. ns. [1]. | id. |
| [Cap. b.te Catharinæ] [2]. | | | | |
| Dour. | Dour (B.). | S. Victor. | xx l. | Abb. S. Ghisl. |
| [Erkenne] [3]. | Erquennes (B). | S. Ghislen. | xxii l. | Abb. S. Ghisl. |
| [Erbelines] [4]. | loc inconnue. | | | |
| Eslouges [5]. | Elouges (B). | S. Martin. | xxv l. | Abb. de Crisp. |
| Cap. pulcre Crucis [6]. | . | . | . | id. |
| Fait [7]. | Fayt-le-Franc (B). | S. Nicol. | xxv l. | Ibi. S. Ghisl. [8] |
| Cap. ibid. | . | . | . | id. |
| Cap. ibid. [9] | . | . | x l. | id. |
| Flamengherie [10]. | Flamengrie (F). | . | xii l. vi s. | Thesaur. Cam. |
| Gussignies [11]. | Gussignies (F) | S. Medard. | ix l. [12]. | Abb. de Crisp. |
| Hons [13]. | Hon-Bergies (F). | S. Martin. | xxv l. ix s. [14] | Abb. Lobiens. |
| Hornut [15]. | Hornu (B.). | SS. Martin. et Ghislen. | xxi l. v s. [16] | Abb. S. Ghisl. |
| Cap. ibid. sancti Nicolay. | . | . | xxv l. [17]. | id. |
| Cap. ibid. sancte Katherine. | . | . | . | id. |
| Cap. ibid. beate Marie [18]. | . | . | xv l. | id. |
| In S.to Ghisleno. | | | | |
| Cap. b.te Marie [19]. | . | . | xv l. | id. |
| Cap. ibid. beate Marie Magdalene. | . | . | xv l. | id. |
| Hennin [20]. | Hainin (B.). | . | xx l. | id. |

[1] xii l. x s., MA. — [2] MA. B. ne mentionne que cette chapelle. — [3] M, MA, L, B, G, BE. — [4] M. — [5] Elouges, M, B. — [6] Non taxata, MA. — [7] Fagetum, MA et L ; Flagetiny (sic), B ; Fayt, G et BE. — [8] Capitulum Cameracense, L. — [9] MA et B n'indiquent qu'une seule chapelle. — [10] Flamengerie, M et B ; Flamengries, MA ; Flamengrie, G et BE. — [11] Busignies, M ; Gussegnies, MA, G et BE ; Guissegnies, L ; Gusignies, B. — [12] xxxvi. lib., MA ; xxiv l., L. — [13] Hons, B ; Hon-S.ti-Petri, G et BE. — [14] xxvi l. x s., MA et L. — [15] Hournut, MA ; Hornutum, L ; Hormi (sic), B. — [16] xxii l. v s., L. — [17] xv l., MA. — [18] In Hornuto, MA. — [19] MA et B n'indiquent pas cette chapelle. — [20] Haini, MA ; Haym (sic), B ; Henin, G et BE.

| | | | | |
|---|---|---|---|---|
| Cap. ibid. sancti Johann. Bapt. | . | . | xv l. | Abb. S. Ghisl. |
| Cap. ibid. sancti Nicolay. | . | . | xv l. | id. |
| Hensies [1]. | Hensies (B.). | S. Georg. | xxii l. vii s [2] | Capit. Camer. [2] |
| Cap. ibid. | . | . | xv l. | id. |
| Housdaing [3]. | Houdain (F.) | S. Martin. | xxv l. | Abb⁹⁹ Melbod. |
| Kyevraing [4]. | Quiévrain (B.) | S. Martin. | liii l. vii s [5] | Capit. Camer. |
| Cap. ibid. sancti Nicolay. | . | . | xxi l. v s. [5] | id. |
| Cap. ibidem castri. | . | . | xv l. [6] | id. |
| Cap. ibidem nova. | . | . | xx l. vi s. [7] | id. |
| [Kieverchin] [8]. | Quiévrechain (F.). | . | | |
| Longavilla. | La Longaville (F.) | S. Aldegund. | xxxv l. | Abb⁹⁹ Melbod. |
| Cap. ibid. domini temporalis. | . | . | xv l. | id. |
| Louvegnies [9]. | Louvignies-lez-Bavai (F.) | S. Nicol. | xxxii l. iii s. [10]. | Abb. S. Ghisl. |
| Cap. ibidem castri [11]. | . | . | xv l. | id. |
| Cap. altera ibidem Maisnil cum Hargny [13]. | Vieux-Mesnil et Hargnies (I) | . | xv l [12]. | id. |
| | | . | xxv l. | Abb. Altimont. |
| Cap. ibid. beate Marie. | . | . | xv l. [14] | id. |
| Cap de dono Ruffi du Mesnil. | . | . | xvi l. | id. |
| Cap. b.ᵗᵉ Marie de Onzies [15]. | . | . | x l. | id. |

[1] Heuchies, MA; Henzies, G et BE. — [2] Abbatissa Melbodiensis, B. Il y a sans doute confusion avec Houdaing, à qui B n'indique pas de collateur. — [3] Houdaing, M, MA, L, B. Omis dans G. — [4] Kevraig, M; Kievraing, MA, L et G; Kieraing, B. — [5] xxii l. vii s, MA. — [6] MA. — [7] xii l. v s. — [8] B et G. — [9] Bovingnies, M; Lonnegnies, MA; Louvegnies in Bavacesio, L; Louvignies in Baudsio (sic), B; Bonnegnies, G et BE. — [10] xxxvii l. iii s, MA et L. — [11] Capuis beatæ Catharinæ in castro, MA. — [12] xi l., MA. — [13] Maisnil et Harigni, M; Maisnil et Argni, B. G. donne, selon son habitude, les deux localités séparément. — [14] MA. — [15] Beatæ Catharinæ de Oisies. MA.

— 223 —

| | | | | |
|---|---|---|---|---|
| Mickegnies [1]. | Mequignies (F). | S. Aycard [2]. | xxxvii l. vi s. | Abb. S. Vedasti. |
| Cap. ibid. | | | xvi l. | id. |
| Monstruel [3]. | Montrœul-sur-Haine (B.). | | lx l. [4]. | Capit. Camerac. |
| [Cap. in castro de Monstreul] [5]. | | | | |
| Montegnys cum Audregnies [6]. | Montignies-sur-Roc et Audregnies (B.). | | xxxii l. [7]. | id. |
| Cap. Trinitatis ibid. | | | xxx l. | id. |
| Morcipont [8]. | Marchipont (B.) | | xv l. [9]. | id. |
| Cap. ibid. | | | xxv l. | id. |
| Quarta [10]. | Quartes (F.). | B. Maria. | xl l. | Cap. S. Gaug. Camer. |
| Cap. ibid. de Porcaria [11]. | | | xvi l. | id. |
| Roisin [12]. | Roisin (B.). | S. Ægid. | xxx l. | Thesaur. Cam. |
| Cap. ibid. beate Marie. | | | xv l. | Cap. Camer. |
| Cap. B. Aldegundis in castro. | | | xv l. | id. |
| [In ecclesia de Roysin capellania non taxata] [13]. | | | | |
| [Cap. de parvo Quercelo] [14]. | | | | |
| [Sanctus-Ghislenus] [15]. | Saint-Ghislain (B.). | S. Martin. | xxvi l. | Abbas loci. |
| Sanctus-Vedastus [16]. | S¹-Vaast-lez-Bavay (F.). | | xx l. [17]. | Cap. Camer. |

[1] Mekegnies, M ; Merlegnies, MA ; Meckegnies, L ; Miequegnies, B. — [2] MA ne donne pas le patron. — [3] Monstreuel, L ; Monstreul sur Hayn, B. — [4] xl lib., MA. — [5] M. — [6] Montegnies et Audregnies, M et L ; Montigny et Andregines, MA ; Montigni et Andrenies, B. Jacques de Guyse donne les deux séparément. — [7] xxxiii l., MA ; xxxiv l., L. — [8] Morchipont, M, MA, L, B et BE ; Morchimpont, G. — [9] xxv l., L. — [10] Quartes, B et G. G mentionne aussi Pont, dont Quartes est aujourd'hui le hameau. — [11] Portaria, M ; de Lebo, MA. — [12] Roysin, B. Omis dans L. — [13] MA — [14] M. — [15] L, G et BE. — [16] xxviii, MA et L. — [17] Voy. ci-après une charte de 1189. Codex, n° cxxviii.

| | | | | |
|---|---|---|---|---|
| Taisnières¹. | Taisnières-sur-Hon (F). | B. Maria. | xvi l. | Abb. Lobiens.² |
| Cap. ibid. B. Marie. | | | xv l. | id. |
| Cap. ibid. B. Nicolay³. | | | xv l. | id |
| Thulin⁴. | Thulin (B.). | S. Martin. | xxx l. | Abb. S. Ghisl. |
| Cap. ibid. B. Katherine⁵. | | | xx l. | id. |
| Viesmainil⁶. | Vieux-Maisnil (F.) | S. Martin⁷. | xiii l.⁸ | Abb. Altimont. |
| [Cap. Nutoun (?)]⁹. | | | xvi lib. | id. |
| [Cap. B Marie]¹⁰. | | | xv l. | id. |
| [Onsoies (?) cap.]¹¹. | | | | |
| Wiheries¹². | Wiheries (B). | | xxii l. | Abb. S. Ghisl. |

[In decanatu Bavacensi sunt 55 parochiales ecclesie]¹³.

### DECANATUS DE MONTIBUS.

| | | | | |
|---|---|---|---|---|
| Arkenne¹⁴. | Arquennes (B.) | | x l. | Abb. S. Foillani¹⁵ |
| Ascoulies cum Buysines¹⁶. | Asquillies et Bougnies (B.) | SS. Maria et Martin. | xxiv l. | Abb de Crespin.¹⁷ |
| Baudour¹⁸. | Baudour (B.) | S. Gauger. | xxx l. | Abb. S. Ghisl. |
| Cap in heremo de Baudour¹⁹. | | | xii l. | Id. |
| Cap. in domo domini loci. | | | | id. |

¹ Tamers, MA ; Thaynières, B ; Taimnières, G et BE. — ² Abbas Lœtiensis, B. C'est sans doute une erreur de copie. — ³ Omises dans B. — ⁴ Thoulin, L ; Thullin, G et BE. — ⁵ Capellania ibidem, MA. — ⁶ Visamanil, M ; Vieux-Maisnil cum Hargnies, L ; Viesmaisnil, B ; Viesmainsnil, G ; Vies-Mainsnil, BE. Voy. le mot Maisnil. — ⁷ L ne donne ni patron ni collateur. — ⁸ xxxiii l., MA ; xxii l., L. — ⁹ MA. — ¹⁰ MA. — ¹¹ M. — ¹² Ugheries, L ; Vieheries, B.; Weheries, G et BE. — ¹³ L. — ¹⁴ Arquenne, M ; Arkennes, L. — ¹⁵ Abb. de Crispinio, L. C'est sans doute une erreur ; voy. la note 17 ci-après. — ¹⁶ Ascoullies et Buignies, M ; Ascouilies Boussines, MA ; Ascouilles et Busmes, L ; Ascovillies et Busnies, B ; Ascoillies, Buignies, G. — ¹⁷ Abb. S. Foillani, L. — ¹⁸ Baudoux, MA et B. — ¹⁹ Cap. beatæ Mariæ, MA.

| | | | | |
|---|---|---|---|---|
| Brania comitis [1]. | Braine-le-Comte (B). | S. Gauger. | XVI l. [2]. | Cap. S. Waldetrud. |
| Cap. ibid. B. Marie. | | | xv l. [3]. | id. |
| Cap. ibid. B. Katherine | | | xv l. [4] | id. |
| Cap. ibid. B. Nicolay. | | | xv l. [5]. | id. |
| Cap. ibid. Beghinarum. | | | xv l. [6]. | id. |
| Cap. du Ploych [7]. | | | xv l. [8]. | id. |
| [Cap. ibidem non taxata] [9]. | | | | id. |
| Cantipratum de Montibus [10]. | Cantimpré (B) | S. Waldetrud. | xxx l. | id. |
| Cap. ibid. S. Elisabeth. | | | xviii l. [11]. | id. |
| Cap. ibid. S. Mikael. | | | xv l. [12]. | id. |
| Cap. ibid. S. Joannis. | | | xvii l. [13]. | id. |
| Cap hospitalis ibid. | | | | id. |
| [Castrum Thiensis] [14]. | | | xx l. | id. |
| Cypli cum Mevuin [15]. | Ciply et Mesvin (B) | S. Remig. | xv l. [16]. | id. [17] |
| [Cap. N. Aurifabri]. | | | | |
| [Cap. Gaverfel]. | | | | |
| Feluy [18]. | Feluy (B.). | S. Aldegund. | xxv l. [19]. | Abb. Bon-Spei [20]. |
| Cap. ibidem beate Marie. | | | | id. |

[1] Voy. ci-après deux chartes de 1150 et de 1193, qui placent Braine-le-Comte en Brabant. Codex, n.ᵒˢ cxxiv et cxi. — [2] xxvii l., MA et L. — [3] MA. — [4] MA. — [5] MA. — [6] MA. — [7] Ploiich, M et MA. — [8] MA. — [9] MA. — [10] Cantimpratum, M, B, L. MA oublie ce nom. — [11] MA. — [12] MA. — [13] MA. — [14] MA. — [15] Cipli et Mevin, M ; Cypli et Menny, MA ; Ciply et Mesnin, L ; Dipli et Meni, B ; Ciply, Mervins, G. — [16] MA. — [17] MA. Notre pouillé n'indique pas le collateur. — [18] Felluy, M ; Felni, B ; Feluiz, G. Voy. ci-après une charte de 673 et une autre de 1177. — [19] xx l., MA. — [20] B n'indique pas le collateur.

| | | | | |
|---|---|---|---|---|
| Frauries [1] | Frameries (B) | S. Waldetrud. | xv l. [2] | Capit. S. Waldetrud. |
| Cap. B. Marie ibid. | . | . | x l. [3] | id. |
| Gothegnies [4]. | Gotlignies (B.) | S. Leodegar. | xxx l. | Abb. S. Dyon. de Broquer. |
| Cap. S. Joannis ibid. | . | . | xv l. | id. |
| Gemapes [5]. | Jemmapes (B) | S. Martin. | xxv l. [6] | Abb. S. Ghisl. |
| Cap. ibid. B. Marie. | . | . | xv l. | id. |
| [Cap. B. Johannis ibid] [7]. | . | . | xx l. | id. |
| Genli cum Morchin [8]. | Genly et Noirchain (B.). | SS. Martin et Aldegund. | xxiv l. | Cap. S. Gauger. Cam. [9]. |
| Cap. ibid. [10]. | . | . | xv l. | id. |
| Gelin [11]. | Ghlin (B). | S. Martin. | xxx l. | id. [12]. |
| Hesvaing [13]. | Härvengt (B.) | S. Martin. | xxx l. | Abb. de Crisp. |
| Havrech cum Ghillege [14]. | Havréet Ghislage (B.). | S. Martin. | xxx l. | Abb. S. Dyon. de Broquer. |
| Cap. ibid. [15]. | . | . | xvi l. 1 s. | id. |
| Cap. ibid. de Belloloco [16]. | . | . | xvi l. | id. |
| Cap. ibid. beate Marie. | . | . | viii l. [17]. | id. |

[1] Frameries et Ugies, M ; Frameries, MA et L ; Frameriez, G. B omet cette localité. Voy. le mot Ugies ci-après. — [2] xxx l., MA. — [3] MA. — [4] Gotegnies, M ; Gommegnies et Gothegnies, MA ; Gothegnies cum Villa succurs., L ; Gomignies Gotignies, B ; Gocegnies G. — [5] Genappes, MA ; Gemappés, L ; Inmapes, G. B omet cette localité. — [6] xxx l., L. — [7] MA. — [8] Genli et Norcin, M ; Geuli et Norchin, MA ; Ghely et Noirchin, L ; Genly et Morchy, B ; Gensy Norchin, G. — [9] Abbas S. Ghisleni, MA ; Capitul. S. Gaugerici et abbas Aquiscinct. alternatim, L. — [10] Cap. beati Jacobi, MA. — [11] Genlin, M ; Ghelin, MA et G ; Gellin, L ; Ghelini, B. — [12] Abbas S. Ghisleni, MA. L n'indique pas le collateur. — [13] Harmaing, MA et B ; Harvaing, L. — [14] Haurech et Ghilleghe, M ; Haurech et Ghisle, MA ; Havrech et Gillage, L ; Haureg et Ghislengien, B ; Haurech Gileges, G. — [15] Cap. beatæ Marie, MA. — [16] Cap. beati Jacobi, MA. — [17] MA ne fixe aucune taxe.

— 227 —

| | | | | |
|---|---|---|---|---|
| Cap. ibid. castri. | | | | id. |
| [Havay] [1]. | Havay (B.). | | | |
| Hennirpont [2]. | Henripont (B.) | S. Nicolaus. | xvi l. [3]. | Abb. Cameren. |
| Hyons [4]. | Hyon (B.). | S. Martin. | xv l. | Abb. Lobbies. |
| Cap. ibid. per Huardum de Hyon (fundata). | | | | id. |
| [Ihy] [5]. | Ihy (B.). | | | |
| Marke [6]. | Marche-lez-Ksmines (B.). | S. Gauger. | xl l. [7]. | Cap. S. Waldetrud. |
| Cap. ibid. beatæ Mariæ. | | | xv l. [8]. | id. |
| Mignau [9]. | Mignault (B). | S. Martin. | xv l. | Abb. S. Foillani [10]. |
| Mons S. Germanus. | Mons. | | xxvii l. | Cap. S. German. Montens. |
| [Cap. S. Jacobi]. | | | xx l. | id. |
| [Cap. S. Eligii]. | | | xv l. | id. |
| [Cap. B. Mariæ Lesmaye]. | | | xvi l. | id. |
| [Cap. Egidii le Heru]. | | | x l. | id. |
| [Cap. B. Catherinæ in ecclesia]. | | | x l. | id. |
| [Cap. ibid. S. Petri] | | | xviii l. | id. |
| [Cap. magni altaris] | | | xxxi l. | id. |
| [Cap. S. Lasari]. | | | xi l. | id. |
| [Cap. Lombardorum] [11]. | | | xviii l. | id. |
| [Mons S. Elisabeth in vico de Nemy [12]. | | | xx l. | id. |

[1] G. Voy., au decanat de Maubeuge, le mot *Gœgnies*. — [2] Heripont, M ; Hermipont, MA ; Henripont, L ; Harmipont, B ; Herimpont, G. — [3] xv l., L. — [4] Hyon, G. — [5] G. — [6] Margne, MA ; Marque, B. — [7] xv l., MA. — [8] xx l., MA. — [9] Mygnau, M ; Migneau, MA ; Mignaut, L ; Mignam, B. — [10] Capitulum S. Waldetrudis, MA. — [11] Toutes ces chapelles sont indiquées dans MA. — [12] L. Voy. ci-après.

— 228 —

| | | | | |
|---|---|---|---|---|
| Mons S. Nicolaus in vico de Havrech [1]. | | | xx l. | |
| Mons S. Nicolaus in vico de Bertemont [2]. | | | xvi l. | Capit. Senogien [3]. |
| Cap. castri Montensis [4]. | | | xxi l. v s. | id. |
| Nasta [5]. | Naast (B.). | S. Martin. | xxv l. | Abb. S. Dyon. de Broquer. |
| Cap. ibid. | | | xv l. | id. |
| Nimy et Maisieres [6]. | Nimy-Maisières (B.). | B. Maria et S. Martin. | xvii l. | Capit. S. Gauger. |
| [Novelles] [7]. | Nouvelles (B.). | | | |
| [Oburcq] [8]. | Obourg (B.). | S. Martinus. | | |
| Petit Rues [9]. | Petit Rœulx-lez-Braine (B.). | | xviii l. | Capit. Nivell. |
| Cap. ibid. B. Nicolay. | | | x l. | id. |
| Quargnon [10]. | Quaregnon (B.). | S. Quintin. | xl l. | Abb. S. Ghisl. |
| Cap. ibid. B. Marie. | | | xv l. | id. |
| [Cap. S. Nicolai non taxata] [11]. | | | | |
| Quemmes [12]. | Cuesmes (B.). | S. Remig. | xxii l. | Cap. S. Waldetr. |
| Cap. ibid. beate Marie. | | | | id. |
| Ronkieres [13]. | Ronquieres (B.) | S. Gauger. | xxii l. ii s. [14] | Abb. Camberon. |
| Scaussines [15]. | Ecaussines-Lalaing (B.). | S. Aldegund. | xvi l. | Persona. |

[1] Hanrech, MA. — [2] Bertaimont, M ; Utermont, MA. — [3] Capitul. S Germanj, MA, L et B. Il y a évidemment là une erreur de notre pouillé. — [4] Notre pouillé est le seul qui mentionne cette chapelle. — [5] Naste, M et B ; Nasces, MA ; Nastia, L ; Naste-Nymi, G. — [6] Nymy, M. — [7] G. — [8] G. [9] Petit Reus, M ; omis dans MA ; Petit Rœulx, B ; Petit Roez, G. — [10] Karignon, M ; Quaregnon, L ; Quarignan, B. — [11] MA. — [12] Quemes, M ; Quesines, MA ; Quesmes, B et L ; Quennie, G. — [13] Ronqmers, MA ; Brocquieres (sic), B. — [14] xxxii l., MA ; xxxii l. ii s., L. — [15] Scasines, M ; Scaussines, MA ; Scausinnes, B. G omet cette localité et la place dans le decanat de Binche (voy. ci-devant).

— 229 —

| | | | | |
|---|---|---|---|---|
| Scassines [1]. | Ecaussines-d'Enghien (B) | S. Remig. | xxx l. | Persona [2]. |
| Cap. ibid. castri. | . | . | xii l. | id. |
| [Cap. castri Montensis] [3]. | | | | |
| Sanctus-Dyonisius in Brokeroca [4]. | Saint-Denis (B) | . | xx l. | Abbas loci. |
| Cap. leprosorum de Montibus. | . | . | xviii l. | id. |
| Sars [5]. | Sars-la-Bruyère (B.) | S. Johan. Bapt. | xvi l. | Persona [6]. |
| Cap. ibid. B. Marie. | . | . | . | id. |
| Cap. ibid. [7]. | . | . | . | id. |
| Tousies [8]. | Thieusies (B.) | S. Petrus. | xxv l. | Abb. S. Dyon. in Broquer. |
| Cap. S. Georgii in domo militis loci. | | | | id. |
| Ugies [9]. | Eugies (B.) | S. Remigius. | xvi l. | Capit. S. Waldetrudis [10]. |
| Cap. ibid. B. Marie. | . | . | xv l. | id. [11] |
| Wames [12]. | Wasmes (B.) | B. V. Maria. | xxx l. | Abb. S. Ghisl. |
| Cap. ibid. S. Katerine. | . | . | x l. [13] | id. |
| Cap. ibid. S. Annæ. | . | . | xi l. [14] | id. |
| [Cap. B. Joannis] [15] | . | . | xx l. | Abb. de Broqueroya. |
| [Cap. S. Michael. ibid.] [16] | . | . | xv l. | id. |

[1] Idem. — [2] Capitul. Scnogtense, B et L. — [3] MA. — [4] Brokeria, M ; Broqueroya, MA, L et B. Voyez ce mot dans notre liste. — [5] G omet cette localité. — [6] Sanctus Johannes Jherosolim., L. — [7] MA n'indique pas ces chapelles. — [8] Thyousies, M ; Thieusies, MA, L et B ; Thieuzies, G. — [9] Wigies, MA ; Wisies, B. — [10] Abb. S. Dyonisii de Broquer., L et B. — [11] Idem. — [12] Wasines, MA ; Wasmes, B ; Waimes, G. G ajoute deux localités : la première, qu'il appelle *Viane*, fait probablement double emploi avec *Viane*, au décanat de Chièvres ; la seconde, du nom de Watignies, nous est inconnue. — [13] MA. — [14] MA. — [15] MA. — [16] MA.

| | | | | |
|---|---|---|---|---|
| Canonici ecclesie sancti Germani Montensis sunt xiv, computato decano, quorum x quilibet taxantur. | | | | xxx l. | |
| Alii vero quatuor quilibet. | | | | xx l. | |
| Decanatus [1]. | | | | xv l. | |
| Capellani dicte ecclesie: | | | | | |
| Cap. S. Jacobi. | | | | xviii l. viii s. [2] | Capit. S. Germani. |
| » S. Andree. | | | | xxx l. | id. |
| » S. Eligii. | | | | xv l. | id. |
| » B. Marie Lissette (?) [3]. | | | | xvi l. | id. |
| Cap. SS. Apostolorum [4]. | | | | xvi l. ix s. | id. |
| Cap. S. Lazari. | | | | xviii l. | id. |
| » S. Katherine. | | | | xii l. | id. |
| » S. Petri. | | | | xviii l. | id. |
| » S. Salvatoris. | | | | xviii l. | id. |
| » majoris altaris. | | | | xxvi l. | id. |
| » S. Pauli. | | | | x l. [5] | id. |
| » S. Nicasii. | | | | xii l. [6] | id. |
| » Lombardorum [7]. | | | | xx l. | id. |
| » de Hompelines quam tenet ecclesia. | | | | | id. |
| Cap. le Grignarde quam tenet ecclesia. | | | | | id. |
| Cap. B. Marie Leomarie (?) | | | | | id. |

[1] MA ne donne pas ces taxes. — [2] xviii l., MA. — [3] Ce dernier mot n'est pas dans MA — [4] MA omet cette chapellenie. — [5] xii l., MA. — [6] x l., MA. — [7] Cette chapellenie et les trois suivantes ne sont pas dans MA.

| | | | | |
|---|---|---|---|---|
| Canonice S.te Waldetrudis Montensis sunt xxxii[1], quarum quælibet taxatur ad. | | | lxxi l. x s.[2] | |
| Decana pro decanatu. | | | xi l. ii s. | |
| Custodia ecclesie. | | | xxxvii l. vi s. | |
| Pro luminari ecclesie. | | | xliiii l. | |
| Prepositura ecclesie | | | xv l. | |
| Canonici ecclesie beate Waldetrudis Montensis sunt decem, quorum quislibet taxatur ad. | | | lxxi l. x s.[3] | |
| Capellani dicte ecclesie[4] : | | | | |
| Cap. Thesaurarie. | | | xx l.[5] | Capit. S. Waldetrudis[6] |
| Cap. S. Johannis Bapt. | | | xxviii l.[7] | id. |
| Cap. ibid. S. Michaelis. | | | xv l. | id. |
| Cap. altaris de medio templi. | | | xi l. | id. |
| Cap. S. Waldetrudis. | | | xv l. | id. |
| Cap. B. Marie Magdalene. | | | xv l. | id. |
| Cap S. Jacobi. | | | xiii l. v s. | id. |
| » S. Nicolai[8]. | | | x l. vii s. | id. |
| » S. Katherine | | | vii l. viii s.[9] | id. |
| » S. Stephani | | | x l. | id. |
| » juxta portale. | | | x l. | id. |

[1] xxx, MA. — xlvi l. x s., MA. — [3] MA omet le détail des taxes. — [4] Capellani Sancte Waldetrudis Montensis, M. — [5] xv l., MA. — [6] MA ne nomme pas le collateur. — [7] xvi l., MA. — [8] In castro, MA. — [9] MA indique deux chapellenies de ce nom : la seconde est taxée à x l. vi s.

| | | | | |
|---|---|---|---|---|
| Cap. B. Marie juxta chorum. | . | . | vııı l. | id. |
| Cap. S<sup>te</sup> Margarete quam fundavit D<sup>nus</sup> de Havrech. | . | . | vııı l. | id. |
| Cap. S. Bartholomey. | . | . | vııı l. | id. |
| Cap. S. Salvatoris. | . | . | xvııı l. ııı s. | id. |
| Cap. ibidem. | . | . | | id. |
| [Cap. Petri de Bossu non taxata] [1]. | . | . | . | . |
| [Cap. sancti Laurentii] [2]. | . | . | vıı l. | |
| [Cap. sancti Andreæ] [3] | . | . | xxx l. | |

[In decanatu de Montibus sunt 34 parochiales ecclesiæ] [4]

### DECANATUS DE BINCHIO.

| | | | | |
|---|---|---|---|---|
| Andreleus [5]. | Anderlues (B) | S. Medard. | xxx l. | Abb. Bonæ-Spei [6]. |
| Cap. ibid. B. Marie. | . | . | xx l. [7] | id. |
| Bievene le Happart [8] | Bienne-lez-Happart (B.) | S. Remig. | xvı l. | Abb. Lobb. [9] |
| Binch [10]. | Binche (B.) | B. Maria. | xlv l. | Cap. Camer. |
| Cap. ibid. S. Jacobi. | . | . | xvı l. [11] | id. |
| Cap. ibid. S. Johannis. | . | . | xıv l. | id. |
| Cap. ibid. S. Petri. | . | . | xv l. | id. |

[1] MA. — [2] Idem. — [3] Idem. — [4] L. — [5] Andreleuues, M ; Andrelues, MA et G ; Anderlus, L ; Andrelies, B. Voy. ci-après une charte de 1177. — [6] Capitul. Camerac, B. — [7] MA. — [8] Bienone le Happart, MA ; Bievene Haport, L ; Bivene le Happart, B ; Bevenne-le-Happert, G. — [9] Capitul. Binchiense, L ; Abbas S. Dionisii de Broqueroia, B. — [10] Binchium, L. — [11] xx l., MA.

| | | | | |
|---|---|---|---|---|
| Cap. comitatus [1]. | . | . | xxx l. | id. |
| Cap. leprosorum. | . | . | xv l. | id. |
| Cap. cui faciunt deservire jurati de Binchio. | . | . | xv l. | id. |
| Cap. ibid. beate Marie Magdalene cui faciunt deservire dicti jurati. | . | . | . | id. |
| Cap. ibid. S. Georgii. | . | . | x l. [2] | id. |
| Cap. ibid. S. Servacii [3]. | . | . | xv l. [4] | id. |
| Cap. S. Nicolay. | . | . | xv l. | id. |
| Cap. ibid. S. Mauri [5]. | . | . | xii l. | Cap. Camer. |
| Cap. B. Aldegundis. | . | . | xii l. | id. |
| Cap. ibid. S. Eligii. | . | . | xii l. | id. |
| [Cap. du Fay ibid. non taxata] [6]. | . | . | . | id. |
| [Cap. B. Maria] [7]. | . | . | xv l. | id. |
| [Cap B. Mariæ Magdalenæ non taxata] [8]. | | | | |
| [Cap. B. Mariæ non taxata] [9]. | . | . | . | id. |
| Binchium parochia [10] | . | Sta Crux. | xii l. [11] | id. |
| Binchium beginagium [12]. | . | B. Elisabeth. | xv l. | id. |
| Boussoit. | Boussoit (B.). | S. Mar. Magd | xvi l. | Abb. S. Dyon. de Broquer. |
| Cap. ibid. [13] | . | . | xiii l. | id. |
| Cap. ibid. hospitalis cui magister ejus facit deservire. | . | . | . | id. |

[1] Comitis, M et B. — [2] xx l., MA. — [3] Ignatii, MA; Severini, B. — [4] xx l., MA. — [5] S. Mariæ, B. — [6] MA et B. — [7] MA. — [8] MA et B. — [9] — MA et B. — [10] MA et B omettent cette paroisse. — [11] xv l., B. — [12] Omis par B. — [13] Cap. B. Mariæ, MA et B.

— 254 —

| | | | | |
|---|---|---|---|---|
| Bray. | Bray (B.). | B. Maria. | xxv l. | Cap. Camer. |
| Buverines [1]. | Buvrinnes (B) | S. Petrus. | xxxii l. | id |
| Carnières [2]. | Carnières (B.) | S. Hilar. | xxii l | D⁰ˢ episcop. |
| [Curtes de Haureulx ibid ] [3] | . | . | iii l. | id. |
| Crois [4]. | Croix-la-Rou- veroy (B.). | B. V. Maria. | xiii l. [5] | id. |
| Famcilleus Rues [6]. | Familleureux (B.). | B. V. Maria. | xxvi l. ix s. [7]. | Abb. Bonæ- Spei. |
| Fontaines episcopi. | Fontaine-l'E- vêque (B.). | S. Christoph. | xvi l. | Capit. S Urs- mar. Lob. |
| Cap. ibid. S. Ni- colay. | . | . | x l. | id. |
| Cap. ibid. castri. | . | . | x l. | Domin. castri |
| » » B. Marie. | . | . | xii l. [8]. | Capit. S. Urs- mari. |
| » S. Joannis. | . | . | . | Domin. loci [9]. |
| Fourchies [10]. | Forchies-la- Marche (B.) | B. V. Mar. | xxi l. [11]. | Cap. S. Urs- mari. |
| Goy [12]. | Ghoy, à la Buis- siere (B.). | S. Martin. | xx l. | Cap. Camer. |
| Cap. ibid. de Bus- seria [13]. | . | . | xvii l. ii s. | id. |
| Harmigni [14]. | Harmignies (B) | S. Ghisl. | xxv l. | Abb. S. Ghisl. |
| Hauchin [15]. | Haulchin (B.). | S. Vincent.; alias : S. Urs- marus. | xv l. [16]. | Cap. S. Ursm. |
| Cap. de Hanne- telles [17]. | . | . | x l. [18]. | id. |

[1] MA omet cette localité ; Bunrines, G ; Bunernies, B. — [2] Carners, MA. Voy. ci-après une charte de 1177. — [3] MA et B. — [4] Croix, MA, L, B, G. — [5] xiv l. Voy. ci-après une charte de 1177. — [6] Familleus Reus, M ; Famil- lempreux, MA ; Familleux Roes, B. — [7] xxvi l. x s., L. — [8] x l., MA. — [9] Capitulum Lobiense, MA. — [10] Forchies M, MA, B, G ; Forchies cum Pieton, L. — [11] xvi l. v s., MA. — [12] Voy. ci-après deux chartes de 1148 et de 1159. — [13] Vuissiers, MA. — [14] Harmgni, M et MA ; Harmi- gnÿ, L ; Harigni, B ; Harmegny, G. — [15] Hanchin, MA ; Houchin, L. — [16] xxv l., L. — [17] Cap. de Hamelles, MA. — [18] xii l., MA.

| | | | | |
|---|---|---|---|---|
| Haudaing [1]. | Houdeng (B.). | S. Joann. Bapt. | xxxv l. | Abb. S. Dyon. in Broq. |
| Hayne [2]. | Haine-Saint-Paul (B.). | SS. Paulus et Egid. | xxv l. | Abb. Bonæ-Spei. |
| Cap. ibid. de Bosco [3]. | | | xii l. | id. |
| [Cap. B. Mariæ de Sarto] [4]. | | | xx l. | id. |
| [Cap. de Haisce ibid non taxata] [5]. | | | | |
| [Cap. de bosco de Hainne] [6]. | | | xii l. | id. |
| Hayne [7]. | Haine-Saint-Pierre (B.). | S. Petrus. | xxv l. | Abb. de Alna [8] |
| Cap. B. Marie de Sarto [9]. | | | xx l. | id. |
| Herlamont [10]. | Chapelle-lez-Herlaimont (B.). | S. German. | xv l. | Abb. Floreff. |
| Cap. de Herste [11] | | | | id. |
| Lestines de Monte [12] | Estinnes-au-Mont (B.). | S. Remig. | xl l. | Capit. Camer. |
| Lestines de Valle [13]. | Estinnes-au-Val (B.). | S. Martin. | xlv l. | id. |
| Cap. ibid. | | | xv l. | id. |
| Leval. | Leval-Trahegnies (B.). | S. Salv. | xxi l. [14] | Abb. de Maricol. |
| Cap. in castro d'Espinoit ejusdem parochiæ. [15] | Epinois (B.). | | | |

[1] Houdéng, M; Housdaing, L; Houdaing, B. — [2] Haynne, M; Hainne, MA; omis par B. Voy. ci-après une charte de 1177. — [3] MA omet cette chapellenie. — [4] MA. Voy. cette chapellenie ci-après, à Haine-St-Pierre. — [5] MA. Ne serait-ce pas la chapelle de Herste à Herlaimont ci-après? — [6] MA. — [7] Haynne, M; Hainne, MA. — [8] Abbas Bonæ-Spei. MA. — [9] Voy. Haine-St-Pierre. — [10] Cap. juxta Herlaimont, MA et B; Herlaimont L. — [11] MA omet cette localité. Voy. Haine-Saint-Paul. — [12] Lescines, MA. — [13] Lescines, MA. — [14] xvi l. v s., MA; xvi l. v s, L. — [15] MA omet cette chapellenie.

— 256 —

| | | | | |
|---|---|---|---|---|
| Lierne [1]. | Leernes (B.). | S. Quirin. | xxv l. | Cap. Loblens. |
| Cap. ibid. | | | xv l. | id. |
| Lobes [2]. | Lobbes (B.). | S. Petrus; alias : S. Ursmarus. | xviii l. | Abb. loci [3]. |
| Marege [4]. | Maurage (B.). | S. Joann Bap. | xviii l. | Abb. S. Dyon. in Broq. |
| [Cap. beati Nicolai de Braille non taxata] [5] | | | | |
| Marlowes [6]. | Morlanwelz(B.) | S. Martin. | xxx l. | Abb. Bonæ-Spei. |
| Cap. ibid. beghinarum. | | | xv l. | id. |
| Cap. ibid. domini de Rodio. | | | xvii l. vii s. | id. |
| Cap. de Bellecourt in ejus parochia, cui faciunt deservire scabini loci [7]. | Bellecourt (B.) | | | id. |
| [Cap. in abbacia] [8] | | | xv l. | id. |
| Merbes [9]. | Merbes-Ste-Marie. | B. V. Maria. | xvi l. i s. [10] | Cap. Loblens. |
| Merbes-Castri [11]. | Merbes-le-Château (B.). | S. Martin. | xxv l. | id. |
| Cap. ibid. S. Gertrudis. | | | xii l. | D⁻ de Ligne presentat episcopo per suas litteras. |
| Cap. ibid. S. Jacobi. | | | xii l. | id. |

[1] Liergne, M, MA et B; omis par L. — [2] Lobbes, MA, L, B. — [3] Capitul S. Ursmari Lobiensis, MA; Cupit. Binch., L. — [4] Marèghe, M; Mauraiges, MA et L; Mairage, B; Marages, G. — [5] MA. — [6] Morbennées (sic), M; Merlauwes, MA; Morlanwel, L; Morlauwes, B; Mörlanwelz, G. — [7] B indique à Morlanwelz cinq chapelles dont une appelée « Capellenia castri ». — [8] MA — [9] Mierbes, MA, L et B; Mierkes, G; Merkes, BE. — [10] xvi l. xii s., MA; xvi l. ii s., L. — [11] Merbes-Castelli, M; Mierbes, MA, L et B; Merkes-Castrum, BE et G.

— 237 —

| | | | | |
|---|---|---|---|---|
| Cap. S. Leonardi [1] | . | . | xii l. | id. |
| Pessant [2]. | Peissant (B.). | S. Martin. | xx l. | Abb. Lobiens. |
| Cap. ibid. B. Johannis. | | | xv l. | id. |
| [Cap. beati Nicolai non taxata] [3]. | | | | |
| Pieronne [4]. | Peronnes (B.). | B. V. Maria. | xviii l. | Abb. S. Foillani. |
| Ressais [5]. | Ressaix (B.). | S. Stephan. | xxi l. | Duo episc. |
| Cap. ibid. | | | xv l. [6]. | id. |
| Roeus [7]. | Le Rœulx (B.) | S. Nicol. | xxxvi l. ix s. [8] | Abb. S. Foilliani. |
| Cap. lepros. ibid. [9] | | | xxxii l. ii s. [10] | id. |
| Cap. hospitalis ibid. | | | xxi l. v s. | id. |
| Rouveroy [11]. | Rouveroy (B.) | S. Remig. | xiii l. [12] | Abb. Malbod. |
| Sanctus-Simphorianus [13]. | Saint-Symphorien (B.). | | xviii l [14]. | S. Joh. Jherosol. |
| Cap. ibid. [15]. | | | xv l. | id. |
| Sanctus Vedastus. | Saint-Vaast (B.). | | xxxii l. | Abb. de Alna. |
| [Sars] [16]. | Sart-la-Buissière (B.). | | xx l. | Dus loci. |
| Senneffe [17]. | Seneffe (B.). | S. Cyricus | xxx l. | Abb. Bonæ-Spei. |
| Cap. ibid. | | | xv l. | id. |
| Serepy [18]. | Strepy (B.). | S. Martin. | xii l. | Abb. S. Foilliani. |
| [Stassines S. Remy] [19] | Ecaussines d'Enghien (B.). | | | |

[1] In hospitali, MA. — [2] Pessane, M; Peissant, G. — [3] MA. — [4] Pironne, MA. — [5] Ressiaus, M; Ressay, MA, L et B; Ressars, G, BE. Voy. ci-après une charte de 1177. — [6] xvi l., MA. — [7] Rodium, M, MA et B; Rhodium, L. — [8] xxvi l. x s., L. — [9] Beatæ Magdalenæ, MA. — [10] xxxi l. ii s., MA. — [11] Rouvroit, MA et G; Ruvroit, L; Rouveroit, B. — [12] xiv l., MA et L. — [13] Sanctus Farianus (sic), B. — [14] xxvi l., MA et L. — [15] MA et B n'indiquent pas cette chapelle. — [16] L. ne serait-ce pas la chapelle du Sart, dépendant de Haine-Saint-Pierre? Voy. ce que nous avons dit, dans notre liste des localités, au mot Chutnegæ. — [17] Seneffe, M, MA, L, G. — [18] Strepi, M, MA et B; Strepy, L et G. — [19] G. Scaussines, BE. Voy. ce mot au décanat de Mons.

— 258 —

| | | | | |
|---|---|---|---|---|
| [Stassines S. Audegonde] [1]. | Ecaussines-Lalaing (B.). | | | |
| Thier cum Boussoit [2]. | Thieu et Boussoit (B.). | S. Gauger. | xxv l. [3] | Abb. S. Dyon. de Broquer. |
| Cap. ibidem de la Revarde. [4] | | | xv l. | id. |
| Cap. ibid. B. Marie | | | xv l. | id. |
| Villare S. Ghisleni. | Villers S. Ghislain (B.). | S. Ghislen. | xviii l. | Abb. S. Ghisleni. |
| Villerie le Secque [5]. | Vellereille-le-Sec (B.). | S. Amand. | xii l. | S. Johannes Jherosol. presentat episcopo [6]. |
| Cap. de Oliva. | | | x l. viii s. | id. [7] |
| [Cap. in castro de Spinart non taxata] [8]. | | | | |
| [Villerella Braiosa] [9]. | Vellereille-le-Brayeux (B.) | S. Ursmar. | | Abb. Bonæ-Spei. |
| Wadret [10]. | Waudrez (B.). | S. Remig. | xviii l. [11] | Cap. Camer. |
| Cap. ibid. S. Nicolay de Brulers [12]. | | | | id. |
| Canonici Lobienses sunt xvi, non computato decano [13], quorum decem taxantur quislibet ad. | | | xxv l. | |
| Quilibet vero aliorum sex taxantur. | | | l l. | |
| Decanus pro prebenda cum decanatu [14]. | | | lxi l. | |

[1] G. Scaussines, BE Voy. ce mot au décanat de Mons. — [2] Tyer et Boussyt, M; Thier et Boussoit, nunc divisæ sunt, MA et B; Thuez, L. Voy. plus haut le mot *Boussoit*. — [3] xx l., MA. — [4] La Renarde, MA. — [5] Vellerelle-le-Seche, M; Villerelle-le-Secq, MA; Villerella-Sicca, L; Villerille-le-Sec, B. — [6] MA ne cite pas le collateur. — [7] Abbatissa loci, MA et B. — [8] MA. — [9] L. Vellereille-le-Brayeux, MA; Villerelle-de-Brayieulx, B. — [10] Wardret, M; Waudret, MA; Waudreet, B. — [11] xxii l., MA et L. — [12] Omis par MA. — [13] Canonici Lobienses sunt xvi præbendæ quæ, à destructione Leodiensi anno domini 1408, translatæ fuerunt in ecclesia de Binchio, MA et B. Les deux pouillés sont donc postérieurs à cette date. — [14] MA omet ces taxes.

— 239 —

| Capellani dicte ecclesie Lobiensis; | | | | |
|---|---|---|---|---|
| Cap. S. Irminii [1]. | . | . | . xxiii l. | Cap. Lobiens. |
| » S. Nicolay. | . | . | . x l. | id. |
| » S. Jacobi | . | . | . xxii l. [2] | id. |
| » S. Laurentii. | . | . | . xii l. | id. |
| » B. Marie Magdalene. | . | . | . xii l. | id. |
| Cap. S. Thome [3]. | . | . | . iii l. | id. |
| » S. Lamberti | . | . | . | id. |

[In memorato decanatu Binchiensi sunt 42 parochiales ecclesiæ] [4].

### DECANATUS DE MALBODIO.

| Aives et Kevillons [5] | Aibes et Quiévelon (F.). | . | xxviii l. | Abb[a] Melbod. |
|---|---|---|---|---|
| Berchelies l'abbeye [6] | Bersillies-l'abbaye (B.). | S. Martin. | xx l. | Abb. Maricol. |
| Berelle [7]. | Berelles (F.). | S. Remig. | xviii l. | S. Johan. Jherosol. |
| Bianfort [8]. | Beaufort (F.). | B. Maria. | xxxiii | Abb Alfmont |
| Bietignies [9]. | Bettignies (F.) | S. Nicol. | xv l. | Cap. S. Germ. Montensis. |
| Blaregnies [10]. | Blaregnies (B) | S. Gauger. | xxxii l | Abb. Lobiens. |

[1] Omis dans MA. — [2] xx l., MA. — [3] Cap. beati Johannis, MA. — [4] L. — [5] Aesques et Kevillons, M ; Aybes et Kevillons, MA.; Aybes cum Kievelon, L ; Aybes et Bevillone, B ; Aibe, G et BE. — [6] Bersellies l'able, M ; Biechiellies lable, MA ; Bersillies l'abbaye, L ; Bichilles et Labie, B. ; Berchillies, G et BE. — [7] Baralle, M ; Berelles, MA, L, G, B, BE. Voy. ci-après une charte de 1160 — [8] B ne donne pas cette localité. — [9] Biechines, M ; Bethegnies, MA ; Biettegnies, L ; Betignies, B ; Bretegnies, G. — [10] Blarignies, MA ; Blaregnies cum Aulnoit, L ; Barignies, B. G indique Aulnoit séparément.

| | | | | |
|---|---|---|---|---|
| Cap. ibid. [1] | . . | . . | xvi l. vi s. [2] | id. |
| Boussieres et S. Remy [Cap. ibid. B. Mariæ] [4]. | Boussières (F) | S. Remig. | xviii l. | Abb. Altim. [3] |
| [Clerfayts cum Spineto] [5]. | Clerfayts (F.). | . | xix l. | Abb. Letiens. |
| Cousorre [6]. | Cousoire (F.). | S. Martin. | xxxii l. ii s. [7]. | Abb.sa Melbod. |
| Cap. S. Auberti [8], | . | . | xxx l. | id. |
| Collereck [9]. | Colleret (F.) | S. Amand. | xxx l. | id. [10] |
| Damousies [11]. | Damousies (F) | S. Gauger. | xx l. | S. Johan. Jherosolim. presentat episcopo, aufert et instituit in possessione [12] |
| [Dimechiel] [13]. | Dimechaux (F) | | | |
| Elemes [14]. | Elesmes (F.). | S. Martin. | xxvi l. [15] | Abb. Altim. |
| Cap. ibid. de Viesraing. | . | . | xvi l. xii d. [16]. | id. |
| Cap. ibid. [17] | . | . | . | id. |
| Erkelinnes [18]. | Erquelianes (B.). | S. Georg | xxv l. | Abb. Bonæ-Spei. |
| Cap. ibid. castri [19]. | . | . | . | id. |
| Fignies [20] | Feignies (F.). | S. Martin. | xxx l. | Capit. S. Crucis Camerac. |
| Cap. ibid. B. Marie. | . | . | x l. | id. |

[1] Cap. beatæ mariæ, MA. — [2] xxxii l. xvi s., MA. — [3] Abb. Lobiensis, B. — [4] MA et B. — [5] L. — [6] Cousoire cum Bouzegnies, L; Cousore, B. — [7] xxii l. vi s., MA et L. — [8] B place deux chapelles dans cette paroisse. — [9] Coluer, M; Collerech, L; Colleberegh, B; Colérech, G et BE. — [10] Dominus loci, L. — [11] Damousies cum Wattignies, L. Voy. ci-après une charte de 1160. — [12] S. Johannes Jherosol., L. et B. — [13] G. Voy., au décanat d'Avesnes, le mot Dymons; voy. aussi, ci-après, une charte de 1160. — [14] Lesines, M; Elesines, MA; Elesmes, L; Elemas, B; Ellennies, G; Ellemes, B. — [15] xxvi l. x s., L. — [16] xvi l., MA. — [17] MA et B ne mentionnent qu'une chapelle. — [18] Erelines, M; Erquelines, MA et G; Erkelines, L; Erquelons, B; Erkene, BE. — [19] MA et B ne mentionnent pas cette chapelle. — [20] Figniees, M; Fugines, MA; Feignies, L; Elignies, B.

| | | | | |
|---|---|---|---|---|
| Cap. ibid. B. Nicolay. | . | . | x l. | id. |
| Frieres². | Ferrière-la-Grande et Ferrière-la-Petite | S. Amand. | xxvi l. x s. | Abb. Altimont. |
| [Fontaines]³. | Localité inconnue. | | | |
| Geumont et Marpent⁴ | Jeumont et Marpent (F). | | xxx l. | Abb. Lefiens. |
| Gœgnies in Calcheaᵇ | Gognies-Chaussée⁶. | S. Quintinus. | xxx l. | id. |
| Cap. ibid. B. Marie. | . | . | xvi l. i s.⁷ | id. |
| Cap. ibid. B. Nicolay. | . | . | x l. | id. |
| Granderieu⁸. | Grandrieux (B) | S. Quintin. | xx l. | Abb. Altimont. |
| Grand-Raing⁹. | Grand-Reng (B) | B. Maria. | xxx l. | id. |
| Gyvri¹⁰. | Givry (F.) | S. Martin. | xxv l. | id. |
| Hestrut¹¹. | Hestrud (F.). | S. Roman. | xxv l. vi s. | Abb. Lefiens. |
| [Cap. Henrofontaines ibid.]¹² | . | . | xx l. | id. |
| Kievy¹³. | Quévy-le-Grand et Quévy-le-Petit (B.). | SS. Petrus et Martin. | xxii l. ii s.¹⁴ | id. |
| Cap. ibid. de Blaumental¹⁵. | | | viii l. | id. |
| Maisnil le noef¹⁶. | Neuf-Maisnil (F.) | . | xv l. | Capit. S. Crucis |
| Mairiu¹⁷. | Mairieux (F.). | . | xxv l. | Abb. Altimont. |
| Cap. de Hoiron-Fontaines¹⁸. | . | . | xi l. | |

¹ xx l., MA. — ² Ferrieres, M; Ferraria major et minor, L; Hueres (sic), B; MA omet cette localité. — ³ G. — ⁴ Jeumont cum Marpent, L; Gemanont (sic) et Marpent, B; Jenmon. G. — ⁵ Gognies, M; Gognies in Calceia cum Hayay, L; Gerignies in Calceya, B; Gregnies, G. Sur Havay, voy. le décanat de Mons. — ⁶ xvi l. xii d., MA. — ⁷ Grantriu, M; Grantrieu, G et MA; Grandrieu, L; Grant Rives, B. — ⁸ Abb.ᵗ⁸ Melbodiensis, L. — ⁹ Grant Raim, M; Grant Raing, MA; Grand Reng, L; Granraing, G. — ¹⁰ Guyri, M; Guiri, MA; Givry, L; Guery, B. — ¹¹ Hestrus, M; Hestrud, L; Hestind, MA; Hertelst (sic), B. — ¹² MA. Notre pouillé place cette chapelle à Mairieux. C'est sans doute Lez-Fontaine, voisin d'Hestrud. — ¹³ Kegny, MA; Parvum Magnum Kievy, L; Keyni, B; Kevy, G et BE. — ¹⁴ xxxii l. ii s., MA et L. — ¹⁵ De Beaumétal, Ma. — ¹⁶ Maisnil-le-Neuf, M et B; Neumesnil, L; Noef-Maisnil, G et BE. — ¹⁷ Manyryu, M; Maintrieu, MA; Maint Reu, B; Mainrieu, G. — ¹⁸ Heronfontaines, M; B n'indique qu'une chapelle à Mairieux; MA ne cite que la suivante.

| | | | | |
|---|---|---|---|---|
| Cap. de la Glisseule [1]. | | | xIII l. [2] | Abb. Melbod. |
| Maubeuge [3]. | Maubeuge (F.) | S. Petrus. | xxxIII l. | Capit. Melbod [4] |
| Cap. ibid. B. Marie. | | | xx l. [5]. | id. |
| Cap. ibid. B. Martini de Salmoncamp. | | | xv l. | id. |
| Cap. lepros. ibid. | | | xIv l. [6] | id. [7] |
| Cap. hospitalis inter duos montes [8]. | | | xx l. | id. [9] |
| Cap. veteris B. Marie [10]. | | | xvII l. x s. [11] | Abb. Melbod. |
| Maubeuge beghinarum. | | | xxv l. | id. |
| Melbodium B. Marie ad crucem. | | | xxIII l. v II s. | Capit S. Quint. Melbod. |
| [Montbliard] [12]. | Montbliard (B) | | | |
| Obrechies [13]. | Obrechies (F). | S. Martin. | xxI l. v s. [14] | Abb S. Dyon. in Broquer. |
| Omont [15]. | Hautmont (F) | S. Marcellus. | xxxIII l. [16] | Abb. Altimont. |
| Cap. ibid. S. Iuberti. | | | xv l. | id. |
| Cap. ibid. nova [17] | | | xv l. | id. |
| Rikegnies et Boussoit [18]. | Recquignies et Boussois (F.) | | xxx l. | Abb. Melbod. |
| Cap. hospitalis ibid. | | | xvI l. | id. |
| Roisies cum Serfontaines [19]. | Rousies et Cerfontaines (F.) | | xxI l. v s. [20] | id. |
| Rokes [21]. | Rocq (F.) | S. Martin. | xxv l. | id. |
| Severy [22]. | Sivry (B.) | B. Maria. | xxv l. | id. |
| Cap. de Thura [23]. | | | | Abb. Altimont. |

[1] Glesiseuse, M; Legtiseule, MA; Glisente, G. — [2] xIv l., MA. — [3] Maubeuge, M; Malbodium, L. — [4] Capitulum S. Quintini Melbod., L et B. — [5] xv l., MA. — [6] xIII l., MA. — [7] Abb. Melbodiensis, MA. — [8] Pontes, MA. — [9] Abb. Melbodiensis, MA. — [10] Cap. B. Marie de Vieille, B. — [11] xvI l.; MA. — [12] L. — [13] Obrechiez, G. — [14] xxv l. v s.; MA et L. — [15] Altusmons, L. — [16] xxx l., MA. — [17] B n'indique aucune chapelle à Hautmont. — [18] Riequegnies et Boussoit, MA; Reghignies cum Boisscot, L; Recquines et Bossoit, B; Reghegnies, G. — [19] Rosies et Bafontaines, M, B; Rosies et Parfontaines, MA; Rousies cum Cervifontanis, L; Rozies, Serfontaines, G; — [20] xxvI l. v s., L. — [21] Rocques, MA; Bocq, L; Rôhes, B; Roques, G et BE. — [22] Senery, MA; Sivry, L; Syveri, B, G omet ce nom. — [23] MA et B omettent cette chapelle.

| | | | | |
|---|---|---|---|---|
| Sorra castri [1]. | Solre-le-Château (F.) | S. Petrus. | xx l. | Capit. Lobiensis [2]. |
| Cap. hospitalis ib. | | | xvi l. | id. [3] |
| Cap. ibid. castri B. Katherinæ [4]. | | | xv l. | id. [5] |
| [Cap. in ecclesia de Sorra non taxata] [6] | | | | |
| [Cap. in hospitali de Solemmes non taxata] [7]. | | | | |
| Sorra super Sambram [8] | Solre-sur-Sambre (B.). | S. Medard. | xxxii l. | Abb. Floreff. [9] |
| Cap. ibid. de novo confirmata [10]. | | | | id. [11] |
| [Cap. hospitalis ibid. [12]]. | | | | |
| Sorrines [13]. | Solrinnes (F.) | S. Martin. | xxv l. | D. episcop. [14] |
| Villars [15]. | Villers-Sire-Nicole (F). | S. Martin. | xxx l. | Abb. Altimont. |
| Cap. ibid. per d.num de Beaumont fundata [16] | | | | id. |
| Cap. ibid. castri. | | | xvi l. 18. [17] | id. |
| [Viesmay] [18]. | Vieux-Reng (F.). | | xvi l. | Abb.sse Melbod. |
| Canonici sancti Quintini Melbodiensis [19] | | | | |

[1] Soura Castelli, M; Solra castri cum Beaurieu, L; Sora Castri, B; Soire le Chastel, G. — [2] Abb. Florefliensis, MA, L et B. C'est sans doute par confusion avec Solre-sur-Sambre. — [3] Abbatissa de Floresse, MA; Præmonstrat. diœcesis Leodiensis, B. — [4] In castro, MA. — [5] Abb.sse de Floresse, MA. — [6] MA. B indique trois chapelles. — [7] MA. — [8] Soura super Sambram, M; Solra, L; Sora, B; Sorre-sur-Sambre, G. — [9] Capitul. Lobiense, MA et B; Capitul. Binchiense, L. Même confusion que ci-dessus. — [10] Cap. S. Katharinæ ibid. in ecclesia non taxata, MA. — [11] Voy. la note 9. — [12] MA. — [13] Sorrines et Heches, MA; Solrines cum Hecq, L; Scornies (sic), B. — [14] Capitul. Cameracp., L. — [15] Villare domini Nicolai, L. — [16] Cap. ibidem non taxata, MA. B n'indique pas cette chapelle. — [17] xvi l. xii d., MA — [18] MA; Viesreng, L et G. — [19] Canonici S. Quintini Melbodiensis sunt xxi præbendæ; sunt etiam ibidem canonici seculares, MA. — Tout ce qui suit, jusqu'à la liste des chapellenies du chapitre de S.te Aldegonde, est omis dans MA. Le pouillé des archives du Royaume, que nous suivons, est le seul qui donne les noms des chanoines.

| | | | | | |
|---|---|---|---|---|---|
| Decanus. | | | | L l. | |
| Decanatus. | | | | | |
| Scolasticus. | | | | L l. | |
| Prepositus. | | | | L l. | |
| Prepositura. | | | | XL l. | |
| Jacobus Comitis. | | | | L l. | |
| Joannes de S^te Gisleno | | | | L l. | |
| Johannes Bermerii | | | | L l. | |
| Jacobus Gauleti. | | | | XL l. | |
| Paulus de Fonte. | | | | XL l. | |
| Joannes Renaldi | | | | XL l. | |
| Petrus de Quercu. | | | | XL l. | |
| Theodoricus Voirons | | | | XL l. | |
| Lucas Clerici. | | | | XL l. | |
| Joannes de Melbodio. | | | | XL l. | |
| Joannes Baillivi. | | | | XXX l. | |
| Matheus Ourson. | | | | XXX l. | |
| Joannes le Cheval. | | | | XXX l. | |
| Thomas Buyet. | | | | XXX l. | |
| Henricus de Huwest. | | | | XXX l. | |
| Galterus Pallidi. | | | | XXX l. | |
| Canonice S.^te Aldegundis Melbodiensis : | | | | | |
| Capitulum pro cotidianis. | | | | III^c XIX l. VII s. | Abbatissa secularis S^te Aldegundis Melbod. |
| Vestiarium. | | | | VII^c LXIX l. | id. |
| Thesauraria. | | | | n° l. | id. |
| Capellani dicte ecclesie : | | | | | |
| Cap. S. Marie ad pedes. | | | | XXVIII l. | id. |
| Cap. S Dyonisii. | | | | XVIII l. | id. |
| » S. Crucis. | | | | XX l. | id. |
| » S. Katherine. | | | | XVV l. III s. 1. | id. |

[1] XXVI l., MA.

— 245 —

| | | | |
|---|---|---|---|
| Cap. S. Marie Magd. | . . . . | xvii l. [1] | id. |
| » S. Sepulcri. | . . . . | xvii l. | id. |
| » S. Nicolay. | . . . . | xx l. | id. |
| » S[ti] Joannis euvangeliste. | . . . . | xv l. | id. |
| Cap. S. Jacobi. | . . . . | xv l. | id. |
| » B. Marie ad pilar. | . . . . | xxx l. | id. |
| Cap. S[torum] Petri et Pauli apostol. | . . . . | xx l. | id. |
| Cap. B. Marie in medio templi. | . . . . | xiii l. iiii s. vi d. [2] | id. |
| Cap. S[torum] Cosme et Damiani. | . . . . | xv l. | id. |
| Cap. sancti Laurentii. | . . . . | xx l. | id. |
| Cap. S. Nicasii. | . . . . | xv l. | id. |
| » S. Georgii. | . . . . | xx l. | id. |
| » S. Aldegundis. | . . . . | xx l. | id. |
| » S. Quintini. | . . . . | xv l. | id. |
| » de Potelles. | . . . . | xv l. | id. |
| [» S. Mauri] [3]. | . . . . | xx l. | |
| [» S. Georgii in sepulcro] [4]. | . . . . | xvii l. | |
| [Cap. S Andreæ de novo constructa] [5]. | | | |

## ARCHIDIACONATUS VALENTIANENSIS.

### DECANATUS DE AVESNIS.

| | | | | |
|---|---|---|---|---|
| [Anor] [6]. Avesnes [7]. | Anor (F.) Avesnes (F). | S. Nicol. | xiiii l. vii s. xviii l. | Abb. Lætiens. id. |
| Cap. de la Sothiere [8]. | | | | |

[1] xvii l., MA. — [2] xiii l. iiii s., MA. — [3] MA. — [4] Id. — [5] Id. — [6] L. Anoire, G. — [7] Avennes, M ; Avesnæ, L ; Avernes, G. — [8] De le Sottieres, MA.

— 246 —

| | | | | |
|---|---|---|---|---|
| Cap. ibid. B. Johannis. | | | xii l. | Abb. Lætiens. |
| Cap. ibid. Johann aurifabri [1]. | | | xiv l. | id. |
| Cap. ibid. N. du Hamiel [2]. | | | xx l. | id. |
| Cap. ibid. Willelmi Lore [3]. | | | xv l. | id. |
| Cap. ibid. Stephani Brayeul. | | | xv l. | id. |
| Cap. ibid. B. Margarete. | | | non taxatur. | id. |
| Cap. le Martelle [4]. | | | xvii. xiv s. | id. |
| Cap. Johann. Marcheu] [5]. | | | xv l. | id. |
| Avesnelles [6] | Avesnelles (F.) | S. Dyonis. | xxxii l. ii s. [7] | D. sus loci [8] |
| Cap. ibid. | | | xix l. viii s. [9] | |
| Bareus [10]. | Baives (F.) | S. Martin. | xvi l. i s. [11] | Abb. Lobiens. |
| Berlaimont [12]. | Berlaimont (F) | S. Michael. | xxx l. | Abb. de Fidemis. |
| Cap. de Blaimont [13] | | | xv l. | id. |
| Cap. de Orbechies [14] | | | vi l. [15] | id. |
| [Cap. S. Anthonii de novo fundata] [16] | | | | |
| Biaurepaire [17] | Beaurepaire (F.) | | xvii l. ii s. [18] | Abb. de Barical. |
| Boulongne [19] | Boulogne (F.) | B. V. Maria | xxxii l. ii s. [20] | Abb. Lætiens. [21] |
| [Cartignies] [22] | Cartignies (F.) | | | |

[1] Omise dans MA. — [2] Du Hauval, MA. — [3] Walteri Bore, MA. — [4] Cap. Marcelle, MA. — [5] Cap. domini Johannis, MA. — [6] Avenneulles, M ; Avenelles, MA, B et G ; Avesnelles cum Waudrechies, L. — [7] xxxii l. L. — [8] Abb. Lætiensis, L. — [9] MA. — [10] Baynes, M et MA ; Bayves, L ; Baives, F ; Baurres, G. — [11] xvi l. xii s., MA et L. — [12] Berlemont, M ; Berlemmont, MA ; Berlayment, L ; Bellaymont, B. — [13] Cap. ibid., MA. — [14] Obrechies, M ; Rodechies, MA. — [15] xi l., MA. — [16] MA. B fait aussi mention de trois chapelles. — [17] Beaurepaire, MA, L, B et G. — [18] xviii l. ii s., MA et L. — [19] Boulogne, M ; Houlongue, MA ; Bouloigne, L et G ; Beuloigne, B. — [20] xxii l. ii s., MA et L. — [21] Abb. Lætiensis, L. — [22] L et G.

— 247 —

| | | | | |
|---|---|---|---|---|
| Dompier [1]. | Dompierre (F) | S. Etto. | xix l. iii s. vi d. [2]. | Abb. Lœtiens. |
| Doulers [3]. | Doulers (F.). | . | xix l. ii. s. vi d. [4]. | Abb. Altimont. |
| Dymons [5]. | Dimont (F.). | B. V. Maria | xxi l. v s. [6]. | Hospit. S. Johann. Jheros. |
| Eipre [7]. | Eppe-Sauvage (F) | . | xix l. vi s. | Abb. Lœtiens. |
| Esmeries, capellania [8] | Aymeries (F.). | . | xx l. | Abb. Aquiscinet. [9] |
| Cap. ibid. castri [10] | . | . | xx l. | id. |
| [Esclaibes] [11]. | Eclaibes (F.). | | | |
| Estrées [12]. | Estrées (F.). | . | xxi l. vi s. [13] | Dnus episcopus. [14] |
| [Cap. castri] [15]. | . | . | xx l. | D.nus episcopus. |
| [Estrées au Pont] [16]. | . | . | xxiv l. | |
| Estruen [17]. | Etroeungt (F.) | | xlii l. xi s. [18] | Abb Lætiens. |
| Fait-Castel et Fay le ville [19]. | Les Fayts (F.). | | xxi l. v s. [20]. | Abb. de Maricol. |
| Fayril [21]. | Favril (F). | S. Nicol. | xvii l. [22]. | id. |
| [Cap. de Fissial] [23] | . | . | xvii l. | id. |
| [Filleries] [24]. | Felleries (F.). | | | |
| [Féron] [25]. | Féron (F.). | | | |
| [Flamengrie] [26]. | La Flamengrie (F.). | | | |

[1] Dompierre, M, B et G ; Domnus Petrus, L ; Dompiero, MA. — [2] xix l. iii s., L — [3] Doulers, MA. — [4] xix l. iii s , L. — [5] Dimons, B ; Dimont, G ; Dimont cum Dimecheau, L. Ce lieu est omis dans MA. Voy. *Dimechiel*, au décanat de Maubeuge. — [6] xxi l. iii s., L. — [7] Epre, M ; Eppre, MA et G ; Eppe silvestris, L ; Aypre, B. — [8] Emeries, MA et B, Aymeries cum Aulnoit, L, Aymeries, G. — [9] L omet le nom du collateur. — [10] Omis dans MA. — [11] G. Voy. la note au mot *Florsies*. — [12] Estrées Basse Hani, MA ; Estrées et Busschain, L et B. — [13] xx l vi s., L. — [14] Abb. Aquiscinet., L. B omet le nom du collateur. — [15] MA et B. — [16] MA. Etreaupont (Aisne). Ce lieu n'a jamais appartenu au diocèse de Cambrai. — [17] Estrein, M ; Estroeng in calceia cum la Roullie, L. — [18] xlii l. vi s., MA. — [19] Fait castelli et Fait la ville, M ; Fagetum villa cum Fageto castri, L. — [20] xxi l. vi s., L. — [21] Fayeril, M ; Fauril, MA ; Fauyil, B. — [22] xv l ; MA. — [23] MA. Voy. plus bas le mot *Florsies*. — [24] L et G. — [25] L et G. — [26] G. J. de Guyse a déjà placé ce lieu dans le décanat de Bavai.

| | | | | |
|---|---|---|---|---|
| [Flaumont] [1]. | Flaumont (F.) | | | |
| Florsies [2]. | Floursies (F.). | . | xvii l. i s. i d. [3]. | Abb. Altimont. [4]. |
| Cap. de Fissial [5] | | . | xvi l. | Abb. de Maricol. |
| Floyon. [6] | Floyon (F.). | S. Martin. | xxxiii l. iiii s. [7] | Abb. de Fidemio. |
| Cap. ibid. B. Johan. per dominum non taxatur [8]. | | | | id. |
| Fontenelles [9]. | Fontexelles (F.). | S. Ursmar. | xxiii l. vii s. [10] | Abb. Lætiens. |
| Fourmies [11]. | Fourmies (F.). | . | xix l. iii s. | id. |
| Glabon [12]. | Glageon (F.). | S. Martin. | xxii l. xi s. | id. |
| Herinssart [13]. | Herinsart (B.) | B. V. Maria. | x l. | Persona de Sains [14] |
| Lers-Fontaines [15]. | Lez-Fontaines (F.). | S. Martin. | xix l. iv s. [16] | Hospit. S. Johann. Jherosol. |
| Lessies [17]. | Liessies (F.). | S. Johan. evang. | xxi l. v s. | Abbas loci. |
| Limons [18]. | Limont-Fontaine (F.). | . | xxx l. [19] | Abb. Altimont. |
| [Macon] [20]. | Macon (B.). | | | |
| Maroilles [21]. | Maroilles (F.). | B. V. Maria. | xxvi l. ix s. [22] | Abb. loci. |
| Cap. ibid. B. Marie sanctique Johann. Bapt., quam fundavit dominus Johannes de Bosco [23]. | | | non tax. | id. |

[1] L. — [2] Floresies, M, MA et G ; Flouressies, B ; Floresies cum Esclaibes, L. — [3] xvii l. xiii d., MA ; xvii l. iii s., L. — [4] Abb. Lætiensis, L. — [5] Voy. le mot *Favril*. — [6] Floions, M ; Floion, G. — [7] xxxiv l. iiii s., MA ; xxxiv l. i s., L. — [8] B fait mention de deux chapelles. — [9] Fontenelles in castro sancti Ursmari, MA ; Fontanella cum Papalupo, L ; Fontepelles in Therasco, B. — [10] xxx l. iv s., MA et L. — [11] Florinnes, MA. — [12] Glaghon, M ; Glagon, MA, B et G ; Glajon, L. — [13] Omusart (sic), M ; Hormisart, MA ; Herimsart, B ; Hennissart, G. — [14] Persona, L. — [15] Lesfontaines, M, MA et B ; Lez-Fontaines cum Sars, L. Voy. ci-après une charte de 1189. — [16] xix l. ii s., L. — [17] Liesies, MA ; Liessies, L et B. — [18] Lymons, M et B ; Lyniens, MA ; Lismont cum Fontaine, L. — [19] xix l., MA. — [20] L. — [21] Maricolæ, L ; Marolles, B ; Marvilles, G. — [22] xxv l. v s., L ; xxv l. x s., MA. — [23] Cap. ibid. beatæ Mariæ de novo fundata, MA.

| | | | | |
|---|---|---|---|---|
| Merbais [1]. | Marbaix (F.). | S. Martin. | xxi l. v s. | Abb. de Maricol. [2] |
| Mommignies [3]. | Momignies (B) | S. Amand. | xx l. [4]. | Abb. S. Fuiliani. |
| Monchiaux [5]. | Monceau-St-Vaast (F.). | . | xxvi l. x s. | Abb. Altimont. |
| Noielle [6]. | Noyelles (F.). | SS. Jac. et Christoph. | xix l. iv s. [7] | Abb. de Maricol. |
| [Capellania] [8]. | . | . | . | Abb. S. Feillani. |
| Prîches [9]. | Prisches (F.). | S. Nicol. | xxxii l. ii s | Abb. de Maricol. |
| Cap. ibid. B Marie. | . | . | x l. [10]. | id. |
| Cap. ibid. B. Nicas. | . | . | xx l. | id. |
| Cap. ibid. comitis. | . | . | xvi l. ii s. [11] | id. |
| [Raines] [12]. | Lieu inconnu. | | | |
| Ramousies [13]. | Ramousies (F) | S. Sulpit. | xxxii l. ii s | Abb. Lætiens. [14] |
| Cap. de Regnalfolæ [15]. | . | . | xv l. | id. [16] |
| Cap. ibid. altaris. | . | . | non taxat. | id. [17] |
| Sains [18]. | Sains (F.). | S. Remig. | xix l. iv s. [19] | Persona de Sains. |
| Salles [20]. | Salles (B.). | B. V. Maria. | xxx l. [21] | Cap. Cimacense. |
| Cap. ibid. [22] | . | . | vii l. | id. |
| Sanctus-Albinus [23]. | Saint-Aubin (F.). | . | xix l. iii s. vi d. [24] | Abb. Altimont. |
| Sanctus-Hylarius [25]. | Saint-Hilaire (F.). | S. Hylar. | xxi l. v s. [26] | Abb. Lætiens. |

[1] Marbais, MA; Mayrbeyck, B; Marbaix, L et G. — [2] B omet le collateur. — [3] Momignies, MA et B; Nomegnies, L. — [4] x l., MA. — [5] Monchiaus, M; Monceau cum S. Vedasto, L; Monchaulx, B; Monchiaulx, G. — [6] Noyelle, MA et B; Noyelles supra Sambram, L. — [7] xix l. iii s, L. — [8] B et MA. — [9] Prisches, L; Prichez, G. — [10] xx l., MA. — [11] MA. — [12] G. — [13] Ramousiers, B; Ramouzies, G. — [14] Abbas Maricol., MA et L. — [15] Regnaut-folie, B; Regnault, MA. — [16] Capit. Cimacense, B. — [17] Cymay xii gl. brab. (sic), MA. — [18] Saimps, L; Senis, B; G omet cette localité. — [19] xix l., L. — [20] Sales, M; Salis, B; Salces, G. — [21] xxxii l., L et MA. — [22] Cap. ibid. S. Barbaræ, MA et B. — [23] Sains Aubains, M; Saint-Aubain, G. — [24] xix l. iii s., L. — [25] Saint-Hilier, G. — [26] xi l. v s., MA.

— 250 —

| | | | | |
|---|---|---|---|---|
| Sanctus-Remigius in calcheya [1]. | Saint-Remy-chaussée (F.) | | xxv l. ii s. [2] | Abb. Altimont [3]. |
| [Sars] [4] | Sars-Poterie (F.). | | | |
| Sasseignies [5] | Sassegnies (F.) | S. Martin. | xv l. [6] | Abb. de Fidemlo. |
| Cap. ibid. | | | x l. | id. |
| [Seloigne] [7] | Seloigne (B.). | | | |
| Semeries [8] | Semeries (F.). | | xxiii l. viii s. [9] | Abb. Lœtiens. |
| Semousies [10] | Semousies (F.) | S. Martin. | x l. ix s. | Abb. Altimont. |
| Tainière juxta Maricol. [11] | Taisnières-en-Thiérache (F.) | | | |
| Trelon [12]. | Trelon (F.). | | xxxii l. ii s. | Abb. de Maricol. |
| Cap. ibid. B[te] Marie. | | | xxv l. | Abb. Lœtiens. |
| Cap. ibid. castri. | | | xviii l. | id. |
| Vaulx [13]. | Leval (F.). | S. Salvius. | xix l. iii s. | Abb. Lœtiens. [14] |
| Cap S. Nicasii in domo comitis Blesensis [15]. | | | | id. |
| Villers [16]. | Villers-la-Tour (B) | S. Gauger. | xiv l. [17]. | id. |
| [Walers] [18]. | Wallers (F.). | | xxiii l. | Abb. S. Feillai. |
| Wignehies [19]. | Wignehies (F) | S. Stephan. | xxi l. v s. [20] | Persona loci. |
| [Willaupuch] [21]. | Willaupuis (B) | | | |

[1] Sains Remis, M; S. Remigius in Calceia cum Escuelin, L. — [2] xxv l. iii s., MA. — [3] Abbas Liessiensis, MA. — [4] G. Voy. le mot Lears-Fontaines. — [5] Sasignies, M et B; Sassegnies, MA, L et G. — [6] xl l., MA et L. — [7] L. — [8] G omet cette localité. — [9] xxxiii l. viii s., L. — [10] Semousiés cum Beugnies, L; Semonices, B; Semouzies, G. — [11] Tesnjères, B; Taynieres, G. — [12] Trelons, M; Trelon cum Ohain, L. — [13] Vaus, M; Vallis, MA et L; Valis, B; Vaulz, G. MA reproduit deux fois cette localité sous les noms de Vallis et de Leval. — [14] Abb. de Maricolis, MA, L et B. — [15] Cap. ibid. non taxata, MA. — [16] Villare, L; Villers-en-Terrasse, G. — [17] xiii l., MA. — [18] M, MA, L, B, G. — [19] Viguihies, M; Vignehies, MA; Wiehnechies, B; Wigheries, G. — [20] xxi l. ii s., MA. — [21] Villampuis, ici placé par erreur, est une localité du canton de Leuze (Hainaut), autrefois décanat de Saint-Brixe, archidiaconé de Brabant.

| | | | | |
|---|---|---|---|---|
| Canonici de Chimaco simul taxantur. | . | . . | . . viii xx l.[1] | |
| Decanus ecclesie ejusdem. | . | . . | . c l.[2] | |
| Capellani dicte ecclesie[3] : | | | | |
| Primus[4]. | . | . | . xxx l. | |
| Secundus[5]. | . | . | . x l. | |
| Tercius[6]. | . | . | . viii l. | |

## DECANATUS DE HASPRA.

| | | | | |
|---|---|---|---|---|
| Avesnes-le-Secques[7] | Avesnes-le-Sec (F). | S. Aubert. | xxx l. | Abb. S. Auberti. |
| Cap. ibid. B. Marie. | . | . | xxv l.[8] | id. |
| Cap. ibid. B. Johannis. | . | . | x l. | id. |
| Basuiel[9] | Bazuel (F.). | S. Vedast. | xx l. | Abb. S. Andree[10]. |
| Cap. ibid. B. Marie. | . | . | xv l. | id. |
| Cap. ibid. S. Nicolai[11]. | . | . | xv l. | id. |
| [Biaudegnies][12] | Baudignies (F.). | S Stephan. | xxii l. iii s. | Abb. de Fidemio. |
| Bermeraing B. Martini[13]. | Bermerain (F) | S. Martin. | xxi l. iii s. | Cap. Cameric.[14] |
| Cap. ibid. Biaudregnies[15]. | . | . S. Stephan. | xxx l. ii s.[16] | Abb. de Fidemio |

[1] viii xx xvii l.; MA, viii xx l. xviii d., B. — [2] c s., MA. — [3] Ce qui suit est omis dans MA. — [4] Nycolaus Geriaus, M. — [5] Theodericus, M. — [6] Johannes Bourriaus, M. — [7] Avennes les Sekes, M; Avesnes les Serques, MA; Avesnæ sicæ, L; Avesnes, B. — [8] xv l, MA. — [9] Baisuel, M; Besuyel, MA; Basuel, B; Baizuel, G. — [10] Abb. de Fidemio, B. — [11] Nicasii, MA. — [12] Voy. une chapelle de ce nom au mot suivant. MA ajoute à Baudignies les deux chapelles de St-Nicolas et Ste-Catherine, à Bermerain. — [13] Biermeraing, MA et B; Bermeraing cum capella, L; Bermerain, G. — [14] Abb. Aquiscinct. MA, et L. — [15] Brandignies, B; Biaudegnies, G. Voy. le mot précédent. — [16] xxxii l. iii s., L.

— 252 —

| | | | | |
|---|---|---|---|---|
| Cap. ibid. S. Nicolai. | | | x l. | id. |
| Cap. ibid. S. Katherine. | | | x l. | id. |
| Bermeraing B<sup>te</sup> Marie. | Bermeraing F. | B. V Maria. | xx l. | Abb. Aquiscinct [1]. |
| Cap. ibid. | | | xv l. | id. |
| Cap hospitalis ib. | | | xii l. x s. [2] | id. |
| Bousies [3] | Bousies (F.). | | xxvi l. ix s | Abb. de Fidemio [4] |
| Cap. ibid. B. Marie. | | | xii l. | id. |
| Cap. S. Nicolay. | | | xv l. | Abb. de Fidemio. |
| Cap. de cura de novo fundata. | | | xv l. | id. |
| Douchy [5] | Douchy (F.). | S. Petrus. | xv l. | Abb. S. Petri Gandensis [6] |
| Cap. ibid. | | | xv l. | id. |
| Englefontaines [7]. | Englefontaine (F.). | S. Georg. | xxv l. | Abb. Maricol. |
| Escarmaing [8]. | Escarmain (F) | B. V. Maria. | xx l. [9] | Abb. S. Andreæ. |
| Cap. ibid. | | | xv l. | id. |
| Folie. | Folie (F.). | | xx l. | Abb. de Maricol [10] |
| Forest [11]. | Forest (F.). | S. Dyonis. | xxvii. ix s. | Abb. S. Dyonisii de Francia. |
| Cap. ibid. B. Marie | | | xiii l. | id. |
| Cap. ibid. altaris chori. | | | xii l. | id. |
| Cap. ibid. S. Nicolay. | | | xii l. | id. |
| Haspra. | Haspres (F.). | S. Hugo. | xlv l. [12] | Abb. S. Vedasti Attreb. [13] |
| Cap. ibid. Jacobi de Fontenellis. | | | xx l. | id. |

[1] Capitul. Camerac., MA et L. — [2] xii l, MA. — [3] Boussyes, MA; Bousies cum Croix, L; Bousses, B; Bouzies, G. — [4] Abb. de Castello, B. — [5] Douchi, M; Doucy, G. — [6] Abb. S Andreæ, L. — [7] Glofontaines, M; Enghefontaines, MA; Engle-Fontaine cum Hecque, L; Engre-Fontaine, B; Englie-Fontaine, G. — [8] Esquarmaig, M; Esquarmaing, MA, G et B. — [9] xxii l., MA et L. — [10] Abb. S. Dyonisii, MA; L et B. — [11] Foriest, M; Forest juxta Solesmes, MA. — [12] xv l., M. — [13] MA omet le collateur.

— 285 —

| | | | | |
|---|---|---|---|---|
| Cap. ibid. S. Amandi. | . | . | xii l. [1] | id. |
| Cap. ibid. altera. | . | . | xv l. | id. |
| Cap. ibid. S. Stephani. | | | xv l. | id. |
| Hauchin [2] | Haulchin (F.). | B. V. Maria. | xx l. | Persona loci [3] |
| Haussy [4] | Haussy (F). | S. Petrus. | xlviii l. iii s. | Abb. S. Amandi [5] |
| Cap. ibid. S. Nicolay. | . | . | xv l. | id. |
| Cap. ibid. S. Marie. | . | . | xx l. | id. |
| Landrechies [6] | Landrecies (F) | SS. Petrus et Paul. | l. l. | Abb. Maricol. |
| Cap. ibid. B. Marie. | . | . | xii l. | id. |
| Cap. ibid. B. Nicolay | . | . | xv l. | id. |
| Cap. ibid. castri. | . | . | xv l. | id. |
| Cap. ibid. leprosorum. | | | xxv l. [7] | id. |
| Locus S. Amandi. [8] | Lieu S‍t Amand (F) | S. Martin. | xx l. | Abb S Amandi |
| Cap. ibid. Johannis Parent [9] | . | . | xv l. | id. |
| Cap. ibid. Johannis de Haya [10] | . | . | xx l. | id. |
| Cap. ibid. parve B. Marie. | . | . | x l. | id. |
| Louveignies [11] | Louvignies-Quesnoy (F.). | S. Nicol. | xxvi l. x s. | Abb. S. Ved. Attreb. |
| Maugres [12] | Tarchin et Maugré (F.) | B. V. Maria. | xv l. | Abb. Vicon. |
| Monchiaux [13] | Monchaux (F) | S. Remig. | xxi l. v s. [14] | Abb. S. Ved. Attreb. |
| Monstrœucourt [15] | Montrecourt (F.). | S. Andreas | xx l. | id. |

[1] xv l., MA. — [2] Nauchin, M; Hauchin in Ostrevandia, L; Hanchin, G. — [3] Abb. S. Amandi, B. — [4] Hauzy, M et B. — [5] Omis dans MA. — [6] Landreciacum, L. — [7] xv l., MA. — [8] Lieu-S‍t-Amand, G. — [9] Cap. ibidem, MA. — [10] Altera capellania ibidem, MA. — [11] Louvignies, M; Lounegnies, MA; Louvignies cum Guissignies, L; Lovignies, B; Louvegnies, G. — [12] Maugries, M; Maulgret, MA; Maulgré, L; Maulgré, B; Maugre, G. — [13] Monchiaus, M; Monchiaulx, MA; Moncheaux, L; Moncheaulx, B. — [14] xxii l. iii s., MA; xxii l., L. — [15] Monstrecourt, M et L; Monstreuleourt, MA; Momrecourt, B; Monstrencourt, G.

— 234 —

| | | | | |
|---|---|---|---|---|
| Nova-Villa super Sealdam [1] | Neuville-sur-Escaut (F.). | S. Amand. | xx l. | Abb. S. Amandi [2]. |
| Cap. ibid. castri. | | | xv l. [3] | id. |
| Nova-Villa juxta Senlesches [4]. | Neuville-au-Bois (F.). | S. Elisabeth. | xxi l. vi s. [5] | Abb. Maricol. |
| Novelles [6] | Noyelles-sur-Selle (F.). | S. Martin. | xv l. | Abb. S. Petri Gand. |
| Ors [7]. | Ors (F.). | S. Iva. | lx l. [8] | Abb. S. Andree [9]. |
| Cap. ibid. S. Johannis. | | | xii l. | id. |
| Pois [10]. | Poix (F.). | S. Martin. | xxi l. v s. | Abb. Maricol. [11] |
| Preux [12]. | Preux-au-Bois (F.) | S. Martin. | xxv l. | Abb. S. Andree |
| Robertsart. [13] | Robersart (F.). | S. Johann Bpt. | xv l. | id. [14] |
| [Roisin cum Mauraing] [15]. | Roisin (B.) | | | |
| Rommeries [16]. | Romeries (F.). | S. Hubert. | xxi l. [17] | id. |
| Cap. ibid. | | | xv l. | id. |
| Rutsne [18]. | Ruesnes (F.). | S. Petrus. | xxv l. | id. |
| Solesmes [19]. | Solesmes (F.). | S. Martin. | xl l. x s. [20] | Abb. S. Dyonisii de Francia. |
| Cap. ibid. S. Dyonisii. | | | xii l. x s. [21] | id. |

[1] Neuve-Ville super Sealdam, M ; Bennille, MA ; Meuville supra Sehaldim, B. — [2] Abbas Aquiscinct., L ; Abb. Viconiensis, B. — [3] xiv l., MA. — [4] Neuve-Ville jouxte Senlesche, M ; Nova Villa juxta Salesche, L ; Mouville juxta Soulechies, B ; Nova Villa in busco, G. — [5] xi l. v s., MA ; xxi l. v s., L. — [6] Noielle, M ; Moyelle, B ; Noyelle, MA et G ; Noyelles supra Sellam, L. — [7] Oes, B. — [8] xl l., L. — [9] Abbas Maricolensis, B. Ce pouillé confond à diverses reprises les collateurs. — [10] Poix, MA et G ; Poys, L et B. — [11] Abb. de Castello, B. — [12] Preus, M ; Preux-au-Bois cum Fontanis in Bosco, L. — [13] Robiersart, MA ; Roberti-Sartum, L ; Robersart, G. — [14] Abb. Sancti Dionysii de Francia, MA. — [15] L. Voyez ce mot au decanat de Bavai. — [16] Rommeries, MA ; Romeries, L ; Rommercurs, B. — [17] xx l. MA. — [18] Ronne, M ; Roesne, MA et G ; Rosme, B ; Rosne, L. — [19] Sollemmes, M et G ; Solempnes, L. — [20] xl l., L et MA. — [21] xv l., MA.

| | | | | |
|---|---|---|---|---|
| Cap. ibid. S. Johannis. | | | xii l. x s.[1] | id. |
| Cap. ibid. S. Nicasii. | | | xii l. x s.[2] | id. |
| Cap. ibid. B. Marie Magdalene. | | | xv l. x s.[3] | id. |
| [Cap. S. Nicolai][4] | | | xv l. | id. |
| Sains-Pitons[5] | Saint-Piton (F) | S. Piatus. | xxx l. | Abb. S. Andree. |
| Cap. ibid. | | | xv l. | id. |
| Sansoit[6]. | Saulzoir (F.) | S. Martin. | l l. | Abb. S. Auberti[7] |
| Cap. ibid. B. Marie. | | | xviii l. | id. |
| Senlenches[8]. | Salesches (F.) | S. Iva. | xxvi l. x s. | Abb. Maricol.[9] |
| Cap. ibid. fundata per Egidium Legrand. | | | non taxatur. | id. |
| Sommaing[10]. | Sommaing (F) | S. Emelin. | xx l. | Abb. Aquiscinct.[11] |
| [Capellania][12] | | | x l. | id. |
| Thians[13]. | Thiant (F). | S. Martin. | xxxii l. x s.[14] | Abb. S. Auberti. |
| Cap. ibid. S. Nicolay. | | | xxi l. vi s.[15] | id. |
| Cap. ibid. B. Marie | | | xxi l.[16] | id. |
| Vendeghies-in-Bosco[17] | Vendegies-au-Bois (F.). | S. Hubert. | xxx l. | Abb. de Maricolis differenter et abbas S. Auberti Camerac.[18] |
| Cap. ibid. B. Katherine. | | | xv l. | id.[19] |

[1] xii l., MA. — [2] xv l., MA. — [3] xii l., MA. — [4] MA, B fait aussi mention de cinq chapelles. — [5] Sanctus Pitonus, MA ; Sanctus Pithonius, L ; S. Patron (sic), B ; Saint-Piton, G. — [6] Sauzort, MA ; Saulzoir, L ; Samsoit, B. — [7] Abb. Sancti Sepulcri, MA. — [8] Sanleches, M ; Senleche, MA et B ; Sanlechies, L ; Senlesches, G. — [9] Abb. Aquiscinct., B. — [10] Soumaing, M. — [11] Abb. S. Auberti, B. — [12] MA et B. — [13] Thien, L ; Thiaus, G. — [14] xxxii l. ii s., MA ; xxxii l., L. — [15] xx l., MA. — [16] xx l., MA. — [17] Vendegies-au-Bos, M ; Vendegies in bosco, MA et L ; Vendegnies in bosco, B. — [18] Abb. Maricol., MA, L et B. — [19] Id.

— 256 —

| | | | | |
|---|---|---|---|---|
| [Cap. S. Mariæ non taxata] [1]. | | | | |
| Vendegies-sur-Escallon [2]. | Vendegies-sur-Escaillon (F.). | S. Salvius. | xxxii l. 11s | Abb. Aquiciact. [3] |
| Cap. ibid. | | | xv l. | id. |
| Cap. ibid. altera. | | | x l. | id. |
| Vertaing. | Vertain (F.). | S. Petrus. | xxx l. | Abb. S. Andree. |
| Cap. ibid. S. Marie. | | | x l. | id. |
| Cap. ibid. castri. | | | xx l. | id. |
| Vertigneul. | Vertigneul (F) | S. Michael. | xxii l. ix s. [4]. | Abb. S Dyonisii de Francia. [5] |
| Item in regno. | | | xxxvi l. 11s s. [6] | id. |
| Villare in Calcheya. | Villers-et-Cauchie (F.). | S. Martin. | xxxv l. | Cap. S. Gauger. |
| Cap. ibid. | | | xv l. | id. |
| Werchin. [7]. | Verchin. | S. Petrus. | xx l. | Abb. S. Vedasti Attreb. [8]. |

[In decanatu de Haspra sunt 40 parochiales ecclesiæ] [9]

### DECANATUS VALENCHENENSIS.

| | | | | |
|---|---|---|---|---|
| Antfroitpres [10]. | Amfroipret (F) | | xx l. | Capit. Cameræ. |
| Artre. | Artres (F.). | S. Martin. | xx l. | id. |
| Cap. ibid. | | | xv l. | id. |
| Ausnoit [11]. | Aulnoy (F.). | S. Coppin. | xx l. | Abb. S. Johann. Valenchen. |
| Cap. S. Martini. | | | xv l. | id. |
| Cap. S. Johannis. | | | xv l. | id. |
| [Cap. B. Mariæ ibid.] [12] | | | xv l. | id. |

[1] MA. — [2] Vendegies supra Scallionem, L; Vendeguies suprà Escailles, B; Vendegies sur Escault, G. — [3] L. omet le collateur. — [4] xxxii l. ix s., L. — [5] Omis dans MA — [6] xxxvi l. vi s., MA. — [7] Verchin, M; Werchain, L. — [8] Omis dans MA. — [9] L. — [10] Aufroipres, M; Aufroitpret MA, L et B; Anfroipret, G. — [11] Annois, M; Arsnoit, B; Aulnoit, G. — [12] MA. B fait mention de quatre chapelles.

— 257 —

| | | | | |
|---|---|---|---|---|
| Curgies [1]. | Curgies (F.). | . | xx l. | Abb. Vicon. |
| Cap. ibid. B. Marie [2]. | . | . | viii l. | id. |
| Custodia S. Elisabeth Valenchen. | | | | |
| Estruay [3]. | Etroeux (F.). | S. Martin. | xxi l. v s.[4] | Abb. S. Johan. Valenchen. |
| Cap. ibid. B. Marie [5]. | . | . | . | id. |
| Eth et Bry [6]. | Eth et Bry (F.) | S. Dyonis. | xxii l.[7] | Abb. S. Nicolai in Bosco. |
| Fanum-Martense [8]. | Famars (F.). | . | xx l. | Prior S. Salvii |
| [Cap. ibid. B. Mariæ] [9] | . | . | xviii l. | id. |
| Falsum Rodium [10]. | Faurœulx. | S. Petrus. | xx l.[11] | Abb. S. Vedasti Attreb. |
| Genlaing [12]. | Jenlain (F.). | S. Martin. | xxviii l. iii s.[13] | Cap. Camarac. |
| Cap. ibid. B. Marie | . | . | xv l. | id. |
| Cap. ibid. B. Nicolay. | . | . | xii l.[14] | id. |
| Gomegnies [15]. | Gomegnies (F.). | . | xxxiii l. ii s. | Abb. Aquicinct. |
| Cap. ibid. | . | . | xv l. | id. |
| Grand Wargni [16]. | Wargnies-le-Grand (F.). | S. Amand. | xvii l.[17] | Abb. S. Amandi. |
| Cap. ibid. B Nicolai. | . | . | xvii l. | id. |
| Cap. ibid. | . | . | xv l. | id. |
| Cap ibid | . | . | xv l. | id. |

[1] Eurgies, MA. — [2] MA ne cite qu'une chapellenie. — [3] Estreun, M ; Estruey, MA ; Estroen, L ; Estruen, G ; Estreum prope Schaldim, B. — [4] xxi l., MA et L. — [5] MA omet cette chapellenie — [6] Bri, M ; Echi, B ; MA omet Bry. — [7] xxxiii l., A A — [8] Fanum-Martis, M et L ; Faumartis, MA ; Flanimartis, B ; Fanmars, G. — [9] MA. — [10] Faus Rues, M ; Falquum (sic) Rodium, B ; Faulz-Ruez, G. Cette localité n'appartient évidemment pas au décanat de Valenciennes. — [11] xv l., MA et L. — [12] Genlain, M; MA, L, B. — [13] xviii l., MA et L. — [14] xiii l., MA. — [15] Goumignies, M ; Goumegnies, MA ; Gomegnies cum Frasnoit, L ; Cogmignies, B ; Gommeignies, G. — [16] Grant-Wargni, M ; Majus Wargny, L ; Grant-Vargny, G. — [17] xviii l., MA et L.

— 258 —

| | | | | |
|---|---|---|---|---|
| Cap. leprosorum de Quereeto [1] | | | vii l. | id. |
| [Jolimez] [2]. | Jolimetz (F.). | | xii l. | Episcopus. |
| Kyeregnies [3]. | Querenaing (F) | S. Landelin. | xxv l. | Abb. de Crisp. |
| Cap. ibid. | | | ix l. | id. |
| [Locquignol] [4]. | Locquignol (F) | | | |
| Maing [5]. | Maing (F.). | | xxx l. [6] | Abb. S. Auberti. [7] |
| Cap. ibid. | | | xv l. | id. |
| Maresch [8]. | Maresches (F) | SS. Petr. et Paul. | xv l. | Cap. Camerac. |
| Marli juxta Valencian. [9] | Marly (F.). | | xx l. [10] | Prior S. Salvii presentat episcopo [11] |
| Cap. in ecclesia B. Marie. | | | x l. | id. |
| Cap. ibid. B. Marie in castro. | | | x l. | id. |
| Cap. ibid. | | | xv l. | De collat comitis. |
| Cap. hospital. B. Marie Valenchen [12]. | | | | Prior S. Salvii. |
| Nostra Domina de Quercheto [13]. | Le Quesnoy (F) | B. V. Maria. | xvi l. | Abb. S. Vedasti Atreb. |
| Cap. ibid. B. Katherine. | | | xv l. | id. |
| Cap. ibid. B. Nicolai. | | | x l. | id. [14] |
| Cap. ibid. S. Eligii. | | | xii l. | id. |
| Cap. ibid. S. Vedasti. | | | xv l. | id. |
| Cap. ibid. S. Juliani. | | | ix l. | id. |
| Cap. ibid. b'ti Johann. Bapt. | | | xii l. [15] | — |

[1] Cette chapellenie et celle de saint Nicolas sont omises dans MA; B ne fait aussi mention que de deux chapellenies. — [2] L. — [3] Kierinain, M; Kievraing, MA; Kierignain, L; Kierraing, B. G omet cette paroisse. — [4] L. — [5] Maing et Pons unitæ, L; Main, G. — [6] xlv l., L. Voyez le mot Pons. — [7] Capit. Cameracense, MA; Abb. S. Auberti et Crispin., L. Voy. le mot Pons. — [8] Mauresch, M; Maresche, L; March, B. — [9] Marlis, MA, G et BE; Marly, L. — [10] xxi l., MA et L. — [11] Prior S. Salvii, L et B. — [12] Omise dans MA. B ne cite aussi que trois chapelles. — [13] Rostra de Carceto (sic), MA; Quercetum, L; Kesnoit, G. — [14] Prior S. Salvii, B. — [15] MA.

| | | | | | |
|---|---|---|---|---|---|
| Capellan. tres ibid. de collat. communitatis, quarum quælibet taxatur. | | | | xv l. | D. comes Hannonie. |
| [Cap. leprosariæ de Carceto][2]. | | | | xii l. | Abb. S. Vedast. Attr. |
| [Item duo personatus quilibet taxatus][3]. | | | | l l. | D. episcopus. |
| Nostra Domina major in Valencenis[3]. | Valentianæ (F). | | | xviii l. ix s.[4] | Abb. Issen.[5] |
| Cap. ibid. S. Nicolai. | | | | xv l. | id. |
| Cap. du... et de Miraculis que sunt unite[6]. | | | | xxiii l. | id. |
| Cap. ibid B. Nicasii. | | | | xiv l.[7] | id. |
| Cap. ibid. nondum confirmata. | | | | | |
| Nostra Domina in calcheya Valencen.[8] | | | | xxx l. | Prior S. Salvii[9]. |
| Cap. magni altaris. | | | | x l. | id. |
| Cap. ibid. altaris. | | | | x l. | id. |
| Cap. ibid. B. Katherine. | | | | x l. | id. |
| Cap. ibid. B. Nicolay. | | | | xv l.[10] | id. |
| Cap. ibid. S. Martini. | | | | x l. | id. |
| Cap. B. Marie Magdalene supra fontem de castris.[11] | | | | xi l. ix s. | id. |
| Cap. sita in ecclesia S. Petri Valenc. | | | | | |

[1] MA. — [2] MA. B cite de son côté trois chapelles en plus. — [3] Omis dans MA ; Valencenæ beata Maria major, L. — [4] viii l. ix s., MA. — [5] L ne nomme pas le collateur. — [6] Cap. de Hialms et..., MA. — [7] xiii l., MA. — [8] B. Maria in calceia, L. — [9] L omet le collateur. — [10] xi l., MA. — [11] In castro, MA.

| | | | | | |
|---|---|---|---|---|---|
| Cap. in aula Valenc. | | | | | |
| Cap. B Johannis euvangeliste in capella fabrice Valenceen.[1] | | | | | |
| [Cap. S Radulphi][2]. | | | | vii l. | id. |
| [Cap. hospitalis B. Mariæ][3]. | | | | xix l. | id. |
| Sancta Elisabeth in ecclesia S. Johann. Valencen[4]. | | | | xi l. | id. |
| Cap. ibid. S. Laurentii. | | | | x l. | |
| Cap. ibid. B. Katherine. | | | | x l. | |
| Cap. ibid. B. Nicolai. | | | | xv l. | |
| Cap. ibid. B. Nicasii.[5] | | | | x l. | |
| Cap. ibd. B. Marie sub campanili, de collatione communitatis. | | | | xx l. | |
| Cap. S. Andree in capella S. Petri in foro Valencen. | | | | xii l. | |
| Cap. S. Crucis. | | | | x l.[6] | |
| Cap. omnium sanctorum. | | | | x l.[7] | |
| Cap. S. Johann. Bapt. | | | | xii l. | |
| Cap. BB. Bartholomei et Katherine[8]. | | | | xx l. | |
| Cap. S. Jacobi. | | | | xv l. | |

[1] MA omet ces trois dernières chapellenies. — [2] MA. — [3] MA. — [4] B n'indique aucune des chapelles qui suivent ; MA les donne à la suite de Villereau. — [5] Et Joannis, MA. — [6] xii l., MA. — [7] xii l., MA. — [8] Elles forment deux chapellenies distinctes dans MA.

— 261 —

| | | | | |
|---|---|---|---|---|
| Cap. S. Augustini, | . | . | xii l. | |
| Cap. S. Laurentii | . | . | x l. | |
| Cap. S Antonii in ecclesia Fratrum minorum. | . | . | xii l. | |
| Cap. S. Jacobi et B. Marie. | . | . | xii l. | |
| Cap. B. Marie Magdalene. | . | . | xii l. | |
| Cap. B. Margarete. | . | . | xii l. | |
| Cap. de Louvaing in hospitali B. Marie. | . | . | xix l. | |
| Cap. B. Johann. Bapt. in monasterio de Fontenelles. | . | . | xx l. | |
| Cap. in domo de Hollandia (?) | . | . | vi l. | |
| [Cap. B. Mariæ] [2] | . | . | xix l. | |
| [Cap. in majore ecclesia] [3]. | . | . | xv l. | |
| [Cap. domini Johannis Moart de novo fundata] [4]. | . | . | xv l. | |
| Onain [5]. | Onnaing (F.). | B. V. Maria. | xxxiv l. | Cap. Camer. |
| Cap. ibid. S. Nicasii. | . | . | x l. | id. |
| [Orsinval]. [6] | Orsinval (F). | | | |
| [Onnezies]. [7] | Onnezies (8). | | | |
| Parvum Waregni. [8] | Wargnies-le-Petit (F.). | S. Petrus. | xv l. | Cap. Camerac, [9] |
| Pons [10]. | Escaupont (F). | | xv l. [11] | Abb. Crispin. [12] |
| Cap. de Potelles. [13] | | | xv l. | id. |

[1] x l., MA. — [2] MA. — [3] MA. — [4] MA. — [5] Onnaing, MA et L ; Onaing, L ; Onnaingh ; B. — [6] G. — [7] Idem. Voy. le mot Angre, au décanat de Bavai. — [8] Parvum Wargni, M ; Parvum Wargny, MA et B ; Minus Wargny, L ; Petit Warigny, G. — [9] Abb. S. Johann. Valencen., L. — [10] Pons-Scaldis, L. Voy. ci-après Soulpons. — [11] xxviii l. iv s., L. — [12] Abb. S. Amandi, L. — [13] Potielles, B.

| | | | | |
|---|---|---|---|---|
| Presial [1]. | Preseau (F.). | | xxi l. v s.[2] | Abb. S. Johan. Valenc. |
| Cap. ibid. B. Aldegundis. | | | | id. |
| Preux [3]. | Preux-au-Sart(F) | | xv l. | Cap. Camerac. |
| Quarouble [4]. | Quaroube (F). | S. Martin. | xxx l. | id. |
| Roublies [5]. | Rombies (F). | S. Remig. | xxiii l. xi s. | id. |
| Sanctus Gaugericus Valencen. | S¹ Géry de Valenciennes (F). | | xxiii l. [6] | Prior S. Salvii |
| Cap. ibid. | | | ix l. | id. |
| Cap. S. Johan. Bapt. | | | x l. | D. nus comes Hannonie.[7] |
| Cap. ibid. S. Katherine. | | | xv l. [8] | id. [9] |
| Cap. ibid. de collatione comitis. | | | xxi l. | id. |
| Cap. B. Marie. | | | xxiv l. [10] | id. |
| Cap. ibid. N. de Spatio. | Lespaix (F). | | xviii l. [11] | D. nus comes Hannonie. |
| Cap. ibid. [12] | | | xv l. | id. |
| Cap. de Ermelinis (?) [13] | | | ix l. | Prior S. Salvii. |
| [Cap. in aula non taxata] [14]. | | | | id. |
| Sanctus Salvius [15] | Saint-Sauve (F). | | xviii l. | id. |
| Sanctus Nicolaus Valenc. | Saint-Nicolas de Valenciennes (F) | | xxi l. v s. | id. [16] |
| Cap. ibid. de Louvaing [17]. | | | xv l. | id. |

[1] Presiel, M, L et B; Prester, MA; Presel, G. — [2] xxi l., MA. — [3] Preus, M; Preux-au-Sart, L; Pruelx, B. — [4] Carouble, L; Querable, B; Quarouhe, G. — [5] Rombies, M et L; Rombres, MA; Rombers, B; Rombels, G. — [6] xxxviii l., MA. — [7] Prior S. Salvii, MA. — [8] xvi l, MA. — [9] Voy. la note 7. — [10] xxv l., MA. — [11] viii l, MA. — [12] G. Severini, MA. — [13] Conclius, MA. — [14] MA. — [15] Sanctus Salvius cum succurs de Lespée, L; S. Salvinus, B. — [16] L omet le collateur. — [17] Lonnaing MA.

— 263 —

| | | | | |
|---|---|---|---|---|
| [Alia cap. Beatæ Mariæ ibid.] [1] | | | VIII s. | id. |
| Sancta Elisabeth in Valenc. | S.ta Elisabeth de Valenciennes (F). | | XLI l. [2] | Beghinag. loci [3] |
| Cap. ibid. de Bellaing [4]. | | | XX l. | |
| Cap. ibid. de Arbrissel [5]. | | | XX l. | |
| Sautaing [6]. | Saultain (F.). | S. Martin. | XVIII l. [7] | Abb. S. Johann. Valenc. [8] |
| Scaupons et Vi [9]. | Escaupont et Vicq (F.). | SS. Amand. et Nicol. [10] | XXVII l. IV s. | Abb. S. Amandi. |
| Sebourck [11]. | Sebourg (F). | S. Martin. | XXXII l. II s. [12] | Cap. Cameraс. |
| Cap. ibid. B. Marie. | | | XV l. | id. |
| Cap. ibid. S. Nicolay. | | | | id. |
| Cap. ibid. S. Katherine. | | | XV l. | id. |
| Cap. ibid. S. Eligii. | | | XV l. | id. |
| Semeries [13]. | Sepmeries (F). | SS. Cosm. et Damian. | XVIII l. | Abb. S. Johann. Valenc. [14] |
| Cap. ibid. B. Marie. | | | XV l. | id. |
| Villare Damian Pollit. [15] | Villers-Pol (F). | | XXX l. [16] | Cap. Cameraс. |
| Cap. ibid. S. Nicolay. | | | XV l. | id. |
| Villeries [17]. | Villereau (F.). | S. Gauger. | XVIII l. | Abb. S. Sepulchri |
| Cap. ibid. B. Nicolay. | | | XV l. | id. |
| Cap ibid. B. Marie. | | | XV | id. |
| [Cap. du Losquegnot] [18]. | | | X l. | id. |

[1] MA. — [2] XL l., MA. — [3] MA. — [4] Bielaing, MA. — [5] Labrissiel, MA. — [6] Saultains, L ; Sanctang, B. — [7] XVIII l. II s., MA et L. — [8] Notre pouillé n'indique pas le collateur. — [9] L et G ne mentionnent pas ces localités. Voy. Vg ci-après. — [10] SS. André et Nicolas, MA. — [11] Sebourc, M ; Sebourcq cum Sebourqueau, L. — [12] XXXIII l., II s. — [13] Sepmeries, L. — [14] Notre pouillé omet le collateur. — [15] Polii, M, B, L; Villers Sirpol, G. — [16] XVIII l., L. — [17] Villereil, MA et B ; Villerel, G. — [18] MA. Cette chapellenie et les deux suivantes ne nous paraissent pas appartenir à Villereau.

| | | | |
|---|---|---|---|
| [Cap. Beatæ Mariæ in foro Valencenensi] [1]. | . | x l. | id. |
| [Cap. beati Johannis evangelistæ in foro] [2]. | . | . | id. |
| [Vy] [3]. | Vicq (F) | xxvii l. iii s. | Abb. S. Amandi. |
| Vicarii seu capellani in ecclesia de fundata in honore S. Martini. | | | |
| Canonici ecclesie S. Gaugerici Valencen. sunt xvi, computato decano pro duobus, quorum quislibet taxatur ad | . | xvi l. | |
| Quotidiane distributiones ipsius ecclesie | . | xc l. | |
| Communitas ecclesie. | . | xviii l. | |

[In decanatu Valencenensi sunt 35 parochiales ecclesiæ] [4].

[1] MA. — [2] MA. — [3] L et G. — [4] L.

# PARTIE IV.

## CODEX DIPLOMATICUS.

### I.

*L'empereur Trajan accorde, par un rescrit, des priviléges à certaines cohortes de troupes auxiliaires qui se trouvent en Angleterre et parmi lesquelles figurent des corps d'auxiliaires Frisons, Tongres et Nerviens* [1].

(an du Christ 106).

IMP. CAESAR. DIVI. NERVAE. F. NERVA. TRAIANus. AVGVSTVS. GERMANIC. DACICVS. PONTIF. MAxiMVS. TRIBVNIC. POTEST. VIIII. IMP. IIII COS. V P. p. EQVITIBVS. ET. PEDITIBVS. QVI. MILITANT. IN. ALIS. DVABVS. ET. COHORTIBVS. DECEM. ET. VNA. QVAE. APPELLANTVR I TVNGRORVM. ET. CLASSIANA. C. R. ET. I. CELTIBERORVM. ET. X. HISPANORVM. ET. I FRISIANOrum. ET. I. NERVIORVM, et. II. VASCONVM. C. R. ET..... ORVM. ET. I aSTVRVM. ET. I. PANNONIOrum. et. sunt. in.....

LYSONS, *Reliquiæ Britannico-Romanæ* (Londres, 1813), t. I, p 4; GAZZERA, *Notizia di alcuni nuovi diplomi imperiali di congedo militare*, dans les *Memorie della reale accademia delle scienze de Turin*, t XXXV (1831), p. 256 ; CARDINALI, *Diplomi imperiali di privill. accord. ai militari* (Velletri, 1835, in-4°), p. xxxii, n.° 12.

[1] Ce diplôme, gravé sur la pierre, a été trouvé en Angleterre. Il n'en reste malheureusement qu'un fragment, de sorte qu'on ne sait avec certitude quels sont les priviléges accordés à ces corps d'auxiliaires. Il y a lieu toutefois de penser qu'il s'agit, comme dans les diplômes suivants, de l'octroi d'un congé honorable avec jouissance du droit de cité et du *connubium*.

## II.

*Rescrit de l'empereur Adrien, par lequel il accorde un congé honorable à certains corps d'auxiliaires cantonnés en Angleterre et parmi lesquels sont cités des auxiliaires Frisons, Tongres, Béthasiens, Ménapiens, Bataves et Nerviens. Il leur concède le droit de cité à eux et à leurs enfants, et le privilège du CONNUBIUM avec les femmes qu'ils avaient alors ou qu'ils épouseraient par la suite* [1].

(an du Christ 124).

IMP. CAESAR DIVI. TRAIANI. PARTHICI. F. DIVI. NERVAE nepos Traianus HADRIANVS. AVG. PONTIF. MAXIM. TRIBVNIC. potest. VIII COS. III. PROCOS/ EQVITIB. Et peditib. qui miliTAVER. IN. ALIS. VI ET/ COH. XXI QVAE appellanT. I. HISP. VETTON. [2] C. R. ET. I QVGERN. [3] /.... P.... R.... ET PETRIANI/.... I HISP. ET. I FRISIAV ET. I/.... M. SALIN. ET I SVNVC ET I VANG<sup>m</sup> ET I BAETASIOR/ ET I DELM. ET. I AQVIT. ET. I MENAP [4] ET. I. VLP. TRAIANA/ AVG. C. R. ET. I. FIDA. VARD [5] C. R. ET I.... R ET I BATAV. ET I TVN/ GR. ET II LING. ET II ASTVR ET II DONGON ET II NERV/ ET III BRAC. AVGVSTANOR. ET III NERV. [6] ET VI NERV./ QVAE SVNT IN BRITANN. SVB PLATORIO NEPOTE/ QVINIS ET VIGINTI [7] PLVRIBVSVE STIPENDIIS/ EMERITIS DIMISSIS HO-

---

[1] Ce rescrit a été trouvé sur une table de pierre, en 1761, à Stannington, dans le Yorckshire. Nous le publions d'après le texte de BOCKING.

[2] HISPA. II VR. *Henzen-Orelli.*

[3] QVRV. *Idem.*

[4] On a prétendu que les Ménapiens maintinrent leur indépendance pendant la durée de l'empire romain; ce texte prouve le contraire. Voy. SCHAYES, t. II, p. 6.

[5] IDAV. RD. *Henzen-Orelli.*

[6] NE... N. *Idem.*

[7] VIGENIS. *Idem.*

NESTA MISSIONE/ QVORVM NOMINA SVBSCRIPTA SVNT
IPSIS/ LIBERIS POSTERISQVE EORVM CIVITATEM/ DEDIT
ET CONNVBIVM CVM VXORIBVS QVAS TVNC/ HABVISSENT
CVM EST CIVITAS EIS DATA VEL SI/ QVI CAELIBES ESSENT
CVM EIS QVAS POSTEA/ DVXISSENT DVM TAXAT SINGVLI
SINGVLAS/ AD XVI K OCT/ C. IVLIO GALLO C. VALERIO
SEVERO COS/ COH I SVNVCOR CVI PRAEST/ AVLVNTVS
CLAVDIANVS/ EXPEDITE/ ENTIPONT ALBANI F. SVNVCO/
DESCRIPTVM ET RECOGNITVM EX TABVLA/aenEA QVAE
FIXA EST ROMAE IN MVRO PO/st TEMPLVM DIVI Aug. ad
MINERVam/.

Orelli-Henzen, *Inscriptionum latinarum amplissima collectio*, t. III, p. 83 ; Henzen, *Zwei militardiplome der Kaiser Domitian und Hadrian*, dans les *Jarhbücher des vereins von alterthums freunden in Rheinlande*, t. XIII (1848), p. 64 ; Bocking, *Notitia dignitatum in partibus Orientis et Occidentis*, t. II, p. 908.

### III.

*Rescrit d'Antonin-le-Pieux, accordant les mêmes privilèges à des troupes auxiliaires Nerviennes qui servaient en Egypte et dans la Cyrénaïque*[1].

(an du Christ 154).

Imp. Cæs. divi. HadRIAN. F. DIVI. TRAIANI. Parth. nep. divi. NeRVAE. PRON. T. AELIVS. Hadrianus. AntONINVS. AVG. PIVS. PONT. max. trib. pot. VIII. IMP. II. COS. I. I. P. P. equit. et. pedit. qui. MIL. IN. ALIS. III. QVAE. appel. I. ulp. AquitaN. ET. GALL. ET. PANN. et. I. Hisp. et. I. ulp. cONT. ET COH. XII. I. VLP. Pann. ∞. et I ulp. Bat. ∞. ET. I. FL. VLP. HISP. ∞. et. I. ulp. petrianor. AELA. ∞. ET. I AVG. NER.

[1] Ce diplôme a été trouvé en Hongrie. Nous le publions d'après le texte de Gazzera.

c. r. et. I. ulpia. BRITT. ∞. ET. I. HISPAN. et. I. Lusitan et. II. HISP. SCVT. ET. I. CYren. et. II Alpin. ET. VI. THRAC. ET. SVNT. in Aegyp. et. in. CyrEN [1]. SVB. MACRINIO. avito. praes. quiNQ. ET, VIGINT. STIP. EMERIT. DIMISS. HONEST. MISS. QVOR. NOMIN. SVBSCRIPT. SVNT. CIVIT. ROMAN. QVI. EOR. NON. HABER. DEDIT. ET. CONVB. CVM. VXOR. QVAS. TVNC. HABVIS. CVM. EST. CIVIT. IS. DATA. AVT. CVM. IS. QVAS. POST. DVX. DVMTAXAT. SINGVLIS. A. D. V. K. OCTOBRIS. SEX. CALPVRNIO. AGRICOLA. TI. CLAV- DIO. IVLIANO. COS. COH. I VLPIA. BRITTON. ∞. CVI. PRA- EST. L. NONNIVS. BASSVS. PICEN. EX. PEDITE. LVONERCO. MOLACI. F. BRITT. DESCRIP. ET. RECOGNIT. EX. TABVL. AER. QVAE. FIXA. EST. ROMAE. IN. MVR. POST. TEMPL. DIVI. AVG. AD. MINERVAM.

GAZZERA, loc. citat., p. 257; GARDINALI, loc. citat., p. xxxviii; BORGHESI, Memorie dell' Institut archeol., t. 1, p. 34; ARNETH, Zwolf roemische militardiplome (WIEN, 1843). pp. 6 et suiv.

## IV.

*Testament (ou donation) de sainte Aldegonde en faveur de l'ab- baye et du chapitre de Maubeuge* [2].

(avant 673).

In nomine sanctæ et individuæ trinitatis, amen. Quod pruden-

---

[1] ARNETH restitue ce passage de la manière suivante : « in Dacia RipENsi »; mais M. ROULEZ fait remarquer que la Dacia Ripensis n'existait pas à cette époque. Du contingent fourni par les peuples de la Belgique aux armées de l'empire romain, dans les Nouveaux mémoires de l'Académie, t. XXVII.

[2] Ce document, qu'on a, peut-être à tort, qualifié de testament, a été publié pour la première fois en 1623, dans l'Histoire de la vie de sainte Aldegonde, par un frère capucin de la province wallonne (Arras, Guillaume

Data sexto kal. julias, anno septimo et secundo regni nostri. Actum Carisiago, palatio publico, Dei nomine feliciter.

Félibien, *Histoire de l'abbaye de Saint-Denis*, preuves, p. 35; Dom Bouquet, t. v, p. 733.

## XI.

*L'empereur Louis donne, entre autres biens, à l'abbaye de Saint-Amand, les villages de Sirault, Haussi, etc.*

(29 juin 822).

In nomine domini Dei et salvatoris nostri Jeshu Christi. Ludowicus, divina ordinante providentia, imperator augustus. Cum locis divino cultui mancipatis, ob divine servitutis amorem, opem congruam ferimus, et regium morem decenter implemus et id nobis profuturum ad eterne remunerationis premia capescenda veraciter credimus. Idcirco notum esse volumus cunctis fidelibus Dei, ecclesie, et nostris presentibus scilicet et futuris quia, adiens serenitatem culminis nostri, vir venerabilis Adaleodus, abbas monasterii S. Amandi, una cum Aldrico, misso nostro, quem ad predictum cenobium direximus ad ordinem regule S. Benedicti confirmandum, suggesserunt mansuetudini nostre qualiter congregationi confessoris Christi Amandi aliquam partem de rebus et villis ejusdem ecclesie deputare et confirmare, ad usus et necessitates illorum, prejudicaremus. Ideoque ad precationem vel suggestionem predictorum abbatum, Adaleodi videlicet et Aldrici, immo ob emolumentum anime nostre conjugis atque proavorum nostrorum, res subter notatas predictis fratribus et congregationi S. Amandi, ad victum, vestimenta et calciamenta, seu etiam ceteros usus et necessitates tradere et confirmare decrevimus; et super hanc cessionis auctoritatem hos nostros imperiales apices fieri jussimus, per quos decernimus atque jubemus, ut abhinc in futurum à nobis et nostris, Deo dispensante, successoribus piis oraculis nostris conservanda mandavimus.

Quod nos, pro eternis capessendis premiis et memorate congregationi consulendis necessitatibus, fecisse et concessisse vestra cognoscat industria, ita duntaxat ut quicquid de ipsis rebus, Deo donante, per bonum studium poterit haberi vel acquiri totum in fratrum, sine ulla substractione, usibus cedat. Pari etiam nostra imperiali auctoritate precipimus ac jubemus, ut nullus quilibet fidelium sancte Dei ecclesie, presentium videlicet et futurorum, de predictis et subternotatis rebus inquietudinem aut refragationem vel prejudicium sive violentiam facere temptet, sed potius sine ulla subreptione aut subtractione vel diminoratione atque divisione liceat eas eidem congregationi monachorum Deo militantium, cum omni integritate inviolabiliter, absque ulla calumnia et contradictione, securiter ac perpetualiter habere, possidere et frui. Solummodo videlicet ad hoc, sicut premissum est, specialiter a nobis sunt pro mercede nostra delegate et confirmate, ut nec humana potestas, sine sui periculo discriminis, possit eas convertere, sed semper sub regali et imperiali tuitione irrefragabiliter salve fratrum usibus consistant, quatinus ejusdem loci devote Domino amabili congregationi pro nobis ac pro totius imperii hujus stabilitate ac pace nostre pietatis munere adjuti, Dominum propentius exorare delectet. Et hec nomina de ipsis rebus quas illis dare decrevimus. In pago Bracbatinse, in locis nuncupatis Baceroth [1], Decla [2], Neonisio [3] et Securiaco [4], mansi XLVIII; in pago Ostrebantensi, in loco qui dicitur Halciacus [5] cum appenditiis suis, mansi LVIII; in pago qui dicitur Mempiscus, in loco nuncupante Roslar [6] cum appenditiis suis, mansi CXVIII, mansioniles circa monasterium IIII et piscationem, atque Seoncuriem; et in Flandras, mariscos VIII; sed et in pago Laudunensi,

---

[1] Baesrode, arr. et cant. de Termonde.
[2] Dickele (?), arr. d'Audenarde, cant. d'Hoorebeke-Sainte-Marie.
[3] Neonisio, M. Le Glay. Lieu inconnu.
[4] Sirault. Cette localité a toujours appartenu depuis cette époque à l'abbaye de Saint-Amand. Voy. le mot *Calciniaca*, preuves, partie II.
[5] Haussi, sur la Selle. Voy. partie II.
[6] Roulers (?), arr. de Courtrai.

Barisiacum [1] cum omnibus appenditiis suis. Insuper etiam censuimus illis dari nonam partem de omni supellectili ejusdem ecclesie per totas villas et possessionem ipsius cenobii rectoris : id est, de annona, de legumine, de feno, de formatico, de porcis, de poledris, de camsilis, de pastis, de vino, de ovis. Et ut hec auctoritatis per futura tempora inviolabiliter obtineat firmitatem, manu propria subterfirmavimus et anuli nostri impressione signari jussimus. Signum Ludovici serenissimi imperatoris. Durandus dyaconus, ad vicem Fridugisi, recognovi. Data III kal. julii, anno Christo propicio VIII imperii D. Ludovici piissimi augusti, indictione XV. Actum Stratella villa [2], in Dei nomine feliciter. Amen.

MABILLON, *Acta*, etc., seculo IV, pars I, p. 66 ; DOM BOUQUET, t. VI, p. 530 ; M. LE GLAY, *Mémoire sur les archives de l'abbaye de Saint-Amand* (Valenciennes, 1834), p. 20.

## XII.

*L'empereur Louis-le-Débonnaire donne en toute propriété à Ekkard, l'un de ses fidèles, les villages de Pont-de-Loup et de Marchiennes, dans le pays de Lomme* [3].

(840)

In nomine domini Dei et salvatoris nostri Jhesu-Christi. Hludowicus, divina propitiante clementia, imperator augustus. Imperialis celsitudinis moris est fideliter sibi famulantes donis multiplicibus atque honoribus ingentibus honorare atque sublimare. Proinde nos morem parentum, regum videlicet predecessorum nostrorum, sequentes, libuit celsitudini nostræ fidelem

[1] Barisis, arr. de Laon, cant. de Coucy (Aisne).
[2] Strazeele (?), arr. et cant. de Hazebrouck.
[3] M. Alph. Wauters, archiviste de Bruxelles, a publié cette pièce d'après le *Cartulaire du chapitre de Saint-Lambert de Liége*, qui est en la possession de M. Hénaux, et d'après une copie du XVIIe siècle, tirée des archives de Châtelet.

quemdam nostrum, Ekkardum nomine, de quibusdam rebus nostre proprietatis honorare, atque ejus juris potestatem liberalitatis nostre gratias conferre. Unde noverit experientia atque utilitas omnium fidelium nostrorum tam presentium quam et futurorum industria, quod concessimus eidem fideli nostro Ekkardo ad proprium quasdam res nostre proprietatis, que sunt site in pago Lomense, super fluvium Samera, hoc est, villas duas que vocantur Funderlo et Marcinas [1]. Has itaque villas, cum omni integritate earum et cum appenditiis, cum domibus totisque edificiis, terris cultis et incultis, pratis, pascuis, silvis, molendinis, exitibus et regressibus, quantumcumque ad predictas villas aspicere videtur, et mancipiis utriusque sexus et etatis ad se pertinentibus et aspicientibus, totum et ad integrum, de nostro jure in jus et dominationem ejus sollempni donatione transferimus. Ita, videlicet, ut quicquid ab hodierno die et tempore de eisdem rebus facere, ordinare, atque disponere voluerit, libero in omnibus potiatur arbitrio, jure proprietario faciendi quicquid decreverit. Et ut hec auctoritas largitionis nostre per futura tempora inviolabilem atque inconvulsam obtineat firmitatem, manu propria nostra subter firmavimus et annuli nostri impressione assignari jussimus. Signum Hludowici serenissimi imperatoris [2]. Datum vIII idus maii, anno Christo propitio XXVII imperii domni Hludowici serenissimi imperatoris, indictione II. Actum Salz palatio, in Dei nomine feliciter. Amen ; [3]

M. WAUTERS, *Une charte inédite de l'empereur Louis-*

---

[1] Pont-de-Loup et Marchiennes, arr. de Charleroi, cant. de Charleroi et de Fontaine-l'Evêque. Ces possessions, dit M. WAUTERS, appartenaient dès le XII<sup>e</sup> siècle au chapitre de Saint-Lambert.

[2] On lit après ces mots, dans la copie de Chatelet : « Signum Hlotharii serenissimi augusti » ; puis elle ajoute : « Deinde ad latus signatum «Meginarius notarius, ad vicem Hugonis recognovi », et infra : « Data vIII idus maii anno Christi propitio XXVIII ».

[3] La copie ajoute ici : « et erat appositum annulus prefati imperatoris, cum hac inscriptione circa caput imperatoris « Christe, protege Hludowicum imperatorem ».

*le-Débonnaire*, dans les *Bulletins de l'Académie*, 2.e série, t. xv.

## XIII.

*Le roi Charles-le-Chauve répartit, entre les divers services du monastère de Saint-Amand, les différents biens de cette abbaye, situés dans le Brabant, le Hainaut, etc.* [1]

(23 mars 847.)

In nomine sanctæ et individuæ Trinitatis, Karolus, gratia Dei rex. Divinorum beneficiorum memores, inter alias præcipuam religionis curam gerimus, et ut ea nostris diebus confirmetur atque proficiat prospicere desideramus. Ita enim propitium nobis Dominum credimus futurum, si cultus illius nostra industria incrementum accipiat. Noverit ergo omnium fidelium Domini et nostrorum sollertia, quod, propter suspectas succedentium rectorum voluntates, monachis in monasterio beati Amandi confessoris, in pago Tornacensi consistentibus, ad eorum petitionem, ex facultatibus ipsius cœnobii, secuti exemplum domini patris nostri Hludovici, serenissimi augusti, segregavimus villas quasdam, quæ proprie fratribus deservirent, nec per ullam occasionem valerent à quolibet deinceps abbate ad usus alios detorqueri; ac non solum ea quæ concesserat venerandæ memoriæ pater noster indulsimus, verum etiam nostra liberalitate quæ necessaria visa sunt, addidimus, à monachis vicem orationum, à Deo autem beatam expectantes retributionem. Contulit igitur gloriosæ recordationis pater noster præfati cœnobii fratribus hæc : in pago Bracbatensi, Securiacum, Neonisium, Baceroth, Deccla [2], Squin-

---

[1] Comparez, pour les noms de lieux cités dans ce diplôme, les diverses chartes relatives à l'abbaye de Saint-Amand publiées par MARTÈNE et DURAND et par MIRÆUS, spécialement une charte de 899. *Amplissima collectio*, t. I, p 247 ; MIRÆUS, t. III, p. 291.

[2] Sur ces localités, voy. la charte de 822, ci-dessus, n° XI.

dresch [1], Bersalis [2]; et in pago Hagnuensi, Wariniacum, Halciacum [3]; necnon et in pago Ostrebandensi, Salcem [4], Spinetum [5]; et in territorio Menapiorum, quod nunc Mempiscum appellant, Rollare [6], Hardoga [7], Cokenllare [8], Ledda [9], Ricoluvingaheim [10], Coloscampum [11], Wenghinas [12], et Berneham [13], et Bonart [14]; et in pago Pabulensi, Samionem [15], in Folinas [16] mansa tria, mansioniles circa monasterium tres, unum in Resciniacas [17], alterum in Guiticonia [18], tertium in Pabila [19]; item piscationem circa monasterium; in Spidinio [20], cellam et mansum unum; in Flandras, mariscos novem, in Curtriaco [21]; mansa duo; vineam in Cersarias [22].

[1] Zwyndriesch (?), dépendance d'Eenham, arr. et cant. d'Audenarde.
[2] Bazèle (?), arr. de Termonde, cant. de Tamise.
[3] Wargnies et Haussy sur la Selle. Voy. partie II.
[4] Serait-ce Saultain, arr. de Valenciennes? Mais ce village était situé dans le Hainaut (voy. partie II). Ne serait-ce pas Sin, arr. et cant. de Douai, où l'abbaye avait des biens?
[5] Espinoy, arr. d'Arras, cant. de Marquion (Pas-de-Calais).
[6] Voy. le diplôme n.º XI.
[7] Ardoye, cant. de ce nom, arr. de Bruges.
[8] Coukelaere, arr. de Bruges, cant. de Thourout.
[9] Ce ne peut être Lede, arr. de Termonde, cant. d'Alost; ce lieu était en Brabant. Il s'agit ici de Lede, hameau de Meulebeke, cant. de ce nom, arr. de Courtrai. Un hameau du même nom existe à Wanneghem, arr. de Gand, cant. de Crayshaulem.
[10] Rolleghem, arr. et cant. de Courtrai.
[11] Coolscamp, arr. de Bruges, cant. d'Ardoye.
[12] Wyngene, arr. de Bruges, cant. de Ruysselede.
[13] Beernem, arr. et cant. de Bruges.
[14] On lit *Bogarda* dans la bulle de Calixte II de 1119 (Miræus, t. II, p. 1155)
[15] Sameon, arr. de Douai, cant d'Orchies.
[16] Flines-lez-Mortagne, arr. de Valenciennes, cant. de Saint-Amand.
[17] Raismes (?), idem.
[18] Vicogne, arr. de Valenciennes.
[19] Lieu inconnu.
[20] Espain, dépend. de Blandain, arr. de Tournai, cant. de Templeuve. Il y a aussi Espaing, dépendance de Wambrechies, arr. et cant. de Lille.
[21] Courtray, arr. de ce nom.
[22] Localité inconnue.

Nos autem, ut omnia regulariter concessa præfati fratres semper consequi possent, insuper largiti sumus eis, in pago Ostrebandensi, Scaldinium et Helenam [1], cum omni sua integritate et plenitudine, et, in Nigella [2], farinarios duos, et, in Pabila, silvam quam Witbadus monasterio contulit. Res etiam, quas Ratfridus eidem cœnobio dedit, quasque Rhodo jure precario possidet, secundum voluntatem ipsius Ratfridi decernimus atque sancimus, ut post obitum Rhodonis ita dividantur, ut medietas earum thesauro ecclesiæ conferatur, altera vero medietas ad usus transeat monachorum. Præterea censuimus, quod etiam ante nos serenissimus pater noster augustus decrevit, ut de villis dominicis nona pars totius supellectilis monachis tribuatur, hoc est, de annona, legumine, caseo, feno, pullis equinis, porcis, camisilibus, altilibus, vino, ovibus, atque ovis; festivitate quoque natalis Domini pulli trecenti; item paschæ totidem, cum ovis utroque die consuetudinariis. Villarum dominicarum hæc nomina sunt, ex quibus quæ singillatim notata sunt præberi oportet: Rogadi-villa [3], Diptiacus [4], Igrinium [5], Novavilla [6], Scaldpons, Castellum [7], Montes [8], Muscinium [9], Bovoniscos [10], Adra [11], Cruces [12], Harinas [13], Hultheim [14], Smerlubium [15], Gaisbas [16], Villare [17], Wambacc [18],

[1] Escaudain et Helesmes, arr. de Valenciennes, cant. de Bouchain.
[2] Nivelle, idem.
[3] Localité inconnue.
[4] Dechy, arr. et cant. de Douai.
[5] Idem.
[6] Neuville-sur-l'Escaut, arr. de Valenciennes, cant. de Bouchain.
[7] Escaupont et Casteau. Voy. partie II.
[8] Mons-en-Pevele (?), arr. de Lille, cant. de Pont-à-Marcq.
[9] Mouchin, arr. de Lille, cant. de Cysoing.
[10] Bouvines (?), arr. de Lille, cant. de Cysoing.
[11] Localité inconnue.
[12] Croix (?), arr. de Lille, cant. de Roubaix.
[13] Herin, arr. et cant. de Valenciennes.
[14] Houtaing, arr. de Tournai, cant. d'Ath.
[15] Localité inconnue.
[16] Localité inconnue.
[17] Villers-Saint-Amand, arr. de Tournai, cant. de Chièvres.
[18] Wannebecq, arr. de Tournai, cant. de Lessines.

Fœlinas [1], mansum quod prævidet Aaron. Ad portam vero et ad hospitale pauperum decimæ conferantur; atque ut in eis hospitalitas regulariter ad laudem Dei exibeatur tam divitibus quam pauperibus, ad portam deputavimus mansa quinque in Helemio [2], ad hospitale pauperum mansa item quinque in Mageleno [3]. Hæc omnia superius comprehensa cum integritate et concessa concessimus, et nova ex nostra devotione largiti sumus, et utraque auctoritatis nostræ privilegio confirmavimus, ut Dei servos, in memorato cœnobio conversantes, pro nobis, et conjuge, ac prole nostra, et stabilitate regni ab eodem Deo nobis traditi, jugiter exorare delectet, et ut exaudiri mereantur absque ulla necessitatis occasione, religionis suæ votum valeant adimplere. Atque ut hæc nostræ pietatis largitio stabilis in nomine Domini et inconvulsa permaneat, manu nostra eam subterfirmavimus, et anuli nostri impressione jussimus insigniri. Signum Karoli regis gloriosissimi. Gislebertus notarius, ad vicem Hludovici, recognovit. Data x kal. aprilis, indictione x, anno VII regnante Karolo gloriosissimo rege. Actum Elnone monasterio sancti Amandi, in Dei nomine feliciter. Amen.

MABILLON, *Annales ordinis sancti Benedicti*, t. II, p. 699; Dom BOUQUET, t. VIII, p. 488.

## XIV.

*L'empereur Lothaire, à la demande de sa fille Berthe, gratifie un certain Ossard, clerc et médecin, de vingt-quatre bonniers de terre à Wasviler, Waligny, Fontaine-au-Bois et Landrecies* [4].

(7 mai 852).

In nomine domini nostri Jhesu Cristi, Dei eterni, Lotharius,

[1] Flines. Voy. plus haut.
[2] Helesme. Voy. plus haut.
[3] Localité inconnue.
[4] Nous avons publié ce diplôme dans la *Revue d'histoire et d'archéologie*

divina ordinante providentia, imperator augustus. Oportet imperialem sublimitatem ut prolis et epimatum (optimatum) suorum petitionibus libenter aurem tribuat et effectum concedat, contra id (ità ut?) exercendo eorum animos in suis semper reddat ardentiores obsequiis. Quapropter omnium fidelium sancte Dei ecclesie nostrorumque presentium et futurorum magnitudo comperiat, quia delectissima filia nostra Berta, venerabilis abbatissa, deprecata est clementiam mansuetudinis nostre, ut, in pago Haynau, per subscripta loca, id est, Wasvillarem, et Fontanas sive Waudiniecas, atque Landricietas [4], ex rebus quas quondam Aldebertus olim comparaverat et filio suo Rodino dimisit, et nunc Rigbertus possidebat, Ossardo clerico ac medico, inter terram arabilem, pratum et silvam seu sediles, bonnarios viginti quatuor ad proprium concederemus. Cujus petitioni libenter acquiescentes, hos eminentia (eminentie) nostre apicis (apices) fieri decrevimus, per quos memorato Ossardo medico, in jamdicto pago, in prescriptis locis, inter sediles, et terram arabilem, et pratum sive silvam, bonarios XXIIII ad proprium tribuimus, et de jure nostro in jus vel dominationem ipsius transfudimus, contra potissima à nobis percepta licentia faciat de eisdem rebus quicquid elegerit vel voluerit, absque alicujus contradictione vel repetitione, in nostra duntaxat permanens fidelitate. Et ut hec nostre largitionis auctoritas rata stabilisque permaneat, manu

(t. II, p. 93), d'après la copie fautive du deuxième cartulaire du Hainaut qui se trouve aux Archives du royaume, à Bruxelles; nous le republions aujourd'hui d'après le cartulaire original qui est à Lille. Cet acte, quoique resté inédit, a été connu des Bénédictins, auteurs de l'*Art de vérifier les dates* (t. VII, pp. 277 et 279, édit. in-8°); M. Le Glay l'a également cité, mais sans le reproduire (*Glossaire*, etc., fol. LXIII et p. 179; et *Inventaire des chartes de la Chambre des comptes de Lille*, p. 4). Voici l'intitulé du diplôme dans le cartulaire : « *Li transcris d'une carte de l'empereur Lothaire, dont li originaus est à Maroilles, il est chi mis pour che qu'elle fait mention de la terre de Landrecies.* » Les biens dont il est fait mention dans cette pièce passèrent sans doute à l'abbaye de Maroilles. Voy. ci-après, n.° CIV, une charte relative à Landrecies.

[4] Wasviler, Watigny. Fontaine-au-Bois, Landrecies. Voy. partie II.

propria subter eam firmavimus et anuli nostri impressione assignari jussimus. Datum nonas maii, anno Christo propitio imperii domni Lotharii, piissimi imperatoris, in Ytalia trecesimosecundo, et in Francia duodecimo, indictione quintadecima [1]. Actum Lypenas [2] palatio, in Dei nomine feliciter. Amen.

*Deuxième cartulaire du Hainaut*, à Lille, fol. 23.

## XIV bis.

*Le roi Lothaire confirme au monastère de Crespin la possession de ses biens dans le Hainaut et la Taxandrie* [3].

(25 octobre 856).

In nomine omnipotentis Dei et salvatoris nostri Jhesu Christi. Hlotarius, divina preveniente clementia, rex. Si in restauratione

---

[1] *L'Art de vérifier les dates*, loc. cilato, fixe la date du diplôme à l'année 855 ; mais nous préférons, avec M. Le Glay, l'année 852. En effet, Lothaire fut mis en possession du royaume d'Italie en l'an 820, et il succéda à son père, dans l'empire, le 20 juin 840. En outre, l'indiction correspond à l'année 852.

[2] Lippeham ? Voy. Bohmer, *Regesta Karolorum*, pp. 12, 14, 20 et 25.

[3] Cette charte, extraite, vers 1770, du cartulaire de l'abbaye de Crespin et authentiquée par Dom Queinsert, bénédictin de Saint-Maur, fait partie de la grande collection de chartes et diplômes manuscrits de la Bibliothèque impériale à Paris. En marge et de l'écriture de Dom Grenier, se trouve l'annotation suivante : « Charte dont on ne peut faire aucun usage, parce » que le copiste en a omis l'essentiel, probablement par inadvertance. Mais » ce qu'il a envoyé au bureau suffit pour faire voir qu'il s'est trompé grossièrement en attribuant à Lothaire, fils de Louis d'Outre-mer, ce qui » appartient au premier roi de la Lorraine, Lothaire, fils de l'empereur » Lothaire, lequel était fils de l'empereur Louis-le-Débonnaire ». L'essentiel omis par Dom Queinsert était sans doute la date au bas du diplôme ; elle se trouve toutefois rapportée en marge, avec l'indication de l'année 954. Cette date erronée, due vraisemblablement au rédacteur du cartulaire, aura trompé Dom Queinsert. La première année du règne de Lothaire et l'indiction IV correspondent à l'année 856. Lothaire succéda à son père,

rerum ecclesiasticarum pietatis nostre censuram adhibemus, et ea que usibus ecclesiarum olim deservisse noscuntur domino ipsarum nostra preceptione restituimus, nimirum ab illo nobis recompensandum esse confidimus qui ecclesiarum suarum defensor et remunerator esse cognoscitur. Igitur omnium fidelium sancte Dei ecclesie nostrorumque presentium videlicet et futurorum magnitudo comperiat, quod Adalbertus, devotus ac fidelis ministerialis noster, detulit obtutibus nostris auctoritatem quamdam, in qua continebatur qualiter quondam Clodoveus [1], rex Francorum, jam olim res quasdam, in pago Hainau et in comitatu Thessandrico consistentes [2], monasterio Crispiniensi, quod est dedicatum in honore beati Petri principis apostolorum, ubi etiam beatus Landelinus corpore requiescit, contulerit; postmodum vero, interveniente quadam occasione, ex eodem loco subrepte exierunt, à regali munificentia reipublice administratoribus jure beneficiali concesse. Quapropter Hucbertus, dilectus consiliarius noster et venerabilis abbas, una cum jamdicto Adalberto, peciit clementiam excellentie nostre, ut easdem res, pro amore Dei et reverencia ejusdem loci, seu etiam ad retributionem anime piissimi genitoris nostri Lotarii augusti, ac nostra salvatione ac nostra stabilitate, inibi nostra preceptione restitueremus. Quorum precibus, ob eorum devotionem et sincerum affectum, libentissime acquiescentes, hos eminentie nostre apices fieri decrevimus. [Data anno I regni domini Lotarii, 954, 7° kal. novembris, indictione IV, Aquisgrani] [4].

le 22 septembre 855; mais il ne fut sacré à Francfort qu'à la fin de cette année. *Art de vérifier les dates*, t. III, p. 35. — Le cartulaire de Crespin dont il est question, et qui est aujourd'hui perdu, est ainsi décrit par Dom Queinsert : « Cartulaire..... étant en très beau parchemin, transcrit d'une
« écriture estimée être celle de la fin du XIII.ᵉ siècle, contenant ce cartu-
« laire cent cinquante-cinq feuilles, écrites large chacune de huit pouces
« huit lignes, sur un pied de hauteur, étant cette présente transcription en
« icelui folio..... trouvé au chartrier ou dépôt des chartes de la dite abbaye.
« Fait le..... 1772. »

[1] Clovis III (?) qui régna de 691 à 695.
[2] Voy. l'indication de ces biens, ci-après, *Codex*, n.ᵒˢ XXII et XXVIII.
[4] Ces derniers mots se trouvent à la marge de la copie.

*Chartes et diplômes, manuscrits*, t. I, p. 238, à la Bibliothèque impériale, à Paris.

## XV.

*Le roi Lothaire confirme au médecin Ossard la possession de divers biens à Combles, à Bersillies-les-Bois, et à Vertain* [1].

(28 avril 858).

In nomine omnipotentis Dei ac salvatoris nostri Jhesu Christi, Lotharius, divina preveniente clementia, rex. Cum regna sublimitas suorum fidelium rationabiles petitiones libenter exaudit, regia imitatur vestigia atque ad regni utilitatem id agere minime dubitat. Quamobrem noverit omnium sancte Dei ecclesie fidelium et nostrorum presentium scilicet ac futurorum industria, quia Hyroldo, fidelis ministerialis noster, imploravit submisse clementiam culminis nostri pro quodam fideli nostro ac medico, nomine Ausardo, ut beneficium, quod abbatia que Maricalas vocatur optinere videbatur, vite sue universis diebus per precepti nostri auctoritatem et (ei?) infirmare non abnueremus. Cujus supplicationem pro suo fidelissimo famulatu libenter nostrum commodantes assensum, hos magnitudinis apices nostre fieri jussimus, per quos memorato Ausardo, in villa nuncupante Combles [2], mansum

---

[1] Cette charte inédite est analysée par De Saint-Genois (*Monuments anciens*, t. I, p. 464) et par M. Le Glay (*Inventaire des Chartes*, etc., p 7) ; mais l'un et l'autre la datent à tort de l'année 956, en l'attribuant au roi Lothaire, fils de Louis d'Outremer, qui monta sur le trône le 12 novembre 954, après avoir été associé à son père depuis 952 (*Art de vérifier les dates*, t. I, p 564). Il est certain qu'elle émane de Lothaire, fils de l'empereur du même nom : en effet le médecin Ossard n'est autre que le donataire de la charte de 852, rapportée ci-dessus, n.° XIV ; en outre la troisième année du règne de Lothaire et l'indiction IV concordent parfaitement et se rapportent à l'année 858 ; l'année 956, au contraire, correspond à l'indiction XIV.

[2] Nous ignorons le nom moderne de cette localité. Serait-ce Combles, canton du même nom, arr. de Péronnes (Somme)?

dominicatum unum, habentem de terra bonnaria triginta arabili, prati bonnaria tria, silva qua possunt saginari porci quinquaginta, et alios mansos ibidem pertinentes quatuor vestitos ; in villa etiam que dicitur Bertileas [1], mansos duos vestitos; et, in Vertinio [2] villa, mansum unum cum mancipiis utriusque sexus inibi pertinentibus, confirmamus, quatinus prescriptos mansos et mancipia, dum, permittente Domino piissimo, vitam hanc optinuerit calumpnialem (?), jure beneficiario usuque fructuario teneat atque possideat, et, prout utilitas jamfati monasterii dictaverit, ordinet atque disponat; post ejus vero decessum, secundum petitionem prescripti fidelis nostri suaque, ilico ad sepedictam ecclesiam in usus fratrum revertantur. Et ut hec nostra confirmationis auctoritas inviolabilis perseveret..... Data III kal. maii, anno Christo propitio regni domini Lotharii gloriosi regis III, indictione VI. Actum Aquisgrani palatio regio, in Dei nomine feliciter, Amen.

*Archives de la Chambre des comptes, à Lille.*

## XV bis.

*Charles-le-Chauve confirme l'échange, opéré entre l'abbaye de Saint-Denis de France et Witram, du village de Cambron contre des biens situés dans le pays de Beauvais.*

**(6 mars 861).**

In nomine sanctæ et individuæ trinitatis, Karolus, gratia Dei, rex. Si enim ea, quæ fideles regni nostri pro eorum oportunitatibus inter se commutaverunt, nostris confirmamus edictis, regiam exercemus consuetudinem, et hoc in postmodum jure firmissimo mansurum esse volumus. Itaque notum esse volumus sanctæ Dei ecclesiæ fidelibus et nostris præsentibus et futuris, quia venerabilis vir Hludovicus, nobis carissimus, monasterii sancti Dionysii abba, necnon et consanguineus noster ac proto-

[1] Bersillies-les-Bois. Voy. partie II.
[2] Vertain. Voy. partie II.

notarius altitudinis nostræ, ad nostram accedens sublimitatem innotuit qualiter secum quidam homo Witramnus quasdam res commutasset vel concambiasset hoc modo. Dedit itaque venerabilis abba partibus Witramni quasdam res, sitas in pago Bragbantinse, in loco qui appellatur Cambaronna [1], super fluvium Asbra [2], cum casticiis super positis, terris cultis et incultis, pratis, pascuis, aquis aquarumve decursibus, mobilibus et immobilibus, molendinum unum cum camba superposita, ac de silva ad porcos tricentos insaginandum, et quicquid pars sancti Dionysii in jamdicto loco habere et dominare videtur, exceptis mancipiis ad partem sancti Dionysii retentis. Et econtra dedit Vitramnus partibus sancti Dionysii seu Hludowici abbatis res quasdam suæ proprietatis, sitas in pago Belloacinse, in loco qui dicitur Bladoldi-villa, quæ ei ex legitima hereditate advenerant ex parte Ebroini, et contra heredes suos in partem accepit, quicquid ibidem habere vel aspicere ad presens videtur, tam de ecclesia partem suam quam et de molendino qui est super fluvium Aronna, cum terris, vineis, silvis, pascuis aquis aquarumve decursibus, mobilibus et immobilibus, et quicquid præsens in jam dicto loco possidere cernitur, cum casticiis superpositis, exceptis mancipiis in suam partem retentis. Unde et duas commutationes inter se æquo tenore conscriptas et legaliter roboratas suppliciter petierunt, ut eis per nostræ auctoritatis præceptum plenius confirmare dignaremur. Quorum petitionibus libenter assensum præbentes, hoc altitudinis nostræ scriptum fieri jussimus, per quod præcipimus adque firmamus, ut quicquid pars juste et legaliter alteri contulit parti, sicut in memoratis commutationibus continetur, jure firmissimo teneat adque possideat, et faciat exinde quicquid elegerit. Et ut hæc nostræ confirmationis auctoritas perpetuam in Christi nomine obtineat firmitatem, de annulo nostro subter eam jussimus sigillari. Gauzlenus, regiæ dignitatis

---

[1] Cambron-Casteau et Cambron-Saint-Vincent, arr. de Mons, cant. de Lens. Comparez n°° ıx et x.

[2] L'Arbre, ruisseau qui a donné son nom au village d'Arbres, arr. de Mons, cant. de Chièvres.

cancellarius, ad vicem Hludowici recognovit et subscripsit. Data pridie non. mart., indictione vIII, anno XXI regnante Karolo gloriosissimo rege. Actum Verno palatio, in Dei nomine feliciter. Amen.

MABILLON, *De re diplomatica*, p. 534; DOM BOUQUET, t. VIII, p. 565.

## XV ter.

*Polyptyque, ou état des biens de l'abbaye de Lobbes sous le roi Lothaire* (Nomina villarum quæ possidebat monasterium Lobbiense anno quarto decimo regni domini Lotharii, regis Francorum, filii Lotharii imperatoris, filii Ludovici Pii, filii Karoli Magni) [1].

(868-869 [2]).

Laubacus [3], cum appenditiis ejus, Tudinio castello [4], Groigniaco [5], Bevena [6], Hidulfi-monte [7], Samsonis-Petra [8], Ruez cella [9], cella in Antonio [10] cum appenditiis ejus ; in Fania [11], cella Monas-

---

[1] On lit dans le manuscrit d'où ce document est extrait : « Antiquitates nostræ (Lobienses), fol. 48, dicunt polipticum seu descriptionem villarum factam jussu dicti Lotharii, anno 866, villarum scilicet quæ residuæ fuerunt post dissipationem bonorum factam per Huebertum, impium invasorem et fratrem Tietbergæ, conjugis dicti Lotharii ». Ce polyptyque fut dressé, d'après les chroniques de Lobbes, par Jean, évêque de Cambrai de 866 à 879. Voy. M. Vos, t. I, p 389. VINCHANT et RUTTEAU, p. 194, en citent un fragment. Nous suivrons en général, pour l'explication des localités, le travail de M. Vos.

[2] Lothaire, second fils de l'empereur Lothaire, devint roi de Lotharingie le 22 septembre 855. La quatorzième année de son règne correspond à l'an 868-869.

[3] Lobbes. Voy. partie II.

[4] Thuin, cant. de ce nom, arr. de Charleroi.

[5] Grignard, à Bienne. Voy. partie II.

[6] Bienne-lez-Happart, arr. de Charleroi; cant. de Merbes-le-Château.

[7] Hodoumont, à Lobbes.

[8] Lieu inconnu.

[9] Le Rœulx. Voy. *Ampolinis*, à la partie II.

[10] Antoing, cant. de ce nom, arr. de Tournai.

[11] La Fagne. Voy. partie II.

terii [1] cum appenditiis ejus; cella in Alna [2] cum appenditiis ejus.

*In pago Lommacensi seu Sambriensi* [3],

Radionacis [4] cum appenditiis ejus; Bevena [5]; Berceis [6]; Liercis [7]; Rauceis [8]; Fontanis [9]; Slaris [10]; Hantas [11]; Herpion [12]; Barbenzon [13]; Castillion [14]; Mertines [15]; Clarus-Mons [16]; Bovernias [17]; Tingies [18]; Offrigies [19]; Strata [20]; Viscurz [21]; Popignies [22];

---

[1] Moustier-en-Fagne. Voy. la *Fagne*, partie II.

[2] L'abbaye d'Alne ou d'Aulne, à Gozée, arr. de Charleroi, cant. de Thuin.

[3] Ceci prouve la vérité de notre thèse que le *Sambrensis* appartenait au pays de Lomme. Voy. chapitre VI Nous n'avons pu malheureusement profiter des renseignements que fournit ce polyptyque pour compléter notre démonstration.

[4] Ragnée ou Ragnies, arr. de Charleroi, cant. de Thuin.

[5] Blesmes-sous-Thuin,      id.        id.

[6] Bierséé,                 id.        id.

[7] Leers, arr. de Charleroi, cant. de Merbes-le-Château.

[8] Rainwez (?), dépend. de Strée, arr. de Charleroi, cant. de Thuin.

[9] Fontaine-Valmont, arr. de Charleroi, canton de Merbes-le-Château, d'après M. Vos. Ne serait-ce pas plutôt Fontaine-l'Evêque, cant. de ce nom, arr. de Charleroi?

[10] Sattalar (?), dépend. de Fontaine-Valmont.

[11] Hantes, arr. de Charleroi, cant. de Merbes-le-Château.

[12] Erpion,        id.    cant. de Beaumont.

[13] Barbençon,     id.         id.

[14] Castillon, arr. de Philippeville, cant. de Walcourt.

[15] Merteane, dépend. de Castillon.

[16] Clermont, arr. de Philippeville, cant. de Walcourt.

[17] Buverniat, dépend. de Clermont.

[18] Thaignies, idem.

[19] Lieu inconnu.

[20] Strée, arr. de Charleroi, cant. de Thuin.

[21] Viscourt, dépend. de Clermont.

[22] Lieu inconnu.

Sorezin [1]; Alsonia [2]; Alesta [3]; Battiniacus [4]; Tuwlleis [5]; Houzeis [6]; Gozeis [7]; Marbais [8]; Ham (super) Hur [9]; Rohignies [10]; Jambimiel [11]; Monz [12]; Montiniacus [13]; Marcianis [14]; item Marcianis [15].

*In pago Lommensi.*

Nalines [16]; Silleni-rivus [17]; Bubliniaeus [18]; Severceis [19]; Lupiniacus [20]; Castritium [21]; Perarium [22]; Berezeis [23]; Tier [24]; Curt [25]; Sumuzeis [26]; Wacellis [27]; Bermereis [28];

[1] Ou *Solizines*, dit M. Vos, qui traduit ce nom par *la Loge*.
[2] Ossogne (?), dépendance d'Havelange, arr. de Dinant, cant. de Ciney.
[3] Ou *Donum-Stephani*, dit M. Vos. Donstiennes, arr. de Charleroi, cant. de Thuin.
[4] Battignies, selon M. Vos; mais ce lieu appartenait au Hainaut.
[5] Thuillies, arr. de Charleroi, cant. de Thuin.
[6] Louzet ou Houzée, dépend. de Thuillies.
[7] Gozée, arr. de Charleroi, cant. de Thuin.
[8] Marbais, id. id.
[9] Ham-sur-Heure, id. id.
[10] Rognée, arr. de Philippeville, cant. de Walcourt.
[11] Jamioulx, arr. de Charleroi, cant. de Thuin.
[12] Mont-sur-Marchiennes (?), arr. et cant. de Charleroi.
[13] Montignies-Saint-Christophe (?), arr. de Charleroi, cant. de Merbes-le-Château.
[14] Marchiennes-au-Pont, arr. de Charleroi, cant. de Fontaine-l'Évêque.
[15] Marcinelle (?), arr. et cant. de Charleroi.
[16] Nalinnes, arr. de Charleroi, cant. de Thuin.
[17] Silenrieu, arr. de Philippeville, cant. de Walcourt.
[18] Bolinne (?), arr. de Namur, cant. de Dhuy.
[19] Serville (?), arr. de Philippeville, cant. de Florennes.
[20] Loupoigne, arr. de Nivelles, arr. de Genappe.
[21] Chastrès, arr. de Philippeville, cant. de Walcourt.
[22] Prys, id.
[23] Berzée, id.
[24] Thy-le-Château, id.
[25] Cour-sur-Heure, arr. de Charleroi, cant. de Thuin.
[26] Somzée, arr. de Philippeville, cant. de Walcourt.
[27] Vaucelle, arr. et cant. de Philippeville.
[28] Biesmerée, arr. de Philippeville, cant. de Florennes.

Stabulis [1] ; Ferrariis [2] ; item Ferrariis [3] ; Ferreolis [4] ; Grau [5] ; Faustia [6] ; Erchelines [7] ; Matagnia [8] ; Doherpa [9] ; Eurchalia [10] ; Verofele [11] ; Gonthereis [12] ; Daleis [13] ; Dithineis [14] ; Alblinium [15].

In pago Darmiensi (Darnuensi) [16].

Gimiacus [17] ; Hunia castellum [18] ; Ruez [19] ; Goharmunt [20] ; Hudelin-Sart [21] ; Gillier [22] ; Dantremi [23] ; Karnoit [24] ; Montiniacus [25] ; Fledelciolum [26] ; Lacium [27] ; Baisinum [28] ; Bossoni-Vallis [29].

[1] Stave, id.
[2] Fraire, dépend. de Biesmerée.
[3] Fraire, arr. de Philippeville, cant. de Walcourt.
[4] Fairoul, dépend. de Fraire.
[5] Graux, arr. de Namur, cant. de Fosses.
[6] Fosses (?), d'après M. Vos.
[7] Erquelinnes, d'après M. Vos ; mais ce lieu appartenait au Hainaut.
[8] Matagne-la-Petite et Matagne-la-Grande, arr. de Philippeville, cant. de Philippeville et de Couvin.
[9] Dourbes, arr. de Philippeville, cant. de Couvin.
[10] Lieu inconnu.
[11] Vierves (?), arr. de Philippeville, cant. de Couvin.
[12] Gonrieux, id.
[13] Dailly, id.
[14] Denée, arr. de Namur, cant. de Fosses.
[15] Aublain, arr. de Philippeville, cant. de Couvin.
[16] Pays de Darnau. M. Vos appelle ce canton pays de Damps-Remy.
[17] Jumetz, arr. de Charleroi, cant de Gosselies.
[18] Heigne (?), dépend. de Jumetz.
[19] Roux, arr. et cant. de Charleroi.
[20] Goysaix (?), dépend de Jumetz.
[21] Lodelinsart, arr. et cant. de Charleroi.
[22] Gilly, id.
[23] Dampremy, id.
[24] Ancien nom de Charleroi.
[25] Montigny-sur-Sambre, arr. et cant. de Charleroi.
[26] Fleurus (?), arr. de Charleroi, cant. de Gosselies.
[27] Lieu inconnu.
[28] Baisy, arr. de Nivelle, cant. de Genappe.
[29] Bousval, id.

*In pago Hasbaniensi* [1].

Mahagnia [2]; Grimines [3]; Longus-Campus [4]; Ascur [5]; Roserias [6]; Theoliras [7]; Hanrec [8]; Hulpiniaeus [9].

*In pago Bragbattensi.*

Gnactinis [10]; Sanctis cum appenditiis [11]; Verzenau [12]; Galeroiz [13]; Soraldengies [14]; Hotsubecce [15]; Scemtlebecke [16]; Maringeheim [17]; Lotice [18]; Baliolis [19]; Ggifledis [20]; Ducia [21]; Alosta [22]; Scin-

[1] La Hesbaie.
[2] Mehagne, arr. de Namur, cant. de Dhuy.
[3] Emines (?), id.
[4] Longchamps, id.
[5] Asche-en-Refail, id.
[6] Grand-Rosières, ou Rosières-Notre-Dame, arr. de Nivelles, cant. de Perwez et de Wavre. Comparez n.° XL.
[7] Tillier, arr. de Namur, cant. de Dhuy.
[8] Hanret, id.
[9] Upigny, arr. de Namur, cant. d'Eghezée.
[10] Quenestinne, dépend. de Saintes.
[11] Saintes, arr. de Bruxelles, cant. de Hal.
[12] Virginal-Samme, d'après M. Vos; mais c'est là une erreur évidente. On voit, dans le pouillé publié par M. Le Glay (*Cameracum christianum*), p 505, que l'abbé de Lobbes était patron d'un lieu appelé *Vesignon*, dans le décanat de Hal.
[13] Lieu inconnu.
[14] Sarlardingen, arr. d'Audenarde, cant. de Grammont.
[15] Holbeke, dépend. de Woubrechtegem, arr. d'Audenarde, cant. d'Herzeele.
[16] Schendelbeke, arr. d'Audenarde, cant. de Grammont.
[17] Merchten, d'après M. Vos.
[18] Lieu inconnu.
[19] Idem.
[20] Idem.
[21] Idem.
[22] Alost, cant. de ce nom, arr. de Termonde.

gulsi-villa [1]; Hareligisheim [2]; Geveringehem [3]; Eroldingeheim [4]; Amobriengeheim [5]; Brucheim [6].

*In Rien* [7].

Tissingien [8]; Scota [9].

*In Waisia* [10].

Tilroda [11]; Ham [12]; Durbecca [13].

*In Flandriis* [14].

Adebure [15]; Arcella [16].

*In pago Haionensi* [17].

Hum cum appenditiis [18]; Heregies super Hum [19]; Matridium [20];

[1] Zegelzem, arr. d'Audenarde, cant. d'Hoorebeke-Sainte-Marie L'abbé
de Lobbes était collateur de cette paroisse.
[2] Ou *Hardigisheim*. Herdesem (?), arr. de Termonde, cant. d'Alost.
[3] Godveerdegem, arr. d'Audenarde, cant. de Sottegem.
[4] Erondegem, arr. de Termonde, cant. d'Alost.
[5] Ou *Woubriengeheim*. Woubrechtegem, arr. d'Audenarde, cant. d'Her-
zee'e.
[6] Brusseghem ou Bueken, cant. de Wolwerthem et de Vilvorde.
[7] Le pays de *Rien* ou d'Anvers.
[8] Thisselt (?), arr. et cant. de Malines.
[9] Schooten (?), arr. d'Anvers, cant. d'Eeckeren.
[10] Pays de Waes.
[11] Thielrode, arr. de Termonde, cant. de Tamise.
[12] Hamme, cant. de ce nom, arr. de Termonde.
[13] Lieu inconnu.
[14] La Flandre.
[15] Oudenbourg, arr. de Bruges, cant. de Ghistelles.
[16] Aerseele, arr. de Courtrai, cant. de Meulebeke.
[17] Le Hainaut.
[18] Hon-Hergies, arr. d'Avesnes, cant. de Bavai.
[19] Voy. la note précédente, et le mot *Harilegie*, partie II.
[20] Maresches (?). Voy. partie II. Serait-ce Mairieux, arr. d'Avesnes, cant.
de Maubeuge?

— 313 —

Maregium [1] ; Harmignium ; Sancti-Dionisii in Brokerul [2] ; Splienium [3] ; Waldreia ; Wellereille umida ; Hakin ; Buitrunes ; item ; Lerna Fontanis [4] ; Landeillies [5] ; Trasniacus [6] ; Haincuelles [7] ; Hagna ; Resai [8] ; Truignies [9] ; Ressai [10] ; Jovis-Mono (Jovis-Monte) [11] ; Albys [12] ; Spinetum [13] ; Gomereis [14] ; Tainières [15] ; Asnoit [16] ; Matricium [17] ; Harvinium [18] ; Baliolis [19] ; Hionium [20] ; Lestinis mansi IX ; Welereille sicca ; Licroiz [21] ; Bergescis [22] ; item ; Fories [23] ; Bolania [24] ; Carnières ; Anderlòbia ; Vertinium [25] ; Gothignies novus mansus [26] ; Roca [27] ; Heistrut [28] ; Pura-Fontana [29].

[1] Maurage, arr. de Mons, cant. de Rœulx.
[2] Harmignies et Saint-Denis-en-Broqueroie. Voy. partie II.
[3] Spiennes, arr. et cant. de Mons.
[4] Waudrez, Veillereille-le-Brayeux, Haulchin, Buvrinnes (?), Leernes. Voy. partie II.
[5] Landelies, arr. de Charleroi, cant. de Fontaine-l'Evêque.
[6] Trazegnies, arr. de Charleroi, cant. de Fontaine-l'Evêque.
[7] Ansuelle, dépend. d'Anderlues, arr. de Charleroi, cant. de Binche.
[8] Haine, Ressaix. Voy. partie II.
[9] Leval-Trahegnies, arr. de Charleroi, cant. de Binche.
[10] Voy. la note 8.
[11] Jeumont. Voy. partie II.
[12] Aibes, arr. d'Avesnes, cant. de Solre-le-Château.
[13] Epinois. Voy. partie II.
[14] Gommegnies (?), arr. d'Avesnes, cant. du Quesnoy-Ouest.
[15] Taisnières-sur-Hon, arr. d'Avesnes, cant. de Bavai.
[16] Aulnoye, arr. d'Avesnes, cant. de Berlaimont, ou Aulnoy, arr. et cant. de Valenciennes.
[17] Maresches. Voy. partie II.
[18] Harvengt, arr. de Mons, cant. de Paturages.
[19] Château de Beaulieu. Voy. partie II.
[20] Hyon, arr. et cant. de Mons.
[21] Les Estinnes, Vellereille-le-Sec, Croix-lez-Rouveroy. Voy. partie II.
[22] Bersillies (?). Voy. partie II.
[23] Faurœulx (?), arr. de Charleroi, cant. de Merbes-le-Château.
[24] Lieu inconnu.
[25] Carnières, Anderlues, Vertain. Voy. partie II.
[26] Gottignies, arr. de Mons, cant. de Rœulx.
[27] Lieu inconnu.
[28] Hertrud, arr. d'Avesnes, cant. de Solre-le-Château.
[29] Fontaine-au-Bois (?), arr. d'Avesnes, cant. de Landrecies.

*In pago Theoracensi* [1].

Baivia [2]; Fleon [2]; Serven [3].

*In pago Ribuario* [4].

Marca super Armasam [5]; Vindimia super Merciam [6]; Helliriacus super Rusam (Ruram) [7].

*In pago Viromandorum.*

Montiscurt [8]; Otburcurt [9]; Roseria [10]; Caudacia [11]; Calliodunum [12]; in Sancterris [13].

*In pago Belluacensi* [14].

Mannulfi-villa [15]; Coinuverca [16]; Convesuria [17].

---

[1] La Thiérache. Voy. chapitre VI.
[2] Baives et Floyon. Voy. partie II.
[3] Servais (?), arr. de Laon, cant. de la Fère (Aisne).
[4] Le pays des Ripuaires.
[5] Lieu inconnu.
[6] Idem.
[7] Idem.
[8] Montescourt-Lizerolle, arr. de Saint-Quentin, cant. de Saint-Simon (Aisne).
[9] Haucourt (?), arr. de Saint-Quentin, cant. du Catelet (Aisne).
[10] Rosières, cant. de ce nom, arr. de Montdidier (Somme).
[11] Chaudun (?), arr. de Soissons, cant. d'Oulchy (Aisne).
[12] Chaulnes, cant. de ce nom, arr. de Péronne (Somme).
[13] Lieu inconnu.
[14] Le Beauvoisis.
[15] Lieu inconnu.
[16] Idem.
[17] Idem.

*In pago Remensi* [1].

Briania [2].

*In pago Laudunensi* [3].

Ercliacus [4] cum appenditiis ejus ultro et Rammecurt [5]; Monantolium [6]; Scuarel [7]; Bertruvium [8]; Leporis-Vallis [9]; apud Willencurt [10] mansi quinque et silva.

*In pago Porciano* [11].

Berfrigas [12]; Berbacis [13]; Givintcurt [14]; Culipia [15]; Sacherolas [16]; Odiliacus [17]; Alderegia [18]; Rovericurt [19].

M. J. Vos, *Lobbes, son abbaye et son chapitre*, t. I, p. 418 (Louvain, Peeters, 1865).

[1] Le pays de Rheims.
[2] Brienne sur l'Aube, ou Braisne près de Fismes (Marne).
[3] Le Laonnais.
[4] Herly, ou Saint-Ermin (Aisne).
[5] Ramecourt, dépend. de Herly.
[6] Monanpteuil (Aisne).
[7] Lieu inconnu.
[8] Idem.
[9] Idem.
[10] Wiancourt, sous Joncourt (Aisne).
[11] Le Porcien.
[12] Lieu inconnu.
[13] Berbigny, près de Novion-Porcien, ou Barbye, près de Château-Porcien.
[14] Juvincourt, cant. d'Asfeld.
[15] Lieu inconnu.
[16] Idem.
[17] Haudilcourt, cant. de Château-Porcien.
[18] Lieu inconnu.
[19] Raucour, près de Sédan, ou Remaucourt, près de Château-Porcien.

## XVI.

*Le roi Charles-le-Chauve confirme à l'abbaye de Saint-Amand la possession de certains biens dans le comté de Pevèle, l'Artois et le Hainaut.*

(13 avril 871).

In nomine sanctæ et individuæ trinitatis, Karolus, gratia Dei, rex. Quicquid pro Dei amore sanctorumque reverentia agimus, profuturum nobis ad præsentis vitæ curricula felicius transigenda, et ad futuræ beatitudinis præmia facilius obtinenda, non dubitamus. Comperiat igitur omnium fidelium sanctæ Dei ecclesiæ nostrorumque præsentium ac futurorum sollertia, quia charissimus nobis Gozlinus, venerabilis abba et ministerialis noster, ad nostram accedens clementiam, postulavit, ut quasdam res suæ abbatiæ, sancti scilicet Amandi egregii confessoris, quas suus clericus nomine Vulfarius atque diaconus præfati monasterii prælatus ejus largitione jure beneficiario possidebat, in comitatu Pabula, in villa quæ dicitur Rotbodirodo [1], mansum indominicatum cum sibi pertinentibus mansis servilibus XVI, cum terris, silvis, mancipiis, suisque omnibus appendicibus; et, in pago Hainau, in villa quæ vocatur Calviniaca [2], mansum dominicatum cum aliis mansis XIII; et, in eodem pago, in Castello [3], mansum quem tenet Herlandus clericus; et, in pago Attrebantensi, in villa Berbiarias [4], farinarium unum, cum terris, silvis, pratis, pascuis, aquis, aquarumque decursibus, mancipiis utriusque sexus desuper commanentibus, vel ad easdem res juste legaliter pertinentibus, cunctisque suis appendiciis, monachis in prescripto monasterio Deo militantibus perpetim habendas, et ecclesiastico jure possidendas largimur, et largiendo nostræ auctoritatis præcepto con-

---
[1] Lieu inconnu.
[2] Cavins. Voy. partie II.
[3] Casteau. id.
[4] Brebières, arr. d'Arras, cant. de Vitry (Pas-de-Calais).

firmaremus. Cujus salutiferis animæque nostræ proficuis postulationibus, ob Dei sanctique Amandi egregii confessoris amorem et honorem assensum præbentes, hoc altitudinis nostræ præceptum fieri illisque dari jussimus, per quod præfatas res cum domibus, ædificiis, curtiferis, viridariis, hortis, terris, silvis, pratis, pascuis, aquis, aquarumve decursibus, farinariis, mancipiis utriusque sexus desuper commanentibus vel ad easdem res juste et legaliter pertinentibus, cunctisque ipsius appendicibus, eisdem monachis perpetim plenîterque habendas largimur, largientesque confirmamus, eo pacto ut annuatim, v idus januarias, anniversarium carissimi nobis propinqui nostri Ludowici reverendi abbatis unanimiter devote celebrent, et de eisdem rebus præcipuam cibi potusque refectionem accipiant. Præfatus autem Wilfarius diaconus ipsas res jure beneficiario possideat quamdiu vixerit; post decessum vero illius ad opus fratrum in servitium revertantur. Ut autem hæc nostræ largitionis seu confirmationis auctoritas inviolabilem omni tempore obtineat firmitatem, manu propria subter eam firmavimus, anulique nostri impressione assignari jussimus. Signum Karoli gloriosissimi regis. Gammo notarius, ad vicem Gosleni, recognovi. Data I idus aprilis, indictione III, anno XXXII regnante Karolo gloriosissimo rege, et in successione Hlutarii regis anno III[1]. Actum monasterio S. Dionysii, in Dei nomine feliciter. Amen.

Martène et Durant, Amplissima collectio, etc., t. I, p. 195; Dom Bouquet, t. VIII, p. 639.

## XVII.

*Le pape Jean VIII confirme au monastère de Saint-Géry,*

---

[1] Les années du règne de Charles-le-Chauve en Lorraine se comptent tantôt du mois d'août 869, tantôt du mois de septembre 870. Il faudrait donc ici *anno I* ou *anno II*.

à Cambrai, la possession de ses biens dans le Cambrésis, le Hainaut, etc.[1]

(27 septembre 878).

Johannes, episcopus, servus servorum Dei, dilecto filio Bosoni, glorioso comiti, et abbatibus cœnobii sancti Gaugerici, qui per tempora sunt successuri, salutem et apostolicam benedictionem in perpetuum. Convenit apostolico moderamini piâ religione pollentibus benevola compassione succurrere et poscentium animis alacri devotione impertiri assensum ; tunc enim lucri potissimum præmium apud conditorem omnium reponitur Deum, quando venerabilia loca opportuni ordinata ad meliorem fuerunt sine dubio statum perducta. Igitur quæ petistis à nobis, quatenus fratribus cunctis canonicis servientibus prefati sancti Gaugerici cænobio apostolica censura firmaremus omnes res, quas piæ recordationis dominus Lotharius, quondam imperator augustus, ad usum eorum ibi servientium imperiali præcepto donaverat, cœterum etiam quæ et desideratæ memoriæ dominus Carolus, olim imperator augustus, simili modo superadjungens adhuc necessaria, et hæc confirmans imperiali scripto sanciverat, vestris precibus aures accommodantes, volumus apostolicaque auctoritate prædicta præcepta inviolabiliter confirmantes censemus, et quæcumque generaliter et specialiter in eorum preceptis consistunt, imo et quæ à regibus quibuscumque largita fuerunt, vel à quibuslibet Dei fidelibus per tempora succedentia quoquo modo conferentur. Primo hæc in eodem monasterio, mansum unum, cum vineis et ortis ; in

---

[1] Cette bulle inédite est citée par l'abbé MUTTE (*Mémoire pour l'évêque de Cambrai contre le magistrat de cette ville*, p. 365) et par M. LE GLAY (*Cameracum christianum*, introduction, p. XI.). Bien que ce dernier doute de son authenticité, nous n'avons, pour notre part, qu'une seule objection à faire contre ce document, c'est que la formule d'excommunication ressemble à celle des bulles papales du XII\ siècle. Voy. notamment ci-après n.ᵒˢ CXXXII et CXLVII.

Scalia [1], mansum dominicum cum ecclesia et quidquid ad ipsam villam aspicit; in Caignunculo [2], mansum dominicum et quidquid ad ipsam villam aspicit; in Businiacas [3], mansum dominicum cum ecclesia et silvis, et quidquid ad ipsam villam aspicit; in Scaldinio [4], mansum dominicum et quidquid ibi de parte sancti Gaugerici pertinet; in Beutvillare [5], mansum dominicum et quidquid ad ipsam villam aspicit; in Thunio [6], mansum dominicum et quidquid ibi de parte sancti Gaugerici pertinet; inter Rotherum-montem [7] et Strettam [8], ecclesiam cum terris bunariorum xxv; in Ribulfi-Curte [9], mansum unum; in Meobris [10], mansum unum dominicum et quidquid ibi ad ipsam villam aspicit; in Hamelini-Curte [11], ecclesiam cum mansis quinque; in Bisinio [12], mansum dominicum cum ecclesia et quidquid ad ipsam villam aspicit; in Camerato, mansum unum cum camba; inter Frisciacas [13] et Waldiniacas [14], mansos novem cum aqua ad piscandum usque ad sclusam Hamini [15]; in Verteno [16], mansum dominicum, et, in Colem [17], mansum dominicum cum ecclesia et quidquid ad ipsas villas aspicit de

[1] Erre, arr. de Douai, cant. de Marchiennes. Voy. n.os LXII et CXLVII. M. LE GLAY, Glossaire, etc., p. LVI.
[2] Cagnoncle, arr. et cant. de Cambrai.
[3] Busigny, arr. de Cambrai, cant. de Clary.
[4] Sumescaut, d'après M. LE GLAY, Glossaire, p. LVI. Comparez ci-après n.° CXLVII.
[5] Bévillers, arr. de Cambrai, cant. de Carnières.
[6] Thun-l'Evêque ou Thun-S.t-Martin, arr. et cant. de Cambrai.
[7] Reumont, arr. de Cambrai, cant. du Cateau.
[8] Lieu inconnu.
[9] Ribécourt, arr. de Cambrai, cant. de Marcoing.
[10] Mœuvres, arr. de Cambrai, cant. de Marcoing.
[11] Hamelincourt, arr. d'Arras, cant. de Croisilles (Pas-de-Calais).
[12] Bezin, à Fontaine-au-Pire, arr. de Cambrai, cant. de Carnières.
[13] Fressies, arr. et cant. de Cambrai.
[14] Waudignies (?), arr. de Douai, cant. de Marchiennes.
[15] Hem-Lenglet, arr. et cant. de Cambrai.
[16] Vertain. Voy. partie II.
[17] Localité inconnue. Serait-ce le Cellao de la bulle de 1180? Voy. n.° CXLVII.

parte sancti Gaugerici; in Flandris, mansum unum cum pascuis; in pago Cameracensi, villam Wambasium [1] cum manso dominico, et ecclesia, et silvis, et aliis mansis viginti quatuor; in Beurislone [2], mansum dominicum et alios mansos decem et octo ; in Marconio [3], molendinum unum quod aspicit ad Burisloneur villam ; in Rothsias [4], mansum dominicum et alios mansos decem ; in Primiaco [5], mansum dominicum et alios quinque ; in pago Suessoniaco, in villa Banniolis [6], mansos tres cum vineis ; in Cran (?) [7], mansum unum cum vineis ; in villa Severa [8], mansos quatuor cum vineis ; de precaria Fulconis, inter Prouvillam [9] et Vivario [10] et Ramincouture [11], de terra bonaria XLV, et de precario Hildegangi quæ adjacit Avesnas [12] et Watrelocio [13], bonaria LX, et de ipsius monasterii dominico, culturam quæ dicitur Sablonarias [14], quæ est prope monasterium, et juxta mansum dominicum fratrum habentem bonarios viginti quinque. Similiter et confirmamus, in Monasteriolo [15], mansos duos et mancipia decem, aquas cum pratis et molendinum quod Andreas retinet. Has

[1] Wambaix. Voy. partie II.
[2] Bourlon, arr. d'Arras, cant. de Marquion (Pas-de-Calais).
[3] Marcoing, cant. de ce nom, arr. de Cambrai.
[4] Roussies, hameau d'Avesnes-lez-Aubert, arr. de Cambrai, cant. de Carnières.
[5] Prémy, à Fontaine-Notre-Dame, arr. et cant. de Cambrai.
[6] Bagneux, arr. de Soissons, cant. de Vicq (Aisne).
[7] Localité inconnue.
[8] Selvigny, arr. de Cambrai, cant. de Clary. Voy. M. LE GLAY, Glossaire, p LVI.
[9] Proville, arr. et cant. de Cambrai.
[10] Localité inconnue.
[11] Ramecourt, à Iwuy, arr. et cant. de Cambrai, ou Rumaucourt, arr. d'Arras, cant. de Marquion (Pas-de-Calais).
[12] Avesnes-lez-Aubert, arr. de Cambrai, cant. de Carnières. Voy. n.° CXLVII.
[13] Wattrelos, arr. de Lille, cant. de Roubaix.
[14] Lieu inconnu, près du monastère. Cf. M. LE GLAY, Glossaire, etc., p LI.
[15] Lieu à Proville, arr. et cant. de Cambrai. Voy. M. LE GLAY, Glossaire, etc, p. XLIV.

ergo villas supranominatas, tam ab his regibus quos supra meminimus largitas, quam quæ à successoribus eorum vel quidquid à quibuscumque sancte Dei ecclesie fidelibus largita per tempora succedentia fratribus ibi Deo servientibus fuerint, cum omnibus appenditiis prædictarum villarum omnique manso pertinente, predicte congregationi, sicut supra dictum est, nostra apostolica auctoritate confirmamus, et per hoc privilegium nostræ confirmationis roborando in perpetuum concedimus. Statuimus et ut eidem fratres, seu (sicut ?) in aliis monasteriis sancitum est, jura potestatis suarum mansionum tam de terra quam de domibus teneant, habentes videlicet potestatem easdem mansiones vendendi et dandi cuicumque voluerint, et post obitum suum relinquendi, nemine contradicente, fratrum tantum in eodem cœnobio degentibus. Denique censemus ut nullus regum deinceps, abbatum, vel aliorum utriusque ordinis vir, potestative seu temerative in prefato monasterio mansiones dare aut accipere presumat sine concessu fratrum. Cæterum præcipientes jubemus ut nemo regum aut abbatum, quod nostro roboratum est privilegio, subtrahere nunquam vel immutare audeat, seu quidpiam ad suos usus ex supradictis villis extorquere presumat, vel alicui in beneficium tribuat, sed neque servitia exactet vel palefridos ad seniores vel potentium successores requirat, neque villarum exactiones vel mansionaticos exigat, sed neque annuas in messibus vel pratis dominicis operationes requirat. Hæc autem omnia superius scripta ad sexaginta fratres et decem dimidiales constituimus; ex hiis autem nulli liceat subtrahere, augere vero si voluerint, augmentatis autem et multiplicatis ad eorum necessitates rebus accumulentur ecclesiæ Dei cultores. Si quis autem, quod non optamus, nefario ausu præsumpserit hæc, quæ à nobis ad laudem Dei pro stabilitate jamdicti cœnobii statuta sunt, agnoscens contraire temptaverit, potestatis honorisque sui dignitate perculsus apostolico anathemate feriatur, reumque se divino judicio existere de perpetrata iniquitate agnoscat, et nisi vel ea quæ ab illo sunt male ablata restituerit, vel præsumpta correxerit, vel digna pœnitentia illicite acta defleverit, à sacratissimo corpore domini ac redemptoris nostri

Jhesu-Christi alienus fiat, atque in æterno examine districtæ ultionis subjaceat; cunctis autem eidem loco jus servantibus sit pax domini nostri Jhesu-Christi, quatenus et hic fructum bonæ actionis recipiant, et apud discretum judicem præmium æternæ pacis inveniant. Scriptum per manum Georgii et scriniarii sanctæ romanæ ecclesiæ, in mense septembris, indictione XII, quarto kal. octobris, per manum Walberti humillimi episcopi sanctæ Portuensis ecclesiæ, anno Deo propitio pontificatus domni Joannis, summi pontificis et universalis principis in sacratissima sede beati Petri apostoli, sexto, indictione duodecima.

*Compilatio actorum capituli primariæ ecclesiæ collegiatæ Sancti-Gaugerici Cameracensis*, manuscrit qui a appartenu à M. JULES LE GLAY; *Mémoires historiques de l'église collégiale de Saint-Géry à Cambrai*, manuscrit de la bibliothèque de Cambrai, n.° 885 du catalogue.

## XVII bis.

*Le roi Zuentibold donne au comte Folcbert le village de Grand-Reng, qui appartenait à l'abbaye de Chièvremont, et cède à celle-ci des biens situés à Harauva dans le Betau, que Folcbert lui remet en échange du village de Grand-Reng.*

**(1 2 juillet 897).**

In nomine sancte et individue trinitatis, Zuendeboldus, divina ordinante providentia, rex. Comperiat omnium sancte Dei ecclesie nostrorumque fidelium industria, quia nos dilecto nostro comiti Folcberto quandam villam ex nostra abbatia Capremons [1] dicta, Ren [2] nuncupata, cum omni integritate in proprium donavimus,

[1] Les biens de l'abbaye de Chièvremont passèrent à l'église d'Aix-la-Chapelle.
[2] Grand-Reng. Voy. partie II.

Econtra vero donavit ille nobis ex sua proprietate, in pago Battauui, in comitatu Dodonis, in villa Harauua, ecclesiam et curtem indominicatam, et LX mansos, ac mancipia omnia ibi manentia et illuc accedentia. At nos, pro mercedis nostro augmento, ad ipsam abbatiam, in vicem exinde ville Ren ablate, istas memoratas res in proprium tradidimus, cum universis apenditiis earum, silvis et campis, pratis et pascuis, cultis et incultis, mobilibus et immobilibus, exitibus et reditibus, aquis aquarumve decursibus, farinariis et piscationibus, ut deinceps perpetuis temporibus, sine alicujus inquietatione vel contradictione, illuc omnes iste denominate res pertineant. Jussimus autem hoc nostre auctoritatis preceptum inde conscribi, per quod volumus firmeque jubemus, ut ex utraque parte rata ac competens receptio, nemine molestiam ullam ingestente, ulterius inconvulsa perseveret. Et ut hoc melius credatur et diligentius per futura secula ab omnibus fidelibus nostris observetur, hec scripta manu nostra subtus roborantes anulo nostro insigniri jussimus. Signum domni Zuenceboldi, gloriosissimi regis. Egilbertus cancellarius, ad vicem Herimanni archicapellani, recognovi. Data v idus julii, anno incarnationis dominice DCCCXCVII, indictione XV, anno vero III Zuenceboldi regis. Actum in villa Bilefurte [1] dicta, feliciter. Amen.

LACOMBLET, Urkunden fur die Geschichte des Niederrheins, t. 1, p. 42; QUIX, Codex diplomaticus Aquensis, t. 1, pars 1, p. 6.

## XVIII.

*Charles-le-Simple confirme à l'église de Noyon et de Tournai la possession de ses biens dans le Hainaut, le Vermandois, la Flandre, etc.* [2].

(vers 902).

In nomine sancte et individue trinitatis, Karolus, divina pro-

---

[1] Vilvorde, cant. de ce nom, arr. de Bruxelles.
[2] Les historiens de Tournay ne citent pas ce diplôme, non plus que deux

pitiante clementia, rex. Si liberalitatis nostræ munere [1] locis Deo dicatis quiddam [2] conferimus beneficii, et necessitates ecclesiasticas ad petitiones sacerdotum nostro relevamus munimine atque tuemur juvamine, id nobis et ad mortalem vitam temporaliter transigendam [3] et ad æternam feliciter obtinendam profuturum liquido credimus. Noverit interea sagacitas seu utilitas omnium fidelium [4] nostrorum tam præsentium quam [5] futurorum, quod [6] venicus vir venerabilis Heidilo, Vermandensis, Noviomagensis, atque Tornacensis ecclesiæ præsul, obtulit obtutibus nostris auctoritates atavi nostri Caroli et proavi Chludovici, necnon et avi nostri, item Caroli imperatoris, in quibus continebatur insertum, quod non solum ipsi verum etiam prædecessores eorum, reges videlicet Francorum, ecclesia sanctæ Mariæ, genitricis Dei et domini nostri Jesu Christi semperque [7] virginis, et sancti Medardi ejusdem ecclesiæ pontificis, sub suo nomine et defentione, cum cellulis sibi subjectis, videlicet sancti Eligii confessoris Christi, et sancti Mauricii, ac sancti Martini, necnon etiam ac reliquis [8] cum omnibus rebus vel omnibus ad se pertinentibus vel aspicientibus, consistere fecerunt et eorum auctoritatum immunitatibus [9] hactenus ab inquietudine judiciariæ potestatis eadem munita atque defensa fuisset [10] ecclesia; sed pro rei firmitate postulavit præfatus venerabilis Heidilo episcopus, ut, patrum seu

autres rapportés par LEVASSEUR et COLLIETTE, et qui intéressent cette ville. Nous l'avons collationné sur le *Cartulaire des évêques de Tournai* (fol. 2 verso) qui se trouve aux Archives du royaume, à Bruxelles. La date de ce diplôme est assez difficile à déterminer; nous pensons toutefois, avec COLLIETTE (*Mémoires sur le Vermandois*, t. I, p. 413), qu'elle se rapporte à l'année 902.

[1] Numine. *Cartul.*
[2] Quidquid. *Ibidem.*
[3] Trassigendam. *Ibidem.*
[4] Ce mot manque dans le cartulaire.
[5] Quam et. *Cartul.*
[6] Quia. *Ibidem.*
[7] Semper. *Ibidem.*
[8] Reliquiis. *Ibidem.*
[9] Et eorum immunitatem auctoritatibus. *Ibidem.*
[10] Fuisse. *Ibidem.*

prædecessorum nostrorum regum morem sequentes, hujuscemodi nostræ immunitatis præceptum, ob amorem Dei et reverentiam divini cultus, circa ipsas ecclesias fieri censeremus. Deprecatus est etiam, quatenus res prædecessoris sui Remelini, et suo (suas?) ad eandem ecclesiam acquisitas, videlicet Caprinum [1] villam, Hamoensi (Hainoensi) [2] in pago sitam, et à Remberto diacono eidem ecclesiæ collatam, Viennam [3] siquidem, in Vermandensi pago, super fluvium Somam [4], ab Alquero; necnon et fiscum in Tornaco [5] in eadem civitate, cum villa Markeduno [6] ad ipsum pertinente, à Hilduino comite datam, quamque Balduinus [7] comes inique quondam moliebatur auferre; similiter et, in Flandris, Artiriacum [8] cum sibi pertinentibus, et mansis tribus quondam Agardi, quæque etiam præfatus comes auferebat, nostro iterum præcepto insereremus, atque refirmaremus. Insuper autem in prædicta civitate Tornaco [9] firmitatem antiquitus statutam et nunc destructam denuo [10] ei ædificare liceret, monetam equidem ac rivaticum cum mercato [11], et omni eorum undique in eadem civitate teloneo, sæpe dictæ ecclesiæ concederemus, ac nostro edicto in perpetuum confirmaremus. Cujus petitioni libenter assensum præbuimus et hoc nostræ authoritatis præceptum erga ipsas ecclesias, immunitatis atque tuitionis gratia, pro divino [12] cultus amore et animæ nostræ remedio,

[1] Caprinium. *Cartul.* Sur Quiévrain, voy. partie II.
[2] Hainecensi. *Cartul.*
[3] Localité inconnue.
[4] Sonam. *Cartul.*
[5] Tournai, Belgique.
[6] Marquain, arr. et cant. de Tournai.
[7] Balduinus. *Cartul.*
[8] Aertrycke, arr. de Bruges, cant. de Thourout
[9] Tornacensi. *Cartul.*
[10] De imo. *Cartul.*; cette leçon est meilleure
[11] Dans le cartulaire, une main plus moderne a écrit : « Nota hoc de cambio et moneta ».
[12] Divini. *Cartul.*

fieri decrevimus, per quod præcipimus atque jubemus, ut nullus judex publicus vel quislibet ex judiciaria potestate in ecclesias, aut loca, villas seu curtes, vel agros seu reliquas possessiones, quas, moderno tempore, in quibuslibet pagis et territoriis infra ditionem regni nostri, memorata tenet vel possidet ecclesia, vel ea quæ deinceps in jure ipsius ecclesiæ voluerit divina pietas augeri, ad causas audiendas, aut freda vel tributa exigenda, seu quæque injuste molienda, aut mansiones aut paraucas faciendas, vel fidejussores tollendos, aut homines ipsarum ecclesiarum distinguendos [1], nec ullas redhibitiones aut illicitas occasiones requirendas, nostris et futuris temporibus ingredi audeat, nec ea quæ supra memorata sunt penitus exigere præsumat ; sed liceat memorato præsuli suisque successoribus res prædictarum ecclesiarum, cum omnibus fredis concessis, et cum rebus vel hominibus, tam servis quam ingenuis, juste ad se aspicientibus vel pertinentibus, aut supra terram ipsius ecclesiæ rationabiliter commanentibus, sub tuitionis atque immunitatis nostræ defensione, remota totius judiciariæ potestatis inquietudine, quieto ordine possidere et nostræ fideliter parere voluntati, atque pro incolumitate nostra ac totius regni nostri nobis à Deo collati ejusque clementissima miseratione per immensum conservandi, unà cum clero et populo sibi ad regendum commisso, Dei immensam ecclesiam [2] exorare, et quidquid de præfatis rebus ecclesiarum jus fisci exigere poterat, in integrum iisdem ecclesiis concessimus, scilicet ut perpetuo tempore sibi et successoribus suis, ad peragendum Dei servitium, augmentum et supplementum fiat. Hæc quippe authoritas, ut pleniorem in Dei nomine obtineat firmitas vigorem, manu propria subterfirmavimus et annulo nostro sigillari jussimus.

J. Le Vasseur, Annales de l'église de Noyon, p. 679 ; Dom Bouquet, t. IX, p. 492 ; Colliette, Mémoires sur le Vermandois, t. I, p. 413.

[1] Distringendos. Cartul.
[2] Clementiam. Ibidem.

## XIX.

*Le roi de Germanie, Louis IV, confirme, à la prière du comte Regnier, l'échange de terres dans le Hainaut opéré entre Lintard, vassal de l'abbesse de Nivelles Gisla, et Etienne, évêque de Liège.*

(19 octobre 995).

In nomine Dei eterni salvatoris nostri Jhesu-Christi, Ludovicus, divina ordinante gratia, rex. Cum ea que à fidelibus nostris suis oportunitatibus contigua expetuntur regiis confirmamus edictis, hoc nobis procul dubio ad statum regni nostri proficere credimus, regiamque exercemus consuetudinem, et hoc ipsum postmodum mansurum esse volumus. Quocirca noverit omnium fidelium nostrorum presentium et futurorum sagacitas, quia Reganarius [1], comes illustris, nostre innotuit celsitudini quod Lintardus, vassalus Gislæ venerabilis abbatissæ, quandam commutationem cum Stephano, Tungrensi episcopo, fecisset, danti ad parte ecclesie sancte Marie Laubiensis monasterii, in pago Hainoensi, in villa Waldriea [2], mansum quondam Hamor [3] dictum, cum omni integritate et cum omnibus ad se juste et debite pertinentibus, et duplum, contra quam accepisset necne insuper mancipia quinque. Et econtra recipiens, in pago Hainoensi, ab eodem episcopo, ex ratione sanctæ Mariæ, per consensum fratrum Laubiensis monasterii, in villa Haina [4], capellam in honore sancti Martini constructam, cum omnibus suis appendiciis, tam mansis, casticiis, campis, pratis, pascuis, silvis, cultis et incultis ac decimis, totam et ad integrum. Unde carta commutationis scripta manibusque bonorum hominum roborata nobis presentialiter ad relegendum ostenderunt; sed, pro integritate firmitatis ac securitatis

---

[1] Regnier I, comte de Hainaut.
[2] Waudrez. Voy. partie II.
[3] Waudrez n'a conservé aucune dépendance de ce nom.
[4] Haine-Saint-Pierre et Haine-Saint-Paul. Voy. partie II.

studio, memorato Lintardo petente, nostram prefatus comes deprecatus est celsitudinem, quatinus eandem commutationem regalitatis nostre precepto confirmaremus. Cujus precibus animos pie accomodantes, jussimus presens confirmationis nostre preceptum fieri, per quod decernimus atque jubemus, ut nemo hanc commutationem nunquam inrumpere conetur, sed utraque pars quidquid alteri juste ac rationabiliter contulit deinceps jure firmissimo habeat, teneat atque possideat. Et ut hec nostre adfirmationis auctoritas inviolabilem futuris temporibus obtineat firmitatem, manu propria subter cam firmavimus et sigilli nostri impressione insigniri jussimus. Signum domini Hludovici, serenissimi regis. Ehtodulfus notarius, ad vicem Raephodi archiepiscopi summique cancellarii, recognovit, etc. Data XIII kal. novembr., anno dominice incarnationis DCCCC V, anno quoque regni domini Hludovici VII, indictione XI[1]. Actum ad sanctum Arnulphum prope Mettis, in Dei nomine feliciter. Amen.

> *Cartulaire de l'abbaye de Nivelles*, fol. 34 verso, aux Archives du Royaume à Bruxelles (Collection des cartulaires et manuscrits, n° 64).

## XX.

*Robert, abbé de Saint-Martin de Tours, accepte le don fait à l'abbaye par un noble du nom de Guntbert et par sa femme Bertaïde, de diverses possessions situées dans la vicairie de Bavai, en Hainaut, dans le Brabant, le Tournaisis et l'Ostrevant, à la condition de les conserver pendant leur vie.*

(1.er juin 909).

Nos igitur Robertus, in Dei nomine, gregis atque rerum incliti

---

[1] Louis IV fut reconnu roi de Germanie au commencement de l'an 900 par conséquent l'année septième de son règne correspond à 906 et non 907. L'indiction ne concorde pas davantage ; l'indiction XI correspond à l'année 908. Le chiffre XI aura été mis par erreur pour le chiffre IX.

confessoris Christi B. Martini abbas, necnon et filius noster Hugo, cui post nos cum seniore nostro rege Karolo omnes honores nostros impetratos habemus, percognitum et manifestum esse volumus successoribus nostris ejusdem S. Martini abbatibus, quoniam accesserunt ad nos quidam pernobiles ac Deo devoti homines, Guntbertus scilicet et uxor ejus Bertaïdis, offerentes Deo et sancto confessori ejus, domino nostro Martino, ob remedium animarum suorum infantium, more precario, res quasdam ipsorum proprias, id est, mansum I indominicatum, cum terris cultis et incultis, pratis, silvis, culturis, dominicatis, pascuis et farinario, ad quem pertinent alii mansi v, similiter cum omnibus eorum utilitatibus et adjacentiis, cum mancipiis utriusque sexus in eisdem commanentibus, Eringerio videlicet, et Gerbaldo et uxore ejus Ermengardi, Godino etiam, Ingilgerio et uxore ejus Adalburgi, Brodoino denique et ejus uxore Gelia; Adalardum insuper atque Sulpicium, cum omnibus aliis rebus prædicto manso pertinentibus, et cumba I. Est autem ipse mansus ad quem alii pertinent, situs in pago vel comitatu Hafenoense, in vicaria Bariarinse (Bavacinse), in villa Apeiz vel Petin [1], perpetualiter habendum. Offeruntur etiam eidem S. Martino, in alio loco, alterum mansum illorum indominicatum, cum ecclesia constructa in honore sanctæ Mariæ, cum terris cultis et incultis, silvis, pratis, aquis aquarumve decursibus, pascuis et aliis mansis ad ipsos pertinentibus, et cum mancipiis eisdem pertinentibus, Franchin, Magenfrid, Leutgard, Ragencin, Radechin, Gilega, Otrard, Edram, et molendino sito in pago Brachantisse, in villa Guatremal [2], similiter perpetuo habendum. Dederunt etiam in tertio loco mansum tertium indominicatum, situm in pago vel comitatu Tornacensi, in vicaria Tornaico, super ripam Scaldi fluminis, in villa Guislinc [3], cum

---

[1] Poix. Voy. partie II.

[2] Watermael-Boitsfort, arr. de Bruxelles, cant. d'Ixelles.

[3] Willemeau, arr. et cant. de Tournai. Ce lieu est nommé *Guislimum, in pago Tornacensi*, dans un diplôme de l'an 925, donné en faveur de l'abbaye de Saint-Amand (*Amplissima collectio*, t. I, p. 279). Une bulle du pape Paschal II, de 1107, le nomme *Guillemel* (MIRÆUS, t. II, p. 1151)

terris cultis et incultis, pascuis, aquis aquarumque decursibus, cum molendino, et silvis, et omnibus aliis adjacentiis; inter præscriptos dominicatos mansos, alios mansos v ad ipsos pertinentes, cum omnibus eorum adjacentiis et utilitatibus, perpetualiter possidendos. Simulque pariter precabantur, ut, ex rebus S. Martini, cujus defensores et abbas esse videmur, mansum I indominicatum, sed ex xxx à retro annis à Normannis penitus destructum et inhabitabilem, cum campis, silvis, pascuis, et cum locis duobus ad II ecclesias quæ quondam ibi fuerant reædificandas, unam in honore S. Fareldis, et alteram in honore S. Salvi, situm in pago et in comitatu Austrobannensi, super fluvium Scaldi, in villa Laucianis [1], cum aliis sex mansibus ad ipsum pertinentibus, et mancipiis ad ipsos aspicientibus xx, quorum hæc sunt nomina : Ingelbert, item Ingelbert, Erad, Guarumbert, Guitbert, Salomon, Teinbalt, Aldon, Reot, Sicart, Adalvert, Aleuvin, Tatelo, Domenes, Hucbertus, Ledewart, Bernehart, Sigebaet, Arerech, Farcinta, Deodata, Rotberga, et omnibus aliis rebus ipsis pertinentibus, ipsos etiam tres ipsorum mansos indominicatos supradictos cum x aliis mansis quos S. Martino condonabant, ad ipsos aspicientibus, eis et duobus tantum infantibus ipsorum, Stephano videlicet ac Guntberto, per consensum S. Martini canonicorum nostrorumque aliorum fidelium, sub censuum institutione concederemus. Quorum deprecationem non indebitam cognoscentes, concessimus eis præscriptas res omnes ipsas, videlicet quas S. Martino condonabant ipsas sub omni integritate, quas ex rebus sancti Martini possidebant, in quibuscumque adjaceant locis, eo siquidem rationis ordine et tenore, ut studeant ipsi, et, post discessum ipsorum, duo præscripti filii, Stephanus videlicet atque Guntbertus, reddere annis singulis, ad usus canonicorum S. Martini, cujus res esse videantur, ad missam ipsius hyemalem, solidos c; et

[1] Ce nom semble être tronqué : ne serait-ce pas « *in Valenclanis* »; ou bien « *in villa Lorcianis* ». (Lourches, arr. de Valenciennes, cant. de Bouchain)? Ce village appartint aussi à Saint-Amand. MIRÆUS, t II, pp. 1151 et 1155.

in diebus quibus advixerint, et qualiscumque ex ipsis quatuor superstes exstiterit, quieto illos ordine cum omni emelioratione teneant et possideant. Si autem ex instituto censu negligentes aliquid exstiterit, ad ipsum eis emendare liceat, et quod tenuerunt non amittant. Signum S. crucis domni Rotberti, qui rogavit præcariam fieri et adfirmari rogavit. S. Hugonis, filii sui, qui sub eodem firmavit. S. Tetolo, decanus. S. Odilmarus, subscripsi. S. Robertus, sacerdos atque archiclavus. S. Armannus. S. Gualterus. S. Folerus. S. Gerardus. S. Roberti, comitis. S. Gauslini, comitis. S. Hervei. S. Martini, advocati. S. Fulconis, vicecomitis. S. Vulfardi. Data est hæc precaria autoritas kal. junii, in civitate Turonis; in pleno fratrum capitulo, anno XVII regnante domno Karolo rege. Ego Archanaldus, levita ac scholæ magister, scripsi et subscripsi. Amen.

Champollion-Figeac, *Documents inédits* (publication de l'Institut), t. I, p. 478.

## XXI.

*Le roi Charles-le-Simple concède à l'abbaye de Saint-Amand le village d'Escaupont.*

(11 juin 921).

In nomine sanctæ et individuæ trinitatis, Karolus, divina propitiante gratia, rex Francorum. Si servorum Dei utilitatibus et necessitatibus sustinendis, solatia contulerimus necessaria, et animæ salutem proinde consequi in Dei remuneratione credimus et status regni in pace diutius ac securitate solidius roborabitur. Ideo sit notum omnibus fidelibus sanctæ Dei ecclesiæ et nostris præsentibus atque futuris, quia, adiens nostram cordivolentiam venerabilis abba cœnobii S. confessoris Christi Amandi Robertus, expetiit ut quamdam villam, quæ dicitur Scaldpontis [1], sitam super

---

[1] Escaupont. Voy. partie II.

flumen Scaldim, quae ex abbatia sua et dominicatu erat, congregationi sancti Amandi deputarem, ad sublevandas necessitates ejusdem congregationis. Cujus petitionem libenter suscipientes, devotis monachis beati Amandi ad eorum usus speciales concedimus eamdem villam Scalpontem, cum omnibus suis appenditiis legitimis, in terris, pratis, pascuis, silvis, aquis, mancipiis utriusque sexus, terminationibus justis, mobilibus et immobilibus rebus. Hoc praeceptum, ut per omnia annorum curricula continuationis obtineat vigorem, manu firmantes propria, anulo nostro illud sigillari praecipimus.

Signum Karoli regis gloriosi. Gauzlinus notarius, vice Rodgeri archiepiscopi, recognovit. Datum III idus junii mensis, indictione nona, anno XXVIII rege glorioso Karolo regnante, redintegrante XXIV, largiore vero hereditate indepta x.

Actum Attiniaco palatio fideliter (feliciter).

Martène et Durant, *Amplissima collectio*, t. 1, p. 278;<br>
Dom Bouquet, t. IX, p. 552.

## XXII.

*Henri, roi de Germanie, confirme à l'abbaye de Crespin certaines possessions dans le Hainaut et la Taxandrie et détermine les droits de ses avoués* [1].

(931).

In nomine sancte et individue trinitatis, Henricus, divina favente clementia, rex. Omnium fidelium nostrorum petitiones juste et rationabiliter auribus nostris infusas oportet nos implere, maxime tamen eas quas pro divini cultus amore nobis suggerunt, quia

---

[1] Cette charte a été extraite du cartulaire de Crespin et authentiquée par Dom Queinsert, en même temps qu'une autre de la même année, déjà publiée par Miræus (t. II, p. 1129) et par les auteurs de la *Gallia christiana* (t. III, preuves, p. 24). Celle que nous publions et qui est entièrement inédite est des plus curieuses, surtout en ce qui concerne les droits reconnus aux avoués de l'abbaye.

Deum nobis inde propitium promereri eosque devotiores in nostro credimus permanere obsequio. Quocirca noverint omnes fideles nostri, quia nos, rogatu Gisalberti fidelis ac dilecti ducis nostri, canonicis in loco Crispin nuncupato devote Deo famulantibus, ejusdem loci hobas xv, in villa Onainiis [1] hobas viiii, ad usus fratrum inibi Deo servientium donavimus; in villa Harminiaco [2], super fluvium Truila [3], ecclesiam unam cum mansis xxx, et, in comitatu Thessandrico, villam que vocatur Empla [4], super fluvium Uverbena, cum ecclesia et mansis xxx, sub omni integritate earum videlicet rerum que ad se pertinent, cum mancipiis omne servicium debentibus, cum terris cultis et incultis, pascuis, aquis aquarumve decursibus, ecclesie Crispinensi, quia ab antiquo omnimodis juste possedit, confirmamus in kal. novembris [5]. Libero advocato bovem unum cum hemmera mellis et novem sirtellas cervisie de hordeo facte, caldariam quoque cum patella et fustinula ligna quoque, candelas, cifos, scutellas, piper, anseres et gallinas, panem sufficent (sufficientem?), annonam equis cum decem militibus vestilis (vestitis?), pellibus ovinis et armigero uno pro jure debito concedimus; sic tamen ut advocatus, hora placiti in margine clipei stans, de uno pane et cifo medonis cibactis, militibus suis circumstantibus, predicte ecclesie Crispiniensis nuncio recepto, per omnia redditu suo de omnibus querelis moventibus justiciam teneat, et sic dimidiam marcam de redditu ecclesie recipiat. Scabini a nuncio ecclesie submoniti cum advocato prandebunt. Item advocato cum quatuor militibus in natali domini xxv panes, unde quatuor nummo Tielensi [6] comparantur, cum sex

---

[1] Onaing. Voy. partie II.
[2] Harmignies. Voy. partie II.
[3] La Trouille. Idem.
[4] Empele.
[5] Ne faudrait-il pas lire « IX kal. novembris »? Le roi Henri semble rappeler ici la charte donnée par lui, la même année, à cette date. Voy. Miræus, loc. cit.
[6] Tiel, en Gueldre.

sextariis vini mediocris, gallinas, piper, scutellas, cifos cum manutergiis, decernimus, ità sane ut, sicut prelibavimus, et ecclesie de redditu suo et hominibus de querelis suis omnimodis justitiam teneat. Similiter et in pascha, in his vero placitis et in quibus aliis advocatus ab ecclesia vocatus fuerit, duas partes ecclesia et terciam partem advocatus recipiat. Statuimus ut nullus successorum nostrorum, regum vel imperatorum, ducum, comitum, seu alia quelibet potestas hanc nostre confirmationis paginam infringere vel violare attemptet. Si quis vero huic nostre pagine contraire presumpserit, centum librarum auri puri compositione multetur, quarum medietas fisco nostro perveniat, altera medietate lese ecclesie dampnum restauretur. Et ut hec nostre preceptionis confirmatio seu compositio rata ac stabilis per futura permaneat tempora, manu propria subter firmavimus et annuli nostri impressione assignari jussimus. Actum anno incarnati domini DCCCC xxxi, indictione v[1], anno domini Henrici regis xiii. Actum in Nois[2]. Amen.

*Chartes et diplômes manuscrits*, t. v, p. 97, à la Bibliothèque impériale, à Paris.

## XXII bis.

*Une femme, du nom de Liétarde, donne à l'abbaye de Saint-Amand diverses possessions situées à Anvaing, dans l'ancien Brabant* [3].

(920 à 937 environ) [4].

Si, ob amorem Dei omnipotentis et sanctorum ejus, res nostras

[1] L'indiction et les années du règne correspondent à l'année 932.
[2] Ivois. Voy. Miræus, *loc. cit.*
[3] Cette charte est authentiquée comme suit : « Collation a esté faite au livre costé A, reposant aux archives de l'abbaye de Saint-Amand, représenté au soussigné, notaire royal au dit lieu, ce xxvi décembre 1713. Signé..., (nom presque indéchiffrable).
[4] Roger ou Otger, cité dans cet acte, fut abbé de Saint-Amand après

hereditatesque proprias divino cultui mancipamus, sine dubio æterna præmia per hoc nos à Deo consecuturos speramus. Quapropter ego, in Dei nomine, Lietardis, domino sacrata post decessum senioris mei Odonis, cogitans de Dei timore vel æterna retributione, pro salute animarum nostrarum, quasdam res nostræ proprietatis, per manus nobilis viri nomine Odacri, legibus advocati, ex meo jure atque potestate dono atque transfundo, traditamque (traditasque) in perpetuum esse volo, in jus atque donatione (sic) monasterii Elnono dicti, ubi præsul Christi Amandus corpore quiescit, cujus loci rector preesse [1] disnoscitur Otgerus comes, post ipsum quoque [2] dilectus filius meus Liedricus [3], monachus et ejusdem loci prepositus. Ad cujus petitionem seu subjectionem (suggestionem) tradidi beato Amando et ejus monachis, in pago scilicet Bracbantinse, in villa Anvinio [4] dicta, ecclesiam unam, mansum indominicatum cum culturis seu pratis ibi aspicientibus, mansionilia etiam, ad eundem locum pertinentia.... [5] amplius quam duodecim, divisiis (diversis ?) nominibus vocitata, ubi aspiciunt terra (terræ), amplius quam sexaginta mansa, silvam etiam ad saginandos porcos plusquam tria millia; mancipiaque in eodem loco residentia trado similiter, quorum hec sunt nomina : Nithardus cum uxore et infantibus, Exfridum cum uxore et infantibus, Wigerum cum uxore et infantibus, etc. Si qui etiam perfugi ex eodem loco nati reperiuntur, eodem domini cœtui sub-

l'an 920, et certainement à dater de 924. Il cessa de l'être vers 937. *Gallia christiana*, t. III, p. 258 ; *Cameracum christianum*, p. 186.

[1] La copie qui nous a servi porte *peresse*. Nous rectifions d'après les quelques lignes de cette charte citées dans la *Gallia christiana*.

[2] La copie porte « *post ipsumque quod* ».

[3] Liedric, ou Leutric, fut en effet abbé de Saint-Amand après Roger. Il fut ordonné le 1er juin 953 et mourut le 9 septembre 956. *Gallia christiana*, t. III, p. 258 ; *Cameracum christianum*, p. 187.

[4] Anvaing, arr. de Tournai, cant. de Frasnes. L'abbaye de Saint-Amand possédait déjà de grands biens à Auvaing, comme l'atteste un diplôme de Charles-le-Chauve de l'an 863. *Amplissima collectio*, t. I, p. 167.

[5] Il manque ici quelques mots.

diti sint. Tradidi etiam, per manus jam dicti advocati Odacri, Landrico dilecto filio meo, in suum dominicatum, Bernonem cum uxore et infantibus suis, et quemdam servum Erchensendum nomine perpetuo jure ad habendum. Hæc omnia superius denominata, villam scilicet Auvinium cum omnibus illic juste et legaliter pertinentibus, per hujus carte testamentum, sive per festuca atque per andelangum, ego Lietardis et advocatus meus transfundimus atque transfirmamus hereditario jure ex nostro dominicatu in jus et donatione beati Amandi atque monachorum ejus, eo videlicet rationis tenore, ut, quamdiu jamdictus filius meus Liedricus ejusdem loci monachus vixerit, jam dictas res usu fructuario teneat atque cum omni ingenio et meliorane (melioratione) et augmentane (augmentatione) studeat, post ipsiusque ex hac luce dicessum, eedem res cum omni emelioratione, sine ullius contradictione, in monachorum revocentur dominium.

*Cartulaire de la prévôté de Siraut*, aux Archives du Royaume (collection des cartul. et manuscrits, n° 141), fol. 34.

## XXIII.

*Albert, fils de Regnier I, donne à l'abbaye de Stavelot le village d'Odeigne dans l'Ardenne, qu'il avait recouvré contre son frère Regnier, et reçoit en échange le village de Generez dans le Condroz* [1].

(avant 939, 3 octobre).

Ille bene debet possidere res proprias qui de terrenis mereatur eterna. Ideo ego Albertus, considerans etatis mee canitiem, malui post mei decursus tempora in usus servorum Dei hereditatem juris mei cedere quam alicubi absque fructu anime mee inutiliter

[1] Nous publions cette charte à cause des renseignements qu'elle donne sur la famille des Regnier et sur leurs possessions dans l'Ardenne.

consumare. Quapropter adii celsitudinem ducis Gisleberti, scilicet cognati mei, quo ipsius permissu cujus dinoscitur fore abbatia [1], liceret mihi aliquam precariam facere de rebus sancti Petri sanctique Remacli ad monasterium Stabulau, in quo rector prepositure preesse videtur Rotaldus prepositus, cum ipsius voluntate et ceteris monachis sibi commissis. Igitur tradidi ad prefatum monasterium, coram testibus idoneis qui subter tenentur inserti, presente advocato Burgerico, villam jure hereditatis mee nomine Aldanias [2], sitam in pago Arduennense, inter confines sancte Marie sanctique Petri, pro remedio anime mee perpetualiter possidendam à rectoribus loci ipsius, cum familiis utriusque sexus ad eam pertinentibus, cum ecclesia, domibus, pratis, silvis, aquis aquarumve decursibus, atque omnia ad eandem villam pertinentia; quam etiam ante annos plurimos in publico mallo à fratre meo Raginero, qui mihi eam vi abstulit, legaliter acquisivi. Hec omnia dono donatumque in perpetuum esse volo ad limina supradictorum sanctorum. Ideo, quia hec fuit mea peticio et eorum voluntas et consentio, dedit mihi prepositus prefatus et advocatus, cum voluntate ducis et omnium monachorum, villam nomine Geneticio [3], in pago Condustrio, cum omnibus appenditiis suis, familiis utriusque sexus, casis, pratis, cambis, molendinis, atque omnia ad eundem pertinentia; ea dumtaxat ratione, ut diebus vite mee hec omnia predicta in usus proprios teneam et possideam, et post decessum meum predictus dux Gislebertus, consanguineus meus, eodem modo teneat, qui ad hec fieri permisit. Non sit tamen nostra potestas praedictas res venumdare, neque immutare, neque dare, sed hec omnia, post nostrum ab hoc evo decessum, cum omni melioratione ad predictum monasterium jure perpetuali possidendum revertantur. Quod si aliquis de heredibus aut proheredibus meis, aut aliqua extranea persona, quod minime fieri arbitror, contra hanc precariam venire tempta-

---

[1] Gislebert était, comme son père Regnier I, abbé de Stavelot.
[2] Odeigne.
[3] Generez

verit et eam aliquatenus infringere voluerit, imprimitus iram Dei incurrat et in postmodum alienus et extraneus à consortio predictorum sanctorum existat, et quod repetit ad effectum ; sed hec donatio firma et stabilis permaneat cum stipulatione subnixa. Actum monasterio Statulau, v non. octobr., regnante domno Heinrico rege. Signum Alberti comitis, qui hanc precariam fieri rogavit. S. Rotaudi prepositi. S. Asceri decani. S. Everardi. Ego Bernardus indignus monachus cancellarius, ad vicem Rotaudi prepositi, scripsi et subscripsi.

Ritz, Urkunden und abhandlungen zur geschichte des Niederrheins und der Niedermuas (Aix-la-Chapelle, 1824), p. 28.

### XXIII bis.

*Mannon et sa femme Hildegarde cèdent à l'abbaye de Saint-Pierre de Blandain un alleu situé à Boussu.*

(22 novembre 945).

Quidam Manno et uxor sua Hildegardis tradiderunt sancto Petro, in memorato loco (Blandiniensi), alodem suum in villa Buxut [1], super fluvium Haina, idem mansum indominicatum, arboreta, prata, terras arabiles, quæ conjacent inter confines sancti Petri de cella beati Gislani et sanctæ Waldetrudis, cum his mancipiis: Berengario, Abbone, Dominico, Godsoldo. Actum Blandinio monasterio, 10° kal. decembr., anno quo Ludovicus rex fuit reclausus et tempore Arnulfi marchysi et abbatis Womari, coram his testibus: Wenemaro advocato, Folberto vicario, Baldwino, Amulrico, Rodulfo, Otgando, Onulfo, Azzelino, Sigefrido, Adalgaudo. Ego quoque Theodingus notarius, jussu eximii marchysi Arnulfi, hanc scedulam scripsi et relegi.

Vandeputte, Annales abbatiæ Sancti-Petri Blandiniensis, p. 101.

[1] Boussu, Voy. partie II.

## XXIV.

*L'empereur Othon fait don à l'église de Cambrai de certains biens situés en Hainaut et confisqués sur les rebelles, vraisemblablement après la révolte et l'exil de Regnier III.*

**(13 juin 958).**

In nomine sanctæ et individuæ trinitatis. Otto, divina favente clementia, imperator augustus. Noverit omnium fidelium nostrorum præsentium scilicet et futurorum industria, qualiter nos, secuti liberalitatem et munificentiam regum et imperatorum qui fuerunt ante nos, quorum Christo propicio sedem et honorem optinuimus, ecclesiam Dei, quæ est mater omnium nostrûm, cûpimus in conspectu omnium gentium exaltare, immo longe ante sublimatam, nostris quoque temporibus, honorificare, rebusque proprietatis nostræ augmentare, ditare et glorificare. Idcirco nunc, per interventum et suffragium fratris nostri reverentissimi Brunonis archiepiscopi, dedimus auctoritate regia ad aecclesiam, in honorem et memoriam sanctæ Mariæ genitricis Dei ac perpetuæ virginis in castello Cameracensi constructam, ubi venerabilis episcopus Berengerus præesse cognoscitur, fiscalem nostræ dominationis terram, quam à rebellibus et paci quietique nostræ invidentibus aecclesiamque Christi diuturna gravique molestia conturbantibus, legaliter fiscatam recepimus, jurique nostro et dominio consensu totius sanum (sic) sapientis populi vendicavimus, videlicet villam quæ vocatur Vuambia [1], sitam in pago Heinia, in comitatu Godefridi [2], cum aecclesia et curte dominicali, mancipiis, domibus, agris cultis et incultis, silvis, ac pascuis, et omnibus illuc jure pertinentibus, sive in eodem loco, sive in circumpositis villis, et quidquid in ipsa provincia quondam Engibrandus jure proprio possedit et tenuit; ea nimirum intentione

---

[1] Wambaix. Voy. partie II.
[2] Voy. chap. VII, section 2, § 3.

et constitutione, ut hoc benivolentiæ nostræ donativum ejusdem aecclesiæ episcopus proprium teneat atque possideat, habens integram potestatem quidquid sibi juste placuerit exinde faciendi. Et ut hæc donationis nostræ corroboratio vigeat et in futurum omni tempore firma stabilisque permaneat, hanc præsentem confirmationis kartam conscribi jussimus, quam anuli nostri impressione signatam manu propria subter annotando firmavimus. Signum Ottonis invictissimi regis. Ego Liudolfus, ad vicem Brunonis archicancellarii, notavi. Data idibus junii, anno incarnati domini DCCCLVIII, indict. I, regnante piissimo rege Ottone, anno regni ejus XXIII. Actum Coloniæ.

Le Glay, *Glossaire*, etc., p. 4.

### XXIV bis.

*Liste de ceux qui, de concert avec le comte Regnier III, pillèrent et brulèrent les églises* [1].

(Vers 956-958 [2]).

Hæc sunt nomina malefactorum qui ecclesias miserè cum comite Rainero succenderunt :

| Albertus comes [3]. | Arnulfus. | Hubertus. |
| Ramuwalo. | Johannes. | Arnulfus. |
| Robertus. | Item Johannes. | Fredericus. |
| Tietvinus. | Otkarus. | Rotbertus. |
| Baldricus. | Rotmundus. | Landricus. |
| Hildebrandus. | Tietselinus. | Otselinus. |
| Ratholo. | Sorhardus. | Sohaldus. |

[1] Cette liste, d'une écriture du xe siècle, a été extraite, par M. Le Glay, du manuscrit n° 309 de la Bibliothèque de Cambrai.

[2] Regnier, comme on l'a vu au chap. VII, sect. I, § 3, fut envoyé en exil en 958. C'est certainement vers cette époque que fut rédigée la liste ci-dessus.

[3] M. Le Glay pense qu'il s'agit d'Albert, dit le Pieux, comte de Vermandois.

| | | |
|---|---|---|
| Fastradus. | Viamarus. | Tietselinus. |
| Fulcuinus. | Stephanus. | Goismundus. |
| Borgardus. | Evremarus. | Gonzo et filii ejus. |
| Tetmerus. | Amelricus. | Harduinus. |
| Faramundus. | Gerardus. | Gontmarus. |
| Rotlandus. | Gonterus. | Gozelo. |
| Lietselinus. | Fulcradus. | |

Le Glay, notes sur Balderic, p. 47.

## XXV.

*Le pape Jean XII confirme à l'abbaye de Saint-Vannes de Verdun, entre autres possessions, celles qui lui ont été données par les comtes Godefroid II d'Ardennes et Herman son frère* [1].

(8 janvier 963).

Joannes, episcopus, servus servorum Dei, Berengario fratri nostro, Virdunensis ecclesiæ episcopo, cum omnibus sibi à Deo commissis. Bravium æternæ remunerationis apostolici moderaminis pia religione pollentibus est, et benivola charitate fratrum et poscentium animis alacri devotione assensum præbere. Ex hoc enim per magnum præmium lucri à conditore omnium domino sine dubio promerebimur, si venerabilia sanctorum loca optime ordinata ad meliorem fuerint statum nostra auctoritate prædicta.

---

[1] Cette bulle est interpolée, si elle émane du pape Jean XII. En effet, elle mentionne la donation faite à l'abbaye de Saint-Vannes par les comtes Godefroid et Herman, fils de Godefroid-le-Captif, donation qui n'eut lieu qu'en 1015 (voy. n° XXXV); et cependant la bulle est adressée à Bérenger, fondateur de l'abbaye de Saint-Vannes, et évêque de Verdun de 952 à 959. D'un autre côté, la donation est passée sous silence dans le texte de cette même bulle, publié, sous l'année 974, par Hugues de Flavigny (Labbe, *Bibliotheca manuscripta*, t. I, p. 134; Pratz, t. VIII, p. 366). Peut-être faudrait-il rapporter ce document au pape Jean XIX, élu en 1024 et mort à la fin de mai 1033. Dans tous les cas, nous avons cru devoir la publier, d'autant plus qu'elle cite des localités données par Herman, comte de Verdun et d'Eenham, et qui ne sont pas mentionnées dans les n°s XXXV, XXXVI, et XLIV.

Igitur, frater karissime, quoniam te, inter coetera sanctæ conversationis exercitia, comperimus monasterium in tuo episcopio, juxta civitatem Virduni, in ecclesia videlicet beati Petri, pro amore Dei construxisse, in qua requiescunt corpora sanctorum confessorum atque præfatæ ecclesiæ S. Mariæ quondam possessorum (confessorum?) Vitoni, Pulchroni, Possessoris, atque Firmini, et, de rebus tuæ ecclesiæ, divino compuncti amore terreno despicientes, ad contemplativæ vitæ perfectionem confugere desiderares, ut et filii tuæ ecclesiæ ne à tua ecclesia penitus dissociati viderentur in monasterio, qui membrum est ejusdem ecclesiæ, solatii refugium sub habitu religionis sibi invenirent, et Deo quieta tranquillitate inibi famularentur. Noverit omnium fidelium tam præsentium quàm futurorum industria nos idem monasterium, tua ordinatione constructum, cum omnibus rebus, regalibus præceptis tuo consultu sibi confirmatis, in æternum velle manere inconvulsum, scilicet villam super Scantiam, etc......... [1]. [Hermannus quoque comes, in comitatu Brabanti, in prædio quod Haslud [2] vocatur, xxx mansos eidem contulit loco, cum ecclesia et omnibus his pertinentibus ; simili modo apud Feilsecum [3] dedit ecclesiam ejusdem prædii, cum tribus mansis ad eamdem pertinentibus ; in eodem denique loco, ex eodem suæ proprietatis allodio, Odo mansos tradidit, cum familia utriusque sexus, ecclesiam de Ermefredeghe [4].

[1]. Les mots entre parenthèses ne se trouvent pas dans le texte de Hugues de Flavigny.

[2] « Bovo quod vocatur Hasluth ». Historiæ episcop. Virdun. continuatio, apud ACHERII Spicilegium, t. XII, p. 269. Comparez n.ºˢ XXXVI et XLIV. — M. GUERARD a publié, à la suite du Polyptyque de l'abbaye de Saint-Remi de Reims, pp. 115-122, un polyptyque de l'abbaye de Saint-Vannes, dont il fait remonter la rédaction à la fin du Xᵉ siècle, mais qui appartient plutôt au XIᵉ siècle, puisqu'il nomme des localités données à l'abbaye en 1015 (voy. n.º XXXV). On y trouve, p. 120, l'état détaillé des biens de l'abbaye.

[3] Velsique, arr. d'Audenarde, cant. de Sotteghem. Voy. n.ºˢ XXXVI et XLIV. Ce lieu n'est pas cité dans le polyptyque.

[4] « Ermefredegem », Hugues de Flavigny. Hemelveerdeghem, arr. d'Audenarde, cant. de Nederbrakel. Ce lieu n'est pas cité dans le polyptyque.

In villa Beurnes¹, quæ sita est in pago Hainau, dederunt tam ipse quam frater ejus dux Godefridus xxx mansos, cum ecclesia integra. Dedit idem comes Hermannus ecclesiam Gengeaniam², cum præbenda et tribus mansis, in comitatu Hoiensi³ sitam, et, in Mainicense⁴, ecclesiam de Ham⁵. Cœterum in senectute bona prædium nomine Monnam⁶ dedit beato Petro : aspiciunt ibi quattuor fiscales mansi cum ecclesia et molendino uno, pratis, pascuis, silvis spatiosis.........] Scriptum per manum Leonis, scriniarii sanctæ sedis apostolicæ, in mense januario, indictione xiii⁷. Bene valete. Datum v idus januarii, per manum Marini episcopi, sanctæ sedis apostolicæ bibliothecarii, anno Deo propitio domni Joannis summi pontificis et universalis xii papæ vii in sacratissima sede beati Petri apostolici⁸.

*Cartulaire de l'abbaye de Saint-Vannes de Verdun,*
à la Bibliothèque impériale, à Paris (Collection Bouhier,
n° 69 bis ; collection Dupuy, n.° 244 ; fonds latin,
n.ᵒˢ 5214 et 5435.

¹ Buvrinnes. Voy. la charte de donation en 1015, ci-après n.° xxxv.

² « Gengeavia », *Hugues de Flavigny.* C'est certainement Jeneffe, ou Jagnée (dépendance de Pessoux), arr. de Dinant, cant. de Ciney. La situation de ce lieu est déterminée par les indications du polyptyque (p. 199), qui cite comme dépendances de *Gengeania,* une chapelle à Sorée (*Soreias*), arr. de Namur, cant. d'Andenne, une autre à Verlée (*Waleias*), arr. de Dinant, cant. de Ciney, et une partie de terre près de Dinant (*juxta Dirvant,* alias *Diovant,* ou plutôt *Dionant*).

³ Comté de Huy, prov. de Liége.

⁴ Comté dépendant du précédent.

⁵ « Harma », dans l'*Historiæ episcop. Virdunens. continuatio.* Hamois (?), près de Jagnée et de Jeneffe, arr. de Dinant, cant. de Ciney.

⁶ « *Munau* », dans l'*Historiæ,* etc. Munau, arr. de Neufchâteau, cant. de Floresville. Comparez Miræus, t. iv, p. 142.

⁷ Le texte de Hugues de Flavigny finit par les mots « anno ab incarnatione domini dccccxxi ».

⁸ Le pape Jean xii ayant été sacré en 956, l'année septième de son pontificat correspond à l'année 963 ; mais il est à remarquer que Bérenger, évêque de Verdun, était mort en 959.

## XXVI.

*Le roi Lothaire confirme à l'abbaye de Saint-Pierre de Blandain, à Gand, la possession de ses biens dans la Flandre, le Mempisque, le Hainaut, le Brabant, etc.* [1].

(22 février 965).

In nomine sancte et individue trinitatis, Lotharius, gratia Dei, rex. Si ea que fideles nostri, pro statu et utilitate ecclesiarum, in locis sibi commissis statuerint nostris confirmamus edictis, hoc nobis procul dubio ad eternam beatitudinem et totius regni a Deo nobis commissi tutelam mansurum esse credimus, et retributionem Deum exinde in futuro habere confidimus. Igitur notum sit, omnibus tam presentibus quam et futuris sancte matris ecclesie filiis, quod venerabilis comes Arnulphus, noster videlicet consanguineus et regni nostri marchio nobilissimus, nostram adiens excellentiam, humiliter peciit ut quoddam monasterium, in honore beatorum apostolorum Petri et Pauli constructum, situm super fluvium Scaldum, juxta portum Gandavum, quod

---

[1] SANDERUS (*Flandria illustrata*, t. 1, p. 268) a publié d'une façon très-incomplète une charte du roi Lothaire, de l'an 966, par laquelle il confirme toutes les possessions de l'abbaye de Saint-Pierre de Blandain; le même document a été publié dans son entier par M. VAN DE PUTTE, dans les *Annales Sancti-Petri Blandiniensis*, p. 90. Deux ans auparavant c'est-à-dire, en 964, le roi Lothaire avait confirmé une première fois les biens de cette abbaye: SANDERUS, qui seul a mentionné cet acte de confirmation, n'en a donné que quelques mots; nous le publions ici dans son entier. Les deux chartes ne diffèrent pas beaucoup entre elles, et il est probable que Lothaire n'a donné la dernière que parceque, dans l'intervalle, était survenue la mort d'Arnould-le-Vieux, comte de Flandre (27 mars 965), lequel laissait pour héritier son petit-fils, Arnould-le-Jeune, encore en tutelle. C'est le motif que semble indiquer un passage de ce diplôme. La charte de 966 au surplus rappelle dans les termes suivants celle que nous publions : « Notum sit omnibus tam præsentibus quam et futuris sanctæ matris ecclesiæ filiis, quod jam nuper, anno videlicet regni nostri 10°, indictione 6°, venerabilis comes Arnulphus etc. »

antiquitus vocatum est Blandinium, pro cavendo ejusdem cenobii futuro periculo et monastice religionis vigore inibi perpetualiter corroborando, nostre auctoritatis precepto munirem (muniremus). Cujus petitioni libenter annuentes assensum prebuimus. Quapropter statuimus ut idem monasterium, cum Dei auxilio à predicto venerabili Arnulpho multis opibus nobilitatum et in melius exaltatum, juxta ejusdem loci scripta, et regalia precepta et apostolici privilegii decreta, in ordine monastico, sub regulari disciplina, res suas quiete possideant (possideat), sive eas quas venerabilis comes Arnulfus, de sua propria hereditate, pro Dei amore et anime sue retributione, necnon et patris, ac matris sue, uxorisque ac filiorum absolutione, eidem contradidit, sive illas quas antiquitus pia fidelium largitione possedit. Decernimus quoque et regia auctoritate cum omni imperio precipimus, ut præfato monasterio de rebus suis aliquod dispendium nemo unquam inferre presumat, neque ad dominium sive prioratum ejusdem loci aliquis tyrannica usurpacione ascendat, sive pro generis nobilitate, sive turpis lucri illicita largitione, sed secundum beati patris Benedicti regulam ibi abbas constituatur et constitutus legitima potestate libere utatur. Nomina autem rerum hec sunt. Id est, in primis, à portu Gandensi secus Scaldum fluvium usque Sewaringahem [1], et exinde in directum usque Legiam [2], in loco quod dicitur Afsna [3]; iterumque secus eundem fluvium Legie usque ad prædictum portum; in ipso quoque portu, omnes mansionales cum ecclesia in eo sita; extra portum quoque, secundum ambitum præfatorum duorum fluminum; necnon et ecclesia in Afsna, et ecclesia Meran [4], et ecclesia de Thisla [5], in Sikinghem [6], mansum unum. In pago vero Flandrinse, Merena [7], et

[1] Seevergem, arr. de Gand; cant. de Nazareth.
[2] La Lys.
[3] Afsné, arr. et cant. de Gand.
[4] Meerhem (?), dépend. de Maeter, arr. et cant. d'Audenarde.
[5] Destelberg, arr. et cant. de Gand.
[6] Syngem, arr. de Gand, cant. de Cruyshautem.
[7] Ce lieu est désigné, en 937, sous le nom de « Merona Bennonis, juxta

Cumbescura [1], et terra Wigangi. In pago Mempisco, Thuringehem [2]; in Sumeringehem [3], mansum I. In Hainaco pago, super fluvium Seva [4], villas II, Dulciaca [5] atque Nyella [6]. In pago denique Brabantinse, in loco qui vocatur Mella [7], ecclesiam unam cum appendiciis terris; in Olsna [8], mansum I super fluvium Scaldum, et, in Letha [9], mansum I. In pago Wasie, villa dicta Themsica [10], super ripam Scaldi, cum omni integritate, et Bocholt [11], cum omnibus appendiciis. Hec igitur pia fidelium largitione locus predictus antiquitus dinoscitur possedisse. Que vero infra continentur prefatus venerabilis comes ex propria hereditate concessisse, id est, in Flandris, medietatem fisci qui vocatur Snellingehem [12], de fisco Wamebrugghe [13], x mansos in loco mancipato Bugginsela [14]. In pago Karabantinse, villam Camphin [15], et, in Bracbanto, Ydingehem [16] mansum I cum ecclesia; item, in Karrabanto, in Carvin [17], terram cum ecclesia et capella Steflas [18]. In pago

castrum Oostburch ». MIRÆUS, t. I, pp. 39 et 260; *Annales abbatiæ Sti-Petri Blandin.*, p. 88. Il faut donc le chercher près d'Oostburg (Hollande).

[1] Lapscheure, arr. et cant. de Bruges. MIRÆUS, loc. cit.
[2] Terdeghem, arr. d'Hazebronck, cant. de Steenworde.
[3] Somergem (?), cant. de ce nom, arr. de Gand.
[4] La Selle. Voy. partie II.
[5] Douchy. id.
[6] Noyelles. id.
[7] Melle, arr. de Gand, cant. d'Oosterzeele.
[8] Olsene, arr. de Gand, cant. de Deynze.
[9] Lede, arr. de Termonde, cant. d'Alost.
[10] Tamise, cant. de ce nom, arr. de Termonde.
[11] Bouchaute, arr. de Gand, cant. d'Assenede.
[12] Snelleghem, arr. et cant. de Bruges.
[13] Lieu à Broxeele. Voy. le mot suivant.
[14] Broxeele (?), arr. de Dunkerque, cant. de Wormhoudt. Ce lieu est nommé *Bruggesela* dans une charte de 1038. *Cartulaire de l'abbaye de Saint-Pierre de Blandain*, fol. 51.
[15] Camphin, arr. de Lille, cant. de Seclin.
[16] Idegem, arr. d'Audenarde, cant. de Grammont.
[17] Carvin, cant. de ce nom, arr. de Béthune (Pas-de-Calais).
[18] Lieu inconnu

Taruennico, terram in Ruminghem [1] et Keurbergh [2]. Precaventes denique antiqui hostis insidias, quibus servorum Dei quietem conturbare et multiformi caliditate molestari nititur, reverendo abbati Wormaro et ejusdem loci fratribus hanc nostre auctoritatis tutelam, contra venture perturbationis jacula opponendam, concessimus, videlicet ut predicto abbati ejusque fratribus de rebus prelibati loci nullus secularium, sive clericorum, sive laycorum, non quilibet princeps vim aliquam inferat, nullusque judex publicus nec quislibet ex judiciara potestate in ecclesias aut loca, vel agros, seu reliquas possessiones memorati cenobii, quod [3] moderno tempore infra ditionem imperii nostri juste et rationabiliter possidet, vel ea que deinceps in jure ipsius loci voluerit divina pietas augeri, ad causas audiendas, vel freda aut tributa exigenda, vel mansiones au paradas faciendas, aut fidejussores tollendos, aut homines ejusdem monasterii tam ingenuos quam servos super terram ipsius commanentes absque abbatis jussu distringendos, vel ullas redibitiones aut illicitas occasiones requirendas, nostris et futuris temporibus ingredi valeat, vel ea que supra memorata sunt penitus exigere presumat, nec de ordinationibus monasterii, nisi ab eo rogatus secundum regulam s$^{ti}$ Benedicti, se quisquam intromittat. Quieto itaque jure cuncta que possident et que, Deo auxiliante, acquisituri sive adepturi sunt usibus eorum deserviant, quatenus absque penuria, tam pro anima venerabilis Arnulfi quam etiam pro totius regni nostri quiete et utilitate, divinis laudibus incubantes, Domini clementiam exorent. Quisquis igitur contra hujus preceptionis nostre munimen, quod minime futurum credimus, aliquid sinistrum molitus fuerit, primo omnipotentis Dei iram incurrat et judicio fidelium convictus reatus poenam exsolvens centum auri libras coactus predicto monasterio reddat, et quod illicite temptavit.

---

[1] Ruminghem, arr. de Saint-Omer, cant. d'Audruick (Pas-de-Calais).

[2] Lieu inconnu. On trouve *Keneberge*, *Keremberg* et *Kineberg*. *Annales*, etc., pp. 90, 102 et 121.

[3] Ne faut-il pas « *que* » ?

frustretur et inane fiat. Et ut firmius maneat inconvulsumque servetur, hoc ei preceptum fieri jussimus et annulo nostri palacii supra firmantes jussimus insigniri. Signum domini Lotharii gloriosissimi regis. Gezo cancellarius, ad vicem D. Odelrici, archiepiscopi summique cancellarii, recognovit et subscripsit. Datum viii kal. marcii, regnante domino Lothario anno x, indictione vi. Actum Laudunii feliciter.

*Cartulaire de l'abbaye de Saint-Pierre de Blandain*, fol. 46 recto, aux Archives du royaume (collection des cartulaires et manuscrits, n.° 93).

## XXVII.

*L'empereur Othon I confirme, à la prière de son frère Brunon et du comte Richer, la donation faite à l'abbaye de Saint-Ghislain par le duc Godefroid, d'une partie de terre à Villers-Saint-Ghislain.*

(2 juin 965)

In nomine sanctæ et individuæ trinitatis. Otto, divina providentia, imperator augustus. Si circa divinos cultus sollicitudinem gerimus et stipendia servorum Dei ad laudem divini nominis ampliare studemus, æternam procul dubio remunerationem a Domino conditore nos recepturos esse non dubitamus. Quocirca noverit omnium fidelium nostrorum tam præsentium scilicet quam futurorum industria, quod intervenientes apud imperialis nostræ munificentiam largitatis domnus scilicet Bruno, sacræ sedis Coloniensis archiepiscopus, germanus noster, simul et Richarius comes, fidelis noster, causas ad nos detulerunt pro quadam terra decem videlicet et octo mansorum, sita in loco qui Villare[1] dicitur; quam videlicet terram Godefridus, bonæ me-

[1] Villers-Saint-Ghislain. Voy. partie ii

moriæ dux noster [1], ad stipendia fratrum, in cœnobio sancti Petri, quod Cella vocatur, Domino famulantium, ubi videlicet sanctus Gislanus, confessor Domini pretiosus, corpore requiescit, ex beneficio, quod ex nobis habuerat, destinaverat pro remedio animæ suæ concedendum : unde et nostram hii utrique supradicti principes nostri et dilecti petierunt clementiam, ut traditionis hujus cessionem nostræ imperatoriæ auctoritatis præcepto corroborari juberemus. Quod nos, pro remedio animæ nostræ ac dilecti quondam prædicti ducis nostri Godefridi, libenter annuentes, statuimus atque decernimus, et præsenti auctoritate confirmamus eamdem terram in usus monachorum perpetualiter esse permansuram, ipsos videlicet et octo mansos et silvam, cum prato etiam quatuor jugerorum super fluvium Truilæ [2] conjacente; nullusque sit qui eamdem terram à fratribus quodammodo auferat, neque in beneficium iterum accipiat, sed monachorum usibus restaurata et ameliorata perpetualiter deserviat. Et ut hæc institutio à cunctis fidelibus firmius observetur, hoc præceptum nostræ auctoritatis fieri jussimus et manu nostra subterfirmavimus annulique nostri impressione muniri jussimus. Signum domni Ottonis, magni imperatoris et invictissimi augusti. Lindulphus cancellarius, ad vicem Brunonis archicapellani, recognovi. Data anno dominicæ incarnationis DCCCCLXV, indictione VIII, anno regis Ottonis XXX, imperii scilicet IIII. Actum Coloniæ palatio, in Dei nomine feliciter. Amen. Actum IIII nonas junii.

Dom Baudry, *Annales de l'abbaye de Saint-Ghislain*, dans les *Monuments*, etc., t. VIII, p. 296.

## XXVIII.

*L'empereur Othon I, à l'intervention des comtes Richizon et Amelric, donne à l'abbaye de Crespin certains biens à Ciply,*

[1] Ce Godefroid était sans doute duc de Basse-Lorraine. Il mourut, en 964, dans une expédition faite par l'empereur Othon, en Italie.
[2] La Trouille. Voy. partie II.

*Etrœux et Ghlin. Il lui accorde en outre le droit de se choisir un avoué de son choix dans les villages de sa possession*[1].

(11 février 974).

In nomine sancte et individue trinitatis, Otto, divina favente clementia, imperator augustus. Noverint omnes nostri fideles presentes et futuri, qualiter nos, tam pro anime nostre remedio quam etiam fidelissimorum nostrorum Richizonis atque Amelrici comitum interventu, ad monasterium quoddam sancti Petri principis apostolorum sanctique Landelini confessoris Christi, in villa Crespin constructum, mansos xv in eadem villa sitos, in Cipliaco ecclesiam cum xxx mansis, in Estron ecclesiam cum x mansis, in Gelliniaco[2] v mansos, nostra imperiali potentia tradidimus, largiti sumus firmiterque donavimus, cum utriusque sexus mancipiis, edificiis terris cultis et incultis, pratis, pascuis, silvis, campis, agricultuis, piscationibus, vincis, viis et inviis, exitibus et reditibus, molendinis, mobilibus et immobilibus, quesitis et inquirendis, et cum omnibus jure ad hæc pertinentibus, eo tenore ut, sine ullius contradictione, eidem monasterio in perpetuum ibidemque Deo et sanctis jamdictis servientibus deserviant. Insuper etiam concessimus, ut idem fratres arbitrium habeant advocatum quemcumque voluerint eligendi, qui bannum de villis Crispiniaco, Keniriniaco, Hausinimiaco, Keviriciniaco, Vilarseniaco[3], ad idem monasterium pertinentibus, integre conquirant, ac, nullius persone potentia resistente, in eorumdem fratrum communem usum vertere liceat. Et ut hoc nostrum firmius perseveret, hanc cartam inscribi manuque propria subtus roboratam annulo nostro jussimus sigillari. Data ii idus

---

[1] Ce diplôme est authentiqué par Dom Queinsert et a été extrait par lui du cartulaire de Crespin

[2] Crespin, Ciply, Etrœux, Ghlin. Voy. partie ii.

[3] Crespin, Quarenaing, Haussy, Quiévrechain, Villers-Saint-Ghislain. Voy. partie ii.

februarii, anno incarnationis dominice DCCCCLXXIII, indictione I, anno domini Ottonis XXXIII, imperii autem XIII [1]. Actum Trele.

Chartes et diplômes manuscrits, t. XI, p. 148, à la Bibliothèque impériale, à Paris.

## XXIX.

*Un certain Hermare asservit à l'abbaye de Saint-Ghislain sa fille naturelle Roburge.*

(18 avril 973).

Ego siquidem Hermarus, more carnali quamdam filiam habens, Roburgam nomine, alterius familiæ, quam, ob amorem Dei vel consanguinitatis, à possessoribus mutuavi, id est Oda filiusque suus Boso, et servum unum sive ancillam unam, id est Mainsendam, pro ea illis tradens, traditione stabili inter nos firmante, coram testibus legalibus; deinde cogitans quid mihi melius futurum esset de ea, menti occurrit ut, quia peccati more procreata, per quam incidi per eam relever à delicto, tradens eam gloriosissimis patronis nostris, clavigero Christi Petro, in loco antiquitas Ursidongum nuncupato, ac scilicet almo Gyslano, qui locum illum ex sua præsentia consecravit, ea tamen ratione ut, omni anno, in solempnitate ipsius sanctissimi confessoris quæ est VII idus octobris, I denarium persolvat, atque deinceps, si filii aut filiæ ex ea fuerint, filii denarios II, filiæ I solvere studeant; advocationem vero ab abbate vel advocato loculus requirant. Ut autem traditio sive mutuatio nostra inviolabilis permaneat per succedentia tempora, karterulam fieri in eodem monasterio petii, in qua mutuationis vel traditionis testimonio exarata esse videtur.

[1] Cette charte doit être reportée à l'an 973, puisqu'Othon I mourut le 7 mai de cette année. L'indiction correspond à 973 ; mais les années du règne comme roi de Germanie doivent être changées comme suit : « anno domini Ottonis XXXVI, imperii autem XI ».

Signum Hermari, qui hanc mutuationem statui. Signum Gerloni, item Gerloni, Wuidonis abbatis, Simonis, Rombodi, Bosonis, Teutboldi, Weneberti, Warneri, Alberti, Luhini, Alberti, Hildradi, Eilfridi, Roignardi, Everardi, Emmonis, Rothardi, Alheri. Acta traditio nostra (in) monasterio Cellæ, anno dominicæ incarnationis DCCCCLXXVIII, indictione XI, XIIII kalendas maii, die parasceveæ, imperante Ottone, imperatore augusto, dominantibus consulibus Godefrido et Arnulfo. Ego Hildradus scripsi et subscripsi.

Dom Baudry, etc., p. 300.

## XXIX bis.

*Arnould, comte de Valenciennes, cède à l'abbaye de Saint-Pierre de Blandain la terre appelée Corulis (Cobrieux?), dans le Carembant* [1].

( 29 juin 983 ).

Item eodem anno (983), 3° kal. julii, Arnulfus, comes Valentianensis, pro sua anima fratrisque sui Rodgeri defuncti, tradidit Deo sanctoque Petro hereditatem quandam sui juris, Corulis [2] dictam, sitam in pago Karabantensi, in culturis, pratis, pascuis, mancipiis,

---

[1] Nous avons parlé de la donation ci-dessus au chapitre VII, section II § 4; et nous supposions que le livre censal de l'abbaye de Saint-Pierre de Blandain confondait sans motif le comte de Valenciennes avec Arnould, comte de Hollande. Ce qui nous avait déterminé à embrasser cette opinion, c'est qu'une donation de l'an 993 (Miræus, t. II, p 944), analysée dans le livre censal et attribuée par lui au comte de Valenciennes, ne donne en réalité aucun titre à Arnould. Un document, qui nous avait échappé et que nous publions sous l'année 1015 (Codex, n.° XXXVI bis), est venu modifier notre manière de voir. Il nous paraît maintenant certain que le comte de Valenciennes n'est autre qu'Arnould, comte de Hollande. Il est encore cité dans une charte de l'an 1011 (Revue d'histoire et d'archéologie, t. III, p. 444), et il mourut entre cette année et l'année 1015.

[2] Cobrieux (?), arr. de Lille, cant. de Cysoing.

et omni integritate ipsius hereditatis, coram his testibus: Arnulfo juniore, inclyto marchyso, Theoderico comite et Arnulfo filio ejus, Lietberto, Obbone, Mannone, Stephano, Ascrico, Odberto, Odelrico, Bernardo, Berefrido, Odgaudo, Ansboldo, Geldulfo, Waltero, Hildwino. Ego quoque Odo monachus vidi et notavi.

Van de Putte, Annales abbatiæ Sancti-Petri Blandiniensis, p. 110.

## XXX.

*Une femme libre, du nom d'Alcine, s'asservit avec sa postétérité à l'abbaye de Saint-Ghislain.*

(977-983 [1]).

In nomine sancte et individue trinitatis, que nos fecit, nos liberavit, nos pro merito quemque salvavit, inchoata cujusque opera salufiterum exitum prestolari voluit cum fiducia, et procul dubio jugum psalmatoris sui indignantem portare gravius et periculosius pondus opprimentis diaboli contigit subire. Summa libertas est Dei servitio subjacere et ei servire regnare est. Quapropter ego Alcins, cum essem libera et secularis arbitrii liberaliter possem uti licentia, volens superno regi grata exhibere famulamina et placita munera, nichil judicavi preciosius quam memetipsam ad dandum quod foret Deo carius ad recipiendum, quia ipse dixit in euvangelio : « Reddite que sunt Cesaris Cesari et que sunt Dei Deo ». Hac cogitatione compuncta, accessi ad altare sancti Gisleni

---

[1] La souscription de cette charte énonce que l'asservissement se fit sous le règne de l'empereur Othon et sous l'abbé Widon. Celui-ci ne devint abbé de Saint-Ghislain que vers 977 et mourut en 989 ; par suite, l'asservissement doit être rapporté au règne d'Othon II couronné empereur, à Rome, le jour de Noël 967, et mort le 7 décembre 983. Quant à Othon III, il ne parvint à l'empire qu'en 997. C'est donc aux années 977-983 que se rapportent les notes chronologiques ci-dessus. On va voir toutefois que notre acte est postérieur de plusieurs années au fait qu'il relate.

quod est in Cella, et tradidi meipsam ibi cum posteritate de me exitura, sub testificatione ista, ut, singulis annis, in festivitate transitus ejus revoluta, persolvamus singuli et singule duos denarios lege perpetua, xii<sup>cim</sup> denarios cum exierimus de vita, sex denarios in conjugandi licentia petenda, si voluerimus alterius acclesie famulos aut famulas accipere in conjugio; mundeburdem de nobis ipsis habeamus, nec placitum nec ullum debitum, exceptis predictis, observabimus. Hec traditio facta est regnante Othone imperatore atque Arnulfo comite, Wuidone abbate. Hec sunt nomina testium. S. Theodachri monachi. S. Warneri monachi. S. Symonis postea abbatis [1]. S. comitis Ragineri [2]. S. Amolrici. S. Witrici. S. Fulmari. S. Gerardi. S. Gerlonis. S. Tietbaldi. S. Alberici. S. Alheri. S. Arnulfi. S. Evrardi. S. Rainardis. Si quis advocatus vel quilibet hoc infringere voluerit, segregetur à communione christianorum cum Juda et Anania et ceteris perditioni obnoxiis.

Edoin, alio nomine Hisaraaus, monachorum infimus, scripsi et suscripsi. Amen.

Original et copie du xii<sup>e</sup> siècle, aux Archives de l'État, à Mons, section de l'abbaye de Saint-Ghislain.

## XXXI.

*Lettre de Gerbert à une personne qu'il ne nomme pas. Il y fixe, comme condition de la mise en liberté de Godefroid, comte*

---

[1] Les mots « *postea abbatis* » indiquent que la charte ne fut rédigée que sous le règne de l'abbé Simon (989 à 1015 environ).

[2] Nous avions dit à tort (chap. VII, sect. I, § 3) que le comte Régnier n'apparait pas dans cette charte. Mais fut-il seulement témoin à la rédaction de l'acte, ou fut-il aussi présent à la tradition avant 983 ? Dans ce dernier cas, il aurait vécu, sans titre et sans autorité, à côté du comte Arnould, qui avait le gouvernement du comté.

*de Verdun et d'Eenham, fait prisonnier par Lothaire, la restitution du Hainaut à Régnier.*

(985).

Res celanda multis committi non vult. Quod diverso stilo nobis scribitur, adversis tractari non injuria putatur. Silentium amici vestri Adalberonis proprium statum simulque ecclesiarum domini ac palatii Francorum indicat. Quod ut potero breviter accingam. Ego fidelium Cæsaris non immemor. Conjuratio in filium Cæsaris ac in vos et acta est et agitur, non solum a principibus inter quos Carolus dux jam non in occulto est; sed etiam a militibus quos spe aut metu allici est possibile. Dux Hugo, XIV calendas julii, regem ac reginam osculatus est tandem astutia quorumdam, ut in conjuratione tanti viri nomen fore putaretur: quod minime est, nec fore putamus hac tempestate. Sigifridus comes ad sua rediit. Godefridus comes, si Castrilucium [1] cum Hainao redderet, seque filiumque suum comitatu ac episcopatu privaret Virdunensi, de reliquo integram fidem Francorum regibus exhiberet, datis obsidibus, fortassis ad sua remeare valeret. Finis Theoderici ducis Hugonem ducem respicit, Ottonem Heribertus. Fidum vobis Adalberonem archiepiscopum pax sequestra nunc tandem conciliat, eo pacto ut interim instituatur perpetua. Qua in re vestrum suorumque pro quorum nomine antefertur, nec fieri potest ut quicquam instituatur, quod vestræ suorumque saluti obsistere possit. Latens ac furtiva expeditio nescio quibus vestrorum subito intenditur. Quid trans Rhenum gesseritis, nos de vestra salute lætantes non celabitis.

Don Bouquet, t. IX, p. 284.

XXXI[bis].

*Le roi Othon, à l'intervention des comtes Godefroid et Arnould,*

[1] Mons. Voy. preuves, partie II.

*confirme à l'abbaye de Saint-Pierre de Blandain la possession de ses biens dans l'empire, c'est-à-dire, dans le Hainaut et le Brabant.*

(19 mai 988).

In nomine sanctæ et individuæ trinitatis, Otto, divina favente clementia, rex. Cum magno munere misericordiæ Christi ecclesiæ multiplicentur gaudia, dignum constat ut, sollicitudine regiæ clementiæ spiritu Dei incitata ne quid in rebus ipsius ecclesiæ impacatum maneat, nova semper auctoritate roboretur. Proinde noverit omnium fidelium nostrorum presentium et futurorum industria, quia vir venerabilis Adalwinus, abbas de monasterio Blandinio, quod est constructum à sancto patre cum omni veneratione memorando Amando in honore sanctorum apostolorum Petri et Pauli, et situm in pago Curtracinse vel Listrigaugense inter decursus duorum fluminum Scaldis et Legie, obtulit obtutibus nostris immunitates domni avi, genitorisque nostri Ottonis[1] bonæ memoriæ, piissimorum augustorum, in quibus invenimus insertum, qualiter idem avus genitorque noster res et possessiones prefati monasterii, infra regni sui terminos constitutas, propter divinum amorem et reverentiam divini cultus, haberi voluerint sub plenissima defensione et immunitatis suæ tuitionem, omnis quoque telonei exactiones per singula imperii sui loca clementissimo regiæ auctoritatis remiserunt indultu. Ob firmitatem tamen rei, et quoniam pia fidelium largitione postmodum quedam eidem loco aucta videntur, postulavit predictus abbas Adalwinus, ut prefatarum immunitatum auctoritatem, ob amorem Dei et reverentiam sanctorum apostolorum Petri et Pauli, quorum no-

---

[1] L'empereur Othon I, aïeul du roi Othon, avait confirmé, le 22 janvier 966, les biens de l'abbaye situés dans l'empire, c'est-à-dire, Douchy en Hainaut et Crombrugge en Brabant (MIRÆUS, t. I, p. 261 ; KLUIT, *Historia critica comitatuum Hollandiæ et Zelandiæ*, t. II, pars I, p 27): Othon II les confirma à son tour le 28 février 977 (KLUIT, loc. citat. p. 49). C'est à ces actes que le roi Othon fait ici allusion.

mine et honore memoratum constat dicatum cœnobium, sanctorumque confessorum ibidem requiescentium, Waudregisili, Gudwali Ausberti et Wulframni archipresulum, sacratissimeque virginis Amalbirgæ, nostra quoque confirmaremus auctoritate. Nos vero, ob petitionem genitricis nostre Theophanie, videlicet imperatricis augustæ dilectissimæ, et interventu fidelium nostrorum Godefridi et Arnulfi comitum [1], simul etiam pro spe divæ remunerationis ac pro statu et incolumitate regni nostri, piæ illius petitioni assensum præbuimus, et res vel possessiones prescripti Blandiniensis cœnobii, infra regni nostri terminos constitutas, sub nostræ tuitionis emunitate suscepimus. Hoc est, in pago Haginao, villam Dulciacum [2] cum omni integritate ; in pago Bracbanto, villam Wandaleni-curtem [3], quam Eilbodo cum omnibus ibidem pertinentibus sancto Petro tradidit, et villam Crumbrigga [4] æque cum omni integritate ; ecclesiam quoque Cimbresacra [5] et Idinghem [6] cum ecclesia ; Lintbergam [7] quoque, et Siringhem [8] alodem, quem Adalgodus contradidit ; itemque, in loco Hersele [9], alodem quem Stephanus, et in Hetlinge [10], quem Bettgenidus, in Bottelaere [11] quoque et Ventica [12], quod traditum est per Adalardo ; et in supe-

[1] Godefroid et Arnould, qui gouvernaient le Hainaut.
[2] Douchy. Voy. partie II.
[3] Wadelincourt, arr. de Tournai, cant. de Quevaucamps. Ce lieu est appelé *Wandalinkurt* dans une charte de 1042. Van de Putte, *Annales*, etc., p 126 Comparez un diplôme de l'an 1036, dans la *Revue d'histoire et d'archéologie*, t. III, p. 207.
[4] Lieu inconnu.
[5] Sommerzaeke, arr. de Gand, cant. d'Oosterzeele.
[6] Idegem, arr. d'Audenarde, cant. de Grammont.
[7] Ledeberg, arr. et cant. de Gand.
[8] Severgem (?), arr. de Gand, cant. de Nazareth.
[9] Herzeele, cant. de ce nom, arr. d'Audenarde.
[10] Lieu inconnu.
[11] Bottelaere, arr. de Gand, cant. d'Oosterzeele.
[12] Denderwindeke, arr. d'Audenarde, cant. de Ninove. Ce lieu est nommé, en 941, *Wenteka super fluvium Thenra*. Voy. Van de Putte, *Annales*, etc ; pp. 84 et 114.

riori Milna [1], alodem quem Ritnoldus tradidit. Et hæc omnia sub nostræ dominationis auctoritate confirmavimus, ita ut nullus comes, aut judex, aut vicarius, aut publicus fisci exactor vel advocatus, vel alius aliquis prenominitas villas et possessiones ingredi audeat, ad fredas exigendas, vel paratas faciendas, vel hominibus prescripti cœnobii inibi habitantibus destrictionem ingerat, vel aliud quid potestatis exercendi licentiam aut potestatem habeat, nisi abbas et advocatus quem sibi ipse utilem elegerit vel necessarium. Omnium quoque exactiones teloneorum, per diversa municipia, oppida, seu castella, vel loca quelibet regni nostri, ex hominibus juris prædicti monasterii penitus indultas et remissas esse volumus atque sancimus. Quam videlicet immunitatis remissionem ut noverit omnium fidelium nostrorum presentium ac futurorum universitas à nobis firmiter stabilitam, supra hoc nostræ majestatis præceptum fieri jussimus, manuque propria ea subterfirmavimus, et anuli nostri impressione signari jussimus. Signum domni Ottonis gloriosissimi regis. Hildibaldus episcopus et cancellarius, vice Willigisi archicapellani, recognovi. Data XIII kal. junii, anno dominicæ incarnationis DCCCLXXXVIII, indictione I, anno autem tertii Ottonis regnantis quinto. Actum Brachna, in Dei nomine feliciter. Amen.

    Copie de l'année 1704, prise sur l'original et authentiquée, aux archives de l'abbaye de Saint-Pierre, à Gand.

### XXXI ter.

*Arnould, comte de Valenciennes, sa femme Lutgarde et leur fils Adalbert donnent à l'abbaye de Saint-Pierre de Blandain leur alleu de Carvin, dans le Carembant [2].*

(1.er Janvier 994).

Anno item domini 994, indictione 7.ª, regnante Hugone rege,

---

[1] Melden (?), arr. et cant. d'Andenarde.
[2] Voy. n.os XXIX bis et XXXVI bis.

domini abbatis Adalwini anno 8°; kal. jan., Arnulfus comes Valencianensis et uxor sua Lietgardis, cum filio suo Adalberto, tradiderunt Deo et sancto Petro alodem suum, id est Carvin [1], cum ecclesia in eadem villa sita, et alia ecclesia ad ipsam pertinente, sita super fluviolum Wenduinium, in pago Karabantensi, cum omni integritate in culturis, pratis, pascuis et mancipiis ad ipsam ecclesiam pertinentibus, et quicquid speratur pars prædictæ hereditatis.

Van de Putte, Annales abbatiæ Sancti-Petri Blandiniensis, p. 113.

## XXXII.

*Récit de la prise de Mons, opérée, en 956, par Rodulphe, père de l'historien Richer, à la sollicitation de la reine Gerberge* [2].

(Écrit avant 998) [3].

Interea, Ottone rege Bulizlao Sarmatarum regi bellum inferente, Ragenerus quidam, quem Otto rex ob custodiam in Belgica dimiserat, multa quæ illicita erant præsumebat, inter quæ ædes regias et prædia regalia Gerbergæ reginæ, quæ in Belgica erant, tirannica temeritate pervadit. Regina vero apud suos de repetendis prædiis et ædibus regiis privatim consultare non distulit.

Inter quos, cum pater meus hujus rei dispositioni videretur idoneus, ab eo id summopere ordinandum petebatur. Quod etiam

---

[1] Carvin, cant. de ce nom, arr. de Béthune (Pas-de-Calais).

[2] Voici la relation de Flodoard, qui est toute différente : « Anno 956. Lotharius rex munitionem quandam super Charum fluvium, quam Ragenarius comes Ursioni cuidam Remensis ecclesiæ militi abstulerat, pugnando recepit, et infantes Ragenarii ac milites quosdam ibidem inventos secum abduxit, ipsumque castrum direptum incendit... Gerberga regina colloquium habuit cum Brunone, fratre suo, ubi prædicto Ragenario sui milites et infantes redduntur; regina vero possessiones quas illi quondam Gislebertus dux dotis nomine dederat restituuntur. » Pertz, t. III, p. 403.

[3] Richer mourut cette année.

ipse disponendum suscipiens : « *Sinite,* inquit, *per dies aliquot me istud explorare; et si quidem nostris viribus id par fuerit, procul dubio per hoc temporis intervallum contemplabimur. Ad alia interim vos ipsos conferte. Illud tantum à vobis expediatur, ut, si à Deo nobis rei gerendæ oportunitas conferatur, apud vos nulla mora attemptandi opus habeatur.* » Sic quoque à sese soluti sunt.

Pater meus itaque ad oppidum prædicti Rageneri, quod dicitur Mons-Castrati-Loci, ubi etiam uxor ejus cum duobus filiis parvis morabatur, quosdam suorum quos ipse in militaribus instruxerat dirigit, qui loci habitudinem militumque numerum, rerum etiam fortunam ac famulorum exitum, vigilumque diligentiam cautissime considerent. Procedunt itaque duo tantum in habitu paupertino, ac usque ad oppidi portam deveniunt. Exstruebantur tunc muri per loca potioribus ædificiis. Unde et lapidum cæmentique portitores sæpe per portam egrediebantur regrediebanturque, præsente eorum qui operi præsidebat. Adsunt exploratores, et ad comportandum lapides offerunt sese. Deputantur operi, daturque eis clitellaria sporta. Comportant itaque cæmentum ac lapides, ac nummos singulos singuli in dies accipiunt. Ante dominam etiam cum latomis et cæmentariis bis cibati sunt, curiose omnia contemplantes. Dominæ etiam cubiculum ejusque natorum diverticulum, sed et famulorum egressum et regressum actionumque tempestatem, ubi etiam oppidum insidiis magis pateat, multa consideratione pernotant. Et diebus quatuor consumtis, dies imminebat dominica, sicque, accepta laboris mercede, ab opere soluti sunt. Redeunt igitur, omnibus exploratis, ac patri meo talia referunt.

Ille in multa spe omnia ponens, regina conscia, cum duabus cohortibus oppidum adit, ac, ducentibus iis quos præmiserat, per locum competentem nocturnus ingreditur. Portas et exitus omnes pervadit, ac custodes, ne quis effugiat, deputat. Ipse ad cubiculum dominæ ferventissimus tendit, eumque ingressus, matrem cum duobus natis comprehendit. Alii vero ornamentis asportandis insistebant. Comprehendit et milites, oppidumque succendit. Quo combusto, cum domina et natis, militibusque comprehensis, ad reginam Gerbergam reversus est. Quod Ragenerus comperiens, tanta necessitate ductus, Brunonem fratrem reginæ postulat., ut mature colloquium quo jubeat regina constituatur, ubi ipse uxorem et natos recipiat, et regina ædes et prædia resumat. Quod etiam statuto tempore factum est. Nam, habitis utrimque rationibus, regina à tiranno prædia recepit, et ipse uxorem, et natos, militesque reduxit [1].

Richer, apud Pertz, t. III, p. 611.

## XXXII bis.

*État des revenus du chapitre de Sainte-Aldegonde de Maubeuge, au X<sup>e</sup> siècle, dans les villages de Solre-Saint-Géry et de Cousolre* [2].

(X.<sup>e</sup> siècle).

Habet in villa Salra-Sancti-Gaugerici mansum dom(inicatum) circumseptum, cum ortum et arboreta [3], cum castiliis [4], casa 1, scuria [5], coquina 1. Aspiciunt ad ipsum mansum culturas III, continentes de terra buonaria C, silva, si fertilitas evenerit, ubi possunt saginari porci CCC, prato ubi potest colligi feni carra X. Sunt ibi canbas II qui solvent de annona mixta modios CCXL. Sunt ibi molini II censiti modios XXVI, et tertius molinus sine

---

[1] Il manque ici, dans le texte de Richer, le récit de la capture du comte Régnier. La lacune s'étend de 956 à 959.
[2] Ce curieux fragment de polyptyque, rédigé, et, dans tous les cas, écrit au x<sup>e</sup> siècle, provient des Archives de l'État, à Liége. Voy. ce que nous avons dit sous le n<sup>o</sup> IV bis. Nous conservons à ce document son style barbare.
[3] Verger.
[4] Bâtiments de fermes.
[5] Écurie.

censu : solvit unusquisque in anno in eulogiis [1] denarios VIIII et pullos VI. Est ibi ecclesia publica in honore Dei genitricis Mariae et sancti Gaugerici confessoris Christi, cum dotis titulum et mancipia VI. Aspiciunt ad suprascriptum mansum mansi ingenuili vestiti [2] XIIII : reddunt insimul omni anno spelta [3] modios CCCLXI, avena modios XIIII, pro curte solidum I, pro vineis solidum I; in tertio anno unusquisque porcum I valentem denarios XII, omni anno lini pensa I, ligna petura [4] I, pullos II, ova V. Est ibi mansus parefredarius [5] I. Sunt ibi mansi servili V; solvunt unusquisque humilonem [6] modios III, pullos III, ova II. Sunt ibi baistóldi [7] III qui solvunt solidos III; sunt alii duo qui solvunt denarios VIII, et duo qui solvunt ferrofusuras [8] IIII. Sunt haistolde X : solvit unaquaque denarios II. De sylva exiit mel sestaria IIII, pullos V, ova C ; exiit simul de ipsa villa de censis in totum solidos XXVIII et denarios IIII ; in totum spelta et avena modios DC et modium I in tertio anno, porcos XIIII, pullos XXXIII, ova CCXXX, arietes XXVIII. Sunt de ipsa villa mansi apsi [9] XXI. Isti sunt juratores : Eilhardus major, Amulricus, Herierus, Rainherus, Haidulphus, Engelmans.

Habet in villa Curtisalra mansum dominicatum cum castiliis, ortum et arboreta curte circumsepta, casa I, spicarium I. Aspiciunt ad ipsum mansum culturas III continentes de terra buonaria

---

[1] *Eulogiæ*, cadeau, présent.
[2] *Mansus vestitus* est la manse complètement pourvue de tout ce qui est nécessaire à l'exploitation, par opposition au *mansus absus*. Le mot *ingenuili* (*ingenuiles*) indique que ces manses étaient tenues par des hommes libres.
[3] Epeautre.
[4] *Ligna petura*, bois, fagots.
[5] *Mansus parefredarius* est la manse tenue à fournir des chevaux comme redevance.
[6] Houblon.
[7] Serfs.
[8] Redevance payée en objets de fer?
[9] Voy. plus haut.

cxxxiii, prato ubi potest colligi feni carra xxx, sylva, si fertilitas evenerit, ubi possunt saginari porci ccc. Aspiciunt et (ad) supradictum mansum - mansi ingenuili vestiti xlvii : solvunt singuli omni anno spelta modios xxviiii, pro curte solidum i, assidas l, lini libra i, ligna pectura i, pullos ii, ova v; in tertio anno porcum i aut denarios xx, pro oste (orto?) solidum i, pro vineis solidum i. Sunt mansi servili v : solvunt singuli humilonem modios iiii, ligna petura i, pullos vi, ova x. Sunt ibi haistoldi xx, solvunt solidos xx ; haistalde x, solvunt singule denarios iii. Sunt ibi molini iiii, qui reddunt farina modios lxxii, cervisa modios xx et porcos saginatos ii, et pastas xvii, ova ccc. Canbas ii censitas, reddunt annona modios ccxxxiiii. De supradicta sylva mel sistaria iii, pullos v, auca i, ova c. Sunt di (ibi?) ipsos mansos xviii qui solvunt fenum carra xviii. Sunt simul mansi vestiti xlv : reddunt simul in totum annona modios dc, in argento libras iiii et solidos v, in tertio anno solidos xlv aut porcos xlv, omni anno pullos c, ova ccl, lini libras xlv.

*Analectes pour servir à l'histoire ecclésiastique de la Belgique*, t. ii (1865), p. 44.

### XXXIII.

*Une femme, du nom de Berthe, s'asservit à saint Landelin, dans l'abbaye de Crespin* [1].

(1089).

In nomine sancte et individue trinitatis. Sicut intimatur nobis relatione Christi veridica, noscimus et scimus quod, sicuti ignem extinguit aqua, ita peccatum delet elemosina. Quapropter convenit omni christiano, fideli mente Christo servienti, magis anime salutis quam corporis curiositati insistere, videlicet quod, nec pro

---

[1] Cette charte, authentiquée par Dom Queinsert, a été copiée par lui « sur un titre en parchemin, fort délabré, large de douze pouces huit lignes sur neuf pouces neuf lignes de hauteur, en cyrographe, sans sceel et sans replis, trouvé au dépôt des chartes de Saint-Landelin de Crespin. »

nobili et libera progenie, nec auro, et argento, vel veste preciosa magis valeat sibi Christum adquirere quam si voveat se totum ipsius servicio reddere, et post votum compleat opere pro celestis regni remuneratione. Talia cogitans, pro redituro fenore vite celestis, per manus libertatis (?) et absque terrore ullius domini, trado meipsam ego Berta, coram plurima idoneorum testium multitudine, domino Deo advocato et sancto Landelino confessori, in loco Crispinium vocato, super fluvium Hum [1] constructo, non ut quilibet domini suos suasque tradunt famulos ac famulas, sed qualiter se sponte offerunt liberi vel libere sanctorum Dei sancto altari; eo tenore et ea lege ut, annis singulis, ego et exitura de me progenies, sive sit vir sive femina, in festivitate ejusdem sancti, super sacrum altare ipsius duos persolvat denarios et ultra hunc si quis sit qui requirat, neque placitum neque vademonium, neque servitium, nec advocatiam aliquam, nisi quod pro maritali licentia persolvant vi denarios et pro mortua manu xii; et si absque liberis quisquam mee sobolis postere mortuus fuerit, omnis substantia ejus ecclesie remaneat. Hec progenies nullum habeat advocatum preter comitem, sub cujus principatu ipse locus Crispinii est constitutus. Facta est hec traditio anno ab incarnatione domini m viiii, concurrente iiii, indictione viii, epacta v, vi luna viii [2], regnante imperatore Henrico et imperante Haignocensibus comite Raignero, cujus consilio eadem tradicio facta est, sub horum testium testimonio. Signum Frigobrandi. S. Widrici. S. Gyslardi. S. Baldrici. S. Gersonis. S. Alaudi. S. Godranni. S. Fulmari. S. Balduini. Ego Rotlaudus, ejusdem ecclesie custos, scripsi et relegi, et sub horum testium confirmatione consignavi, ut, post hoc, si quis hanc cartulam infringere voluerit, disperdat illum dominus Deus et congregetur cum Symone mago et Juda traditore domini, et sit damp-

[1] Le Honneau. Voy. preuves, partie ii.
[2] En marge de la copie, et de la main de Dom Grenier, se trouvent quelques lignes dans lesquelles il fait remarquer qu'il n'existe aucun accord entre les notes chronologiques : l'année 1009 représente l'indiction vii, l'épacte xxii et le cycle lunaire xix.

natus, et anathematizatus, et incensus in ardentis pœnas inferni.

*Chartes et diplômes manuscrits*, t. XVIII, p. 118, à la Bibliothèque impériale, à Paris.

## XXXIV.

*Extrait inédit des miracles de saint Ghislain, par le moine Rainier*[1].

(Écrits vers 1040)[2]

.... Unde cum disponeret superna clementia ut preclara confessoris sui merita, que putabantur quasi nulla, hominibus fierent manifesta, et locus, qui carebat servitute condigna, utpote perrara habens unius tantummodo presbiteri servitia, recalesceret virtute pristina, ea tempestate qua Henricus rex Francie, Saxonie, Germanieque gerebat septra (sic) et Gislebertus ducatum regebat Francie cum omni diligentia, quidam vir rusticus, nomine Berberus, ex pago Bracbatensi de villa Tjetrode[3] vocitata, quia lumen oculorum ejus nox clauserat intempesta, monetur in somnis, voce divina, quatinus, recuperande salutis gratia, locum adeat quo requiescunt sepedicti patris membra. Qui, somno excussus ac de visione lætus, arrepto baculo et data uxoris manu, corde credulus cœpit currere offendens pedibus; sed quia unius diei itinere ad locum quo tendebat non pervenire sinebat longior via, in villam, quam Baldurnium[4] vocitat rustica lingua, requiem ei prestitit nox soporifera. Ubi dum requiesceret fatigataque membra somno repararet, visum est ei, antequam

---

[1] Mabillon (*Acta*, etc., seculo II, p. 796) a publié une partie du récit de Rainier; les extraits ci-dessus sont inédits.

[2] Voy., pour cette date, Dom Baudry, pp. 295 et 308.

[3] Voy. ce que nous avons dit au chap. III, § 2. Il ne s'agit pas ici de Thielroda, mais de Thieusies.

[4] Baudour. Voy. preuves, partie II.

gallus profunde noctis pervigil alas excuteret, ut campanas supramemorate Celle audiret; unde cum festinatione de stratu, quamvis hospite multum prohibente, surgens atque ad matutinas quas putabat sonuisse pervenire se posse credens, summa cum celeritate pervolat, duce preeunte, adorationis locum neminem intus inveniens. Cum vero lustraret omnes monasterii aditus nullusque sibi pateret ingressus, tandem substitit in loco, quamvis nescius, ubi, tempore Halitcharii episcopi et Elevantis abbatis, pro dedicatione ecclesie ab abbate excellentiori culmine fabricate sacrosanctum collocatum fuerat corpus. Lucernis itaque quas pro devotione secum detulerat accensis, pernox tandiu incumbit orationi cum lacrimis, donec Aurora, croceum linquens cubile Titonis, in lucem prorumperet, fugatis tenebris. Et ecce, aurora rubescente, ipse cui est salus repente dat ceco benedictionem sue gratie, omnesque ab oculis ejus noxie decidunt membranule, necnon fugantur diutine noctis nubecule, ac luminibus fontis gutta purissime aque gaudet se illustratum, solari orbe videns clare omnia clara oculorum acie; atque hujus rei gracia laudans toto corde solem justitie, qui meritis servi sui se in tenebris sedentem dignatus esset visitare auferendo speciem mortis horrende, sanctum salutat Gislenum, non sine gratiarum actione, rediens domum incolumis cum optata luce, vixitque per plurima annorum curricula, prosperitate sibi favente, multis existens exemplum bonorum operum, se subsequente divina misericordia.

. . . . Nec Haimericus ille Valentinianensis cecus rationabiliter est pretereundus, qui, Valentianarum stratas et domus, necnon et portum navium, quem semper desiderat nauta fatigatus, mendicando diu lustrans cecus, non minus palpabat solem meridianum quam horrende noctis medium, baculo utcumque regente gressus; sed tandem, adveniente die miserendi ejus, quorumdam ductu fidelium limina beati Gisleni adire studuit cum fidei cereque luminibus. Cui suppliciter humi, orationis gratia, prosterato, miserante virtute divina, lux negata ad integrum reddita . . . .

Puella veniens de Cervia, Godrada nomine, brevi intimetur ratione. Hec igitur, cum esset de servili comitis Egberti conditione, ut claudus pulcras tibias frustra videretur habere, ita illa se intuentibus apparebat bellam illustrata faciem oculorum pulcritudinem, sed acrepundiarum nutrimine nocte intempesta pupillis luminum graviter insidente, nec linificii nec lanificii pensum cogebatur cecitate, libertatem sibi dante domino, persolvere, verum verso vice non solum vestitus, verum et jam victus pensum à domino haud aliud requirebat cotidie ac si aliquid operosum in geneceo puellarum operari visa fuisset more. Hujus itaque cece mulieris debilitas cum audisset quod meritis beati Gisleni tot sanitates prestaret infirmis clementis domini benignitas, non sine devotione animi et lucerno fidei baculo regente, gressus tendit ad sepulcrum unde fluebat debilibus tante sanitatis jocunditas. Quo perveniens, solliciteque locum ubi sanctus requiesceret inquirens, humiliter se humi prosternit.... Cùm ad evangelium ventum fuerat...., mulieri memorate et ad nomen sancti evangilii erecte visa est sintilla cujusdam claritatis super sepulcrum sancti sublucere.... Videt omnia clare, diu desiderato donata lumine.... Qua de re Egbertus comes venerande memorie.... gratias persolvens divine misericordie simulque aliquid tractans mente sagaci de remedio anime, predicte vernule libertatem indulget, ea lege ut suffragatori suo capitalem censum persolveret absque offendiculo alicujus negligentie, quoat, Deo miserante, lethali pasceretur limine. ./.

Bibliothèque de Bourgogne, manuscrit n° 9638.

## XXXIV bis.

*Une femme du village d'Haspres, nommée Ogive, se donne, elle et sa fille, au monastère de Saint-Pierre de Blandain.*

(Vers 1012).

In nomine patris, et filii, et spiritus sancti. Notum sit omnibus sancte matris ecclesie filiis presentibus et futuris, quod quedam femina de Haspre [1], Ogiva nomine, ingenua cum esset, ad monasterium, quod Blandinium vocatur, devote et voluntarie se suamque sobolem Ogivam hujusmodi debito obligavit, ut tam ipsa quam omnis posteritas ex se processura ad prefatum monasterium sancti Petri pro capitali censu annuatim duos denarios, in matrimonii copula vi, post depositionem carnis xii persolveret; mundeburdem vero vel defensorem, si necessitas exigeret, ipsius loci abbatem alium non requireret. Cujus factum et devotionem quicumque, magnus vel parvus, servus aut liber, violare presumpserit, iram Dei omnipotentis et summorum apostolorum Petri et Pauli et omnium sanctorum, donec emendaverit, incurrat. Amen. Actum publice Gandavi, in monte Blandinio, v kal. maii, tempore Roberti regis et Balduini comitis, domno Rotbodo abbate hoc cenobium gubernante. Signum domini Balduini marchisi. S. Radberti advocati. S. Adalordi prepositi. S. Vockini. S. Liefdei. S. Tieszelini. S. Lidelmi. S. Usuuali. S. Wlfgeri. S. Tietboldi. Ego quoque Willelmus monachus interfui et annotavi.

Copie du xii<sup>e</sup> siècle, fonds de l'abbaye de Saint-Pierre de Blandain, aux Archives de l'État, à Gand.

## XXXV.

*L'empereur Henri II confirme à l'abbaye de Saint-Vannes de Verdun la donation de trente manses, à Buvrinnes, qui lui avait été faite par les comtes Godefroid et Herman* [2].

(1015).

In nomine sanctæ et individuæ trinitatis, Henricus, divina cle-

---

[1] Haspres. Voy. partie ii.

[2] Cette charte appartient sans aucun doute à l'année 1015. En effet, elle est mentionnée dans le diplôme suivant donné la même année, et elle cite, comme étant décédé, le comte Lambert de Louvain qui fut tué le 2 septembre 1015. — Nous avons dit que la charte du pape Jean xii, qui mentionne cette donation en 963 (n° xxv), est interpolée.

mentia favente, Romanorum imperator augustus. Omnibus notum fieri volumus imperii nostri fidelibus tam futuris scilicet quam presentibus, qualiter fideles nostri, Godefridus dux et frater ejus comes Hermannus, pro remedio animarum suarum et percipiendo præmio regni cœlorum, contulerunt cœnobio sanctorum Petri apostolorum principis, et confessoris Christi Vitoni, quod situm est in suburbio Virdunensi, xxx mansos cum ecclesia integra in villa Berones [1], quæ sita est in comitatu Haynó; quam prius a comite Lamberto nostro justo concambio acceperant pro alia villa Asia [2] nomine, sita in pago Bracatensi. Et ne aliquando, quod in similibus sæpius actum novimus, memorati comitis Lamberti hæredes eandem villam aliquo modo invadere et sibi usurpare potuissent, petierunt supradicti fideles nostri ejusdemque monasterii pater Richardus eamdem vadiationem decreti nostri firmitate muniri. Quapropter ex auctoritate nostra res (rei?) gestæ tenore, videlicet qualiter ipsa villa cum omnibus appendiciis, silvis, pratis, pascuis, cœterisque reditibus, in hæreditarios usus monasterio contulerunt, conscribi decrevimus et futuris in posterum conscriptum relinquimus; atque ut nullus hæredum vel prohæredum ejusdem id quandoque audeat infringere et de rebus Deo datis quicquam presumat qualicumque occasione emungere, conscripti hujus cartulam manu propria subnotare firmavimus, ac tali auctoritate roboratum sigilli nostri impressione signavimus; et, ut perpetuum et inconvulsum permaneat, fidelium nostrorum qui subnotati sunt nobiscum manus conferat.

> *Cartulaire de l'abbaye de Saint-Vannes*, à la Bibliothèque impériale, à Paris; *Chartes et diplômes*, t. XXIII, p. 231, ibidem.

---

[1] Bermies. *Chartes et diplômes.* Sur Buvrinnes, voy. partie II, et n° XLIII bis. Hugues de Flavigny relate ainsi la donation: « Godefridus dux, Gozelonis frater..... xx mansos in Beurunes dedit... ». LABBE, t. I, p. 168; PERTZ, t. VIII, p. 367.

[2] Il faut sans doute lire *Asca*, Assche, canton de ce nom, arr. de Bruxelles.

## XXXVI.

*L'empereur Henri II confirme à l'abbaye de Saint-Vannes, de Verdun, la possession de tous ses biens, et notamment de ceux qu'elle avait dans le Brabant, le Hainaut, etc.* [1]

(1015).

In nomine sanctæ et individuæ trinitatis, Henricus, divina disponente clementia, imperator augustus. Celebre [est et memoriæ commendandum, in præceptis nostris imperialibus, continue illud apostolici observari præcepti, nos hujuscemodi cohortantis : « *Ergo dum tempus habemus, operemur bonum ad omnes, maxime autem ad domesticos fidei; tempus advenit, tempus præterit; sed quod boni fit in tempore æternitatis indefectiva præmia condonabit.* » Hoc hortamenti commoniti et in caducis his quasi ad mansura suppositi beneficiis, matrem nostram catholicam ecclesiam non solum per nos ditare, sed etiam id agentibus opem in omnibus præstare et per imperialia præcepta confirmare, procerum nostrorum et senatusconsultu decrevimus]. Quare noverint omnes consecretales palatii cœterique fideles nostri, qualiter, per interventum Haymonis, fidelis nostri, sanctæ Virdunensis ecclesiæ ep'scopi, expetiti fuimus ut res ecclesiæ suæ, antehac per apostolicum privilegium et per divæ memoriæ antecessoris nostri Ottonis præceptum ecclesiæ et monasterio beati Petri collatas, ubi Berengarius, beatæ recordationis episcopus, regulam beati Benedicti abbatis sacra devotione inceptam pro posse monachali ordine decoravit, suisque successoribus peradornandam reliquit, per præceptum confirmationis, ut imperatoribus et regibus deces-

---

[1] Ce diplôme a été publié d'une manière incomplète par DUCHESNE (*Hist. de la maison de Luxembourg*, preuves, p. 14) et par DOM CALMET (*Histoire de Lorraine*, t. II, preuves, p. 249), qui ont omis précisément les passages les plus intéressants pour nous. Nous le republions plus complètement, d'après une copie prise sur l'original et d'après le cartulaire de Saint-Vannes. Nous placerons entre parenthèses les passages inédits.

ioribus nostris morem faceret; insuper quæ ipse, prudenti solertia, monasterio condonaverat, conferremus nostraque astipulatione corroboraremus. Quod devote expostulatum est ex regali authoritate concessum. Damus ergo et in jus ecclesiæ jamdictæ conferimus abbatiam ipsam quæ Sancti-Vitoni dicitur, cum omnibus ad se pertinentibus . . . . Noster vero fidelis comes Gotdefridus quasdam res ad præfatum locum subnotatas dedit : in villa quæ Borbac [1] nuncupatur, mansa xx cum ecclesia, [ et silvæ, pratis, pascuis, aquis aquarumve decursibus, et familiaribus utriusque sexus ad Domnum-Basolum [2], et terras indominicatas cum prato i et molendino I. Dedit quoque ipse comes ad eumdem locum prædium I, quod vocatur Borai [3], habens mansa xII, cum silva, pratis, vineis indominicatis, pascuis, aquis, aquarumque decursibus et familiaribus utriusqus sexus]. Hermannus quoque venerabilis comes, in comitatu Bragbantinense, in prædio quod Haslud [4] vocatur, xxx eidem contulit mansos, [loco cum ecclesia, terris, pratis, pascuis, aquis aquarumve decursibus, et mancipia utriusque sexus ; simili modo apud Feilsecum [5] dedit ecclesiam ejusdem prædii cum tribus mansis ad eamdem pertinentibus, cum omnibus adjacentiis. In eodem denique loco, ex eodem suæ proprietatis allodio, Otto mansos tradidit, cum familiaribus utriusque sexus et suis appendiciis. In villa quoque Berunnes [6], quæ sita est in pago Hainau [7], dederunt tam ipse quam frater ejus, dux Godefridus, xxx mansa, cum ecclesia integra et omnibus appenditiis] . . . . Nos autem prædictæ ecclesiæ, pre remedio animæ nostræ et dilectissimæ conjugis nostræ Cunegundis, et

[1] Borbac. *Cartulaire*. Ne serait-ce pas *Forbacum*, cité dans la chronique d'Hugues de Flavigny comme ayant été donné à Saint-Vannes par le comte Godefroid ? Il y a un Forbach dans le département de la Moselle.
[2] Dombasle, arr. de Verdun, cant. de Clermont (Meuse).
[3] Borracum, *Hugues de Flavigny* ; Barracum, *Polyptyque*.
[4] Hastium. *Cartulaire*.
[5] Velsique. Voy. n° xxv.
[6] Buvrinnes. Voy. le diplôme précédent, et les n°s xxv et xLIII bis.
[7] Haymo. *Cartul.*

pro commemoratione omnium parentum quorum memoriæ debitores existimus, dimidiam partem telonei, monetæ et totius debiti quod inde ad nostrum jus respicit in loco qui dicitur Mosonnas [1] in proprium damus. Hæc per manum Herimanni comitis, cujus beneficium antea fuit, tradimus ac imperali auctoritate corroboramus. Signum domini Henrici invictissimi imperatoris augusti. Conterus, cancellarii vice Herimanni Balei [2] archicancellarii, recognovi. Data indictione. . . , anno dominicæ incarnationis MXV, anno vero domini Henrici II regni XIV, imperii autem II. Actum Noviomago.

Chartes et diplômes manuscrits, t. XIX, p. 19 (d'après l'original), à la Bibliothèque impériale, à Paris; Cartulaire de Saint-Vannes, ibidem.

### XXXVI bis.

*L'évêque de Liège, Balderic, déclare que, d'accord avec son parent Arnould de Valenciennes, il a donné l'alleu dit Silva à l'église de Saint-Jacques de Liège, et que Lambert, comte de Louvain, a, par l'entremise de Lutgarde, veuve d'Arnould, fait don à la même abbaye de l'alleu d'Havré ou d'Havrenche.*

(1015).

Ego Baldricus, sanctæ ecclesiæ Leodiensis sacerdos indignus et fundator ecclesiæ sancti Jacobi, fratris Domini, in insula Leodii, commodum duxi memoriæ committere fidelium de quodam allodio, quod dicitur Havretum, unde, quare, quomodo ecclesiæ eidem sit traditum; quod ideo fieri operæ pretium existimo, quoniam quibusdam consuetudinibus et ipsa advocatione ab aliis prædiis videtur differre. Defuncto igitur Arnolpho comite de Valenchinez [3],

---

[1] Mouzon, arr. de Sédan (Ardennes).
[2] Herimbaldi. *Duchesne, Dom Calmet.*
[3] Voy. ce que nous avons dit sous le n° XXIX bis. Comparez n° XXXI ter.

consanguineo meo, quo etiam cooperante allodium meum, quod Silva dicitur, supradictæ ecclesiæ tradidi, venerabilis uxor ejus Leutgardis [1], lege viri soluta, cogitans ea quæ Dei sunt, mihi plurimum congratulatur de eo opere, quod ad honorem Dei et ejus apostoli patrare laborabam, suumque ad hoc consilium et auxilium et de sua substantia liberaliter ibi offerre, tam pro sua quam pro mariti sui defuncti anima, pollicetur cum magna animi alacritate. Porro Lambertus, comes Lovaniensis, propter crebros et graves incursus, propter frequentes deprædationes, incendia, homicidia, quæ faciebat in episcopio, judicio ecclesiæ à nobis justa anathematis ultione mulctatus, quum nihil bonæ spei vel in se vel per se conciperet, ad sui absolutionem supradictam viduam à nobis revertentem convenit, et, ut gratiam meam et absolutionem ipsa mediatrix et coadjutrix obtineret, multa prece institit. At illa, considerans ex uno fonte caritatis geminum posse opus profluere misericordiæ et utilitatis, ad me reversa, tam pro animæ suæ quam pro illius viri reconciliatione, Havretum [2] ad opus ecclesiæ beati Jacobi per manum Gisleberti, fratris mei, comitis de Los, mihi tradidit absolutum et liberum ab omni extranea potestate, ab omni placito, exactione, precaria, et pernoctatione et omnibus violentis hospitiis. Advocationem autem ipse Lambertus comes, hoc modo jam restitutus gratiæ nostræ et communioni sanctæ ecclesiæ, ad diuturnam pacem et concordiam inter nos conservandam, nostro consensu sibi retinuit, ea conditione firmiter apposita, ut nunquam nisi vocatus illuc accedat, et de his omnibus quæ abbas vel minister ejus, foris vel intus, toto tempore per se corrigere poterit, nihil exigat nec ullo modo se intromittat. Si quid autem minus abbas vel minister ejus per se poterit, ipse jamdudum invitatus illuc veniet; sic tamen ut non nisi ad opus decem virorum et totidem equorum servitium, quod illi villicus à rusticis conquisierit, accipiat, et, de omnibus quæ tunc ibi annunciata, vel

---

[1] Voy. la note précédente.
[2] Ce serait, d'après Molanus, Havrenche, à Boneffe, arr. de Namur, cant. de Dhuy.

correcta, vel corrigenda, vel placitanda usque ad legitimas noctes fuerint, ministrorum consilio et scabinorum judicio tertium denarium sibi tollens abeat in pace, sperans de coetero, per gratiam Dei, per merita domini Jacobi et orationes monachorum, quorum causam fideliter egerit, veniam se de peccatis suis adepturum. Habebit tamen, juxta antiquam consuetudinen ejusdem fundi, de singulis septemdecim mansis qui ibi continentur, duos denarios per singulos annos, unum pullum, quatuor sextarios avenæ, tales quales novem modium faciunt. Hujus legitimæ traditionis testes sunt viri illustres et ingenui : Gislebertus et Arnulphus comites, fratres mei, Guigerus advocatus, Godefridus de Florines, Godescalcus de Sancto-Germano, Rogerus filius Lamberti, Lambertus de Oltapis, Cugo de Vilencen, et alii quamplures. Ego igitur Baldricus, ecclesiæ Leodiensis præsul indignus, hanc traditionem et constitutionem literis signavi et sigillo communivi contra omnem controversiam et violentiam, Leodii, anno dominicæ incarnationis 1015, episcopatus nostri octavo, imperante Henrico secundo, feliciter. Amen.

MOLANI Historiæ Lovaniensium libri XIV, p. 833 (publié par M. DE RAM).

## XXXVII.

*Privilége du pape Benoit VIII confirmant les possessions de l'abbaye de Saint-Vaast d'Arras.*

(1022).

Benedictus episcopus, servus servorum Dei, Richardo venerabili monasterii Sancti-Vedasti successoribusque suis, perpetuam in Domino salutem. Convenit apostolico moderamini pia relligione pollentibus benevola compassione succurrere et poscentium animis alacri devotione impertiri assensum ; ex hoc enim lucri potissimum premium à conditore omnium Deo veniam promeremur, si venerabilia loca sanctorum ordinata ad meliorem fuerint sine dubio statum perducta. Igitur, quia postulatis à nobis quatenus concederemus et confirmaremus vobis in Atheiis [1] molendina quatuor, quæ de manu violentium recepta in melius à te recuperata sunt, in ministerio cameræ hæc deputans, vivarium etiam unum, in eadem villa constans, ad usus præpositurae similiter à te destinatum est, etc. . . . ; terram præter hæc illam, quam sæpedictus comes Balduinus, in Furnensi pago [2], pro remedio animæ suæ, ad trecentas oves depascendas, vestræ dedit ecclesiæ, nequaquam volumus prætermittere; addimus autem et villam, Montem [3] dictam de nomine, sitam in silva quæ vocatur Peula [4], datam à memorato principe Balduino vestro coenobio. Dignum quoque duximus huic opusculo inserere medietatem unius villulæ, quæ Mares [5] vocatur, sitam in pago Attrebatensi, necnon medietatem villæ alterius, cui indidit antiquitas vocabulum Gendeuls [6] nomine, et ipsa sita est in pago Haymon (Hayniou ?), quas vir inluster nomine Lantumus beato Vedasto tradidit ad hospitalitatis usus ; ipse quidem postea, soluto cingulo militiæ sæcularis, monachus effectus regulariter adjunctus est vestræ societati. Statuentes apostolica censura, ut nulli unquam christianorum, cujuscumque sit dignitatis vel potentiæ, liceat aliquo modo vel aliquo ingenio de rebus vestri monasterii invadere vel usurpare, neque vos aut successores vestros exinde inquietare. Si quis temerario ausu contra hanc præceptionem venire temptaverit, sciat se anathematis vinculo innodatum et cum Juda, traditore domini nostri Jhesu Christi, eterno igne concremandum. Scriptum per manus Stephani notarii et primi scrinii sanctæ Romanæ ecclesiæ, in mense novembri et in die quinta. Datum v kalend. decembris, per manus Petri, episcopi Hostiensis et bibliothecarii sanctæ apostolicæ sedis,

[1] Athies, arr. et cant. d'Arras (Pas-de-Calais). Cf. Miræus, t. i, p. 126; *Amplissima collectio*, t. i, p. 200.
[2] Pays de Furnes.
[3] Mons-en-Pevele, arr. de Lille, cant. de Pont-à-Mareq (Nord).
[4] La Pevele.
[5] Marest, arr. de Saint-Pol, cant. d'Heuchin (Pas-de-Calais).
[6] Gontreuil. Voy. preuves, partie ii.

temporibus domini Benedicti VIII papæ sedentis anno decimo (1022), imperante domino Henrico anno octavo, et indictione quinta [1].

M. TAILLIAR, Recherches pour servir à l'histoire de l'abbaye de Saint-Vaast d'Arras jusqu'à la fin du XII<sup>e</sup> siècle, dans les Mémoires de l'académie d'Arras, t. XXXI, 2<sup>e</sup> partie (1859), p. 383.

## XXXVII bis.

*Un certain Héribrand donne à l'abbaye de Saint-Ghislain sept bonniers de terre à Thumaide* [2].

(Vers 1024).

Bonum est unicuique facienti elemosinam pro se et predecessoribus, à Deo, à quo omne quod bonum est speratur, pro eâ sperare veniam delictorum, quia ipsa est que exorat jugiter altissimum, et non sunt de hoc mundo transeuntes animam (?) demergi in profundum. Propter hoc ego Heribrandus, pro anima uxoris meæ Hildiardis, manibus meis et Tietwini traditoris, concedo altario (sic) sancti Petri apostoli necnon et Pauli, ad honorem Dei atque fratrum necessaria presencium ac futurorum inibi, septem bonaria terre de villa Thumaidis [3]. Certe ut fixum hoc prelocutum in perpetuum maneat inconvulsum, subtus est bonorum hominum testificatione confirmatum. S. Ragnieri comitis. S. Albrici, Eilfridi, Amolwini, monacorum. S. Hubaldi. S. Gonteri.

Cartulaire de l'abbaye de Saint-Ghislain, rubrique Thumaides, aux Archives de l'État, à Mons.

[1] M. TAILLIAR fait remarquer avec raison que ces dates ne concordent pas entre elles.

[2] DOM BAUDRY (p. 314), qui ne donne pas le texte de cette tradition, l'analyse en quelques mots et la place, comme les suivantes, à l'année 1024. On voit en effet figurer ici comme témoins deux des moines (Alberic et Hilfride) cités dans les chartes qui suivent.

[3] Thumaide, arr. de Tournai, cant. de Quevaucamps.

## XXXVIII.

*Widon et sa femme Gerberge donnent à l'abbaye de Saint-Ghislain des biens situés à Rumillies, Genly et dans un lieu appelé Hausmis* [1].

(Vers 1024.)

Fiducia est premaxima, coram summo Deo, omnibus eleemosina qui faciunt à diversis offensionibus eam, quia, sicut ignem extinguit aqua, ita peccatum delet elemosina. Hanc laudabilem fiduciam habentes, ego Wido et uxor mea Gerberda, ob nostrorum peccaminum remissionem, et ad percipiendam permanentem ac vitam suavem, ad cellam sancti Gisleni, que dicitur Ursidongi locus, ex substantia obtulimus nobis relicta à decessoribus, villam Rumineis [2] dimidiam Deo advocato, et principi apostolorum Petro atque Paulo apostolo, in qua parte tradita sequuntur ex omnibus omnia que dividi possunt, id est, terre inculte et arabiles, aque construendis cambis apte, cum pratis et pascuis, silve a porcis pascendis satis habiles. Hinc denique, ut donum Deo hoc oblatum et amodo fratribus inibi mansuris profuturum permaneat legitime incontaminatum, publice firmavimus per Roberti scilicet et Fulmari manus traditorum; et est notorum hominum subtersignatorum, imperante Conrado imperatore, testimonio corroboratum. S. comitis Rayneri. S. abbatis Wenrici. S. Albrici, Petri, Elfridi, monacorum. S. Wernonis. S. Rogeri, nepotis Rogeri traditoris. Adhuc autem, per eorum traditorum manus, ad Genli [3], Deo et jamdictis apostolis tradidimus, in usus fratrum inibi degencium, v mansos terre, ex quibus una pars venit à nobis duobus, videlicet Widone et Gerberda uxore mea, et media à Fulmaro fratre meo altera, et unum dimidium

---

[1] Sur la date de cette pièce, voy. Dom Baudry, p. 314.
[2] Rumillies, arr. et cant. de Tournai.
[3] Genly. Voy. partie II.

molendinum, qui est in loco qui dicitur Hausmis [1]. Et ut hoc firmiter temporibus futuris permaneat, subterscriptorum testium testimonio confirmat.

Cartulaire de l'abbaye de Saint-Ghislain, rubrique Rumignies, aux Archives de l'État, à Mons.

## XXXIX.

*Hubert et sa femme Godetsa donnent à l'abbaye de Saint-Ghislain douze bonniers de terre et des serfs au village d'Erbaut.*

(Vers 1024) [1].

Quia per sacerdotes et ceteros ministros datur nobis à Deo sperantibus societatem accipere cum sanctis fidelibus facientibus eleemosinam, pro anima filii nostri Heribrandi deffuneti, ego Hubertus, et uxor mea Godetsa in cella sancti Gisleni damus sancto Petro necnon apostolo Paulo, de villa que est Herbaut [2], XII bonaria terre et VII familias sexus utriusque. Hec namque ut cari nostri oblatio facta fuisse inviolata servetur antique noticie, nostrismet manibus, in abolitione sui reatus, traditur ad eumdem locum sancto Dei altari. Quam oblationem expectaremus firmare manibus traditorum et corroboratione fidelium testium, nisi ad presens amore anime instaret nobis votum eleemosine post explecionem sue sepulture.

Cartulaire de l'abbaye de Saint-Ghislain, rubrique Herbaut, aux Archives de l'État, à Mons.

---

[1] Lieu inconnu à Dom Baudry, loc. citat.

[1] Nous donnons à ce document la date de 1024, à cause des mots suivants dont elle est suivie dans le cartulaire : « *Require istam cartam incorporatam in cartâ de Rumignies.* » (Voy. l'acte précédent). La forme de l'acte indique aussi qu'il doit appartenir au XI<sup>e</sup> siècle. — Dom Baudry, qui ne paraît pas avoir eu connaissance du cartulaire, ne mentionne pas cette donation.

[2] Erbaut, arr. de Mons, cant. de Lens.

## XL.

*Alpaïde, femme de Godefroid de Florennes, donne à l'abbaye de Waulsort le village de Rosières en Hesbaye* [1].

(**1035 environ**).

Quisquis munimi (?) sanctorum fideliter largitur, exinde a Domino incunctanter remuneratur. Quapropter agnitum esse cupio cunctis sancti collegii fidelibus nostris scilicet presentibus et futuris, quia ego Alpaïdis nomine, Dei utique instigata spiramine, pro anime mee animarumque antecessorum meorum, necnon et filiorum tam vivorum quam eciam vite presentis luce subtractis remedio, et ut in futurum nobis pius Dominus veniam peccatorum concedere dignetur, trado, ad monasterium vocabulo Walciodorum [2], Deo ejusque genitrici Marie villam juris mei, nomine Roserias [3], in pago Hasbanio sitam, super fluviolum Neropie, in comitatu Hoyensi [4]. Hoc vero sciendum est esse in prefata villa mansum indominicatum, ad quem aspiciunt mansi septem, ecclesia una, molendinum unum, camba una et silva optima. Contestamur ergo omnibus et obsecramus, ut ne quilibet ex heredibus meis vel propinquis seu aliorum hominum ullus, temeritate stimulatus, immutare audeat hanc traditionem confirmatam coram omnibus, cartulamque annicilare quam exposuimus, sed sit inconvulsa per diuturna tempora. Quod si quis temptaverit, iram omnipotentis Dei, meritis intervenientibus beate Marie sub cujus suffragio locus innititur, ille in tremendo examine sentiat, et lepra Naaman Sirii, quam Giezi causa cupiditatis promeruit,

---

[1] Cette charte, publiée par M. WAUTERS, existe en original aux archives de l'État, à Namur ; elle est aussi rapportée dans le *Cartulaire de l'abbaye de Waulsort*, t. I, p. 37, conservé dans les mêmes archives. M. WAUTERS a joint à cette charte des notes explicatives très détaillées.

[2] Waulsort, ancienne abbaye, arr. et cant. de Dinant.

[3] Rosières-Notre-Dame, ou Grand-Rosière, arr. de Nivelles, cantons de Wavre et de Perwez. Comparez n° XV<sup>ter</sup>.

[4] Comté de Huy.

super illum descendit, si non publica satisfactione peniteat. Signum Alpaïdis ejusque filii Arnulphi, qui hanc traditionem firmare jusserunt. signum Wirici fratris Arnulphi. Signum Alberti comitis. Signum Gisleberti, Signum Radbodi, fratrum ejus. Signum dompni abbatis Theoderici. Signum Thederici advocati. Signum Bernardi prepositi. Signum Fulradi decani.

Publié par M. Wauters, dans la *Revue d'histoire et d'archéologie*, t. IV (1862), p. 99.

## XLI.

*Une femme du nom de Berthe s'asservit avec toute sa postérité à l'abbaye de Saint-Ghislain.*[1]

(1040).

In nomine summe, et individue trinitatis. Ego Berta, cum omne libera et omni humane ditionis jugo soluta, audiens à spiritualibus viris[2] summam libertatem esse Christo servire, pro remedio anime mee, me ipsam[3] tradidi habendam, tenendam, perpetuoque possidendam, beato Petro principi apostolorum, sanctoque Gisleno in loco Ursidongi. Hanc etiam mihi vel posteris imposui conditionem, ut deinceps singulis annis duos denarios pro censu capitis persolvam. Quod subsequaces mei firmum teneant, et nullum advocatum preter Deum, sanctumque Gislenum et abbatem loci habeam vel ego presens vel subsequaces mei. Et, preter censum capitis, neque placitum, neque precariam, neque quod vulgo dicitur mortuam manum aliquis habeat requirere, sed pro ipsa mortua manu xii denarii offerantur ad altare. Quisquis ergo hanc conditionem voluerit violare, et quisquis posteritatem meam à servitio sancti Gisleni voluerit vel temptaverit subtrahere, ex-

---

[1] Dom Baudry, p. 32, fait mention de cet acte d'asservissement.
[2] M. Pinchart a lu à tort « *vocibus* ».
[3] Le texte de M. Pinchart porte par erreur « *mancipatam* ».

communicationis sit dampnatus anathemate, ut deleatur de libro vite in condempnatione sue anime. Nunc igitur quod dixi ut legaliter futuro et longo tempore permaneat, per manus principum, videlicet Isaac, et Asselini, et Fulberti firmavi, et venerabilium virorum testimonio subtersignatorum fiat firmatum. Anno ab incarnatione Domini M° XL°, indictione VIII, regnante Conrado imperatore, et Raynero comite, et Gerardo episcopo, et Heribrando abbate. Signum Almanni, S. Baldrici, S. Gotheri, S. Frederici.

M. Al. PINCHART, *Souvenirs historiques sur les archives des institutions judiciaires du Hainaut*, dans les *Bulletins de la Commission royale d'histoire*, 1.re série, t. XIV, p. 193. — Copie collationnée, aux Archives de l'État, à Mons.

## XLII.

*Malbode, abbé de Saint-Amand, fait connaître que le comte de Flandre, Baudouin V, lui a adjugé le territoire appelé les Germes malgré les prétentions d'Alard de Peteghem* [1].

(1034-1047).

In nomine sancte et individue trinitatis, Malbodus abbas, notum esse volo omnibus ecclesie fidelibus habere sanctum Amandum alodium in villa que dicitur Germiniacus [2]; unde Adalardus

---

[1] Cette charte, authentiquée par Dom QUENSERT, a été copiée par lui « sur un titre en parchemin, sans date, sans replie et sans scel, large de onze pouces une ligne sur huit pouces neuf lignes de hauteur, trouvé au chartrier de l'abbaye de Saint-Amand ». Il est difficile d'assigner une date à ce titre : Malbode, abbé de S.t-Amand, régit l'abbaye de 1018 à 1063. Nous pensons toutefois qu'il faut placer ce document entre les années 1034 et 1047, époque à laquelle Baudouin IV possédait une partie de l'ancien Brabant. Voy. chap. VIII.

[2] Les Germes, dépendance de Soignies, dans l'ancien Brabant.

de Petengin tortitudinem faciebat eidem sancto Amando. Qua de re, cum advocato nostro Wedrico, clamorem fecimus super jam dictum Alardum, coram præsentia marchionis Flandrensium, scilicet Balduini, et coram principibus ejus; et tandem, auxiliante Deo, annuente quoque jam dicto Adalardo, idem advocatus noster Wedricus sacramento probavit ipsum alodium libere esse sancti Amandi, seque inde esse advocatum ; ita tamen ut nihil habeat in ipso alodio, exceptis tribus placitis in anno, nisi forte abbas, vel præpositus, vel villicus ob ipsis statutus, de aliqua re clamorem ad eum fecerit. Decretum est etiam, coram advocato et coram idoneis testibus, ut hospites alodii illius omnem censum, qui prius ex ipso alodio Sancto-Amando debebatur, amplius duplo solvant in usus fratrum, sancto Amando in Elnonensi cœnobio deservientium. Et ne quis forte, quod absit, temerario ausu hæc quæ supra notavimus violare presumat, præcepto comitis Balduini, annuente quoque advocato nostro Wedrico et communi consilio fratrum, sanctum Amandum super ipsum alodium detulimus ; auctoritate quoque patris, et filii, et spiritus sancti, et sanctæ Dei genitricis Mariæ, et ipsius sancti Amandi, omniumque sanctorum, inde excommunicavimus, et in karta describendum decrevimus. Probationi vero quam ex ipso alodio advocatus noster Wedricus fecit coram præsentia comitis Balduini, hi liberi testes interfuerunt. S. Wedrici, advocati. S. Gerrici. S. Gonteri. S. Hetberti. S. Adelardi. S. Sicheri. S. Gozelini. S. Otberti. S. Hugonis. S. Oilboldi. S. Rodulfi. S. Gotteri.

*Chartes et diplômes manuscrits*, t. XXIII, p. 9, à la Bibliothèque impériale, à Paris.

## XLII bis.

*Baudouin V de Lille, comte de Flandre, met un terme aux usurpations de l'avoué au village de Douchy, qui appartenait à l'abbaye de Saint-Pierre de Blandain. Il décide que les habitants iront en corvée, pour son service, au château de Valenciennes et seront employés au travail des fortifications*[1].

(1034-1047).

Commemoratio benefactorum et elemosinarum quæ Baldwinus junior marchysus, filius Baldwini marchysi et Odgevæ comitissæ[2], cum conjuge sua Adala largiti sunt : . . .

Advocationem de villa sancti Petri, Dulciacus nomine, quam advocati jam invaserunt et jam per multos dies usurpaverunt per innumerabiles calamitates, ipse memoratus domnus marchisus in pace constituit, ita ut nullus judex, nullus advocatus licentiam habeat ibi placitum tenere, vel quicquam per vim tollere, vel hospitare, vel præcarios facere; sed omnia in jure et potestate abbatis constituit. Omnia vero placita vel leges, quæ per totum annum agendæ sunt, in potestate abbatis constituit et tradidit, excepto quod tria generalia placita advocati habebunt post natale Domini, post pascha, post festum sancti Johannis. Opera vero de villa ibunt ad servitium comitis ad castrum Valentianas, ad fossatum faciendum ad mensuram eorum antiquitus statutam. Actum publice apud castrum Duacum, in monasterio sancti Amati, 5° kal. septembr., Francorum regnum moderante rege Henrico. Signum Baldwini marchisi, qui hanc kartam fieri et firmari jussit. Signum filii ejus Baldwini. Signum Gerardi, episcopi Cameracensis. Signum Lietberti, archidiaconi. Signum Hugonis, castellani. Signum Hugonis Valentianensis. S. Amalrici.

---

[1] Cette relation d'une charte qui ne se retrouve malheureusement pas est empruntée au livre censal de l'abbaye de Saint-Pierre. Elle prouve, comme nous l'avons dit au chapitre VIII, que les comtes de Flandre détenaient Valenciennes depuis l'an 1006.

[2] Baudouin IV, époux d'Otgive, mourut en 1034; Baudouin V, de Lille, dont il est ici question, régna jusqu'en 1067. La charte doit être placée, comme la précédente, entre l'année 1034 et l'année 1047, époque du traité conclu entre les comtes Herman et Baudouin. Voy. chap. VIII.

Signum Adulfi et Eilberti, Helgodi, Adalardi. Signum Reingodi, Werenfridi, Gozwini. Signum Anselmi, Baldwini et Roberti fratrum.

VAN DE PUTTE, *Annales abbatiæ Sancti-Petri Blandiniensis*, p. 122.

## XLIII.

*L'empereur Henri III confirme à l'abbaye de Saint-André du Cateau, récemment fondée par l'évêque Gérard, la possession des biens que celui-ci lui avait donnés* [1].

(1046-1048) [2].

In nomine sancte et individue trinitatis, Henricus, divina favente gratia, romanorum imperator augustus. Credimus et scimus nobis vere proficuum, et ad transeuntis vite cursum prospere transigendum, et ad eterne vite bravium feliciter optinendum, si ad promovendas sive tuendas res ecclesiasticas imperii nostri profecerit auctoritas. Quare innotescimus omnibus Christi fidelibus et nostris tam presentibus quam futuris, quia Gerardus, antistes noster fidelis, ad profectum anime sue et omnium ante se et post se episcoporum ecclesie Cameracensis, ad conservandam quoque incolumitatem nostri et nostre conjugis filiique nostri, ad optinendam etiam pacem et prosperitatem

---

[1] La copie de Lille, que nous avons suivie, porte : « Extrajet d'un ancien livre en parchemin, contenant les priviléges de l'abbaye de Sainct-André du Chasteau, en Cambresis, reposant ès archives de la dite abbaye, fol x, p. 1. » Au bas de la copie, on lit : « At esté ainsy trouvé au dit livre en parchemin par les notaires soubsignez, residens au Chasteau Cambrésis, ce vingt-troisième d'avril 1683. (Signé) Bruneau, not., M. Clement ».

[2] La date de ce diplôme est facile à déterminer. L'évêque Gérard, dans une charte de 1046 dont celle-ci est la confirmation, énumère les biens qu'il a donnés à l'abbaye de Saint-André. MIRÆUS, t. I, p. 55 ; M. LE GLAY, *Glossaire*, p. 5. L'évêque Gérard étant mort en 1048, il faut placer entre deux années la date de notre diplôme.

imperii, quandam abbatiam in honorem beati Andree apostoli construxit. Hanc siquidem, pro rerum nostrarum copia, alodiis, ecclesiis, aliisque possessionibus dotavit, monachosque qui ibi Deo deservirent substituit. Rerum autem quas huic monasterio contulit possidendas ista sunt nomina [1] : ecclesiam de Vendelgyes [2], quam commutavit cum fratribus Sancte-Marie pro alodio de Fontanis [3], quod acquisivit à Richelde; ecclesia de Sancto-Benigno [4]; ecclesia de Ferarias [5]; ecclesia de Juseio [6]; ecclesia de Orceto [7]; ecclesia sancti Martini in suburbio Cameracensi et molendinus unus; de ipso Novo-Castro medietas telonei et molendinus unus; terram in surburbio ejusdem castri cum districto; ecclesia de Furnis [8] et tres mansi apud Atrebatum; ecclesia de Lineio [9], cujus medietatem Rothardus, de cujus beneficio ipsa ecclesia erat, in vita sua ei reddidit, alteram autem medietatem ab Adone filio ejus, quem culpa sua juste, secundum judiciariam legem, proscripserat, recepit; in Laudunensi territorio, Beneium [10], quod cambiavit cum sororibus sancte Gertrudis de Nivella pro Ham [11], et quinque mansis de Vuilleuva [12], et pro duobus mansis

---

[1] L'empereur se sert ici presque des mêmes termes que l'évêque Gérard dans sa charte de 1046.

[2] Ancien nom du Cateau-Cambrésis, arr. de Cambrai.

[3] Fontaine-au-Bois, Voy. partie II.

[4] Saint-Benin, arr. de Cambrai, cant. du Cateau.

[5] Ferrière-la-Grande et Ferrière-la-Petite, arr. d'Avesnes, cant. de Maubeuge.

[6] Jussy (?), arr. de Saint-Quentin, cant. de Saint-Simon (Aisne).

[7] Ors, arr. de Cambrai, cant. du Cateau.

[8] Fournes, arr. de Lille, cant. de la Bassée.

[9] Ligny, arr. de Cambrai, cant. de Clary.

[10] Besny, arr. et cant. de Laon (Aisne).

[11] Hamme, cant. de ce nom, arr. de Termonde, ou Hamme, arr. de Bruxelles, cant. d'Assche.

[12] Ce lieu est appelé *Willeuva*, ou, plus correctement, *Willerva* en 1046 (MIRÆUS, t. I, p. 53; M. LE GLAY, *Glossaire*, etc., p. 5). Fulbert, évêque de Cambrai de 933 à 956, était, d'après BALDERIC (p. 105), originaire d'un lieu appelé « *Wiluca in pago Bracbatensi* », et qui est certainement le

apud Andrelech [1], que sunt in pago Brabbatensi; Fontane [2], quam à duobus fratribus adquisivit, Hugone et Watelino, libris trigenta; Briastrum [3] et mansus, quam adquisivit à Besmone et Fulcuino LXX libris; mansus sancti Andree, ex quo ab Oda suam partem quindecim libris adquisivit, ab Everardo partem suam in vadimonio accepit pro centum solidis talium denariorum quorum quindecim solidi faciant marcam; ecclesiola quoque ipsius mansi, cum decima alodiorum ad ipsum mansum pertinentium, quam à fratribus Sancte-Marie commutavit. Ista capellula duodecim denarios ei et successoribus suis quotannis solvat. Wattenias [4] dedit Heruvaardus ad hunc locum, medietatem pro anima matris sue, medietatem pro sua. De Teoderici-monte [5] dedit Fulco et soror ejus Elichindis medietatem, et Heruvardus aliam medietatem pro filio suo, quem ibi monachum fecit. Petrosum [6], quod adquisivit à Johanne decem libris; Hinlinicurtis [7], quam adquisivit cum filiis Gamelonis, Hugone et Rodulfo; Bireium [8], cujus medietatem Odo propter plurimas predas dedit, et aliam medietatem ab uxore ejus adquisivit duodecim libris; Romeireias [9], terram sancti Humberti totam pluribus annis destructam, villam et ecclesiam ad opus supradicti cenobii restruxit et

même que le *Willeuva* de notre charte. Serait-ce Wiers (arr. de Tournai cant. de Péruwelz), ou plutôt Woluwe, arr. de Bruxelles, cant. de Saint-Josse-ten-Noode? Le chapitre de Cambrai était collateur de la cure de Woluwe-Saint-Étienne.

[1] Anderlecht, arr. de Bruxelles, cant. de Molenbeck-Saint-Jean.
[2] Fontaine-au-Tertre (?) à Viesly, arr. de Cambrai, cant. de Solesmes. Comparez M. Le Glay, *Glossaire*, p. 44.
[3] Briastre, arr. de Cambrai, cant. de Solesmes.
[4] Wattigny. Voy. partie II.
[5] Lieu inconnu.
[6] Preux-au-Bois, arr. d'Avesnes, cant. de Landrecies.
[7] Aulicourt, ferme à Béthencourt, arr. de Cambrai, cant. de Carnières.
[8] Localité inconnue.
[9] Romeries. Voy. partie II (*Fanomartensis*).

pro censu quinque solidorum monachis de Maricolis singulis annis solvendorum constituit; de Chimeis [1] tertia pars; inter Eslogiam [2] et Gondrecelas [3], vigenti tres mansi quos pro Godescalco accepit ; terram de Bermerennio [4], terram quam Fagala dedit in Sumanio [5]; altare de Vendelgeiis, altare de Orceto, altare de Fontanis [6] altare de Sancto-Martino [7], altare de Furnis : hec quinque concedit fratribus ejusdem loci hac lege tenenda, videlicet sine personis, sine redemptione et obsoniorum persolutione, excepto quod singula eorum per singulos annos duodecim denarios solvant. Pars etiam de Baseio [8] Fulconis et Belochindis, tam in terra quam in ecclesia, et in molendino, et in silva, huic tradita est abbatie, et pars Gerrici de Maltrau usque ad villam alterius Baseii; pars quoque Aldonis sub vadimonio. Et hoc oro vos, ô successores mei karissimi [9], ut hoc securum et defensum maneat; et ne quis alterius offendere presumat ulla calumpnia jubemus precepto nostre auctoritatis. Ad ultimam hujus precepti auctoritatem, in nomine ipsius qui nobis precipiendi contulit potestatem, ut pleniorem obtineat vigorem et à fidelibus sancte Dei ecclesie ac nostris diligentius conservetur, manu propria firmavimus et sigilli nostri impressione signavimus.

Copie, fonds de Saint-André du Cateau, aux archives du département du Nord, à Lille; *Chartes et diplômes manuscrits*, t. XXIII, p. 237, à la Bibliothèque impériale, à Paris.

[1] Territoire aux environs de Carnières, arr. de Cambrai.
[2] Elouges. Voy. partie II.
[3] Lieu inconnu.
[4] Bermerain. Voy. partie II.
[5] Sommaing, idem.
[6] Fontaine-au-Bois, idem.
[7] Saint-Martin, arr. de Cambrai, cant. de Solesmes.
[8] Basuel. Voy. partie II.
[9] Cette formule invocatoire est aussi employée par l'évêque Gérard dans la charte de 1046.

## XLIII bis.

*État des possessions de l'abbaye de Saint-Vannes de Verdun à Buvrinnes, Elsloo, et Roucourt.*

(Vers 1050) [1].

In Bolzonio (*Bolrover, Bolroner*) [2], est mansus indominicatus, pratum ad XIII falces. Aspiciunt ibi IIII mansi et dimidius. Ad natale domini, solvit mansus x denarios uno anno, alio anno VIII, pullos IIII, ova XXVIII ; in maio, x denarios ; ad festivitatem S. Remigii, dimidium carrum. Sedilia XII, II solvit pullos XXXVI, hoc censum ad festivitatem S. Martini ; CCC ova ad Pasca.

In Haslud [3], sunt mansi indominicati VIII ; inter culturas prata v sunt, exceptis VI bonariis. Aspiciunt ad eam XXIIII mansi. In Martini festivitate, solvit mansus II modios et IIII septarios de bacio (bracio) ; in maio, solvit mansus porcum valens XII denarios et arietem sex denariorum. Homo, nisi teneat terram, solvit VI denarios, et mulier III, in festivitate S. Remigii ; in Nativitate domini, solvit mansus IIII pullos et IIII sextarios avenæ. Aspiciunt ad eam ecclesia in honore S. Petri. Sunt ibi III molendina ; xx modios solvunt. Tertium est quod solvit IIII modios. Sunt etiam II curtes. Est ibi silva in duobus mansis. Summa mansorum XXVIII. Est etiam juxta hanc villam capella, in honore Fredegini, solvens XXX denarios in oblatis.

In Rogeri-Curte [4], sunt mansi x. Ex his sunt VI in servitio. Unus solvit, in Nativitate, x sextarios de bracio et unum in Pascha, II pullos et x ova, in maio x denarios, in festivitate

---

[1] M. Guérard fixe à la fin du x.e siècle la date de la rédaction de ce document ; mais il est certainement postérieur à l'an 1015, puisque ce ne fut qu'en cette année que Buvrinnes fut donné à l'abbaye de Saint-Vannes. Voy. n.° XXXV.

[2] Buvrinnes. Voy. preuves, partie II.

[3] Elsloo à Everghem. Comparez chap. VIII, et n.os XXV et XXXVI.

[4] Roucourt, arr. de Tournai, cant. de Péruwelz. Comparez n.° XLIV ci-après.

sancti Marti xii, in Nativitate domini xviii denaries. Homo non tenens terram solvit vi denarios, et femina iii. Est ibi ecclesia in honore S. Martini, capella S. Vitoni. Servus et ancilla de altari solvit ii denarios.

Guérard, *Polyptyque de l'abbaye de Saint-Vannes*, à la suite du *Polyptyque de l'abbaye de Saint-Remi*, p. 120.

### XLIII ter.

*Détail des possessions de l'abbaye de Saint-Pierre de Blandain à Douchy (Ratio de Dulciaco in pago Hainau)* [1].

(Vers 1050).

Habent ibi fratres de terra arabili xxx mansos, et de prato bunaria xl; item mansos v, molendinum i et decimam de ecclesia, de frumento, et spelta, atque legumine. Dat unusquisque de spelta modia xiii, et de ligno carradas iii, pullos ii, ova x. Ad hostem in uno anno sol. ii, in alio ad vindemiam sol. i, et de molire donet modia de annona lxiiii. Et hagastaldi sunt duo censales, puellæ iii.

Van de Putte, *Annales abbatiæ Sancti-Petri Blandiniensis*, p. 74.

### XLIV.

*Le pape Léon IX confirme à l'abbaye de Saint-Vannes de Verdun la possession de ses biens* [2].

(1053).

Leo, servus servorum Dei, Valeramno, abbati Sancti-Vittoni,

---

[1] Le cartulaire n.º 10 de l'abbaye de Saint-Pierre, aux Archives de l'État, à Gand, renferme (fol. 64) un dénombrement très curieux des biens et des droits de l'abbaye à Douchy, au xiiiᵉ siècle.

[2] Comparez n.ᵒˢ xxv, xxxv et xxxvi.

omnibusque suis canonice et regulariter succedentibus, in perpetuum. Apostolicæ auctoritatis est justa petentibus libenter tribuere justisque desideriis provida charitate suffragari. Ideoque tuæ petitioni amanter confirmamus et corroboramus omnia quæ à Theoderico, confratre nostro, Virdunensi episcopo, vel ab aliis episcopis, vel Dei fidelibus, tibi tuisque juste succedentibus data juste fuerunt, vel, Deo juvante, in futuro erunt; scilicet altaria quorum nomina hæc sunt...... Hermannus etiam, quam (quondam) comes, dedit, in comitatu Brageratense, in villa quæ vocatur Baslium (Haslud?) [1], xxx mansos cum ecclesia et capella; in Rogeri etiam curte [2], vii mansos et ecclesia in honore S. Martini; in Felsica [3] ad... [4]; ecclesiam quoque de Gengrano [5] cum v mansis; ecclesiam etiam de Ham [6], et villa quæ vocatur Movan [7], cum familia utriusque sexus, et ecclesia sancti Martini, et silvis, et pratis......... Data iii nonas januarii, per manum Frederici, diaconi S. romanæ ecclesiæ, bibliothecarii et cancellarii, vice domni Hermanni, archicancellarii et Coloniensis archiepiscopi, anno domini Leonis papæ quarto, indictione vi.

Cartulaire de l'abbaye de Saint-Vannes, à la Bibliothèque impériale, à Paris.

## XLV.

*Hellin et Condrade, sa femme, cèdent au chapitre de Soignies la moitié du village de Cambron, dont l'autre moitié avait déjà été abandonnée à ce chapitre par le comte Aaron.*

(1053).

Patrum placuit antiquorum cauteriali ingenio prediorum et

---

[1] Voy. nos xxv et xxxvi.
[2] Roucourt. Comparez n° xliii bis.
[3] Voy. n.os xxv et xxxvi.
[4] Il manque ici quelques mots.
[5] Voy. n.os xxv et xxxvi.
[6] Idem.
[7] Idem.

servorum vel ancillarum deditiones cartulari fieri testimonio, ne postere fragilitatis humane ambitio eas falsidico satageret exterminare colloquio. Horum salubre ego Hellinus excogitans decretum et cupiens participari consortio hereditatis celorum, decrevi, cum Condrada, uxore mea, partem nostrorum tradere bonorum sancti Vincentii stipendiis canonicorum. Erat autem nobis dimidia villa Cambron [1] dicta, cujus pars reliqua eidem sancto Vincentio ab Aaron comite liberaliter fuerat tradita. Ita vero ego meam partem tradidi libere, sicut tradiderat supradictus comes ille, subjugandam legi abbatie Sonegiensis ecclesie. Constituimus ergo ejusdem ville advocatum comitem Balduinum. Acta est hec traditio dominice incarnationis MLIII° anno, Leodio, coram nostro imperatore Henrico, duceque Godefrido, et comite Balduino utriusque patrie Hainaus et Flandrie regimine potito, et antistite Cameracensi Gerardo, necnon ecclesie Leodiensis religioso Wazone episcopo [2]. Testes qui viderunt et audierunt: S. Willemi, episcopi Utracensis. S. episcopi Adalberonis Metensis ecclesie. S. comitis Adalberti. S. comitum de Looz, Ottonis et Emmonis. S. comitis Lantberti. S. comitis Conradi. S. Anselon. S. Walteri advocati. S. Walteri majoris. S. Tietuvini senis. S. Hubaldi. S. Johannis Atrebatensis. S. Gotsuini. S. prepositi Herenuardi. S. Bosonis decani. S. Balduini custodis. S. Rænoldi. S. Otberti. S. Engelberti. Horum et multorum astante praesentia virorum, imperator Henricus hujus nota sigilli cartule istius jussit signari scriptum, posteaque ne quis violaret illud ab illo est interdictum. Gerardus autem episcopus, et Wazo, et Willelmus, et Adalbero, anathema execrabile interdixerunt super illos qui vellent violare hujus cartule memoriale preclarum et tantum imperatoris edictum.

Publié par M. WAUTERS, dans la *Revue d'histoire et d'archéologie*, t. IV (1862), p. 104.

[1] Cambron-Saint-Vincent et Cambron-Casteau, arr. de Mons, cant. de Lens.

[2] M. WAUTERS fait remarquer qu'en 1053 Gérard, évêque de Cambrai, et Wazon, évêque de Liège, ne vivaient plus.

## XLVI.

*Lettre de l'abbé et des moines de l'abbaye de Saint-Ghislain à l'empereur Henri III, pour se plaindre des persécutions du comte Baudouin, mari de Richilde.*

**(1054 ou 1055).**

*Domino glorioso romanorum imperatori, Cæsari augusto, Henrico, abbas Cellensis cœnobii, cum grege sibi commisso, triumphare feliciter et regnare cum Christo.*

Summe priorum princeps, cui Deus commisit regni habenas ut judicium pauperum quæras et oppressorum causam discutias, tibi miseriarum nostrarum et oppressionis tyrannicæ quam patimur clamorem dirigimus, à te gemituum nostrorum solamen imploramus. Balduinus comes, in cujus comitatu exitiabili nostra pridem ecclesia, in honore principis apostolorum et sancti patris nostri Ghisleni munificentia regali fundata est, et regalis eleemosyna nuncupata, modo vero vix subsistit, nos per tres et amplius annos ita vastavit, attrivit et diripuit, ut penitus spem subsistendi non habeamus, nisi tu, gloriose imperator, cujus patres, avi, atavi nos fundarunt et regali jure nos libero fore constituerunt, manum defensionis exeras et fructum tuæ protectionis obtendas. Neque nos frustra conqueri judicet pietas tua : non enim tyrannum miracula, quæ per patronum nostrum, sanctum videlicet Ghislenum, Dominus multoties operatur, quando pro perpetratis in nos rapinis et violentiis, ut ejus tepescat furor, sanctum et ei corpus præsentatur, ab incœpto scelere revocant, non dominorum imperatorum decreta cohibent, non majestatis sigillis impressa deterrent, non bonorum virorum dehortatio, non illata christianitatis animadversio, non nostrorum solidorum, librarum et marcarum multiformis impensio. Ad cumulum tyrannidis, quàm frequenter in villis, in mansis, in possessionibus, ob amorem Dei, sanctorumque apostolorum Petri et Pauli, atque confessoris Ghislani, largitate regum, ducum, pontificum cœterorumque Dei fidelium nobis collatis et imperiali liberalitate firmatis, demoratur, jacet, ponit colloquia! Postremo recedens vastat, diripit ac deprædatur omnia. Dum per quinque dies in Hornuto, Buxuto, Durno [1], regia liberalitate concessis regioque jure firmatis, moraretur, quinta die, quæ in Matthæi apostoli et evangelistæ tunc temporis passionem venerabatur, quidquid prædæ invenit, abduxit. Cumque sancti Ghisleni corpus opponentes et simul timorem Dei regiamque majestatem reclamaremus, quidam suorum nostros, sacrum corpus sustentantes, tantis verberibus affecerunt ut sancti loculum sanguine vulneratorum pollueretur. Heu! quot senes et fideles ecclesiæ nostræ plagiariis suis captivos tradidit, et omnia bona illorum diripuit! Heu! quot prædas non solum familiarium nostrorum, sed ex nostro peculio ducentis libris et amplius meliores nobis arripuit : quæ omnia, qualiter distraxerit, ne regis aures offendamus dicere timemus. In hoc adhuc præsenti anno, ipsius rapacem furorem quoquo modo sedare gestientes, decem marcas auri de nostra paupertate pro nobis nostrisque dedimus, quasi pacis et tranquillitatis obsides : quibus receptis, mox cuidam villæ nostræ, quæ Villare [2] dicitur, insiluit, necnon ecclesiæ ipsius villæ quædam diripiens abscessit. Post hanc sancti Joannis-Baptistæ celebritatem, quæ nuper celebrata est in altera villa, quæ Erchana [3] dicitur, centum solidorum prædam et eo amplius meliorem servis et ancillis ecclesiæ nostræ diripuit et insuper uni monachorum nostrorum equum, quo in nostris necessariis vehebatur, abstulit.

Nunc jam, summe Cæsar, gloriose rex et domine, quoniam honor regis judicium diligit, et, teste apostolo, non sine causa gladium portas, pro anima domini nostri divæ memoriæ patris tui, cujus regia majestas nos libertati condonavit, aures pietatis ad clamorem nostrum aperi, dexteram justitiæ viriliter exere, ad instar evangelici regis mortem filii viduæ vindicantis, vindica

---

[1] Hornu, Boussu et Dour. Voy. partie II.
[2] Villers-Saint-Ghislain. Voy. partie II.
[3] Erquenne. Voy. partie II.

nos de adversario nostro, ne sancta mater ecclesia reclamans invindicata venientem in judicio sugillet te. Regis regum misericordia et domini dominantium, in cujus manu sunt corda regum, ut tempora vestra sic imperia ordinet et disponat, ut hostes paratos et subjectos faciat, et amicos multiplicet ac custodiat, vale, decus imperii.

MABILLON, *Annales ordinis sancti Benedicti*, t. v, p. 26; DOM BAUDRY, p. 323.

## XLVII.

*Donation faite à l'abbaye de Saint-Ghislain, par Gérard de Maulde, d'une serve nommée Godeud, et de toute sa postérité* [1].

(1056).

In nomine patris, et filii, et spiritus sancti, amen. Ego Gerardus de Mald [2], dum revolverem mecum diversos et miseros humani generis casus, peccatorumque morentium periculosos et dubios exitus, exterritus etiam evangelica voce qua dicitur immesericordibus : « *Ite in ignem eternum* », pro remedio anime mee et antecessorum meorum, coram idoneis testibus, contuli ecclesie beati Gysleni quamdam ancillam, nomine Godeud, cum omni posteritate sua, et ea conditione ut, per singulos annos, in die festivitatis ejusdem sancti, vir et mulier solvant duos denarios pro capitali censu; de mortua vero manu, sicut mos est in ecclesia eadem, faciant. Hec autem traditio ut rata permaneret, Oduinum abbatem supplici prece expostulavi ut gladio excommunicationis plecteretur, si quis contravenire vellet. Ego Oduinus, abbas Sancti-Gysleni, excommunico omnes adversantes huic legitime traditioni, auctoritate patris, et filii, et spiritus sancti, donec ad satisfactionem redeant. Fiat. Fiat. Signum Oduini abba-

---

[1] DOM BAUDRY ne fait pas mention de cet asservissement.
[2] Maulde, arr. de Tournai, cant. de Leuze.

tia S. Gotsuini de Montibus. S. Walteri Bulceum. S. Tietwini filii ejus. S. Baldrici de Roisin. Actum anno verbi incarnati m° LVI°, indictione VIIII°, concurrente 1°, epacta 1°.

> M. GACHARD, *Documents concernant l'histoire de la servitude au moyen-âge*, dans les *Bulletins de la Commission royale d'histoire*, 2.e série, t. v, p. 223.

## XLVIII.

*Liébert, évêque de Cambrai et d'Arras, concède plusieurs autels à l'église de Cambrai.*

(1057).

In nomine sancte et individue trinitatis. Notum sit omnibus Christi fidelibus tam futuris quam presentibus, quod ego Lietbertus, solo nomine Cameracensis episcopus, dolens hanc sedis nostre ecclesiam, que est in honore beate Dei genitricis Marie, propter werrarum crebros motus et temporum sterilitates ad inopiam devenisse, ex consultu archidiaconorum et ceterorum fidelium nostrorum, eidem sancte Dei genitrici Marie, propter anime mee et antecessorum et successorum meorum salutem, concessi ut canonici ibidem servientes altaria que partim ab antecessoribus nostris, partim à nobis donata tenebant, absque personis et absque redemptione ab hac die et deinceps possideant; ita tamen ut debita obsonia persolvant, et presbiteri eorumdem altarium de animarum cura cum episcopo et archidiaconis rationem habeant. Altaria vero hujusmodi ista sunt : in pago Cameracensi, altare de Fontanis [1], altare de Doineis [2], altare de Walberieurte [3], altare

---

[1] Fontaine-Notre-Dame, arr. et cant. de Cambrai.
[2] Doignies, arr. de Cambrai, cant. de Marcoing.
[3] Gualtercurt ou Wahiercourt, village détruit, entre Ribecourt et Marcoing, arr. de Cambrai, cant. de Marcoing.

de Bosseris [1], altare de Carneris [2], ecclesiam cum altari de Scaldeurio [3], altare de Novislis [4], altare de Fontanis-Mormunt [5] ; in pago Attrebatensi, altare de Baireio [6], altare de Bilcon [7], altare de Anez [8] ; in pago Hainoensi, altare de Oneng, altare de Vilario, altare de Matritio, altare de Montenneio, altare de Baiseio [9] ; in pago Bracbatensi, altare de Ogio [10], altare de Iser [11], altare de Jorbisa [12], altare de Caurinio [13]. Ut autem donationis nostre auctoritas inviolabilis jugiter permaneat, hanc cartam fieri precepimus, quam et manu propria roboravimus et sigilli nostri impressione insignivimus. Unde successores nostros episcopos omnimodis postulamus, ne ulterius infringere velint quod nos, propter nostram et successorum etiam et antecessorum nostrorum quoque salutem, fecimus, quod etiam archidiaconorum nostrorum testimonio confirmavimus. S. Gerardi archidiaconi et ejusdem ecclesie prepositi. S. Goiffridi archid. S. Gerardi archid. S. Guonis archid. S. Walcheri archid. S. Rodulphi archid. S. Franconis ejusdem ecclesie decani. Signum domni Lietberti pontificis. Werinboldus scolasticus scripsit et recognovit. Actum Camaraci, anno dominice incarnationis I.L.VII, indictione x, regni vero Heinrici anno tertio, presulatus vero domni Lietberti VII, föliciter. Amen.

M. LE GLAY, Glossaire, etc. p. 7.

[1] Boursies, arr. de Cambrai, cant. de Marcoing.
[2] Carnières, arr. de Cambrai.
[3] Escaudœuvres, arr. et cant. de Cambrai.
[4] Neuviesly, arr. de Cambrai, cant. du Cateau.
[5] Fontaine-au-Tertre, ferme à Viesly, arr. de Cambrai, cant. de Solesmes.
[6] Boiry-Notre-Dame, arr. d'Arras, cant. de Vitry.
[7] Localité inconnue.
[8] Agnez-les-Duisans, arr. d'Arras, cant. de Beaumetz.
[9] Onnaing, Villers-Pol, Maresches, Montignies-sur-Roc, Baisieux. Voy. partie II.
[10] Ogy, arr. de Tournai, cant. de Lessines.
[11] Isières, arr. de Tournai, cant. d'Ath.
[12] Jurbise, arr. de Mons, cant. de Lens.
[13] Gaurain (?), arr. de Tournai, cant. de Leuze.

## XLIX.

*L'évêque Liébert concède aux chanoines de Saint-Aubert plusieurs autels dans le Cambrésis et le Hainaut.*

(1057).

In nomine sancte et individue trinitatis. Quisquis fidelium in locis divino cultui mancipatis ad usus Deo famulantium devota mente sua largitur, multiplicis usure fructu sibi feneratur, dum per eos quibus alimenta prebet nomen Domini benedicitur et cum veneratione sanctorum divina servitus ampliatur. Quapropter ego Lietbertus, solo nomine Camaracensium episcopus, sperans ad salutem anime mihi profuturum, si quid, ex his que ex episcopali administratione mihi jure proveniunt, sanctorum usibus in locis Deo dicatis attributum fecero, et fratribus qui in eis Domino famulaturi sunt necessaria pro meo posse providere curavero, ad ecclesiam sanctorum apostolorum Petri et Pauli, que sita est intra muros Camarace civitatis, in qua corpore requiescit sanctus pontifex Autbertus, consilio archidiaconorum et aliorum fidelium nostrorum, quedam altaria, que partim meo partim antecessorum meorum dono tenebant canonici loci ipsius, tam ipsis quam successoribus eorum, absque personis et absque redemptione, in eternum habenda concessi; ita tamen ut debita obsonia persolvant et presbiteri eorumdem altarium de cura animarum episcopo et archidiaconis rationem reddant. Altaria vero hujusmodi ista sunt : in pago Camaracensi, altare de Vinciaco[1] cum membris suis, Lesden[2] videlicet cum integritate totius decime, Legiscurt[3] vero et Scurviller[4] cum his que so-

[1] Vinci, ferme dépendante de Crevecœur, arr. de Cambrai, cant. de Marcoing.
[2] Lesdain, idem.
[3] Territoire voisin de l'abbaye de Vaucelles. Voy. M. LE GLAY, *Glossaire*, p. XXXIX.
[4] Nom moderne d'Aubencheul-au-Bois, arr. de Saint-Quentin, cant. du Catelet (Aisne). Voy. M. LE GLAY, *Glossaire*, etc., p. 149.

lummodo pertinent ad altare, altare de Viler-Rainardi [1], altare de Otviller [2], altare de Sancto-Autberto in villa que Andra [3] dicitur ; in pago Hainoensi, altare de Siccis-Avesnis [4]; preterea dimidium ville Tiletum [4] nuncupate, que ad carta tecta templi restauranda in jus edilis ipsius ecclesie tota devenerat, optentu Guonis loci ipsius edilis atque prepositi et aliorum fidelium nostrorum, transmutavi in stipendiarios usus supradictorum fratrum. Unde successores meos episcopos omnimodis postulo, ne hoc mee parvitatis donum infringere velint, quod tam pro sua et antecessorum meorum quam pro mea salute feci, quod etiam archidiaconorum et bonorum clericorum testimonio roboravi et sigilli mei impressione signavi. S. mei ipsius Lietberti episcopi, qui hoc scriptum fieri jussi. S. Guonis, prepositi et archidiaconi. S. Goiffridi, archidiaconi. S. Gerardi archidiaconi. S. alterius Gerardi. S. Rodulfi, archidiaconi. S. Walcheri, archidiaconi. S. Fulcardi, decani ipsius ecclesie. S. Franconis decani. S. Warmundi decani. Hanc cartulam inde conscriptam. S. domni Lietberti pontificis. Actum Camaraci, anno dominice incarnationis I. L. VII, indictione x, regni vero Heinrici anno III, presulatus autem domni Lietberti VII, feliciter. Amen.

M. LE GLAY, *Glossaire*, etc. p. 8.

## XLIX bis.

*Philippe, roi de France, dans un acte relatif à l'abbaye de Saint-Germain-des-Prés, à Paris, relate le mariage de Regnier IV de Hainaut avec Hadwige, fille de Hugues Capet (vers 996), et énonce les possessions données en dot à celle-ci* [5].

(1061).

In nomine sanctæ et individuæ trinitatis. Ego Philippus, gratia

[1] Villers-Outreau, arr. de Cambrai, cant. de Clary.
[2] Euviler ou Troisville, arr. de Cambrai, cant. du Cateau.
[3] Saint-Aubert, arr. de Cambrai, cant. de Carnières.
[4] Avesnes-le-Sec et Tilloy. Voy. partie II.
[5] Cette charte est très intéressante. Elle prouve que les rois, pour con-

Dei Francorum rex. Innotescat quod Dagobertus, olim rex Francorum, inter alia pietatis opera quæ gessit, maxime ecclesiarum Christi cultor devotissimus extitit; nam quasdam à fundamentis ædificavit, ut ecclesiam S. Dionysii martyris, basilicam quoque S. Martini Turonensis regali munificentia ampliavit, aliasque complures, inter quas ecclesiam S. Vincentii et S. Germani in suburbio Parisiacæ urbis suis temporibus ditare cupiens, ut dignum erat regali majestate, plurima prædia ipsi loco tribuit. Inter quæ etiam quandam villam sui juris, nuncupatam Cumbis [1], affluentissimis redditibus copiosam, in Briscensi territorio sitam, ibi delegavit. Quæ, ut diximus, ita copiosis exuberabat redditibus, ut olim, Danorum scilicet temporibus, asylum foret monachis præfatæ ecclesiæ. Ibi namque, ingruente persecutione præfatæ gentis, monachi cum corpore almi Germani non semel sed bis et ter confugerunt. Hanc igitur villam, dum per succedentium temporum curricula jam dicta ecclesia absque aliqua inquietudine retineret, accidit, tempore Hugonis ducis [2], qui magnus cognominabatur, ut ipse dux, sicut alias ecclesias attenuaverat multis prædiis, ita quoque hanc ecclesiam mutilaret ablatione multarum possessionum. Unde inter alia præfatam villam Cumbis cœnobio S. Vincentii et S. Germani detraxit, eamque dedit in beneficio cuidam Hilduino nomine, comiti de Monte qui vocatur Desiderius [3], qui cum diuturno tempore vivens vita decessisset, iterum Hugo dux, qui eam ecclesiam sanctis injuste abstulerat, in proprios usus sibi vindicavit, et, post ejus obitum, Hugo rex [4], filius ejus, dum advixit, similiter eam tenuit. Dominus quoque

tenter leurs vassaux, furent souvent obligés de leur distribuer des biens enlevés aux monastères.

[1] Combles, cant. de ce nom, arr. de Péronne (Somme). Ce lieu est en effet mentionné dans une charte du roi Dagobert de l'an 636. BOUILLART, preuves, p. IV.

[2] Hugues-le-Grand, père de Hugues Capet.

[3] Montdidier, cant. et arr. de ce nom (Somme).

[4] Hugues Capet, élu roi à la fin du mois de mai 987, sacré à Rheims le

Robertus rex [1], filius ejus, post illius mortem, jamdictam villam aliquanto tempore in suo dominio habuit. Cujus temporibus, domini scilicet Roberti regis et matris ejus Adelaidis, accidit ut ipse dominus rex daret in matrimonio sororem suam Rainerio comiti Montensium [2]. Cum sorore dedit ipsi comiti quasdam villas S. Germani super Mosam positas, videlicet Cuvinum [3], Fraxinum [4], Nimam [5], Evam [6], Bons [7], pro quarum commutatione reddidit monasterio prædictorum sanctorum villam sæpius nominatam Cumbis, quam, sicut prælibavimus, à Dagoberto rege ipsa ecclesia acceperat et longo tempore tenuerat. Igitur, eâ tempestate qua dominus Robertus rex à sæculo migravit, etc....
At nos nolentes homines nostro palatio contiguos et lateri quodammodo adhærentes perturbare, coacti ei (Odoni cuidam) red-

---

3 juillet suivant, mourut le 24 octobre 996. *Art de vérifier les dates*, t. I, p. 566.

[1] Robert, couronné roi de France dès le 1.er janvier 988 à Orléans, mourut en 1031.

[2] La sœur du roi Robert s'appelait Hadwige. Le texte ci-dessus tendrait à prouver que le mariage de Regnier, comte de Hainaut, n'eut pas lieu avant le règne du roi Robert (996). C'est peut-être une erreur, car Regnier devait avoir alors plus de cinquante ans ; on se rappelle en effet que, d'après Richer, Regnier et Lambert, son frère, furent emmenés en captivité après la prise de Mons, en 956 (*matrem cum duobus natis comprehendit Rodulfus*). Voy. *Codex*, n.º XXXII. Hadwige survécut à son mari et épousa par la suite Hugues III, comte de Dagsbourg. *Art de vérifier les dates*, t. I, p. 566. — La dot d'Hadwige, composée, comme on va le voir, des possessions de l'abbaye de Saint-Germain dans le comté de Lomme, resta dans la famille des comtes de Hainaut jusqu'en 1096. Baudouin vendit à cette date à Otbert, évêque de Liége, Couvin et ses dépendances. Miræus, t. I, p. 364.

[3] Couvin, cant. de ce nom, arr. de Philippeville. Ce lieu est cité, en 872, dans une charte de Charles-le-Chauve, confirmative des biens de l'abbaye de Saint-Germain. Bouillart, preuves, p. XIX.

[4] Frasnes, arr. de Philippeville, cant. de Couvin.

[5] Nismes, idem.

[6] Eve, dépendance d'Evelette, arr. de Namur, cant. d'Andenne, ou peut-être Evrehaille, arr. et cant. de Dinant.

[7] On trouve, dans la province de Namur non loin de la Meuse, les villages de Bonette, Boninne, Bousin, Bouges. Il est difficile de dire auquel d'entre eux se rapporte le *Bons* de notre charte.

dididimus villam Cumbis quam repetebat. Sed... donavimus coenobio S. Vincentii et S. Germani quamdam villam prope moenia
Parisiacae urbis, etc. Actum Philippo rege anno ab incarnatione
domini 1064, regni vero ejus primo. Ego Balduinus scripto subscripsi.

BOUILLART, Histoire de l'abbaye de Saint-Germain-des-Prés, preuves, p. XXIX; Gallia christiana, t. VII, preuves, p. 33.

## L.

*Baudouin I, comte de Hainaut, concède à l'abbaye de Saint-Ghislain le droit de prendre le dixième chêne et de couper du bois dans la forêt de Baudour, ainsi que le droit de pêche dans la Haine*[1].

(1065).

In nomine patris, et filii, et spiritus sancti, amen. Quicunque fidelium ecclesias Dei sive sanctorum ejus altaria de hereditaria ditant possessione, procul dubio hereditatem sibi acquirunt in superne felicitatis regione, et vere felix et beata est hujus commutationis vicissitudo, dum pro momentaneis eterna, pro terrenis comparantur celestia. In hac igitur fragili et caduca vita quasi in via sumus qua ad patriam pergimus, ubi nostram esse speramus hereditatem, quam amiseramus per primi hominis prevaricationem, sed recuperata est per filii Dei incarnationem. Hujus hereditatis ego, Balduinus comes, sitibundus, concessi legitima traditione principibus apostolorum Petro et Paulo et glorioso Christi confessori Gisleno de Cella, in quadam possessione juris nostri, scilicet in silva Baldulii[2], decimam quercum, et decimum denarium de pasnagio, et incisionem lignorum ad omnes ecclesie usus infra ambitum monasterii, tam in fomentis

---

[1] DOM BAUDRY, p. 326, donne l'analyse de ce document.
[2] Baudour arr. de Mons, cant. de Lens.

ignium quam in structura edificiorum; libertatem quoque piscandi in fluvio Hagne à Gamapio usque ad Condatum [1], quociens fratres prefati loci voluerint, et silvam Richet-Aulnoit [2] nuncupatam, peticione et consilio comitisse Richeldis eis confirmavi. Preterea medietatem predicte Hagne, quam ad usum molendinorum suorum antiquitus possidebant, postulante Widrico abbate, sub testimonio nobilium curie mee, eidem monasterio renovavi. Excommunicatum est etiam, me petente et presente, ut, si quis successorum nostrorum huic traditioni presumpserit quoquo modo contraire, omnipotentis Dei se sciat offensam incurrere. Harum rerum testes ydoneos presens carta habet subtitulatos. Signum Goscewini de Montibus, Gualteri Bolecn et Tiwini filii ejus, Gualteri de Douaco, Segardi de Mochis, Almanni de Vals, Heribrandi de Orsiurnez, Guedrici Bociel, Yzaach de Valencianis, Yberti de Lestines, Baldrici de Roisin, Anselmi Sosre, Wigeri de Tuin. Actum anno incarnati verbi MLXV, indictione III, epacta XI, concurrente III, episcopante Lieberto Cameracensi.

*Cartulaire de l'abbaye de Saint-Ghislain*, rubrique *Baudour*, aux Archives de l'Etat, à Mons.

## LI.

*Baudouin I, comte de Hainaut et comte de Flandre, restaure l'abbaye d'Hasnon et lui donne de nombreuses possessions* [3].

(1065).

In nomine sanctæ et individuæ trinitatis, patris, et filii, et spi-

---

[1] Jemmapes et Condé. Voy. partie II.
[2] Lieu inconnu.
[3] Cette charte est datée du même jour qu'une autre, émanée du roi Philippe I et portant confirmation des biens de la même abbaye (MIRÆUS, t. III, p. 308; *Gallia christiana*, t. III, preuves, p. 84). La présente charte fut confirmée dans la suite par le roi Philippe-Auguste, au mois d'août 1209, et par Marguerite de Constantinople en juin 1273 (*Gallia christiana*, loc. cit., p. 82).

ritus sancti. Ego Balduinus, filius Balduini Philippi regis Francorum procuratoris et bajuli, futuræ posteritati, spiritus sancti gratia renatæ, hujus conscriptionis paginam curavi transmittere, qualiter omnipotentis et clementis Dei patientia et benignitas, quæ, teste apostolo, « *adducit peccatores ad pœnitentiam* », me in gravi mei corporis invaletudine visitaverit, et super restauratione Hasnoniensis coenobii, in honore B. Petri apostolorum principis olim constructi, et à viris nobilibus sublimati vel ditati, nunc negligentia vel depopulatione tam laicorum quam clericorum ad nihilum pene redacti, me per visum monuerit. Quod scribo non accepi ab homine, sed ipsum testor (quem præmisi) Deum: monitus sum ab eo in nimia corporis mei ægritudine, per beatos martyres Marcellinum et Petrum qui infra septa requiescunt ejusdem basilicæ. Hanc ergo admonitionem cum patri meo Balduino matrique meæ Adelæ ex ordine recensuissem, eorum salubri consilio, aliorumque plurimorum abbatum, clericorum, laicorum exhortatione gratissima, executurum me obligavi, et sic ab importabili quam patiebar corporis molestia, misericorde Deo alleviante manum, evasi. Processu vero aliquanto temporis, cum ingratus Dei misericordiæ jam neglectui vel potius promissa mea tradidissem oblivioni, non enim sentiebam quæ sensi, iterum gravis facta est super me manus Domini, incidi quidem in languorem fortissimum, quo non erat qui me speraret evasurum. Recolligens igitur quibus olim me obligaveram, et imputans peccatis meis, graviter flens et ejulans quæ ferebam, accitis iterum genitore meo et genitrice et aliis quamplurimis, jurejurando astrinxi me *reinformaturum* quidquid neglexerat reatus oblivionis. Repropitiante vero mihi misericordissimo cœlorum rege, et animam quam pene perdideram revocante, ubi adhuc jacens in terra, quasi positus in extasi, nimiis angustabar doloribus, dubius evasionis, per ardentem cereum, quia locus prefatus in ditione patris mei erat, eo donante et Deo disponente, recepi obedientiam cœnobii ejusdem restaurationis. Receptis ergo viribus quibus pene fueram destitutus, ardentissimo fervore spiritus cepi mecum cogitare qua via, quave ratione, quibusve auxiliariis, tamdiu neglecta, tam distracta et prope ad nihilum inclinata relevare possem vel redintegrare; et quia didiceram à bonis sacræ scripturæ auctoritate instructis, tam clericis quam monachis, « quod plane » incendat peccati rubiginem qui valide ardet per amoris ignem, » et tanto peccati rubigo consumitur, quanto peccatoris cor igne » caritatis concrematur «, quia in sua erat diœcesi, contuli me quantocius ad venerabilem sanctæ Dei genitricis ecclesiæ Cameracensis Lietbertum præsulem; cujus consilio et auxilio vel assensu, renovatis supradicti cœnobii ædificiis vel officinis, monachorum promovi ordinem. Exquisitis autem cum omni diligentia et recuperatis ex parte bonis, cœnobio suprafato à viris religiosis olim attributis, monachorum ibidem Deo deservientium restitui usibus; sed quia modica probavi, adjeci de meis libera et ab omni exactione remota, quæ continentur inferius. Recuperata Hasnonia [1] tota, in terra et sylvis et aqua, ut terminatur procinctus, in parochia libera et sine advocatura et ab omni exactione remota, habitatores vero quicumque habitaverint infra procinctum, dominis suis census tantum solvent capitum, et post perpetuo sine advocato manebunt; Azinium [2] et Sanctus-Vedastus [3], cum omni integritate, cum molendinis, et pratis, et cambis, et lodiis, excepta advocatura; Wauverchinium [4], quæ est ejusdem legis, excepto quod advocatura non est in curte abbatis; in Montinio [5], decima una; in Scaldino [6], decima una; in Wasleirs [7], de culturis decima cum curtali 1; in Harten [8], III curtilia cum terra 1; in Cauventin [9], de culturis decima 1; in

[1] Hasnon, arr. de Valenciennes, cant. de Saint-Amand.
[2] Anzin, arr. et cant. de Valenciennes.
[3] Saint-Vaast, paroisse de Valenciennes, rive gauche de l'Escaut. Voy. n.° LXXXVIII.
[4] Wavrechain, arr. de Valenciennes, cant. de Bouchain.
[5] Montignies-lez-Lens, arr. de Mons, cant. de Lens.
[6] Escaudain, arr. de Valenciennes, cant. de Bouchain.
[7] Wallers, arr. et cant. de Valenciennes.
[8] Hertain, arr. et cant. de Tournai.
[9] Cantin, arr. de Douai, cant. d'Arleux.

Fessan [1], decima I; in Haspera [2], decima I; in marcha S. Remigii [3] et Vesoniolo [4], decima I; in Derivilla [5], de culturis decima; in comitatu Hainau, de Obsiis et Bavisiel medietas terrarum et lodii ecclesiæ; in Bercleris (Bereleiis?) a le (?) fossa, pars terræ plurima ampliata; in Bermerain, allodium 1 dedi quod emi [6]; in Sinio [7] juxta Duacum, lodium ecclesiæ, cum curtili 1 libero; Torhult [8] juxtà Duacum, cum molendinis et aqua omnino libera et sine advocatura; apud Courrieres [9], partem villæ quam emi liberam; juxta Islam [10], medietatem villæ Ferieres [11], quam emi liberam; in Vesonio [12], partem villæ quam emi; tertiam partem allodiorum comitissæ de Toringa, neptis meæ Adelæ, quam mihi legitime tradidit in Alost [13], et in Lede [14], et in Hesenghem [15], ex hac parte aquæ nomine Tenre; in terra et sylvis et servis; ecclesiam de Felsecl [16], lodium et altare; in Flandria, terram nomine Strallant [17]; in Testerep [18], centum oves cum terra; in ministerio Furnensi, bercariam unam et XXIV mensuras terræ; apud Reningens [19], curtem unam cum terra et humecto; apud

---

[1] Faches (?), arr. et cant. de Lille.
[2] Haspres, arr. de Valenciennes, cant. de Bouchain.
[3] Marcq-en-Bareuil (?), arr. de Douai, cant. d'Arleux.
[4] Lieu inconnu.
[5] Idem.
[6] Obies, Bavissiau, Berelles, Bermerain, Voy. partie II.
[7] Sin, arr. et cant. de Douai.
[8] Lieu inconnu.
[9] Courrière (?), à Marche-lez-Ecaussinnes, arr. de Mons, cant. de Rœulx.
[10] Lille, chef-lieu du département du Nord.
[11] Fives (?), arr. et cant. de Lille.
[12] Vezon, arr. de Tournai, cant. de Péruwelz.
[13] Alost, arr. de Termonde.
[14] Lede, arr. de Termonde, cant. d'Alost.
[15] Elsegem (?), arr. et cant. d'Audenarde.
[16] Velsique, arr. d'Audenarde, cant. de Sotteghem.
[17] Lieu inconnu.
[18] Ancien nom d'Ostende.
[19] Reninghe ou Reninghelst, arr. d'Ypres, cantons d'Elverdinghe et de Poperinghe.

Drincham [1], vacariam unam ; juxta Bruetburc [2], in humecto quod vulgo dicitur Breuc, v reparia terræ et lodium et altare ; apud Boserich [3], duo reparia terræ ; medietatem villæ Oen [4]. His itaque patratis in honorem Dei et B. Petri apostoli diligenter dispositis, meorum consilio et instinctu, regem Francorum adii obtinuique precibus sui impressionem sigilli. Superni clementia respectus, rex Francorum Philippus, qui domum Dei ædificat in terris, vel olim ædificatam et, peccatis habitatorum exigentibus, ad nihilum vel ad modicum redactam suscitat et in bonis ampliat, attestante scriptura, sibi domum in cœlis ædificat, et quem peccatorum multiplicatione repulerat spiritum sanctum, in se suscitat et ad manendum revocat. Unde ego Philippus rex, Balduini cognati mei justis assensum præbens petitionibus, regiæ dignitatis authoritate, Hasnoniensi cœnobio ab eodem reparato et ampliato, et reparata et ampliata, concessa et concedenda, inconvulsa et inviolanda firmo. Ne quis auferre, vel invadere, vel alienare quicquam de concessis vel concedendis, vel loco illi vim inferre præsumat, bannum regium Francorum regi solvendum vigenti librarum auri decerno et regali potestate statuo. Signum Gervasii, Remorum archiepiscopi. S. Balduini, Noviomensis episcopi. S. Widonis, Ambianensis episcopi. S. Widonis, Belvacensis episcopi. S. Fulconis, abbatis Corbeiensis. S. Waleranni camerarii. S. Radulfi dapiferi. S. Widonis buticularii. S. Baldrici constabularii. S. Balduini, marchionis Flandrensis. S. Balduini filii ejus et reparatoris ejusdem loci. S. Radulfi comitis. S. Walterii, filii ejus, et Simonis, fratris sui. S. Wilhelmi, comitis Suessionensis. S. Widonis de Monte-Lietheri. S. Thietbaldi de Monte-Moranci. S. Navelonis de Peirefont. S. Widonis de Rochafort. S. Wazelini de Calni. S. Eustachii comitis. S. Ramgoti Gandensis. S. Arnulfi de Aldinarda. S. Walterii de Simai. S. Wal-

[1] Dringham, arr. de Dunkerque, cant. de Bourbourg.
[2] Bourbourg, arr. de Dunkerque.
[3] Boeseghem, arr. et cant. d'Hazebrouck, ou Boesinghe, arr. d'Ypres, cant. d'Elverdinghe.
[4] Oeren (?), arr. et cant. de Furnes.

teri, comitis de Hesdin. S. Balduini, comitis de Gisnes. S. Walteri, castellani Duacensis. S. Anselmi. S. Rotberti, advocati de Attrebato. S. Johannis advocati. S. Balduini Gandensis. S. Arnulphi de Arda. S. Isaac de Valentianis. S. Gozvini Montensis. S. Hugonis Baveth. S. Hiberti de Lietsines. S. Walteri de Lens. S. Wietdrici de Tornaco. Actum Corbeiæ, in basilica B. Petri apostoli, anno ab incarnatione Domini M LXV, indictione III, epacta XI, regnante Philippo anno VI, episcopante Lietberto Cameracensi anno XVII. Ego Balduinus cancellarius scripsi.

Gallia christiana, t. III, preuves, p. 82.

## LI bis.

*Robald et sa femme Emma, avec leurs fils, Arnould, Godefroid, Gossuin, et leur fille Emma, donnent à l'abbaye de Saint-Ghislain une terre à Boussu, au lieu dit au Moncelle* [1].

(1066).

In nomine patris, et filii, et spiritus sancti. Noverint tam presentes quam futuri, noverit posteritatis meæ cognacio, quum ego Robaldus, cum sponsa mea Emma Norem, filiisque nostris, Arnulpho Godefrido, Gozennio, ac sorore ipsorum Emma, scientes nos de terra natos et in terram reversuros, terram allodii mei que est in Bussuto et dicitur ad Moncellum, tam intus quam extus, in curtilibus et terra arabili tradidimus Deo et sancto Petro, ad ecclesiam Sancti-Gisleni que vocatur Cella, in manu Wedrici abbatis et monachorum, ea condicione ut, in vita nostra, ipsam terram teneremus, sic, ut quisque alterum ad mortem precederet, ita singule partes in perpetuum sine ulla contradictione ad ecclesiam devenirent. Hujus rei testes sunt : Gossenius de Monte, Baldricus de Roisin, Walterus de Hun, Walterus Bulgio, Alemannus de Franco (?) et Marcellinus de

---

[1] DOM BAUDRY, p. 327, donne l'analyse de cette pièce.

Essennis. Actum est anno M° L° XVI°, indictione IIII, epacta XXII, principatus comitis Balduini et Richedis uxoris ejus XII°°, presente domino Lietberto, Cameracensi episcopo, et excommunicante omnes qui hanc donationem violaverint et ecclesie sancte retraxerint. Fiat, fiat, fiat.

Cartulaire de l'abbaye de Saint-Ghislain, rubrique<br/>
Boussut, aux Archives de l'Etat, à Mons.

## LI<sup>ter</sup>.

*Gossuin de Mons et Isaac de Valenciennes donnent à l'abbaye de Saint-Ghislain ce qu'ils possédaient, à titre allodial, dans le village de Dour.*

(Avant 1070).

In nomine sancte et individue trinitatis. Que sunt salutis me-

---

[1] Dom BAUDRY, qui cite cette charte (p. 350), la place aux environs de l'année 1124, en se basant sur un acte de l'an 1126, par lequel une femme, nommée Ide, fait, avec ses deux fils, *Gossuin et Isaac*, qu'il suppose être les mêmes, une restitution à l'abbaye de Saint-Ghislain. Nous pensons que DOM BAUDRY commet ici une erreur; en effet : 1.° Notre charte est nécessairement antérieure à 1125, comme le dit DOM BAUDRY, puisque, de 1125 à 1191, aucun empereur ne porta le nom d'Henri; or elle ne peut davantage appartenir à l'an 1124 ni émaner des personnes citées dans la restitution de 1126, par le motif que celle-ci a pour auteur Ide elle-même, tandis que la prétendue donation de 1124 est faite par Gossuin et Isaac *pour le repos de l'âme* de leur propre mère (*ob remedium propriæ matris*); 2.° Rien dans notre acte ne fait supposer que Gossuin et Isaac fussent frères; et, dans tous les cas, ils peuvent n'avoir été que frères utérins; 3.° Notre charte n'a pas la physionomie des actes du XII.° siècle : la formule invocatoire et la formule finale la reportent incontestablement au XI.°. — Nous la plaçons avant l'année 1070 : de 1070 à 1086 en effet, Baudouin II est toujours cité avec sa mère Richilde, tandis qu'ici le comte du nom de Baudouin est cité seul; nous trouvons, d'autre part, mentionnés dans deux actes de 1065 (*Codex*, n.°<sup>s</sup> L et LI), Gossuin de Mons et Isaac de Valenciennes qui sont vraisemblablement les donateurs de notre charte.

ditantes corde benivolo multi in hoc statuunt lineam mentis, quo eterna comprehendere bona valeant, omnimodis hinc quamplures superna adamantes, mente celestibus inherentes, caduca spernunt, transitoria eciam pro nichilo ducunt multi sane, et, ex concessis sibimet bonis, sanctorum admittunt contubernia pro remuneracione perpetua vitaque continua, eisdem tradentes terras a se olim possessas. Hiis firmiter columpnis (?) Gossuinus ac Ysaach innixi, quicquid allodii in villa quam vocant Durnum habere videbantur, scilicet in silvis, campis, terris cultis et incultis, principibus terrarum (?) Petro et Paulo, necnon beato Gisleno, ob remedium proprie matris, tradiderunt, ea videlicet lege, ut, advocationem sibi reservantes, nil servitutis acciperent ipsi posterique eorum, futuri deffensores dumtaxat existentes in viros non recte sapientes. Facta est siquidem tradicio ista, Heinrico imperatore romani imperii providente sceptra, necnon Balduino comite Castriloci-Montis tenente jura. Traditores ipsius allodii : Ysaac, Gossuinus. Testes etiam assignantur : S. Widonis. S. Aldonis. S. Geraudi. S. Widrici.

*Cartulaire de l'abbaye de Saint-Ghislain*, rubrique *Dour*, aux Archives de l'Etat, à Mons.

## LII.

*Donation à l'abbaye de Saint-Ghislain, par un nommé Albert, de sa sœur Richilde et de sa postérité* [1].

(1040).

In nomine sancte et individue trinitatis. Quoniam misericordiam divine bonitatis omnes pie querentes inveniunt, invenientes autem et quam suavis est gustantes, omnia caduca pro illa sola adipiscenda postponunt, dignum est illius dominium pre omnibus eligere et super omnia diligere, cui servire regnare est.

[1] Dom Baudry mentionne cet acte, p. 327.

Quapropter ego Albertus, parentibus ingenuus, Richeldem, sororem meam, cuidam Widoni volentem nubere, conduxi ad ecclesiam beatissimorum apostolorum Petri et Pauli, in loco qui vocatur Ursidongus, ubi corporaliter requiescit beatissimus confessor Christi Ghislenus, et coram idoneis testibus feminam ipsam mancipavi servitio sanctorum prescriptorum, et ea conditione, ut omnis posteritas ejus ipsis sanctis sit subdita, et quotannis duos denarios in festo sancti Ghisleni vir sive mulier persolvat pro censu capitali, pro maritali licencia XII, pro mortua manu secundum tenorem ecclesie ipsius. Ut autem hec traditio firma et inconvulsa perduraret, testes idonei confirment. Signum Widrici abbatis. S. Arnulfi comitis. S. Gotsuini de Montibus. S. Ghislardi. S. Walteri. S. Tietwini. S. Baldrici. S. Walcheri. S. Widrici.

Actum anno incarnati verbi millesimo LXX°, indictione VIII<sup>a</sup>, concurrente III°, epacta VI<sup>a</sup>, regnante Henrico pio rege, comite Arnulfo, Lietberto pontifice.

M GACHARD, *loco citato*, p 234.

## LIII.

*L'évêque Liébert donne à l'abbaye du Saint-Sépulcre les autels d'Operboulaere et de Brugelettes.*

(1070).

Cum dignitas humane conditionis, post primi parentis lapsum, tantum post Christi gratiam meruerit ut per fructum bonorum operum ad societatem valeat pervenire civium supernorum, cavendum summopere est fidelibus Christi, ut mancipando consortio eorum quodammodo dignos faciant quibuslibet temporalibus bonis; sicut enim per bona facta ad eorum societatem pervenitur, ita ab ea per mala opera receditur. Ut autem anime magis quam corpori semper debeamus prospicere, divina nobis inculcant scripta crebra ammonitione; nam quid, quod ipsa astipulante comperimur veritate, cuilibet prodest mortalium sibi lucrando mundum arrogare, si per temporalia et fugitiva bona videtur detrimentum sui incurrere, imo eterna privari beatitudine? Evanescunt serius ocius, seu fumus, omnia que in mundo sunt temporalia; si quid boni egerimus, nulla perire dinoscitur jactura. Quod ego Lietbertus, Cameracensis ecclesie episcopus, mecum reputans meditatione assidua, ob abolenda erratuum meorum incommoda, ad ecclesiam Sancti-Sepulchri quam construxi, propter mei meorumque successorum episcoporum commoda, perpetualiter et absque persona duo trado altaria, altare videlicet de Bullari [1] cum appenditiis suis, et altare de Brugeletis [2] cum multa familia; ea videlicet ratione, ut unumquodque eorum quotannis v solidos persolvat propter debita obsonia. Ut hec autem charta rata et inconvulsa permaneat, sigilli mei impressione est consignata et fidelium meorum subtersignatorum testimonio est corroborata. Signum Gerardi archidiaconi. Signum Anselmi arch. S. Warmundi arch. S. Widonis arch. S. Gerardi arch. S. Franconis arch. S. Sigeri arch. Actum est autem hoc anno dominice incarnationis M° LXX°, indictione VIII°, regni vero Heinrici regis XXIII°, presulatus domni Lieberti episcopi XXIII° [3].

> Original, sceau brisé, fonds de l'abbaye du Saint-Sépulcre, aux Archives du département du Nord, à Lille; — Manuscrit intitulé : « *Cartulaire* », aux Archives de la ville de Cambrai, n.° 933, fol. 168.

---

[1] Overboulaere, arr. d'Audenarde, cant. de Grammont.
[2] Brugelette, arr. de Mons, cant. de Chièvres.
[3] Les auteurs de l'*Art de vérifier les dates* ont déjà fait remarquer que l'année XXIII du règne de Liébert ne correspond pas à l'an 1070; en effet Liébert ne devint évêque de Cambrai qu'en 1049. C'est sans doute une erreur de la part du rédacteur de la charte. Voy. M. LE GLAY, *Cameracum christianum*, p. 24.

## LIV.

*Un jeune homme, nommé Thierry, donne à l'abbaye de Waulsort ce qu'il possède à Bourseigne-Neuve, dans le pays d'Ardenne et le comté de Namur* [1].

(1070).

In nomine sancte et individue trinitatis. Scriptum legitur : « filii, obedite parentibus et honora patrem tuum et matrem; » major enim reverentia nequit exhiberi parentibus quam ut eorum » imperio per omnia obediatur ». Qua auctoritate excitatus, ego adolescens Theodericus, matris meæ illustris femine Gertrudis statui preceptis non contraire, quæ moriens mihi extrema dedit et iterum et iterum inculcans sollicitum me reddere curavit. Siquidem precepit tradi sanctæ Marie Walciodorensis cœnobii quidquid sue cedebat sorti in Novis-Bursinis [2], in pago Arduennensi, in comitatu Nammucensi, interposita scilicet conditione, ut in ipso loco Walciodorensi requiem et exequias acciperet sepulturæ. Hoc preceptum matris meæ ego Theodericus, adhibitis testibus idoneis, adimplevi: legitima donatione Bursinas, quod nostri juris erat, sanctæ Mariæ in Walciodoro tradidit (sic), cum mancipiis Lamberto, Aldrude, Thietwara, cum agris cultis et incultis, pratis, silvis, aquis aquarumque decursibus. Est ibi æcclesia cujus quarta pars ad hoc allodium ex integro respicit: cum in ceteris omnibus quinta pars de quarta parte subtrahatur, ipsa tamen nostræ sortis particula in curtilibus magis est atrio contigua, et ideo incolis ad habitandum magis oportuna, pro eo quod æcclesia super hanc partem a majoribus nostris ex integro sit fundata. Testes : Theodericus, Walterus, Godescalcus, An-

---

[1] Nous publions cette charte pour montrer que l'Ardenne comprenait autrefois le pays de Lomme et s'étendait jusqu'au Hainaut. Voy. chap. I, §3. MIRÆUS (t. IV, p. 504) a publié une autre charte, de 1076, donnée par le même Thiéry à l'abbaye de Waulsort.

[2] Bourseigne-Neuve, arr. de Dinant, cant. de Gédinne.

selmus, Stephanus, Gerulphus, Fridericus, Rodulphus. Actum publice Walciodori, anno ab incarnatione Domini M L XX, indictione VIII, regnante Heinrico, Heinrici augusti filio, anno XIII.

Original, aux Archives de l'Etat à Namur, fonds de l'abbaye de Waulsort; *Cartulaire de l'abbaye de Waulsort* (XVIII.e siècle), tome 1, p. 69, ibidem.

## LIV bis

*Ancienne relation de l'inféodation du comté de Hainaut à l'église de Liége, par la comtesse Richilde, du consentement du roi Henri IV. Il y est stipulé que le duc Godefroid tiendra le comté de Hainaut et la marche de Valenciennes en fief de l'évêque Théoduin, et que la comtesse Richilde les recevra en fief de Godefroid* [1].

(1071. 9 mai?).

Anno dominice incarnationis MLXXVI (MLXXI), in die VIII mensis (maii?), H(enricus) quartus, romanorum rex, Leodium veniens, divina instinctus clementia, dedit sancte Marie sancto Lamberto comitatum de Hainou et marchiam Valentiam, cum omnibus beneficiis, cum castris, cum abbatibus, cum prepositis, cum omnibus potentatibus et militibus suis. Jure perpetuo dedit et donavit. Datum ad altare, per manum advocati sui. Legaliter tradidit, presente comitissa Richelde . . . . . et annuente, cum filio Balduino. Et ibidem, in presentia regis et omnium principum, dux Godefridus miles effectus est domni episcopi Dietwini, ac-

---

[1] MIRÆUS (t. III, p. 15) a publié le diplôme du roi Henri, du 25 juin 1071, par lequel il donne à l'évêque Théoduin les châteaux de Mons et de Beaumont, la marche de Valenciennes, etc. CHAPEAUVILLE (t. II, p. 11) a publié un second diplôme conçu dans des termes identiques, mais daté du 11 mai 1071. D'après la relation ci-dessus, l'inféodation aurait eu lieu devant l'autel de saint Lambert, le 9 mai, deux jours avant l'expédition du diplôme; et le duc de Lorraine, Godefroid-le-Bossu, aurait repris le Hainaut en fief de l'évêque de Liége et l'aurait à son tour transmis au même titre à Richilde.

cepto ab eo hoc beneficio. Ipsa vero comitissa ducis effecta hoc idem accepit à duce beneficium, ea scilicet ratione, ut, si dux non fuerit vel filius hereditarius, ab episcopo requireret beneficium ipsa vel filius vel filia, sic tamen filia si consilio episcopi voluerit uxorari (maritari) et ipse maritus liberalitatem voluerit episcopo facere. Quod si hi defuerint aut ab episcopo non requisierint, militari jure omnes milites cum castris et beneficiis in manum episcopi veniunt, et in ejus dominatu ultra manent. Quod si ipsi milites non velint cum episcopo remanere posteaquam renuntioverint, per XL dies ad ejus fidelitatem servabunt ipsa castra, et reddita, per XV dies, si necesse fuerit, adjuvabunt detinere. Quod si forte renuerint aliquo modo castra esse tradenda, cum omni cautela hoc episcopo curabunt nuntiare, et, si fuerint tradita, summo studio et episcopi adjutorio requirent. Quod si qui hanc non voluerint observare fidelitatem et sacramenti fidem, si qui in turribus morantur et munitionibus presunt, servent eas ad presentiam episcopi, donec libere potiatur. Sic factum est sacramentum, et sic susceperunt observandum, anno ordinationis regis XVII, regni autem XV.

ERNST, *Histoire de Limbourg*, t. VI, p. 109.

## LV.

*Une femme, du nom de Warburge, s'asservit à l'abbaye de Saint-Ghislain*[1].

(1022).

In nomine sancte et individue trinitatis. Quum misericordiam divine bonitatis omnes pie querentes inveniunt, invenientes autem et quam suavis est gustantes, omnia caduca pro illa sola adipiscenda postponunt, dignum est illius dominium pre omnibus eligere, et super omnia diligere cui servire regnare est.

[1] DOM BAUDRY, p. 330, mentionne cet acte d'asservissement.

Quapropter, ego Warburgis, licet peccatrix, ab omni tamen mortalium dominorum jure libera, Christo ancillari me proposui, ut a peccatis meis liberari et in numero sibi placentium quandoque merear inveniri. Ergo, pro salute anime mee, cum posteris meis, sicut libera, immo quia libera, tradidi me sancto Gysleno confessori eximio, in Cellensi cœnobio, coram Wedrico ejusdem loci abbate, cum censu II denariorum persolvere quotannis, pro licentia maritali VI, in decessu vero nostro XII. Ut autem hec nostre donationis pagina firma et inconvulsa permaneat, placuit testium annotatione corroborari. Signum Wedrici abbatis. Signum Gotzuini de Montibus et filii ejus Gotzuini. S. Walteri Bolceun. S. Tiecwini, fratris ejus. S. Seyfridi, decani de Hornut, et fratrum ejus Wifranni et Baldrici. Actum anno incarnati verbi M L XXIII, indictione XI, concurrente vero, epacta VIII, episcopante Gerardo [1], regnante Richelde comitissa de Hainau cum Balduino filio ejus.

Original, aux Archives de l'Etat, à Mons, section de l'abbaye de Saint-Ghislain.

## LVI.

*L'évêque Liébert fait don à l'abbaye de Saint-André du Cateau, de l'autel de Boussu et de divers autres biens.*

(1074).

In nomine sanctæ et individuæ trinitatis. Liebertus, Cameracensium episcopus, dilectis successoribus suis coepiscopis et cunctis Christi fidelibus, et presentis vitæ et futuræ prosperis gaudere successibus. Noverit caritas vestra, fratres et domini cooperatores et conservi patres et filii, quod ego partem parrochiæ Sancti-Martini ab abbate Waldrico de Novo-Castello cambiavi,

[1] Il est à remarquer que Gérard ne succéda à Liébert qu'en 1076. La charte aura sans doute été rédigée plusieurs années après l'asservissement qu'elle mentionne; nous en avons déjà vu un exemple au n.º XXX.

eamque appendicium feci ad monasterium Sancti-Sepulchri. Pro hujusmodi quidem concambio, dedi ad ecclesiam Sancti-Andreæ altare de Bussuth ¹, quod situm est in Hanocensi pago, ea scilicet ratione, ut congregatio illius cœnobii altare illud ulterius teneat sine persona, sine ulla redemptione, excepto quod duos solidos pro eo persolvat per singulos annos minoris obsonii, decem etiam per singulos annos majoris. Adhuc autem ego Lictbertus, Cameracensis episcopus, tria altaria, unum videlicet in Ostrevensi pago, altare videlicet de Lambris ², alterum vero in Attrebatensi pago, altare scilicet de Liniaco ³, tertium quoque in Cameracensi de Lelgeïis ⁴ contradidi, ut habeant teneant in sempiternum monachi illius loci, sine persona, sine redemptione ulla, excepto quod per singulos annos, sed in morem socialium ecclesiarum, debita persolvant obsonia. Do etiam pro terra illa de Romeriis ⁵, quam abbati sancti Humberti reddidi, duo altaria, unum quoque de Baseio ⁶, alterum vero de Rothna ⁷ et dimidiam ecclesiam ejusdem altaris, ita tamen ut ea similiter possideant sine persona, sine redemptione, post mortem filiorum Richeri decani, altare vero de Briastro ⁸ perpetualiter. Præterea, interventu Goiffridi clerici mei, altare Sancti-Piatonis ⁹ trado ad altare Sancti-Andreæ apostoli, ut teneant illud in sempiternum monachi ipsi sine persona, sine venditione omni; in villa de Mares ¹⁰, alodium quod comparavi decem libris et decem solidis à Godefrido de Vinceio et Waltero parastre ejus; alodium de Oeunio ¹¹,

---

¹ Boussu. Voy. partie II.
² Lambres, arr. et cant. de Douai.
³ Il existe quatre Ligny dans le Pas-de-Calais.
⁴ Liaugies, hameau à Bethencourt, arr. de Cambrai, cant. de Carnières.
⁵ Romeries. Voy. partie II, et n.º XLIII.
⁶ Bazuel. Voy. partie II.
⁷ Ruesnes (?), arr. d'Avesnes, canton du Quesnoy.
⁸ Briastre. Voy. n º XLIII.
⁹ Saint-Python, arr. de Cambrai, cant. de Solesmes.
¹⁰ Maretz, arr. de Cambrai, cant. de Clary.
¹¹ Ohain, arr. d'Avesnes, cant. de Trélon.

quod abbas Waldricus acquisivit à Willeburge et filiis suis;
alodium quod Joannes et Amulricus nepos ejus tradiderunt ad
altare Sancti-Andreæ, duas videlicet partes Beccenniis [1], et de
Formiis [2] et de Moilans [3]; in eadem villa de Moilans partem
Alaidis, matris Oilardi militis; in villa de superiori Baiscio, medietatem quam ego Lietbertus episcopus tradidi pro Petroso [4]; de
alia medietate, partem Belechindis et partem Hilariæ quam pro
filio suo Herewardo dedit; alodium de Verten [5], quod Widricus
hic sepultus et frater ejus Radulfus hic tradiderunt; Belechindis
hic sepulta, filia Belechendis, partem quam habebat in Formiis hic
tradidit. Ego igitur Lietbertus episcopus, nimis condolens pau-
pertati abbatiæ illius et satisfacere cupiens Waldrici abbatis petitionibus, ad altare Sancti-Andreæ apostoli altare de Germenni [6]
perpetualiter et sine persona, præter debita obsonia, tradidi,
ea videlicet ratione, ut monachi cœnobii illius ulterius quotannis inde pellitias habeant et ad Dei servitium agendum promp-
tiores existant. Unde hujusmodi cartulam fieri mandavi, quam
etiam sigilli mei impressione confirmavi, postulans dilectionem
vestram, ô vos successores mei dilectissimi, ut quod pro Dei
honore et tam pro vestra quam pro mea salute feci, ratum et
inconvulsum servetur à vobis. Ut autem scriptum istud debitam
auctoritatis firmitatem obtineat, bonorum virorum legitima subs-
cribuntur testimonia. S. Gerardi, archidiaconi et curtis meæ
præpositi. S. Mazelini archidiaconi. S. iterum Gerardi archidiaconi. S. Warmundi archidiaconi. S. Sigerici archidiaconi. S. Werinboldi scholastici. S. Oilardi militis. S. Hugonis militis. S.
Fulconis vice-domini. Actum autem hoc anno ab incarnatione

[1] Becquigny, arr. de Saint-Quentin, cant. de Bohain (Aisne).
[2] Fourmies (?), arr. d'Avesnes, cant. de Trélon. Ne serait-ce pas Fournes, comme au n.° XLIII?
[3] Molain, arr. de Vervins, cant. de Wassigny (Aisne).
[4] Preux-au-Bois. Voy. n.° XLIII.
[5] Verlain. Voy. partie II.
[6] Lieu inconnu.

Domini millesimo septuagesimo quarto, indictione duodecima, regni vero Henrici regis vigesimo tertio, presulatus domni Lietberti episcopi vigesimo quarto.

Arnulfus capellanus recognovit.

> Copie sur papier, signée par deux notaires, fonds de l'abbaye de S.<sup>t</sup>-André du Cateau, aux Archives du département du Nord, à Lille ; *Chartes et diplômes manuscrits*, t. XXXI, à la Bibliothèque impériale, à Paris.

## LVII.

*L'évêque Liébert concède à l'église de Sainte-Croix de Cambrai, nouvellement fondée, les autels de Courcelles, de Feignies, de Verchin et de Wallers* [1].

(1074).

In nomine sanctæ et individuæ trinitatis, ego Lietbertus, divina miseratione, Cameracensis sedis humilis episcopus, [illud Salomonis : « *Memento creatoris tui in diebus juventutis tuæ, antequam veniat tempus afflictionis et appropinquantes anni de quibus dicas hii mihi non placent* », hæc memoraliter intuitus], prout vires Deus mihi contulit, ecclesiasticis commoditatibus inservire consilio, auxilio etiam, presenti possessionum largitione opitulari non cessavi [2]. Igitur ecclesiam Sanctæ-Crucis, Cameraci sitam, petitione cujusdam concivis Cameracensis, Erleboldi scilicet Rubri, qui, ejusdem ecclesiæ constructor [3], eandem canonicorum

---

[1] Miræus, t. IV, p. 348, a publié cette charte de la manière la plus inexacte et la plus incomplète. Nous placerons entre parenthèses les passages qu'il a omis.

[2] A dater du mot « ecclesiasticis », le texte de Miræus est ainsi conçu : « ecclesiæ utilitati providere præcordialiter curavi, quosque spiritus sancti gratia animatos ecclesiasticis commoditatibus inservire persensi, consilio, auxilio juvare, etiam possessionum largitione opitulari non cessavi. »

[3] La charte de fondation du chapitre par Ellebaut-le-Rouge est rapportée dans Miræus, t. II, p. 950.

usibus deputaverat, ecclesiis et altaribus ad usus et commoditates thesaurariæ exaltare curavi, quibus luminaria et cœtera ad ecclesiam pertinentia ministrarentur [1], si quid casu aut vetustate fuerit consumptum reparare disposui. [Concessi itaque Sanctæ-Crucis thesaurariæ, in Cameracensi pago, altare de Curcellis [2] in Hainonensi, duo altaria de Fineis et de Vuercin [3]; in Ostrevandensi, altare de Waslers [4], omnia libere sine redemptione ulla, præter quod debita obsonia singulis annis solvantur; sed de Fieneis un[or] solidos tantum solvere concessimus. Præterea, præfati Herleboldi petitione et dispositione, nostra vero concessione, thesaurariæ præbenda adita est, ut ille, cui ipsius ecclesiæ cura per electionem et concessionem tam canonicorum Sanctæ-Mariæ quam Sanctæ-Crucis commissa fuerit, et præbendæ et prædictorum bonorum tertiam partem retineat, duæ vero reserventur in usus ecclesiæ et in claustrali (claustri ?) reparationem. Ut autem hoc ratum maneat et inconvulsum, sigilli nostri sub imaginatione auctorizamus. S. Gerardi prepositi. S. Mascelini archid. S. Gugrmundi archid. S. Guidonis archid. S. Franconis archid.]. Actum hoc anno [ab incarnatione] Domini MLXXIII, [regni vero Henrici XXIII[o], presulatus domini Lietberti XXIII[o]].

*Mémoires sur l'église et le chapitre de Sainte-Croix à Cambrai*, manuscrit de la Bibliothèque de Cambrai, n.º 1018 du catalogue.

## LVIII.

*L'évêque Liébert, à la prière de l'écolâtre Werinbold et d'Airulfe, son chapelain, donne à l'église de Cambrai l'autel d'Augre.*

(1075).

Lietbertus, sancte ecclesie Cameracensium episcopus, salutem

[1] Ministrare. *Mir.eus.*
[2] Courcelles, arr. d'Arras, cant. de Croisilles (Pas-de-Calais).
[3] Verchin et Feignies. Voy. partie II.
[4] Wallers, arr. et cant. de Valenciennes.

et pacem omnibus Christi fidelibus. Qui vult cum Deo habitare, immo ut et Deus secum habitet in sempiternum, bonas faciat vias suas et studia sua, secundum Hieremias vaticinium. Nos igitur, quamdiu in hac vita sumus, audientes apostolum, operemur bonum ad omnes, maximas autem ad domesticos fidei et ad illos etiam qui sunt fideles et amici nostri. Si quis enim, ut ait idem apostolus, curam suorum negliget, et maxime domesticorum fidem denegat et est infideli deterior. Ego igitur petitionem duorum fidelium meorum, Werinboldi scilicet scolastici et Airulfi capellani mei, haut (sic) contempnendam esse estimavi, postulantium à me ut altare de Angra [1] ab omni consuetudine liberum et à persona et à redemptione facerem, et sanctæ Dei genitrici Marie, pro animabus eorum traderem, ita tamen, ut in vita sua illud tenerent et pro eo unum pastum quotannis canonicis sanctæ Mariæ facerent; quando autem alter eorum obiret, superstes illum pastum, quem ambo viventes facturi essent, aniversario defuncti faceret; postquam vero iste quoque defunctus esset, altare illud in usus canonicorum cederet, et faceret inde elemosinarius per singulos annos canonicis pastus duos, singulum scilicet in utrorumque defunctorum anniversario, ut si quid residuum haberetur canonicis divideretur. Ego vero, annuens petitioni eorum sicut fidelium, sicut domesticorum, altare illud sanctæ Mariæ tradidi, secundum modum superius comprehensum. Ut autem hæc carta rata et inconvulsa maneat, nostro sigillo et consignata et bonorum virorum subtersignatorum testimonio corroborata. S. Gerardi, archidiaconi et prepositi. S. Mazelini archidiaconi. S. iterum Gerardi archidiaconi. S. Warmundi archidiaconi. S. Widonis archidiaconi. S. Franconis archidiaconi. S. Sigerici archidiaconi. Actum est hoc anno dominice incarnationis I. LXXV, indictione XIII, regni vero Heinrici regis XXIIII, presulatus domini Lietberti episcopi XX.

> Original, sceau plaqué presque détruit, fonds de la cathédrale de Cambrai, aux Archives du département du Nord, à Lille.

[1] Angre. Voy. partie II.

## LIX.

*L'évêque Liébert concède l'autel d'Ath à l'église de Cambrai.*

(1076).

Lietbertus, Dei gratia, episcopus Cameracensium, omnibus christianis hujus nominis reale participium. Ego Lietbertus, non ignorans inundantis hujus seculi turbinibus implicato bonis operibus velut remigiis quibusdam perveniendum esse ad portum quiescendi, ego quoque, carnalitati obnoxius et ob hoc peccati torrentissime demersioni substractus, idoneum esse perpendi aliquatenus michi coaptare scalam virtutum in spe et causa emergendi, quum utriusque testamenti consonantia, legis videlicet et evangelii, commonitus sum hanc esse anchoram firmam et incorruptibilem instantiam benefaciendi. Salomon enim, legis suppletor et minister, prophetico spiritu sperare tenus, tamen sinagogam commonens et eodem typo ecclesie post futuri illud idem spiritualiter esse exercendum innuens, ait : « Quodcumque potest manus tua, facere instanter operare » ; et item : « Fili, inquit, in omnibus memorare novissima tua et in eternum non peccabis. » Hinc quoque Paulus, egregius gentium vocator, dicit, sic ammonens ecclesiam : « Si consurrexistis cum Christo, que sursum sunt querite, non que super terram. » Ego igitur, hac animi deliberatione excitus, inde autem decani Hugonis et ejus nepotis Goiffridi capellani nostri et canonici precibus incitatus, animadverti de bono concessu posse et Deo placere et satisfieri petitioni eorumdem meorum fidelium, petentium ut altare de Aaht, quod Goiffridus tenebat, liberum a redemptione et persona facerem, et sancte Dei genitrici Marie pro illorum animabus traderem, hac imposita conditione ut in vita sua illud tenerent, et, velut pro ipsius altaris respectu, in anniversario omnium fidelium defunctorum canonicis sancte Marie quotannis unum pastum facerent; postquam vero eorum alter moreretur, superstes alter duos pastus faceret, unum in prelibato termino et unum in prioris defuncti istorum, inquam, anniversario. Ubi vero iste quoque obiret, altare illud absolute in usus fratrum perveniret et eorum elemosinarius ipsis tres pastus singulis annis faceret, duos videlicet in prenotatis terminis, et tertium in anniversario defuncti posterioris. Ego itaque, postulationi eorum annuens, altare illud tradidi sancte Marie in usus canonicorum, secundum modum petitionis superevolutum. Ne autem traditio ista alicujus postmodum incursione divellatur, excommunicatio nostra et interdicit et minatur, que jussu nostro litteris deformata sigilli nostri impressione consignatur et probabili catholicorum testimonio solidatur. Signum Gerardi, archidiaconi et prepositi. S. Mascelini archidiaconi. S. Gerardi archid. iterum. S. Warmundi archid. S. Widonis archid. S. Widrici archid. S. Sygerici archid. Factum est hoc anno dominice incarnationis I. L. XXVI, indictione XIII, regni vero Heinrici regis XXIV, presulatus domni Lietberti episcopi XXV.

M. Le Glay, *Glossaire*, etc., p. 14.

## LX.

*L'évêque Liébert accorde à l'abbaye de Saint-Auberi les autels de Wancourt et de Thiant.*

(1076).

L., Dei gratia, Cameracensium episcopus, coepiscopis suis successoribus et cunctis Christi fidelibus, semper ire de virtute in virtutem tandemque pervenire in Sion ad Dei Deorum visionem. Quoniam karitatem omnis consummationis finem esse nemo qui dubitet, quisquis eam in omnibus usibus suis retinuerit in fine tamen hanc uberius excolere debet; finis enim precepti, sicut scriptum est, est caritas, et in veteri lege non tantum capud sed et cauda hostie offerri in sacrificio jubebatur, quia non tantum initium boni operis sed et finis à domino conlaudatur. Hinc est etiam quod omnis laus in fine canitur, et Joseph inter reliquos fratres suos talarem tunicam habuisse describitur. Quid est enim tunicam usque ad talos habere nisi opus bonum usque ad consummationem producere? His ergo et aliis divine scripture sententiis animatus, et meorum fidelium bonorumque virorum consilio roboratus, in ecclesia Sancti-Autberti in quo (qua), prioribus canonicis ejectis seculariter viventibus, regulares substitueram, aliquot donaria contuli, quia, ut inibi commorantes libere Domino deservirent, villas, terras, ecclesias, altaria etiam, alia sine personis, alia cum personis, exceptis his que prius erant illi ecclesie, superaddidi. Ad ultimum vero, ut cetera que minus feci suppleret caritas, que, sicut paulo superius dixi, omnis caritatis est consummatio in cursus in consummatione, idem, prope finem mortis mee, prefate ecclesie fratribus, sine personis et redemptione, exceptis obsoniis que ecclesiastico more per singulos annos solvuntur, duo altaria concessi, unum apud villam Walzuncurt[1], alterum apud villam Tiens[2], tam pro meorum et antecessorum et successorum quam pro mea salute et anime mee remedio. Ut autem hoc factum nunc et deinceps maneat indisruptum, subsequentibus meis litteratim precepi reservandum, subsignatis quidem hujus rei testibus. S. mei ipsius Lietberti episcopi, qui hoc scriptum sigilli mei impressione signari mandavi. S. Gerardi, prepositi et archidiaconi. S. alterius Gerardi archidiaconi. S. Mazelini archidiaconi. S. Warmundi archidiaconi. S. Widonis archidiaconi. S. Widrici archidiaconi. S. presbiterorum Ramberti, Rodulfi, Alardi, Raineri. S. diaconorum, duorum videlicet fratrum, Godefridi et Offridi, Udonis, Fulberti. S. subdiaconorum Amulrici, Fulchardi. S. militum Amulrici, Engebrandi, Johannis, item Johannis, necnon Balduini. S. domni Lietberti pontificis. Actum est autem hoc Cameraci, anno dominice incarnationis 1° L° xx$^{mo}$ vi$^{to}$, indictione xiiii$^a$, regni quoque Heinrici regis xx° v°, presulatus autem domni Lietberti pontificis xx$^{mo}$ vii°.

Original, sceau plaqué bien conservé, fonds de Saint-Aubert, aux Archives du département du Nord, à Lille.

[1] Wancourt, arr. d'Arras, cant. de Croisilles (Pas-de-Calais).
[2] Thiant. Voy. partie II.

## LXI.

*Une femme, du nom de Liduide, s'asservit à l'abbaye de Saint-Ghislain.* [1].

(1076).

In nomine sancte et individue trinitatis. Cum misericordiam divine bonitatis omnes pie querentes inveniunt, invenientes autem et quam suavis est gustantes, omnia caduca pro illa sola adipiscenda postponunt, dignum est illius dominium præ omnibus eligere, et super omnia diligere, cui servire regnare est. Quapropter ego Liduidis, licet peccatrix, ab omni tamen mortalium dominorum jure libera, Christo ancillari me proposui, ut a peccatis meis liberari et in numero sibi placentium quandoque merear inveniri. Ergo pro salute anime meæ, cum posteris meis, sicut libera, immo quia libera, tradidi me sancto Gisleno confessori eximio, in Cellensi cenobio, coram Widrico ejusdem loci abbate, cum censu II denariorum persolvere quotannis, pro licentia maritali VI, in decessu vero nostro XII. Ut autem hec nostre donationis pagina firma et inconvulsa permaneat, placuit testium annotatione corroborari. Signum Widrici abbatis. S. Gotzuini de Montibus. S. Gislardi filii ejus. S. Walteri Bolceum. S. Thietwini fratris ejus. Actum anno incarnati verbi M° LXX° VI°, indictione XI, episcopante Gerardo, regnante Richeldi comitissa de Hainau cum Balduino filio ejus.

     Original, aux Archives de l'État, à Mons, section de l'abbaye de Saint-Ghislain.

## LXII.

*L'évêque Liébert relate les donations faites antérieurement au*

---

[1] Cet acte est mentionné par Dom Baudry, p. 330.

*chapitre de Saint-Géry et celles qu'il a faites lui-même* [1].

(Avant 1076) [2].

Notum sit omnibus fidelibus ecclesiæ Liebertum, gratia Dei Cameracensem episcopum, ea quæ ad usus fratrum in ecclesia beati Gaugerici quidem servientium, partim à reliquis fidelibus, post liberalem elemosinæ benignitatem à Lothario, item à Lothario et Carolo regibus factam, et à Joanne papa auctoritate apostolica confirmatam, tradita sunt, hujus cartæ testimonio ne à memoria excidant commendasse et episcopalis privilegio dignitatis ne ab aliquo diripiantur legitime laborasse. Tradidit itaque ad usus fratrum prædictorum comitissa Adelaidis pro sua filiique sui comitis Radulphi anima villam quæ dicitur Conteham [3] et quæ ad eam pertinet arabilem terram; comes Ybertus, Torci [4]; Heribertus, dimidiam culturam Mainsendis [5]; Gislanus, in Vilerio Dudonis [6] octo curtillos et dimidium, et terram arabilem cum silva quæ sui juris erat; Aloris, in Muciqucort [7] IV cortillos cum terra arabili; Gheila, in Fressies sedem molendini cum sex curtillis et terra quæ erat suæ potestatis; Walterus, unum mansum in Avesnis liberum; Odo, in Buzegnlis unum mansum qui dicitur Bauegnies; Trebga, in Colrio [8] unum mansum et illud quod ibi liberum habebat alodium; Oisbaldus, in Rotheri-monte quod habebat alodium, quod dedit pro anima filii sui Oisboldini; Hosto,

---

[1] Un grand nombre de noms de localités ayant été expliqués au n.° XVII, nous nous bornons à y renvoyer.
[2] L'évêque Liébert mourut cette année.
[3] Contes, arr. de Montrœuil, cant. d'Hesdin, ou Cantaing, arr. de Cambrai, cant. de Marcoing.
[4] Torcy, arr. de Montrœuil, cant. de Fruges (Pas-de-Calais), ou Torcy, arr. de Château-Thiéry, cant. de Neuilly-Saint-Front (Aisne).
[5] Metz-en-Couture, arr. d'Arras, cant. de Bertincourt (Pas-de-Calais).
[6] Villers-Ghislain, arr. de Douai, cant. de Marchiennes. Comparez n.° CXLVII.
[7] Monchecourt, arr. de Douai, cant. d'Arleux.
[8] Caullery, arr. de Cambrai, cant. de Clary.

in Athena [1] unum curtillum, et tres curtillos inter Scherras [2] et Ivorium [3] cum terra arabili; Boda, in Wambasio [4] unum mansum et terram arabilem unius modii; Stephanus, duo curtilla in Athena et terram arabilem; Rogerius, in Straicort [5] dimidietatem terræ quæ est ibi et silvæ; Werinfridus, in Colrit unum mansum unde solvuntur xii denarii; Guiardus, in Monchiaco [6] juxta Ruriam (Riviam?) tres curtillos et terram arabilem; Hadricus major, juxta Cameracum terram arabilem ad carruce dimidium; Hadricus, dictus Alardus Balduinus, terram unius carruce; similiter juxta Cameracum Haldricus alter terram arabilem trans Scaldum (Scaldum) prope civitatem, quæ solvit tres solidos; Hawera, unum mansum in Puerorum-villa [7]; Haduidus, duos mansos qui solvunt duos solidos et iiii capones juxta mercatum; Anselmus, unum mansum qui solvit xii denarios et ii capones juxta eosdem; Hiersendis, juxta eosdem unum mansum qui solvit xii denarios et ii capones; Otfridus, juxta Cameracum terram arabilem unius modii, et pater suus, præsbiter, in Marchonio tres curtillos et terram arabilem; Albinus, unum mansum in Bantegnies [8]; Walterus, unum mansum in eadem villa, primo in Bezaing terram arabilem xi denarios et unam mediolam solventem; Alelinus, prepositus ejusdem ecclesiæ, in Vilario [9] unum cambile et tres curtillos cum terra arabile, et hæc omnia emerunt ab incolis illius loci; Erluinus episcopus, in eadem ecclesia tertiam prebendam et octo mansos in ipsius ecclesiæ claustro. Habebant etiam prædicti

---

[1] Athies (?), arr. et cant. de Laon (Aisne), ou arr. et cant. d'Arras (Pas-de-Calais).
[2] Lieu inconnu.
[3] Iwuy, arr. et cant. de Cambrai.
[4] Wambaix. Voy. partie ii.
[5] Lieu inconnu.
[6] Lieu inconnu. Il existe un grand nombre de localités appelées Monceau ou Moncheaux, dans le Nord, l'Aisne et le Pas-de-Calais.
[7] Proville. Voy. n.° xvii.
[8] Bantigny, arr. et cant. de Cambrai.
[9] Villers-en-Cauchie. Voy. partie ii.

fratres in Ivorio mansum unum qui x denarios solvit, cum terra arabili; in Villa-Puerorum unum curtillum; in Buisniis et Morchiis ¹ terram arabilem unius carruce; in Aldoncurte ² et mansum unum cum terra et arabili terra; in Fontanas ³, et Raillencort ⁴, et Geimont ⁵, dimidia carruce arabilem terram; in Maneriis ⁶ xv curtillos et terram arabilem quod emerunt à quodam milite libras decem; in Brachiol ⁷ III curtillos et terram arabilem. Dedit etiam Christianus ecclesiæ sancti Gaugerici, cujus erat advocatus, adhuc vivente et annuente uxore sua quæ proprio nomine Tressendis, Beatrix vero est appellata, ancillam unam quæ etiam proprio nomine Enghelsendis vocabatur, cognomine vero *Bona soror*: quod sub hiis testibus factum est, Wibaldo, Amulrico, Leviulfo, Joanne de Rumilli, Roberto, Herberto et Petro de Jiekicres. Præterea episcopi Cameracenses hæc altaria, in Hamo, in Fressies, in Scalia quæ modo vocatur Hera, in Hordinio⁸, in Buzegnies, in Rotheri-monte, libera tradidere. Ipse vero dominus Liebertus episcopus altare in Meobris superaddidit, et hoc ex intercessione Alelmi jamdicti propositi; similiter et altare in Avesnis, precatu quidem Radulphi, ejusdem loci prepositi; et in Breina ⁹ dimidium altare, prece Erlebaldi laici, et singulis quibusve annis II solidos solvit. Tempore ejusdem episcopi, tradidit se ecclesiæ Sancti-Gaugerici Walterus cum uxore sua Enghelsendi et filia eorum Enghelsendi. Tradidit etiam idem episcopus eisdem predictis fratribus districtum claustri eorumdem fratrum, ab antecessoribus suis olim ablatum, etiam et cambam unam, et de mathera decimam partem, et in omnibus molendinis

¹ Morchies, arr. d'Arras, cant. de Bertincourt.
² Audencourt, arr. de Cambrai, cant. de Clary.
³ Fontaine-au-Pire, arr. de Cambrai, cant. de Carnières.
⁴ Raillencourt, arr. et cant. de Cambrai.
⁵ Lieu inconnu.
⁶ Masnières, arr. de Cambrai, cant. de Marcoing.
⁷ Bracheul, à Masnières.
⁸ Hordain, arr. de Valenciennes, cant. de Bouchain.
⁹ D'après M. LE GLAY (*Nouveau mémoire*, etc., p 46), ce serait Beaurain, arr. de Cambrai, cant. de Solesmes. Ne serait-ce pas Braine-le-Château ou Vautier-Braine?

quæ sunt Salis [1] vel Talis decimam partem, in duabus sancti Gaugerici festivitatibus. Thelonei tertiam partem antecessores sui dederunt, et ipse duas et secundum horum priorem. Tempore ejusdem episcopi, homo quidam nomine Robertus ecclesiæ Sancti-Gaugerici se tradidit cum uxore sua Heldewida, et filio suo Balduino, et filiabus suis, Beloca videlicet et Johera; fecit autem similiter alius homo qui Rothardus vocabatur; idem quoque fecerunt duæ mulieres quarum hæc sunt nomina, Aldiardis, Fulcuera.

*Compilatio actorum capituli primariæ ecclesiæ collegiatæ Sancti-Gaugerici Cameracensis*, manuscrit qui a appartenu à M. Jules LE GLAY.

### LXII bis.

*Gérard II, évêque de Cambrai, libère de toute redevance les villages d'Harmignies et de Beugnies qui dépendaient de l'autel de Villers-Saint-Ghislain, et il donne à l'abbaye de Saint-Ghislain ledit autel avec ses dépendances.* [2]

(Vers 1077).

In nomine sancte et individue trinitatis. Notum sit omnibus quod ego Gerardus, Dei gratia Cameracensis presul, duo membra illius altaris quod Villare [3] dicitur, Harminiacum [4] videlicet et

---

[1] Est-ce le nom de l'ancien château de Selles, qui défendait Cambrai du côté du nord? Voy. M. LE GLAY, *Glossaire*, etc., p. LVI.

[2] DOM BAUDRY, p. 330, place avec raison cette charte aux environs de l'année 1077. L'évêque Gérard succéda en effet à Liébert après le 23 juin 1076, date de la mort de celui-ci; et d'autre part l'abbé Widric mourut vers l'an 1079 (DOM BAUDRY, p. 331). M. LE GLAY, *Glossaire*, p. 15, a publié une charte de 1081 où figurent les mêmes archidiacres que ceux qui sont cités dans la présente charte.

[3] Villers-Saint-Ghislain, arr. de Mons, cant. de Roulx.

[4] Harmignies, arr. de Mons, cant. de Pâturages.

Bavinias [1], absoluta fecerimus ab omni redditu pontificali et angariis alicujus debiti inde exigendi, ea conditione, ut in duobus illis membris integrum celebretur officium, et ab ipso capite unum semel in anno accipiatur obsonium. Hoc autem altare cum duobus illis membris prefatis, personatu francum, attributum est sancto Gisleno de Cella. Quod ut ratum constet, bonorum virorum corroborant signa. S. ipsius mei Gerardi episcopi. S. Mascelini archidiaconi. S. Widrici archidiaconi. S. Vidonis archidiaconi. S. Auphridi archidiaconi. S. Oybaldi decani. S. Gozewini militis. S. Almanni militis. S. Walteri militis. Tempore Widrici abbatis et Oduyni prepositi.

*Cartulaire de l'abbaye de Saint-Ghislain*, rubrique *Harmigni*, aux Archives de l'Etat, à Mons.

## LXIII.

*L'évêque Gérard de Cambrai reçoit de l'abbaye de Saint-André du Cateau l'autel de Boussu, et lui donne en échange une rente de trois livres de la monnaie de Cambrai* [2].

(1080).

In nomine sanctæ et individuæ trinitatis. Notum sit omnibus tam futuris quam presentibus quod ego Gerardus, dum sedi Cameracensi præessem episcopus, ab abbate Waldrico de Novo-Castello altare de Bossuth [3], in pago Hainoensi, quod erat adjacens ecclesiæ S. Andreæ appostoli sanctæque Maxelendis virginis, cum consensu fratrum obtinui. Quapropter, ne ipsi fratres inibi Deo famulantes dampnum se pertulisse dicerent si res suæ ecclesiæ minorari sinerent, decrevi ut per singulos annos

---

[1] Beugnies, dépendance d'Harmignies.
[2] En marge de la copie : « Ex historia chronologica manuscripta monasterii Sancti-Andreæ, sub ann. 1080 ».
[3] Boussu. Voy. partie II et n.º LVI.

tres libras Cameracensis monetæ de ipsa parte telonei quæ mei juris est, nam altera pars ipsorum libera est, absque ulla retractatione habeant, donec aliud quid præstantius seu in altari seu in terra pro ipso altari supradicto restituam. Et ne hec conventio per successionem seu per oblivionem aboleatur, præcepi huic cartulæ eam inscribi meique sigilli impressione confirmari, superadditis quibusdam idoneis testibus tam clericis quam laicis. S. Mathelini, S. Widonis, S. Widrici, S. Ausfridi, archidiaconorum. S. Joannis præpositi. S. Oilardi. S. Fulconis. S. Amulrici.

Chartes et diplômes manuscrits, t. xxxii, p. 244, à la Bibliothèque impériale, à Paris.

## LXIV.

*La comtesse Richilde fonde l'abbaye de Saint-Denis en Broqueroie.* [1]

(1081).

[In nomine sancte et individue trinitatis]. Ego Richeldis comitissa, mater Balduini comitis filii Balduini comitis qui tenuit principatum utriusque scilicet Flandrensis atque [2] Hainocensis pagi, cernens totum mundum in maligno positum ruere ad occasum, [atque cunctos mortales magis subditos peccatorum tenebris quam veritatis et bonitatis tramiti], cepi tractare de salute mee et filii mei Balduini anime, [mente sagaci, videlicet quod construendo et relevando casum sancte matris ecclesie possemus oculis placere superni arbitri]. Pro talibus namque michi sepe cogitanti et ingemiscenti occurrit [michi] intentio relevationis de quodam locello, in honore sancti dedicato Dyonisii [3], et statuere ibi fratres

---

[1] Cette pièce a été publiée incomplètement par MIRÆUS, t. I, p. 666, et dans la *Gallia christiana*, t. III, preuves, p. 20. Nous la republions ici en plaçant entre parenthèses les passages nombreux omis dans ces recueils.

[2] Et. *Miræus, Gallia.*

[3] Saint-Denis. Voy. *Brokerul*, partie II.

Deo militantes, juxta regulam beati Benedicti. Quapropter, [pro remuneratione vite celestis], confero ad usus inibi Deo servientium cuncta que adjacent prefato ⁱ locello, in terris, aquis, silvis, pratis, cambis, molendino uno, et [in] omnibus ad ipsum locum pertinentibus, sancte Dei genitricis Marie Majoris-Silye ² et altari Dyonisii ³ predicti martyris, ea lege atque ea libera potestate, ut nullus ibi habeat advocationem nec aliquem dominatum in nulla omnino re, nisi prenominati sancti et fratres ipsorum servientes altari. His addo etiam unum mansum in villa Montinium ⁴ vocitata, cum duobus servis et cum eis qui ad ipsos pertinent in omnibus rebus, scilicet in filiis et filiabus, et ut idem servitium ipsi persolvant martyri et fratribus [prefate] ecclesie quod deberent michi persolvere et successoribus meis in reliquo tempore. [Ut autem hec corroborata et confirmata permaneant in presenti et futuro, ydoneorum testium confirmatione describuntur in presenti cedula nomina testium manifesta descriptione]. Signum Balduini comitis et matris ejus comitisse Richeldis [qui hec statuunt predictis sanctis]. Signum Walcheri. Signum Gossuini. Signum Walteri. Signum Gileberti. Signum Ragineri. Signum Anselmi. Acta sunt [autem] hec in Monte qui vocatur Castrilocus, anno ab incarnatione domini M octogesimo 1°, indictione IIIª, concurrente III, epacta VIIª, regnante rege Romanorum Henrico filio Henrici imperatoris, et vivente Balduino comite cum genitrice sua Ricelde, presidente autem Gerardo pontifice post Liebertum pontificem ecclesie Cameracensis sedi. [Ego Gossuinus peccator, monachorum infimus, hanc kartam scripsi et subscripsi et in patulo relegi.]

> *Cartulaire de l'abbaye de Saint-Denis en Broqueroie* (XIIIᵉ siècle), aux Archives de l'Etat, à Mons, fol. 10 verso.

---

¹ De quodam. *Miræus, Gallia.*
² L'abbaye de Sauve-Majeure, diocèse de Bordeaux, fondée vers 1080.
³ Sancti Dyonisii. *Miræus, Gallia.*
⁴ Montignies-lez-Lens, arr. de Mons, cant. de Lens.

## LXV.

*La comtesse Richilde soumet le monastère de Saint-Denis, nouvellement fondé, à l'abbaye de Sauve-Majeure, dans le diocèse de Bordeaux*[1].

(1082).

[Pro spe servanda Christo sunt cuncta dicanda, ipsius ut nomen nobis sit in omnibus omen][2]. Ego Richeldis comitissa, mater Balduini comitis, filii magni Balduini qui tenuit principatum utriusque scilicet Flandrensis atque [3] Hainocensis pagi, cernens totum mundum ruere ad occasum [atque cunctos mortales magis subditos peccatorum tenebris quam veritatis luci], cepi tractare de salute mee meique anime filii, quomodo possemus sancte matris ecclesie casum relevando oculis judicis placere superni. Talia michi sepe cogitanti [ac ingemiscenti] occurrit intentio relevationis [4] de [5] quedam locello sancto Dyonisio dedicato, statuere ibi fratres, juxta regulam beati Benedicti Deo [6] militantes. Tempore vero quo hec meo versabantur animo, erat inceptum monasterium in luco [7] Silva-Major nuncupato, [ubi Deus suos servos mira augebat dispositione, quippe cui tota famulabantur intentione]. Huic igitur ecclesie placuit prefatum locum subicere (sic),

---

[1] Cette pièce a été publiée d'une manière très incomplète par MIRÆUS, t. I, p. 667. MABILLON (*Acta sanctorum Benedict.*, sæculo VI, pars II, p. 871) et la *Gallia christiana* (t. III, p. 21) l'ont rééditée plus complètement, mais avec des incorrections, d'après le cartulaire de l'abbaye de Sauve-Majeure. Nous la republions ici, comme la précédente, en mettant entre parenthèses les passages omis par MIRÆUS.

[2] Ces mots manquent aussi dans MABILLON.

[3] Et. *Mabillon.*

[4] Relevato. *Idem.*

[5] Omis. *Id.*

[6] Omis. *Id.*

[7] Loco. *Id.*

ut ex tam nobili congregatione semper abbatem suscipiat, qui ecclesiam Sancti-Dyonisii recte disponat. De nostra quidem circumjacenti possessione tantum loco contuli ut abbas honeste posset haberi. Domnus itaque Geraldus, Silve-Majoris abbas primus [1], de suis monachis illuc misit, primumque abbatem constituit. Census autem duodecim denariorum auri ibi statuitur, ut, singulis annis, initio quadragesime sancte Marie in cujus honore Silve-Majoris monasterium dedicatum est persolvatur. Hunc vero locum et cetera pertinentia ad ipsum ita omnium absolvimus potestate, ut nemini in eo quicquam juris vel dominationis sive advocationis liceat habere, nisi abbati et fratribus ecclesie. Sed et domnus Geraldus, Cameracensis episcopus, episcopale jus quod in ecclesia sive altari habebat Deo, [preter [2] christiane religionis culturam] [3], ut ibi degentes monachi omni prorsus inquietudine sint liberi. [Quod si quando, quod absit, abbas Sancti-Dyonisii contra regulam egerit, ad abbatem Silve-Majoris ipse veniat, qui male acta corrigat; similiter et monachus qui abbati fuerit rebellis. Ut autem hec auctorizabiliora habeantur, nobilium virorum testimonio roborantur, quorum nomina subnotantur]. Signum Gerardi, Cameracensis episcopi. Signum Anselmi de Ribodimonte. Signum Balduini de Tornaco. Signum Gislaberti, prepositi de Nivella, aliorumque multorum qui huic assertioni interfuerunt. Acta sunt itaque hec anno ab incarnatione Domini M° LXXXII°, indictione v<sup>a</sup>, epacta xviii, concurrente v, imperante Henrico Romanorum rege. Signum Balduini comitis. Signum Richeldis matris ejus.

*Cartulaire de l'abbaye de Saint-Denis en Broqueroie, aux Archives de l'État, à Mons, fol. II verso.*

---

[1] La vie de saint Gérard, premier abbé de Sauve-Majeure, se trouve dans les *Acta sanctorum*, tome I d'avril, p. 409, et dans MABILLON, *Acta*, etc., seculo VI, pars II, p. 866.
[2] Propter. *Mabillon.*
[3] Donavit. *Idem.*

## LXV bis.

*Gérard II, évêque de Cambrai, sépare le lieu appelé Moncel (le Petit-Harveugt?) de la paroisse d'Hurvengt, et l'unit à la paroisse d'Harmignies.*

(Vers 1082) [1].

In nomine sancte et individue trinitatis. Notum sit omnibus Christi fidelibus quod ego Gerardus, Dei gratia sedis Cameracensis episcopus, decrevi et statui quandam partem de parrochia Harvennii [2], que est juxta Harminiacum [3] et dicitur Moncels [4], attinere ecclesie Harminiacensi, per consensum et laudationem abbatis Sancti-Gisleni, Widrici archidiaconi, et Ricarii decani, atque eorum qui ipsum altare Harvennii tenent de me, quatinus inde habeat ecclesia Harminiaci omnes minutas decimas ex hiis que nutriuntur intra septa domorum, et mortuum (?) ad sepeliendum, nichilque habeat ex omni cultura agrorum. Hec ideo statuimus, quia longe sunt ipsi manentes Moncels ab ecclesia Harvennii, que est mater (?) eorum, et ecclesia Harminiaci vicinior est eis ad audienda servicia que debentur christianitati. Et ut hec nostre jussionis auctoritas stabilis et inconvulsa omni posthinc permaneat tempore, jussimus insigniri sigilli nostri impressione, sub horum testium quorum sunt nomina subtitulata testificatione. Signum Gerardi episcopi, qui hanc cartam jussit fieri. S. Widrici archidiaconi. S. Mathelini archidiaconi. S. Oylboldi decani. S.

---

[1] Nous suivons la chronologie de Dom Baudry, p. 332. Cette charte peut cependant avoir été donnée plus tard, puisque Gerard II, évêque de Cambrai, et Oduin, abbé de Saint-Ghislain, moururent le premier en 1092 et le second en 1093 ou 1094.

[2] Harvengt, arr. de Mons, cant. de Pâturages.

[3] Harmignies. Voy. la charte de 1077, n° LXII bis.

[4] Le Moncelle. Dom Baudry pense qu'il s'agit du Petit-Harveng, à Harmignies. Comparez n° CIV bis.

Richarii decani. S. Goffridi sancte Marie canonici. Tempore Oduyni abbatis et Walberti prepositi.

*Cartulaire de l'abbaye de Saint-Ghislain*, rubrique *Harmigni*, aux Archives de l'État, à Mons.

## LXVI.

*L'évêque Gérard de Cambrai donne certains biens à l'abbaye d'Hautmont et confirme toutes ses possessions* [1].

(1088).

In nomine sancte et individue trinitatis. Ego Gerardus, quamvis indignus, sanctæ Cameracensis ecclesiæ episcopus, in remedium anime mee et spem bonam in Christo Jesu, interventu domni Guiderici Altimontensis abbatis ecclesie et fratrum ibi per se Deo auctore deservientium, altaria de Ferariis, et de aliis iterum Ferrariis, et in Givreyo duo, scilicet sancti Petri et sancti Martini, et in Veteri-Ranio, et in Lismonte, et in Sancto-Albano, et in Dorlario [2], libera à personis altaria canonice possidenda tradidi, salvo tamen per singulos annos jure episcopali. Preterea alias possessiones, quas ab antiquis temporibus eadem tenet ecclesia et tenuerat, simili.... oratione confirmamus : Altum-Montem [3], Gyvreium, Vetus-Ranium, Lismontem, Fontanas [4], Ferarias superiores ex alteris Ferrariis, ecclesiam et quinque mansos et

---

[1] Cette charte, authentiquée par Dom Queinsset, a été copiée par lui sur l'original. La collection de la Bibliothèque impériale présente, dans le même volume, p. 213, une autre copie très abrégée de ce document, que Dom Queinsset déclare avoir tirée « ex histor. chronograph. oppidi de Castello et abbatum Sancti-Andreæ ». Le cartulaire de l'abbaye d'Hautmont, que possède M. Michaux d'Avesnes, ne donne pas cette pièce.

[2] Ferrière-la-Grande et Ferrière-la-Petite, Givry, Vieux-Reng, Limont-Fontaine, Saint-Aubin, Dourlers. Voy. partie II.

[3] Hautmont. Voy. partie II.

[4] Limont-Fontaine, comme ci-dessus.

mansum Herelini, Golgeias ¹, in Havaio x mansos, apud Cipleium²
decem mansos, apud Stanchircam ³ x mansos, in Sanctis ⁴ v mansos, apud Hostois (Hoslois ?) ⁵ v mansos, Rotberceiis ⁶ v mansos,
apud Sanctum-Albanum ecclesiam et vii mansos, apud Bohereias ⁷ vii mansos, Wulframnum-montem ⁸ integrum, in Senuescio-sancti-Remigii ⁹ duas partes, apud Struhen ¹⁰ iii partem,
Calvum-Montem ¹¹ ....., apud Sanctum-Lunam ¹² x mansos, Hurbenceias integras, apud Slogium ¹³ xi mansos cum molendino et
camba, apud Rangeleias ¹⁴ juxta Elpram fluvium ii mansos, Obigiis ¹⁵ juxta Montem-Castrilocum x mansos, Montem ¹⁶ in
Laudunensi pago, apud Berellam ¹⁷ ii mansos, et quicquid deinceps
ibidem fidelium devotione condonatum fuerit. Est autem de jure
ejusdem ecclesie, ut, si quis de pago adjacenti sive burgensis aut
rusticus moriatur, et in loco suo caritatem fecerit, libere et absque ulla contradictione apud Altum-Montem si petierit ad sepeliendum sepelietur; et hujus juris nomina viliarum sunt hec :

¹ Gœgnies-Chaussée (?), arr. de Mons, cant. de Pâturages.
² Havay et Ciply. Voy. partie ii.
³ Steenkerque, arr. de Mons, cant. d'Enghien.
⁴ Saintes, arr. de Bruxelles, cant. de Hal. Voy. *Cameracum christianum*,
p 167, et aussi une charte de 1185 dans le *Cartulaire de l'abbaye d'Hautmont*, fol. 46 verso.
⁵ Olloy (?), arr. de Philippeville, cant. de Couvin.
⁶ Robechies, arr. de Charleroi, cant. de Chimai.
⁷ Boheries, hameau de Vadencourt, arr. de Vervins, cant. de Guise
(Aisne).
⁸ Flaumont. Voy. partie ii et comparez nº cxlix bis.
⁹ Saint-Remi-Chaussée (?), arr. d'Avesnes, cant. de Berlaimont.
¹⁰ Etroeungt. Voy. partie ii.
¹¹ Lieu inconnu.
¹² Idem.
¹³ Harbignies, Elouges. Voy. partie ii.
¹⁴ Renlies, arr. de Charleroi, cant. de Beaumont.
¹⁵ Eugies (?), arr. de Mons, cant. de Pâturages.
¹⁶ Mons-en-Laonnais, arr. de Laon, cant. d'Anizy (Aisne).
¹⁷ Berelles. Voy. partie ii.

Gumenie [1], Harbineie, Bavaium (Havaium ?), Loyeneie [2], Harnegium [3], Berlanmons [4]; Quarta, Squilinium, Perusium [5], Fraisnoit [6], Avesne [7], Solrinia [8]; Berella, Dimencellum [9]. Si quis autem contra hanc nostre constitutionis paginam venire temptaverit, gladio anathematis à liminibus sancte ecclesie sequestramus, donec predicte ecclesie, vel mihi, vel successoribus meis satisfecerit. Ut autem hoc ratum maneat et inconvulsum, subtersignatorum testimonio roboravi et sigilli mei impressione signavi. Signum Guidonis prepositi et archidiaconi. S. Mathelini archidiaconi. S. Desiderii archidiaconi. S. Guederici archidiaconi. S. Ausfridi archidiaconi. S. Alardi archidiaconi. S. Sigerici archidiaconi. S. Hugonis decani. S. Gueribaldi scolastici. S. Guodonii cantoris. S. Gualteri abbatis. S. Aloldi abbatis. S. Alberti abbatis. S. Arnulfi abbatis. Actum anno dominice incarnationis MLXXXIII, presulatus vero mei VII°, indictione VI². Ego Guerinbaldus dictavi et subscripsi.

Chartes et diplômes manuscrits, t. XXXIII, p. 223, à la Bibliothèque impériale, à Paris.

## LXVII.

*Une femme, du nom de Spannechina, s'asservit à l'abbaye de Saint-Ghislain* [10].

(1083).

In nomine sancte et individue trinitatis. Quum misericordiam

[1] Gommegnies, arr. d'Avesnes, cant. du Quesnoy-Ouest.
[2] Bavai, Louvignies. Voy. partie II.
[3] Ne serait-ce pas *Harvegium*, Harvengt, arr. de Mons, cant. de Pâturages ?
[4] Berlaimont, cant. de ce nom, arr. d'Avesnes.
[5] Quartes, Ecuelin, Preux. Voy. partie II.
[6] Frasnoy, arr. d'Avesnes, cant. du Quesnoy-Ouest.
[7] Avesnes. Voy. partie II.
[8] Solrinnes, arr. d'Avesnes, cant. de Solré-le-Château.
[9] Berelles, Dimechaux. Voy. partie II.
[10] Dom Baudry ne cite pas cet acte.

divine bonitatis omnes pie querentes inveniunt, invenientes autem et quam suavis est gustantes, omnia caduca pro illa sola adipiscenda postponunt, dignum est illius dominium præ omnibus eligere et super omnia diligere cui servire regnare est. Quapropter ego Spannechina, licet peccatrix, ab omni tamen mortalium dominorum jure libera, Christo ancillari me proposui, ut à peccatis meis liberari et in numero sibi placentium quandoque merear inveniri. Ergo, pro salute anime mee, cum posteris meis, sicut libera, immo quia libera, tradidi me sancto Gisleno confessori eximio, in Cellensi cenobio, coram Odnino ejusdem loci abbate, cum censu II denariorum persolvere quotannis, pro licentia maritali sex denarios, et pro mortua manu duodecim. Huic vero libere traditioni fuerunt convocati idonei testes in testimonium : Ado de Beleng et Willelmus filius ejus, Almannus de Provin, Gonterus de Bruel, Baldricus de Roisin et Gislardus de Bozies. Actum anno incarnati verbi MLXXXIII, indictione VI, concurrente vero epacta nulla, presulante Cameraci Gerardo II, regnante Balduino comite, filio Richeldis comitisse.

Original, aux Archives de l'État, à Mons, section de l'abbaye de Saint-Ghislain.

## LXVIII.

*Baudouin II, comte de Hainaut, donne à l'abbaye de Saint-Denis en Brocqueroie le village de ce nom, avec des serfs, et l'église de Saint-Pierre à Mons* [1].

(1084).

In nomine patris, et filii, et spiritus sancti, amen. Ego Balduinus, comes de Hainau [2], nobilissime Richeldis comitisse filius,

---

[1] Ce diplôme a été édité très incorrectement dans la nouvelle édition de VINCHANT (t. VI, p. 14); il est aussi dans la *Gallia christiana* (t. III, p. 22). Nous le publions d'après le cartulaire de Saint-Denis, avec les corrections.
[2] Hainonia. *Gallia.*

dum ¹ audissem à bonis ² predicatoribus et scirem veraciter justorum et impiorum meritia ³ per revelationem atque ostensionem sanctarum scripturarum dissimiliter remunerari, psalterio puerorum acclamante : « *Justi autem hereditabuntur* ⁴ *terram et habitabunt in seculum seculi super eam, injusti autem disperibunt, simul reliquie impiorum interibunt* » ; et iterum in eodem subsequuntur pueri lectitantes ⁵ et divitibus hujus mundi significantes : « *Nolite sperare in iniquitate, et rapinas nolite concupiscere; divitie si affluant, nolite cor apponere, quia tunc, id est* ⁶ *in die judicii, reddet unicuique juxta opera sua* » ; Dei inspiratione compunctus et matris predicte confortatione vigoratus, tunc consensit michi cor meum, et cepi disponere qualiter, in tempore opportuno dum tempus est, aliquid proficui michi assumerem, quod in illo die ante Christi tribunal adstans remunerandus offerrem ⁷. Hoc autem est dispositionis mee optabile michi proficuum. Noverint tam presentes quam posteri, quod, in meo allodio, hoc est, in villa que Sancti-Dyonisii appellatur, monachorum ordinem sub abbatis potestate constituo, ad quorum usus eundem ⁸ allodium, sicuti jure hereditario usque nunc possedi, liberum ab omni terrena dominatione amodo possidendum, ad honorem Dei et beate Marie semper virginis, liberrima ⁹ concessione sancto martyri Christi ¹⁰ Dyonisio trado. Ut vero ¹¹ radicari et fundari merear cum antecessoribus in terra viventium, concedo adhuc eidem loco servos et ancillas, sicut

---

¹ Cum. *Vinchant.*
² Divinis. *Idem.*
³ Merita. *Gallia*; Opera. *Vinchant.*
⁴ Hereditabunt. *Gallia, Vinchant.*
⁵ Lætantes. *Vinchant.*
⁶ Judex. *Idem.*
⁷ Offeram. *Idem.*
⁸ Idem. *Idem.*
⁹ Libera. *Idem.*
¹⁰ Omis dans la *Gallia.*
¹¹ Vere. *Idem.*

designat subtitulatio : Odam de Merbes [1] cum sororibus suis et [2] earum posteritate futura; Odam de Senephyo cum filiis et filiabus ejus; Ricueram de Belchi [3] et quinque filias ipsius [4], Ricueram, Renscellam, Hulsendem, Tietlendem [5], Stahineldem [6]; Hargerum coccum [7], et uxorem ejus Gislam, et filiam [8] Ymburgem [9]; Robertum et uxorem ejus Lietardem [10]; Alardum cambarium, quem de manu Segardi de Ceoes [11] suscepi et eidem loco concessi. [12] Item concedo Normannos qui in eadem villa deguerint, ea conditione, ut, si [13] anno et una die ibi manserint, postea ibi et ubicumque in comitatu meo abbas vel monachi jure sempiterno possideant. Si vero ad annum diemque non pervenerint, solum dum ibi habebuntur sub ditione abbatis et monachorum erunt. Albanios [14] etiam similiter trado, quamdiu videlicet ibi manserint venientes, quos [15] ea solum conditione Theodericus de Avesnis, qui eis feodatus est, multo precatu in manu mea reddidit [16]. Has itaque donationis mee [17] oblationes ab omni advocatione humana preter abbatis liberas clamo, ab omni terrena potestate et dominatione absolvo. Nulli amodo [18] comitum, principum, castellanorum, aliarumve potestatum liceat ex his surripere

[1] Maeres. *Idem.*
[2] Cum. *Vinchant.*
[3] Richueram de Blichy. *Idem.*
[4] Ejus scilicet. *Idem.*
[5] Tietendem. *Gallia.*
[6] Ahieldem. *Vinchant.*
[7] Coquum. *Gallia.*
[8] Filium. *Idem.*
[9] Yburgem. *Idem.*
[10] Liardem, *Vinchant*; Lielardem, *Gallia.*
[11] Genes, *Vinchant*; Ceoes, *Gallia.*
[12] M. PINCHART (*Bulletins de la Commission royale d'histoire*, 2e série, t. III, p 106) a cité les lignes suivantes jusqu'à « in manu mea reddidit. »
[13] Uti. *Vinchant.*
[14] Albanos. *Gallia.*
[15] Quos venientes quasi. *Vinchant.*
[16] Retulit. *Idem.*
[17] Donationes meas. *Idem.*
[18] Autem, *Idem.*

quicquam. Quod si quis potentum [1] ausus fuerit presumere, nisi desierit, potenter eterna sustineat tormenta. Ut autem hoc ratum permaneat sicut oportet, nobiles meos et principes et potentes sicut presentes sunt ad testimonium appello et subnotare censeo. Signum Gossuini [2] de Montibus. Signum Theoderici de Avesnis. Signum Theoderici de Aldenarda. Signum [3] de Ceocs [4]. Signum Manasse de Betunia. Signum Fastredi. Signum Walteri de Lens. Signum Walcheri de Chirvia. Signum Anselli de Ribodimonte. Signum Baldrici de Rosin. Signum Anselli de Merbes [5]. Signum Folechini [6] castellani. Signum Widonis senescalci. Signum Rodulfi fratris ejus. Signum Gonscelini. Signum Wasselini, Brunoldi. Signum Lieberti. Iterum, consilio domini mei Gerardi Cameracensis episcopi, consilio, inquam, salubri et prescriptorum nobilium meorum assensu [7], quasi divino fervore inflammatus, ecclesiam sancti Petri, que sita est in Montibus inter duo monasteria sancte Waldedrudis, videlicet et sancti Germani, cum omnibus appenditiis suis, eidem beati Dyonisii cœnobio liberaliter trado, ita ut canonici ipsius ecclesie subjaceant potestati abbatis, et obeuntibus illis in usus monachorum sancto Dyonisio servientium prebende ipsorum cedant, majoria [8] et submajoria [9], et, ut ita dicam, molendini molendinaria sancti Dyonisii in manu et potestate abbatis sint, ita ut nullus heres in eis constituatur, sed abbas ad libitum suum et profectum eas [10] preordinet. Actum [11] anno

---

[1] Omis dans la *Gallia*.
[2] Gosvini. *Idem*. Les noms des témoins sont ici rangés dans un ordre différent.
[3] Signum Segardi. *Gallia*.
[4] Ceoes, *Vinchant*; Ceocs, *Gallia*.
[5] Morbes. *Gallia*.
[6] Jolechini. *Vinchant*.
[7] Assensum. *Idem*.
[8] Majora. *Gallia* et *Vinchant*.
[9] Submajora. *Idem*.
[10] Ea. *Vinchant*.
[11] Actum Montibus. *Idem*.

incarnati ¹ verbi M. LXXX° IIII°, indictione XIIª ², epacta VI, regnante et imperante Henrico rege, duce Godefrido, Rainaldo ³ Remensi archiepiscopo, et Cameracensi pontifice ⁴ Gerardo.

*Cartulaire de l'abbaye de Saint-Denis en Broqueroie*, aux Archives de l'État, à Mons, folio 8 verso.

## LXIX.

*Un certain Henri donne à l'église de Cambrai ce qu'il possède à Fontaine-Notre-Dame.*

(Vers 1085).

Euvangelica ammonemur sententia ut nobis faciamus amicos de iniquitatis mammona, et Salomon ait : « *Honora matrem tuam ut sis longevus super terram* »; talia dicit scriptura : « *Honora dominum de tua substantia* ». His et aliis documentis michi à quibusdam expositis, ego Heinricus animadverti æternæ vitæ me premia consequi posse, si æcclesiam vere matrem nostram exaltare ex meæ substantiæ rebus quivissem, et honorare, et in ea Deo famulantes, eorum victui providendo, michi amicos efficere. Ad quod operandum me sepius anhelantem, quove modo id valuisset perfici sedulo deliberante, quidam Ernulfus, scilicet de Ribuetmonte, ex Dei provisione me adiit, alodiumque, quod ex hereditate conjugis suæ Fontonis ⁵ possidebat, emendum michi obtulit. Hoc audiens quanto gaudio repletus fui non est dicendum, quippe in qua re pendebat totum meum desiderium. Ergo, cum illud allodium ab illo E., assensu omnium eidem allodio participantium, ex proprio comparaverim, æcclesiæ Sanctæ-Mariæ disposui destinandum, ad usus inibi deservientium. Itaque, ut

---

¹ Incarnationis. *Vinchant.*
² VII. *Vinchant* et *Gallia.*
³ Remaclo. *Vinchant.*
⁴ Omis dans *Vinchant.*
⁵ Fontaine-Notre-Dame, arr. et cant. de Cambrai.

disposueram, voluntatem non distuli complere meam. Ecclesiæ etenim prelibatæ bonum illud usibus fratrum tradidi, sub hac scilicet conditione, ut ipsum ego ipse, inde solvens quotannos pro respectu duodecim denarios, in manu mea retinerem diebus vitæ meæ. Contigit autem non multo post tempore uxorem meam, Lietgardem nomine, morte obire, et quia eam diligebam valde (erat enim mire mansuetudinis), annui pro anima illius ut alodii omnes reditus cederentur Sanctæ-Mariæ canonicis, ad hoc ut simul convenientes semel in anno inde reficerentur, in anniversario illius meæ conjugis; et si quid hinc fieret residui, reservaretur proficuo fratrum et utilitati. Cujus provisionis curam ego ipse suscepi laborando querendo ut res ipsa valuisset augeri. Quesivi ergo et inveni pro mei desiderio; nam regulares de Monte-Sancti-Eligii, apud Funtanas alodium quoque quoddam possidentes, coacti necessitate habuerunt illud venale. Cujus rei rumore percepto, sub domini mei Girardi episcopi et domni Mascelini archidiaconi auxilio, illud adquisivi ex voluntatis meæ arbitrio, quod etiam tradidi Sanctæ-Mariæ, ea lege ut, me à seculo migrante, hinc per singulos annos simul convescantur canonici in mei obitus die. Hujus utique volui provisor atque minister fieri quippe qui in eo fideliter disponebam dum viverem operari. Et quia jam aliam uxorem duxeram, Goteldem nuncupatam, participem hujus beneficii et elemosine non abnuo illam. Unde si in hac civitate Cameracensi defuncta fuerit, volo eam et filium meum ab ipsis canonicis honorifice apud monasterium Sancte-Mariæ sepeliri. Hujus rei gratia, concedo ut habeant idem canonici, post meum discessum, quicquid invenerint in illa terra, tam palefridos quam sata. Verum si meus heres, Oilardus scilicet, post illum vero sibi proximior quilibet, sicque alius alii succedens usque ad tertium heredem illam voluerint excolere terram, eis permittatur, sic tamen ut ex unoquoque jugeri modium continentem III$^{or}$ denarios largiantur, terragium cedatur fratrum in usus.

Orginal, ou plutôt copie du temps, fonds de la cathédrale de Cambrai, aux Archives du département du

Nord, à Lille ; *Chartes et diplômes manuscrits*, t. XXXI, p. 186, à la Bibliothèque impériale, à Paris.

## LXX.

*Le comte Baudouin confirme, après la mort de sa mère Richilde, la donation faite par elle à l'abbaye d'Hasnon des villages de Montignies-lez-Lens et de Fellignies. Cette donation est aussi confirmée par Gérard II, évêque de Cambrai* [1].

(1086).

In nomine sancte et individue trinitatis, patris, et filii, et spiritus sancti. Ego Balduinus, comes Montensis castri, filius illius Balduini qui cœnobium Hasnonense restauravit, notum fieri volo omnibus, quod mater mea Ricildis comitissa, libenter et sæpe aurem accommodans crebris collocutionibus religiosorum virorum, cum didicisset ab eis ex scripturæ sanctæ testimonio, « Si habes unum filium, fac Deum secundum, si duos, tertium », ut heres fieret beatæ immortalitatis, Deum heredem instituit terrenæ suæ hereditatis; ex (et?) me accito, assensu et concessu meo tradidit sancto Petro supradicti cenobii villam quæ dicitur Montiniacus [2], ad opus monachorum ibidem Deo et S. Petro deservientium, cum omnibus suis appenditiis, molendinis scilicet, silvis, campis, et pratis, vico etiam uno qui dicitur Felegnies [3]. Ad nos (hos?) autem omnes et ancillas sub hac denotatione tradidit servas, ad supradictæ villæ potestatem pertinentes, quæ dicitur vulgo *Scaples*. Si alio mansionem fecerit,

---

[1] Cette charte est authentiquée par Dom Queinsert et a été copiée par lui sur l'original à l'abbaye d'Hasnon.

[2] Montignies-lez-Lens, arr. de Mons, cant. de Lens. Gérard II, évêque de Cambrai, donna, en 1090, l'autel de ce village à la même abbaye. Voy. n.° LXXVII.

[3] Fellignies, ancienne seigneurie à Neufville, arr. de Mons, canton de Lens. Voy. Delecourt, *Introduction*, etc., p. 76.

ejusdem semper maneat potestatis, exceptis octo quos ego michi retinui, de quibus si cui reditus contigerit ad villam mansionis causa eadem lex servabitur. Alienus vero servus mei dicti juris, si infra potestatem manserit, ejusdem potestatis erit. Hæc quia rata fore et inviolata beatæ memoriæ comitissa mater mea optavit, assensu et consensu meo ab omni exactione libera dedit, banno videlicet, et latrone, furto, et inventione, precaria etiam consuetudine, et ab omni quodcumque exigi potest ab advocato vel comite. Et hoc ut firmius maneret, hos idoneos advocavit testes: Walterum de Duaco, Anselmum de Ribodimonte, Walterum de Mauritania, Balduinum filium Bonifacii, Bettholium, Joannem, Stephanum, Gubertum, Gonterum de Ais, Rainerum, Gerardum. Post decessum matris meæ, providens in posterum ne quod pro æterna retributione fecerat quandoque violaretur vel penitus adnullaretur, ut ejusdem particeps essem retributionis, coram supradictis testibus et aliis infra positis, quod ipsa firmaverat integrum concessi et ipse idem firmavi et sigillo meo signavi. Isti sunt testes meæ confirmationis: Walterus de Monte, Theodoricus de Avesnes, Gossuinus de Monte, Walterus Volginus, Letvininus filius ejus, Godefridus, castellanus de Monte, Walterus de Duaco, Clarebaldus, Segardus, Arnulfus, Lauvinus, Walterus de Warnestin et frater ejus, Marsilius, Ogerus, Anselmus de Solra, Richelmus.

Ego, secundus Gerardus, Cameracensis episcopus, favens petitioni Balduini comitis quam ad nos direxit, videlicet ut hanc cartam, testimonio Clareboldi, et Segardi, et Arnulfi de Manasse jam ab ipso firmatam, auctoritate nostra sigillo roboravimus et authoritate omnipotentis Dei omnes quicumque illam violare præsumpserint excommunicamus donec ecclesiæ S. Petri Hasnoniensis satisfaciant, restitutis in integrum quas subtraxerint rebus. Signa testium hujus confirmationis: Adalardi archidiaconi, Mazelini archid., Wederici archid., Desiderii archidiaconi, Adalboldi abbatis, Hugonis abbatis. Actum est hoc anno ab incarnatione Domini M° LXXXVI°, apud Aquiscinctum, in die dedicationis ejusdem.

*Chartes et diplômes manuscrits*, t. xxxiv, p. 241, à la Bibliothèque impériale, à Paris; copie aux Archives du département du Nord, à Lille, fonds d'Hasnon.

## LXXI.

*Awide de Hoves s'asservit à l'abbaye de Saint-Ghislain avec sa fille Emma et toute sa postérité* [1].

(1086).

In nomine patris et filii et spiritus sancti. Quisquis ad eterne beatitudinis bravium tendit, transitoriam felicitatem seu dignitatem toto mentis desiderio studeat parvipendere, et sic procul dubio, duce gratia Dei, id ad quod suspirat poterit comprehendere. Quocirca ego Awidis de Hova, quamvis libera et nullo terreno domino subjecta, temporalem libertatem eligens postponere, et ad ejus anhelare servitium cui servire regnare est, me ipsam cum filia mea, Emma nomine, et tota successione de nobis proditura tradidi beatis apostolis, Petro et Paulo, atque sanctissimo confessori Christi Gysleno, in Cellensi cenobio, coram beate memorie Oduino ejusem loci abbate. Hec est autem hujus traditionis conditio ut vir sive mulier pro capitali censu quotannis in festo sancti Gysleni, duos persolvant denarios, pro licentia vero maritali et mortua manu consuetudinem servorum prefate ecclesie teneant. Ad hec Oduinus abbas omnes qui huic tam legitime donationi contraire temptaverint vel in omni posteritate nostra, preter beatum Gyslenum vel ejus mearram (?), manum inferint (sic), donec satisfecerint, excommunicavit coram testibus idoneis qui subtitulati videntur. S. mei Oduini abbatis. S. Gotsuini de Montibus. S. Walteri Bulceum. S. Tietwini filii ejus. S. Baldrici de Roisin. S. Walcheri fratris ejus. S. Gyslardi de Bozeiis. S. Seyfridi decani de Hornut, et fratrum ejus Wlfranni, et Baldrici, et Raynardi. Actum anno incarnati verbi mlxxxvi,

---

[1] Dom Baudry, p. 332, fait mention de cet asservissement.

Gerardo presule Cameraci, Richelde comitissa et Balduino filio ejus comite.

Original, aux Archives de l'État, à Mons, section de l'abbaye de Saint-Ghislain.

## LXXII.

*Le comte Baudouin II fait remise à l'abbaye d'Hautmont d'une rente de vingt sous, due par le village de ce nom à l'avoué de l'abbaye, qui était alors Thierry d'Avesnes* [1].

(1er août 1088).

In nomine sancte et individue trinitatis. Cum, ad optinenda vivifice salutis remedia, propensius prodesse noverimus elemosinarie pietatis opera, procul dubio et ipsa eadem perficere opera procedere dinoscitur ex divine propitiationis gratia. Igitur ego Balduinus, de nomine tertius [2], comes de Haynau, desiderans apud Deum tanti boni particeps fieri, notum esse volo fidelium tam presentium quam futurorum universitati, quod quondam quadam die ad ecclesiam sancti Petri de Altomonte, ubi gloriosissimi beati Marcelli, romane sedis pontificis et martyris, corpus requiescit, me oratum euntem, sancte religionis et nobis apud Deum necessarius Guidericus, ejusdem cenobii abbas, suppliciter adierit, et ut viginti solidos, qui quotannis exigebantur ab ipsa villa in beneficium advocati ejusdem ville à me impositi, Deo ac sancto Petro donarem, expetierit. Ego vero, rem diligenter ventilans comperi ita esse, insuper et ipsius pretii summam Theodericum, inter magnos nostri comitatus maximum, quem et ibi constitueram advocatum, duobus militibus suis, Gualdrico atque Johanni de Squilinio, jamdudum in beneficium

---

[1] Cette charte, authentiquée par Dom Queinsert, a été copiée par lui sur l'original à l'abbaye d'Hautmont. Elle est aussi au cartulaire de l'abbaye, mais presqu'entièrement effacée.

[2] Erreur pour *secundus*. La même erreur existe dans le cartulaire.

contulisse; quorum Gualdricus, nuper vita decedens, quantum in se fuit suam partem, pro sue remedio anime, Deo ac eidem ecclesie optulerat; Johannes autem, eadem sue salutis sollicitudine motus, nihilominus et ipse quod sibi contingebat exoptabat potius ecclesie. Super quibus predictis noster amicus Theodericus interpellatus nec minori devotionis in Deum animatus benivolentia, id ipsum beneficium à prescriptis militibus suis, Gualdrico scilicet atque Johanne, voluntarie quidem offerentibus, recepit, mihique memorate donandum ecclesie ut vere Deo devotus reddidit. Quibus ego libentissime adquiescens mihique in futurum providens, tam pro meorum genitorum requie quam pro mea meorumque successorum et heredum salute, ipsos xx solidos Deo, ac sancto Petro apostolo, ejusque successori beato Marcello martyri, donatione legali attribuo, et, coram comitatus nostri principibus, super altare in usus fratrum in ipso loco omnipotenti Deo famulantium deinceps irrefragabiliter habendos offero. Ut ergo hec nostra traditio potiorem in Dei nomine virtutem optineat, hanc exinde chartam mandavi fieri nostrorumque fidelium subscriptione firmari. S. Godefridi cum filio Boderido. S. Adelardi. S. Hudebaldi. S. Liethardi. S. Macbelini. S. Franconis. S. Eustachii. S. Manasse. S. Isaac. S. Baldrici. S. Sigardi. S. Arnulfi, ac reliquorum, quotquot presentes fuerunt clerici et laici. Data kal. augusti, qui est dies festo vinculorum sancti Petri celebris, anno dominice incarnationis м° octogesimo viii, indictione xi°, anno domini Gerardi de nomine secundi Cameracensis episcopi xii ordinationis videlicet ipsius, anno quoque ordinationis domini Guiderici abbatis predicti cenobii viii° [1]. Ebruinus notarius recognovi et subscripsi. Actum in ecclesia sancti Petri Altimontis et sancti Marcelli, romance sedis summi pontificis, in Dei nomine feliciter. Amen.

*Chartes et diplômes manuscrits*, t. xxiv, p. 52, à la Bibliothèque impériale, à Paris; *Cartulaire de l'abbaye d'Hautmont* (xiv.° siècle), fol. 73 verso.

[1] viii°, *Cartulaire.*

## LXXIII.

*Gérard II, évêque de Cambrai, confère à l'abbaye d'Hasnon l'autel du village de ce nom* [1].

(1068).

In nomine sancte et individue trinitatis, patris, et filii et spiritus sancti. Ego Gerardus, divina ordinante clementia sanctæ Cameracensis ecclesiæ episcopus. Si erga loca divinis cultibus mancipata propter amorem Dei oportuna largimur beneficia in eisdem locis sibi famulantibus, premium nobis æternæ retributionis apud Dominum rependi non diffidimus. Notum ergo ecclesiæ sit filiis tam presentibus quam futuris, quod vir venerabilis Lotbertus, abbas cenobii Hasnoniensis in honore beati Petri apostolorum principis fundati, nostram adierit presentiam, humilitatis devotione expetens, ut altare sancti Marcellini parrochiæ Hasnoniensis [2], quod erat nostri juris, perpetuum supradicto cenobio concederemus et episcopalis exercitio consuetudinis, ob amorem Dei et divini reverentiam cultus, imposterum firmaremus. Cujus petitioni libenter adquievimus, accepta domini Alardi archidiaconi reverendi ceterorumque nostrorum clericorum sententia, et, ut æterna nobis amplietur retributio, ad amplianda monachorum ibidem Deo deservientium concessimus stipendia. Firmamus igitur auctoritate nostra sub personatu perpetuum atque ab omni exactione liberum, excepto quod quatuor vini sextarios solveret persona episcopali servitio per annum. Persone autem altaris talis conditio maneat, ut, cum defuncta fuerit, pro restauratione alterius solidos xxx$^{ta}$ episcopus ab abbate accipiat. Et si forte ipsa persona, episcopo inobediens, a judicio sinodali se substraxerit vel sibi vel abbati rebellis extiterit, personatu privabitur et alter triginta dans solidos ejus in loco subrogabitur. Oleum

---

[1] Cette charte, authentiquée par Dom Queinsert, a été copiée par lui sur l'original, à l'abbaye d'Hasnon.

[2] Hasnon, arr. de Valenciennes, cant. de Saint-Amand.

et chrisma vel per se vel per legatum suum statuto tempore accipiet; sed nunquam sui aliquo delicto altare descriptum cenobium Hasnoniense amittet. Qui hujus nostre conscriptionis pagine violator extiterit perpetuum anathema incurrat; devotus autem observator gloriam æterne beatitudinis possideat. Hujusmodi in confirmationis assertione idonei testes subscripti assensum prebuere. S. mei ipsius Gerardi episcopi. S. Alardi archidiaconi. S. Mazelini archidiaconi. S. Auffridi archidiaconi. S. Hugonis deconi. S. Werinboldi scolastici. S. Guodonis cantoris. S. Albaldi capellani. S. Goiffridi capellani. S. Bernardi capellani. Actum est hoc Cameraci anno ab incarnatione Domini I LXXX$^{mo}$ VIII$^o$, presulatus domini Gerardi episcopi XII$^o$.

Chartes et diplômes manuscrits, t. xxxv, p. 82, à la Bibliothèque impériale, à Paris.

## LXXIV.

*L'évêque de Cambrai, Gérard II, concède à l'abbaye d'Anchin les autels de diverses localités, dans l'Artois, l'Ostrevant et le Brabant.*

(1089).

In nomine sanctæ et individuæ trinitatis, Gerardus secundus, sancte Cameracensis æcclesiæ episcopus, pacem et salutem omnibus Christi fidelibus futuris ac presentibus. Notum sit omnium fidelium devotioni, quod æcclesie sancti Salvatoris, quæ in insula que Aquiscinii appellatur sita est, hæc pro remedio animæ mee dederim altaria : altare videlicet de Bursa [1], altare etiam de Wisbecca [2], altare quoque de Wendino [3] cum membro suo altari

---

[1] Bours, arr. de Saint-Pol, cant. d'Heuchin, ou la Bourse, arr. de Béthune, cant. de Cambrin.
[2] Wisbecq, à Saintes, arr. de Bruxelles, cant. de Hal.
[3] Wintham, à Hingène, arr. de Malines, cant. de Bornhem.

scilicet sancte Margarete de Hingis [1], item altare de Vereto [2] cum suis appenditiis, altari videlicet de Obercicurte [3] et altari de Osgico [4]; et hæc quidem omnia soluta à persona et ab omni redditu, preter annua obsonia, predicte ecclesie jure perpetuo possidenda tradidi, annuentibus archidiaconis, Desiderio videlicet Atrebatensi, Alardo Ostrevanensi, Gerardo Brachatensi, annuentibus etiam eorum decanis, Haimerico de Betunia, Tietgero Duacense, Gisleberto de Sonegiis. Hanc autem kartam, sicut illas de libertate predicte ecclesie et de his que illi tam à me quam ab aliis fidelibus attributa sunt, coram me et abbatibus mihi suffragancis et archidiaconis, presentibus etiam Hugone decano sancte Mariæ et canonicis quampluribus aliis, [in synodo Camer]aci habita anno ab incarnatione Domini 1<sup>mo</sup> Lxxx<sup>mo</sup> viii, indictione xii, recitari feci, eorumque testimonio confirmari et eorum subscriptione annotari. S. mei ipsius Gerardi episcopi. S. Maxelini archidiaconi. S. Alardi archidiaconi. S. Desiderii, Gerardi, Ansfridi, Rothardi archidiaconorum. S. Aloldi Attrebatensis abbatis. S. Arnulfi Laubiensis, S. Alardi Marcianensis, S. Autberti Hasnoniensis, S. Alberti Maricolensis abbatum, qui huic rei cum aliis multis abbatibus et clericis testes fuerunt.

Original, sceau plaqué presque détruit, fonds de l'abbaye d'Anchin, aux Archives du département du Nord, à Lille.

## LXXV.

*Gérard II, évêque de Cambrai, confirme la donation de l'autel de Villers-en-Cauchie, faite à l'église de Saint-Géri par une femme nommée Richilde.*

(1089).

In nomine sancte trinitatis. Gerardus, Dei gratia, Camera-

[1] Hingène.
[2] Vred, arr. de Douai, cant. de Marchienne.
[3] Auberchicourt, arr. et cant. de Douai.
[4] Oisy (?), arr. d'Arras, cant. de Marquion. Cf. M. Le Glay, *Glossaire*, p. 29.

censium episcopus, omnibus in Christo viventibus celeste gaudium adipisci cum sanctis animabus. Quedam mulier, Richeldis nomine, cuidam viro Alardo nuptiali copulata vinculo, pari mente indissociabili dilectione cum eo per aliquantulum tempus vivens, ex illo filios suscepit; cui mortuo superstes ejusdem dilectionis exibitionem illius anime impendere curavit. Audierat namque saluti defunctorum elemosinas prodesse, sanctorum patrum scripturis testantibus, immo id ipsum Augustino sic affirmante: « Neque negandum est, ait, defunctorum animas pietate suorum viventium relevari, cum pro illis sacrificium mediatoris offertur vel elemosine in ecclesia fiunt. » Quocirca michi, sicut pastori suo, animi sui intentionem patefecit, et ut votum suum per me ad effectum deduceretur obnixe postulavit. Cujus precibus annuens, altare de villa Villario[1] nuncupata, in Hainoensi pago sita, ecclesie Sancti-Gaugerici, ubi maritus ejus sepultus erat, sine persona, sine ulla redemptione, preter debita obsonia, contradidi, ea conditione ut illa, dum viveret, filius vero suus Erleboldus post illam, illud altare teneret, sed post eorum discessum canonicis Sancti-Gaugerici cederetur; sic tamen ut anniversarium tam suum quam mariti facerent canonici illi quotannis, et illa Richeldis migrans à seculo ibidem sepeliretur ab eis. Ut autem hoc maneat ratum et inconvulsum, est sigillo nostro confirmatum et fidelium nostrorum testimonio corroboratum. S. domini Mazelini Sancte-Marie prepositi et Cameracensis archidiaconi. S. Gerardi archidiaconi. S. Alardi archidiaconi et ecclesie Sancti-Gaugerici prepositi. S. Anffridi archidiaconi, cujus archidiaconatu supradictum altare consistit. Actum est hoc anno ab incarnatione Domini I. L. xxxviii, regni vero Heinrici xxxviii, presulatus Gerardi xiii, indictione xii.

M. Le Glay, *Glossaire*, etc., p. 16.

[1] Villers-en-Cauchie. Voy. partie ii.

## LXXVI.

*Gérard II, évêque de Cambrai, concède à l'abbaye du Saint-Sépulcre l'autel de Nieuwenhove.*

(1080).

In nomine patris, et filii et spiritus sancti. Ego Gerardus, gratia Dei, Cameracensis episcopus, universis ecclesie filiis presentibus et futuris. Opus bonum operamur in corpore Christi si quod habemus facimus. Noverit ergo fidelium universitas cœnobium Sancti-Sepulcri, infra ambitum urbis fundatum à predecessore meo sancte memorie Lieberto et confirmatum à domno Gregorio, sancte romane sedis summo pontifice viroque sanctissimo, nos quoque cum cunctis reditibus sibi appendentibus confirmare, et universis hujus ecclesie fidelibus tam presentibus quam futuris dono presenter comendare. Igitur, cum predicti domini nostri Lieberti eleemosinarium stabilimentum considerantes nos quoque ipsius retributioni in die judicii participes fieri desideraremus, habito cum nostre ecclesie fidelibus consilio, traditione legali contulimus eidem cœnobio, ad usus Domino ibidem servientium, altare de Ninnehovo [1], tam pro nostra anima quam et pro nostrorum predecessorum ac successorum remedio. Quam traditionem hac libertate perficimus, ne deinceps cuiquam, sive decano, sive archidiacono aut etiam episcopo quodlibet exigatur exinde servitium, preter duodecim denarios circa festum sancti Remigii persolvendos episcopo. Preterea innotescimus in nostra presentia rationes dissensionis ortas fuisse inter clericos Sancti-Gaugerici et abbatem præfati loci pro piscatura de Farinariis [2], quam idem clerici diversis rationum objectionibus sui juris esse defensabant; sed illam fratres prescripti monasterii ideo eis nullo modo cedebant, quamobrem ex prima fundatoris pontificis donatione et apostolicæ auctoritatis confirmatione jam

---

[1] Nieuwenhove, cant. de Grammont, arr. d'Audenarde.
[2] Lieu à Proville, arr. et canton de Cambrai. Voy. M. Le Glay, *Glossaire*, etc., pp. 106 et 206.

diutina et solida quiete eam possederant. Nos vero, utrorumque consulentes concordiæ, altare quoddam de Braina [1], quod utrique communiter possidebant, coegimus monachos clericis abdicare, quatenus eandem piscaturam ex tunc et deinceps constaret eisdem fratribus quietam permanere. Ut ergo hæc nostra traditio, videlicet de memorato altari, et confirmatio de jam dicta piscatura potiorem in Dei virtute vigorem obtineat, hanc exinde fieri cartam instituimus; quam et sigilli nostri impressione firmavimus signandam subscriptis testibus. Interminamus autem omnem temerariorum audaciam sub attestatione divini nominis, ut, si quis hæc violare vel quamlibet injuriæ violentiam loco prelibato inferre presumpserit, ex authoritate Dei et sancte Marie, matris Domini, necnon et sancti Petri apostolorum principis, anathema maranata fiat, habiturus partem in æternum cum diabolo et angelis ejus. Signum Gerardi, archidiaconi de Brabantiæ. S. Mascelini, archidiaconi. S. Widonis, archidiaconi. S. Alardi, archidiaconi. S......, archidiaconi. S. Ausfridi, archidiaconi. S. Sigerici, archidiaconi. S. Johannis, ipsius altaris decani. S. Werimbaldi cancellarii. Datum hoc anno dominicæ incarnationis mxc°, indictione xiv°.

     Original, sceau disparu, et copie sur papier, fonds du Saint-Sépulcre, aux Archives du département du Nord, à Lille.

## LXXVII.

*Gérard II, évêque de Cambrai, concède à l'abbaye d'Hasnon l'autel de Montignies-lez-Lens avec ses dépendances, Casteau et Fellignies.*

(1090).

In nomine sanctæ et individuæ trinitatis. Ego secundus Gerardus, sanctæ Dei ecclesiæ Cameracensis episcopus, omnibus suc-

---

[1] Serait-ce Braine-le-Comte ou Braine-l'Alleud? Voy. une charte de 1091, publiée par M. Le Glay, *Nouveau mémoire sur les Archives départementales du Nord* (Lille, 1861), p. 46.

cessoribus meis salutem, et omnibus ecclesiæ filiis consolationem. Considerans mercedem futuræ retributionis paratam à Domino his qui de rebus suis aliquid conferunt ecclesiæ ministris, studui et ego ex his quæ mihi competebant conferre aliqua Domino militantibus in sacris cenobiis. Unde notum volo fieri omnibus ecclesie filiis, quod altare de Montiniaco, quod Balduinus comes, filius comitisse Richildis, ab antecessoribus suis, licet contra canonum decreta, tenebat, mihi reddiderit, quod etiam, eodem B. comite petente, Deo et sancto Petro et fratribus in cenobio Hasnoniensi commorantibus liberum à persona et ab omni consuetudine, sicut illud predictus comes tenebat, donaverim cum appenditiis suis, que sunt Castellum [1] et Felenias [2], exceptis m solidis inde mihi persolvendis quotannis. S. Gerardi archidiaconi. S. Mazelini archidiaconi. S. Adalardi archidiaconi. S. Bernardi archidiaconi. S. Gerardi cancellarii. S. Goiffridi capellani. S. Folconis. S. Amalrici. S. Manasse. S. Walteri, Wenchilon. S. Rodberti Rufi. S. Ingelberti de Melin. S. ejusdem Hiberti qui hanc cartulam scripsit. Actum est hoc anno incarnationis dominice M° XC°, in ecclesia Sancte-Marie Cameraci, regni vero domni Heinrici XXXI°, presulatus mei ipsius Gerardi XIII°.

Original, sceau détruit, fonds d'Hasnon, aux Archives du département du Nord, à Lille.

## LXXVIII.

*L'abbaye de Crespin acquiert l'alleu de Robert de Douai, fils d'Ermentrude, au village de Sebourg* [3].

(1091).

In nomine sancte et individue trinitatis. Uti patrum aucto-

[1] Casteau. Voy. partie II.
[2] Fellignies. Voy. n.° LXX.
[3] Cette charte, authentiquée par Dom Queinssat, est extraite du cartulaire de Crespin. Miræus (t. IV, p. 188) a publié une autre charte relative à cette acquisition et à laquelle il donne la date de 1101 : elle est en réalité de 1091 comme celle que nous publions.

ritate erudimur, precedentium apicibus divulgari litterarum memoria digna queque gesta fidelium utilitati magne constat esse mortalium. Quamobrem tam presentibus quam futuris intimetur, qualiter allodium Roberti de Duaco, filii Ermentrudis, situm in villa que nuncupatur Snvurch [1], super fluvium Hur [2], in jus ditionemque propriam cum suis monachis adquisierit Landelinus. Sane videlicet, in eorum monachorum restaurationis primo tempore, jamdictum allodium prefati Roberti sanctus Landelinus suique monachi pro xxx marcis argenti causa vadii suscepere, ac postea, transacto aliquot annorum tempore, ejusdem Roberti instigatione, omne illud prorsus allodium, ut ille heredis possederat legitimi jure, à domino Raginiero, ipsius sancti Landelini cenobii abbate, fratrum consilio, integerrime preemitur (?) aliorum xxx marcorum pretio. Actum Valentianis, in presentia Balduini comitis hanc cartam sigillo proprio roborantis, multorum sub testimonio virorum idoneorum ipsius negotia confirmante emptionis. Signum Balduini comitis. S. Theoderici. S. Baldrici, aliorumque multorum. Duaco vero castello confirmatum, argumentis exclusis tortitudinum, astipulatione tam legitime conjugis ipsius Roberti quam liberorum, talium sub testimonio personarum. S. Hugonis. S. Walonis. S. Amolrici, aliorumque multorum. Acta sunt autem hec anno M L XXXXI° dominice incarnationis, imperii XXXV Henrici sceptrum romanum tenentis, episcopatus vero XV° Gerardi Cameracensis ecclesie secundi, comitatus XX Balduini comitis, XIII° indict., II° concurrente, epacta XXVIII° existente.

*Chartes et diplômes manuscrits*, t. XXXVI, p. 127, à la Bibliothèque impériale, à Paris.

[1] Sehourg. Voy. partie II.
[2] Le Hanneau. Voy. partie II.

## LXXIX.

*Une femme, nommée Jeanne, s'asservit à saint Landelin, dans l'abbaye de Crespin.* [1]

(Vers 1091).

In nomine patris, et filii et spiritus sancti, amen. Notum sit omnibus fidelibus christianis tam futuris quam presentibus Johannam, mulierem honestissimam, in has portes devenisse, que se cum tota successione sua in ancillationem beato Landelino cum hereditario censu mancipavit. Hic autem est census : vir, in die festi sancti Landelini qui est XIᵐᵉ kal. octob., duos denarios persolvat; mulier unum; in matrimonio VI, in morte duodecim utrique persolvant. Hoc factum in diebus Raigneri primi abbatis ipsius ecclesie. Servienti benedictio, tollenti maledictio. Amen. Fiat. Fiat.

*Chartes et diplômes manuscrits,* t. XXXVI, p 221, à la Bibliothèque impériale, à Paris.

## LXXX.

*Gérard II, évêque de Cambrai, à la demande du prévôt et du chapitre de Soignies, rend libre l'autel de Saint-Pierre dans l'église de ce lieu.*

(1097).

In nomine sancte et individue trinitatis... Scientes quoniam unusquisque, quodcumque bonorum fecerit, hoc percipiet à Domino, et quoniam, accepto personarum nomine, apud Deum debent, ut ait apostololus, Domini servis suis minas remittere qui horum et horum dominus est in celis. Si hoc Domini servis, quid patres filiis? Debent enim paterna dulcedine eos ad amorem sui provocare. Idcirco ego secundus Gerardus, Cameracensis sedis episcopus, Sonegiensi ecclesie sancti Vincentii, mihi non medio-

[1] Cet acte, authentiqué par Dom Queinsert, a été copié par lui sur l'original

criter ob suam honestatem et religionem dilecte, aliquid de jure meo judicavi remittere. Altare igitur in predicta ecclesia, quod est sancti Petri apostoli, liberum facio, assentiente ejusdem archidyachono Mathelino, ab obsonio michi debito, pascentibus hoc ejusdem ecclesie filiis, preposito Gilleberto juniore et decano Balduino. Quod ne infirmari possit, sigillo meo munivi. Quod qui infregerit, nisi digne satisfecerit, perpetuo subjaceat anathemati. Signum Mathelini archidyaconi. Signum Gualcherii archidyaconi. Signum Adelardi, decani ecclesie sancte Marie. Hujus rei testes : Raginerus Sonegiensis advocatus, Engelbertus de Adengien, Balduinus de Stenkirke, Stephanus de Bouler, Gualterus et Hugo de Lens, Liethbertus et Gislardus de Saentes, Arnulfus de Sonegio, Ibertus et Abbo de Brene. Actum anno ab incarnatione Domini M XCII, indictione XV.

*Cartulaire de Saint-Vincent de Soignies* (d'après une copie de M. Vander Rit), fol. 40 verso.

## LXXX bis.

*Gérard, évêque de Cambrai, à la demande de Rutbald, évêque de Tournai, règle la redevance à payer du chef de l'autel de Melle donné au chapitre de Tournai.*

(1090-1092)[1].

In nomine sancte et individue trinitatis, patris, et filii et spiritus sancti. G(erardus), Dei gratia, Cameracorum episcopus,

---

[1] Le village de Melle étant situé dans l'archidiaconé de Brabant, le nom de l'archidiacre Mascelin nous permet de fixer la date de cette charte. Mascelin fut en effet archidiacre après 1090 et avant 1095 (Voy. le chapitre III, § 1). Dans ce laps de temps, vécurent deux évêques de Cambrai dont le nom commence par la lettre G., à savoir Gérard II, qui mourut le 11 août 1092, et Gautier dont l'élection, faite en 1093, fut contestée. Or comme nous ne trouvons guère qu'un acte de Gautier antérieur à 1095 (n° LXXXI bis) et qu'en cette année même Mascelin avait cessé d'être archidiacre de Brabant, nous croyons pouvoir rapporter notre charte à Gérard II. Elle se place ainsi entre l'année 1090 et le 11 août 1092.

fideliter fidelibus vivendum et vivendo de virtute in virtutem proficiendum. Quoniam omnibus fieri notum volumus, qualiter altariolum de Maisle [1] canonicis sancte Marie Tornacensis datum sit, in perpetuum scriptis firmavimus tenendum. Domini enim R(atbodi) Noviomorum pontificis prece et amicitia, sic statuimus ut decanus ecclesie Tornacensis curam ipsius altarioli a decano nostro et personatum suscipiat, et sine omni synodali respectu, ceterisque semotis que exiguntur ab altaribus reliquis, quatuor singulis annis persolvat denarios. Rem namque illius altarioli sic strictam esse audivimus, ut non amplioribus oporteat restringi tributis : non enim capitalis ecclesie portat privilegium, sed alterius est ecclesie membrulum ; et ideo, sive noster sive sancte Marie mutetur decanus, nichil aliud quam quatuor denariorum exigatur respectus. Actum, me presente et disponente, Mascelino archidiacono ejusdem locelli consiliante, et Guerrico decano obtinente ecclesiam cujus membrum est hoc altare.

M. Voisin, *Des seigneuries du chapitre de Tournai dans le Hainaut*, dans les *Bulletins de la Société historique de Tournai*, t. vii (publié à part sous le titre de *Chartes seigneuriales de Melle, Herquegies,* etc.

## LXXXI.

*Un certain Alulfe restitue à l'abbaye de Crespin le quart du village de ce nom* [2].

(1093).

In nomine sancte et individue trinitatis. Ego abbas Raginerus, communi consilio fratrum sub speciali patris nostri Landelini

---

[1] Melle, qu'il ne faut pas confondre avec Melle dans l'arrondissement de Gand, est un petit village du canton de Celles, dans l'arrondissement de Tournai, autrefois archidiaconé de Brabant, décanat de Saint-Brixe. M. Voisin donne, d'après un texte de la première moitié du xii.e siècle, l'énumération des possessions du chapitre dans ce village.

[2] Cette charte, authentiquée par Dom Queinsert, a été extraite du cartulaire de l'abbaye de Crespin.

presulatu Christo militantium, quomodo quave ratione pars quarta possessionis ville Crispinii Deo ac S. Landelino ab Alulfo, nostro tempore, reddita sit, per cartam et attramentum intimare decrevi posteritati. Notum itaque sit universis predictum Alulfum ipsam partem ville prefate, rogatu Balduini comitis atque Anselmi de quo eam optinebat peticione ac concessione, manu propria integre ac liberaliter Deo sanctoque confessori Landelino reddidisse, eo videlicet tenore atque conditione ut, si ipse aut aliquis ejus liberorum, Christo inspirante, mundo huic renuncians, choro se cupierit habitu monachali sociare, regulari suscipiatur probatione. Pro qua etiam possessionis reddicione ei causa redemptionis marcos dedimus quinque. His viri nobiles affuere presentes negotii hujus propagatores quos pandimus (?), nominibus propriis titulantes : Balduinus comes, Anselmus, Gerardus, Gozenninus, Fulco et alii quamplures. Actum Crispinio, anno incarnationis dominice MXCIII, concurrente $v^o$, epacta $xx^a$, indictione I, romani imperii Henrico obtinente sceptra. Si quis sane, quod absit, hanc paginam confirmationis violare temptaverit, à corpore Christi quod est ecclesia sancte segregetur trinitatis, nisi, penitentia ductus, prout jussus fuerit, Deo digne et sanctis ejus palam emendaverit. Amen.

*Chartes et diplômes manuscrits*, t. xxxvii, p. 79, à la Bibliothèque impériale, à Paris.

## LXXXI bis.

*Gaucher, évêque de Cambrai, donne au chapitre de Lobbes les autels de Solre-sur-Sambre et de Forchies-la-Marche.*

(1093) [1].

Probabile est omnibus, juxta apostoli sententiam, « Qui parce
» seminat parce et metet, et qui seminat in benedictionibus de-

---

[1] Cette date est remarquable : elle prouve que Gaucher exerçait déjà, en 1093, les droits et prérogatives attachés à la dignité d'évêque. On va voir

» benedictionibus et metet vitam æternam ». Quapropter ego Gualcherus, gratia Dei Cameracensium episcopus, in memoriam mei et remissionem peccatorum meorum, ecclesiarum facultates dilatare et amplificare studens, altare de Solria [1] prope fluvium Sambre sita, cujus vestituram Robardus et Raginerus tenebant, per (assensum?) illorum liberum absque omni persona, ecclesie sancte Marie Lobiensis tradidi firmiter et concessi, ad usus canonicorum ibidem servientium; sic tamen ut singulis annis un tantum solidos persolvant, et post nihil amplius episcopo vel ministris ejus debeant. Similier duo altaria duarum villarum que Forceie [2] dicuntur, unum dimidium et alterum quartam partem integri servitii solvens, eidem ecclesie in augmentum, salvis nostris. . . . . . . . . . . . ministris episcopalibus pensare (pensande?) tradidi, et sub hac traditione chartam signavi, adhibitis testibus idoneis . . . . . . . subscribtis. Signum Frederici archidiaconi. S. Bernardi archidiaconi. S. Robardi archidiaconi. S. C...... S. Fulchardi abbatis Lobiensis. S. monachorum : Raginardi decani, Theoderici........ S. Oilbaldi ....... S. canonicorum : Robardi decani, Wathelini canonici, Leutheri, Olberti, Bernardi, Gontherii, Raginoldi. . . . . S. laicorum nobilium : Gualteri, Wenchillonis, Ingobrandi, Guigeri, Baldrici de Roisin, Ansfridi, Raginardi. Actum Laubie, anno ab incarnatione Domini m xc iii, indictione i, imperante Heinrico Heinrici imperatoris filio, anno presulatus suprascripti domini Gualcheri i, Olberti vero Leodicensis episcopi anno. ii. Ego Ebruinus, notarius ecclesie sancti Petri, visa vel agnita fideliter subscribsi.

        Original en mauvais état, aux Archives de l'État, à Mons, section du chapitre de Lobbes.

toutefois que les actes signés par Gaucher en 1095 sont aussi datés de la première année de son pontificat.

[1] Solre-sur-Sambre, arr. de Charleroi, cant. de Merbes-le-Château.
[2] Forchies-la-Marche, arr. de Charleroi, canton de Fontaine-l'Évêque. Il paraît, par cet acte, que ce village était autrefois divisé en deux parties.

## LXXXII.

*Baudouin II, comte de Hainaut, donne à l'abbaye de Crespin tous les flamands habitant ce lieu* [1].

(1094).

In nomine omnipotentis Dei et salvatoris nostri Jhesu Christi. Balduinus comes, divina favente clementia, fidelibus cunctis. Noscant fideles nostri cuncti presentes et futuri venerabilem abbatem Raginerum monasterii beati Petri, apostolorum principis, quod est situm in pago Hainnaunensi, in villa Crispinii, precibus nos adisse humillimis, ut Theutonicos omnes, hoc est Flandrenses, in possessione ejusdem ville circumquaque commanentes, Deo ac S. Landelino confessori, qui in monasterio predicto corpore requiescit, dignaremur largiri. Cujus precibus aures nostras accommodantes, tam pro remedio anime nostre quam eciam aliorum nobilium interventu virorum, scilicet Rogeri, Fastradi, Walteri, Waulandi, Heribrandi, ac precipue Theoderici, Theutonicos eosdem in advocatione tunc de me optinentis, ut pecierat, Deo ac S. Landelino omnes donavimus, largiti sumus; hoc etiam statuentes atque commonentes, ne amodo a quoquam nostrorum successorum vel alia qualibet persona, nobili aut ignobili, ipsis Flandrensibus quicquam dominatus aut servicii, excepto abbate prefati monasterii, presumatur imponi. Ut vero nostra hec largitio firma inconvulsaque habeatur, ab eodem abbate Raginero et ejusdem fratribus fieri excommunicatione jussimus atque tradi memorie futurorum descriptione pagina nostro legaliter roborata sigillo. Actum Crispinio, x kal. septembris, horum sub testimonio. Signum Theoderici. S. Gossewini. S. Visonis, et aliorum multorum, anno M x c III, indictione II$^a$, epacta I$^a$, imperatore regnante Henrico, imperii ejus xxxvIII.

*Chartes et diplômes manuscrits*, t. xxxvii, p. 100, à la Bibliothèque impériale, à Paris.

[1] Cet acte, authentiqué par Dom Queinssart, a été extrait du cartulaire de l'abbaye de Crespin.

## LXXXII bis.

*Lettre de Renaud, archevêque de Rheims, à Lambert, évêque d'Arras. Il l'informe de la tenue d'un concile à Clermont, le 18 novembre 1095, et l'invite à s'y rendre, avec les princes et seigneurs de son diocèse, et notamment avec Baudouin, comte de Mons* [1].

(1095).

Raynoldus, Dei gratia, Remorum archiepiscopus, delectissimo fratri et consacerdoti suo Lamberto, Atrebatensium episcopo, salutem et benedictionem in domino Jesu. Dilectissimam nobis fraternitatem vestram ignorare nolumus, quoniam domini papæ Urbani epistolam nuperrime suscepimus [2], quæ nos, ut ad concilium, quod in octavis S. Martini, quartodecimo videlicet calendas decembris, apud Arvernensem quæ et Clarimontis dicitur ecclesiam celebraturus est, accederemus præsentialiter, præmonuit, et ut omnes nostræ metropolis suffraganeos, convocatis tam abbatibus quam cæteris ecclesiarum primoribus, sed et excellentioribus principibus, ad ipsum concilium invitaremus præcepit. Et nos sane apostolicæ monitioni obviam, quod nefas est, incedere nolentes, concilium, quod in octavis omnium sanctorum insumpseramus, propter hoc, ut justum est, dimittendum dignum putavimus. Vestram ergo sollicitudinem litteris præsentibus monemus, quatenus omni occasione seposita vestram ad idem concilium præsentiam exibere, et, ut prædictum est, et abbates et cæterarum ecclesiarum vestrarum primores, et diœceseos vestræ principes, et maxime Balduinum, comitem de Montibus, monere

---

[1] Gaucher et Manassés se disputaient à cette époque l'évêché de Cambrai. C'est sans doute afin de ne prendre parti ni pour l'un ni pour l'autre que l'archevêque de Rheims charge Lambert d'Arras d'inviter au concile Baudouin de Mons, qui possédait quelques biens dans son diocèse.

[2] La lettre d'Urbain II est du 15 août 1095. Voy. JAFFÉ, *Regesta pontificum romanorum*, p. 463.

curetis. Nulli autem vel inopiæ, vel alicujus necessitatis occasio quin veniat præbeat audaciam, cum nos nisi personas non ingenti quidem famulorum caterva stipatas requiramus. Quicumque autem post hanc admonitionem nostram se ab hoc concilio absentaverit, noverit procul dubio quoniam et ordinis sui periculum incurret et domini papæ iram, nec impune quidem sibi thesaurizabit. Vale.

AcheRii *Spicilegium*, t. v, p. 554.

## LXXXIII.

*Gaucher, évêque de Cambrai, donne l'autel d'Hautrage à l'abbaye de Saint-Ghislain* [1].

(1095).

In titulo summe deitatis, filii fidelium qui nascentur et exurgent narrent hec filiis suis, et filii eorum generacioni altere. Ego Gualcherus, divina miseratione Cameracensis episcopus, illius recordans auctoritatis que unumquemque fidelium ostendit per elemosinas posse peccatorum sordes detergere, pro salute anime mee meorumque antecessorum, dominique Alardi abbatis peticione, altare de Haltrigiis [2], exceptis obsoniorum ceterorumque altarium debitis, liberum sine persona sancto Gisleno perpetualiter tradidi. Et ne quislibet sancte Dei ecclesie persecutor hoc donum violare presumeret, et ab usibus serviciisque predicti sancti fratrum alibi divertere attemptaret, publico anathemate confirmavi. Ut hoc autem constans et inconvulsum permaneat, introducti sunt testes ydonei. Signum Rodulphi archidiaconi. S. Alardi archidiaconi et Sancti-Gaugerici ecclesie prepositi. S. Bernardi archidiaconi. S. Frederici archidiaconi. S. Rothardi archidiaconi. S. Alberici ecclesie Sancte-Marie prepositi. S. Erleboldi

---

[1] Cette donation est mentionnée par Dom Baudry, p. 333.
[2] Hautrage, arr. de Mons, cant. de Boussu.

ejusdem ecclesie decani. S. Adam abbatis ecclesie Sancti-Autberti. S. Ragineri abbatis ecclesie Sancti-Sepulcri. S. Goffridi abbatis de Novo-Castello. S. Alberti abbatis ecclesie de Mariclis. S. Guidrici abbatis ecclesie de Altomonte. S. canonicorum Sancte Marie, Albodi capellani, Goffridi capellani, Balduini dyaconi, Radulphi dyaconi, Gualteri subdyaconi, Gerardi subdyaconi, Roberti subdyaconi, Sicheri subdyaconi. S. laicorum, Fulconis casati, Lugebrandi casati, Gualteri, Wenchelonis, Roberti casati, Johannis casati, Gualteri Coletti. S. Baldrici de Roisin, Gossuini de Mons, Fastredi de Silli, Sigeri fratris ejus. Hoc vero factum est anno dominice incarnationis MXCV, indictione III, supradicti quidem pontificis anno primo.

*Cartulaire de l'abbaye de Saint-Ghislain*, rubrique *Hautrege*, aux Archives de l'État, à Mons.

## LXXXIII bis.

*Gaucher, évêque de Cambrai, accorde aux religieux de l'abbaye de Saint-Aubert les autels de Saint-Vaast, de Saulzoir, de Barastre, de Rieux et d'Iwuy.*

(1095).

In nomine sancte et individue trinitatis. Ego Gualcherus, divine providentia misericordie, Cameracensium humilis episcopus, respiciens quod, per hujus temporis multiplicationem ecclesie, ad celestem possem pervenire Jerusalem, meisque successoribus bone edificationis exempla pro sensu et posse meo laborans relinquere, pro anime mee remedio meorumque antecessorum, ad laudem et honorem nominis Christi, tria altaria integra duoque dimidia libera sine personis, exceptis quidem debitis obsoniis, beatissimo confessori Autberto perpetualiter tradidi: totum scilicet altare de villa quam appellant Sanctus-Vedastus [1], totum

---
[1] Saint-Vaast, arr. de Cambrai, cant. de Solesmes.

altare de Sausoiaco [1], totum altare de Barastro [2], dimidium vero altare de Rivia [3], dimidium de Ivoriaco [4]. Ne hoc autem donum et statutum meum quilibet hujus transgressor elemosyne violare presumeret et ab usibus regularium predicti sancti fratrum alibi injuste reduceret, vel inde quodcumque dampnum sive furto sive violentia ecclesie inferret, pro certo sciant presentes et presentium sancte Dei ecclesie successores quia, sicut hoc donum feci, ita divina auctoritate sancteque Dei genitricis Marie et mea ne prevaricaretur sub pontificali signo interdixi. Ad quod testes introducti sunt ydonei. Signum Guarneri archidiaconi. S. Alardi archidiaconi. S. Radulfi archidiaconi. S. Frederici archidiaconi. S. Bernardi archidiaconi. S. Rothardi archidiaconi. S. Albrici, Sancte-Marie prepositi. S. Erlebaldi, ejusdem ecclesie decani et thesaurarii. S. Raineri, abbatis Sancti-Sepulchri. S. Goiffridi, abbatis de Castello. S. Alberti, abbatis de Mareclis. S. Gualteri, abbatis de Hunonis-Curia. S. Gaodonis, Sancte-Marie cantoris. S. canonicorum Radulfi, Albaldi capellani, Emelini, Geroldi, presbiterorum. S. Goiffridi, Radulfi, Guerimbaldi, Balduini, diaconorum. S. Gualteri, Anselli, Anselli, Amabrici, Gerardi, Fulchardi, subdiaconorum. S. Segardi, Sancti-Gaugerici decani. S. Rogeri, Albrici, Ursionis, presbiterorum. S. Godefridi cantoris. S. Radulfi scolastici. S. casatorum ecclesie: Gualteri de Marchone, Guillelmi, Manasse, Ingebrandi, Falconis, Johannis, Gualteri, Guenchelionis, Roberti Rufi, Gualteri, Coleti. Hoc vero factum est anno dominice incarnationis millesimo nonagesimo v°, indictione tertia, predicti quidem pontificis anno primo.

Le Glay, *Glossaire*, etc., p. 24.

## LXXXIV.

*Gaucher, évêque de Cambrai, fonde l'abbaye de Liessies où*

---

[1] Saulzoir. Voy partie II.
[2] Barastre, arr. d'Arras, cant. de Bertincourt (Pas-de-Calais).
[3] Rieux, arr. de Cambrai, cant. de Carnières.
[4] Iwuy, arr. de Cambrai, cant. de Cambrai-Est.

*avaient existé jusqu'alors des chanoines. Il relate les donations faites à la nouvelle abbaye par Baudouin II, comte de Hainaut, Thierry d'Avesnes, etc.* [1]

(1095).

In nomine sancte et individue trinitatis. Galterus, sancte Cameracensis ecclesie, Dei gratia, episcopus, cunctis Christi fidelibus felicitatis utriusque successus. Notum vobis facio, quod, ad laudem et honorem salvatoris nostri Jhesu Christi, qui est benedictus in secula et cujus humilitate tracti sumus ab inferis, duo clerici, Albertus scilicet et Rodulfus, quatuorque milites, Berulfus [2], Rainaldus, Gillanus, Balduinus, ad locum qui vocatur Lethias [3], divino afflati spiritu, convenerunt, ubi christiane religionis cultores amantissimi ad salutem animarum suarum ædificare ceperunt. In hoc loco autem, ab antiquis temporibus, in qua (quo) sancta Hiltrudis requiescit, quædam fundata est ecclesia, et ad serviendum Deo viventi quatuor canonicorum congregatio stabilita. Hi vero canonici sex illos homines religiosos, quos jam prenotavimus advenisse, illa qua decuit veneratione susceperunt, et in quadam ecclesiola, quæ juxta aliam ecclesiam in honore sancti Lamberti sita est, fraterna caritate collegerunt. Igitur, meo consilio, assensu et dispositione, precibusque Balduini ipsius patriæ comitis et Theoderici ejusdem loci ac terræ circumvicinæ domini, inter eos canonice statutum est, quod suas prebendas, solummodo in vita sua et sine aliis successoribus canonicis, ita sine dampno hi presentes canonici retinerent, quemadmodum huc usque quiete ac libere tenuerunt, excepto quod

---

[1] L'original de cette charte existait encore, en 1787, dans les archives de l'abbaye de Liessies, comme le constate la copie authentiquée cette année par Dom Anselme Briez, religieux de l'abbaye. Cette copie appartient à M. Michaux d'Avesnes. Nous indiquerons les variantes d'après le cartulaire de Liessies.

[2] Gerulfus. *Cartul.*

[3] Lecias, *Cartul.* Sur Liessies, voy. partie II.

si, gratia æternæ redemptionis, nobiles aut servi, cives aut rustici huic ecclesiolæ in qua prius, sicut prediximus, recepti sunt, aliquod vellent beneficium impendere, illud tam in oblationibus quam in ceteris bonis, absque ulla participatione, semoto parrochyanorum suorum receptaculo, eis canonici concesserunt. Ad hujus itaque loci dignitatem sublimandam et ad usus fratrum multiplicandos, ego Gualterus, pro salute animæ meæ meorumque antecessorum, ac eorumdem fratrum dilectione, hanc ecclesiam cum quodam membro suo, quod Cartenias [1] appellant, omnino liberam feci, eidemque loco altare Avennatis [2] castelli dicti similiter liberum confirmavi. Dominus vero Theodericus, ut ad celestem perveniret Jerusalem, totum ipsius villæ alodium, cum omnibus suis appenditiis, non solum in agris et in silvis, sed in familia, in pratis et in aquis, concedente domina Ada, uxore sua, suoque fratre Menzone, huic ecclesiæ legitime adaptavit. Tradidit etiam idem Theodericus eidem ecclesiæ allodium de Feron [3]. Balduinus quidem, prædictus comes, presente et affirmante uxore sua comitissa Ida cum duobus filiis suis, Balduino et Arnulfo, allodium de Semeriis [4] cum omnibus suis appendentibus [5] ei similiter tradidit. Ad hoc ergo corroborandum, introducti sunt testes idonei, abbas scilicet de Altomonte, abbas de Crispinio Rainerus, item Rainerus abbas Sepulchri, abbas Goiffridus de Novo-Castello, abbas Stephanus de Fedemico, abbas Albertus de Mariclis, item Albertus abbas de Asnonio, abbas Haimericus de Acquinnio; abbas Cellæ Alardus, abbas de Abbecis [6] Rogerus, abbas de Dielivinia Suelardus. Corroboratum est etiam bonorum clericorum et laicorum testimonio. Signum Guarneri archidiaconi. S. Rodulphi archidiaconi. S. Alardi archidiaconi. S. Bernardi archidiaconi. S. Albrici prepositi. S. Erlebaldi decani et thesau-

[1] Cartignies, arr. et cant. d'Avesnes.
[2] Avesnes. Voy. partie II.
[3] Féron. Voy. partie II (Fagne).
[4] Semeries. Id.
[5] Appendiciis. *Cartul.*
[6] Aubechies. Voy. ci-après n.º XCI quinquies.

rarii. S. Goiffridi et Girardi clericorum. S. supradicti Theoderici.
S. Ancelli de Ritbodimonte. S. Folconis casati. Item S. Fulconis.
S. Gualteri Genchelon. S. Goseguini de Monte. S. Arnoldi. S.
Fastredi et fratris ejus Sigeri. S. Baldrici de Resinnio. S. Lamberti de Felleries. S. Gualteri de Guarneston. S. Gualteri de Lens
et Hugonis fratris ejus. S. Arnulphi de Their et Arnulphi fratris.
S. Guengeri de Tuinio. S. Johannis de Squilinio. S. Isaac de
Guasuir [1]. S. Manasse de Bitunia. Isti quatuordecim novissimi
interfuerunt dono comitis Balduini et uxoris ejus et filiorum ejus,
necnon et Theoderici. Si quis vero hanc constitutionis nostræ
paginam agnoscens violare presumpserit, reum et excommunicatum divino judicio se de perpetrata iniquitate cognoscat, donec
male ablata restituerit et digna penitentia defleverit. Hoc autem
factum est Cameraci, anno dominicæ incarnationis 1° xc° v°, indictione III°, predicti quidem pontificis anno primo.

> Copie authentique, du siècle dernier, appartenant à
> M. Michaux aîné, vice-président de la Société archéologique d'Avesnes ; copie simple, dans le fonds de
> Liessies, aux Archives du département du Nord, à
> Lille ; *Cartulaire de l'abbaye de Liessies*, aux mêmes
> Archives ; pièce n.° 14.

## LXXXV.

*Gaucher, évêque de Cambrai, donne la collation de l'église de
Wasmes à l'abbaye de Saint-Ghislain* [2].

(1095).

In nomine bisponentis omnia deitatis. Ego Gualcherus divinitatis dono Cameracensis præsul, pro salute animæ meæ meorumque prædecessorum, domnique Alardi abbatis petitione,

[1] Guasnis. *Cartul.*
[2] Dom Baudry, p. 333, mentionne cette donation.

altare de Guamiis [1], exceptis obsoniorum coeterorumque altarium debitis, liberum sine persona sancto Gislano perpetualiter tradidi. Et ne quilibet sanctæ Dei ecclesiæ persecutor hoc donum violare præsumeret, et ab usibus servitioque prædicti sancti fratrum alibi divertere acceptaret, publico anathemate confirmavi. Ut hoc autem constans et inconvulsum permaneret, introducti sunt testes idonei. S. Frederici archidiaconi. S. Alardi archidiaconi. S. Bernardi archidiaconi. S. Rothardi archidiaconi. S. Alberici ecclesiæ Sanctæ-Mariæ præpositi. S. Erleboldi ejusdem ecclesiæ decani. S. Adam abbatis ecclesiæ Sancti-Autberti. S. Ragineri abbatis Sancti-Sepulchri. S. Goisfridi abbatis de Novo-Castello. S. Autberti abbatis ecclesiæ de Mariclis. S. Guedirici abbatis ecclesiæ de Alto-Monte. S. canonicorum ecclesiæ Sanctæ-Mariæ, Albodi capellani, Goisfridi capellani, Balduini diaconi, Radulfi diaconi, Gualteri subdiaconi, Gerardi subdiaconi. S. laicorum Fulconis casati, Ingebrandi casati, Gualteri, Wenchelonis, Rotberti casati, Johannis casati, Gualteri Coletti. S. Balderici de Roisin, Gothuini de Monz, Fastradi de Siligio. Hoc vero factum est anno dominicæ incarnationis M. XC. V., indictione......, supradicti quidem pontificis anno primo.

M. PINCHART, *Souvenirs historiques sur les archives des institutions judiciaires du Hainaut*, dans les *Bulletins de la Commission royale d'histoire*, 1.<sup>re</sup> série, t. XIV, p. 149.

## LXXXVI.

*Le comte Baudouin II de Hainaut confirme une donation faite à l'abbaye de Crespin par Godefroid de Bouchain* [2].

(avant 1098).

In nomine sanctæ et individuæ trinitatis. Notum esse volo omni-

---

[1] Wasmes. Voy. partie II.
[2] Cette charte, authentiquée par DOM QUEINSERT, a été extraite par lui du cartulaire de l'abbaye de Crespin.

bus fidelibus tam futuris quam presentibus, quod ego Balduinus, Dei gratia, Montensis comes, annuerim donationi quam Godefridus de Bolcein fecit ecclesie Crispiniensis cenobio, petente ipso Godefrido qui de me tenebat omnia que predicte ecclesie donavit : in villa Aniz [1], terram scilicet trium curtilium ad curtem faciendam, et furnum unum quem Gobertus, frater Walteri, domno Alberto in eadem villa donaverat, et terram ad modium Duacensem, que jacet inter Crucem [2] et Obercicurt [3], et terragium terre jacentis in paludibus, quam prefatus Walkerus ex dono memorati Godefridi possidet. Ne igitur aliquis successorum meorum vel quisquam hominum prefatam ecclesiam inquietare audeat, hoc scripto donationem prefati Godefridi et sigilli mei impressione et testimonio subtersignatorum virorum qui presentes affuerunt confirmo. S. Theoderici de Linni. S. Roberti de Aisonvilla, et Anselmi majoris Valencianensis, et Heluini et Johannis fratrum.

Chartes et diplômes manuscrits, t. xxxiii, p. 25, à la Bibliothèque impériale, à Paris.

## LXXXVI<sup>bis</sup>.

*Lettre de Manassès, archevêque de Rheims, aux abbés, archidiacres, doyens et clercs du diocèse de Cambrai, au comte Baudouin, à Thierry d'Avesnes et autres, pour les informer qu'il a donné à Lambert, évêque d'Arras, tout pouvoir dans le diocèse de Cambrai, à la suite des troubles excités par Gaucher qui s'était fait élire évêque* [4].

(1096).

Manasses, Dei gratia Remorum archiepiscopus, universis abba-

---

[1] Aniche, arr. et cant. de Douai.
[2] Croix, arr. de Lille, cant. de Roubaix.
[3] Auberchicourt, arr. et cant. de Douai.
[4] Après la mort de Gérard II, évêque de Cambrai, Manassès fut d'abord élu à Rheims; mais le peuple de Cambrai avait, de son côté, élu Gaucher,

tibus, archidiaconis, decanis, et omni clero Cameracensi, comiti B.[1], comiti G.[2], A.[3], T. de Avesnis[4], cum ceteris primatibus et universo populo Cameracensis ecclesiæ, salutem. Credimus Cameracensis ecclesiæ miseriam et afflictionem vos jam à multis retro diebus respexisse, qua omnium iniquorum diabolus per maledictum illum Gualcherium, cui satellitii sui multam monum accomodat, exercuit et exercet. Credimus etiam ejus ecclesiæ lacrymis vos condescendere et compati, tanquam viros misericordiæ, tanquam filios obedientiæ, tanquam eos qui, cum Christi sint, conventionem non habent ad Belial, cujus ecclesiæ filios propter obedientiam domni papæ, propter nostrorum et matris suæ Remensis ecclesiæ custodiam mandatorum, in omni egestate et nuditate à sedibus suis per maledictum illum pulsos, Remis ad nos confugientes, in ea qua debuimus caritate suscepimus, diemque illis præfiximus quo domnum Manassem electum suum consecraremus, et è vestigio consecrationis ad vos illum adduceremus, et in manibus vestris tanquam pastorem animarum ves-

archidiacre de Brabant, qui fut sacré par l'archevêque de Rheims et reçut la crosse des mains de l'empereur. Le concile de Clermont, en 1095, valida l'élection de Manassès comme ayant eu lieu la première; mais le véritable motif fut que Gaucher était partisan de l'empereur d'Allemagne, alors excommunié, et qu'il s'opposait à la séparation des deux diocèses de Cambrai et d'Arras. Gaucher, ayant refusé de se soumettre fut excommunié, mais, soutenu par l'empereur, il se maintint dans le diocèse. On verra ci-après (n.os xcibis et suiv.) qu'il était soutenu aussi par la comtesse de Mons, vassale de l'empire. — La date de la présente lettre doit être fixée à l'année 1096 : la consécration de Manassès devait se faire à Rheims, à la pentecôte de cette année, mais elle fut retardée. C'est alors que l'archevêque de Rheims confia l'administration du diocèse de Cambrai à Lambert, évêque d'Arras. Voy. BALDERIC (édit. de M. LE GLAY), pp. 370-372; *Cameracum christianum*, pp. 28 et 29.

[1] Baudouin, comte de Hainaut.

[2] Godefroid de Bouillon, comme marquis d'Anvers? ou Gossuin de Mons? Voy. n.º LXXXIV.

[3] Arnould d'Audenarde, ou Arnould, deuxième fils de Baudouin, ou bien encore Anselme de Ribemont, Voy. n.º LXXXIV.

[4] Thierri d'Avesnes.

trorum deponeremus. Sed quia series hujus negotii præsentiam dilecti filii nostri comitis Flandrensium habebat pernecessariam, eum autem, quia aberat, super his antehac convenire fas non fuit, dilata est ad breve Cameracensis electi quam præfixeramus consecratio. Ut autem interim Cameracensium filiorum nostrorum mederemur desolationi, ex eorundem postulatione et confratrum nostrorum judicio ad hæc confugimus remedia. Potestatem ligandi et solvendi et omne episcopale officium in Cameracensi episcopio administrandi ex apostolica auctoritate et nostra Atrebatensi episcopo contradidimus, etsi reluctanti, cumque in privilegio hujus auctoritatis ad vos remittimus, reportantem humeris suis, humeris misericordiæ, dispersionem sibi creditarum ovium. Unde vos, dilectissimi, in spiritu misericordiæ, in spiritu compassionis convenio et apostolica auctoritate et nostra præcipiendo obtestor, ut et episcopo cui commisimus omnem subjectionem exhibeatis, et Cameracensibus clericis, propter custodiam mandatorum Dei à sedibus suis pulsis, cum omni integritate et quiete habere faciatis quicquid, de rebus Cameracensis episcopii et communitatis fratrum et illorum scismaticorum qui adhuc cum illo Satanæ membro Cameraci remorantur, in comitatibus vestris seu in virtute vestra alicubi situm est. Hoc autem in remissionem peccatorum vestrorum vobis præcipiendo præcipio. Reminiscimini, filii, quia in hanc causam gladium portatis. Pensate, dilectissimi, quia hæc est via in eam quæ celestis est Jerusalem. Venite, filii, audite me, quia hic est timor Dei quem doceo vos. Valete.

BALUZE, *Miscellanea*, t. V, p. 295.

## LXXXVII.

*Manassès, évêque de Cambrai, concède à l'abbaye de Saint-Aubert l'autel du village de Maing.*

(1097).

In nomine sancte et individue trinitatis, patris, et filii et spiritus sancti. Manasses, Dei gratia, Cameracensis episcopus, omnibus in Christo fidelibus utriusque vite felices successus. Scriptorum consuetudo, ideo à sanctis patribus tradita, tenetur ut quod prolixitate temporis memoriam excederet; scriptura su perstes ad notitiam reduceret et rei geste argumentum in se contineret. Igitur, dum æcclesia Cameracensis à Gualcerio invasore multa persecutionum genera pateretur, adeo debacante spiritu malignitatis, idem invasor intumuit ut quicumque ejus iniquitati non consentirent monachi clerici, de civitate ipsa ab eo pellerentur. Contigit itaque domnum Adam, abbatem Sancti-Audberti cum ejusdem filiis sibi à domino Deo commissis, videlicet quia ejus sacrilegio noluerunt prehere assensum, ab eodem Gualcherio de ecclesia sua expelli. Congruum itaque duximus, ut qui pro veritate et pro tuendo jure ecclesiastico exulari non dubitaverunt aliquo à nobis sublevarentur sustentamine, secundum apostolum dicentem : « *Sicut socii passionum estis, sic eritis et consolationis.* ». Quapropter ecclesie predicte beati Audberti et famulis Dei, in eadem ecclesia Deo et sancto Audberto famulantibus, altare ville que dicitur Mahen [1], sine persona, omni exactione liberum, exceptis debitis obsoniis, in perpetuum possidendum contradimus. Et ut donativum hoc nostrum omni tempore inviolatum permaneat, sigilli nostri impressione signamus. Actum hoc est anno incarnationis dominicæ M XC VII, indictione V. Si quis autem episcoporum, aut sacerdotum, vel secularium personarum hanc constitutionis nostre paginam agnoscens contra eam venire temptaverit, potestatis honorisque sui dignitate careat, reumque se divino judicio existere de perpetrata iniquitate cognoscat, et, nisi ea que ab illo sunt male abblata restituerit vel digna pœnitentia inlicite acta defleverit, à sacratissimo corpore ac sanguine domini nostri Jhesu Christi alienus fiat, atque in eterno examine districte ultioni subjaceat; cunctis autem eidem prefate ecclesie bona servantibus sit Jhesu Christi pax hic et in æterna secula. Amen. Et, ut hoc ratum et inconvulsum in

[1] Maing. Voy. partie II.

omnibus seculis permaneat, corroboravi subsignatorum bonorum testimonio virorum. S. Erleboldi ecclesie Sancte-Marie prepositi. S. Erlebaldi ejusdem ecclesie decani atque thesaurarii. S. Guarneri (?) archidiaconi. S. Rodulfi archidiaconi. S. Theoderici archidiaconi. S. Alardi ecclesie Sancti-Gaugerici prepositi. S. Segardi ejusdem ecclesie decani. S. Juonis decani. S. Albaldi. S. Anselli. S. Roberti. S. Widonis.

Original; fonds de l'abbaye de Saint-Aubert, aux Archives du département du Nord, à Lille.

## LXXXVIII.

*Lambert, évêque d'Arras, donne l'autel de Saint-Vaast, situé hors des murs de Valenciennes (Ostrevant) à l'abbaye d'Hasnon* [1].

(27 octobre 1098).

In nomine sanctæ individuæ trinitatis, patris, filii et spiritus sancti. Ego Lambertus, Dei misericordia, Attrebatensis episcopus, petitionibus tuis et ecclesiæ cui, Deo disponente, preesse cognosceris, frater et fili charissime Alberte, abba Hasnon, benigne condescendens, pro redemptione peccatorum nostrorum, seu predecessorum vel successorum nostrorum episcoporum, altare quod dicitur Sancti-Vedasti, situm in pago Austrovadensi, ante castrum Valentianæ, omni tempore à persona absolutum, tibi et ecclesiæ tuæ perpetuo possidendum contradimus, salvo in omnibus jure Attrebatensis episcopi et redditibus ejus et archidiaconi et ministrorum ejus; ea vero conditione, ut ejusdem altaris redditus in alimoniis fratrum quos de (?) claustralis detinuerit infirmitas deputentur. Si quis vero ab hac die et deinceps hujus nostræ constitutionis paginam violare temptaverit, iram Dei omnipotentis incurrat et à sanctæ matris ecclesiæ communione alienus existens anathemati subjaceat, donec à perpetrata iniquitate desis-

[1] La paroisse de Saint-Vaast était, dit Leboucq, p. 49, la seule paroisse de Valenciennes pour l'Ostrevant.

tens satisfaciat. Ut autem nostrum hoc constitutum omni tempore inviolatum permaneat, in presentia totius nostræ synodi confirmamus et horum fratrum nostrorum testimonio et auctoritate roboravimus. S. domini Clarembaldi Austrovadensis archidiaconi. S. domini Joannis archidiaconi Atrebatensis. S. domini Alardi abbatis Sancti-Vedasti. S. Joannis, abbatis de Monte-Eligii. S. Hugonis, abbatis Sancti-Dionisii. S. Haymerici, abbatis Acquiscinctensis. S. Hugonis, abbatis Sancti-Amandi. S. Odonis prepositi. S. Gueberti decani. S. Anastasii cantoris. S. Roberti scholastici. S. archiepiscoporum (?) Mazelini, Azonis, Joannis, Guernerii, Rodulphi, Allardi. S. decanorum, Almerici, Balduini. S. Roberti prepositi Duacensis, Arnulphi prepositi Lessensis. S. Drogonis prepositi Albiniacensis. Ego Lambertus, Dei miseratione Attrebatensis episcopus, hæc (hanc?) libertatis donatium (donationem?) relegi et subscripsi, et in nomine patris, et filii, et spiritus sancti, propria manu confirmavi. Actum Attrebati, anno ab incarnatione Domini mxcviii, indictione vi, kalend. novemb., anno autem pontificatus domini Lamberti episcopi quinto.

Simon Leboucq, *Hist. ecclésiastique de la ville et comté de Valenciennes* (éditée par MM. Prignet et Dinaux. Valenciennes, 1844), p. 49.

## LXXXIX.

*Manassès, évêque de Cambrai, donne à l'abbaye de Liessies l'autel de Braffe.*

(1098).

In nomine sancte et individue trinitatis. Manasses, Dei gratia, Cameracensis episcopus, cunctis Dei fidelibus felices utriusque vite successus. Sanctorum monasteria, non solum in quibus eorum requiescunt corpora, verum etiam que ad laudem Dei in honore eorum constat esse fundata, quamdiu sum hac mortali vita, que, eterne vite comparata, mors est potius dicenda quam vite, necesse, ymmo plurimum mihi utile esse videtur ea pro mea facultate augmentare augmentandoque sublimare, quatinus eorum exaltando in terra monasteria, merear ab illis recipi in eterna tabernacula. Quapropter postquam, omnipotentis Dei clementia necnon Theoderici de Avesnis labore et patrocinio, in ecclesia sancti Lamberti de Letiis ordo monachicus est constitutus, et Gonterum monachum in abbatem consecravi eidemque ecclesie preesse decrevi, altare de Brafia [1], ob delictorum meorum remissionem et anime mee salutem, prefate ecclesie omnimodo liberum in perpetuum habendum dedi, ad usus monachorum ibidem Deo pie famulantium tam futurorum quam presentium, excepto obsonio quod debet solvi unoquoque anno. Ne quis autem homo donum meum alienis usibus presumptuose et violenter mancipare conetur, auctoritate divina et mea cum excommunicatione legaliter interdixi, et, in prima synodo quam Cameraci tenui, coram subsignatis testibus recitari precepi, istamque cartam sigilli mei impressione roboravi. Ubi vero recitata fuit, presentes affuerunt subscripti testes ydonei, signumque meum in principio, ad hoc testificadum, scribi rogavi. S. Manasse episcopi. S. Rodulfi, ejusdem altaris archidiaconi. S. Aleldi, abbatis Sancti-Vedasti Attrebatensis. S. Raineri, abbatis de Sancto-Amando. S. Alberti, abbatis Hasnonie. S. Lamberti, abbatis Crispinii. S. Haimerici, abbatis Aquiscincti. S. Walteri, abbatis de Hunolecurt. S. Radboldi, ecclesie Sancte-Marie prepositi. S. Alardi prepositi. S. Erleboldi decani et thesaurarii. S. Segardi decani. S. Werinbaldi scolastici. Hoc autem actum est anno dominice incarnationis M. XC° VIII°, indictione Vᵃ, predicti quidem pontificis anno tercio.

*Cartulaire de l'abbaye de Liessies*, pièce n.° 79, aux Archives du département du Nord, à Lille.

### LXXXIX bis.

*Manassès, évêque de Cambrai, donne à l'abbaye d'Anchin l'église et l'autel d'Inchy avec sa dépendance Cagnicourt.*

(1098).

In nomine sancte et individue trinitatis. Manasses, Dei gratia,

---

[1] Braffe, arr. de Tournay, cant. de Péruwelz.

sanctæ ecclesiæ Cameracensis episcopus. Justum et necessarium esse ducimus, cum omnibus christianis tum maxime pontificibus, et in presenti ecclesiarum utilitatibus intervenire et earum tutelæ et securitati in posterum providere ; sic enim facientes et in præsenti beneficientiæ et orationis earum efficientur participes, et in futuro æterni præmii coheredes. Unde notum esse volumus omnibus tam futuris quam præsentibus sanctæ ecclesiæ nostræ filiis et fidelibus, quia bonæ memoriæ prædecessor noster, dominus Gerardus episcopus, monasterio Sancti-Salvatoris in pago Ostrevandensi, quod ab aquis cingentibus Aquiscincti vocabulum sumpsit, et fratri Haimerico, ipsius loci abbati, quandam ecclesiam in honore sancti Martini cum suo altari, in villa Incheis [1] appellata, concessit atque usibus fratrum in prædicto monasterio Domino famulantium perpetuo deservire constituit. Nos igitur, quibus jus est statuta prædecessorum non infirmare, sed potius confirmare, etenim teste beato Gregorio, « *Quicumque pontifex prædecessoris sui bene statuta convellere nititur, facit ut sua post se nullius momenti aut valitudinis habeantur* », prædicto monasterio Sancti-Salvatoris ipsam prænominatam ecclesiam sancti Martini, sine persona libere ac perpetualiter possidendam, cum omnibus ad eam pertinentibus concedimus simulque omnia quæcumque præfato monasterio in vita sua prædecessor noster bonæ spei Gerardus contulit vel laudavit, conferimus, laudamus et pontificali potestate et auctoritate in perpetuum confirmamus. Quod si quis huic nostræ confirmationi restiterit, et eam, quod absit, removere ac per hoc violare et temerare (tenuare?) temptaverit, divina et sanctorum auctoritate anathematis sit vinculo colligatus, et, donec resipiscat et ad emendationem veniat, à corpore sanctæ matris ecclesiæ segregetur. Et ut hæc nostra constitutio rata et inconvulsa permaneat, nec eam aliqua subreptio vetustatis à memoria posteritatis amoveat, hanc stabilitatis descriptionem fieri jussimus et nostra pontificali auctoritate, impresso sigillo, in per-

[1] Inchy, arr. de Cambrai, cant. du Cateau, ou arr. d'Arras, cant. de Marquion (Pas-de-Calais).

petuum roboramus. Statuentes ut, pro obsoniis vel reddilibus, presata ecclesia, cum membro suo Cotignecurt [1], nobis vel successoribus nostris non amplius quam duos solidos singulis annis persolvat. Cunctis hæc illibata servantibus sit pax, violantibus vero perpetua sit cum Juda traditore dampnatio. Signum Manasse, Dei gratia sanctæ ecclesiæ Cameracensis episcopi. Signum Manasse, Remorum archiepiscopi. Signum Rodulfi, Sanctæ-Mariæ Remensis præpositi. Signum Richeri, cantoris Remensis. Signum Haimerici, abbatis Aquicinctensis. Signum Alberti, Hasnoniensis abbatis. Signum Widerici, Altimontensis abbatis. Signum Raineri, abbatis Sancti-Sepulchri. Signum Lantberti, Crispiniensis. Signum Erlebaldi, Sanctæ-Mariæ præpositi. Signum Alardi, Sancti-Gaugerici præpositi. Signum Erlebaldi, Sanctæ-Mariæ decani. Signum Anselmi, signum Lanvini, Sancti-Gaugerici canonicorum. Signum Adæ, abbatis Sancti-Autberti. Signum Walteri, abbatis Hunocurtensis. S. Alberti, abbatis Maricolensis. S. Guiffridi, abbatis de Novo-Castello S. Garneri, archidiaconi Cameracensis. S. Werinfridi archipresbiteri. S. Balduini archipresbiteri. S. Segardi, decani Sancti-Gaugerici. S. Aloldi, abbatis Atrebatensis. Signum Hugonis, abbatis Sancti-Amandi. S. Rodulfi et signum Theoderici archidiaconorum. Actum est et confirmatum Remis, in præsentia domni Manasse, Remorum archiepiscopi; recitatum et confirmatum in concilio Cameracensi, anno dominicæ incarnationis M° xc° viii°, indictione vi°, regnante Philippo rege Francorum gloriosissimo, anno regni ejus xxxv, pontificante domno Manasse, Cameracensium episcopo, anno pontificii ejus secundo.

Original, scellé du sceau de l'évêque, fonds de l'abbaye d'Anchin, aux Archives du département du Nord, à Lille.

## CX.

*Manassès, évêque de Cambrai, donne à l'abbaye de Crespin*

[1] Cagnicourt, arr. d'Arras, cant. de Vitry (Pas-de-Calais).

*l'église et l'autel de Saint-Landelin, dans le village de Crespin* [1].

(1098).

In nomine sancte et individue trinitatis. Manasses, Dei gratia, Cameracensium episcopus, cunctis Dei fidelibus felices utriusque vite successus. Sanctorum monasteria, non solum in quibus eorum requiescunt corpora, verum etiam quecumque loca, ad laudem et gloriam Dei omnipotentis, in honore eorum à predecessoribus nostris assertione veridica constant esse edificata seu consecrata, expedit, immo admodum necesse est nobis ea, pro sensu ac facultate nostra, vigilanti cura honorare assidue, largiter ditare, decenter sublimare sublimandoque roborare, quatinus, cum ab hac mortali vita, que mors est dicenda potius quam vita, quoniam omnes quos vivos recipit morti tradere non desinit, universe carnis viam ingressi fuerimus, recipiant nos sancti in eterna tabernacula, quorum in terra pro affectu veneramur officia, eorum exaltando monasteria. Quapropter cum monachorum ecclesiæ sancti Landelini de Crispinio, que in honore sancti Petri constat esse dedicata, vitam religiosam valdeque arduam animadvertissemus, necnon profundam corporalis stipendii paupertatem quam ultro amore Dei summi ferebant, utpote beati pauperes spiritu ac Christi imitatores, quicumque (qui cum) sit Deus et rex angelorum perpotens, sponte pro nostra salute pauper factus est, ut illius paupertate in regno polorum omnes per eum efficerentur divites, pia relatione comperissemus, per (?) nimiam eorum penuriam relevare cupientes, ob mei ac patris matrisque mee delictorum remissionem, eo tamen tenore, ut singulis annis nostra libenter celebrentur anniversaria, prefa-

---

[1] Cette charte, authentiquée par Dom Queinsert, a été extraite par lui du cartulaire de l'abbaye de Crespin. Raissius a connu ce document; il le cite en ces termes : « Obtinuit (Lambertus) à Manasse Cameracensium episcopo, anno 1098, privilegium de altari de Crispinio liberum ab omni reditu, comitatu, obsonio, absque totius calumniæ scrupulo ». *Cœnobiarchia Crispiniana*, p. 31.

tam ecclesiam sancti Landelini cum altari ejusdem ecclesie, in qua corpus ejus requiescit, Lamberto abbati monachisque omnibus sub ejus regimine inibi Deo et sancto Landelino famulantibus eorumque successoribus in perpetuum habendum integerrime concessimus, et ab omni reditu, comitatu, obsonio, atque tocius calumpnie scrupulo, penitus liberam tradidimus, et inconvulsa stipulatione firmiter confirmavimus. Ne hoc autem donum et statutum nostrum quilibet ejus transgressor elemosine presumeret violare, pro certo sciant presentes et presentium sancte Dei ecclesie successores, quia, sicut hoc donum fecimus, ita divina auctoritate sancteque Dei genitricis Marie et mea, ne prevaricaretur, sub pontificali signo interdiximus atque excommunicavimus, ut quicumque hoc violare presumpserit eterne dampnationi subjaceat, donec resipuerit et ad satisfactionem venerit. Hoc autem donum ut nullatenus violetur, testimonio subscriptorum virorum roboratur. Signum mei ipsius Manasse, qui hoc scriptum fieri jussi. S. Raineri abbatis. S. Goiffridi abbatis. S. Erlebaldi, ecclesie Sancte-Marie prepositi, et aliorum plurimorum. Actum est hoc Cameraci m° xcviii anno incarnationis dominice, indictione vi°, concurrente iur°, epacta xv°, pontificatus vero domini Manasse iiii°.

*Chartes et diplômes manuscrits*, t. xxxix, p. 27, à la Bibliothèque impériale, à Paris.

## XCI.

*Gaucher, évêque de Cambrai, libère de toute charge l'autel de Solesmes en faveur de l'abbaye de Saint-Denis de France* [1].

(1099).

In nomine sanctæ et individuæ trinitatis. Walcherus, Cameracensis episcopus, cunctis successoribus suis episcopis, seu etiam

[1] La possession de cet autel fut confirmée à l'abbaye de Saint-Denis, en 1113, par l'évêque Odon. Voy. LE GLAY, *Glossaire*, etc., p. 32.

omnibus christianæ religionis fidelibus, præsentis et futuræ vitæ gaudere successibus. Cum multimoda præcedentium patrum teneamus exempla, quibus instructi, divina favente clementia, incunctanter ad æterna tendamus præmia, hac præcipue Domini voce commonemur, ut in præsenti tales nobis amicos sanctos, scilicet apostolos et martyres, de mammona iniquitatis adquiramus, qui nos, cum defecerimus, recipiant in æterna tabernacula: tali itaque exemplo ac commonitione accensus, mecum etiam recolens quod, sicut flos agri qui mane oritur et vespere decidit, sic omnis vita hominis pertranseat, dum multotiens per Hugonem villicum eorum precibus circumvenirer abbatis fratrumque cœnobii pretiosissimi martyris Dionysii totius Galliæ primatis, sociorumque ejus, altare de Solemphio [1], quod ad personam usque nunc tenuerant, pro salute animæ meæ, sive successorum nostrorum, et ut dies obitus nostri ibidem a fratribus per singulos annos debite percolatur, cum communi assensu tam clericorum nostrorum quam laicorum, sine persona, et sine aliqua redemptione, vel aliquo reditu, præter debita obsonia liberum ipsi gloriosissimo martyri, fratribusque sibi servientibus, perpetualiter tenendum concedimus. Concedimus, inquam, et sicut fecimus firmum hoc atque inviolabiliter semper tenere et servare posteritati nostræ mandamus. Et ut ratum hoc et inconvulsum per sæcula maneat, legalium testium tam clericorum quam laicorum nostrorum nomina in hujus cartæ assertione subnotamus. Signum Warneri archidiaconi. Signum Adelardi archidiac. Signum Frederici archid. Signum Bernardi archid. Signum Rotardi archid. Signum Rodulphi archidiaconi. Signum Albrici præpositi. Signum Erleboldi decani et custodis. Signum Guidonis cantoris. Signum Fulchonis vicedomini. Signum Hugonis, ejusdem villæ villici. Signum Roberti militis. S. Gerulfi militis. S. Ingebrandi militis. S. Fulchonis militis. Signum Amolrici militis. Signum Walteri Tonitrui. Si quis autem hoc contradicere, vel temerario ausu aliquo modo infringere coactus fuerit, perpetuo anathematis vinculo obliga-

[1] Solesmes Voy. preuves, partie II.

mus, nisi pœnitudine digna satisfecerit: servantes vero cœlesti benedictione æternaliter remunerentur. Ad hoc etiam ut hæc carta ex omni parte signata veritate reddatur, sigilli Sanctæ-Mariæ Cameracensis ecclesiæ impressione eam corroboramus. Signum domni Walcheri pontificis. Actum est hoc Cameraci, anno dominicæ incarnationis M. IC., indictione III, epacta XII, concurrente VII, regni vero Henrici imperatoris anno XLIV, præsulatus domni Walcheri anno primo [1].

— Doublet, *Histoire de l'abbaye de Saint-Denis* (Paris, 1625), p. 473.

## XCI bis.

*Manassès, compétiteur de Gaucher à l'évêché de Cambrai, supplie Lambert, évêque d'Arras, de jeter l'interdit sur les terres de la comtesse de Mons qui ne cesse de le tracasser et de le poursuivre* [2].

(1099).

Domino suo, Lamberto, providentia Dei Atrebatensium epis-

---

[1] C'est probablement par erreur que Doublet aura attribué cette charte à l'année 1099. En effet, l'année première de la prélature de Gaucher, l'indiction III et le concurrent VII correspondent à l'an 1095. Disons toutefois que la quarante-quatrième année du règne de l'empereur Henri IV correspond à l'an 1099. Doublet, en lisant MIC au lieu de MVC, n'aura-t-il pas été amené par cette erreur à modifier les années du règne de l'empereur ?

[2] Cette lettre, et les deux autres qu'on trouvera ci-après, appartiennent sans aucun doute à l'année 1099. Baudouin II, comte de Mons, après avoir vendu Couvin à l'évêque de Liége (14 juin 1096), partit pour la Terre-sainte où il mourut après la prise d'Antioche (1098). Ida de Louvain, sa femme, qui gouvernait ses états, se rendit alors à Rome pour s'informer du sort de son mari. Ce fut à son retour que s'échangea la correspondance que nous publions: en effet, l'ordre dans lequel sont éditées ces lettres dans Baluze indique qu'elles furent écrites peu de temps avant l'arrivée de la nouvelle de la prise de Jérusalem (15 juillet 1099); d'autre part, Baudouin III commença peu après à gouverner le Hainaut. Voy. l'*Art de vérifier les dates*, t. III, p. 28.

copo, Manasses, ejusdem misericordia Cameracensium pastor indignus, salutem et servitium. Si frater fratrem adjuvare voluerit, amborum consolatio multiplicabitur. Consolamini igitur, consolamini me, pater reverende, me, inquam, consolamini, quem Cameracensium maledicta progenies tam impudenter tradiderit, quem sine culpa, sine merito comitissa Montensis persequi non desistit. Itaque, cum Deus spiritualem gladium nobis solummodo reliquerit, illos spirituali gladio puniamus quorum marinosis impulsi tempestatibus neque die neque hora quiescere possumus. Cum igitur dicat apostolus : « *Alter alterius onera portate*, etc. », pater sanctissime, portate onus meum, interdicite per terram prædictæ comitissæ divinum officium, quæ neque Deum offendere, neque romanam sedem, neque Remensem ecclesiam, neque pastoralitatem vestram erubescit dedecorare; unde me cum omnibus meis benevolis perpetuæ servituti poteritis redigere. Valete, altariaque excommunicatorum meorum ab ipsorum immundis manibus eripite. Valete.

Baluze, *Miscellanea*, t. v, pp. 318 et 319.

## XCI ter.

*Ida, comtesse de Mons, invoquant l'amitié de Lambert, évêque d'Arras, le prie de ne pas la frapper d'excommunication et de ne pas jeter l'interdit sur le Hainaut.*

(1099).

Lamberto, Dei gratia Atrebatensium episcopo, Ida, comitissa de Montibus, salutem et obedientiam. Vestram, dulcissime, fidenter expostulo paternitatem, ut, sicut in aliis mihi vos experta sum amicum utilem, ita in hoc negotio sentiam injustæ delationis excusatorem ; ne ego aut terra mea sententia excommunicationis feriatur elabora. De omnibus coram vobis præsto sum satisfacere. Valete.

Baluze, *Miscellanea*, t. v, p. 314

## XCI quater.

*Manassès, archevêque de Rheims, à la suite des plaintes de Manassès, évêque de Cambrai, écrit à Lambert, évêque d'Arras, de jeter immédiatement l'interdit sur les terres de la comtesse de Mons.*

(1099).

Manasses, Dei gratia Remorum archiepiscopus, dilectissimo confratri suo, Lamberto, Atrebatensium episcopo, salutem in Christo Jesu. Quia confratris nostri et coepiscopi Manasse preces non desistunt lacrymosæ, neque nos desistimus, sed pro eo vos corde et ore interpellamus, precamur, commotique dolore fraternæ desolationis, caritative, commonemus ne, sicuti jam vobis mandasse credimus, terram comitissæ Montium interdicere differatis, sed ad honorem Dei quod vestri juris est sine dilatione plenarie peragatis. Præterea vobis mandamus præcipue per obedientiam, omnibus abbatibus vestris, monachis et clericis, ne deinceps Cameracum intrent, nec ullo modo excommunicatis communicent, neque aliqua colloquia cum Gualchero habeant. Multoties namque mala colloquia bonos mores corrumpunt, et, sicut nobis relatum est, potius incitant eum in malo perseverare quam revocent ab errore. Ergo istos corrigamus, ne coinquinentur ab injustis. Valete, illorumque altaria qui Cameraci resident firmiter vobis retinete. Valete.

BALUZE, *Miscellanea*, t. v, p. 318.

## XCI quinquies.

*Manassès, évêque de Cambrai, donne à l'abbaye d'Aubechies l'autel de Blicquy et la chapelle de Moulbaix* [1].

(1101).

In nomine sancte et individue trinitatis. Ego Manasses, Dei

---

[1] Aubechies, arr. de Tournai, cant. de Quevaucamps. Une abbaye y avait

gratia Cameracensis episcopus, pro salute anime mee meorumque predecessorum, pro anniversario meo memoriter recolendo, consilio et peticione clericorum meorum, altare de Bilchi cum capella de Molenbais [1] sine persona liberum sancto Gaugerico de Abiciis perpetualiter trado, excepto synodali jure, quod episcopo sive ministris ejus per singulos annos reddendum est. Ut autem hoc scriptum ratum et inconvulsum permaneat, mei sigilli impressione signavi, et ne quis hoc violare presumat sub anathemate interdixi. Signum Radulphi archidiaconi. Signum Anselli archidiaconi. Signum Theoderici archidiaconi. Signum Erleboldi prepositi. Signum Erlebaldi decani. Signum Ragnieri abbatis. S. Wierrenbaldi scolastici. Signum Widonis canonici. Signum Roberti canonici. Anno dominice incarnacionis M° C° I.

*Cartulaire de l'abbaye de Saint-Ghislain*, rubrique *Bliki*, aux Archives de l'État, à Mons.

## XCII.

*L'abbaye de Saint-Remi de Rheims donne à cens à l'abbaye de Liessies le village de Trélon.*

(1103).

In nomine sancte et individue trinitatis, patris, et filii et spiritus sancti. Notum sit tam presentibus quam futuris ecclesie fidelibus, quod abbas Letiensis ecclesie Gonterus ad presentiam sancti Remigii accesserit, et terram de Trelone [2], cum hiis que

---

été fondée au XI° siècle, mais l'évêque Burchard la supprima en 1119. On trouvera, dans le tome VI des *Annales du Cercle archéologique de Mons*, une notice que nous nous proposons de publier sur cette abbaye.

[1] Blicquy et Moulbaix, arr. de Mons, cant. de Chièvres.

[2] Trélon. Voy partie II (Fagne). On trouve, dans le polyptyque de Saint-Remi, qui date du IX.° siècle, la mention d'une localité appelée *Trielongum*. C'est aujourd'hui Treslon, arr. de Rheims, cant. de Ville-en-Tardenois (Voy. Guérard, *Polyptyque de l'abbaye de Saint-Remi de Rheims*, p. 13). C'est probablement à cette possession de l'abbaye que Trélon, en Hainaut, a emprunté son nom.

ad eam pertinent, ab Azenario, ejusdem loci abbate, et ceteris fratribus, sub censu accipere petierit ; et, quia eadem terra longinqua et infructua esse videbatur, placuit ei assensum dare, eo pacto ut, unoquoque anno, in media quadragesima deferat Letiensis ecclesia x solidos Remensis monete ad ecclesiam sancti Marculfi. Si autem predicto termino census solutus non fuerit, eodem anno pro negligentia census duplicabitur, et, quociens hoc factum fuerit, totiens tali vindicta punietur. Actum est hoc in capitulo Sancti-Remigii, anno incarnationis dominice M° C° III°, indictione XI, annuente et confirmante domino Manasse, Remorum archipresule, Gervasio archidiacono, Rodulfo preposito, Goffrido decano, Odalrico scolastico, domno Azenario, abbate Sancti-Remigii, Lamberto decano, Alberto subdecano, Anchero cantore, Sigeberto, Santi-Marculfi preposito, Widone thesaurario, et ceteris fratribus omnibus.

*Cartulaire de l'abbaye de Liessies*, pièce n.° 21, fol. 24, aux Archives du département du Nord, à Lille.

## XCIII.

*Manassès, évêque de Cambrai, réitère l'acte donné, en 1095, en faveur de l'abbaye de Liessies, par son compétiteur Gaucher* [1].

(1103).

In nomine sancte et individue trinitatis. Manasses, sancte Cameracensis ecclesie gratia Dei episcopus, cunctis Christi fidelibus felicitatis utriusque successus. Notum vobis facio, quod, ad laudem et honorem salvatoris nostri Jhesu Christi, qui est benedictus in secula Deus, cujus humilitate tracti sumus ab inferis, duo clerici, Albertus scilicet et Rodulfus, quatuorque milites,

[1] Voy. n.° LXXXIV.

Gerulfus, Rainaldus, Gislanus, Halduinus ad locum qui vocatur Letias, divino afflati spiritu, convenerunt, ubi christiane religionis cultores amantissimi ad salutem animarum suarum edificare ceperunt. In hoc loco autem ab antiquis temporibus, in qua (quo) sancta Hiltrudis requiescit, quondam fundata est cella, et ad serviendum Deo viventi quatuor canonicorum congregatio stabilita. Hii vero canonici et illos homines religiosos, quos jam prenotavimus advenisse, illa quam decuit veneratione susceperunt, et in quadam ecclesiola, juxta aliam ecclesiam que in honore sancti Lamberti sita est, fraterna caritate collegerunt. Igitur, consilio, assensu et dispositione Rainaldi, reverendi Remorum archiepiscopi, precibusque Balduini, ipsius patrie comitis, et Theoderici, ejusdem loci ac terre circumvicine domini, inter eos canonice statutum est, quod sine aliis successoribus canonicis, ita sine dampno, hii presentes canonici retinerent, quemadmodum huc usque quiete ac libere tenuerunt, excepto quod, si gratia eterne redemptionis nobiles aut servi, cives aut rustici, huic ecclesiole in qua prius, sicut prediximus, recepti sunt aliquod vellent beneficium impendere, illud tam in oblationibus, quam in ceteris bonis, absque ulla participatione, semoto parrochianorum suorum receptaculo, eis canonici concesserunt. Ad hujus itaque loci dignitatem sublimandam et ad usus fratrum multiplicandos, ego Manasses, pro salute anime sue (mee) meorumque antecessorum, ac eorumdem fratrum dilectione, hanc ecclesiam cum quodam suo membro, quod Cartenias appellant, omnino liberam feci eidemque loco altare Avennatis castelli dicti similiter penitus liberum confirmavi; item altare de Sars [1], de Buinias [2], absque omni contradidi persona, ita tamen, ut hec tria debita persolvant obsonia. Dominus vero Theodericus, ut ad celestem perveniret Jherusalem, totum ipsius ville de Letias allodium, cum omnibus

---

[1] Sart-les-Moines, dépendance de Gosselies, cant. de ce nom, arr. de Charleroi.

[2] Beugnies, arr. et cant. d'Avesnes.

appenditiis suis, non solum in aquis et in silvis, sed in familia, in pratis et in aquis, concedente domina Ada, uxore sua, suoque fratre Menzone, huic ecclesie legitime adaptavit. Tradidit etiam idem Theodericus eidem ecclesie allodium de Feron, ego vero altare liberum omnino. Balduinus quidem, predictus comes, presente et affirmante uxore sua comitissa Ida, cum duobus filiis suis Balduino et Arnulpho, allodium de Semeries cum omnibus suis appendentibus liberrime ac legitime ei similiter tradidit. Ad hoc ergo corroborandum, introducti sunt testes ydonei, abbas scilicet Guildricus de Altomonte, abbas de Crispinio Raginerus, item Raginerus abbas Sancti-Sepulcri, abbas Goisfridus de Novo-Castello, abbas Albertus de Mariclis, item Albertus de Hanonio abbas, abbas Celle Alardus, abbas de Abeciis Rogerus. Corroboratum est etiam bonorum clericorum et laycorum testimonio. S. Theoderici archidiaconi. S. Rodulphi archid. S. Alardi archid. S. Elebordi prepositi. S. Erleboldi decani et thesaurarii. S. supradicti Theoderici. S. Anselmi archidiaconi. S. Roberti, Guidonis, Macellini, clericorum. S. Anselmi de Ribodimonte. S. Gosuini de Monte. S. Arnoldi. S. Fastredi et fratris ejus Sigeri. S. Baldrici de Resinnio. S. Lamberti de Feleris. S. Gualteri de Warneston. S. Gualteri de Lens et Hugonis fratris ejus. S. Arnulfi de Thiu (?). S. Alnulphi fratris Guengeri de Tuinio. S. Johannis de Squillinio. S. Ysaac de Guasmis. S. Manasse de Bitunia. Isti quatuordecim novissimi interfuerunt dono comitis Balduini, et uxoris ejus, et filiorum ejus, necnon et Theoderici. Si quis vero hanc constitutionis et confirmationis nostre paginam agnoscens violare presumpserit, reum et excommunicatum divino judicio se de perpetrata iniquitate cognoscat, donec male ablata restituerit vel digna penitentia defleverit. Hoc autem factum est anno dominice incarnationis m° c° iii°, indictione xi. Actum Remis, v° kalendas martii, anno vi° predicti pontificis.

*Cartulaire de l'abbaye de Liessies*, pièce n.° 15, aux Archives du département du Nord, à Lille.

## XCIV.

*Manassès, archevêque de Rheims, confirme à l'abbaye de Liessies la donation qui lui avait été faite de l'autel d'Etroeungt.*

(1104).

In nomine sancte et individue trinitatis, patris, et filii et spiritus sancti. Ego Manasses, ecclesie Remensis indignus archiepiscopus, omnibus in Christo fidelibus sit transire per bona temporalia ut adipiscantur eterna. Cure pastoralis pondere constringimur ita locis nobis divinitus commissis vigilanti oculo providere, ut non tamen preesse sed etiam eis prodesse videamur. Quocirca altare de Strumo [1], à domino Manasse, qui tunc ecclesie Cameracensis cathedram regebat, quondam Letiensi cenobio collatum, auctoritatis nostre privilegio supradicto monasterio tenendum concedimus, et probabilium personarum astipulatione cum nostre ymaginis testimonio perpetuo possidendum firmavimus. S. Gervasii archid. S. Rodulfi prepositi. S. Ebali archid. S. Soffridi decani. S. Richeri cantoris. S. Richardi. S. Odalrici et S. Rainaldi dyaconorum. S. Anselli. S. Theoderici Cameracensis ecclesie archid. S. Adelardi, supradicti altaris decani. S. Roberti. S. Guidonis. S. Macelini, Cameracensium clericorum. Actum Remis, anno incarnati verbi M° C° IIII°, indictione XIII°, regnante Philippo rege Francorum XL° I°, archiepiscopatus autem domni Manasse anno IX.

*Cartulaire de l'abbaye de Liessies*, pièce n° 25, aux Archives du département du Nord, à Lille.

## XCV.

*Le pape Paschal II confirme à l'abbaye de Liessies la possession de tous ses biens.*

[1] Etroeungt. Voy. partie II.

(18 octobre 1106).

Paschalis episcopus, servus servorum Dei, dilecto filio Gontero, abbati monasterii sancti Lamberti, quod in loco qui Letias dicitur situm est, ejusque successoribus regulariter promovendis in perpetuum. Pie postulatio voluntatis effectu debet prosequente compleri, quatinus et devotionis sinceritas laudabilior enitescat et utilitas postulata vires indubitanter assumat. Quia igitur dilectio tua, ad apostolice sedis portum confugiens, ejus tuitionem devotione debita requisivit, nos supplicationi tue clementer annuimus et beati Lamberti monasterium, cui Deo auctore presides, apostolice sedis auctoritate munimus. Statuimus enim ut locus ipse ab omnium secularium personarum dominatione liber in perpetuum perseveret. Universa etiam bona, que à viris fidelibus de suo jure ad locum ipsum collata sunt, quieta semper et integra conserventur: predia videlicet Theoderici, filii Guerici, cum servis, et ancillis, et ceteris pertinentiis suis, qui profecto coenobium ipsum suorum sumptuum collatione restituit; predia etiam Balduini bone memorie comitis, qui, annuente uxore sua Ida, et filiis suis, Balduino et Arnulpho, eidem monasterio contulit villam de Semerles [1], cum servis, et ancillis et omnibus pertinentiis suis, et advocaciam familie sancti Remigii de villa eadem et omnium ibidem commorantium; altaria quoque diversorum locorum, que venerabilis Manasses, Cameracensis episcopus, partim omnino libera, partim obsoniis pontificalibus obnoxia, eidem coenobio habere concessit; villa etiam que dicitur Formies [2], cum servis, et ancillis, et pertinenciis, sicut à Gothsuino, supradicti Theoderici nepote, eidem loco concessa est; item teloneus ville Avesnis [3], sicut à prefato Theoderico eidem loco datus est. Preterea quicquid hodie idem monasterium juste possidet, sive in futurum, concessione pontificum, liberalitate principum, vel oblatione fidelium, juste atque canonice poterit adipisci, firma vobis

[1] Voy. la charte de 1095, n° LXXXIV.
[2] Fourmies. Voy. partie II.
[3] Avesnes. Voy partie II.

vestrisque successoribus et illibata permaneant. Decernimus ergo ut nulli omnino hominum liceat idem cœnobium temere perturbare, aut ejus possessiones auferre, vel ablatas retinere, minuere, vel temerariis vexationibus fatigare, sed omnia integra conserventur eorum pro quorum sustentatione et gubernatione concessa sunt usibus omnimodis profutura, salva Cameracensis episcopi canonica reverencia. Ad hec addicimus ut, in communi parochie interdicto, et juxta concessionem venerabilis fratris nostri Oddonis, Cameracensis episcopi, liceat vobis, januis clausis, divina celebrare ministeria. Si qua igitur ecclesiastica secularisve persona hanc nostre constitutionis paginam sciens contra eam temere venire temptaverit, secundo terciove commonita si non satisfactione congrua emendaverit, potestatis honorisque sui dignitate careat, reamque se divino judicio existere de perpetrata iniquitate cognoscat, et á sacratissimo corpore et sanguine Dei et domini redemptoris nostri Jhesu Christi aliena fiat, atque in extremo examine districte ultioni subjaceat; cunctis autem eidem loco justa servantibus sit pax domini nostri Jhesu Christi, quatinus et hic fructum bone actionis percipiant et apud districtum judicem premia eterne pacis inveniant. Datum apud Guardstallum, per manum Johannis, sancte romane ecclesie diaconi cardinalis ac bibliothecarii, xv kalendas novembris, indictione xv, incarnationis dominice anno m° centesimo vi°, pontificatus autem domini Paschalis secundi pape viii°.

*Cartulaire de l'abbaye de Liessies*, pièce 1 ; autre cartulaire, pièce 1, aux Archives du département du Nord, à Lille.

## XCVI.

*Odon, évêque de Cambrai, donne l'autel de Chièvres à l'abbaye d'Eenham.*

(1106).

In nomine sancte et individue trinitatis. Ego Odo, clementia

Dei Cameracensium episcopus, pie peticioni fratris nostri Tancradi, abbatis de Eham, condescendens, pro salute anime mee meorumque predecessorum, altare sancti Martini de Cirvia [1] sancto Salvatori sancteque genitrici Dei virgini Marie liberum sine persona canonice tradidi, salvo quidem jure pontificali quod, in terminis sinodalibus, per annos singulos episcopo Cameracensi sive ministris ejus solvendum est. Quod donum ne, quis violare presumat, auctoritate Dei et nostra sub anathemate interdicimus, et, ad corroborandum, kartulam istam sigilli nostri impressione signamus. Hujus donationis testes hii quorum signa subsignatorum presens habet paginula. S. Rodulfi, Anselli, Theoderici, Everardi, archidiaconorum. S. Goiffridi, Gerardi, Lamberti, Macelini, Cameracensium canonicorum. S. Segardi decani. Factum est hoc anno dominice incarnationis m° c° viii, indictione i°, ejusdem vero pontificis anno tercio.

Cartulaire de l'abbaye d'Eenham, aux Archives du royaume, à Bruxelles, fol. 49.

## XCVII.

*Odon, évêque de Cambrai, confère l'autel de Saint-Hilaire à l'abbaye de Liessies.*

(1109).

In nomine sancte et individue trinitatis. Notum sit omnibus tam futuris quam presentibus, quod ego, Odo, Cameracensis episcopus humilis, ad anime mee et predecessorum meorum salutem, altare de Sancto-Hylario [2] ecclesie Letiensi, cui sub bone religionis Rainero abbate monachicus ordo deservit, in presentia domini Radulfi archiepiscopi, salvo jure episcopali, impersonaliter concessi, ita tamen ut abbas loci ejusdem nostra et ministrorum nos-

---

[1] Chièvres, cant. de ce nom, arr. de Mons.
[2] Saint-Hilaire. Voy. partie ii.

trorum capitula adeat, et presbiter qui eo cantaturus est curam de manu mea et successorum meorum suscipiat. Ut autem nostre auctoritatis pagina perpetuo teneatur, in prevaricatores anathematis gladium exerimus nostrique sigilli firmamento paginam hanc signantes clericorum nostrorum testimonio autenticamus. S. Theoderici, ejusdem loci archidiaconi. S. Johannis archidiaconi. S. Radulfi archidiaconi. S. Anselli archidiaconi. S. Evrardi archidiaconi. S. Erlebaldi prepositi. S. Ursionis, signum Mazelini, signum Ricuardi, canonicorum. Actum est autem hoc Remis, anno incarnati verbi M° C° IX°, indictione II°, presulatus vero domini Odonis quinto.

*Cartulaire de l'abbaye de Liessies*, pièce n° 38, aux Archives du département du Nord, à Lille.

## XCVII bis.

*Odon, évêque de Cambrai, confirme et concède à l'abbaye de Saint-Ghislain un grand nombre d'autels* [1].

(1110).

In nomine sancte et individue trinitatis. Odo, divina miseratione Cameracensium episcopus, tam futuris quam presentibus in perpetuum. Cum scriptura perhibeat bono animo gloriam reddi Deo et non minutas premicias manuum tuarum, nobis summopere est cavendum ne in conspectu justi judicis de premiciarum nostrarum minutione abjudicemur. Ex consilio itaque clericorum nostrorum, venerabilis Alardi, filii nostri, Cellensis abbatis, petitioni condescendimus, atque ecclesie sue, in honore sancti Gisleni fundate, altaria sublevata, salvis nostris et ministrorum nostrorum debitis, libera inpersonavimus : Cellam cum appendiciis suis, Hornuth, Quaregione [2] ; Durh [3] cum appendiciis suis, Bleelgiis [4],

[1] Dom Baudry, p. 336, mentionne cette donation.
[2] Saint-Ghislain, Hornu, Quaregnon. Voy. partie II.
[3] Dour. Voy. partie II.
[4] Blaugies, arr. de Mons, canton de Dour.

Herchoneih [1], Astigiis [2] et Heslogels [3], et Monticulo [4], et Olligiis [5], Villare [6], cum appendiciis suis Harmeniis [7] et Daweniis [8]; Squamiam [9], cum appendiciis suis Wamiols [10] et Rescnelis [11]; Basesklias [12], cum appendiciis suis Wandelancurth [13], Heliis [14], Waldineiis [15], Altrethe [16], cum appendicio suo Villa [17]; Baldurh [18], cum appendicio suo Villariolo [19]. Diffinimus vero ut abbas ejusdem loci pontificalia concilia adeat, et presbyteri altaribus hiis cantaturi curam de manu episcopi recipiant et nobis et ministris nostris de synodalibus respondeant. Ne igitur quis contra nostre auctoritatis paginam sciens evaserit, in prevaricantes anathema infundimus, factaque nostra subsigillatione munimentum istud autenticis testimoniis deffendimus. S. Anselli, ejusdem ecclesie archidiaconi. S. Radulfi archidiaconi. S. Erleboldi prepositi. S. Erleboldi decani. S. Balduini, Gerardi, Maxelini, canonicorum. Actum est autem hoc anno incarnati verbi M$^{mo}$ C$^{mo}$ X$^{mo}$, indictione III, presulatus domni Odonis VI$^{to}$. Ego Guerimboldus, cancellarius, scripsi et recensui.

*Cartulaire de l'abbaye de Saint-Ghislain*, rubrique *Hornut*, aux Archives de l'État, à Mons.

[1] Erquenne. Voy. partie II.
[2] Athis, arr. de Mons, cant. de Dour
[3] Elouges. Voy partie II.
[4] Voy., sur ce lieu, les chartes n$^{os}$ LXV bis, et CIV bis.
[5] Offignies, dépendance de Dour.
[6] Villers-Saint-Ghislain. Voy. partie II.
[7] Harmignies, arr. de Mons, cant. de Pâturages.
[8] Beugnies, dépendance d'Harmignies.
[9] Wasmes. Voy. partie II.
[10] Wasmuël, arr. de Mons, cant. de Boussu.
[11] Resignies? Nous ne connaissons aucun lieu de ce nom.
[12] Basècles, arr. de Tournai, cant. de Quevaucamps.
[13] Wadelincourt, arr. de Tournai, cant. de Quevaucamps.
[14] Ellignies-Sainte-Anne (?), arr. de Tournai, cant. de Quevaucamps.
[15] Waudignies, d'après Dom Baudry. Ce lieu nous est inconnu.
[16] Hautrage, arr. de Mons, cant. de Boussu.
[17] Ville, arr. de Tournai, cant. de Quevaucamps.
[18] Baudour. Voy. partie II.
[19] Villerot, arr. de Mons, cant. de Boussu

## XCVIII.

*Odon, évêque de Cambrai, lève, moyennant certaines conditions, la sentence d'excommunication prononcée par le pape Paschal II contre Gossuin, sire d'Avesnes, qui avait envahi les biens de l'abbaye de Liessies.*

(1111).

In nomine sancte et individue trinitatis. Odo, divina miseratione Cameracensis episcopus, tam futuris quam presentibus in perpetuum. Non parum quibuslibet in negotiis emolumenti confertur, dum id quod in elemosinam, principum vel nobilium seu quorumlibet fidelium largitione, Dei servis solemniter donatur, matris concordie studio et tranquilitate conservatur. Ideo, ecclesiasticis in pactionibus, ne discordie tenebris obscurentur, quia luce claritatis gaudere debent, omnimodis elaborandum est. Agamus igitur quod posterorum illuminationi et paci, ignorantie discussis involucris, proficiat, cui quodlibet impedimentum sinistre partis occurrere metuat, et per quod importunitas cupidorum et injuste calumpniantium comprimatur, et ecclesia Dei possessionibus suis imperpetuum jocundetur. Quapropter noticie tam presentium quam posterorum transmittimus, quod Gossuinus, dominus Avesnensis, ex precepto domini pape Paschalis, ob inquietationem et invasionem et violentam usurpationem villarum et possessionum Letiensis ecclesie, gladio excommunicationis percussus fuit. Ipse autem, hortatu nostro de preteritis erubescens et saluti anime sue in futurum prospiciens, abbati Rainero et ecclesie Letiensi in presentia nostra se conciliavit, atque se de injuriis et injusta invasione villarum ecclesie culpabilem profitens, comite Hainoensi Balduino et Agnete ipsius Gossuini uxore pro hiis forefactis cum ipsum arguentibus et pro excommunicatione quam sustinebat etiam detestantibus, excommunicationis veniam à nobis requisivit. Porro, ut id facilius impetraret, villam Letiis [1], quam bone memorie Theodericus, predecessor ejus,

---

[1] Liessies. Voy. partie II et n.° LXXXIV.

non solum in agris et in silvis, sed etiam in aquis, et pratis, et omnibus appenditiis suis, et tota familia sua, liberam contulerat, consilio et assensu predicti comitis Balduini, ab omni advocatia liberam, videlicet tallia, exactione, hospitalitate, heribanno, fossato, equitatione, et omni prorsus inquietatione vel forisfacto, prefate ecclesie resignavit. Recognovit etiam totum allodium de Feron [1], tam in terris quam in silvis et omnibus redditibus suis, quod prefatus Theodericus, pro anima patris sui Guerici, eidem ecclesie liberum contulerat. Admonitus etiam à predicto comite Balduino, recognovit allodium de Semeriis [2], cum omnibus appenditiis suis, et advocatiam familie sancti Remigii, quod idem Balduinus liberum tenuerat et ecclesie liberum tradiderat. Recognovit etiam totum allodium de Cartiniis [3], tam in terris quam in silvis et omnibus appenditiis suis, sicut ecclesia ab antiquo libere et canonice possederat. Recognovit etiam totum allodium de Bolonia [4], sicut ecclesia ab antiquo possederat. Recognovit etiam totum allodium sancti Remigii de Trelon [5], tam in silvis quam in terris et omnibus appenditiis suis, sicut eadem ecclesia ab antiquo possederat. Recognovit etiam sancti Petri et sancti Ursmari de Fontenellis [6] allodium, tam in terris quam in silvis, sicut ecclesia Letiensis, assensu nostro et utriusque capituli concordia, vi solidorum Laudunensis monete censu ab ecclesia Lobiensi perpetuo tenebat. Concessit etiam ut vecture sive res ecclesie per totam terram suam libere et absque omni guionagio pertranseant, et ut servientes et mercennarii ejus Avesnis nullum theloneum persolvant. Ut vero ab invicem omnis controversia vel inquietatio excludentur, et inter ecclesiam Letiensem et dominum Avesnensem pax bona perpetuo confirmaretur, constitutum est ut, in predictis sive etiam aliis villis ad ecclesiam pertinentibus, abbas Letiensis villicos sive officiales suos habeat; et si

[1] Feron. Voy. partie II et n.° LXXXIV.
[2] Semeries. Id.
[3] Cartignies. Id.
[4] Boulogne, arr. et cant. d'Avesnes.
[5] Trélon. Voy. partie II.
[6] Fontenelle, arr. de Vervins, cant. de la Capelle.

clamor venerit in villa de aliqua invasione, vel forisfacto, vel etiam heribani infractione, abbas per se vel per ministros suos diem placiti instituat, et, absque advocatione domini Avesnensis, judicio scabinorum suorum vel consilio proborum virorum quoscumque advocare voluerit, sola manu sua justiciam teneat, et exactiones pro jure foro et lege patrie institutas solus accipiat. Constitutum est ut, si in villis que sunt in allodio ecclesie servi et ancille sancti Lamberti vel sancte Hiltrudis sive etiam sancti Remigii de Semeries manserint, liberi et absque omni advocatia, exactione, tallia domini Avesnensis, in manu ecclesie remaneant, et in obitu eorum ecclesia absque omni participatione domini Avesnensis mortuam manum de hiis accipiat; si vero Avesnis vel alicubi super allodium domini Avesnensis manserint, ecclesia de mortua manu duas partes habebit, et dominus Avesnensis tanquam advocatus terciam sibi retinebit. Statutum est etiam ut non liceat domino Avesnensi aliquem de manentibus in Letias in advocatia sua suscipere, sed non liceat manentibus in Letiis, vel aliis in advocatia Avesnensi alicubi commorantibus, maritationes adinvicem facere absque licentia et assensu advocati et ecclesie. Abbati etiam et ecclesie predictus Gossuinus hoc donum contulit, ut de quibuslibet et in tota terra sua conductum faciat; et, si quis de hominibus domini Avesnensis aliquid forisfecerit, ad ecclesiam confugium habeat, ut infra quindecim dies reum illum ad concordiam et pacem reducat, vel etiam e patria salvum illum educat. Porro ut ecclesie obnoxior fieret, idem Gossuinus hominium abbati fecit et accipitres silvarum ecclesie ab ea recepit in feodo; et, ut successores sui hoc hominium ecclesie perpetuo facerent, instituit insuper etiam se parochianum esse ecclesie de Avesnis, que ad ecclesiam Letiensem spectat, et oblationes nominatas inibi se debere benigne recognovit; sed tamen in ecclesia Letiensi, quam predecessor suus Theodericus quondam fundaverat, sibi et successoribus suis sepulture locum elegit. Hanc pacem et concordiam inter se et ecclesiam Letiensem Gossuinus, dominus Avesnensis, in presentia nostra, astante et laudante predicto comite Balduino, instituit et informavit, et, post pacem factam, de forisfactis ecclesie à nobis absolutus, testes idoneos quos secum adduxerat annotari fecit, et omnes qui hanc pacem et concordiam inter ecclesiam et dominum Avesnensem amplius dissolverent vel perturbarent à nobis excommunicari fecit. Nos ergo, ex officio nostro, tam dominos Avesnenses quam omnes alios qui ulterius pacem istam perturbaverint et libertatem ecclesie violaverint, sive etiam in allodio vel res (rebus?) ecclesie invasionem fecerint, patris et filii et spiritus sancti auctoritate et nostra, nisi resipuerint et ecclesie satisfecerint, excommunicamus. Et ut ratum permaneat, sigilli nostri impressione et personarum nostrarum subsignatione solidamus. S. Guerrici, Altimontensis abbatis. S. Radulfi, Mariclensis abbatis. S. Theoderici archidiaconi. S. Anselmi archidiaconi. Testes autem idonei subnotati sunt hii : Alardus de Cimai, Gislenus de Pessant, Robertus de Squilin, Gonterus de Moscin, Bastianus de Gordinis, Martinus comes, Sigerus prepositus. Actum est anno incarnationis m° c° xi°, indictione iiii, pontificatus vero domni Odonis anno vi°.

*Cartulaire de l'abbaye de Liessies*, pièce 16, f° 18, aux Archives du département du Nord, à Lille.

## XCIX.

*Odon, évêque de Cambrai, confère à l'abbaye d'Anchin l'autel de Vendegies-sur-Escaillon et celui de Capelle.*

(1111).

In nomine sancte et individue trinitatis. Ego Odo, Dei gratia humilis Cameracensium episcopus, omnibus Christi ecclesie filiis presentibus et futuris vite presentis solacium et celestis gaudii euge dominicum. Pastoralis cure sollicitudine astringimur et divinis et apostolicis informamur disciplinis, ut in ecclesiarum utilitatibus sollicito vigilemus affectu; dicitur enim : « *Quod uni ex minimis meis fecistis, michi fecistis* », et : «*Dum tempus habemus, operemur bonum ad omnes, maxime autem ad domesticos fidei* »;

illud Christus, hoc apostolus. Quapropter ecclesiam sancti Salvii de Vendelgies, super Escalum [1] fluviolum, et ecclesiam sancti Humberti que dicitur ad Cappellam [2], cum omnibus ad eas pertinentibus, ecclesie sancti Salvatoris, constructe in insula que ab aquis cingentibus Aquicinctus denominatur, in perpetuum possidendas et ab omni exactione vel personis liberas concedo et dono ; ea tamen ratione interposita, ut et debitus census earumdem ecclesiarum michi meisque successoribus annuatim persolvatur, et presbiteri qui in eis servituri sunt curam animarum de manu nostra suscipiant, et nostris seu nostrorum capitulis ministrorum deesse non presumant. Factum est hoc assensu Theoderici archidiaconi, sub cujus manu prefata habentur altaria, insuper et voluntate atque consilio dominicorum clericorum sanctæ Cameracensis ecclesie, cui Deo auctore deservio. Ut autem hæc constitutionis nostræ pagina recta inconvulsaque permaneat, et nulla amodo vetustate à memoria posteritatis recedat, sigilli nostri impressione auctorizavi et subtersignatarum personarum testimonio sub anatemate corroboravi. Signum mei Odonis episcopi. Signum Theoderici archidiaconi. Signum Rodulfi archidiaconi. Signum Anselli archidiaconi. Signum Johannis archidiaconi. Signum Erlebaldi, Sanctæ-Mariæ prepositi. Signum Erlebaldi decani. S. Guerinbaldi, Mazelini, canonicorum. Actum est hoc et confirmatum incarnationis dominicæ anno millesimo centesimo undecimo, indictione quarta, pontificatus autem domni Odonis anno VII[a]. Cunctis hec pure illibateque servantibus sit pax æterna, violantibus vero damnatio perpetua.

Ego Guerimbaldus cancellarius subtersignavi:

   Original scellé, fonds de l'abbaye d'Anchin, aux Archives du département du Nord, à Lille.

## C.

*Odon, évêque de Cambrai, accorde ou confirme au chapitre de*

---

[1] Vendegies-sur-Escaillon. Voy. partie II.
[2] Capelle. Voy. partie II.

cette ville plusieurs autels dans le Brabant, le Hainaut, le Cambrésis, et dans la ville de Valenciennes.

(1121).

In nomine patris, et filii et spiritus sancti, sancte et individue trinitatis. Ego Odo, per gratiam Dei, ecclesie Cameracensis episcopus humilis, prophetice vocis non immemor, qua dicitur : « *Domine, dilexi decorem domus tue* », et alibi : « *Honora dominum de tua substantia* », his et aliis documentis instructus, ecclesie cui presum, opitulante Deo, prodesse desidero, ut ad vitam sempiternam pervenire valeam cum grege michi commisso. Igitur, quorumdam fidelium et amicorum meorum precibus commonitus, traditiones quas per manum regum, sive episcoporum, seu etiam quorumcumque Christi fidelium, ecclesie sancte Dei genitricis Marie traditas esse cognovi, pro salute anime mee, presentibus ejusdem ecclesie filiis, ego ipse collaudavi, et, in quantum mea mihi subministravit facultas, augmentavi, et mee collaudationis benivolentiam sigilli mei impressione signavi. Insuper etiam fraudatores et perturbatores earumdem traditionum, nisi emendaverint, anathematis vinculo obligavi. In hac itaque consideratione fraternitatis et amoris, plures traditiones nominatim subscripsi, ceterasque Deo et memorie fidelium inviolatas commendavi : in pago Brachatensi, altare de Wettra [1], altare de Andrelet [2], cum eorum appenditiis, altare de Abat [3], altare de Majonis-Vualdo [4] cum domini Mazelini archidiaconi alodio ; in Hainau, altare de Angra, altare sancte Marie de Bermeren et partem alodii ejusdem ville, altare de Marticio, et alodium Ursenens ville, et

---

[1] Wetteren (?), cant. de ce nom, arr. de Termonde. L'autel de ce lieu avait été donné, en 1098, à l'église de Cambrai par l'évêque Manassès. Le Glay, *Glossaire*, etc., pp. 25 et 26.

[2] Anderlecht, arr. de Bruxelles, cant. de Molembeke-Saint-Jean.

[3] Ath, cant. de ce nom, arr. de Tournai.

[4] Mainvault, arr. de Tournai, cant. d'Ath. Comparez Le Glay, *Glossaire*, p. 166.

terram de Durlero, altare de Basio cum ecclesia [1]; in pago Cameracensi, altare de Gambais [2], altare de Rued [3], participante Sancto-Autberto, altare de Cantinio [4], altare de Abentiolo [5], altare de Sterpeniis [6]; in urbe Cameraco, decimam telonei, decimam monete, matheram cum suo manso libero, mansum domini Alardi archidiaconi liberum; in Valencenis [7], unciam I auri, quam pro altari Sancti-Gaugerici debet canonicis Sancte-Marie Cameracensis ecclesia Sancti-Salvii; altare de ..., et furnum Airulfi cum hospitibus suis. Ut autem hec nostra pagina rata permaneat, subtersignatarum testimonio personarum confirmavi. S. Erlibaldi prepositi. S. Johannis, Anselli, Rodulfi, Theoderici, Evrardi, archydiaconorum. S. Erlebaldi decani. S. Heriberti decani, Balduini decani. S. Maselini...., Hugonis, Johannis, Guidonis, Rotberti, canonicorum. Actum est hoc anno dominice incarnationis M CXI.

M. LE GLAY, *Glossaire*, etc., p. 34.

## CI.

*L'évêque de Cambrai, Odon, termine une nouvelle contestation qui s'était élevée entre l'abbaye de Liessies et Gossuin d'Avesnes, au sujet d'une partie de la Fagne et de la haie d'Avesnes.*

(III?).

In nomine sancte et individue trinitatis. Odo, divina miseratione, Cameracensium episcopus, cunctis Christi fidelibus in

---

[1] Angre, Bermerain, Maresches, Orsinval, Dourlers, Baisieux. Voy. partie II.
[2] Wambaix. Voy. partie II et n° XXIV.
[3] Rieux, arr. de Cambrai, cant. de Carnières.
[4] Cantaing, arr. de Cambrai, cant. de Marcoing.
[5] Aubencheul-au-Bac, arr. et cant. de Cambrai.
[6] Eterpigny, arr. d'Arras, cant. de Vitry (Pas-de-Calais).
[7] Valenciennes. Voy. partie II.

perpetuum. Quod rationabiliter, veritate attestante et judicio proborum hominum, actum esse dignoscitur, scripto debet commendari ; ne processu temporis veritas oblivione elabatur, ymmo per eam pax et concordia perpetuo conservetur. Eapropter noticie posterorum transmittimus quod Gossuinus Avesnensis, qui, ob injurias et invasiones villarum ecclesie Letiensis, à domino papa Paschali excommunicatus fuerat, in presentia nostra et Balduini comitis Hanoniensis, recognitione facta villarum et silvarum et tocius juris ecclesie, à nobis injusticiam suam recognoscens absolutus est. Hujus vero pacis et concordie vix per annum observata confirmatione, inter ipsum et ecclesiam iterum grandis querela super silva que Haia [1] dicitur, que etiam Letiis et silve de Solra [2] adjacet, et super quadam parte silve de Fania que allodio sancti Petri de Mostiers [3], sancteque Monegundis, et sancti Remigii, sancte quoque Aldegundis contigua est, exorta est, asseverante Gossuino tam Haiam quam predictam partem Fanie eidem ecclesie se nunquam resignasse. Econtra autem ecclesia asserebat testimonio fidelium utramque silvam et Haie et Fanie de allodio Letiensis esse, et hoc allodium de Letiis, tam in terris quam in silvis, dominum Theodericum, ecclesie fundatorem, libere et absolute eidem ecclesie contulisse, et ipsum Gossuinum in reconciliatione sua totum ex integro abdicasse. Nos ergo, per Rainerum, ejusdem loci abbatem, audita molestia et inquietatione ecclesie, pacem inter eos etiam secundo reformare cupientes, Theodericum et Anselmum archidiaconos, et Wedricum abbatem de Alto-Monte, quia priori compositioni ecclesie et domini Avesnensis interfuerant, loco nostri Letias direximus, ut, audita ecclesie querimonia, secundum pactionem que inter ecclesiam et eundem Gossuinum per nos noviter facta fuerat, idem Gossuinus per eos submoneretur ut ab injusta invasione silvarum ecclesie cessaret, et, si in aliquo predicte pactioni et justicie contrairet, ex

---

[1] Comparez n.° XCVIII.
[2] Solre-le-Château, cant. de ce nom, arr. d'Avesnes.
[3] Moustier. Voy. partie II (Fagne).

parte nostra excommunicatus remaneret. Submonitus itaque ab eis Gossuinus et pristine excommunicationis timore compunctus, insuper etiam pio affectu arguente eum Agnete conjuge sua, quatuor villarum potestates adunari fecit, videlicet de Willies [1], de Monasterio in Fania [2], de Wasleirs [3] et de Trelon [4], et post de unaquaque duos viros majoris etatis et sanioris consilii elegit, quos, fide data sub juramento, affirmare fecit in presentia archidiaconorum et abbatis quod de allodio Letiensi circumquaque veritatem dicerent et tam ipsi quam ecclesie, quam ceteris sanctis qui in allodio Fanie ei participantur, jus suum in veritate attribuerent. Hii viri ad hujusmodi divisionem electi, peracto sacramento jurisjurandi, tres viros, scilicet Gerardum de Moreniis, Lambertum villicum de Trelon, Evrardum villicum de Willies, quia divisionem Fanie melius scire videbantur, secum assumpserunt, et, seorsum de re injuncta consilio ad invicem habito, totam Haiam predictam de allodio Letiensi esse, insuper et quoddam allodium in avialibus Helpre [5], quod ex una parte Helpre fluvii allodio ville que Helpra [6] dicitur et allodio sancte Monegundis sanctique Petri de Mosticrs, ex altera parte fluvii feodo Emelordi et terre de Simeri [7] contiguum est, ab antiquo beatam Hiltrudem jure debito possedisse communi assensu contestati sunt. Exinde in Faniam procedentes, ne discordia vel error inter ecclesiam et dominum Avesnensem ceterosque sanctos qui Fanie participantur amplius oriretur, loca certa denominaverunt per que unicuique jus suum assignarunt. Processum est igitur à superiori furceo Turbe per Copinii avialia et per rivum qui inibi oritur, usque ad campum de Runcroet [8] et usque ad rivum subtus

---

[1] Willies. Voy. partie II (Fagne).
[2] Moustier. Voy. plus haut.
[3] Wallers. Voy. partie II (Fagne).
[4] Trélon. Id.
[5] L'Helpe-Majeure.
[6] Eppe-Sauvage. Voy. partie II (Fagne).
[7] Semeries. Idem.
[8] Voy. partie II (Fagne).

positum, et toto ipso rivo usque ad quercum clavatum, in loco ubi tres vie in invicem copulantur, videlicet de Helpra ad Trelon, de Willies ad Wasleirs, et inde ad Letias. De hac via processerunt usque ad rivum Merdosi-Voium [1], ubi transitus est euntibus ad Waslers, et inde usque ad originem ipsius rivi ubi sortitur, et inde usque ad originem rivi de Argilia [2]; et ipsum rivum sequentes venerunt ad terram sancti Martini de Glaion [3], et inde usque ad rivum de Corbion ubi transitur propius de Glaion. Ab hoc rivo infra predictos terminos tam terram quam silvam de allodio Letiensi esse et illam dominum Avesnensem antiquo jure possedisse, sed illam a domino Theoderico, in fundatione ecclesie, libere et absolute et absque omni advocatia attributam esse tam fideliter quam et veraciter concordi voce affirmaverunt. Reliquam vero partem Fanie extra predictos terminos ex una parte sanctæ Aldegundi, sancto Petro, sancte Monegundi, sancto Hilario, ex altera parte versus Trelon sancto Remigio et sancte Aldegundi, salva advocatia domini Avesnensis, jure perpetuo possidendam attribuerunt. Quam tamen partem sancti Remigii et sancte Aldegundis utrique communem et equalem esse unanimiter attestati sunt. Porro a predicto rivo de Corbion [4], sicut prosequitur idem rivus, usque ad rivum de Trelon, et inde ab alio rivo qui Salneria [5] dicitur, usque ad Tassenarias [6] et usque ad calceiam ubi transeunt euntes de Letiis ad Feron [7], et e transverso usque ad terram de Sanctis et de Ramulgies [8], allodium cujusdam Milonis nobilis viri fuisse, et, tempore quatuor canonicorum qui Letiis

---

[1] Le Merdris. Voy. partie II (Fagne).
[2] Voy. partie II (Fagne).
[3] Glageon. Voy. partie II (Fagne).
[4] Corbion (?). Idem.
[5] Il existe une ferme de Sagnières ou Sannières, à Tupigny, arr. de Vervins, cant. de Wassigny. Le ruisseau dont s'agit existe sans doute aux environs.
[6] Taisnières-en-Thiérache. Voy. partie II.
[7] Féron. Idem.
[8] Sains et Ramousies. Idem.

antiquitus fuerunt, ab eodem Milone libere et absolute et absque omni advocatia attributum ecclesie Letiensi asseruerunt. Et tali modo predicti electi divisioni allodii de Letiis absque omni contradictione facte imposuerunt finem. Sane Gossuinus, audita veritate et testimonio virorum quos ad divisionem faciendam elegerat, de injusta invasione silvarum ecclesie resipiscens, totum allodium de Letiis ex integro tam in Haya quam in predictis locis, Fanie, sicut à predecessore suo Theoderico libere et absque omni advocatia ecclesie Letiensi collatum fuerat, in presentia archidiaconorum et multorum proborum hominum secundo jam recognovit, et ut hec recognitio ad nos, qui archidiaconos ad pacem reformandam direxeramus, per eos referretur et scripto memorie commendaretur humiliter expetiit. Nos quoque, audita reformatione pacis inter ecclesiam Letiensem et dominum Avesnensem per predictos viros qui loco nostri interfuerant, petitioni Gozuini, quia justa et rationabilis esse videbatur, benigne acquiescentes, tam sigillo nostro quam testimonio personarum nostrarum que hanc reformationem pacis veraciter audiverant, corroboravimus; et omnes qui hanc pacem amplius perturbaverint sive libertatem ecclesie infregerint iterum secundo excommunicamus. S. Theoderici archidiaconi. S. Anselmi archid. S. Alardi archid. S. Erleboldi prepositi. S. Roberti, Widonis, Mascelini, clericorum. S. Wedrici, abbatis de Alto-Monte. S. Ragineri, abbatis Sancti-Sepulcri. S. Goifridi, abbatis de Novo-Castello. Actum est hoc anno dominice incarnationis M C X II°, indictione quinta. Ego Guerinbaldus, sancte matris ecclesie Cameracensis cancellarius, scripsi et subscripsi.

Copies authentiquées et *Cartulaire de l'abbaye de Liessies*, aux Archives du département du Nord, à Lille.

## CII.

*Odon, évêque de Cambrai, donne à l'abbaye de Saint-Martin de Tournai l'autel de Sirault.*

(1112).

Odo, Dei miseratione, Cameracensium episcopus, presentibus

et futuris omnibus prosperis ad vota pollere successibus. Manifestum vobis volumus esse nos altare de Sirau [1] ecclesie Sancti-Martini Tornacensis, libere et absque persona, pro remedio anime nostre ac predecessorum nostrorum, tradidisse; ea tamen conditione, ut abbas supradicte ecclesie sinodum ad mandatum episcopi curet observare, atque mea seu ministrorum meorum jura persolvere. Presbiter quoque constituendus de manu episcopi curam animarum debebit suscipere. Et ut ratum permaneat hoc nostre munificentie donum et inviolabile, violatores hujus, nisi resipuerint, perpetuo condemnamus anathemate, atque idem nostri sigilli corroboravimus impressione, idoneosque testes qui his interfuere curavimus apponere. S. domini Odonis episcopi. S. Johannis archidiaconi. S. Anselli archidiaconi. S. Rodulfi archidiaconi. S. Theoderici archidiaconi. S. Evrardi archidiaconi. S. Erlebaldi prepositi. S. Erlebaldi decani. S. Roberti cantoris. S. Balduini, S. Fulconis, S. Mascelini, S. Lamberti, S. Gerardi, canonicorum. Actum Cameraci, anno Domini M° C° XII°, imperante Henrico, episcopatus domini Odonis anno VII°. S. Werimbaldi cancellarii.

*Cartulaire de l'abbaye de Saint-Martin de Tournai,*
fol. XVII verso, aux Archives du royaume, à Bruxelles
(collection des cartulaires et manuscrits, n.° 119).

## CIII.

*Odon, évêque de Cambrai, termine la contestation existant entre l'abbaye de Liessies et un clerc nommé Guillaume, au sujet de l'autel d'Avesnes.*

(1113).

In nomine sancte et individue trinitatis. Odo, Dei gratia,

---
[1] Sirault. Voy. partie II.

Cameracensis episcopus, tam presentibus quam futuris in perpetuum. Noverit omnium industria altare de Avesnis, episcopali traditione, metropolitani confirmatione, romana auctoritate, ecclesie Letiensi canonice atque perpetualiter ascriptum. Verum predicte ecclesie venerabilis abbas Rainerus, sepissima Willermi clerici vexatione lacessitus, post pactionem in presentia nostra diffinitam, ab eodem Willermo fractam, post abjudicationem in Remensi concilio, sepefati Willermi impetitionem factam, Romam usque pervenit, ibique romano judicio reinvestitus, monitorias domini pape litteras secum detulit; convocatoque universo tam abbatum quam personarum et clericorum civitatis nostre conventu, ad causam istam sedendam et ulterius sopiendam supersedimus, diffinientes ut Willermus de ecclesia Leticusi redditus altaris Avesnensis et memoratam concessionem, in vita sua libere, tamen consualiter, teneret, atque proinde in festivitate sancti Lamberti II solidos quotannis ecclesie Letiensi solveret. Dedit itaque in presentia nostra fidem ad ipsum, in capitulo sacramento completurus, nichil se de atrio et terris ad altare pertinentibus, absque consilio abbatis et concessione capituli, dilapidaturum nulloque modo ecclesiam et ejus abbatem super prefati altaris reperesonatione ulterius vexaturum. Ut autem id ratum consistat, prevaricatores anathematis gladio percutimus et subsignatis testibus sigillo nostro solidamus. S. Theoderici archidiaconi, Johannis archidiaconi, Anselli archidiaconi. S. Raineri, Sancti-Sepulchri abbatis. S. Goiffridi, abbatis Castelli-Novi. S. Erleboldi prepositi. S. Erleboldi decani, Balduini decani, Heriberti. S. Gaugerici decani, Roberti. S. Gaugerici scolastici, Hugonis, Richardi, Widonis, Mascellini, canonicorum. Actum Cameraci, in capitulo Sancte-Marie, anno ab incarnatione Domini M° C° XIII°, indictione III°, pontificatus domini Odonis VIII°.

*Curtulaire de l'abbaye de Liessies*, pièce n.° 39, aux Archives du département du Nord, à Lille.

### CIV.

*Odon, évêque de Cambrai, donne à l'abbaye de Maroilles l'autel de Landrecies.*

(1113).

In nomine sancte et individue trinitatis, patris, et filii et spiritus sancti. Odo, divina miseratione, Cameracensis episcopus, tam futuris quam presentibus imperpetuum. Cum ex scriptura, que ait : « *Memorare novissima tua, et in æternum non peccabis* », animarum nostrarum saluti providere debeamus, summe clementie est si apud eternum judicem de incuria judicamur. Igitur ecclesiarum utilitati deservientes, venerabilis filii nostri Rodulphi, Maricolensis abbatis, petitioni condescendentes, altare de Landrechies [1], sine persona, salvis tamen Cameracensis episcopi et ministrorum suorum obsoniis, ecclesie sancti Humberti, cui preest, concedimus; ea quidem gratia, ut ejusdem loci abbas concilia episcopi adeat, et presbiter altari serviturus, cura ab episcopo recepta, episcopo et ministris suis de synodalibus respondeat. Ne igitur aliquo prevaricationis turbine privilegii nostri pagina pervadatur, anathemate pervasores angariamur, et sigilli nostri impressione, canonico etiam testimonio, autenticamus. S. Theoderici, ejusdem altaris archidiaconi. S. Johannis archidiaconi, S. Anselli archidiaconi, Herleboldi prepositi, Herleboldi decani, Gerardi, Masselini, Herewardi, canonicorum. Actum anno incarnati verbi millesimo centesimo XIII°, indictione VI°, presulatus domini Odonis VIII. Ego Gueribaldus cancellarius scripsi et recognovi.

*Cartulaire de l'abbaye de Maroilles*, intitulé: *Bénéfices, dîmes, terrages*, fol. 360, aux Archives du département du Nord, à Lille.

## CIV Ms.

*Ansellus, archidiacre de Cambrai, termine la contestation qui*

---

[1] Landrecies. Voy. partie II.

*s'était élevée entre Walbert, abbé de Saint-Ghislain, et Gérard, curé d'Harvengt, au sujet du lieu appelé Moncel uni à la paroisse d'Harmignies.*

(Vers 1114)[1].

In nomine sancte et individue trinitatis, patris, et filii et spiritus sancti, amen. Notum sit sancte Dei ecclesie filiis presentibus et futuris, quod ego, Ansellus, Cameracensis archidiaconus, consilio et dispositione patris nostri Radulphi, venerabilis Remorum archiepiscopi, consilio eciam et assensu capituli Sancte-Marie Cameracensis ecclesie, sedavi quandam litem et discordiam inter Gualbertum, Sancti-Gisleni abbatem, et Gerardum, Harvennensis[2] ecclesie personam. Sed prius videndum est unde processit lis et discordia, et postea intelligendum quomodo succrevit pax et concordia. Altare igitur de Harmenio Sancti-Gisleni est, et in eadem villa quidam vicus adjunctus est, quem vocant Monticulum[3]. Cujus habitatores et incole omnesque pariter decime et oblaciones, tam ab interiori quam exteriori procedentes, ab antiquis institutis de jure sunt Harvennensis ecclesie; sed temporibus patris nostri Gerardi pontificis, bone memorie viri, res ista prevaricata est, et per contrarium inequalitus divisa, quia, sine commodo et utilitate Harvennensis ecclesie, predicti vici fructus adquisivit sibi Sancti-Gisleni ecclesia. Quod Gerardus, predicta quidem persona, nequaquam diutius tolerans, in presentia mea et capituli, fecit inde clamorem, et, ut cetera vobis breviter complectar, tandem inquisita manifesta est veritas, et, tam in audiencia Remensi quam in curia Cameracensi,

---

[1] Cette charte, qui porte ... cartulaire la date de 1100, doit, comme l'indique Dom Baudry, p ... a fixée à l'année 1113 ou 1114: Walbert ne fut en effet abbé que d. ... 1115.

[2] Harvengt, arr. de Mons, ... de Pâturages. Voy., sur ce lieu et le suivant, les n.os LXII et LXV bis.

[3] Le Petit-Harvengt, à Harmignies.

plane cognovimus justam esse causam Gerardi. Idcirco, propter affinitatem vici illius qui est in eodem Harminio, per fidem et promissionem utriusque partis, inter eos ordinatum est concorditer, quod abbas Sancti-Gisleni, sive prior, vel quilibet monachorum obediens, in festivitate Luce euvangeliste, per singulos annos solvat Gerardo dimidium fertumgum argenti, pro solis minutis decimis et oblationibus parrochianorum prenotati vici ; decima enim exterior, laboris scilicet agrorum, sine omni controversia semper fuit, est, et erit Harvennensis altaris. Hujus quidem concordie testes sunt : Ansellus archidiaconus, Johannes archidiaconus, Theodericus archidiaconus, Erleboldus prepositus, Erleboldus decanus, Walterus, abbas Lobiensis, Guidricus, abbas Altimontensis, Alardus, Montensis decanus, Balduinus decanus, Lambertus prepositus, Ernaldus canonicus, Rotardus, Lobiensis decanus, decani Salomon, Raginaldus. Actum est hoc anno dominice incarnacionis M° C° (XIIII°).

*Cartulaire de l'abbaye de Saint-Ghislain*, rubrique *Harmigni*, aux Archives de l'État, à Mons.

## CV.

*Raoul, archevêque de Rheims, confirme, au concile général de la métropole, diverses donations faites à l'abbaye de Liessies* [1].

(1114 ou 1115).

In nomine sanctæ et individuæ trinitatis. Radulphus, Dei gra-

---

[1] La copie, dont nous avons suivi le texte et qui appartient à M. Michaux d'Avesnes, a été authentiquée et collationnée à l'original, le 10 juin 1766, par J. Lebeau, notaire royal au bailliage d'Avesnes. Il existe en original, aux Archives de l'État, à Mons, une autre et grande confirmation, donnée en 1119, par Burchard, évêque de Cambrai, conçue dans les mêmes termes. Burchard y ajoute le don des autels d'Obrechies, de Beugnies et de Cordes (*altaria de Oberciis et de Bauveniis et de Cordis*). M. Le Glay (*Notice sur les archives de l'abbaye de Liessies*) mentionne la charte de 1115 et dit qu'elle ne fut reconnue et confirmée qu'en 1145 par le seigneur d'Avesnes.

lia, sanctæ Remensis matris ecclesiæ archiepiscopus, cunctis fidelibus utriusque vitæ successus. Notum facimus tam futuris quam presentibus filium nostrum Raynerum, Lætiensem abbatem, quum tunc Cameracensis catedra episcopo benedicto carebat, ad nos venisse, et de beneficiis, quæ per devotionem fidelium suo tempore suæ Lætiensi ecclesiæ dominus Jhesus Christus contulerat, munimentum nostræ auctoritatis quæsisse. Cui petitioni quam rationabilem intelleximus satisfacere curavimus, ita tamen, eo petente, ut, designatis beneficiis, designentur ex nomine qui unicuique traditioni interfuere. Confirmamus igitur Letiensi ecclesiæ villam quæ dicta Ramulgies [1], cum omnibus appendiciis suis, ab omni seculari dominatu liberam, quam Gozuinus, heres bonæ memoriæ Teoderici Avesnensis, à comite Balduino, sicut predecessores sui à comitibus predecessoribus, jure militari tenebat, et, ut Deus et ecclesia Lætiensis inde dotarentur, sagacitate ejus nobilissimæ conjugis Agnetis, liberam Balduino comiti reddidit. Comes autem, annuente uxore sua Iolente, adstantibus liberis testibus, libere eam ecclesiæ Lætiensi tradidit. Signa horum qui interfuerunt prefatæ traditioni. S. Guerici, abbatis de Altomonte. S. Teoderici archidiaconi. S. Guerici, Guerardi, canonicorum Cameracensium. S. Gozuini de Avesnis. S. Isembardi de Monz. S. Heribrandi de Condate. S. Isaac de Wames. S. Gozuini de Squelin. S. Huberti de Hosdeng et filii ejus Oilardi. S. Rogeri de Iricio [2]. S. Lienuldi [3]. S. Guialonis de Ferrires. S. Radulphi Munum [4] et filii ejus Simonis. S. Nicolai. S. Emelini.

Confirmamus eidem ecclesiæ villam quæ dicta Formies [5], quam idem Gozuinus, pro anima avunculi sui Theoderici, annuente uxore sua Agnete et fratribus suis, cum omnibus appendiciis quæ sui juris erant tradidit, adstantibus subsignatis liberis tes-

[1] Ramonsies. Voy. partie II.
[2] Yretcoig, dans la charte de 1119.
[3] S. Lyoetvuldi de Yreteung. Idem.
[4] Mugnun. Idem.
[5] Fourmies. Voy. partie II.

tibus. S. Gozuini de Ramensi [1]. Item Gosuini de Villa et filii ejus Balduini. S. Radulphi de Merbiis et Mauri filii ejus. S. Amulrici de Berella.

Confirmamus etiam advocatiam quartæ partis ejusdem villæ, quam Robertus Muels [2] eidem ecclesiæ legitime tradidit, acceptis pro ea à domina Ada per emptionem sex marcis argenti. Subsignati sunt testes idonei et emptionis et traditionis. S. Vuidonis de Guzia. S. Evrardi de Dulcelun. S. Fulconis de Lesceries [3]. S. Raynardi de Guzia. S. Petri de Ribomunt. S. Vuenrici de Filoniis [4]. S. Richeri de Lesceries. S. Arnulfi de Vendul.

Confirmamus etiam aliud allodium quod dicitur Vilers [5], huic villæ contiguum, quod idem abbas à Balduino de Solre sub censu duorum solidorum suæ prefatæ ecclesiæ adquisivit. Confirmamus et duas partes villæ quæ dicta Adat [6], quam domina Beatrix Laudunensis cum omnibus appendiciis suis, ab omni dominatu alieno liberam, eidem ecclesiæ ad usus fratrum ibi Deo servientium legitime tradidit, seque sub eadem ecclesia deinceps mansuram et Deo servituram et novit et aptavit. Cujus traditionis et astipulationis subsignati sunt testes idonei. S. Balduini de Monte comitis. S. Otonis de Vuare [7] comitis. S. Alardi de Cimay, fratris ejusdem dominæ. S. Gozuini de Montibus. S. Wigeri de Tuin. S. Gozuini de Avesnis. S. Anselli de Merbiis. S. Hugonis de Lens. S. Arnulfi de Crucibus. S. Isaac de Vuames. S. Walteri de Asneriis. S. Gerulfi fratris ejus. S. Gonteri de Lin [8]. S. Rogeri de Bilchi. S. Rogerii de Silli. S. Gonteri de Mauritania [9].

Confirmamus pactiones ecclesiarum sancti Quintini, et sancti

---

[1] Rameniis, dans la charte de 1119.
[2] Oniels. Idem.
[3] Letschiries. Idem.
[4] Filancs. Idem.
[5] Villers-Pol, arr. d'Avesnes, cant. du Quesnoy.
[6] Ath, cant. de ce nom, arr. de Tournai.
[7] Vuarch, dans la charte de 1119.
[8] Cin. Idem.
[9] Ce qui suit ne se trouve pas dans la charte de 1119.

Gervasii, et hujus superlibatæ ecclesiæ ex restauratione villarum scilicet Azionvilla [1] et Gerelziis [2], sicut in cyrografis earum habentur. Hæc autem omnia, quæ Liciensi monasterio auctoritate nostra presenti pagina confirmavimus, assensu, imo rogatu personarum ecclesiæ Cameracensis roboravimus, assensu videlicet domini Teoderici archidiaconi, Anselli archidiaconi, Johannis archidiaconi, Walceri archidiaconi, Erlebaldi prepositi, Erlebaldi decani, Werenbaldi cancellarii. Actum Remis, in generali concilio, anno incarnati verbi MCXIII [3], indictione VII, regnante Ludovico rege Francorum anno VII°, archipresulatus domini Rodulfi anno VI [4]. Fulcardus cancellarius scripsit et subscripsit.

Copie authentiquée, communiquée par M. Michaux d'Avesnes; autre copie, fonds de l'abbaye de Liessies, aux Archives du département du Nord, à Lille.

## CVI

*Raoul, archevêque de Rheims, confirme à l'abbaye d'Anchin la donation, faite par Gossuin d'Avesnes, du tonlieu ou plutôt d'un droit sur les maisons de la ville d'Avesnes.*

(1115).

In nomine patris, et filii, et spiritus sancti, amen. Ego Rodul-

---

[1] Aisonville, arr. de Vervins, cant. de Guise (Aisne).

[2] Gergny, arr. de Vervins, cant. de la Capelle (Aisne).

[3] Il y eut deux conciles à Rheims en 1114 : l'un, dans le courant du mois de septembre, où fut confirmée une donation faite à l'abbaye de Saint-Bertin, l'autre, le 28 mars 1115 (1114, vieux style). Voy. Martène et Durand, *Thesaurus anecdotorum*, t. III, p. 133; Gousset, *Actes de la province ecclésiastique de Rheims*, t. II, pp. 178 et 185.

[4] L'archevêque Raoul fut installé le 2 août 1108, et le roi Louis-le-Gros fut sacré le 3 août de la même année. Il faut donc remplacer l'année VI° de l'épiscopat de Raoul par l'année VII°.

fus, non meis meritis sed miseratione divina sancte Remensis ecclesie sacerdos licet indignus, omnibus Christi fidelibus imperpetuum. Precedentium sanctorum patrum exempla sequentes, plane cognoscimus et confitemur, ex debito cure pastoralitatis nobis injuncte, petitionibus religiosorum benigne aurem nostre humilitatis debere accommodare et justis eorum desideriis faciles assensus prebere. Unde karissimi nostri Alvisii, venerabilis abbatis monasterii sancti Salvatoris Aquiscincti, supplicationibus, devotam donationem census qui theloneum vocatur, quam dominus Gozuinus, caritate sue probitatis et suggestione dulcissime uxoris sue Agnetis, predicto monasterio legaliter, presente ejusdem loci fratrum conventu, astantibus multis honestissimis personis, fecit, scilicet de unaquaque domu totius castri Avesnis quattuor nummos singulis annis in nativitate Domini, sicut ipse Gozuinus eam, in die consecrationis Lisciensis ecclesie, coram Teoderico ejusdem castri archidiacono ipsiusque loci abbate et multa totius patrie venerabilium virorum nobilium et religiosorum turba, recognovit, laudavit, concessit, et predicto cenobio omni propulsa calumpnia perpetualiter tenendam quasi jure hereditario contradidit. Nos concedimus, laudamus, nostraque metropolitana auctoritate, cum etiam Cameracensis ecclesia, in cujus episcopatu predictum castrum continetur, episcopo careat nostreque dispensationi subjaceat, ut rata et inconvalsa permaneat, statuimus et sub nostre imaginis additamento firmamus ac corroboramus. Si qua igitur in posterum ecclesiastica secularisve persona contra hanc nostre constitutionis paginam, quam pio affectu prenominato cenobio ad tuendam jam dicti thelonei donationem legitime firmavimus, ausu temerario venire temptaverit, si non satisfactione congrua emendaverit, potestatis honorisque sui dignitate careat et pro perpetrata iniquitate in extremo examine districte ultioni subjaceat. Signum Bartholomei, episcopi Laudunensis. S. Rodulfi, magistri et archidiaconi Laudunensis. Signum Theoderici, archidiaconi Cameracensis. S. Raineri, abbatis Lesciensis. S. Mazelini, abbatis Humolariensis. S. Gerlandi, abbatis de Novo-Castello. Actum Remis, recitatum, laudatum et confirmatum in presentia domini Radulfi Remorum archipresulis, anno incarnati verbi millesimo cxv, indictione vııı, regnante Illudovico glorioso rege Francorum anno vıı, pontificatus autem domni Rodulfi, Remorum archiepiscopi, anno vııı.

Original, sceau perdu, fonds de l'abbaye d'Anchin, aux Archives du département du Nord, à Lille.

## CVII.

*Le pape Calixte II confirme les possessions de l'église de Cambrai dans le Cambrésis, le Hainaut, le Brabant, etc.*

### (31 octobre 1119).

Calixtus episcopus, servus servorum Dei, venerabili fratri Brucardo, Cameracensi episcopo, ejusdemque successoribus canonice substituendis in perpetuum. Sicut injusta poscentibus nullus est tribuendus effectus, sic legitima desiderantium non est differenda petitio. Proinde nos petitioni tuæ, frater in Christo karissime Brucarde episcope, paterna benignitate accommodamus assensum. Tibi itaque tuisque successoribus in perpetuum confirmamus quicquid liberalitate principum, oblatione fidelium, vel aliis justis modis cognoscitur possidere: videlicet justitiam civitatis, monetam, theloneum, districtum, molendina de Salis [1], molendinum ad portam Aquarum [2], cambas et mansionarios, omnes pares et casatos, castellaniam cum casatis suis; extra civitatem, terras arabiles, prata, piscarias; Puerorum-villam [3], cum terris sibi appendentibus, cum molendinis et vivario; Santollam [4], cum appenditiis suis; districtum de Reilencurt [5] et de

---

[1] La porte de Selles, à Cambrai. Voy. M. LE GLAY, *Glossaire*, etc., p. 34.
[2] Autre porte de Cambrai.
[3] Prouville, arr. et cant. de Cambrai.
[4] Sainte-Olle, hameau de Raillencourt, arr. et cant. de Cambrai.
[5] Raillencourt. Voy. la note précédente.

Bantineis [1]; Tumus [2] et Palencurz [3]; Srumum [4], cum terris suis et cum silvis, pratis, aquis, molendinis, cum districto et vivario de Navio [5]; silvam de Nereio [6]; Sausoit [7], cum terris suis, pratis, aquis, molendinis, et cum duabus partibus decimæ; Novum-Castellum [8], cum justitia, moneta, theloneo, districto, peagio, furnis, cambis, molendinis, aquis, pratis, silvis, terris arabilibus ; Noufluz [9], cum omnibus appendiciis suis; Ors [10], cum appendiciis suis et familia ; Rameries [11], Santsuri [12], Ferires [13], Watineis [14], partem de Gombles [15], capellam Forest [16] ; in pago Bracatensi, Melin [17], cum ecclesia et altari, ceterisque appendiciis suis et familia ; in pago Suessionensi, Terni [18], cum familia sua ; in pago Coloniensi, Willare [19], Genewilra, scilicet cum familia sua. Quicquid etiam in futurum, præstante Deo, juste atque canonice poteritis adipisci firma vobis et integra conserventur. Decernimus ergo ut nulli omnino hominum liceat vos deinceps temere perturbare, aut vestras possessiones auferre, vel ablatas retinere,

---

[1] Bantigny, arr. et cant. de Cambrai.
[2] Thun-Saint-Martin, idem. Voy. M. LE GLAY, Glossaire, etc., p. 17.
[3] Paillencourt. Idem.
[4] Etrun. Idem.
[5] Naves. Idem.
[6] Niergny. Idem.
[7] Sauloir, arr. de Cambrai, cant. de Solesmes.
[8] Le Cateau-Cambrésis, arr. de ce nom, cant. de Cambrai.
[9] Le Quesnoy. Voy. partie II.
[10] Ors, arr. de Cambrai, cant. du Cateau.
[11] Ramillies (?), arr. et cant. de Cambrai.
[12] Saulcourt (?). Idem.
[13] Ferrières, à Saint-Benin, arr. de Cambrai, cant. du Cateau.
[14] Wassigny (?), cant. de ce nom, arr. de Vervins (Aisne).
[15] Lieu inconnu.
[16] Forest, arr. d'Avesnes, cant. de Landrecies. Cf. M. LE GLAY, Glossaire, etc., pp. 50 et 70.
[17] Meslin-l'Évêque, arr. de Tournai, cant. d'Ath.
[18] Terny-Sorny, arr. de Soissons, cant. de Vailly (Aisne).
[19] Lieu inconnu.

minuere, vel temerariis vexationibus fatigare; sed omnia integra conserventur tam vestris quam clericorum et pauperum usibus profutura. Si qua igitur in futurum ecclesiastica sæcularisve persona hanc nostræ constitutionis paginam sciens contra eam temere venire templaverit, secundo tertiove commonita, si non satisfactione congrua emendaverit, potestatis honorisque sui dignitate careat, reamque se divino judicio existere de perpetrata iniquitate cognoscat; et à sacratissimo corpore et sanguine Dei et domini nostri Jesu-Christi aliena fiat, atque in extremo examine districtæ ultioni subjaceat. Cunctis autem sæpedictæ ecclesiæ justa servantibus sit pax domini nostri Jesu-Christi, quatenus et hic fructum bonæ actionis percipiant et apud districtum judicem præmia æternæ pacis inveniant. Amen. Ego Calixtus, catholicæ ecclesiæ episcopus. Datum Remis [1], per manum Grisigoni, sanctæ romanæ ecclesiæ diaconi cardinalis ac bibliothecarii, II kalendas novembris, indictione XIII, incarnationis dominicæ anno M C XVIIII, pontificatus autem domni Calixti secundi papæ anno primo.

Mémoire pour M. l'archevêque de Cambrai contre le prévôt et les échevins de cette ville (Paris, 1772) preuves, p. 10.

## CVII bis.

*Burchard, évêque de Cambrai, donne à l'abbaye d'Hautmont les autels d'Ecuelin et de Saint-Remi-mal-Bâti.*

(1119).

In nomine sancte et individue trinitatis. Burchardus, divina miseratione, Cameracensium episcopus, tam futuris quam presentibus in perpetuum. Cum scriptum sit : « *Benefac justo*, et

---

[1] Un concile s'était ouvert dans cette ville, le 20 octobre 1119. Il était présidé par le pape Calixte. Voy. Gousset, *Actes de la province ecclésiastique de Rheims*, t. II, p. 189.

erit retributio in bonis tuis multa », equum est ut de his que nobis credita sunt unicuique pro morum qualitate rependamus. Proinde, consilio clericorum nostrorum, venerabilis fratris nostri Widrici, Altimontensis abbatis, pie petitioni condescendimus, atque altare de Squilinio cum appenditio suo Sancto-Remigio ¹, salvis nostris cum ministrorum nostrorum debitis, ecclesie sancti Petri de Altomonte sine persona concessimus. Ut igitur ratum permaneat, in prevaricatores quoad resipuerint excommunicatione data, sigilli nostri impressione canonica astipulatione hujus nostri decreti paginam signavimus. S. Theoderici, ejusdem altaris archidiaconi. S. Johannis archidiaconi. S. Radulfi archidiaconi. S. Anselli archidiaconi. S. Evrardi archidiaconi. S. Erlebaldi prepositi. S. Oilardi decani, Roberti cantoris, Haduini, Alboldi, presbiterorum; Radulfi, Weribaldi, Gerardi, dyaconorum; Lamberti, Johannis, Gauceri, Bernardi, subdyaconorum. Actum anno incarnati verbi M° C° XVIII, indictione XII ª, presulatus domni Burchardi III°.

Cartulaire de l'abbaye d'Hautmont, fol. 38 recto.

## CVIII.

*Le pape Calixte II confirme les possessions de l'abbaye de Saint-Denis en Brocqueroie.*

(15 novembre 1119).

Calyxtus episcopus, servus servorum Dei, dilecto filio Balduino, abbati venerabilis monasterii Sancti-Dyonisii quod dicitur prope Montes, ejusque successoribus regulariter promovendis in perpetuum. Sicut injusta petentibus sunt neganda, ita justa querentibus sunt concedenda. Quamobrem, venerabilium fratrum nostrorum, Henrici Leodiensis, Gerardi, Odonis, Burchardi,

¹ Ecuelin et Saint-Remi-mal-Bâti. Voy. partie II.

Cameracensium pontificum, necnon et comitis Hainoensium Balduini Jherosolimitani constitutionem firmantes, presenti decreto statuimus ut vestri cenobii locus, sicut etiam à bone memorie Paschali papa emancipatus est ab omni advocatia et laica dominatione, liber in perpetuum perseveret. Porro quecumque bona vestro cenobio pertinentia supradictorum episcoporum et comitis cyrographo enumerata sunt, nos quoque, fili karissime Balduine, dilectioni tue concedimus et presentis privilegii pagina confirmamus : altare scilicet Sancti-Dyonisii, sine persona et redditu vel consuetudine omnino liberum, et allodium ejusdem ville cum servis et ancillis; ecclesiam quoque Sancti-Petri de Montibus cum omni possessione sua vobis confirmamus et nostri decreti auctoritate corroboramus; similiter allodium de Alburg [1], cum duobus decime manipulis, servis et ancillis; in Montiniaco [2], unum mansum terre cum duobus decime manipulis; partem allodii de Bugnilis [3] et de Lestinis [4]; dimidium Castelli [5] ville cum servis et ancillis, dimidiumque allodii de Thineis [6] in Hasbanio, et dimidium altare liberum sine persona, salvo jure episcopali; allodium quod est infra Hamatie [7] rivum, usque ad allodium de Gotignies [8] et de Tielgies [9]. Confirmamus etiam vobis totum allodium de Obreciis [10] cum servis et ancillis, unum mansum in Triveria [11], allodium de Artra [12], allodium apud Sanctum-Lambertum [13],

---

[1] Obourg. Voy. partie II.
[2] Montignies-lez-Lens, arr. de Mons, cant. de Lens.
[3] Bougnies, arr. de Mons, cant. de Pâturages.
[4] Les Estinnes. Voy. partie II.
[5] Casteau. Idem.
[6] Tirlemont, cant. de ce nom, arr. de Louvain. Voy. DE REIFFENBERG, *Monuments*, t. VII, p. 675.
[7] Ruisseau à Gottignies ?
[8] Gottignies, arr. de Mons, cant. de Rœulx.
[9] Thieusies. Voy. partie II.
[10] Obrechies, arr. d'Avesnes, cant. de Maubeuge.
[11] Trivières, arr. de Mons, cant. de Rœulx.
[12] Artres. Voy. partie II.
[13] Lieu inconnu.

allodium de Baulengien [1], et mansum de Masnui [2], partemque allodii de Hamberliis [3] vobis assignamus; item altare de Alburg, altare quoque de Havrech [4] cum duobus decime manipulis. Confirmamus vobis altare de Lembecca [5] liberum et sine persona, solutis episcopo quotannis duobus solidis; altare quoque de Canatha [6] solvens per annum denarios duodecim concedimus; similiter altaria de Gotignies et de Tyer [7], de Hosdeng [8] quoque et de Tiosies [9] libera vobis corroboramus. Confirmamus etiam vobis quod comes Balduinus Jherosolimitanus, servis et ancillis suis et hominibus terre sue, cum pecunia et terris omnibus sibi subditis in ecclesia sancti Dyonisii, liberum dedit ingressum in villa Sancti-Dyonisii, incisionem lignorum in silva de Havrech ad omnes ecclesie usus, tam in fomentis ignium quam in structura edificiorum. Omnes itaque christianos Leodiensis et Cameracensis episcopii, tam in morte quam in vita, nisi excommunicati fuerint, in memorata ecclesia beati Dyonisii ad officium christianitatis et ad conversionem, pecunias quoque et terras omnes posse recipi, preter feodales extra terram jamdicti comitis Jherosolimitani : hoc enim Henrici Leodiensis, Gerardi Cameracensis pontificum et vicinarum ecclesiarum assensu factum nostri decreti auctoritate corroboramus. Obeunte abbate vel tuorum quolibet successorum, nullus ibi per aliquam violentiam constituatur, sed quem fratres canonice elegerint à Cameracensi episcopo consecretur et exami-

[1] Boudrenghien (?), dépendance de Flobecq, cant. de ce nom, arr. de Tournai.
[2] Masnuy-Saint-Jean et Masnuy-Saint-Pierre, arr. de Mons, cant. de Lens.
[3] Lieu inconnu.
[4] Havré, arr. et cant. de Mons.
[5] Lembecq, arr. de Bruxelles, cant. de Hal.
[6] Quenast, arr. de Nivelles, cant. d'Ittre.
[7] Thieu, arr. de Mons, cant. de Rœulx.
[8] Houdeng-Gœgnies. Voy. partie II.
[9] Thieusies, comme ci-dessus.

netur. Ad comprimendos igitur malefactores, excommunicationis facultatem eidem contradimus, ut quicquid canonice excommunicaverit episcopali colligatione innodetur. Si autem cujuscumque culpa terra in banno fuerit posita, ejusdem ecclesie fratres divinum officium per omnia celebrare concedimus, remotis excommunicatis. Preterea, quecumque vestrum hodie cenobium juste possidet, sive in futurum, concessione pontificum, liberalitate principum, vel oblatione fidelium, juste atque canonice poterit adipisci, firma vobis vestris successoribus et illibata permaneant. Decernimus ergo ut nulli omnino hominum liceat eandem ecclesiam temere perturbare, aut ejus possessiones auferre, vel ablatas retinere, vel injuste datas suis usibus vendicare, minuere, vel temerariis vexationibus fatigare, sed omnia integra conserventur eorum pro quorum sustentatione vel gubernatione concessa sunt usibus omnimodis profutura. Si qua igitur ecclesiastica secularisve persona hanc nostre constitutionis paginam sciens contra eam temere venire temptaverit, secundo tertiove commonita, si non satisfactione congrua emendaverit, potestatis honorisque sui dignitate careat, reamque se divino judicio existere de perpetrata iniquitate cognoscat, et à sacratissimo corpore ac sanguine Dei et domini nostri Jhesu Christi aliena fiat, atque in extremo examine districte ultioni subjaceat; cunctis autem eidem loco justa servantibus sit pax domini nostri Jhesu-Christi, quatinus et hic fructum bone actionis percipiant, et apud districtum judicem premia eterne pacis inveniant. Amen. Amen. Amen. Ego Calyxtus, catholice ecclesie episcopus. Datum Briteoli, per manum Grisogoni, sancte romane ecclesie diaconi cardinalis ac bibliothecarii, xiiii kalendas decembris, indictione xii, incarnationis dominice anno m° c°, xviiii°, pontificatus autem domini Calyxti secundi pape secundo.

*Cartulaire de l'abbaye de Saint-Denis en Brocqueroie, aux Archives de l'État, à Mons, fol. 33 verso.*

## CIX.

*Burchard, évêque de Cambrai, donne à l'abbaye d'Anchin les autels de Villers-lez-Cagnicourt et de Capelle.*

(1120).

In nomine sancte et individue trinitatis. Burgardus, divina miseratione, Cameracensis episcopus, tam presentibus quam futuris in perpetuum. Si quod scriptum est : « Non defrauderis à die ona et particula boni doni, non te pretereat discretionis oculo », intueamur, nichil in temporalibus bonis efficacius quam ut ecclesiarum profectui, debito caritatis affectu, innitamur. Quocirca, ob anime nostre et predecessorum nostrorum memoriam, venerabili ecclesie de Aquicincto, ob religionis et boni nominis prerogativam, altare de Vilers secus Cawenicurt [1], et altare de Capella [2], juxta Novum-Castellum, quod est situm in pago Cameracensi, libera et sine persona, salvis episcopi et ministrorum suorum reditibus, concedimus, eo canonice institutionis tenore, ut presbiter eo cantaturus curam de manu episcopi recipiat et de synodalibus ministris suis respondeat. In prevaricatores igitur anathematis infamia promulgata, ut ecclesie prelibate ratum deinceps permaneat, sigilli nostri auctoritate consolidamus et autenticarum personarum testimonio corroboramus. S. Johannis archidiaconi. S. Anselli archidiaconi. S. Radulfi archidiaconi. S. Evrardi archidiaconi. S. Theoderici archidiaconi. S. Erleboldi prepositi. S. Mascelini. S. Guerinboldi. S. Guidonis. S. Hugonis. S. Gerardi. Actum incarnati verbi anno millesimo centesimo xx°, indictione xiii, concurrente iii°, epacta xviii, presulatus domni Burchardi episcopi iii°.

---

[1] Villers-lez-Cagnicourt, arr. d'Arras, cant. de Vitry (Pas-de-Calais). Comparez Miræus, t. ii, p. 813.

[2] Capelle. Voy. partie ii.

Original avec sceau, fonds de l'abbaye d'Anchin, aux Archives du département du Nord, à Lille.

## CX.

*Burchard, évêque de Cambrai, restitue à l'abbaye de Marchiennes une partie de la dîme de Battignies, qui lui avait été enlevée par Aubert, curé de Waudrez.*

(1120).

Burcardus, Dei gratia, Cameracensium episcopus, tam futuris quam presentibus in perpetuum. Nichil est quod nostre sollicitius incumbat providentie quam ecclesiarum dispersa fideliter recolligere et ad unitatis utilitatem redacta solide conservare. Tocius igitur decime Baddiniensis[1] territorii tercium manipulum, quem Marcianensis ecclesia multo tempore canonice tenuerat, sed cum per injustam occupationem cujusdam Oberti, persone de Waldre, aliquandiu perdiderat, eidem ecclesie hoc quidem tenore restituimus, quod idem Otbertus, injuste usurpationis in presentia nostra culpam professus, ab eadem ecclesia et abbate suo, venerabili Amando fratre nostro, eundem manipulum censualiter teneat, ita quidem quod in singulis natalibus Domini duos solidos ecclesie persolvat. Statuimus enim quod si idem abbas vel ecclesia sua duos reliquos ejusdem decime manipulos, qui etiam ex antiqua traditione Karoli imperatoris ad sepefate ecclesie pertinere debent possessionem, quocumque tempore, quocumque modo, comitis Hainoensis et comitisse sopita controversia, recuperare poterit, duas partes cum tercia prelibatus Otbertus quoad vixerit censualiter obtineat, censu tamen augmentato, secundum considerationem et consilium personarum nostrarum. Eodem vero decedente, prenominata ecclesia decimam illam, utpote jus suum est, ex integro libere et absolute in perpetuum possideat. Ad sopiendam

[1] Battignies.—Voy partie II.

autem cujuslibet detractoris audaciam, hujus pactionis seriem scripto commendavimus et sigilli nostri impressione signavimus. Si quis vero importunus pervasor vel quecumque persona hujus constitutionis paginam infringere presumpserit, communione christiana privatus excommunicationis periculo subjaceat; conservatoribus autem eterne beatitudinis tribuatur consortium. S. Erlebaudi prepositi. S. Johannis archidiaconi. S. Anselli archidiaconi. S. Radulfi archidiaconi. S. Theoderici archidiaconi. S. Evrardi archidiaconi. S. Oilardi decani. S. Roberti cantoris. S. Haduini, Radulfi, Werenbaldi, Fulconis, Mascelini, et Gerardi, canonicorum. Actum incarnati verbi anno M CXX, indict. XIII?, presulatus domini Burcardi v°. Ego Werenbaldus cancellarius scripsi et confirmavi.

*Cartulaire de l'abbaye de Marchiennes* (XIII° siècle), fol. 49 recto, aux Archives du département du Nord, à Lille.

## CXI.

*Accord entre les abbés de Saint-Amand et de Saint-Martin de Tournai au sujet de leurs droits à Sirault.*

(1122).

Notum sit omnibus tam presentibus quam futuris ecclesie nostre fratribus inter abbatem Sancti-Amandi et abbatem Sancti-Martini hanc conventionem concorditer intervenisse, quod in silva sancti Amandi, que est apud villam Sirau, abbas Sancti-Martini, cujus est altare ejusdem ville, centum porcos habebit quos suos esse certum fuerit; ita quod ex eis pro mercede pascue nichil dabit abbati Sancti-Amandi. De his vero quos supra hunc numerum illic forte habuerit, mercedem pro pascua debebit. Preterea supra dotem altaris manentes, pro porcis quos ibi nutrierint aut causa victus sui emerint, nichil mercedis dabunt. Hoc definitum est ab abbate Sancti-Amandi Waltero et abbate Sancti-Martini Segardo, consensu utriusque capituli, anno Domini M C° XXII°, indictione XV, epacta XI, concurrente VI.

*Cartulaire de l'abbaye de Saint-Martin de Tournai*, fol. XXI, aux Archives du royaume, n.° 119.

## CXI bis.

*Burchard, évêque de Cambrai, donne à l'abbaye de Saint-Ghislain les autels de Jemmapes, de Bauffe, et de Lens avec Neufville sa dépendance* [1].

(1122).

In nomine sanctæ et individuæ trinitatis. Burchardus, Dei miseratione, Cameracensis æcclesiæ humilis episcopus, tam futuris quam presentibus in perpetuum. Inter coetera que ad bone operationis ædificationem sanctorum patrum nobis comparavit auctoritas, illa Salomonis communicatio nostre crebrius occurrit memoriæ : « *Qui obturat aurem suam ad pauperis et humilis clamorem, et ipse clamabit et non exaudietur ; piger enim et glorians de crastino tempore hyemis arare noluit, mendicabit ergo in estate et non dabitur ei* ». Hujus igitur viri Dei et autentici saluberrima institutione excitati, dum tempus habemus, omnis avaricie torpore expulso, pauperibus Christi, maxime autem fidei domesticis aures audiendi benigne debemus operire, et, si aliquo indigent, hilari caritatis affectu misericordius locupletare. Quocirca, ob animæ nostræ salutem, æcclesiæ Sancti-Gisleni de Cella pie petitioni venerabilis fratris nostri Oduini, ejusdem ecclesiæ abbatis, condescendentes, personarum nostrarum communi consilio et assensu, altare de Gamappio [2], altare de Bahaphyo [3], altare de Lens [4] cum appendicio suo Nova-Villa [5],

[1] Dom Baudry ne mentionne pas cette donation.
[2] Jemmapes. Voy. partie II.
[3] Bauffe, arr. de Mons, cant. de Lens.
[4] Lens, cant. de ce nom, arr. de Mons.
[5] Neufville, arr. de Mons, cant. de Lens.

libera et ab omni exactione et personatu absoluta, salvis dumtaxat nostris et ministrorum nostrorum debitis obsoniis, concessimus. Quod si hujus tradicionis nostræ canonicam astipulationem quicumque pervasor, quecumque persona, aliqua presumptionis temeritate, inquietare ausus fuerit, reus contumacie, auctoritate qua presumus dampnatus excommunicatur, nisi resipuerit, à corpore et sanguine domini nostri Jhesu Cristi fiat alienus. Et quia in ore duorum vel trium testium firmius stat omne verbum, ut ratum et inconvulsum prenominatæ ecclesiæ permaneat beneficium, presentem paginam sigilli nostri impressione signavimus et canonicarum personarum testimonio corroboravimus. S. Gualcheri archidiaconi. S. Anselli archidiaconi. S. Johannis archidiaconi. S. Radulphi archidiaconi. S. Theoderici archidiaconi. S. Evrardi archidiaconi. S. Erleboldi prepositi. S. Oilardi decani. S. Rotberti cantoris. S. Hatduini, Radulphi, Offridi, Fulconis, Lamberti, Mazelini, Gualcheri, Bernardi, Hugonis, canonicorum. S. Gerardi, Bernardi, Guidonis, Heriwardi, capellanorum. Actum anno incarnati verbi M° C° XX° II°, indictione XV, presulatus vero domini Burchardi VII°. Ego Guerimboldus cancellarius scripsi et recognovi.

*Cartulaire de l'abbaye de Saint-Ghislain*, rubrique<br>*Gemappes*, aux Archives de l'État, à Mons.

## CXII.

*Le pape Calixte II confirme à l'abbaye de Marchiennes la possession de ses biens* [1].

(1123).

Calixtus episcopus, servus servorum Dei, dilecto filio Amando, abbati Marceniensis monasterii ejusque successoribus regulariter

---

[1] M. Le Glay a longuement annoté cette bulle.

substituendis in perpetuum. Pie postulatio voluntatis effectu debe prosequente compleri. Proinde nos petitioni tue begnitate debita impertimur assensum, et Marceniense monasterium, cui, Deo auctore, presides, protectione sedis apostolice communimus. Statuimus enim ut quecumque bona, quascumque possessiones idem monasterium vel in presenti legitime possidet, vel in futurum, largiente Deo, juste atque canonice poterit adipisci, firma tibi tuisque successoribus et illibata permaneant. In quibus hec propriis duximus nominibus annotanda. Ex donariis et beneficiis beate Rictrudis et ipsius filie, venerabilis virginis Eusebie, locum ipsum in quo monasterium situm est, cum habitationibus et mansionibus suis, cum arboretis et ortis, à decimis, redditibus et advocatione liberis; ecclesiam quoque Hamagiensem [1] liberam, sicut et Marceniensem, cujus filia est, cum appendiciis suis Alno [2], Tiloit [3], et Wandegiis [4]; villas, terras et nemora abbatie, cum justicia, banno, legibus, et theloneo, et invento, cum decimis et integritate sua; piscationem fluminis Scarpi à Brachiorum-Loco usque ad Guasconis-Curvam [5], juxta Lolinium [6], excepto jure Acquicinensis œcclesie; et, super ejusdem fluminis alveum, in loco qui dicitur Ad flumen, terram arabilem et hospites; in villa de Wasers [7], decimam de terris œcclesie et de terragio earum, censum sex solidorum. In pago Pabulensi, villam Beuvri [8] cum altari, et Teoderici-Mansum [9], et utrumque cum omni integritate sua; apud Bovingeias [10], quindecim curtilia et terras cum terragio

---

[1] Hamage, hameau de Wandignies, arr. de Douai, cant. de Marchiennes.
[2] Alnes, id.
[3] Tilloy, id.
[4] Wandignies. Voy. note 1.
[5] Lieux situés entre Marchiennes et Lallaing.
[6] Lallaing, arr. et cant. de Douai.
[7] Waziers, idem.
[8] Beuvry, arr. de Douai, cant. d'Orchies.
[9] Court-au-Bois (?), au sud de Beuvry.
[10] Bouvignies, arr. de Douai, cant. de Marchiennes.

et decima. In pago Tornacensi, in villa que dicitur Espelcin [1], terram decem solidorum; et, in villa que Horta [2] dicitur, terram duorum solidorum. In Braibanto, in villa de Hauvines [3], terram quatuor solidorum. In pago Melentois, apud Peronam [4] villam, terram quinque solidorum; villam Roncinium [5] cum integritate; in Insula [6] castro, duos hospites; in Formestraus [7] unum, et in Eschelmes [8] unum. In pago Letigo, villam Haines [9] cum omni integritate et altari; altare etiam de Alci [10], et dimidiam carrucatam terre cum undecim hospitibus; in eodem pago, villam Masengarbam [11] et terras sub omni integritate; et, in eodem comitatu, de villa Rinenga [12], de omnibus scilicet rebus majoribus seu minoribus ac de omni acquisitione omnem decimationem; apud Lorgias [13] juxta Basceiam [14], altare et totam decimam parrochie et societatem terre; villam quoque Parvi-Lemni [15], cum terris que continentur ab eadem villa usque ad Spumerel [16], et ab eo loco tendunt per Petrosam-Beccam usque ad Scotam Hervini [17], et inde usque ad metam sancte Rictrudis que est in publico itinere, et à meta sancte Rictrudis usque ad viam que tendit ad eccle-

[1] Esplechin, arr. et cant. de Tournai.
[2] Hertain (?), idem.
[3] Havinnes, idem.
[4] Péronnes, arr. de Lille, cant. de Cisoing.
[5] Ronchin, arr. et cant. de Lille.
[6] Lille.
[7] Dépendance de Lesquin, arr. de Lille, cant. de Séclin.
[8] Esquermes, arr. et cant. de Lille.
[9] Haines, arr. de Béthune, cant. de Cambrin (Pas-de-Calais).
[10] Auchy, idem.
[11] Mazingarbe, arr. de Béthune, cant. de Lens (Pas-de-Calais).
[12] Reninghe, arr. d'Ypres, cant. d'Elverdinghe.
[13] Lorgies, arr. de Béthune, cant. de La Ventie (Pas-de-Calais).
[14] La Bassée, cant. de ce nom, arr. de Lille.
[15] Petit-Ligny, hameau de Lorgies.
[16] Le Haut et le Bas-Pommereau, hameau d'Aubert, arr. de Lille, cant. de La Bassée.
[17] Lieux inconnus.

siam de Lorgiis, et inde iterum usque ad Parvum-Lemnum; in eadem regione, in villa Overt [1], terram ad censum duodecim solidorum; in pago Attrebatensi, villam Bariacum [2] cum integritate et altari; in villa Frasnes [3], hospites quinque. In pago Ostrevanno, villam Salliacum [4] et Gaugiacum [5], cum altaribus sub omni integritate; in eodem pago, villas Absconium [6] et Heram [7], cum ecclesiis et saltu Bruilo [8], cum omni integritate; in Horninio [9], unum cultile et decimam que ad Heram pertinet; in Helemis [10], cultile unum; in Mastangeo [11], septem cultilia et decimam ejusdem ville in dominicatu; in Marcheta [12], quatuor cultilia; in Lorcio [13] super fluvium Scaldi, duo molendina; in eadem regione Ostrevanni, alodium Vesinium [14] sub omni integritate; altare de Enice [15] et totam decimam; in Duaco, hospites et de turre comitis censum quinque solidorum; in eodem castro, familiam sanctarum Rictrudis et Eusebie à theloneo liberam. In pago Cameracensi, dimidium villarum de Haicort [16], et de Wasched [17], et de Sandemon [18], et de Tribocourt [19], cum omni

---

[1] Ouvert, section de Givenchy-lez-La Bassée, arr. de Lille, cant. de La Bassée.
[2] Boiry-Sainte-Rictrude, arr. d'Arras, cant. de Beaumetz (Pas-de-Calais).
[3] Fresnes-lez-Montauban, arr. d'Arras, cant. de Vitry (Pas-de-Calais).
[4] Sailly, idem.
[5] Gouy-sous-Bellonne, id.
[6] Abscon, arr. de Valenciennes, cant. de Bouchain.
[7] Erre, arr. de Douai, cant. de Marchiennes.
[8] Bois de Bruille, au nord d'Erre.
[9] Hornaing, arr. de Douai, cant. de Marchiennes.
[10] Hellesmes, arr. de Valenciennes, cant. de Bouchain.
[11] Mastaing, id.
[12] Marquette, id.
[13] Lourches, id.
[14] Visignon-lez-Lewarde, arr. et cant. de Douai.
[15] Aniche, idem.
[16] Ecourt-Saint-Quentin, arr. d'Arras, cant. de Marquion (Pas-de-Calais).
[17] Lieu inconnu.
[18] Saudemont, arr. d'Arras, cant. de Vitry (Pas-de-Calais).
[19] Lieu inconnu.

integritate, redditum quoque triginta et unius modiorum puri frumenti singulis annis à mansionariis de Hailcort, et reliquos redditus; in vivario quoque de Sclusa habet ecclesia Marceniensis piscatorum unum perpetuo, eo quod pars quædam ejusdem vivarii sit in alodio S. Rictrudis. In comitatu Hainonensi, predium Batingeiarum, cum proxima silvâ Pelices [1] nomine et cum omni integritate. In episcopatu Suessionensi, in villa Viriniaco [2], hospites et curtem indominicatam, cum terris et vineis ad eam pertinentibus, et, in proximo, mansum Carrays [3], cum terris et vineis suis. Que videlicet universa in consuete libertatis immunitate decernimus permanere, quatenus fratres quiete omnipotenti Deo debita possint servitia exhibere. Nulli ergo omnino hominum liceat idem cenobium temere perturbare, aut ejus possessiones auferre, vel ablatas retinere, minuere, vel temerariis vexationibus fatigare. Ego Calixtus, catholice ecclesie episcopus. Bene valete. Ego Lambertus, Ostiensis episcopus. Ego Conon, Prenestinus episcopus. Ego Petrus, presbiter cardinalis tituli SS. Nerei et Achillei. Ego Gregorius, diac. card. sancti Angeli. Datum apud Montem-Casinum, per manum Aimerici, sancte romane ecclesie diaconi cardinalis et cancellarii, kalendis novembris, indictione II<sup>a</sup>, incarnationis dominice anno MCXXIII, pontificatus autem Calixti secundi pape anno V<sup>to</sup>.

M. Le Glay, Nouveaux analectes (Paris. 1852), p. 11 ; le même, Mémoire sur les archives de l'abbaye de Marchiennes (Douai. 1854), p. 27.

## CXIII.

*Burchard, évêque de Cambrai, donne à son église divers*

---

[1] Batignies et Prisches. Voy. partie II.
[2] Vregny, arr. de Soissons, cant. de Vailly (Aisne).
[3] Lieu inconnu.

*autels, notamment ceux de Waudrez, de Binche, des Estinnes, etc.*

(1124).

In nomine sancte et individue trinitatis. Burchardus, Dei gratia, Cameracensium episcopus, omnibus tam futuris quam presentibus in perpetuum. Cum certum sit, scriptura testante, nos posse per elemosinam peccata extinguere et divinam retributionem promereri et habere, idcirco, pro salute anime et pro peccatorum extinctione, ad usus fratrum in ecclesia beate Marie famulantium concedimus altare sancti Remigii de Waldrecho, cum appenditiis suis Bincio et Spinetho [1] et duobus mansis Waldrisello [2] et Bruilio [3]; altare iterum sancti Remigii de Lethinis [4], cum appenditio Velleregio [5]; altare etiam de Rumalcurth [6]. Hec itaque tradimus libera preter debita obsonia. Presbiteri vero ibi cantaturi de manu episcopi curam accipiant, et de synodalibus aut episcopo aut ministris ejus semper respondeant. Et ut ratum sit in eternis temporibus, presenti carta et sigillo confirmamus, et eos quicumque violare presumpserint terribili gladio anathematis in eternum percutimus, et subsignatorum testimonio canonice auctorizamus. S. domni Anselli, eorumdem altarium archidiaconi. S. Johannis archidiaconi. S. Radulphi archidiaconi. S. Teoderici archidiaconi. S. Evrardi archidiaconi. S. Erleboldi prepositi. S. Oilardi decani, Rotberti cantoris. S. canonicorum Haduini, Widonis, Radulfi, Werimboldi, Gerardi, Hugonis, Lantberti, Walcheri. Actum anno incarnati verbi M° C° XX° IIII°, indictione II°, presulatus domni Burchardi VIIII°.

Original scellé du sceau de l'évêque, fonds de la

---

[1] Waudrez, Binche, Epinois. Voy. partie II.
[2] Waudriselle, dépendance de Waudrez.
[3] Bruille, idem.
[4] Estinnes-au-Mont, arr. de Charleroi, cant. de Binche.
[5] Vellereille-le-Brayoux, arr. de Charleroi, cant. de Binche.
[6] Rumaulcourt, arr. d'Arras, cant. de Marquion (Pas-de-Calais).

cathédrale de Cambrai, aux Archives du département
du Nord, à Lille.

## CXIV.

*Burchard, évêque de Cambrai, donne au chapitre de Saint-
Géry l'aute de Quartes, à Pont-sur-Sambre.*

(1125).

In nomine Domini. Burchardus, divina miseratione, Cameracensis episcopus, tam futuris quam presentibus in perpetuum. Officii nostri sollicitudine compellimur ut ecclesiarum nostrarum incrementis invigilemus. Quocirca, petitione et providentia Anselli, archidiaconi nostri, altare de Quarta supra Sambram [1], solutum a persona, ecclesie Sancti-Gaugerici infra muros, solutis nobis per singulos annos IIII<sup>or</sup> solidis, concessimus, precipientes ut anniversarium ejusdem et patris sui Johannis annue celebretur. Ad arcendas itaque quorumlibet importunitates, exposita in prevaricatores quoad resipuerint maledictione, testium subsignatione, sigilli nostri appositione hujus decreti paginam confirmamus. S. prefati Anselli, ejusdem altaris archidiaconi. S. Johannis, Radulphi, Theodelci, archidiaconorum. S. Erleboldi prepositi, Alardi decani, Hadwini, Guidonis, canonicorum. Actum anno incarnati M C XXV, presulatus domini Burchardi VIII. Ego Guerimboldus cancellarius recognovi.

Original, sceau perdu, fonds du chapitre de Saint-
Géry, aux Archives du département du Nord, à Lille.

## CXV.

*Burchard, évêque de Cambrai, donne au chapitre de Soignies*

---

[1] Quartes. Voy. partie II.

*l'autel de Cambron-Saint-Vincent et la moitié de la dime de Lens.*

(1126).

Ego Burchardus... Cum igitur, à liminibus beatorum apostolorum et ab auctoritate romane ecclesie ad parrochiam nostram redeuntes, ecclesiam Sonegiensem, causa orationis, introissemus..., ad usus ipsorum scilicet canonicorum altare de Cambron [1], in Brabactensi pago, quod dicitur sancti Vincentii alodium, libere et in personatu concessimus, salvo jure episcopi et ministrorum ejus. Preterea dimidiam partem decime de villa de Lens [2], videlicet de duobus manipulis, quam dederat ipsi ecclesie dominus Hugo de Lens, ingenuus homo, cum participibus suis, pro anima fratris sui Gualteri, libere in usus fratrum contradidit, confirmamus. Actum incarnati verbi anno M° C° XXVI°, præsulatus vero domini Burchardi x°, indictione IIII.

*Cartulaire du chapitre de Saint-Vincent de Soignies,*<br>d'après une copie de M. VAN DER RIT.

## CXV bis.

*Le prévôt Lambert renonce, en faveur de l'abbaye de Saint-Denis en Brocqueroie, à toutes prétentions sur le village de Bougnies, en présence d'Ansellus, archidiacre de Hainaut, et de Godefroid de Bouchain, appelé ici comte de Mons ou de Hainaut par suite de son mariage avec la veuve de Baudouin III.*

(1120-1127) [3].

Posteritati fidelium significamus Lambertum prepositum quie-

---

[1] Cambron-Saint-Vincent, arr. de Mons, cant. de Lens.
[2] Lens, cant. de ce nom, arr. de Mons.
[3] Baudouin III étant mort en 1120, sa veuve, Yolende de Gueldre,

quid injuste tenuerat in Buigniis ¹ ecclesie Sancti Dyonisii recognovisse, Balduino abbate presente cum fratribus ejusdem ecclesie, et super altare prefati martyris abjurasse. Deinde, una cum Hathone clerico, in presentia Anselli archidiaconi clericorumque patrie multorum, posthec vero presente comite Montensium Godefrido, audientibus et videntibus tam liberis quam servis curie, protestatus est nunquam amplius se invasurum predictum beneficium. Ut autem quod factum fuerat ratum et inconvulsum permaneret, scripto perstringere memoriéque placuit, commendare, adhibito subscriptarum personarum testimonio. Signum Balduini, abbatis ejusdem loci. S. Anselli archidiaconi, Salomonis, Balduini, Alardi, decanorum; Gilleberti, Arnoldi, Gonzonis, Franconis, Gautelli, Gerardi de Harven, Oberti de Waudre, Godefridi comitis, Guidonis de Cirvia, Gossuini de Avesnis, Rainardi de Cruce, Radulfi de Turri, Oberti de Waldre, Gascelini Brunolt.

*Cartulaire de l'abbaye de Saint-Denis en Brocquerote*,<br>fol. XL verso, aux Archives de l'État, à Mons.

## CXV ter

*Burchard, évêque de Cambrai, confirme à l'abbaye de Liessies diverses possessions, notamment a Ath et aux environs.*

(1128).

In nomine sancte et individue trinitatis. Burchardus, Dei gratia, Cameracensium episcopus, tam futuris quam presentibus in per-

---

épousa Godefroid de Bouchain, châtelain de Valenciennes et seigneur d'Ostrevant, qui porte ici, pendant la minorité de Baudouin IV, le titre de comte de Hainaut ou de Mons. Notre charté est donc postérieure à l'an 1120. D'autre part, Ansellus, archidiacré de Hainaut, avait cessé de l'être en 1127 (Voy. chapitre III § 1), et l'on va voir par la charte suivante que Gossuin d'Avesnes, signataire du présent acte, était mort en 1127.

¹ Bougnies, arr. de Mons, cant. de Pâturages.

petuum. Quia pastorali sollicitudine commonemur ut in tuendis nostris armatura spirituali accingamus, subnotatas ecclesie Lesciensi possessiones officii nostri auctoritate confirmare censuimus: altare scilicet de Feleriis[1], altare de Osticio[2], salvo jure pontificis et ministrorum ejus; duas partes decimæ de Aath[3]; molendinum etiam de Aath, quod, pro anima Walteri ecclesie Cellensi assignatum, Wiburgis de prefato Aath annua duodecim solidorum solutione ab eadem ecclesia censualiter tenebat. Cum se ipsam et filium suum Gislebertum, prefati molendini heredes, Lesciensi ecclesie conversionis gratia obtulisset, annuentibus filiis, Hugone castellano et Albrico fratre ejus, filiabus quoque suis Rainewide et Richescende, prefate ecclesie Lesciensi, laudante fratre nostro Oduino abbate et sua Cellensi ecclesie, bone memorie abbatibus Wedrico scilicet et Oduino, laudante utroque capitulo, prefatus frater noster Wedricus abbas molendinum idem quod censualiter tenebat, duodecim librarum Viromandensis monete solutione, ab ecclesia Cellensi et abbate suo Oduino in presentia nostra libere redditum et emancipatum, ecclesie sue perpetuo tenendum acquisivit. Hujus itaque emptionis, concessionis et emancipationis testes sunt: frater noster Walterus de Sancto-Autberto abbas, Walbertus de Altomonte abbas, Lambertus de Maricolis abbas, Balduinus de Sancto-Dionisio abbas. Feodum autem, quem de ecclesia Lesciensi Hubertus de Serrhi apud eandem villam Aath tenebat, presente et annuente uxore et utraque prole sua et fratribus suis, à fratre nostro sepefato Wedrico abbate redemptum, coram hominibus ecclesie reddidit et jurejurando in perpetuum abdicavit. Nomina testium qui affuere: Alardus decanus, Gozuinus de Avesnes, Lambertus de Ramulzies, Robertus et Ansfridus fratres de Semeriis, Rainaldus, villicus de Feron, Emmo de Struem, Alardus, villicus de Lesciis, Radulphus Cameracus, Lambertus de Trelliis, Johannes villicus de Bolonia. Allodium

---

[1] Felleries, arr. et cant. d'Avesnes.
[2] Ostiches, arr. de Tournai, cant. d'Ath.
[3] Ath, cant. de ce nom, arr. de Tournai.

preterea apud Baschien [1], duodecim bonaria habens, quod Juettha, uxor Bernardi de Aath que postea nupsit Lieberto Grutelo, cum se ecclesie Lesciensi per manum Wedrici abbatis subdidisset, eidem ecclesie, astante et annuente fratre suo Waltero ejusdem allodii participe, et uxore sua et filiis ejusdem Juetthe, Wilelmo et Amulrico, prout decuit, adaptavit. Hujus traditionis testes sunt : Theodericus de Cirvia, Paganus de Abecies et Hubertus frater ejus, Heribrandus de Linia et Walterus filius ejus, Hugo de Villa, Vivianus de Anven, Raynerus de Monasterio, Stephanus de Turs, Hugo de le Hovo, Nicholaus de Scalpuns, Wido Rufus, Bernerus Luciz, Walo, Willelmus villicus de Aath et Walterus avunculus ejus. Feodos etiam, quos de ecclesia Lesciensi Raynerus de Masles et Aldo, filius Rayneri Alemanni, apud sepefatam Aath tenebant, fratri nostro Wedrico abbati coram hominibus ecclesie reddiderunt, et seipsos eidem ecclesie subdiderunt. Idem vero Raynerus de Masles aliam terram sui juris, quinque bonaria habentem, tam in terra quam in prato, inter Bovenies [2] et Aath, eidem ecclesie Lesciensi, presente et annuente uxore sua Marsilia et filia Berta, contulit. Duos quoque diurnales terre, quos Albricus de Baschien ecclesie vendidit. Quod ut ratum in posterum maneat, idoneorum testium qui fuere presentes subter apposuimus nomina : Rainaldus decanus, Theodoricus de Cirvia, Hosto de Belchi, Hubertus de Abeciis et Paganus frater ejus, Heribrandus de Lignia, Ysaac castellanus de Monz, Alexander. Partem etiam allodiorum de Perez [3] et de Buenies [4] et de Berella [5], quam Amulricus de Berella, ecclesie ejusdem monachus effectus, ut cum contingebat, presentibus fratribus suis et participibus ejusdem allodii, semota omni advocatia et omni laica taxatione, sepefate

---

[1] Lieu inconnu, probablement aux environs d'Ath.
[2] Bouvignies, arr. de Tournai, cant. d'Ath.
[3] Preux-au-Sart (?), arr. d'Avesnes, cant. du Quesnoy.
[4] Beugnies, arr. et cant. d'Avesnes.
[5] Berelles. Voy. partie II.

ecclesie Lesciensi liber liberam tradidit, sic quidem ut, de omni proficuo quod in terra et in silva et in aqua inde pervenerit, ecclesie pars equa distribuatur. Tradidit etiam partem familie, tam in servis quam in ancillis, que eum contingebat, Hugonem scilicet et fratrem ejus Radulfum, Cherelinum et Roburgam uxorem ejus, Andream, Albricum, filios eorum. Familiam quoque, quam domina Asnes [1] in toto Avesnensi territorio de jure patrimonii sui tenebat, supradicte ecclesie Lesciensi, pro anima mariti sui Gozuini [2], obtulit. Ad arcendas igitur quorumlibet importunitates, in prevaricatores quoad resipuerint excommunicationem porrigimus, canonica quoque subsignatione et sigilli nostri appositione hujus nostri decreti paginam corroboramus. Signum Erlebaldi prepositi archidiaconi. S. Johannis, S. Anselli, S. Theoderici, S. Gerardi, archidiaconorum. S. Oilardi decani. S. Haduini, S. Widonis, S. Rodulfi, S. Werimbaldi, S. Hugonis, canonicorum. Actum anno incarnati verbi M° C° XX° VIII, indictione VI², presulatus domni Burchardi XII°. Ego Werimbaldus cancellarius recensui.

Original, sceau enlevé, aux Archives de l'État, à Mons.

## CXVI.

*Le pape Innocent II confirme les possessions de l'abbaye de Liessies* [3].

(29 mars 1131).

Innocentius episcopus, servus servorum Dei, dilecto filio

[1] Agnès, femme de Gossuin d'Avesnes.
[2] Ce texte confirme le récit de Jacques de Guyse, qui rappporte que Gossuin d'Avesnes mourut trois ans après Rainier, abbé de Liessies, décédé en 1124. M. Michaux (*Histoire des seigneurs d'Avesnes*, p. 24) avait émis des doutes à ce sujet. Il faut donc placer la mort de Gossuin en 1127, ou au plus tard en 1128, date de la présente charte.
[3] La plupart des noms de localités ont été expliqués aux nos LXXXIV, LXXXIX, XCII-XCV, XCVII, XCVIII, CI, CV et CXV. Nous n'y reviendrons pas ici.

Wedrico, abbati monasterii sancti Lamberti, quod in loco qui dicitur Letias situm est, ejusque successoribus regulariter substituendis in perpetuum. Officii nostri nos hortatur auctoritas pro ecclesiarum statu satagere et earum quieti et utilitati, auxiliante Domino, providere. Dignum namque et honestati conveniens esse cognoscitur, ut, qui ad ecclesiarum regimen assumpti sumus, eas et à pravorum hominum nequitia tueamur, et beati Petri atque apostolice sedis suffragio protegamus. Rationabilibus igitur postulationibus tuis, dilecte in Domino fili Wedrice abba, clementer annuimus et beati Lamberti monasterium, cui Deo auctore presides, apostolice sedis patrocinio communimus, statuentes ut quaecumque possessiones, quaecumque bona prefatum monasterium impresentiarum juste et legittime possidet, firma tibi tuisque successoribus et illibata permaneant. In quibus propriis nominibus duximus annotanda : videlicet villam de Ramousies cum omnibus appenditiis; villam que dicitur Formies et advocatiam quarte partis ville ejusdem; allodium quod dicitur Vilers, et duas partes ville que dicitur Aath; allodium quod in castellania Brugensi cum omnibus pertinentiis suis ex dono Beatricis Laudunensis ejdem monasterio collatum; ecclesiam beati Michaelis de Sarto, sitam juxta castellum quod dicitur Gocelies, cum omnibus pertinentiis suis; altaria de Oberciis, et de Bauveniis, et de Corda [1]; altare de Avesnes, altare de Sancto Hylario, altare de Marcha [2], altare de Atingohova [3], altare de Walnesbeccha [4], altare de Braffia, altare de Feleriis, altare de Osticio; feodum Herberti de Servi [5] quod ab eadem ecclesia tenebat; feodum Rainerii de Mafles [6], et feodum Aldonis, quod ab ipso monasterio prius apud Ahat tenebant et eidem per manus tuas, dilecte fili Wedrice abbas, coram hominibus tuis spontanee

[1] Cordes, arr. de Tournai, cant. de Frasnes.
[2] Marcq, arr. de Mons, cant. d'Enghien.
[3] Etichove, arr. et cant. d'Audenarde.
[4] Wannebecq, arr. de Tournai, cant. de Lessines.
[5] Chièvres, cant. de ce nom, arr. de Mons.
[6] Mafles, arr. de Mons, cant. de Chièvres.

reddiderunt; allodium preterea apud Basthien [1], et allodium apud Meurengien [2]; partem etiam allodiorum de Peres, et de Bueniis, et de Berella, quam Amulricus de Berella, ejusdem ecclesie monachus effectus, liberam tradidit. Sane monasterium ipsum, cum omnibus suis pertinentiis et advocatia, ab omni secularium personarum dominatione liberum, imperpetuum perseveret. Preterea, ex apostolice sedis auctoritate, constituimus ut quecumque rationabiliter prenominatum cenobium in futurum, concessione pontificum, liberalitate principum, seu oblatione fidelium, poterit adipisci, tibi tuisque successoribus presentis scripti pagina roborata consistant. Decernimus ergo ut nulli omnino homini liceat eandem ecclesiam temere perturbare, aut ejus possessiones auferre, vel ablatas retinere, minuere, vel temerariis vexationibus fatigare; sed omnia integra conserventur eorum pro quorum sustentatione et gubernatione concessa sunt usibus omnimodis profutura. Si qua igitur in futurum ecclesiastica secularisve persona hanc nostre constitutionis paginam sciens contra eam temere venire temptaverit, secundo tercio ve commonita si non satisfactione congrua emendaverit, potestatis honorisque sui dignitate careat, reamque se divino judicio existere de perpetrata iniquitate cognoscat, et a sacratissimo corpore et sanguine Dei et domini redemptoris nostri Jesu Christi aliena fiat, atque in extremo examine districte ultioni subjaceat; cunctisque eidem loco justa servantibus sit pax domini nostri Jesu Christi, quatenus et hinc fructum bone actionis percipiant, et apud districtum judicem premia eterne pacis inveniant. Amen. Datum Leodii, per manum Aimerici, sancte romane ecclesie diaconi cardinalis et cancellarii, v° kal. aprilis, indictione viii<sup>a</sup>; incarnationis dominice anno M° C° XXXI°, pontificatus domni Innocentii II pape secundo.

*Cartulaire de l'abbaye de Liessies*, fol. 2, aux Archives du département du Nord, à Lille.

[1] Lieu inconnu.
[2] Mévergnies, arr. de Mons, cant. de Chièvres.

## CXVI bis.

*Le pape Innocent II confirme les possessions de l'abbaye d'Hautmont.* [1]

(1131).

Innocentius episcopus, servus servorum Dei, dilecto filio Gualberto, abbati monasterii beati Petri quod situm est in Altomonte, ejusque successoribus regulariter substituendis in perpetuum. Officii nostri nos hortatur auctoritas pro ecclesiarum statu satagere et earum quieti et utilitati salubriter, auxiliante Domino, providere. Dignum namque et honestati conveniens esse cognoscitur, ut, qui ad ecclesiarum regimen assumpti sumus, eas et à pravorum hominum nequitia tueamur, et beati Petri atque apostolice sedis patrocinio muniamus. Proinde, dilecte in Domino fili Gualberte abbas, tuis justis postulationibus annuentes, monasterium sancti Petri Altimontensis, cui Deo auctore presides, in apostolice sedis tutelam suscipimus et scripti nostri pagina communimus, statuentes ut quascumque possessiones, quecumque bona prefata ecclesia in presentiarum juste et legitime possidet aut in futurum, concessione pontificum, liberalitate principum, oblatione fidelium, seu aliis justis modis, prestante Domino, poterit adipisci, firma tibi tuisque successoribus et illibata permaneant. In quibus hec propriis nominibus duximus annotanda : Altummontem cum altari et ecclesia, Gyvreum, Vetus-Ranium, Lismontem cum altari et ecclesia, Fontanas cum appendiciis suis; Ferrarias superiores cum altari et ecclesia, ex alteris Ferrariis altare cum ecclesia et quinque mansos et mansum Hezelini; Golgeie cum altari et ecclesia; in Havaio decem mansos; in Ciperio [2] decem mansos; in Stancirea [3] decem mansos; in Hoslois

---

[1] Presque tous les noms de lieux contenus dans cette bulle ont été expliqués ci-dessus, n° LXVI. Nous y renvoyons.

[2] Pour *Cipleto*, Ciply. Voy. partie II

[3] Steenkerque, arr. de Mons, cant. d'Enghien.

quinque mansos; in Roberceiis quinque mansos; in Sanctis quinque mansos; apud Sanctum-Albanum altare cum ecclesia et septem mansis; apud Beherias septem mansos; apud Pericias unum mansum; in Ralleiis dimidium mansum; in Senuescio dimidium mansum; apud alterum Senuescium duo bonaria; in Rameriis duos mansos; decimas quoque et culturas, quas apud Guarmeium [1], ad Atum [2] et ad Resinium [3], ad Eslogium possidetis; nichilominus etiam undecim mansos, cum molendino et camba, matera, comitatu, advocatia, cum omni districtu, que in eodem Adeslogio (sic) predictum cenobium cernitur possidere, eidem presenti scripto confirmamus; apud Berellum duos mansos; apud Cavellanios [4] unum mansum; decimas et consortia culturarum dominicorum pratorum in Ragilleiis, Bursuto [5], Valcurt [6], Guedrenegiis [7], Galdenegiis [8]; apud Bursum [9] duos mansos; Harbenias integras cum omnibus appendiciis, districtu, comitatu et advocatia; Fulebeneias [10] preter comitatum; apud Gyvreium altare cum ecclesia sancti Petri, et altare Sancti-Martini cum dimidia ecclesia; in Gyvreio Alberti allodium cum allodio Drogonis; in Rembrenciis [11], unam partem ville, cum pratis, terris cultis et incultis, cum districtu, comitatu et advocatia; in Senuescio dicti Remigii, duas partes tam ville quam ecclesie, cum pratis, silvis, terris cultis et incultis; in Sancto-Vedasto terciam partem ipsius ville cum omnibus appendiciis; altare de

---

[1] Lieu inconnu.
[2] Ath?
[3] Roisin arr. de Mons, cant. de Dour. Voy. preuves, partie II.
[4] Quiévelon, arr. d'Avesnes, cant. de Maubeuge.
[5] Boussu (?), cant. de ce nom, arr. de Mons, ou Boussu-en-Fagne (?), arr. de Philippeville.
[6] Walcourt (?), cant. de ce nom, arr. de Philippeville.
[7] Lieu inconnu.
[8] Gochenée (?), arr. de Philippeville, cant. de Florennes.
[9] Lieu inconnu.
[10] Idem.
[11] Idem.

Dorlers cum tercia parte ecclesie; altare de Squillio cum appendicio suo Sancto-Remigio; in Estrom quartam partem cum appendiciis; altare cum appendiciis suis apud Harigni; Montem-Wlframni cum appendiciis suis, terris cultis et incultis, molendino, districtu, comitatu, advocatia, et altare cum ecclesia ejusdem ville. Sepulturam quoque ipsius loci liberam esse decernimus, videlicet ut si quis de loco Gumeneie, Harbineie, et Bavaium, Loveneie, Haringeii, Berlensmortis, Quarte, Squilini, Perusii, Frasnois, Avesne, .... inie, Berelle, Dimencelli, ibidem sepeliri decreverit, et, facta congrua elymosina matrici ecclesie, de bonis suis monasterio vestro reliquerit ipsius devotioni, extreme voluntati nisi forte excommunicatus sit nullus obsistat. Porro libertatem, à Cameracensibus episcopis et comitibus rationabiliter monasterio vestro concessam, assertionis nostre robore confirmamus et ne in futurum ab aliquo violetur precipimus. Nulli ergo hominum fas sit prenominatum cenobium temere perturbare, ejus possessiones auferre, vel ablatas retinere, minuere, aut temerariis vexationibus fatigare; sed omnia integre conserventur eorum pro quorum sustentatione et gubernatione concessa sunt usibus omnimodis profutura. Si qua igitur in futurum ecclesiastica secularisve persona hanc nostre constitutionis paginam sciens contra eam temere venire temptaverit, secundo terciove commonita si non satisfactione congrua emendaverit, honoris potestatisque sue dignitate careat, reamque se divino judicio existere de perpetrata iniquitate cognoscat, et à sacratissimo corpore ac sanguine Dei et domini redemptoris nostri Jhesu Christi aliena fiat, atque in extremo examine districte ultioni subjaceat; cunctis autem eidem loco justa servantibus sit pax domini nostri Jhesu Christi, quatenus hinc fructum bone actionis percipiant et apud districtum judicem premia eterne pacis inveniant. Amen. Amen. Amen. Ego Innocentius catholice ecclesie episcopus. Datum Lauduni, per manum Almerici, sancte romane ecclesie diaconi cardinalis et cancellarii, II idus aprilis, indictione VIII, incarnationis dominice anno M° C° XXXI°, pontificatus vero domini Innocentii II pape anno secundo.

*Cartulaire de l'abbaye d'Hautmont*, folio 7 verso.

## CXVII.

*Bulle du pape Innocent II, portant confirmation des biens que possède l'abbaye de Saint-Aubert* [1].

(31 mai 1132).

Innocentius episcopus, servus servorum Dei, dilectis filiis Galtero abbati et filiis ecclesie Sancti-Auberti, que in Cameracensi civitate sita est, eorumque successoribus regulariter substituendis in perpetuum. Officii nostri nos hortatur auctoritas pro ecclesiarum statu satagere ac earum quieti et utilitati salubriter, auxiliante Domino, providere. Dignum namque et honestati conveniens esse cognoscitur, ut qui ad ecclesiarum regimen assumpti sumus, eas et à pravorum hominum nequitia tueamur, et beati Petri atque apostolice sedis patrocinio muniamus. Proinde, dilecti in Domino filii, postulationibus vestris impertimur assensum, et beati Auberti ecclesiam, in qua divino vacatis servicio, presentis scripti pagina roboramus, statuentes ut quecumque bona, quascumque possessiones eadem ecclesia in presentiarum juste et canonice possidet, aut in futurum, concessione pontificum, largitione regum vel principum, oblatione fidelium, seu aliis justis modis, prestante Domino, rationabiliter poterit adipisci, firma vobis vestrisque successoribus et illibata permaneant. In quibus hec propriis nominibus duximus exprimenda : ecclesiam videlicet Sancti-Vedasti, in Cameracensi civitate sitam, cum multis mansis, et quinque cambas ad molendinum vestrum, quod habetis in civitate molentes, et tres furnos; et à porta Salis usque ad viam sancti Remigii, in sinistra parte, quicquid in aqua, in piscibus, in terris et in hospitibus possidetis, furnum unum, cambam unam cum molitura, et mansum vestrum cum rivulis interius et exterius profluentibus, cum toto districto ; villam quoque totam

---

[1] Nous avons déjà expliqué au n° XLIX un certain nombre de noms de localités.

Tilletum dictum cum omnibus pertinentibus ; altare de Vinciaco cum omnibus appenditiis suis, videlicet Lesden, Liegiscurch, Scurviler, et unum molendinum, et unum furnum, et unam cambam, et omnia que ad predictum altare pertinent ; altare de Vilers-Renardi et terram quam tres fratres Hugo, Wibaldus et Elbertus in eadem villa de Haistaldi prato, et quiequid juris possidebant in villa que dicitur Berilgias[1] et apud Debereeias[2] predicte ecclesie contulerunt ; altare de Goeio[3] ; altare de Silviniaco[4] ; altare de Otvilers ; ecclesiam sancti Auberti cum altari in villa que Andra[5] dicitur cum L mansis et terra arabili ; altare de villa que dicitur Sanctus-Vedastus[6] et quarta pars alodii de Albertiis[7] ; allodium quod dedit Robertus de Bello-Manso apud Fontanas[8] ; in Haynoensi pago, ecclesiam cum altari de Siccis-Avesnis cum L mansis terraque arabili et silva ; altare quoque de Thiens, altare de Maheng, altare de Sausoith[9], altare de Ivurio[10] cum appenditio Ramocurth[11], altare de Riva[12] participante ecclesia sancte Marie ; altare de villa que Strada[13] nuncupantur, cujus sonegia duodecim denariorum est ; altare de Barastra[14] cum appenditiis suis Haplencurth[15] et Rahiercurth[16] ;

[1] Lieu près d'Elincourt, arr. de Cambrai, cant. de Clary.
[2] Deheries, id.
[3] Goy, arr. de Saint-Quentin, cant. du Catelet.
[4] Selvigny, arr. de Cambrai, cant. de Clary.
[5] Nom primitif du village de Saint-Aubert, arr. de Cambrai, cant. de Carnières.
[6] Saint-Vaast, arr. de Cambrai, cant. de Solesmes.
[7] Albrechies, territoire à Saint-Vaast.
[8] Fontaine-au-Tertre, à Viesly, arr. de Cambrai, cant. de Solesmes.
[9] Avesnes-le-Sec, Thiant, Maing, Saulzoir. Voy. partie II.
[10] Iwuy, arr. et cant. de Cambrai.
[11] Ramecourt, à Iwuy.
[12] Rieux, arr. de Cambrai, cant. de Carnières.
[13] Lieu inconnu.
[14] Barastre, arr. d'Arras, cant. de Bertincourt (Pas-de-Calais).
[15] Haplincourt, idem.
[16] Ruyaucourt, idem.

altare de Chaum[1] cum appenditio suo Provilla[2]; altare de Gahuncurth[3]; capellam in Vitriaco[4] cum terra arabili; altare de Gavera[5]; altare de Aesna[6] cum appenditiis suis, scilicet Houlcurt[7] et Grandiponte[8]; cere vero quam sacerdotes de majori archidiaconatu afferunt in die pentecostis sexta pars predicte ecclesie et nunc et antiquitus conferatur; apud Naviam[9] tredecim mansos; apud Scaldeuvrium[10] duos mansos et terram arabilem cum decima ejusdem terre; apud Guennecurth[11] alodium quod Gunhardus tradidit; apud Ramelias[12] quinque mansos et dimidium alodii quod ibidem possidetis; apud Chementias[13] mansos et alodium; apud Reiglencurth[14] mansum unum et terram arabilem; apud Meevrias[15] tres campos; apud Blahercuth[16] mansos; apud Scherias[17] duas partes quatuor mansorum de alodio quod Osto miles dedit; alodium de villa Manullo[18] nuncupata et terram et silvam et quicquid ad eandem villam pertinet; apud Locheneias[19] quatuor mansos de franco alodio, et aliud alodium quod dedit Doda uxor Engeranni et Alaisa uxor Roberti apud Fon-

[1] Quéant, arr. d'Arras, cant. de Marquion.
[2] Prouville, idem.
[3] Wancourt, arr. d'Arras, cant. de Croisilles (Pas-de-Calais).
[4] Vitry, cant. de ce nom, arr. d'Arras.
[5] Gavre, arr. de Gand, cant. d'Oosterzeele.
[6] Esne, arr. de Cambrai, cant. de Clary.
[7] Haucourt, idem.
[8] Grandpont, hameau d'Esne.
[9] Naves, arr. et cant. de Cambrai.
[10] Escaudœuvres, idem.
[11] Lieu inconnu.
[12] Ramillies, arr. et cant. de Cambrai.
[13] Lieu à Cattenières, arr. de Cambrai, cant. de Carnières.
[14] Raillencourt, arr. et cant. de Cambrai.
[15] Mœuvres, arr. de Cambrai, cant. de Marcoing.
[16] Blécourt, arr. et cant. de Cambrai.
[17] Lieu inconnu.
[18] Ne serait-ce pas le *Mauvilla* cité dans une bulle de 1104 pour l'abbaye de Saint-Aubert (M. Le Glay, p. 27)? Mauville est un hameau de Crevecœur, arr. de Cambrai, cant. de Marcoing.
[19] Lieu inconnu.

tanas [1]; Fagale alodium quod dedit Robertus de Pulchro-Manso et quicquid ad illud pertinet; apud Attrebatum, in strata camba una quam dedit Robertus sacerdos, filius Thamardi, concedente et confirmante Alviso, ejusdem civitatis episcopo; apud Bantheneias [2] duos mansos et terram arabilem; apud Roseth [3], in Viromandensi pago, alodium; apud Belveverth [4] quod singulis annis tres solidos reddit Cameracensis monete; terram etiam que in procinctu ecclesie est, ubi ortus et officine fratrum sunt, quam Burcardus ejusdem civitatis episcopus contulit et confirmavit cum toto districto libere predicta ecclesia possideat. Crisma vero et oleum infirmorum et cathecumenorum, secundum antiquas et rationabiles vestras consuetudines, à Cameracensi absque contradictione suscipiatis ecclesia. Nulli ergo omnino hominum liceat prefatam beati Auberti ecclesiam perturbare, aut ejus possessiones auferre, minuere, seu quibuslibet fatigationibus molestare; sed omnia integre conserventur eorum pro quorum sustentatione et gubernatione concessa sunt usibus omnimodis profutura, salva nimirum dyocesani debita justicia et reverentia. Si qua igitur in posterum ecclesiastica secularisve persona hanc nostre constitutionis paginam sciens contra eam temere venire temptaverit, secundo tercieve commonita, nisi reatum suum congrua satisfactione correxerit, potestatis honorisque sui dignitate careat, reamque se divino judicio existere de perpetrata iniquitate cognoscat, et à sacratissimo corpore et sanguine Dei et domini redemptoris nostri Jhesu Christi aliena fiat, atque in extremo examine districte ultioni subjaceat. Cunctis autem eidem ecclesie que sua sunt servantibus sit pax domini nostri Jhesu Christi, quatinus et hic fructum bone actionis percipiant, et apud districtum judicem premia eterne pacis inveniant. Amen. Data Pisis, per manum Emerici, dyaconi cardinalis et cancellarii,

[1] Lieu inconnu.
[2] Bantigny, arr. et cant. de Cambrai.
[3] Rosières (?), cant de ce nom, arr. de Montdidier (Somme), ou Rozet, arr. de Château-Thierry, cant de Neuilly-Saint-Front (Aisne).
[4] Beauvais (?), arr. de Saint-Quentin, cant. de Vermand.

II kal. junii, indictione xiii, anno dominice incarnationis MCXXX
VII, pontificatus vero domini Innocentii pape II anno VII.

M. LE GLAY, *Glossaire*, etc., p. 39.

## CXVII bis.

*Nicolas, évêque de Cambrai, libère l'abbaye d'Hautmont d'une rente de quatre sous due par l'église de ce lieu, et concède à ladite abbaye l'autel de Monceau avec Saint-Vaast, sa dépendance.*

(1139).

In nomine patris, et filii, et spiritus sancti. Nicholaus, Dei gratia Cameracensium humilis episcopus, tam futuris quam presentibus in perpetuum. Officii nostri sollicitudo, immo divinarum scripturarum compellit auctoritas, ut in ecclesiarum profectibus strenni operatores appareamus. Supplicationi igitur venerabilis fratris nostri Gualberti, Altimontensis abbatis, pie condescendentes, quatuor solidos quos pro parrochia sua ecclesia Altimontensis singulis annis nobis et ministris nostris solvebat, assensu et concessione Alardi, archidiaconi nostri, prefate ecclesie remittimus. Concedimus etiam eidem ecclesie altare de Moncello cum appendicio suo Sancto-Vedasto [1] liberum et sine persona; sic tamen ut nobis et ministris nostris obsonia nostra persolvat et presbiter ibidem cantaturus de synodalibus nobis respondeat. Ut autem hec inconvulsa sepefate ecclesie permaneant, in prevaricatores quoad resipuerint excommunicationis sententiam promulgamus, atque canonica subsignatione et sigilli nostri impressione hujus nostri decreti paginam confirmamus. Signum Alardi, ejusdem ecclesie archidiaconi. S. Johannis, Theoderici, item Theoderici, archidiaconorum. S. Guidonis prepositi, Gerardi decani et archidiaconi, Guidonis, Gualteri, Gueriboldi, Hugonis, Hervardi, Albrici, Radulfi, canonicorum. Actum anno incarnati verbi Mº Cº XXXVIIº, indictione XIIIª, presulatus domni Nicholai episcopi Iº. Ego Guaribaldus cancellarius scripsi et recensui.

*Cartulaire de l'abbaye d'Hautmont*, fol. 33 recto.

[1] Monceau-Saint-Vaast, arr. d'Avesnes, cant. de Berlaimont.

## CXVIII.

*Nicolas, évêque de Cambrai, confère à l'église de cette ville les autels de Saint-Brice, à Tournai, et de Haine-Saint-Paul.*

(1138).

In nomine sancte et individue trinitatis. Nicholaus, Dei gratia Cameracensis episcopus, tam futuris quam presentibus imperpetuum. Cum in ecclesiaste scriptum sit : *Justifica animam tuam ante obitum tuum, operare justiciam quam non est apud inferos invenire cibum* », nobis summa diligentia studendum est ut, dum dies est, operem cibum qui non perit. Proinde, ecclesie gloriose virginis Dei genitricis Marie domine nostre in posterum providentes, altare de Sancto-Brictio [1] prope Tornacum, cum appendicio suo Cheym [2], quod est in capite Bracbatensis archidiaconatus [3]; altare quoque de Haina Poteriensi [4], quod est dimidia ecclesia, eidem Sancte-Marie Cameracensi ecclesie libera et sine personis, salvis nostris et ministrorum nostrorum debitis, ad usus canonicorum ibidem Deo servientium, pro nostra et decessorum nostrorum salute, pro memoria etiam Goszuini patris nostri et Ide matris nostre quotannis in anniversariis eorum cum refectione celebriter agenda, concedimus. Porro tres prebendas et earum fructus, que eisdem canonicis in partem terciam jure antiquo cesserant, ad reficienda tecta, claustrum, cambas, molendina, et cetera que ad utilitatem ecclesie erunt necessaria, prefate ecclesie assignamus et ab omni personatu emancipamus. Ad arcendas itaque quorumlibet importunitates, data conservatoribus benedictione, in prevaricatores quoad resipuerint excomunicationis

---

[1] Saint-Brice, paroisse de Tournai, sur la rive droite de l'Escaut, ancien chef-lieu d'un décanat, dans l'archidiaconé de Brabant.

[2] Kain, arr. et cant. de Tournai.

[3] On sait que l'évêché de Cambrai était séparé de l'évêché de Tournai par l'Escaut. La partie de la ville de Tournai située sur la rive droite appartenait donc à l'évêché de Cambrai.

[4] Haine-Saint-Paul. Voy. partie II.

sentenciam exponimus, atque canonica subsignatione sigilli quoque nostri appositione hujus nostri decreti paginam confirmamus. Signum Johannis, Theoderici, Alardi, Theoderici, archidiaconorum. S. Gerardi decani et archidiaconi. S. Rotberti cantoris. S. Guidonis, Gualteri, Guerinboldi, sacerdotum; Guerinboldi, Guillelmi, Hugonis, Gualcheri, Hugonis, Eustachii, canonicorum. Actum in synodo Cameraci, in ecclesia Sancte-Marie habita anno incarnati verbi m° c° xxx° viii°, indictione I, presulatus domni Nicholai ii°. Ego Guerimboldus cancellarius scripsi et recensui.

Original scellé, fonds de la cathédrale de Cambrai, aux Archives du département du Nord, à Lille.

## CXIX.

*Nicolas, évêque de Cambrai, assigne et confirme plusieurs biens au chapitre de Sainte-Croix.*

(1139).

In nomine sancte et individue trinitatis. Nicholaus, divina miseratione Cameracensis episcopus, tam futuris quam presentibus in perpetuum. Nostre sollicitudini incumbit ut ecclesiarum nobis commissarum temporum varietate et antiquitate illatas incommoditates auctoritatis nostre privilegio, pro posse nostro, ab ecclesiis nobis subditis repellamus. Proinde ecclesiam Sancte-Crucis, in urbe nostra sitam, tredecim prebendis ad usus canonicorum ibidem servientium canonice dotatam, sub ditione canonicorum Sancte-Marie domine nostre ordinatam, exaltare, amplificare decrevimus ; et quod à predecessoribus nostris domno Lietberto et Gerardo, seu ceteris decessoribus nostris eidem ecclesie assignatum est, officii nostri auctoritate confirmare proposuimus. Villam itaque Busserias [1] nuncupatam, cum toto districtu et terris tam in

---

[1] Boussières, arr. de Cambrai, cant. de Carnières.

incultis quam in cultis, et, in villa Morenceiis [1], districtum et totam ipsius ville terram, seu quidquid in Forisvilla [2], intus et foris, à prefato predecessore nostro Lietberto seu à canonicis beate Marie ubicumque concessum et astipulatum est, eisdem Sancte-Crucis canonicis assignamus; gavala etiam tria in nostra civitate, unum videlicet in camba que pertinet ad Morenceiias, alterum quod est in Sancti-Martini via, tertium vero in ea que ducit à foro versus Sanctum-Sepulchrum semita, que etiam à canonicis Sancte-Marie prefatis Sancte-Crucis canonicis est tradita, eidem ecclesie corroboramus. Porro altaria in Ostrevensi pago, à prefato episcopo Lietberto eidem ecclesie concessa, et cetera que in episcopatu nostro sunt subscripsimus : altare scilicet de Strata [3] cum appenditio suo Hamel [4], altare de Marcheta [5], altare de Marceniis [6], altare etiam in Braibanth Schenlebeccha [7], altare de Beverna [8], altare Duo-Flumina [9] nuncupatum in Hanoensi archidiaconatu, et in Montensi archidiaconatu altare de Angrel [10], et in Cameracensi archidiaconatu altare de Maslaincurth [11], et in Tongra [12], pro quadam decima, singulis annis, censum ex arbitrio eorum, duas etiam partes decime que vulgo cassus vocatur; in Villari-de-Calceia [13] curtillos, terrulas, et alodia, et mansum unum; in villa scilicet de Curcellis [14] alodium à Bernardo emptum;

[1] Morenchies, arr. et cant. de Cambrai.
[2] Forenville, idem.
[3] Estrées, arr. de Douai, cant. d'Arleux.
[4] Hamel, idem.
[5] Marquette, arr. de Valenciennes, cant. de Bouchain.
[6] Marchiennes, selon M. Le Glay ; mais ne serait-ce pas Marcoing, cant. de ce nom, arr. de Cambrai ?
[7] Schendelbeke, arr. d'Audenarde, cant. de Grammont.
[8] Beveren, cant. de ce nom, arr. de Termonde.
[9] Vendegies-sur-Escaillon. Voy. partie II.
[10] Angreau, idem.
[11] Malincourt, arr. de Cambrai, cant. de Clary.
[12] Tongre-Saint-Martin et Tongre-Notre-Dame, arr. de Mons, cant. de Chièvres.
[13] Villers-en-Cauchie. Voy. partie II.
[14] Courcelles (?), arr. d'Arras, cant. de Croisilles.

in Banteniis [1] terram unius modii et dimidii et duos curtillos ; in Chévi [2] terram sex modiorum ; alodium de Bostruncurth [3], de Otvillari [4], de Manbereciis [5], ab Emma Noviomensi empta ; duas etiam partes ecclesie de Lielgiis [6]; districtum etiam cambe illius et govalum qui est in via, ut prefatum est, que ducit á foro ad Sanctum-Sepulchrum; districtum etiam qui est infra ambitum Sancte-Crucis ; terram etiam apud Haisam [7] ad septem mancaldos, et pratulum ad tres mancaldos, et duos curtillos ad tres mancaldos, terram Gonteri ad quinque mancaldos, terram que dicitur Aculeus [8] ad dimidium modium, terram que dicitur Alodium [9] ad tres quartallos ; in vallibus ad quatuordecim sextarios ; in valle Raineri ad unum modium ; in valle que est ad regiam viam ad decem octales, ad Mortariolos ad septem mancaldos, et ad Hundini campum ad sex mancaldos ; in Bauni-Fossa ad unum modium ; ad campum de Nesplariis ad tres quartallos ; in Pommeriolis [10] ad septem mancaldos ; ad Walbertinum lucum ad unum quartallum ; ad Wallericurtem [11] ad tres mancaldos ; ad Concisam-Fossam ad tres mancaldos ; ad Mortariolos ad tres mancaldos ; in uno campo de Cantengh [12] ad quinque mancaldos ; ad stercoratum campum ad duos mancaldos et dimidium ; ad Honoratum Mareasium ad duos mancaldos ; in Campo Ambulari ad unum quartallum ; in valle juxta Curcellas ad unum quartallum ; in via Marconiensi ad duos

---

[1] Dantigny, arr. et cant. de Cambrai.
[2] Quévy, arr. de Cambrai, cant. de Carnières.
[3] Boistrancourt, ferme à Carnières, cant. de ce nom, arr. de Cambrai.
[4] Ovillers, hameau de Solesmes, arr. de Cambrai, cant. de Solesmes.
[5] Lieu inconnu.
[6] Liaugies, hameau à Bethencourt, arr. de Cambrai, cant. de Carnières.
[7] Lieu inconnu.
[8] Idem.
[9] Idem.
[10] Pommereuil, arr. de Cambrai, cant. du Cateau.
[11] Walincourt (?), arr. de Cambrai, cant. de Clary.
[12] Cantaing, arr. de Cambrai, cant. de Marcoing.

mancaldos ; in Argillariis [1] ad unum quartallum ; in Profunda Valle [2] ad duos quartallos ; in Montali ad tres mancaldos, et Cantengh versus ad unum octallum ; in Campo Plectradis ad unum mancaldum ; ad Campi Fossam ad unum mancaldum ; in terra Guonis joculatoris ad unum modium et unum quartarium ; in luco de Noella septem partes ; in Curcellis quatuor curtillos et pratum cum uno cambili et curtilli unius tres partes ; ad Premith [3] ad duos modios et dimidium, et duos curtillos et alodium in Scaldobrio [4] quod Martinus vinitor dedit ecclesie post duos heredes ; de Erlebaldo preposito unum curtillum in fisco ; de Geraldo clerico unum hospitem ; de Alchuero unum curtillum et dimidium et terram secus Soluvres versus Rumelih ; in Meovriis ad unum quartallum ; ad Ramelias septem hospites et ibidem extra villam ad unum modium et unum quartarium ; ad Grand-Ponth [5] duos curtillos et terras ad duos modios. Porro libertatem et honorem quem ceteri canonici Sancte-Marie et Sancti-Gaugerici canonice possident eisdem canonicis Sancte-Crucis assignamus, eo tenore ut dominationem et potestatem quam canonici Sancte-Marie in prebendis antiquo tenore possederunt, infrefragabiliter possideant. Ut autem hec rata et inconvulsa prefate Sancte-Crucis ecclesie permaneant, data conservatoribus benedictione, in prevaricatores, quoad resipuerint, excommunicationem promulgamus, atque canonica subsignatione et sigilli nostri appositione hujus nostri decreti paginam confirmamus. S. Johannis archidiaconi. S. Teoderici archid., Alardi archid., Teoderici archid. S. Widonis prepositi, Gerardi decani et archid., Rotberti cantoris, Widonis, Walteri, Werinboldi, sacerdotum, Bartholomei, Werinboldi, Hugonis, Wilelmi, diaconorum, Hugonis, Walcheri, Eustachii, subdiaconorum, Adan, Johannis, Hugonis, canonicorum. Actum anno

[1] Lieu à Morenchies. Voy. ci-dessus.
[2] Parfonval, à Mœuvres. Voy. ci-dessus.
[3] Prémy, à Fontaine-Notre-Dame, arr. et cant. de Cambrai.
[4] Escaudœuvres. idem.
[5] Grandpont, hameau d'Eanc, arr. de Cambrai, cant. de Clary.

incarnati verbi MCXXXIX, indictione I, præsulatus mei III. Ego Werinboldus cancellarius subscripsi et recognovi.

M. Le Glay, *Glossaire*, etc., p. 41.

## CXIX bis.

*Baudouin IV, comte de Hainaut, confirme diverses possessions à l'abbaye de Bonne-Espérance* [1].

(1140).

In nomine Domini. Balduinus, Dei gratia Hainoensium comes, tam futuris quam presentibus. Sicut me prudentium virorum justa exortacio non desinit commonere et ipsa ratio divino collata munere videtur suadere, ecclesiis que in terra mea vel constructe sunt vel construuntur cura pervigili debeo providere, ut que Deo largitore temporaliter acquirunt quiete valeant possidere. Cum enim pauperum Christi orationibus necesse habeam sustentari, docente, ut aiunt, apostolo, debeo in temporalibus eisdem suffragari, ut et mea potestas imbecillitate illorum benigne tueatur et illorum sanctitas aliquid mihi spiritualis beneficii largiatur. His et hujusmodi monitis salutaribus edoctus, vestram omnium dilectionem nosse volo, quod quicquid ecclesia de Bona-Spe apud Morteri [2] tenet, videlicet octo modiatas de terra de Nuflus [3] ad terragium solvendam, et unum curtillum ad terciam partem solvendam, et terram sancti Johannis, et terram de Artra [4] que Feschelin dicitur, et quicquid terrarum in eadem vicinia tenet preter terram Almanni, quod sibi tam meis quam aliorum collationibus acquisivit, meo sibi privilegio confirmari pariter expetivit, ne in posterum quisquam huic possessioni presumat inferre detrimentum

---

[1] Maghe, dans son *Chronicon abbatiæ Bonæ-Spei*, ne fait pas mention de cette charte.

[2] Lieu aux environs du Quesnoy?

[3] Sur ce lieu, voy. preuves, partie II.

[4] Artres, arr. de Valenciennes, cant. de Valenciennes-Sud.

quam assensus mei cognoverit habere supplementum. Ego autem, juste ejus peticioni prono animo acquiescens, presentem ei paginulam delegavi, quam sigilli mei impressione firmamenti gratia consignavi, ut et concessionis mee sit hec conscriptio monimentum et possessionis predicte sigilli impressio munimentum. S. Eustachii. S. Theoderici de Linea. S. Rotberti de Aisunvilla. S. Almanni. Actum anno incarnati verbi MCXL, indict. III, regnante rege Francorum Ludoico anno III.

Original, sceau disparu, fonds de l'abbaye de Bonne-Espérance, aux Archives du royaume, à Bruxelles.

## CXX.

*Nicolas, évêque de Cambrai, libère d'une rente de quatre sous la ferme de Tilloit que possédait l'abbaye de Vicogne au territoire de Noflus (le Quesnoy)*[1].

(1141).

In nomine domini nostri Jhesu-Christi. Nicolaus, Dei gratia Cameracensis episcopus, tam futuris quam presentibus in perpetuum. Si religiosorum congregationi de substantia nostra seminaverimus, de benedictionibus eorum secundum apostolum metere speramus. Ecclesie igitur de Casa-Dei, que est in Viconia silva, sub ordine Premonstratensis ecclesie secundum regulam beati Augustini constitute, condescendere et subvenire satagentes, curtim suam de Thilieto[2], que est in territorio de Noflus[3], quatuor solidis in festivitate sancti Johannis Gerulfo de Hum quotannis pro minuta decima solutis, ab omni justicia et jure alieno emancipamus, et ab omni advocatia, exactione et molestia liberam facimus. Porro tres carrucas, quas domnus Lietardus predecessor

[1] La charte est intitulée dans le cartulaire : « *Episcopi Cameracensis de Tilieto in Hainonia* ».
[2] Tilloit, à Nofluz. Voy. partie II.
[3] Le Quesnoy. Voy. partie II.

noster et participes sui, Rainnerus de Lespais et Fulco de Alnoi et heredes corum, eidem ecclesie Case-Dei soluto singulis annis terragio et decima liberas contulerunt, eas eidem concedimus et confirmamus. Firmitati igitur ecclesie consulentes, data conservatoribus benedictione, in prevericatores quoad resipuerint excommunicationem exponimus atque subsignato canonico testimonio et sigilli nostri impressione hujus nostri decreti paginam confirmamus. S. Johannis, S. Alardi, archidiaconorum. S. Gerardi decani et archidiaconi. S. Guerimboldi, Hescelini, Gerardi, sacerdotum. S. Guerimboldi, Guillelmi, levitarum. S. Hugonis abbatis, Walceri, Geroldi, subdiaconorum. S. Simonis castellani, Eustachii, Huardi, laicorum. Anno incarnati verbi M° C° XL primo, presulatus vero domni Nicholai quinto. Ego Guerimboldus cancellarius subscripsi.

Cartulaire de l'abbaye de Vicogne, pièce 32 (Hainaut), aux Archives du département du Nord, à Lille.

## CXX bis.

*Baudouin IV, comte de Hainaut, concède aux chevaliers de l'ordre du Temple de Jérusalem cent journels de terre à Frameries* [1].

(1142).

In nomine sancte et individue trinitatis, patris, et filii, et spiritus sancti, amen. Notum sit tam futuris quam presentibus quod ego, Balduinus, divina miseratione comes Hainoensium, in procinctu parochie de Frameriis [2] centum diurnales terre arabilis ab hominibus meis, Gaufrido de Bossoit, Rainero, Gontione et Ysaac

---

[1] Frameries. Voy. partie II. Au dos de la charte on lit : « De territorio Fremeriis littere Haionensis comitis », et plus bas : « Du Flemet (ou Fleniet). » Il s'agit ici de la ferme de Fleinies ou Fleignies, à Frameries. Comparez n° CXXVII quinquies.

de Harmigni, Goselino de Frameries, qui hanc in feodo jure hereditario possidebant, liberavi ; quam etiam, illis consentientibus, ipsis eorumque successoribus, abjudicari feci. Cum vero terram prefatam in pace et quiete possiderem, anime mee consulens et de salute predecessorum meorum in hoc confidens, hanc militibus, in sancta civitate Jherusalem prope templum in Salomonis regia degentibus et terram promissionis, regnum videlicet domini Dei, ab infestationibus paganorum viriliter defendentibus, libere tradidi, et ab omni exactione immunem perpetuo tenendam concessi. Ut autem hec nostre traditionis pagina inconvulsa permaneat, hanc sigilli mei impressione signavi et subsignatorum testimonio corroboravi. S. domni Nicholai, Cameracensis episcopi, qui huic traditioni interfuit et hanc infringere temptantes anathematis vinculo innodavit. S. Gualteri Pulechel [1]. S. Ratzonis de Gavera. S. Simonis de Olsi. S. Isenbardi de Montibus. S. Eustachii. S. Teoderici de Linge. S. Yuvani. S. Arnulfi de Blaton. Actum anno incarnati verbi m° c° xliii°, indictione v°.

Original, sceau enlevé, fonds de l'ordre de Malte (n° 275), aux Archives de l'État, à Mons.

### CXX<sup>ter</sup>.

*Baudouin IV, comte de Hainaut, confirme à l'abbaye de Saint-Denis en Brocqueroie le village du même nom, auquel il accorde, entre autres privilèges, une foire annuelle*[2].

(1142).

In nomine sancte et individue trinitatis. Noverint tam presentes

---

[1] Gautier d'Avesnes, surnommé l'elukel (*pulcher*), c'est-à-dire, le Beau.
[2] M. Pinchart (*Bulletins de la Commission royale d'histoire*, 2<sup>e</sup> série, t. III, p. 107) a publié cette charte d'après un cartulaire plus récent et moins exact de l'abbaye de Saint-Denis. Il s'y trouve des erreurs que nous rectifions dans notre texte.

quam futuri quod Balduinus, predecessor meus, Hainoensium comes Jherosolimitanus, ecclesiam Sancti-Dionisii, ob remissionem peccatorum suorum et parentum suorum tam precedentium quam succedentium, devote fundavit et ad usus monachorum ibidem Deo militantium, donatione adjacentis allodii in quo villa sita est, assensu matris sue Richeldis comitisse et consilio principum suorum, legitime dotavit, et predictam villam voce, manu, scripto perpetue libertati donavit : quam postmodum successorum negligentia et principum tyrannorumque violentia fere usque ad defectum depressit. Ego vero Balduinus, predicti comitis tam honore quam nomine Dei gratia heres tertius, sapienti usus consilio, proposui predicta donativa non immutare, sed immutata et depressa restituere, augere et corroborare. Igitur petitione venerabilis abbatis Balduini, dilecti nostri, et monachorum suorum, ecclesiam predictam benigne visitavi, et libertatem ville pridem concessam et fere depressam, omni remota conditione nulloque jure meo retento vel consuetudine, reformavi, replicans et sanciens ut nullus deinceps comitum, principum, castellanorum, vel aliqua quelibet persona mortuam manum, vel talliam, vel aliam aliquam exactionem ab ejusdem ville incolis vel possit vel debeat exigere, salvo dumtaxat jure ecclesiarum vel quorumlibet in servis suis dominorum, si tamen jus suum per se requirunt, remota importunitate advocatorum. Excessus vero vel forisfacta ibidem commanentium abbas tantum et ecclesia secundum institutionem ville corrigat, et nulli alteri quisquam eorum super his respondeat. Concessimus etiam in eadem villa forum quarta feria in sollempnitate sancti Dionysii celebrari; et illuc venientes vel inde recedentes à nullo de terra mea vel in terra mea liceat disturbari. Ut autem tam ecclesia quam villa hanc libertatem concessam perpetualiter et sine refragatione obtineat, à me et meis tenendam propria manu juravi, et testes subsignatos idem jurare feci, paginamque reformate libertatis sigilli mei impressione signavi. Signum Galteri Pulechel. S. Rassonis de Gavera. S. Eustacii. S. Galteri. S. Gossuini de Montibus. S. Theoderici de Linea. S. Yuvani de Waldripont. S. Symonis de Maregio. S. Ysaac castellani. S.

Theoderici de Villa. S. Harduini villici. S. Willelmi de Brena. S. Roberti de Aisovilla. S. Nicolai de Quarenon. S. Radulfi de Turri. S. Alardi de Nimi. Actum anno incarnati verbi millesimo centesimo quadragesimo secundo, indictione v, presidente sancte ecclesie piissimo papa nostro Innocentio secundo, regnante rege Romanorum Conrado secundo, Cameracensi episcopo Nicholao ad laudem et gloriam omnipotentis Dei. Amen. Dedi etiam ancillam Dedelam nomine cum filiabus suis sancto Dyonisio [1].

Cartulaire de l'abbaye de Saint-Denis en Broqueroie, fol. xxxix verso, aux Archives de l'État, à Mons.

## CXXI.

*Nicolas, évêque de Cambrai, donne, sous certaines conditions, à Baudouin IV de Hainaut l'alleu de Nofluz.*

(1142).

In nomine sancte trinitatis et individue unitatis. Nicholaus, Dei gratia Cameracensis episcopus, tam futuris quam presentibus. In consecratione nostra ex consuetudine nobis preceptum est ut dispersa congregaremus, congregata conservaremus. Commoditati igitur nostre et successorum nostrorum utilitati in posterum providentes, illustris comitis Balduini Montensis postulationem, consilio et hortatu cleri et populi, suscepimus, et ad honorem ecclesie nostre cum ad obtinenda que petiit exconsulto collegimus. Erat enim, in territorio Hajnonensi, allodium de Nofluz [2], ecclesie nostre ad mensam episcopalem antiquitus assignatum, sed raptorum incursione et terre sterilitate inhabitatum et inutillimum. Cum autem idem comes et sui super venditione ejusdem allodii nos frequentius convenirent, personarum, abbatum et capituli

---

[1] La charte de donation de cette serve est jointe, en original, à la fin du cartulaire. Elle ne porte pas de date.
[2] Le Quesnoy. Voy. partie II.

nostri consilio et ordinatione, casatorum, clientum, civium assensu et hortatione, prefatum allodium, pro ducentis et xl nostre monete libris, ut melior et utilior possessio à nobis comparetur, quicquid juris in eodem allodio nostrum erat, excepto altari, salvo jure Adam prepositi nostri de Novo-Castello, salvaque Gualteri de Alnoit, prout judicatum fuerit, reclamatione, eo tenore concessimus ut prefatus comes et successores sui nobis et successoribus nostris hominium et fidelitatem facerent; et, si pro aliquo excessu idem comes vel successores sui à nobis vel successoribus nostris, ut justum est, submoniti fuerint, ad devitandas civitatis commotiones, apud Salsoit [1] vel ad locum qui Fontes Rivie vocatur, sicut de loco ordinaverimus, justiciam hominum nostrorum judicio exequentur. Nos vero, pro melioratione et commutatione allodii, clientum nostrorum consilio et providentia, prefatum altare episcopali mense assignavimus, et que à predecessoribus nostris invadiata erant hac pecunia consilio curie nostre redemimus, et de remanenti quod mense nostre utile fuit comparavimus. Nobis autem, super reditibus ejusdem altaris et pace, idem comes, in presentia hominum nostrorum et suorum, de omnibus securitatem promisit et pepigit quibus in curia nostra justiciam hominum nostrorum judicio exequemur. Ut igitur hec, sicut presignavimus, semota omni scrupulo invicem conserventur, subnotato testimonio nostro et comitis Balduini sigillo presens cyrographum alternatim confirmavimus. S. Johannis, Alardi, archidiaconorum. S. Gerardi archidiaconi et decani. S. Parvini, abbatis Sancti-Sepulchri. S. Walteri, abbatis Sancti-Autberti. S. Radulphi, Vacellensis abbatis. S. Godescalci, abbatis de Monte-Sancti-Martini. S. Wirimbaldi cancellarii. S. Walteri Hescelo, Radimardi, Radulfi, Walteri, capellanorum. S. Wirinbaldi, Hugonis, Willelmi, Hugonis, Walcheri, Eustachii, canonicorum. S. Symonis castellani, Radulfi de Romelli, Godefridi de Canthen, Johannis de Marchun, parium. S. Huardi, Thome, Baldwini, Reinaldi, Thome de Fontanis, militum. S. Isenbardi. S. Arnolfi

[1] Saulzoir. Voy. partie II.

de Erbau. S. Iwani de Waldripont. S. Teoderici de Lin. S. Alolfi de Halci. S. Teoderici de Wallers. S. Roberti de Aisunvil. S. Amandi de Donench. S. Walcheri de Obrizcurt. S. Nicholai de Quaeraun. S. Hardwini villici. Actum anno verbi incarnati M° C° XLII°, presulatus domni Nicholai VI°.

Original, scel disparu, fonds de la cathédrale de Cambrai, aux Archives du département du Nord, à Lille.

## CXXII.

*Rodulphe, abbé de Maroilles, donne à cens aux moines de Clairefontaine ce que possède son abbaye entre les forêts de Fagne et de Thiérache.*

(1143).

In nomine sancte et individue trinitatis. Ego Radulphus, Maricolensis dictus abbas, notum fieri volumus presentibus et futuris nos, communi assensu capituli nostri, Clarefontensis [1] ecclesie fratribus, sub annuo censu x solidorum Valentinensis monete Maricolis solvendorum die festo sancti Humberti, concessisse quicquid terre culte et inculte nostri juris inter duas silvas Faniam et Teraciam habetur, in agris, silvis, et pascuis, pratorumque reditibus, capite censu dumtaxat virorum ac mulierum in nostra manu retento, in qua curtim que Merlessart [2] nuncupatur construxerunt. Si vero pro eadem terra adversus prefatos fratres aliquid cause subortum fuerit, nos pro eis omne negotium nostris expensis prosequemur. Porro si quis violenter et contumax eos in terra illa ejusque reditibus aliquatenus incommodaverit, ipsi de censu nobis debito estimationem dampni sui retinebunt, quod reliquum fuerit persolventes. Ne autem pactio ista oblivione

[1] Claire-Fontaine, ancienne abbaye, arr. de Vervins, cant. de la Capelle.
[2] Nous ignorons où était située cette ferme qui est encore citée en 1182. Miræus, t. IV, p. 521.

deleri vel à posteris aliquatenus valeat immutari, sigilli nostri impressione et testium annotatione roborari curavimus. S. Radulphi abbatis qui hoc cyrographum fieri jussit. S. Radulphi, S. Roberti, S. Gontramni, S. Halduini, S. Lamberti, S. Theodrici, S. Raineri, S. Walteri, S. Johannis, S. Thome, S. Hugonis, monachorum. S. Raineri, S. Roberti, S. Johannis, S. Hiberti, conversorum. Actum anno incarnationis dominice M° CXLII°.

> Original, sceaux disparus, fonds de l'abbaye de Maroilles, aux Archives du département du Nord, à Lille.

### CXXII. bis.

*Baudouin IV, comte de Hainaut, termine une contestation existant entre l'abbaye d'Hautmont et Nicolas d'Avesnes, au sujet de biens à Givry, et pour laquelle Gautier d'Avesnes avait précédemment donné satisfaction après avoir été excommunié* [1].

(1147).

Balduinus comes, universis fidelibus tam futuris quam presentibus. Ad hoc terreni principatus apicem gerimus ut ecclesiarum jura tueri satagamus; unde ea que infra continentur scripta inrefragabiliter conservari decernimus. Fuerant itaque in Gyvreio [2] decem et septem curtilia quadrantes non habentia, que nimirum libere possidebat Altimontensis ecclesia; enimvero Walterus Avesnensis, prefate ecclesie advocatus, eisdem curtilibus quadrantes assignare contendebat, ex illis videlicet terris que asque (usque) non nuncupantur queque victui fratrum in predicta ecclesia com-

---

[1] La date de 1147 que nous assignons à cette charte résulte des deux circonstances suivantes : Gautier d'Avesnes, signalé ici comme étant décédé, mourut en cette année (Voy. GISLEBERT, p. 55; HERIMAN, apud ACHERII *Spicilegium*, t. XII p. 417); et, cette même année aussi, Wedric, abbé de Liessies, l'un des témoins de cet acte, renonça à sa dignité d'abbé de Liessies, pour devenir abbé de Saint-Vaast d'Arras. *Cameracum christianum*, p. 141.
[2] Givry. Voy. partie II.

morantium proprie deputantur. Cujus scilicet Walteri molitionibus Walberto abbate qui eidem ecclesie preerat viriliter resistente, eo usque res perlata est, ut idem Walterus cum omnibus ad se pertinentibus excommunicationi subjaceret, et in omni terra ejus divina officia cessarent [1]. Qui, ut vidit se non posse perficere quod ceperat, tandem penitentia ductus, apud Cameracum, duobus episcopis presentibus, Cameracensi scilicet et Attrebatensi, presentibus etiam abbatibus Altimontensi, Letiensi, Cellensi, Tornacensi, Sancti-Amandi, Sancti-Sepulchri, Sancti-Autberti, presentibus quoque nobilibus viris quamplurimis, idem Walterus injuste se ecclesie violentiam irrogasse confessus est, ipsoque veniam sibi dari precante, ibidem publice correctioni subjacuit. Cumque à se suisque heredibus predictam possessionem alienasset, legaliter jurejurando firmavit se nichil perturbationis ulterius in hac refacturum, sicque, quamdiu supervixit, Altimontensis ecclesia eandem cum pace possedit. At postquam rebus humanis exemptus est, Nicholaus, filius et successor ipsius, unum curtile violenter, ignorante capitulo, ex supradictis terris vestiri fecit. Qui, ab episcopo Cameracensi Nicholao et à Maynardo abbate, predicti Walberti successore, de tanta violentia ammonitus, et ecclesiastice discipline vigore coactus, tandem in curia nostra causam ventilare constituit, et quicquid idem episcopus et abbates presentes ceterique curie nobiles exinde justicia dictante definirent se facturum esse promisit. Itaque, die determinata, Nicholaus cum suis abbasque Maynardus in curiam convenerunt, ibique à predicto episcopo Nicholao et à presentibus abbatibus et à primis curialium judicatum est ea que Walterus, pater ejusdem Nicholai, sibi suisque successoribus de predictis terris minime licere recognoverat atque firmaverat, Nicholaum quoque facere nullatenus posse. Sic itaque Nicholaus paci adquievit et inlicite presumpta penitendo correxit. Acta sunt hec apud Montes, in curia nostra, quibus testes affuerunt Nicho-

---

[1] Walbert fut abbé jusqu'après 1137. L'excommunication de Gautier d'Avesnes est donc antérieure à cette époque.

laus, episcopus Cameracensis, abbates Wedricus Letiensis, Egricus Cellensis, Esnelardus Eadmensis (?), Nicholaus Sancti-Foillani, Simon Sancti-Dyonisii; laici quoque Eustachius del Ruez, Hugo de Adengen, Gossuinus de Mons, Theodericus de Ligne, Theodericus de Waslers, Hugo de Harveng, Amandus de Doneng, Guacherus de Bruile, Anselmus de Chevi, Gontherus de Moretanne, Gerardus de Morinies, Gossuinus prepositus, Willelmus de Bavai, et alii quamplures. Que videlicet, sicut gesta sunt, inlibata perseverare statuimus et ad perhenne munimen sigilli nostri impressione munimus.

Cartulaire de l'abbaye d'Hautmont, fol. 11 verso.

## CXXIII.

*Le pape Eugène III confirme au chapitre de Cambrai la possession de ses biens et de divers autels* [1].

(1.<sup>er</sup> avril 1148).

Eugenius episcopus, servus servorum Dei, dilectis filiis Hugoni decano Cameracensis ecclesie ejusque fratribus tam presentibus quam futuris canonice substituendis in perpetuum. Equitatis et justitie ratio persuadet nos ecclesiis perpetuam rerum suarum firmitatem et vigoris inconcussi munimenta conferre. Non enim decet clericos in sortem Domini evocatos perversis malorum hominum molestiis agitari, nec temerariis quorumlibet vexationibus fatigari. Ideoque, dilecti in Domino filii, vestris justis postulationibus clementer annuimus, et ecclesiam sancte Dei genitricis et virginis Marie, in qua divino mancipati estis obsequio, sub beati Petri et nostra protectione suscipimus, et presentis scripti privilegio communimus. Statuentes ut quascumque possessiones, quecumque bona eadem ecclesia in presentiarum juste et canonice possidet, aut in futurum, concessione pontificum, liberalitate

[1] Un grand nombre de noms de localités ont déjà été expliqués aux n.<sup>os</sup> XLVIII, LVIII, LIX, LXIX, C, CVII, CXIII et CXVIII. Nous n'en parlerons plus ici.

regum, largitione principum, oblatione fidelium, seu aliis justis modis, Deo propitio, poterit adipisci, firma vobis vestrisque successoribus et illibata permaneant. In quibus hec propriis duximus exprimenda vocabulis : Vileirs, videlicet cum altari, tres partes de Marech cum altari, Unaing cum altari, altare de Genlaing, altare de Lissinis [1], et allodium quod Lietbertus episcopus in eadem villa habuit, altare de Ogi et quidquid idem episcopus in eadem villa habuit, altare de Yser, Risbercurt [2], Hahiercurt, Elneus [3], Fontanis, altare de Sanctis [4], altare de Burlun [5], altare de Harmies [6], altare de Ramincurt, altare de Rioleurt [7], altare de Hauraincurt [8], altare de Felchires [9], altare de Sancto-Brictio quod in civitate Tornacensi situm est, altare de Morceis [10], altare de Hualdre, altare de Chinvrain [11], altare de Dangre, altare de Muntenni, altare de Lestinis, altare de Anderlert, altare de Caing, altare de Maslines [12], cum omnibus eorum appendiciis. Decernimus ergo ut nulli omnino hominum liceat prefatam ecclesiam temere perturbare, aut ejus possessiones auferre, vel ablatas retinere, minuere, aut aliquibus vexationibus fatigare, sed omnia integra conserventur eorum pro quorum gubernatione et sustentatione concessa sunt usibus omnimodis profutura, salva sedis apostolice auctoritate et diocesanorum episcoporum canonica justitia. Si qua igitur in futurum ecclesiastica secularisve persona hanc nostre constitutionis paginam sciens contra eam temere venire temptaverit, secundo tertiove commonita si non satisfactione congrua

[1] Lessines, cant. de ce nom, arr. de Tournai.
[2] Ribécourt, arr. de Cambrai, cant. de Marcoing.
[3] Esnes, arr. de Cambrai, cant. de Clary.
[4] Sains-lez-Marquion, arr. d'Arras, cant. de Marquion (Pas-de-Calais).
[5] Bourlon, id.
[6] Hermies, arr. d'Arras, cant. de Bertincourt.
[7] Ruyaucourt, id.
[8] Havrincourt, id.
[9] Flesquières, arr. de Cambrai, cant. de Marcoing.
[10] Morchies, arr. d'Arras, cant. de Bertincourt.
[11] Quiévrain. Voy. partie II.
[12] Malines, arr. et cant. de ce nom.

emendaverit, potestatis honorisque sui dignitate careat, reumque se judicio existere de perpetrata iniquitate cognoscat, et à sacratissimo corpore ac sanguine Dei et domini nostri Jesu Christi aliena fiat; cunctis autem eidem loco justa servantibus sit pax domini nostri Jesu Christi, quatinus et hic fructum bone actionis percipiant, et apud districtum judicem premia eterne pacis inveniant. Amen. Amen. Ego Eugenius catholice ecclesie episcopus. Ego Imarus Tusculanus episcopus. Ego Ubaldus presbiter cardinalis tituli sancte Praxedis. Ego Gislebertus indignus sacerdos tituli sancti Marci. Ego Guido presbiter cardinalis tituli sanctorum Laurentii et Damasi. Ego Hugo presbiter cardinalis tituli in Lucina matrona. Ego Oto diaconus cardinalis sancti Georgii ad velum aureum. Ego Octavianus diaconus cardinalis sancti Nicholai in carcere Tulliano. Ego Gregorius diaconus cardinalis sancti Angeli. Ego Johannes Paparo diaconus cardinalis sancti Adriani. Ego Jacintus diaconus cardinalis sancte Marie in Cosmydyn. Datum Remis, per manum Guidonis, sancte romane ecclesie diaconi cardinalis et cancellarii, kal. aprilis, indictione XI, incarnationis Domini anno M. C. XLVIII, pontificatus vero domni Eugenii tertii anno IIII.

M. Le Glay, Glossaire, etc., p. 45.

## CXXIV.

*Baudouin IV, comte de Hainaut, acquiert des dames de Sainte-Waudru de Mons le village de Braine-la-Wilhote (Braine-le-Comte) pour y construire une forteresse* [1]

(1150).

Balduinus, divina miseratione comes Hainoensis, tam presentibus quam futuris. Quum oblivionis tumulo nequaquam sepelitur quicquid scripto memorie traditum invenitur, visum est mihi ut commutatio, inter me et capitulum Sancte-Waldetrudis facta, pagine mandaretur ut scripti beneficio posteritati notificetur.

---

[1] Cette acquisition est mentionnée dans Gislebert, pp. 53 et 54.

Ecclesia beate Waldetrudis de Montibus, in pago Brachatensi, villam que Brena Wilbota [1] dicitur possidebat, ejusque allodium ab antiquo libere obtinebat, quam in proprium adquirere necessarium estimavi, et hoc ipsum eidem ecclesie non fore inutile judicavi. Requisivi igitur à capitulo ut villam mihi posterisque meis concederet, ita tamen ut pro ea terram aliosque reditus reciperet in commutatione congrua, et conferret quod mihi necessarium putabatur et assumeret quod sibi utilius videbatur. Visa est ei mea peticio non esse contempnenda et que illi offercbam nequaquam repellenda, assensuque mutuo predicta commutatio terminatur sicut descriptione presentis pagine subnotatur. Quicquid enim in predicta villa ecclesia tenebat mihi assignavit, duos et manipulos decimarum, sub censu XII denariorum in natale sancti Johannis Baptiste solvendorum, attribuit; retinuit autem sibi tercium manipulum et ceteras decimas et reditus ad altare pertinentes, servosque et ancillas in lege christiana remanentes, totas etiam decimas culturarum, decimas censuum, decimas oblationum, et quod ei Henricus de Brena pro anima sua contulit, et quod ad feodum pertinet prepositure, et propriam curtem suam, et de silvis allodii sine alicujus licentia ad edificationem et ignem curtis necessaria. Ego vero, in presentia corporis sancte Waldetrudis, assensu comitisse Adelidis et liberorum meorum, ecclesie contuli in territorio de Lestinis [2] L boneria terre arabilis, et VI libras nummorum, census ville predicte quorum medietas medio maio et alia in festo sancti Andree persolvenda est capitulo, duorum etiam manipulorum medietatem decime ecclesiarum Sancte-Genovefe [3] et Sancti-Martini, et terciam partem duorum manipulorum decime ecclesie in Monte-Sancti-Remigii. Addidi preterea, in allodio meo de Svaldrei, [4] duos manipulos totius decime ecclesie beati Remigii, et, in villa Gamapia, duos manipulos tercie partis

[1] Braine-le-Comte, arr. de Mons, cant. de Soignies.
[2] Les Estinnes. Voy. partie II.
[3] Mont-Sainte-Geneviève, arr. de Charleroi, cant. de Binche.
[4] Waudrez. Voy. partie II.

terragii, et, apud Frameries [1], tertiam partem terragii quod eque legitime possidebam, ecclesie resignavi. Ut autem hec nostre commutationis compositio rata habeatur et à successoribus nostris inconvulsa teneatur, deliberavi presentis scripti paginam sigilli nostri impressione roborare, et, ad roborationis nostre munimen, signo ecclesie consignare. Acta est autem hec commutatio anno incarnati verbi M C L, indictione XIII, in Monte Castriloco, subsignatorum testimonio. S. domni Franconis Laubiensis, S. domni Mainardi Altimontensis, S. domni Egrici Cellensis, S. domni Algoti Crispiniensis, abbatum. S. Gotsuini Montensis, Eustachii de Ruez, Arnulfi de Gavre, Theoderici de Linea, Lodvici de Frana et Karoli fratris ejus.

Original, sceel perdu, fonds de la cathédrale de Cambrai, aux Archives du département du Nord, à Lille.

### CXXIV bis.

*Nicolas, évêque de Cambrai, confirme l'accord intervenu entre l'abbaye de Maroilles et Nicolas d'Avesnes, sur leurs droits respectifs dans diverses localités, et spécialement au sujet de l'exemption de tous droits à Landrecies en faveur de l'abbaye* [2].

**(1151).**

In nomine patris, et filii, et spiritus sancti. Nicholaus, Dei gratia Cameracensis ecclesie minister humilis, tam futuris quam presentibus in perpetuum. Subditorum negotia et oppressiones velle cognoscere et cognitis curam emendationis adhibere pia et honesta et laudabilis voluntas est. Longa fatigatione querelas inter Radulphum, reverendum abbatem ecclesie Maricolensis, et Nicholaum de Avesnis diutius ventilatos, et iras, et molestias in

---

[1] Jemmapes et Frameries. Voy. partie II.

[2] Cet acte est cité par M. Michaux, *Chronologie historique des seigneurs d'Avesnes*, p. 37. Il existe, à Lille, dans le même registre, un second accord daté de 1169.

invicem habitas mitigavi, et pacem utrique valde necessariam inter eos firmavi, et, ne pacis modum ulla antiquet oblivio, future posteritati cognoscendum ac provide cartula signavi. Sic enim ordinatum est et statutum inter prefatam ecclesiam et Nicholaum, et ipsius Nicholai heredem. In universo procinctu totius allodii Maricolensis nullum penitus habent dominium, nec morti-manum, nec aliquid juris. De terminis autem ejusdem allodii, si dubietas exorta fuerit, veritati et examini sub jurejurando circamanentium relinquetur, et veritas eorum prolata omnem hujus rei ambiguitatem demonstrabit; quidquid dixerint stabit inconvulsum et ratum. Inter Maricolas et Landrecias decima quoque tota, que infra terminos et villicationes Maricolensis allodii collecta fuerit, in jure abbatis et ecclesie libera remanebit. In nemoribus propriis neuter eorum incidere poterit sine licentia alterius alteri concessa; et si inciderint et incisores lignorum fuerint deprehensi, in jure alterius emendatio inconcessa rei fiet utrique condigna. Pascue, tam in silvis quam in campis, communes erunt; quod si Nicholaus aut ejus heres propria pascua sua sibi vindicaverit nec communia esse voluerit, abbas prefate ecclesie simili modo suis usibus pascua propria addicet; et si homines Nicholai in propriis pascuis suis bestias abbatis aut hominum ipsius forte ceperint, eodem modo abbas et sui homines bestias hominum Nicholai in suis pascuis capient, et, lege dictante, quod justum est super his utrimque habebunt. In Fageto [1] villa, hi qui curtilia abbatis tenere voluerint et debitum ostagium annuatim persolvent, et, si terras demiserint, ad ecclesiam libere remeabunt; quod si debitum ostagium detinuerint, ipse Nicholaus aut ejus heres potenti justitia sua eos ad persolvendum coget. In prefata vero Fageto villa et in universo ambitu ejus, tam in carrucis Nicholai quam militum et venatorum et cunctorum eandem terram colentium, quartam terragii partem tenet abbas liberam. Omnes etiam homines sancti Humberti, quos vel Nicholaus, aut Mathildis, uxor ejus, aut frater Nicholai Fastredus, aut Gossuinus, Avesnensis prepositus, in hominium suscc-

---

[1] Fayt-le-Grand et Fayt-le-Petit, arr. d'Avesnes, cant. d'Avesnes-Sud.

perunt, de hominio et de servitio liberos in nostra presentia demiserunt, nec deinceps aliquem aut ipsi aut successores eorum in hominium suscipere poterunt sine licentia abbatis. Concessum est denique quod omnes homines sancti Humberti licentiam habebunt eundi et redeundi per totam terram ejusdem Nicholai, salvis tamen redditibus ipsius et winagiis, similiter et homines ipsius Nicholai per totem terram S. Humberti, salvo itaque jure ecclesie. Statutum est preterea, in universo dominio et terra Nicholai et successorum ejus, quod si homines S. Humberti et homines eorum in invicem sibi nupserint, aut uxores duxerint, post obitum eorum omnia mobilia eorum per medium dividenda sunt, et abbas habebit dimidiam partem, et Nicholaus aut successor ejus dimidiam, partisque abbatis habebit Nicholaus insuper tertiam partem. Si vero uterque fuerit abbatis, eorum abbas habebit duas partes, et Nicholaus, jure advocatie sue, habebit tertiam partem. Hanc enim habet prerogativam libertatis ecclesia Maricolensis, et tale est jus ecclesie ab antiquo, ut ubicumque homines sancti Humberti habitant, exceptis liberis oppidis et civitatibus, post obitum ipsorum supradicto modo universa substantia eorum cum advocatis terre cui inhabitant dividatur. Elecmosynas quoque et divisiones, quas homines terre Nicholai, sive in vita sive morientes, ecclesie Maricolensi coram idoneis testibus dimiserint, sine inquietudine prefata ecclesia possidebit. In Marbasio [1], et Batices [2], et Chiham [3], et Taisneriis [4], et Nigella [5], villis sancti Humberti liberis, nihil habet juris prorsus Nicholaus, preter talliam, et servitium, et mortuam manum in suis propriis hominibus; et hec eadem jura, temporibus quibus requirere volet Nicholaus aut ejus minister, per abbatem aut ejus ministrum repetere debent. Homines vero sancti Humberti in prefatis villis

---

[1] Marbais, arr. d'Avesnes, cant. d'Avesnes-Sud.
[2] Batices, hameau de Marbais.
[3] Kiéhan, ou plutôt Kiéhan ou Quiéhan, autre hameau de Marbais.
[4] Taisnières-en-Thiérache, arr. d'Avesnes, cant. d'Avesnes-Nord.
[5] Noyelles, arr. d'Avesnes, cant. de Berlaimont.

omnino liberi sunt à Nicholao et ejus ministro, et in eis nichil penitus juris habent. Quod si abbas aut ejus minister invalidus est ad perquirenda jura prefata, Nicholaus aut ejus minister concessione abbatis adjutrices manus apponent et jus suum requirent et recipient. In piscatione aquarum abbatis nulli licebit piscari sine licentia abbatis. In transitu apud Landrecias, liberum et sine difficultate et molestia aliqua habebunt transitum omnia ad abbatiam Maricolensem et ad usus fratrum pertinentia, et sine winagio et sine redditu aliquo. Cœteri hominum S. Humberti debitum winagium solvent. In transitu pontis apud Thaisnerias, nullum prorsus persolvendum est winagium, nec unquam exigi à quoquo poterit nec solvi. De haia que est inter Moncellum [1] et Sennesium [2] et Thaisnerias, statutum est quod circummanentes cognoscent et testati pro vero fuerint ut terra que antiquitus culta fuit arabilis remaneat, et abbas de eadem jus suum sine contradictione habebit, scilicet terragium et decimam : reliqua pars pro haia stabit. Si autem contigerit quod homines abbatis, qui haiam girare et perlustrare solent, homines Nicholai ad forisfactum ceperint, emendationem quam facient Nicholaus aut ejus successor habebit ; et, si homines Nicolai homines abbatis in forisfacto ceperint, abbas simili modo super hoc emendationem habebit. Hæc omnia, sicut narrata et preordinata sunt, Nicholaus ex integro observaturum se promisit et super his firmiter tenendis fidem dedit, hoc quoque interposito, quod si ipse aut heres ejus aut aliquis minister eorum in aliquo excesserit et pacta infringere pertemptaverit, nec admonitus rem emendere voluerit, debitores erunt ecclesie Maricolensi sexaginta librarum, et dominus terre de Avesnis, quicumque sit ille, et uxor ejus si uxoratus est, et universa familia et terra ejus sententie excommunicationis subjacebit, quoad factum emendatum fuerit, aut pacta pecunia persolvatur. Quod si abbas sepefate ecclesie in pactionibus tam diligenter discussis ac confirmatis aliquando exorbitaverit, et

---

[1] Monceau-Saint-Vaast, idem.
[2] Saint-Remi-Chaussée ? Comparez n.<sup>os</sup> LXVI et CXV: bis.

admonitus rem emendare contempserit, episcopus qui tunc temporis Cameracensi civitati preerit hoc factum emendabit. Quia vero hec eadem magno ac gravi labore ad finem perduximus, auctoritate Dei qua omnia bene ordinata roboranda sunt, et nostra, licet parvula, precipimus ut inconvulsa et rata in perpetuum perseverent; et ne quis temere infringat sub anathemate prohibemus, dantes conservatoribus Dei et nostram benedictionem, prevaricatoribus inremissibilem maledictionem. Et ut hec firmiora sint semper, presenti scripto sigillo nostro apposito, facta munire studuimus coram his testibus, quorum nomina subscripta sunt. Johannes archidiaconus. Alardus archidiaconus. Theodoricus prepositus et archidiaconus. Radulphus archidiaconus. Euvrardus archidiaconus et frater Nicholai. Hugo decanus. Arnulphus, Sancti-Gaugerici decanus. Willermus et Robertus, magistri et canonici. Robertus, custos Sancte . . . . . . . Walterus, abbas Sancti-Autberti. Adam, abbas Sancti-Andree. Clarebaldus, abbas Altimontensis. Gislebertus, abbas Viromandensis. Albertus, decanus Avesnensis. Gossuinus, prepositus Avesnensis. Fastrodus, frater Nicholai. Gerardus de Morennis militis. Willermus de Bavay. Johannes, Deodatus, Avesnenses burgenses. Actum anno incarnationis dominice millesimo centesimo quinquagesimo primo, epacta duodecima, indictione decima quarta, concurrente septimo.

Registre de l'abbaye de Maroilles, intitulé : *Titres concernant l'exemption de l'abbaye des droits de vinage et chausséage, à Landrecy*, fol. 1, aux Archives du département du Nord, à Lille.

## CXXV.

*L'abbaye de Vicogne acquiert du chapitre de Cambrai la dîme du village de Curgies.*

(1152).

In nomine sancte et individue trinitatis. T. prepositus, H.

decanus, et quod cum eis est Sancte-Marie Cameracensis capitulum, presentibus et futuris in perpetuum. Quod divine pietatis intuitu plurimorumque bonorum unanimi assensu decretum dinoscitur, temporis quantalibet prolixitate deleri aut cavillatoria cujuspiam vexatione mutari seu turbari christiane fidei professores voluisse non decet. Eapropter nos, quos aliquo genere imposture notari non convenit, presentium assertione quibuslibet innotescimus nos, una et in nemine dissidente totius capituli nostri conventu, decimam universitatis nutrimentorum, que ecclesia de Viconia intra procinctum parrochie que Quirigiacum[1] dicitur impresentiarum possidet seu deinceps, Deo annuente et subministrante, possidebit, sub censu VIII solidorum Cameracensis monete in festo sancti Johannis Baptistæ annuatim ministris nostris solvendorum, in perpetuum possidendam concessisse. Quod ut ratum et inconvulsum servetur, ad arcendas quorumlibet importunitates, auctoritatis nostre impressione et subsignatorum canonica testificatione hanc donationis nostre paginam communire decrevimus. S. T., prepositi. S. Johannis, Alardi, Everardi, Walteri, Werini, presbiterorum. S. Bartholomei, Willerici, Olrici, diaconorum. S. Eustachii, Walteri, Mathei, subdiaconorum. Actum anno M C L II dominice incarnationis, presulatus domni Nicholai XV°.

Cartul. de l'abbaye de Vicogne, pièce XIV (Hainaut), aux Archives du département du Nord, à Lille.

## CXXVI.

*Nicolas, évêque de Cambrai, confirme à l'abbaye de Marchiennes la dîme de Battignies et de Prische.*

(1152).

In nomine sancte et individue trinitatis. Ego Nicholaus, Dei gratia Cameracensium episcopus, tam futuris quam presentibus

[1] Curgies. Voy. partie II.

in perpetuum. Notum sit omnibus quod ecclesia Marceniensis, in propriis culturis suis que sunt in territorio Batiniensi [1], omnem decimam ex antiqua possessione habuerit idque in privilegio predecessoris nostri domini Burchardi episcopi confirmatum sit. Quocirca monachis ejusdem ecclesie, privilegii nostri auctoritatem super hoc requirentibus, benigne annuentes, tam in propriis culturis quam etiam in novalibus que fiunt in loco qui Pelices [2] dicitur, quæ unius ejusdemque alodii est omnem decimam liberam habere concedimus. Et ut hoc ratum permaneat, sigilli nostri impressione et testium subscriptorum adnotatione corroboramus, atque ne quisquam amplius eos super hoc inquietare ausu temerario presumat sub anathemate prohibemus. S. Theoderici prepositi. S. Johannis archidiaconi. S. Evrardi archidiaconi. S. Rodulfi archidiaconi. S. Hugonis decani. S. Walteri cantoris. S. Johannis, S. Warini, S. Erleboldi, presbiterorum. S. Bartholomei, S. Willelmi, S. Walteri, diaconorum. S. Johannis, S. Mathei, S. Roberti, subdiaconorum. S. Parvini, abbatis Sancti-Sepulcri. S. Walteri, abbatis Sancti-Autberti. S. Egerici, abbatis Sancti-Gisleni. Actum incarnati verbi anno M° C° LII°, indictione XV<sup>a</sup>, assensu capituli Sancte-Marie Cameracensis.

Original, fragment de sceau, fonds de l'abbaye de Marchiennes, aux Archives du département du Nord, à Lille.

## CXXVII.

*Le pape Eugène III confirme au chapitre de Cambrai la possession de ses biens* [3].

(1152. 1153, nouv. style).

Eugenius episcopus, servus servorum Dei, dilectis filiis Hugoni, decano Cameracensis ecclesie, suisque fratribus tam presentibus

---

[1] Battignies. Voy. partie II et n° CX.
[2] Prisches. Idem.
[3] Comparez l'acte de confirmation de 1148, n° CXXIII, et ce que nous y avons dit au sujet des noms de lieux.

quam futuris canonice substituendis in perpetuum. In apostolice sedis specula disponente Domino constituti, necesse habemus omnibus ecclesiis paterna sollicitudine providere et justis petentium votis clementer annuere. Quocirca, dilecti in Domino filii, vestris justis postulationibus clementer annuimus, et ecclesiam sancte Dei genitricis et virginis Marie, in qua divino mancipati estis obsequio, sub beati Petri et nostra protectione suscipimus, et presentis scripti privilegio communimus; statuentes ut quascumque possessiones, quecumque bona eadem ecclesia in presentiarum juste et canonice possidet aut in futurum, concessione pontificum, largitione regum vel principum, oblatione fidelium, seu aliis justis modis Deo propitio poterit adipisci, firma vobis vestrisque successoribus et illibata permaneant. In quibus hec propriis duximus exprimenda vocabulis. Altare de Vileirs, altare de Maerech, altare de Unaing, altare de Genlaing [1], altare de Lessines et alodium quod bone memorie Liebertus episcopus in eadem villa habuit, altare de Ogi, et quicquid idem episcopus in eadem villa habuit, altare de Iser, de Waldré, altare de Chereum [2], altare de Angre, altare de Muntegni, altare de Anderlet, altare de Funtaines, altare de Sanctis, altare de Burlun, altare de Havraincurt, altare de Harmies, altare de Riolcurt, altare de Ramincurt, altare de Belmeis [3], altare de Morceis, altare de Bussies, altare de Sculusa [4], altare de Felchieres, altare de Cressonieres [5], altare de Maslines cum dote et capitaneis, altare de Lestines cum dote et habitantibus in eadem villa, altare de Subure [6] et altare de Runbies [7] cum appendiciis suis, altare de Sancto-Bricio quod Tornaco est vicinum et altare de Chain; in pago Hainonensi, villam que dicitur Vilebirs, Onech et tres partes

[1] Jenlain, Voy. partie II.
[2] Lieu inconnu.
[3] Beaumetz, arr. d'Arras, cant. de Bertincourt (Pas-de-Calais).
[4] L'Ecluse, arr. de Douai, cant. d'Arleux.
[5] Lieu inconnu.
[6] Sebourg. Voy partie II.
[7] Rombies, arr. et cant. de Valenciennes.

de Maerech; in pago Cameracensi, villam que dicitur Aulneis [1], Risbecurt, Walhircurt, Docnnies, Bussies, Funtaines, Carnieres, quas nimirum villas ab omni exactione, exceptis quibusdam obsoniis sive consuetudinibus antiquis que jure hereditario in quibusdam prenominatis villis, Aulneis scilicet, Risbercurt, Waliercurt, Doengnies, Bussies, Carnieres, quibusdam advocatis debentur, liberas esse censemus. Donationem quoque liberam tertie prebende et fructus trium prebendarum, qui ad reparationem domorum claustralium, scilicet capituli dormitorii, refectorii et cambarum deputati esse noscuntur, vobis nichilominus confirmamus. Adjicientes etiam interdicimus ut nulla secularis persona vestras mansiones vel domos, sive infra claustrum seu extra fuerint, persolutis tamen pensionibus que pro eis debentur, presumptione aliqua infringere seu bona diripere audeat. Decernimus ergo ut nulli hominum liceat prefatam ecclesiam temere perturbare, aut ejus possessiones auferre, vel ablatas retinere, minuere, seu aliquibus vexationibus fatigare; sed omnia integra conserventur eorum pro quorum gubernatione atque susteptatione concessa sunt usibus omnimodis profutura, salva sedis apostolice auctoritate et Cameracensis episcopi canonica justitia et reverentia. Si qua igitur in futurum ecclesiastica secularisve persona hanc nostre constitutionis paginam sciens contra eam temere venire temptaverit, secundo tertiove commonita si non satisfactione congrua emendare curaverit, potestatis honorisque sui dignitate careat, reamque se divino judicio existere de perpetrata iniquitate cognoscat, et a sacratissimo corpore ac sanguine Dei et domini redemptoris nostri Jhesu Christi aliena fiat, atque in extremo examine districte ultioni subjaceat; cunctis autem eidem loco justa servantibus sit pax domini nostri Jhesu Christi, quatenus et hic fructum bone actionis percipiant, et apud districtum judicem premia eterne pacis inveniant. Amen. Amen. Amen. Ego Eugenius catholice ecclesie episcopus. Ego Con-

---

[1] Anneux, arr. de Cambrai, cant. de Marcoing.

radus Sabinensis episcopus. Ego Odo diaconus cardinalis sancti Georgii ad velum aureum. Ego Gerardus diaconus sancte Marie in viâ lata. Ego BB. presbiter cardinalis tituli Calixti. Ego Manfredus presbiter cardinalis tituli sancte Savine. Ego Ismarus Tusculanensis episcopus. Ego Hugo Hostiensis episcopus. Ego Bernardus sanctorum Cosme et Damiani. Ego Rolandus presbiter cardinalis tituli sancti Marci. Ego Johannes Paparo presbiter cardinalis sancti Laurentii in Damaso. Datum Laterani, per manum Bosonis, sancte romane ecclesie scriptoris, x kal. februarii, indictione xv, incarnationis dominice anno M° C° L° II°, pontificatus vero domni Eugenii pape III anno octavo.

Original muni de la bulle de plomb, fonds de la cathédrale de Cambrai, aux Archives du département du Nord, à Lille.

## CXXVII bis.

*Baudouin IV, comte de Hainaut, atteste l'accord intervenu entre l'abbaye de Saint-Denis de France et Vautier, avoué de Solesmes, au sujet des droits que celui-ci s'arrogeait dans ce lieu* [1].

(1153) [2].

In nomine summe et individue trinitatis. Baldoinus, Dei gratia

---

[1] Il existe, dans le même cartulaire, fol. 225, une charte identique donnée par Nicolas, évêque de Cambrai, et dont DOUBLET, p. 499, a publié un court fragment.— De nouvelles difficultés survinrent par la suite entre l'abbaye et l'avoué de Solesmes; elles ne se terminèrent que par un accord, daté de 1203, et publié par M. LE GLAY, *Glossaire*, etc., p. 88.

[2] Cette charte ne porte pas de date; mais elle figure au cartulaire sous l'année 1153. Cette indication doit être exacte; en effet Adam, abbé de Saint-André du Cateau, cité parmi les témoins, fut abbé de 1132 à 1182; l'évêque Nicolas monta sur le trône épiscopal en 1137 et mourut en 1167; Nicolas d'Avesnes succéda à son père Gautier en 1147 et mourut après 1162; enfin Odon devint abbé de Saint-Denis en 1152 et mourut en 1169. D'après ces indications, notre charte n'est ni antérieure à 1152 ni postérieure à 1162.

comes de Monte Hainau, vir illustris. Quoniam hominum vita brevis est labilisque memoria, res gestas memorie litterarum commendare consuevit antiquitas. Propterea notum fieri volumus tam futuris quam presentibus conventionem concordie, que inter venerabilem abbatem Sancti-Dyonisii Odonem, et Walterium, advocatum de Solemio, statuta est, tenenda quidem imperpetuum ab abbate vel successoribus suis atque Walterio vel heredibus illius, de oppressionibus et violentis exactionibus, quas contra jus et consuetudinem in terra beati Dyonisii exercebat, pro quibus etiam antecessores ejus precepto apostolico sententie anathematis subjacuisse et in eadem sententia vitam finisse noscuntur. Domum namque defensabilem in propria beati Dyonisii villa Solemio, contra voluntatem abbatis constructam, tenebat, et ab hominibus ter in anno talliam violenter exigebat, et quicquid ejus militibus guerrarum tempore ab eisdem hominibus credebatur penitus eis auferebat, mortuas manus et forestem atque justitias beati Dyonisii omnino sibi usurpaverat; preterea, si quis de hominibus ecclesie in exitu suo vel conversione de terra sua aliquid beato Dyonisio conferre voluisset, ipse non permittebat. Cum igitur predictum advocatum, pro hiis atque aliis injustitiis à domino papa publice excommunicatum, tandem abbas Sancti-Dyonisii coram multis convenisset, ille, diutino anathematis vinculo absolvi desiderans, recognovit prefatam domum injuste firmatam eamque in manu abbatis et monachorum suorum quietam reddidit. Abbas vero previdens et cavens, si munitionis illius destrueretur firmitas, tocius terre sue infirmaretur immunitas, habito cum suis consilio, domum ipsam beato Dyonisio fideliter servandam ea ratione advocato comendavit, quod, quociens ipsi abbati vel successoribus ejus placuerit, ille cedens exhibebit, domumque liberam eis reconsignabit, neque per domum ipsam guerram aliquam manu tenebit, nisi propter defensionem beati Dyonisii vel pro fidelitate comitis de Monte Hainau. De tallia vero, quia nichil ei certum abbas statuere volebat, pepigit idem advocatus quod bis tantum in anno talliam faceret, eo modo quod homines de eo non conquererentur; quod si conquesti fuerint, advocatus pro voluntate abbatis infra quadraginta dies submonitus emendabit sicut homo ipsius (homo enim ipsius est). Si vero, pro deffensione terre beati Dyonisii vel comitis de Monte, milites ei necessarii fuerint, homines beati Dyonisii cogi non poterunt ut aliquid eis credant; quod si sponte super vadimonia quicquam crediderint, usque ad quindecim dies sustinebunt; post quindecim dies, si debita non persolverint vadimonia, ad usuram ubi voluerint pro debito suo mittent. Justitiæ quas beato Dyonisio auferebat monachis et servientibus eorum ad justiciam cogi non poterunt; vel si ab aliquo transeunte forisfactum aliquod perpetratum fuerit, monacho vel ejus servientibus absentibus vel ignorantibus, advocato autem vel ipsius servientibus presentibus, advocatus in curiam beati Dyonisii ad justicie executionem venire compellet. Sed et mortuas manus, et forestem, atque servientes omnes, videlicet majorem, decanum, et molendinarium, et furnarium, camberarium, bubulcos atque alios servientes beati Dyonisii, à tallia et omnimoda exactione quietos clamavit. Concessit preterea ut quilibet, pro sua vel suorum conversione vel morte, beati Dyonisii convenientem facere possit donationem, quod anteaut prediximus omnino non permittebat. Illud etiam concessit ut apud Bellum-Ramum easdem consuetudines quas apud Solemium beatus Dyonisius obtineat. Denique hanc se conventionem tenere ipse cum aliis quampluribus in manu abbatis affidavit, et venerabilem episcopum Cameracensem Nicholaum, et Symonem de Oisiaco, atque Nicholaum de Avesnis inde obsides dedit, ita quod, si ab hac conventione tenenda aliquatenus ipse defecerit, olim promulgate in eum pro predictis excessibus anathematis sententie infra quadraginta dies iterum subjacebit, et nos testes et adjutores erimus quatenus et sententia super eum confirmetur, et ducentas libras quas pro illatis injuriis et rapinis abbati se rediturum spopondit persolvere compellatur. Nomina autem eorum qui conventionem istam tenendam eum advocato affidaverunt hec sunt: Amandus de Doncin, Walterus de Alneto, Fulco frater ejus, Noel de Querein, Raimundus de Sancto-Piato, Drogo prepositus, Werricus prepositus, Robertus de Romeriis, Fulcum de

Sorre, Drogo de Sumein, Goran de Vendengies, Alulfus de Fraxineto, Rainerus de Bermerenc, Rainerus Col Rosti, Herbertus de Senleches. Testium vero nomina sunt ista : Adam, abbas Castelli, Bartholomeus monachus ejus, Petrus, abbas Sancti-Richarii, Wido et Hugo monachi ejus, Philippus, Willelmus, Joscho, Herbertus, monachi beati Dyonisii, Johannes decanus et Johannes nepos ejus, Thomas clericus, Willelmus Brunan, Petrus clericus, Baldricus filius Ramundi, Walterus, major de Solemio, Baldoinus avunculus ejus, Symon decanus, Hugo de Romeriis, Nicholaus de Bunzeis, Arnulfus de Guasnes, Gunterus de Brene, Odo de Platea, Stephanus de Hauci, Rodulphus de Sancto-Piato, Ansellus de Castello, Girardus filius ejus, Alexander de Castello, Hugo de Briene, Waldricus de Porta, Wiscelinus Sutor, Tescho arraguns, Mainerius, Robertus Blundus, Hugo Pincharz, Rodulphus, major de Seri, Petrus decanus.

*Cartulaire de l'abbaye de Saint-Denis de France (cartulaire blanc), t. II, fol. 236, aux Archives impériales, à Paris.*

### CXXVII ter.

*Lettre d'Etienne, roi d'Angleterre, à l'évêque de Cambrai. Deux écuyers ont attesté en sa présence la donation de la moitié de la terre de Dour, faite à l'abbaye de Saint-Ghislain par Guillaume de Thulin, décédé en Angleterre* [1].

(1139-1154) [2].

S., rex Anglie, episcopo de Cambre (Cameraco), salutem. Scias quod duo armigeri Willelmi de Tulin coram me testificati sunt

---

[1] Dom Baudry, p. 372, analyse ce document et le suivant, qu'il publie dans l'appendice de sa chronique (p. 529). Nous les republions d'après le cartulaire de Saint-Ghislain.

[2] Thibaut, archevêque de Cantorbéry, cité dans la pièce qui suit, monta sur le trône épiscopal en 1139, et le roi Etienne mourut en 1154.

quod, in die mortis sue, dimisit et dedit idem Willelmus dimidiam terram de Dour [1], et omnes redditus et terragium, ecclesie Sancti-Gisleni, ibique affuerunt hii tres milites, Amandus de Valenchenis, et Balduinus de Villa, et Hubertus de Valcurt [2]. Per R. de Camull., apud Oxen [3].

Cartulaire de l'abbaye de Saint-Ghislain, rubrique<br>Dour, aux Archives de l'État, à Mons.

## CXXVII quater.

*Lettre écrite à Thibaut, archevêque de Cantorbéry, pour le prier de recommander à l'évêque de Cambrai un prêtre nommé Thomas et les autres témoins du legs fait par Guillaume de Thulin.*

(1139-1154).

Reverentissimo domino et patri suo T(ibaldo), Dei gracia Cantuariensi archiepiscopo et primati tocius Anglie, G. [4], consanguineus suus, salutem in Domino. Juxta preceptum vestrum, domini Thome sacerdotis veridica relatione comperi quemadmodum Willelmus, qui nudius (?) tercius apud nos obiit, ecclesie beati Gisleni cujus erat servus dimidiam terram suam de Durno cum toto terragio suo pro salute anime sue in testamentum deposuit. Hunc itaque Thomam testem merito commendabilem sanctitati vestre commendamus, humiliter rogantes quatinus eum et illos quos dominus Stephanus, strenuus rex Anglie, scripto suo commendat episcopo Cameracensi, ita com-

---

[1] Dour. Voy. partie II.
[2] Dom Baudry lit *Valenchenis*.
[3] Oxford.
[4] Dom Baudry, p. 372, paraît supposer que Guillaume de Thulin serait l'auteur de cette lettre. C'est une erreur évidente, puisqu'on y mentionne la mort de ce Guillaume. Il est à croire que l'auteur, qui se donne comme parent de l'archevêque, est un personnage de la cour du roi Étienne.

mendetis, ut per eos memorata ecclesia donum suum pacifice et quiete possideat. Vale.

*Cartulaire de l'abbaye de Saint-Ghislain*, rubrique *Dour*, aux Archives de l'État, à Mons.

### CXXVII quinquies.

*Baudouin IV, comte de Hainaut, relate la donation d'une terre située près de la ferme de Fleinies à Jemmapes, donation faite par Martin de Valenciennes aux religieux de l'Ordre du Temple.*

(1134).

In nomine sancte et individue trinitatis. Solent predecessorum facta successorum vel ignorantia vel levitate variari, si non facientium tempore munimine roborentur cartulari. Quapropter cum, secundum aliorum recte principantium morem, ego Balduinus, Hainacensium comes, beneficiorum ecclesiis Dei collatorum per terram meam defensor esse debeam, notum tam presentibus quam futuris esse volo quod Martinus Valencenensis, tempore obitus sui propinquante, Amandi filii sui assensu, coram testibus idoneis, Gualtero scilicet de Alnoet et Guilelmo le Pesme, fratribus de Flumeio [1] ad templum Jerosolimitanum pertinentibus terram quam secus prenominatam curiam habebat tenendam libere et in perpetuum concessit : sic tamen ut jamdictus Amandus, quamdiu viveret, eam possideret; eo vero universe carnis viam ingresso, frater qui curie predicte preesset terram reciperet. Amandus vero, post sui decessum patris, longe ante obitum suum, sciens predicte terre factam a patre suo donationem tam anime patris quam sue profuturam, fratribus de Flumeio, coram uxore sua et sororio suo Gualtero de Cuesmes et Eiberto, ejusdem Gualteri filio, donationem patris et suam renovavit : quod, ante sepelitionem ipsius, uxor ipsa in mea et quamplurimorum presentia et recognovit et

[1] Fleinies ou Fleignies, à Frameries. Comparez n.° CXX bis.

concessit. Hujus autem concessionis ne quis in posterum violator esse presumpserit, scripto commissam sigilli mei robore feci eam muniri, subscriptis eorum qui interfuere nominibus. S. Antonii prepositi. S. Nicholai prepositi. S. Johannis custodis. S. Harduini, S. Gonzonis, S. Gerardi, S. Raineri, clericorum. S. Guilelmi, S. Harduini, S. Nicholai, S. Erboldi, S. Radulphi, S. Ade, S. Simonis, S. Berneri, S. Gualteri, S. Egidii, S. Gosselli, S. Arnulphi, militum. Actum Montibus, in ecclesia beate Waldetrudis, anno ab Incarnatione Domini M° C° L° III°, luna XIIII, indictione V$^{ta}$, epacta tercia, concurrente II.

Original, sceau enlevé, archives de l'Ordre de Malte, aux Archives de l'Etat, à Mons.

## CXXVII sexies.

*Les prévôts, jurés et échevins de la Paix ou commune de Valenciennes confirment et revêtent de leur sceau quatre donations faites à l'abbaye de Bonne-Espérance*[1].

(1155).

In nomine sancte et individue trinitatis. Notum sit tam presentibus quam futuris quod Guillelmus, miles de Rusne, tam terram quam silvam que vulgari nomine dicitur Ardena [2] ecclesie sancte Marie de Bona-Spe jure perpetuo possidendam elemosine gratia contradidit, Berela uxore sua et filio ejus Egidio concedentibus, et dominis suis Arnulpho de Bealdeniis et Rainero de Trit de quibus eandem terram tenebat assensu suo confirmantibus; ea quidem conditione ut totius annone sola exposita decima duas partes ecclesia sibi retineat, terciam vero, que est ejusdem Guillelmi, fratres de Morteri in grangia sua, sub ea custodia sub qua et sua, quamdiu voluerint reponant, vel, si petierit, ad domum illius Rusne [3] vectura sua deducant. Terram etiam quam Guer-

---

[1] MIRÆUS ne cite pas cette charte confirmative.
[2] Lieu aux environs de Ruesnes?
[3] Ruesnes, arr. d'Avesnes, cant. du Quesnoy-Est.

ricus, frater ejusdem Guillelmi, eidem ecclesie calumpniatus est idem Guerricus ductus penitentia abfestucavit, et, omni deposita querela, deinceps in perpetuum possidendam eidem ecclesie concessit. Et insuper totam terram que vulgo dicitur Soirut [1], sive desit sive supersit, ad unum modium, annuente predicto fratre suo, in elemosinam addidit. Quo vita decedente, eadem ecclesia prescripta elemosinam in liberam et perpetuam possessionem recepit à sepedicto Guillelmo, sub censu duodecim nummorum in festo sancti Remigii annuatim persolvendo. Hujus elemosine donationi domnus Haimo, prior ecclesie Sancti-Salvii, de quo eadem terra descendebat, assensum prebuit et assentiendo quod factum fuerat ratum esse voluit.

Notum sit etiam tam futuris quam presentibus quod Polius de Viler silvam sancte Marie Cameracensis et quod in Gollant-Caisneit [2] reclamabat ecclesie de Bona-Spe ad extirpandum prius tradidit, ea conditione ut ecclesia annone duas partes possideret, ipse vero terciam; quam terciam partem suam postmodum in elemosinam eidem ecclesie in perpetuum libere possidendam concessit, sub testimonio scabinorum et potestatis de Viler.

Notum sit tam futuris quam presentibus quod Walterus de Marez, Nicholai filius, partem quam reclamabat in Praella [3] ecclesie de Bona-Spe in elemosinam concessit, pro sua predecessorumque suorum salute, sub testimonio scabinorum et potestatis ejusdem ville.

Noverint tam futuri quam presentes quod Alardus, miles de Marez, in capitulum ecclesie de Bona-Spe veniens, terram quam avia sua dederat ad decem ulteleiz et quam ipse eidem ecclesie abstulerat, pro qua et excommunicatus fuerat, voluntate propria resignavit et recognovit, et ut id quod factum erat comes collaudaret et concederet elaboravit. Factus vero homo abbatis in capitulo, predictam pactionem se tenere data fide promisit, et statim

---

[1] Lieu inconnu.
[2] Idem.
[3] Idem.

in ecclesiam veniens, facto super altare juramento, idem presente conventu confirmavit.

Has omnes pactiones ut nulla deleret oblivio vel alicujus attemptaret infirmare presumptio, prepositi Valentiane pacis cum scabinis et juratis voluerunt hujus scripti vinculo commendari et scriptum sigilli sui impressione cum subscriptione testium confirmari. S. Guerrici Willeberti, S. Reimundi, prepositorum. S. Viviani, S. Odonis de Bermeren, S. Odonis de Molineauz, S. Stephani Tetin, S. Albrici, S. Gualceri Buletenl, S. Werrici Brunallan (Brunahan?), S. Thome de Marliz, S. Herberti, S. Yberti Luce male, S. Herberti Pelet, S. Almanni de Sancto-Petro, S. Amolrici Grennon, S. Theoderici Poncet, S. Walceri Bridol, scabinorum et juratorum Valentiane pacis. Actum anno incarnati verbi M° C° L° V°.

Original, sceau détruit, fonds de l'abbaye de Bonne-Espérance, aux Archives du royaume, à Bruxelles.

## CXXVII septies.

*Baudouin IV, comte de Hainaut, déclare que Regnier de Trit a engagé à l'abbaye de Saint-Pierre de Blandain sa terre de Doucky, et il se porte garant de l'engagement avec plusieurs de ses barons.*

(1157).

In nomine patris, et filii, et spiritus sancti, amen. Ne oblivione vel alicujus fraude rei veritas corrumpatur, ego Balduinus, comes de Henau, omnibus notum esse volo quod in presentia mea et baronum meorum actum est: Sigerum videlicet, abbatem Sancti-Petri Gandensis ecclesie, CLXXX marcis invadiasse terram XXIIII modiorum, a Reynero de Trith, ipsius terre usufructuario, eidem ecclesie in elemosinam concessam, datisque fidejussoribus et obsidibus plurimis quorum primus ego sum. Ceteros quoque fidejussores et obsides subnotavi; qui, si Reynerus pactum idem infregerit, et obsides et captivi venturi sunt Cameracum, vel ubicumque in comitatu nostro abbas voluerit: Adam de Bulzen pro xl marcis, Adam filius ejus pro xx marcis, Theodoricus de Walleyrs pro xx marcis, Reynerus frater ejus pro x marcis, Johannes villicus de Valecines pro x marcis, Walterus de Ohrue pro xx marcis, Alman de Ruesenpire pro xx marcis, Theodoricus de Beverie pro xx marcis, Reynerus frater ejus pro xx marcis, Robertus frater Reyneri de Trith pro xl marcis, Rogerus de Provin pro x marcis, Udun de Summain pro x marcis, Walterus de Bruille pro xx marcis, Johannes de Machikort pro xx marcis, Arnoldus filius Gerardi pro xl marcis, Flores de Bulzein pro xx marcis, Reynerus de Theuns pro xx marcis, Gobertus filius Walteri de Bruile pro xx marcis, Johannes Felenie filius Walkrici de Bruile pro xx marcis. Hoc pactum quicumque violaverit Dei et sancti Petri offensam se experturum noverit. Actum anno Domini mco lvii, sub ydoneis testibus qui sunt: Hugo, abbas Sancti-Amandi, Fulco, abbas Hasnoniensis, Balduinus, comes de Henau, Theodericus de Linges, Balduinus de Scaldem, Rogerus de Landast, Robertus frater ejus, Amolricus de Landast, Rotbertus de Aisonvile prepositus de Avennes. Nichilominus ego Balduinus comes quod postea inter ecclesiam Sancti-Petri et predictum Reynerum in presentia nostra actum est, memorie tam presentium quam futurorum tradere scripto curavi. Prenominatus Reynerus terram quam Abhelet de Dolcei sibi comparavit totam, excepto uno orto, in vadium pro c marcis ecclesie locavit. Locavit autem in hunc modum: terram quam prius posuerat et hanc quam postea adjecit, quasi unum vadium, pro ccc marcis xx uno a nullo infra sex annos redimendam eidem ecclesie obligavit; transacto autem sexti anni spatio terram posse redimi ab ipso Reynero vel propriis heredibus solis et in proprios usus. Sub tali divisione determinatum est quatinus totam, si possit, simul redimat; si quominus, dimidium precii, dimidium terre recepturus, reddat, donec reliquam partem de anno in annum, ut dicitur, ex integro absolvat. Definitum est etiam quatinus terram Helet, quia fructibus vestitam deposuit, eodem modo recepturus sit vestitam. Ut autem hoc ratum et inconvulsum staret, data fide, et sacramento, ipse Reynerus et frater ejus Robertus coram hiis testibus confirmaverunt. Signum Balduini, comitis de Henau. S. Hugonis, abbatis Sancti-Amandi S. ipsius Reyneri de Trith. S. Roberti fratris ejus. S. Theoderici de Waleyrs. S. Reyneri fratris ejus. S. Flores de Bulzain. S. Adam nepotis ejus. S. Reyneri de Theuns. S. Symonis fratris ejus. S. Ivani fratris ejus. S. Goffredi de Solemnis. S. Reyneri Colrusti. S. Walteri de Kunu. S. Rogeri de Provi. S. Aman de Donain. S. Johannis majoris de Valenzines. S. Walteri de Anzain. S. Reyneri de Beverage. S. Theodorici fratris. S. Alman de Prato-Sancti-Petri S. Alman Testol. S. Balduini de Skaldain. S. Alman de Provi. S. Widonis de Alnoi. S. Walteri de Alnoy. S. Karoli de Bermeran. S. Johannis Eellenie. Ad hujus rei veritatem confirmandam, ego Balduinus comes obses et advocatus extiti; ceteri vero supra annotati tam obsides quam fidejussores fuerunt.

Cartulaire de l'abbaye de Saint-Pierre de Gand, fol. 49 verso, aux Archives de l'État, à Gand.

## CXXVIII.

*Nicolas, évêque de Cambrai, donne à son chapitre l'autel du village de Saint-Vaast, la chapelle de Breaugies et la moitié de l'église de Bettrechies.*

(1159).

In nomine Domini. Nicholaus, divina miseratione Cameracensium episcopus, generationi huic et ei que ventura est in perpetuum. Quum thesaurizare in terra nobis non expedit nec occurrit, quoad possumus in celo thesaurizare, ubi nec sacculus veterescet nec pecunia minuetur, satagamus, et, quia nimium torporis est ad aream Domini servum vacuum redire, unum saltem manipulum quantulumcumque inferre contendamus. Proinde ecclesie domine nostre beate Marie, cui indigni presidemus, altare de Sancto-Vedasto, quod in decanatu de Hornuto prope Bavacum situm est, cum tercia parte decime que ad altare pertinet, cum manso juxta ecclesiam et edificiis in eo constructis, cum pomerio et prato adjacente, et cum tota dotaliciorum terra, capellam quoque de Brehelgiis, cujus decima tota ad ecclesiam provenit, dimidiam quoque ecclesiam de Berchetriis [1], cum hospitibus in atrio circummanentibus et terra dotali, pro nostra predecessorumque animabus nostrorum, salvis nostris et ministrorum nostrorum redditibus, personarum nostrarum consilio, ad usus canonicorum concessimus. Conservatoribus quoque benedictione sublimatis, prevaricatoribus quoad resipuerint excommunicationis absinthium propinamus, donationisque nostre cartulam sigilli nostri impressione et subsignatorum attestatione corroboramus. S. Alardi, in cujus archidiaconatu hec tota donatio consistit. S. Theoderici prepositi et archidiaconi. S. Johannis, Everardi, Radulfi, archidiaconorum. S. Hugonis decani, Galteri cantoris. S. Galteri, Johannis, Herlebaldi, Guarini, sacerdotum. S. Bartholomei, Guillelmi, Galteri, levitarum. S. Galteri, Anselli, Hugonis, Vincentii, Helgoti, Johannis, sublevitarum. Actum in capite jejunii, in Cameracensi capitulo, anno dominice incarnationis M CL VIII. Ego Eustachius cancellarius scripsi et recensui, presulatus domini Nicholai anno XXIII.

Original, sceau conservé, fonds de la cathédrale de Cambrai, aux Archives du département du Nord, à Lille.

## CXXIX.

*Nicolas, évêque de Cambrai, accorde au chapitre de sa cathédrale la jouissance de l'autel de Ghoy, aujourd'hui dépendance de La Buissière.*

(1159).

In nomine Domini. Nicholaus, divina miseratione Cameracensis

[1] Saint-Vaast, Hornu, Bavai, Breaugies, Bettrechies. Voy. partie II.

episcopus, omnibus ab hac generatione fidelibus in perpetuum. Cum omnium diocesis nostre, juxta apostolum, ecclesiarum nobis sollicitudo pro posse incumbat, dilectissime tamen matris nostre Cameracensis ecclesie, fertili cujus orationum scilicet et beneficiorum ubere pasti reficimur, curam propensius habere profectibusque ipsius affectuosius invigilare debemus. Proinde, ad usus fratrum qui in eadem ecclesia Deo deserviunt, altare de Goieo super Sambram, quod in archidiaconatu Hainoensi, in decanatu scilicet Binzio [1], situm est, cum omnibus ad idem altare pertinentibus, salvis nostris et ministrorum nostrorum redditibus, pro nostra et antecessorum nostrorum animabus, liberum et absque persona contradimus. Et ut hec rata et inconvulsa permaneant, conservatoribus data benedictione, omnibus qui contra hec injuste contenderent excommunicatis, donationis nostre paginam sigilli nostri appositione et subsignatorum attestatione corroboramus. Signum Alardi ejusdem altaris archidiaconi. S. Theoderici prepositi et archidiaconi. S Johannis, Everardi, Radulfi, archidiaconorum. S Hugonis decani, Johannis, Herlebaldi, Garimi, sacerdotum. S. Galteri cantoris, Bartholomei, Ulrici, diaconorum. S. Anselmi, Lippini, Johannis, subdiaconorum. Datum Cameraci, anno incarnati verbi MCLIX, episcopatus autem nostri XXIII. Ego Eustachius cancellarius scripsi et recognovi.

M. Le Glay, Glossaire, etc., p. 46.

## CXXX.

*Nicolas, évêque de Cambrai, concède aux frères hospitaliers de l'Ordre de saint Jean de Jérusalem l'autel du village de Lez-Fontaine.*

(1159).

In nomine Domini. Nicholaus, Dei gratia Cameracensis episcopus, his qui nunc sunt et in posterum futuris fidelibus. Audiens quod

[1] Ghoy, à La Buissière, Binche. Voy. partie II.

de perfectione querentibus Dominus responderit : « *Vende que possides et da pauperibus* », comperiensque quanto caritatis affectu, quanta beneficiorum affluentia, in sancto Jherosolimitano xenodochio sub beati Johannis Baptiste custodia, infirmi nutriantur, pauperes et peregrini sustententur, tot et tantorum bonorum particeps fieri sitibundus estuabam. Proinde pro amore Dei, non quantum, sed ex quanto ei offeratur intuentes, eidem xenodochio ad subsidium pauperum, salvis nostris et nostrorum debitis, altare de Latofonte[1], quod in Valencianensi archidiaconatu, in decanatu scilicet Avesnensi situm est, conferentes, cum omnibus que ad illud pertinent, donationem nostram sigilli nostri impressione corroboravimus. S. Evrardi, ejusdem altaris archidiaconi. S. Theodorici prepositi et archidiaconi. S. Johannis, Alardi, Rodulphi, archidiaconorum. S. Hugonis decani, Walteri cantoris, Walteri, Johannis, Erleboldi, sacerdotum. S. Bartholomei, Walteri, Oilfici, levitarum. S. Walteri, Pippini, Anselli de Cimahy, sublevitarum. S. Eylberti decani, de cujus manu hec donatio processit Actum anno verbi incarnati MCLIX, presulatus domini Nicholai XXIII°. Ego Eustachius cancellarius recensui feliciter.

*Cartulaire de l'Ordre de Malte*, aux Archives de l'État, à Mons.

## CXXXI.

*Nicolas, évêque de Cambrai, donne aux frères hospitaliers de l'Ordre de saint Jean de Jérusalem les autels de Damousies, Dimechaux et Berelles.*

(1160).

In nomine Domini. Ego Nicholaus, Dei gratia Cameracensis episcopus, generationi huic et ei que ventura est, in perpetuum. Quum fratres multotiens ea que legitime et canonice a prefatis sancte ecclesie aguntur, antiquitatis intercedente successione,

[1] Lez-Fontaine. Voy. partie II.

à memoria elabuntur, que à nobis ordine bono et canonico acta sunt posteris mandare et presenti scripto confirmare necessarium duximus. Sciant igitur tam presentes quam posteri quod nos, tam ob nostre quam ob parentum nostrorum animarum salutem, altaria de Damolziis, de Dimoncel, de Berela[1], que in manus nostras omnino libera devenerant, et que in archidiaconatu Haionensi, in decanatu vero Malbodiensi sita sunt, pauperibus Christi hospitalis Jherosolimitani, salvo jure episcopali, libere in perpetuum possidenda, coram ecclesia nostra, concessimus, et, ob evidentiorem munitionis firmitatem, sigilli nostri impressione confirmavimus. Ut autem hec rata in perpetuum illibataque conserventur, data conservatoribus benedictione et pace, in violatores excommunicationis sententiam promulgamus. Signum domini Theodorici prepositi et archidiaconi. S. Johannis, Alardi, Evrardi, Hostonis, archidiaconorum. S. Hugonis decani. S. Galteri cantoris. S. Galteri, Johannis, Garini, presbiterorum. S. Galteri diaconi. S. Anselli de Biaumeis, Vincentii, subdiaconorum. Datum anno incarnationis dominice м clx, episcopatus nostri xxiiii. Ego Eustachius cancellarius scripsi, rescripsi et recognovi.

*Cartulaire de l'Ordre de Malte*, aux Archives de l'État, à Mons.

## CXXXII.

*L'abbé et les moines de l'abbaye du Saint-Sépulcre cèdent à Baudouin IV, comte de Hainaut, le moulin de Villereau.*

(1161).

In nomine patris, et filii, et spiritus sancti. Ego Parvinus, Dei gratia Sancti-Sepulcri abbas, et totus ejusdem ecclesie conventus, ego quoque Balduinus, Dei misericordia comes Hainoensis, notum

[1] Sur ces localités, voy. partie II.

facimus tam presentibus quam futuris modum pacis que inter nos facta est, consilio Cameracensis ecclesie et consilio Hainoensis curie. Modus autem talis est. Ego Parvinus et totus noster conventus concessimus venerabili comiti Balduino suisque successoribus molendinum quod factum est in nostro prato, quod olim Walcheri dicebatur, ea conditione ut singulis annis, in nativitate Domini, unum modium annone melioris molture, ad mensuram Valenciniensis mensure, in curia nostra de Villerel [1] persolvat. Concessimus etiam ei mediam partem molendini et mediam partem piscationis nostre que est in Villerel, ea conditione ut moltura curie nostre de Villerel sit libera, et de omni alia moltura medietatem habeat, et medietatem omnium expensarum que ad restitutionem et conservationem molendini et scluse et piscationis respiciunt ex integro faciat, ita videlicet ut, nulli hominum in feodum tribuens, in manu sua semper teneat. Ne igitur ingratus videar ecclesie Sancti-Sepulchri Cameracensis, ego Balduinus comes, et uxor mea, et filii mei Godefridus et Balduinus, pro animabus predecessorum nostrorum et pro remedio peccatorum nostrorum, concessimus in elemosinam prefate ecclesie ut omnes de Haimon-Caisnoit [2] qui ad molendinum de Villerel venire et molere voluerint, ex banno nostro libere sicut ad nostrum veniant. Concessimus etiam eidem ecclesie ut, si molendinum de Villerel aliquo casu molere non potuerit, curia de Villerel ad meum proprium molendinum, post annonam quam in tremuia invenerit sine moltura, licentiam molendi prima habebit. Concessimus insuper ut quocienscumque abbas Sancti-Sepulchri ad curiam suam de Villerel venerit vel monachus ibi manens necesse habuerit, licentiam piscandi in meo vivario habebit. Ut igitur ista pactio firma et inconvulsa perpetualiter maneat, sigillorum nostrorum impressione cum legitimorum testium subsignatione et cirographi annotatione roborari fecimus. Signum domni Parvini abbatis. S. Fulconis prioris. S. Walcheri, Willermi, Johannis, Gerardi, Albrici,

[1] Villereau. Voy. partie ii.
[2] Le Quesnoy. Voy. partie ii.

Gerardi, Rogeri, Gerardi, Roberti, sacerdotum. S. Amolrici, Willeri, Nicholai, Walteri, diaconorum. S. Arnoldi, Walteri, Gerberti, subdiaconorum. S. Oilardi, Arnulfi, Arnoldi, monachorum. S. Balduini comitis. S. Godefridi, Balduini, filiorum ejus. S. Aalidis comitisse. S. Ide de Cimai, S. Nicholai de Avesnes, Jacobi filii ejus, Walteri de Alnoit, Theoderici de Ligne, Havel de Cavren, Karoli, Roberti, Nicholai, filii ejus, Theoderici, Gilii de Cimai, Arnoldi de Hamaide, militum. S. Raineri, Lamberti, presbiterorum et capellanorum. Actum apud Haimon-Caisnoit, in curia comitis Balduini, anno incarnationis dominice M° C° LX° I°, episcopatus domni Nicholai anno XX° V°, die nonas novembris.

Original, fonds du Saint-Sépulchre, aux Archives du département du Nord, à Lille.

## CXXXIII.

*Nicolas, évêque de Cambrai, termine la contestation qui s'était élevée entre l'abbaye d'Anchin et Vautier, dit Tonnerre, au sujet du village de Capelle.*

(1168).

In nomine patris, et filii, et spiritus sancti, amen. Quia specialiter ad pastorale spectat officium paci et quieti ecclesiarum providere, ut scilicet ea que servis Dei à fidelibus legitime attributa sunt eis sine perturbatione et malorum hominum infestatione liceat possidere, ego Nicholaus, Dei gratia sancte Cameracensis ecclesie episcopus, notum fieri volo tam futuris quam presentibus, quod ecclesia Aquiscingensis, à tempore bone memorie predecessoris nostri Burchardi episcopi, totam terram ad Capellam[1] pertinentem, que est in pago Hainoensi, que scilicet ad feodum Walteri cognomento Tonitrui pertinebat, ex dono Petri senioris de Vendelgies ac Petri filii ejus, concessione etiam Ernulfi de Bealdengies, et senioris Vualteri Tonitrui, ac

[1] Capelle. Voy. partie II.

prefati predecessoris nostri Burchardi episcopi, de quorum feodo erat (nam Petrus ab Ernulfo, Ernulfus autem à prefato Waltero, Walterus vero à predicto episcopo eandem terram tenebat) diu quiete ad agriculturam, sive, ut vulgo dicitur, ad penam, salvo videlicet eorum terragio qui inde hominium eidem Waltero debebant, possederit; tali scilicet libertate, ut nullus omnino aliquid ex eadem terra sibi usurpare, vel quoquo modo ad se trahere, nec dare, vel vendere alicui, sine licentia ecclesie Aquiscingensis, posset; sed quidquid monachi ejusdem ecclesie, sive emendo, sive sariendo, si quid forte sariendum esset, sibi adquirere inibi potuissent, libere eis id facere liceret. Post multum vero temporis, cum prefata ecclesia hac libertate et pace diu potita fuisset, Walterus, filius Walteri senioris superius nominati, adversus predictam ecclesiam super eadem terra querelas movere cepit, quia, licet recognosceret supramemoratam terram concessione patris sui ecclesie fuisse attributam, sine suo tamen consensu vel concessione hoc factum fuisse et ideo minime ratum esse debere dicebat. Cum ergo conatibus ejus ecclesia resisteret, ac eandem terram se legitima possessione tenuisse assereret, et hoc probabili ratione multotiens demonstrare parata esset, ejusque assertioni tam Ernulfus de Bealdengies quam Petrus junior de Vendelgies publice in curia mea, coram me et multis honestis personis tam clericis quam laicis testimonium ferrent et injuste ab eo ecclesiam inquietari prohiberent, Walterus vero econtra ab infestatione ecclesie compesci facile non valeret, tandem Deo donante res ad hoc perducta est, ut, mediantibus utriusque partis amicis, idem Walterus injuriam suam qua ecclesiam diu vexaverat recognosceret, et eandem terram, quia de feodo meo extiterat, tam ipse quam filii ejus, Balduinus, Walterus, Odo, Matheus, Wido et Fulco michi redderent, et nos in commune domno Gozuino, venerabili abbati Aquiscingensi, eam in elemosinam à prefata ecclesia perpetuo jure tenendam contraderemus. Ne qua igitur subreptionis astucia vel oblivionis incuria rei geste veritas posteros posset latere, sepememoratam terram ecclesie Aquiscingensi presentis scripti testimonio et sigilli mei auctoritate perpetua pace possidendam confirmare curavi, et sententiam excommunicationis in omnes hujus concessionis perturbatores promulgavi, ac idoneorum testium qui affuerunt astipulatione hanc eandem concessionem corroboravi. S. mei Nicholai episcopi. S. Theoderici prepositi et archidiaconi. S. Johannis et Alardi, archidiaconorum. S. Hugonis decani. S. Walteri cantoris. S. Erlebaldi, Warini, Johannis, presbiterorum; Bartholomei, Willermi, Ulrici, diaconorum; Roberti, Anselli, Hugonis, subdiaconorum. Actum anno verbi incarnati M C LXII.

    Original, sceau intact, fonds de l'abbaye d'Anchin,
    aux Archives du département du Nord, à Lille.

### CXXXIII bis.

*Itinéraire de saint Bernard de Liége à Cambrai, par Gembloux, Villers, Fontaine-l'Évêque, Binche, Mons et Valenciennes, en 1146 (1147, nouv. st.)* [1].

(Écrit vers 1162).

Igitur, dominica post octavos Epiphaniæ et secunda feria, Leodii mansimus, dum Philippus noster [2] ea quibus tenebatur implicitus sæcularia negotia consumeret. Factum est autem dominica die, cum ad altare beatæ Mariæ, in majori ecclesia, pater sanctus [3] missarum solemnia celebrasset coram universo populo, puer oblatus est quem ex utero claudum esse dicebant : ubi vero signavit tibias ejus et renes tetigit, apprehendens manum ipsius, erexit eum protinus et deduxit.... Multa quidem et alia signa Leodii et in itinere facta sunt : sed e multis pauca sufficiant. Feria quarta, profecti ab oppido cui nomen Huy, festinavimus ad monasterium quod Gembolium vocant.... Novum in partibus

[1] L'auteur de ce récit, qui accompagnait saint Bernard dans son voyage, est Geoffroi, abbé de Clairvaux en 1162.
[2] Philippe, compagnon de saint Bernard, était originaire de Liége. Voy. l'ouvrage cité, p. 1191.
[3] Saint Bernard.

¹Illis ædificatur monasterium, cui Villare² nomen est, et ante paucos menses illuc pater sanctus congregationem miserat monachorum.... Exinde festinabat ad oppidum, cui Fontaneæ² nomen est, ubi Philippus noster apud propinquos suos eum rogaverat hospitari.... Feria sexta, Fontanis priusquam egrederemur, puellæ contracta et arida manus sanata est et extensa.... Ex hoc accessimus ad castrum quod nominant Bins³, unde tanta occurrit hominum multitudo, ut totam camporum planitiem populus operiret.... Mons⁴ vocatur castrum primum in provincia Haynonensium, ubi sexta feria pernoctavimus. Illic, mane sabbato priusquam proficisceremur, senex quidam de proxima villa multis eorum qui aderant, Philippo nostro non incognitus, quod à multis jam annis amiserat oculorum lumen recepit.... Hæc in hospitio facta sunt, coram venerabili episcopo Cameracensi Nicolao, et clericis ejus, etiam et multis religiosis viris, qui de tota provincia occurrerant viro Dei. Iisdem quoque adstantibus, cum egrederetur castrum, mulieris aridam manum sanavit et gressum reddidit claudo.... In eadem strata capellula quædam est, duobus à prædicto castro millibus distans : illuc in occursum viri Dei venerabilis convenerat multitudo, ut faciem ejus videret, et susciperet benedictionem.... Adhuc autem in eodem itinere, prope torrentem Huns⁵, ante transitum, puer cæcus illuminatus est.... Valencenas⁶ nominant oppidum ubi ea nocte mansimus, oppidum grande et populosum.... Inde profecti dominica die, venimus Cameracum.

*Miracula S. Bernardi*, auctore Gaufrido, apud S. Bernardi *Opera omnia*, t. II, p. 1197.

¹ L'abbaye de Villers, arr. de Nivelles, cant. de Genappe.
² Fontaine-l'Évêque, cant de ce nom, arr. de Charleroi.
³ Binche. Le mot *castrum* indique que cette ville était déjà fortifiée en 1147. Voy. GISLEBERT, p. 53.
⁴ Mons.
⁵ Le Henneau. Voy. partie II.
⁶ Les termes dont se sert ici le narrateur sont remarquables et témoignent de l'importance qu'avait acquise la ville de Valenciennes. Hugues,

## CXXXIV.

*Baudouin IV, comte de Hainaut, termine la contestation existant entre l'abbaye d'Hautmont et Fulco d'Artres, au sujet des limites d'Harbignies.*

(1163).

In nomine sancte trinitatis. Balduinus, Dei gratia cujus est omne bonum comes Hainoensis, tam suis successoribus quam fidelibus universis scire et tenere que justa sunt. Quia hoc officii à summo rectore sortiti sumus ut prava corrigere et recta conservare debeamus, quoddam negotium Altimontensis ecclesie in curia nostra sollempniter terminatum presenti scripto explicando confirmamus et occasionem contentionis ad hoc in perpetuum removemus. Est igitur alodium Harbignies [1] supradicte ecclesie proprium cui contiguum est aliud dictum Goigniis [2], quod multorum noscitur extitisse participum. Placuit ergo quodam tempore tam abbati Altimontensi Clarembaldo quam possessionis illius multifide consortibus, ut ipsa duo alodia certis dirimerent limitibus, quod et factum est diligentia circamanentium ipsorum, scilicet assensu coheredum, item Iberti de Gominies, Alulfi et Liethardi de Frasnoit, Fulconis de Artre, et aliorum quibus subjacebat quod diximus prediolum ; fuitque divisio à pomerio usque ad veterem viam de Berlaimont, que inter rivum Untiel [3] et silvam vel haiam de Gominies sita videtur. Post multum vero temporis idem Fulco de Artre, cum factam divisionem negaret et aliam facere moliretur ut abbatem gravaret, diu altercantes ad invicem

---

biographe de saint Norbert, et qui écrivait vers 1150, dit de son côté : « Subdiaconus quidam adjunxit, cum quo et duobus aliis sociis Valencenas, quod est celebre oppidum ad Scaldim in Hannonia, pridie diei dominicæ palmarum, quæ erat septimo idus aprilis anni millesimi centesimi decimi noni se contulit (Norbertus) » LE PAIGE, *Bibliotheca Præmonstratensis*, p. 368.

[1] Harbignies, hameau de Villereau. Voy. partie II.
[2] Gommegnies, arr. d'Avesnes, cant. du Quesnoy-Ouest.
[3] La Rhonelle. Voy. partie II.

tandem rem examinaturi in curiam nostram convenerunt, ibique, cum à Balduino Crispiniensi abbate, et Fulquino de Solre, Fulcardo quoque fratre suo, Fulco injusticie fuisset convictus, frequentia curialis in hoc adquievit non debere scilicet divisionem cassari, sed illibatam quemadmodum facta fuerat conservari. Cognita sunt autem hec et ad pacem solidam composita apud Mons, in presentia nostra, anno Domini M° C° LXIII°, quorum testes et signatores sunt hi : abbates Balduinus Crispiniensis et Helgotus Lesciensis. Item S. Nicholai de Avesnes. S. Eustachii de Ruez. S. Nicolai de Rumigni. S. Nicholai de Barbenchum, Theoderichi de Linie, Roberti de Asiunvile, Gossuini de Angien, Alardi de Reisin, Amolrici de Harigni, Fulcardi et Stephani fratrum Fulconis cum pluribus aliis. Hec etiam ut inconvulsa permaneant, auctoritate nostra munimus, et si quis deinceps contraria temptaverit hunc audientia indignum sigilli nostri prerogativa decernimus.

*Cartulaire de l'abbaye d'Hautmont*, fol. 11 recto.

## CXXXIV bis.

*Nicolas, évêque de Cambrai, donne à l'abbaye d'Hautmont l'autel de Villers-sire-Nicole.*

(1165).

In nomine patris, et filii, et spiritus sancti. Nicholaus, Dei gratia Cameracensis episcopus, tam presentibus quam futuris in perpetuum. Scriptura ministrante, pre oculis habemus ut bonum facientes non deficiamus et bonum operemus ad omnes, maxime autem ad domesticos fidei ; et quia pastoralis cure sollicitudo postulat nobis commissos propensiori sinu colligere et fovere, dignum ducimus, ex his que nobis summus largitor credidit, eis aliquid impertiri, qui bonum bonis viris administrantes ad profectum nostrum credimus centuplari. Petitione itaque Clarembaldi dilecti filii nostri, Altimontis venerabilis abbatis, ad subsidia fratrum in loco nominato Deo devote famulantium, quum in hoc mari magno plerumque periclitamur, ut assiduis eorum orationibus portum tranquillitatis obtineamus, precipueque ut nobis decedentibus anniversarium nostrum annuatim pie celebrent, altare de Villari, quod est inter Bercelias et Givri [1], liberum et impersonatum, salvis nostris atque ministrorum nostrorum obsoniis, donavimus, et ut perpetuo libere et quiete possideant, auctoritate pontificali precipimus conservatoribus benedictionis augmentum, in prevaricatoribus maledictionis promulgantes detrimentum. Et ne à quoquo amplius infringatur, presens scriptum sigilli nostri appositione munimus atque subsignatis testibus corroboramus. S. Alardi ejusdem altaris archidiaconi. S. Theoderici prepositi et archidiaconi. S. Petri, Evrardi, Ostonis, archidiaconorum. S. Ade de Novo-Castello, Galandi de Sancto-Auberto, Gisleberti de Monte-Sancti-Martini, David de Vaccellis, Gerardi de Hunonis-Curte, Radulfi de Maricolis, Johannis de Laubiis, Nicholai de Fidemio, Balduini de Crispinio, abbatum. S. Hugonis decani de Sancta-Maria. S. Walteri, Johannis, Warini, Arnulfi, Antonii, Johannis, sacerdotum; Bartholomei, Willelmi, Johannis, Walteri, Olrici, levitarum; Anselli, Albrici, Pipini, Roberti, Anselli, Hervardi, Mathei, Hugonis, Johannis, Walteri, Helgoti, Vincentii, Huardi, Nicholai, Johannis, Stephani, Roberti, sublevitarum. Actum incarnati verbi anno M° C° LX° V°, indictione XIII³, epacta VI³, presulatus domini Nicholai anno XX° IX°. Ego Walcherus cancellarius de manu Johannis capellani receptum recensui.

*Cartulaire de l'abbaye d'Hautmont*, fol. 30 verso.

## CXXXV.

*Charte de Baudouin IV, comte de Hainaut, relatant toutes les formalités de la tradition d'un alleu, situé à Hargnies, et donné à l'abbaye d'Hautmont* [2].

---

[1] Villers-sire-Nicole, Bersillies, Givri. Voy. partie II.

[2] Nicolas, évêque de Cambrai, confirma la même année cette donation. *Cartulaire*, fol. 28 verso.

(1164).

In nomine patris, et filii, et spiritus sancti. Balduinus, Dei gratia Henoniensium comes, tam futuris quam presentibus. Labentibus annis et tempore cursus sui tenorem volubilitate proagente, assidua rerum gestarum perit memoria, et mater erroris oblivio, veritatis obnubilans certitudinem, ordinem confundit justicie; hinc subeunt rixe et frequentissime succrescente malo discordie, sancta pacis etiam inter amicos rumpuntur federa. Hec mala sola tollunt litterarum annotamina et scriptorum monimenta, precipue cum sigillis corroborantur principum. Propterea quoddam negotium ad Altimontense pertinens monasterium, in nostra presentia et nostre curie frequentia diffinitum, nostro dilecto videlicet Clarembaldo, ejusdem Altimontensis monasterii abbate, postulante, presenti pagine placuit inserere et nostre auctoritatis sigillo confirmare. Quidam igitur vir illustris, Amolricus nomine, cogitans qualiter multitudini peccaminum suorum posset obviare et proprie saluti anime simulque antecessorum suorum animabus succurrere, juxta precepta evangelica dicentia: « *Date elemosinam, et omnia munda sunt vobis* », elemosinam de toto proprio alodio, in territorio Harigniacensi [1] adjacente, proposuit facere et illud Altimontensi monasterio ad usus fratrum ibidem Deo servientium conferre. Cum igitur, quadam die, in nostra starent presentia Amolricus et abbas, alter paratus ad donandum et alter ad recipiendum, abbas de manu nostra baculum arripuit et in manu Amolrici posuit, per quem ipse Amolricus alodium donavit et abbatem investivit, sic dicens : « Ego
» Amolricus, vir illustris et parentum filius illustrium, in pre-
» sentia domini Nicholai, Cameracensis episcopi, simulque Alardi
» archidyaconi et aliorum clericorum, et in presentia Balduini
» comitis et principum astantium, totum alodium, in territorio
» Harigniacensi adjacens, et mihi proprium et cum participibus
» commune, et quicquid ibidem possideo tam in agris quam in
» pratis, aquis, silvis, nemoribus, hospites simul et quoslibet

[1] Hargnies, sur la Sambre. Voy. partie II.

» redditus, in manum Clarembaldi abbatis pono et investituram
» et sollempnem donationem facio, ut ille abbas et successores
» sui et ecclesia Altimontensis, que constructa est in honore
» beatorum apostolorum Petri et Pauli et in qua requiescit bea-
» tissimus Marcellus papa et martyr, parentesque mei, ibidem
» in Domino quiescentes, universalis diem expectant judicii,
» absolutum et ea libertate qua tenuerunt antecessores mei et ego
» post illos liberum, absque omni advocato seu quolibet exac-
» tore, jure perpetuo possideat. » In donatione etiam manum
apposui et sic dixi : « In hac donatione ego Balduinus comes
» manum appono, quia hoc beneficium, quoad vixero, ad pacem
» tuebor ecclesie et post meis successoribus tuendum relinquo. »
Hanc igitur donationem tam sollempnem, tam absolutam, ab ipso
etiam auctore beneficii Amolrico videlicet, attentissime omni
excluso advocato, tam liberam, sub nostrorum hominum etiam
approbatione factam, nos approbamus et nostro sigillo cum subscriptis munimus testibus. Precipimus etiam ut predictum beneficium, in bona pace, in bona securitate, meaque meis hominibus
approbantibus, donatum et libertate sine advocato, sub nostro et
nostrorum successorum tuitione Altimontensis ecclesia ulterius
feliciter possideat. Amen. S. Nicholai de Rumigni. S. Egidii de
Gymai. S. Eustachii de Ruz. S. Theoderichi de Ligni. S. Nicholai
de Barbenchun. S. Karoli de Frasnoth et Ludovici fratris ejus. S.
Hauvelli de Chevren. Acta sunt hec in Castriloco, anno ab incarnatione Domini millesimo centesimo LXVI°, indictione XIII°, concurrente vero epacta XVII°, II nonas septembris, die dominica,
imperante Frederico romanorum glorioso imperatore, Nicholao
Cameracensi episcopo administrante, ad laudem et gloriam domini
nostri Jhesu Christi, cui est honor et gloria per omnia secula
seculorum. Amen.

Sciendum autem Amolricum in manu sua retinuisse quosdam
fructus terre, scilicet totum carruagium preter decimam. In carruagio suo et in tota sua parte alodii totam decimam habebit abbas
et mediam partem terragiorum contra ipsum Amolricum, solo
excepto suo carruagio. Habebit etiam mediam partem quorum-

libet reddituum, tam in molendino quam in hospitibus, quam in censuris seu etiam quibuslibet aliis commodis. Postquam autem Amolricus obierit, vel secularem habitum seu vitam mutaverit et terram tenere desierit, hec omnia erunt abbatis propria. Hoc etiam sciendum est quod hoc beneficium abbas c et x libris remuneravit.

*Cartulaire de l'abbaye d'Hautmont*, fol. 17 verso.

## CXXXV bis.

*Baudouin IV, comte de Hainaut, acquiert de l'abbaye d'Hautmont et lui concède certains biens; il lui permet notamment de mettre en culture le bois de Tilloit à Louvroil, qui n'avait pu être défriché jusqu'alors, comme étant nécessaire à la défense de la ville de Maubeuge.*

(1167).

In nomine patris qui est potentia, et filii qui est sapientia, et spiritus sancti qui est benignitas. Balduinus, Dei gratia comes Haynoensis, curie sue primatibus et reliquo terre populo, pusillis cum majoribus, in perpetuum. Potestatis excellentia, qua favente Deo preminemus, veritatis obsequio nos adeo reddit efficaces, ut non solum his que vivo sermone proferimus, sed etiam scriptis nostro nomine et sigillo titulatis, tanta suffragetur auctoritas, ut si contraire quis audeat notam sibi temeritatis incurrat. Cujus honoris largitori Deo ne ingrati judicemur, ecclesiastice pacis gratia nostre nostrorumque successorum tuitioni mancipamus que infra continentur scripta, res nimirum gestas explicantes qua decet veritate et roborantes qua possumus firmitate. Igitur, in territorio Lovroles [1] quod Altimontensis ecclesia à Nivellensi capitulo tenet, ecclesiasticis et imperialibus subnixa privilegiis est quedam silvula, Tilietum dicta, quam ob custodiam ville nostre Malbodii scilicet actenus extirpari vetuimus [2];

[1] Louvroil. Voy. partie II.
[2] Comparez ci-après deux chartes de 1178 et de 1186-1189, n.os CXLIII et CL quater.

sed nunc venerabilis Clarembaldi jam dicte ecclesie abbatis et fratrum voluntati silvam concessimus, ut eam colant et teneant sine quavis infestatione nostra contra omnes freti defensiones. Cognoscimus etiam et cognitum confirmamus quod eis, in villa Haindres [1], x solidos census annuatim, officiali nostro procurante, in festo beati Remigii reddere debeamus, pro eo scilicet quod, in constitutione ejusdem ville, partes allodii sancti Petri homines nostri ignoranter occupaverunt, et, reclamante Altimontensi tunc temporis abbate Mainardo, hujus census taxatione querelam compescimus. Preterea viam apud Harbinies, que de Mormal dirigitur ad Poteles [2], sicut eis concessimus, ita manere perpetuo censemus, ut nunquam deinceps eo devertatur, unde eisdem fratribus dampnum fieri vel querimonia possit moveri. Ut ergo in his et cunctis negotiis suis nos nostrosque heredes fidos habeant et obnoxios defensores, concesserunt nobis partem silve Hosteleve dicte apud Sevurc [3], quam contra nos partiti fuerant, ut eam teneamus sub censu xii nummorum, annuatim in festo sancti Remigii, à nostro procuratore in eodem loco Sevurc, reddendorum. Addiderunt etiam silvam Morternel dictam apud Harbinies, à nobis jam occupatam, quam determinat à possessione sancti Petri via superius memorata. Hec autem que concessimus ut inconvulsa sine fine permaneant, sigilli nostri prerogativa munimus et super his moveri controversiam ulterius prohibemus. Acta sunt hec ab incarnatione Domini anno millesimo c lxvii, indictione xv, epacta xxviii, concurrente vi, coram testibus subscriptis.

*Cartulaire de l'abbaye d'Hautmont*, fol. 9.

## CXXXVI.

*Le chapitre de Cambrai donne à cens à l'abbaye de Saint-Eloi de Noyon une partie de terre sise à Quiévrain.*

[1] Lieu inconnu.
[2] Potelles, arr. d'Avesnes, cant. du Quesnoi-Est. Le chemin ici désigné est probablement la voie romaine de Bavai à Rheims. Voy. chap. iv.
[3] Sebourg. Voy. partie ii.

(1169).

In nomine patris, et filii, et spiritus sancti, amen. Theodericus, Dei gratia sancte Cameracensis ecclesie prepositus, H. decanus, A. archidiaconus, totumque quod cum eis est capitulum sancte Marie Cameracensis ecclesie, tam posteris quam modernis in perpetuum. Frequenter, memoria per oblivionem titubante, opera hominum in irritum recidant : idcirco scripture immobili presens actio commendata est. Partem cujusdem curtilis, quod ad presbiteratum ecclesie nostre de Kevren [1] pertinebat, ecclesie Sancti-Eligii de Noviomo censualiter obtinere concessimus in perpetuum, assensu presbiteri qui prefate ecclesie curam gerebat, eo quod pars illa curtilis proxima erat curti Sancti-Eligii et ad dilatationem ejus ydonea. Census autem talis est : in natali Domini tres sextarios avene ad mensuram ville, duo etiam panes et duos capones; insuper etiam in martio duos denarios persolvere debet curtis prefata presbitero qui in ecclesia illa servierit. Preterea quecumque in parte illa curtilis decimanda, sive pecora, sive alia contigerint, eidem presbitero absque dolo assignabuntur. Contractus iste legitime terminatus sigillorum nostrorum karacteris mutua suppositione insignitus et subsignatorum testimonio est confirmatus. Signum Theoderici prepositi. S. Hugonis decani. S. Alardi archidiaconi. S. Galteri cantoris. S. Galteri, Johannis, Berneri, sacerdotum. S. Galteri, Olrici, Johannis, diaconorum. S. Rotberti, Albrici, Galteri, Johannis, Vincentii, Hugonis, Nicholai. Actum anno incarnati verbi M° C° LX° VIIII.

Original, fonds de la cathédrale de Cambrai, aux Archives du département du Nord, à Lille.

### CXXXVI bis.

*Le chapitre de Cambrai donne à cens à l'abbaye de Liessies le village de Fontaine-au-Tertre et l'autel d'Ath.*

(1169).

In nomine Domini. Th., Cameracensis prepositus, H. decanus,

[1] Quiévrain. Voy. partie II.

et universum quod cum eis est capitulum, tam presenti quam future generationi in perpetuum. Avidas calumpniantium manus ab usurpationis injuria cohibemus, cum eorum que ante gesta sunt memoriam sollempnibus litterarum monimentis et munimentis perpetuamus. Fidelium itaque noverit universitas quod ecclesia nostra ecclesie Lesciensi Fontanas de Mortmunt [1] et altare de Ath [2], sub annuo censu tenendum, perpetuo concesserit: Fontanas pro xx[ti] modiis, x frumenti x avene ad mensuram Cameracensem, quotannis sine sumptu nostro Cameraci solvendis; altare pro x libris Cameracensis monete, quinque quarum et episcopo sonegie, et ad recompensationem de Thoregni XL solidi annuatim in synodo solventur à Leciensi ecclesia, et aliarum quinque librarum resignatio fiet ab eadem in Pascha. Preter hec pro Fontanis suas episcopo sonegias persolvemus, pro quibus ab ecclesia dicta dicte monete III solidos et VIII denarios annis singulis recipiemus. In his autem rebus quas census titulo concessimus, nulla nisi per ecclesiam nostram poterit fieri mutatio vel alienatio; et in eisdem si quam injuriam sustinuerit Leciensis ecclesia non suo merito provenientem, pro hac eundem quem pro nostris rebus sine expensis nostris exercebimus justicie rigorem. Hujus vero concessionis sollempnitatem et appensione sigilli nostri et anathemate promulgato munivimus. Testes etiam idoneos et sufficientes subnotavimus. S. Theoderici prepositi. S. Hugonis decani. S. archilevitarum Petri, Alardi, Everardi, Ostonis. S. sacerdotum Walteri, Johannis, Garini. S. levitarum Guillelmi, Walteri, Johannis. S. sublevitarum Albrici, Mathei, Fulconis. Actum anno verbi incarnati M° C° LX° IX°, electionis domini Petri II.

    Chirographe, sceau enlevé, aux Archives de l'État, à Mons.

[1] Fontaine-au-Tertre, ferme à Viesly, arr. de Cambrai, cant. de Solesmes. Comparez n.° XLVIII.
[2] Ath, cant. de ce nom, arr. de Tournai. Comparez n.° LIX.

## CXXXVII.

*Henri, archevêque de Rheims, confirme à l'abbaye d'Hautmon l'acquisition faite par elle des biens que possédait l'église d'Aix-la-Chapelle à Grand-Reng et à Chevesnes.*

(1172).

In nomine sancte et individue trinitatis. Henricus, Dei permissione Remorum dictus archiepiscopus, omnibus tam presentibus quam futuris in perpetuum. Pastoralis officii est ecclesiasticorum virorum quieti invigilare et paci, et omnem occasionem malignandi adversus eos cultro debite provisionis amputare. Eapropter, dilecte in Domino Clarembalde Altimontensis abbas, tibi et successoribus tuis et ecclesie tue in perpetuum ratum et illibatum permanere volentes contractum illum qui factus est inter ecclesiam tuam et ecclesiam Aquisgrani communi assensu utriusque ecclesie super ecclesiis de Reng (et) Chivegniis [1], cum omnibus appendiciis suis et cum omni jure suo tam utili quam oneroso, sicut autenticis scriptis Cameracensis et Aquensis ecclesie tibi confirmata sunt; ita videlicet ut proinde a te et successoribus tuis septem marce Coloniensis ponderis vel usualis estimatio in denariis Aquensis monete, singulis annis, infra ebdomadas pentecostes, Aquensi ecclesie Aquisgrani solvantur, presentium litterarum cautione roborari et sigilli nostri impressione fecimus communiri. Si quis vero contra hanc nostre confirmationis paginam venire temptaverit, nisi congrua satisfactione correxerit, indignationem omnipotentis Dei et beate Marie semper virginis et beatorum apostolorum Petri et Pauli et omnium sanctorum se noverit incursurum. Actum est hoc anno incarnationis dominice M° C° L° XXII, indictione quinta.

*Cartulaire de l'abbaye d'Hautmont*, fol. 38 verso.

---

[1] Sur Grand-Reng et Chevesnes, voy. partie II, MIRÆUS, t. I, p. 544, a publié une charte relative à cet objet.

## CXXXVIII.

*Alard, élu de Cambrai, donne à l'abbaye de Bonne-Espérance l'autel du village d'Erquelinnes.*

(1175).

In nomine sancte et individue trinitatis. Ego Alardus, divina miseratione Cameracensis electus, tam presentibus quam futuris in perpetuum. Quotiens per manum episcopi, seu alterius persone que per electionem sedi preest episcopali, alicui ecclesie alicujus ecclesiastici beneficii fit donatio, ipsa cui confertur ecclesia viventis scripti digne tutari desiderat testimonio, ne per aliquanti temporis excursum facili oblivione aut injusta vexatione collato privetur beneficio. Eapropter, ad honestatis viam operum nostrorum vestigia dirigere sitientes, tam presentium quam posterorum memorie tradi volumus quod, pro remedio anime nostre, et parentum nostrorum, et omnium episcoporum qui in sede Cameracensi fuerunt et successuri sunt salute, ecclesiam de Hercheline [1] ecclesie de Bona-Spe, salvis tam episcopalibus et ministrorum nostrorum debitis, concedimus et assignamus, quem sacrum ejusdem loci conventum religionis luce hospitalitatis beneficio pridem floruisse cognovimus. Ad arcendas igitur quorumlibet importunitates, nostre hujus donationis conservatoribus benedictione assignata, in prevaricatores ejusdem quoad resipuerint excommunicationis sententiam exponimus, atque canonica subsignatione et sigilli nostri appositione hujus nostri decreti paginam ecclesie predicte confirmamus. S. Hugonis ejusdem ecclesie archidiaconi et decani. S. Theoderici prepositi et archidiaconi. S. Petri, Rogeri, Ostonis, archidiaconorum. S. Gualteri, Berneri, sacerdotum. S. Anselli, Galteri, diaconorum. S. Johannis, Huardi, subdiaconorum. Anno dominice incarnationis M° C° LXX° V°, electionis nostre I. Ego Galcerus cancellarius scripsi, subscripsi et recensui.

[1] Erquelinnes. Voy. partie II.

Original, sceaux disparus, fonds de l'abbaye de Bonne-Espérance, aux Archives du royaume, à Bruxelles.

## CXXXIX.

*Alard, élu de Cambrai, concède à son chapitre l'autel d'Estinnes-au-Val, avec Bray sa dépendance et moitié de l'église de Mont-Sainte-Geneviève.*

(1175)

In nomine sancte et individue trinitatis. Sacrosanctis ecclesiarum collegiis qui sese divinis devote manciparunt obsequiis elemosina pio karitatis intuitu collata suis augetur meritis, dum eterne retributionis pollicetur premium cunctisque fidelibus boni operis imitabile relinquit exemplum. Inde est quod ego Alardus, Dei miseratione Cameracensis electus, pro mea meique fratris Roberti nostrorumque predecessorum salute, celebrationibus anniversariis sub electi nomine vel pontificali titulo commemoranda, altare de Lestinis, cum appendicio Brac[1] et dimidia ecclesia de Sancta-Genovefa[2], et dimidia ecclesia de Sancto-Medardo, salvo jure episcopi suorumque ministrorum, ecclesie beate Marie Cameracensis concessi in usus fratrum ibi jugiter Deo famulantium, ut cotidianum inde stipendium in ecclesia die noctuque servientibus equaliter distribuatur; forinsecis autem et aliis ecclesiastico se subtrahentibus obsequio preassignate beneficium donationis subtrahatur. Ne quid igitur calumpniantium improbitas audere presumat, solempnem hanc concessionem sigilli mei impressione munivi et subscriptarum testimonio personarum corroboravi. Signum Theoderici prepositi et archidiaconi. S. Hugonis decani et ejusdem loci archidiaconi. S. archilevitarum

[1] Estinnes-au-Val et Bray. Voy. partie II.
[2] Mont-Sainte-Geneviève. Voy. partie II.

Petri, Rogeri, Ostonis. S. presbiterorum Walteri, Johannis, Berneri. S. Anselli cantoris. S. levitarum Walteri, Oilriel, Johannis. S. sublevitarum Johannis, Walteri, Hugonis. S. Walcheri cancellarii. Actum anno verbi incarnati M° C° LXX° V°, electionis domini Alardi Cameracensis electi II°. Ego Walcherus cancellarius recensui.

Original, fonds de la cathédrale de Cambrai, aux Archives du département du Nord, à Lille.

## CXL.

*Alard, évêque de Cambrai, donne à l'abbaye de Bonne-Espérance les autels de Croix, de Mont-Sainte-Aldegonde, de Mont-Sainte-Geneviève, de Carnières, de Ressaix, de Haine-Saint-Paul, d'Anderlues et de Feluy* [1].

(1177).

In nomine Domini. Ego Alardus, Dei gratia Cameracensis episcopus, tam presentibus quam futuris in perpetuum. Quia ecclesiis quibus invenimur praeesse debemus, si facultas suppetit, et prodesse, quod alii in eleemosinam conferunt austeritate indebita non repellimus, sed quod nostri juris est episcopali authoritate confirmamus. Noverit igitur vestra omnium dilectio quod ecclesiae de Bona-Spe, quam tenere diligimus, et dilecto nostro Philippo abbati altaria quae Hugo de Harveng et Robertus frater ejus in archidiaconatu Hainoensi possidebant, eisdem concedentibus et resignantibus, in perpetuum tenenda concessimus, cum decimis, cum doariis et appenditiis eorum, ad usus fratrum in praedicta ecclesia Deo servientium, salvo in omnibus jure episcopi et ecclesiae Cameracensis. Quae quidem altaria nominatim exprimere volumus: altare scilicet de Cruce, de Monte-Sanctae-Genovefae, de Monte-Sanctae-Aldegundis, de Carneriis, de Ressais, de Haina quae

[1] Cette donation fut confirmée, la même année par le pape Alexandre.

dicitur Poterie, de Andreluvia, de Felluy[1]. Hæc igitur altaria libera et impersonata, et eorum reditus et appenditia, pro nostra et nostrorum salute, predictæ ecclesiæ in eleemosinam contulimus, ut memoria nostri deinceps in ea celebretur et pro temporali spirituale nobis beneficium rependatur. Cujus donationis conservatoribus sicut divina debet benedictio promulgari, sic infringere tentantibus justam maledictionem volumus et jubemus intentari. Ut autem donatio ista rata et inconcussa permaneat, paginam istam nostri sigilli authoritate et testium subsignatione corroboramus. Signum Hugonis decani et archidiaconi Hainoensis. S. Theoderici prepositi et archidiaconi. S. Petri, Rogeri, Ostonis, archidiaconorum. S. Johannis cantoris. S. Berneri, Gerardi, Ernaldi, Nicholai, presbiterorum. S. Guillelmi, Galteri, Oilrici, diaconorum. S. Huardi, Vincentii, Hugonis, subdiaconorum, Sanctæ Mariæ canonicorum. S. Gualcheri, Johannis, Sancti-Gaugerici canonicorum. S. Nicolai Sancti-Foillani abbatis. S. Godefridi decani de Binchio, Johannis subdecani, Gualteri presbiteri de Binchio. Actum anno incarnationis dominicæ millesimo centesimo septuagesimo septimo, ordinationis nostre primo. Ego Gualcherus cancellarius scripsi et recensui.

MAGHE, *Chronicon ecclesiæ beatæ Mariæ virginis Bonæ-Spei*, à cette date.

## CXLI.

*Jacques d'Avesnes, en qualité d'avoué de l'abbaye d'Hautmont, fait connaitre qu'Isaac d'Ecuelin a engagé à l'abbaye la partie d'un alleu qu'il possédait à Saint-Vaast.*

(1177).

In nomine patris, et filii, et spiritus sancti. Ego Jacobus, dominus Avesnatensium et Altimontensis ecclesie advocatus, tam futuris quam presentibus, que sunt veritatis et pacis. Ut bonum pacis inviolabile perseveret nec ullus error seu aliqua fraudium

[1] Sur ces localités, voy. partie II.

machinamenta veritatem impugnantia prevaleant, quod vidimus, quod in presentia nostra hominumque nostrorum factum est testamur et notitie posteritatis scriptum transmittimus. In villa igitur, que Sanctus-Vedastus-in-Calciata[1] vocatur, adjacet alodium cujus tres partes ab antiquis temporibus in jus proprium Altimontensi ascribuntur ecclesie, cui, jure advocationis, sollicitudinem pacis profiteor me debere. Quarta vero cum adjaceret illustris viri dominio, videlicet Ysaac de Squilin, idem Ysaac eam invadiandam proposuit. Exinde conveniens Clarembaldum, Altimontensem abbatem, quia particeps erat alodii, ut, si vellet, partem illam jure invadiationis sibi retineret. Abbas primitus recusavit, usure formam tale contestans habere negotium[2]. Postea vero, cogitans et recogitans, et multa super pace ecclesie sue deliberans, et vexationes potentioris si forte subintraret pertimescens, nos ut advocatum ecclesie adiit, nos consuluit, et quomodo convenientius pacem ecclesie retineret edoceri petiit. Hoc tandem inventum et datum est consilium, ut predictus Ysaac fructus predicte partis sue, pro anima Alardi filii sui, noviter defuncti et ad ecclesiam sepulti, in elemosinam traderet, et insuper abbas censum xii nummorum singulis annis, in festo sancti Remigii, seu infra viii precedentes dies seu infra octo sequentes, solveret, donec invadiationis solveretur pecunia. Tunc predictus Ysaac de pace tenenda ecclesie fidem interposuit, et me, eodem petente, de eadem pace tenenda ecclesie tam de se quam de suis heredibus abbas obsidem accepit. Summa pecunie in ista invadiatione : xl libre sunt veteris monete et x libre nove monete. Terminus resignande pecunie sic est impositus, ut, in quocumque festo sancti Remigii, vel infra octo precedentes dies vel infra viii subsequentes, predictus Ysaac vel heres suus summam predicte pecunie resignaverit, abbas recipiet et invadiationis alodium ad

---

[1] Saint-Vaast-lez-Bavai. Une chaussée romaine y passait. Voy. preuves, partie 1.

[2] On sait que l'Église proscrivait le prêt à intérêt ; l'acte ci-dessus prouve que cette défense n'était pas respectée et que rien n'était plus facile que de l'esquiver.

proprium revertetur dominum. Hec ad suffragium veritatis cognoscende, pacis tenende, appositione proprii sigilli, suppositis etiam testibus, roboravi. Signum Symonis abbatis Aquicinctensis. S. Helgoti abbatis Letiensis. S. Nicholai abbatis Maricolensis. S. Galteri de Crois. S. Wiberti de Malna. S. Hugonis de Malna. S. Alardi senescalci. S. Gerardi de Bari. Acta sunt hec apud municipium Landreccias, anno ab incarnatione Domini M° C° LXX° VII°, indictione decima, concurrente V°, epacta XVIII.

Cartulaire de l'abbaye d'Hautmont, fol. 80 recto.

## CXLII.

*Alard, évêque de Cambrai, termine la contestation existant entre l'abbaye d'Anchin et Béatrice de Boussu, femme de Gossuin de Mons, au sujet du village d'Aymeries* [1].

(1177).

In nomine sancte et individue trinitatis, amen. Quia specialiter ad pastorale spectat officium paci et quieti ecclesiarum providere ut scilicet ea que servis Dei a fidelibus legitime attributa sunt eis sine perturbatione et malorum hominum infestatione liceat possidere, eapropter ego Alardus, divina miseratione sancte Cameracensis ecclesie episcopus, notum fieri volo omnibus tam futuris quam presentibus, quod Beatrix de Buxu, uxor Gosuini de Mons, in presentia nostra veniens, recognovit se, post obitum mariti sui, ecclesiam de Ameriis fratresque Aquicinctenses injusta vexatione fatigasse super quibusdam que in elemosina prefate ecclesie, a nobili muliere Ermengarde de Mons, legitime libere et absolute collata fuerant. Recognovit et enim quod predicta ecclesia theloneum, stalagium et foragium, in sollempnitate dedicationis ipsius ecclesie, per totam villam, in castello etiam suo, si forte res alique ibi venundarentur, habere debebat ; per totum vero aliud

[1] L'abbaye d'Anchin avait un prieuré à Aymeries. Voy. partie II.

tempus, in curte et atrio, vel etiam in quocumque loco res ecclesie venderentur, medietatem quoque totius aque et totius piscationis territorii de Ameries, medietatem etiam molendini in quo molendinarius, nisi ad libitum monachorum et assensu eorum, nullomodo poni poterat Excluse ipsius ab hominibus prefate Beatricis refici debebant. Monachi in ipso molendino sine moltura molere debebant ; quod nequaquam sepefata Beatrix facere poterat. Cambam quoque ipsorum recognovit esse liberam, et cambarium in ea manentem ab omni exactione liberum. Addidit etiam quod predicti fratres sanguinem, et hurinam, et latronem in curte et atrio habebant, et quod exitus suos ad libitum suum, remanente uno exitu versus castrum, facere poterant ; clausuram quoque murorum suorum exaltare, prout vellent, sicut alie domus monastice religionis facere consueverunt. Asseruit insuper quod hoc idem recognovit maritus ipsius Gosuinus de Mons, in articulo mortis positus, ad quem hereditario jure allodium de Ameries pertinebat. Nos autem, ad omnem disceptationis scrupulum deinceps removendum, prefatam elemosinam sepedicte ecclesie auctoritate nostra assignamus, et presenti scripto corroboramus, et tam sigilli nostri impressione quam subtersignatorum testium annotatione ratum fore decernimus S. mei ipsius. S. Huardi, Vualcheri decani de Bavai, Vuerrici et Balduini, presbiterorum ; Nicholai, abbatis Maricolensis, Vualteri de Busies, Vuillelmi de Hausi, Raineri de Walleirs, Stephani de Donen. Actum anno verbi incarnati M° C° LXX° VII°, presulatus vero nostri anno primo.

Original, fonds de l'abbaye d'Anchin, aux Archives du département du Nord, à Lille.

## CXLIII.

*Baudouin V, comte de Hainaut, déclare qu'en sa présence une femme noble, nommée Maisende, a donné à l'abbaye d'Hautmont l'alleu qu'elle possédait à Hurgnies* [1].

[1] Comparez n.° CXXXV.

(1178).

In nomine sancte et individue trinitatis, amen. Quum labilis est mortalium memoria, et omnia post se labentia trahunt tempora, sic debent confirmari que fuerint in tempore, ne mutentur vel annichilentur pariter cum tempore. Eapropter ego Balduinus, divina misericordia comes Hanoensis, à Balduino comite Hasnoniensi comes quintus, notum fieri volo tam futuris quam presentibus, quod quedam mulier, Maniscendis cognomine comitissa, nobilibus parentibus orta, illo versu euvangelico aure cordis precepto : « *Qui non renuntiaverit omnibus que possidet non potest meus esse discipulus* », et cetera, Christum sibi heredem facere preeligens et sancte conversationi adherere volens, in meam presentiam venit, et, Dei inspirante clementia, omne allodium quod in territorio de Harigni habebat et omnia que in villa et in eadem parochia in campis, in silvis, in aquis, in pascuis, et reddilibus, et hospitibus, pro remedio anime sue et predecessorum suorum, coram me et hominibus meis, Clarembaldo Altimontensis ecclesie sancti Petri abbati, ad usus fratrum ibidem Deo servientium, in elemosinam contradidit; et hoc donum, duobus filiis suis, Hugone et Roberto, et Hawide filia sua, qui presentes aderant, ultro concedentibus et manum donationi apponentibus, Roberto quoque fratre suo de Querceto concedente, et me assentiente et donationi manum apponente, celebriter est confirmatum, jure tamen salvo Walteri, natorum predicte Mainscendis quarti, qui à patria discesserat. Qui si forte redierit, quartam partem in allodio et in hereditate, nullo contradicente, recuperabit; et si reversus ecclesie Altimontensi se mancipare preelegerit et monachus fieri voluerit, ecclesia eum sine contradictione in fratrem recipiet, et illius quartam partem allodii et hereditatis cum tribus partibus fratrum et sororis habebit. Si forte non reversus decesserit, ecclesia omnia hec prenominata nullo herede reclamante in pace obtinebit. Ego autem comes Balduinus portiunculam unam silve ad illam partem allodii pertinentis, que vulgo *haia* dicitur, que pro defensione patrie et reipublice solet fieri [1], et jus advocatie hujus terre pro tuitione allodii ad pacem ecclesie, nutu et assensu prescripte Malsendis hanc elemosinam conferentis et domini Clarembaldi abbatis Sancti-Petri, in manu mea michi retinui. Ut autem carta hec rata et à successoribus meis perpetuo inviolata permaneat, et ne quis eam temere infringere presumat, subscriptis eorum qui interfuerunt nominibus, sigilli mei auctoritate muniri et corroborari feci. S. Ganfridi clerici Toeniensis. S. Eustachii domini scilicet de Ruez. S. Gerardi Malifiliastri. S. Hoeli de Keveren. S. Reneri de Trit. S. Willelmi de Potelis. S. Gilouis de Bermerein. S. Arnulfi de Landast. S. Oberti de Bruilo. S. Johannis sacerdotis et capellani. Acta sunt hec in municipio quod dicitur Haymonchaisnoit, anno verbi incarnati M. C. LXXVIII°, indictione XI, concurrente VI, epacta nulla, regnante Frederico imperatore, anno primo Rogeri Cameracensis electi. Ego Gislebertus, capellanus et cancellarius, predicte donationi interfui, cartam scripsi et sigillo munivi.

Cartulaire de l'abbaye d'Hautmont, fol. 16 recto.

## CXLIII bis.

*Grégoire, fils du châtelain de Beaumont, libère, à la demande et au profit de l'abbaye d'Hautmont, certaines personnes de tout droit de gîte à Grand-Reng.*

(1178).

In nomine sancte trinitatis. Presenti scripto satagimus ut, in negotio quod continet, sapientia vincat maliciam et testimonio veritatis obstruatur os iniqua machinantium. Est igitur apud

---

[1] On voit que le système de défense du territoire, au XIIe siècle, consistait spécialement dans la conservation ou la création de bois et de forêts aux frontières du pays ou aux alentours des places fortes. Comparez n° CXXXV bis.

Grantreegn [1] pars quedam possessionis sancte Marie que dicitur Ruta-Truile, in qua Gregorius, filius Gisleni castellani Belmontensis, advocatiam se asserit tenere in feodo de Iberto milite in eadem villa manente. Qui cum incolas servitiis et obsoniis, que vulgus gistas vocat, gravaret, Radulfus, Arnulfus, Ascelinus, Heribertus, Alardus, et Ida mater eorum, non ferentes hanc vexationem, cum tenerent de ipso Gregorio, in alodio de Jovis-Monte [2], bonarium terre marlate, terragium ei dantes, totum ei habere concesserunt ut eos ab omni exactione advocati absolveret. Igitur, assensu uxoris sue Elyzabeth ea parte cujus descendebat feodus, annuente etiam Iberto domino suo, coram hominibus suis, Adam milite, Anselmo de Renniolo [3], Radulfi de Haverech, et coram abbate Altimontensi Clarembaldo, concessit Gregorius ut idem fratres et posteri eorum liberi essent ab omnimoda advocati exactione, tantummodo reddentes ei in medio martio xii sextarios avene ad mensuram que dicitur pastalis sextarius. Illi autem fratres tenent tria curtilia, et unum parvum extra villam situm, in hac quam diximus libertate; sed medietatem unius ex tribus curtilibus in vadio habentes, quamdiu tenuerint, sub conditione jam dicta habebunt. Si vero redempta fuerit à Rainardo Fabro vel heredibus ejus, licebit advocato in ipsa medietate sua servitia querere, et tunc illi fratres vel heredes eorum non reddent nisi decem sextarios avene. Ut autem hec constitutio rata permaneat, Altimontensis ecclesia suo eam testimonio et sigillo corroborat, que terram sancte Marie cum hospitibus et servis sibi vendicat. Acta sunt hec apud Grantreeng, anno ab incarnatione Domini M° C° LX° et XVIII°, indictione XI, coram testibus ascriptis, Euvrardo, Rainero, Arnulfo, Euvroldo, altero Euvruldo, qui sunt scabini.

*Cartulaire de l'abbaye d'Hautmont*, fol. 29 verso.

---

[1] Grand-Reng. Voy. partie II.
[2] Jeumont. Voy. partie II.
[3] Rignœul Voy. le mot *Hriniolum*, aux preuves, partie II.

## CXLIV.

*Le pape Alexandre III confirme à l'abbaye de Ghislengien la possession de tous ses biens.*

**(14 septembre 1179).**

Alexander episcopus, servus servorum Dei, dilectis in Christo filiabus abbatisse monasterii de Gillegien ejusque sororibus tam presentibus quam futuris regularem vitam professis, in perpetuum. Pie postulatio voluntatis effectu debet prosequente compleri, presertim quando petentium voluntatem et pietas adjuvat et veritas non relinquit. Eapropter, dilecte in Domino filie, vestris justis postulationibus clementer annuimus, et prefatum monasterium, in quo divino mancipate estis obsequio, sub beati Petri, et nostra protectione suscipimus et presentis scripti privilegio communimus; statuentes ut quascumque possessiones, quecumque bona idem monasterium impresentiarum rationabiliter possidet aut in futurum, concessione pontificum, largitione regum vel principum, oblatione fidelium, seu aliis justis modis parante Domino poterit adipisci, firma vobis et illibata permaneant. In quibus hec propriis duximus exprimenda vocabulis; locum ipsum in quo monasterium vestrum consistit, cum omnibus pertinentiis suis; ex dono bone memorie Nicholai, quondam Cameracensis episcopi, altare de Helchies [1] cum appenditiis suis; ex dono bone memorie Petri, quondam Cameracensis electi, altare de superiori Akerne [2] cum appenditiis suis; ex concessione ecclesie de Beren-

---

[1] Herchies, arr. de Mons, cant. de Lens.
[2] Aeren, arr. de Tournai, cant. de Lessines. Les deux Aeren sont aujourd'hui réunis.

ger-Trunc [1] altare de Wlengem [2], sub annua pensione decem solidorum ; quicquid juris habetis in decima de Gisebeke [3], et, in eadem villa, quicquid de dono Theoderici de Gillengen habere noscimini ; ex dono Eve, que dicitur Damisons, medietatem ville cui nomen Herbisuels [4]. cum terris, pratis, servis, ancillis, et aliis omnibus que ibidem habetis ; ex dono Arnulfi Aldenardensis censum de Lescines [5] ; ex dono Rassonis de Galdripunt duo boaria terre arabilis in parrochia de Goi [6] ; in memoriam Matildis decem boaria terre et viginti solidos ad luminare ecclesie vestre ; ex dono Rassonis de Gavera quicquid juris habetis in decima de Hoves [7], decimam et terragium ville que dicitur Iricconwes [8], et in eadem villa servos et ancillas quos Alardus pia

[1] Un fait intéressant se rattache à cette localité. Baudouin V envoya, en 1190, son conseiller Gislebert vers l'empereur, pour solliciter de lui l'investiture des comtés de Namur, de Durbui et de la Roche. Le duc de Louvain soutint que cette demande portait atteinte à son autorité, et que son duché s'étendait sur les comtés de la Roche, de Namur et de Hainaut, jusqu'au lieu appelé *Truncus-Berengeri*. Cette prétention fut repoussée par l'empereur. Voici le texte même de Gislebert : « Quo audito, dux Lovaniensis dixit quod in hoc suæ dignitati derogabatur, et super hoc consilium vellet habere et inde loqui ; habitoque comitis Flandrensis consilio et hominibus suis adhibitis, per prolocutorem suum, scilicet comitem Flandriæ, dixit quod in terra Namurcensi vel Rocha nullus fieri potest princeps, quia in ducatu suo erat, et insuper ducatus suus per Hanoniam usque ad locum qui dicitur Truncus-Berengeri protendebatur ». GISLEBERT, p. 212. Mais quel était ce lieu, vainement cherché par M. DE REIFFENBERG (*Histoire du Hainaut*, t. II, p. 109) ? C'est, à n'en pas douter, le monastère de Tronchiennes, situé à la limite de l'ancien Brabant et du Mempisque (devenu le comté de Flandre). Deux lettres de saint Bernard, au XIIe siècle, sont adressées à Gossuin, abbé de Tronchiennes (*de Trunco-Berengarii*). S. BERNARDI *Opera*, t. I, pp. 368 et 370.
[2] Lieu inconnu.
[3] Gibecq, arr. de Mons, cant. de Chièvres.
[4] Erbisœul, idem.
[5] Lessines, cant. de ce nom, arr. de Tournai.
[6] Ghoy, arr. de Tournai, cant. de Lessines.
[7] Loves, arr. de Mons, cant. d'Enghien.
[8] Irchonwelz, arr. de Tournai, cant. d'Ath.

vobis liberalitate donavit ; ex dono Mathei de Arbere viginti solidos annuatim solvendos apud Jurbise [1], quicquid juris habetis in decima de Lens [2] ; ex dono Thideldis de Beverne alodium apud Erbaut [3]; ex dono Walterii de Waldeke et Rasendis uxoris ejus et Ide de Froimunt quicquid tenetis in parrochia de Baffa [4], salvo tamen jure Sonagiensis ecclesie ; ex dono Sigeri de Erwetengem marcam unam vel equivalens in parrochia de Winthi [5] ; ex dono quoque Balduini de Winti in eadem parrochia marcam unam vel equivalens annuatim ; ex dono Gosuini de Mons sex bonaria terre arabilis apud Florsbekam [6], unum bonarium prati et quartam partem, quicquid habetis in decima apud Wlengem ; ex dono Gerardi de Ogi alodium quod habetis apud Ankre [7] ; ex dono Aelidis, Ode, filie Lamberti et Juette, tres mansiones apud Duacum [8] ; ex dono Theoderici de Gillengem domum quandam in parrochia Cirviensi [9] cum mansura ejusdem ; ex dono Theoderici de Gillengem sex bonaria terre in loco qui dicitur Place [10] ; ex dono Bernardi Sarraceni terram quam habetis apud Lescines cum ecclesie Cameracensis concessione, jus quod habetis in decima de Norcin.[11] Sane novalium vestrorum que propriis manibus vel sumptibus colitis sive de nutrimentis animalium vestrorum nullus à vobis decimas presumat exigere. Liceat quoque vobis personas liberas et absolutas è seculo fugientes ad conversionem recipere et absque ullius contradictione in vestro collegio retinere. Cum au-

[1] Jurbise, arr. de Mons, cant. de Lens.
[2] Lens, cant. de ce nom, arr. de Mons.
[3] Erbaut, arr. de Mons, cant. de Lens.
[4] Bauffe, idem.
[5] Denderwindeke, arr. d'Audenarde, cant. de Ninove.
[6] Flobecq, arr. de Tournai, cant. d'Ellezelles.
[7] Lieu à Flobecq ou Ellezelles.
[8] Douai, arr. et cant. de ce nom (France).
[9] Chièvres, cant. de ce nom, arr. de Mons.
[10] Place-à-l'Aunoi, dépendance d'Ellezelles.
[11] Noirchain, arr. de Mons, cant. de Pâturages.

tem generale interdictum terre fuerit, liceat vobis, clausis januis, exclusis excommunicatis et interdictis, non pulsatis campanis, suppressa voce, divina officia celebrare. Obeunte vero te nunc ejusdem loci abbatissa vel qualibet earum que tibi successerint, nulla ibi qualibet subreptionis astucia seu violentia preponatur, nisi quam sorores communi consensu vel sororum pars consilii sanioris secundum Deum et beati Benedicti regulam providerint eligendam. Sepulturam preterea ipsius ecclesie liberam esse decernimus, ut eorum devotioni et extreme voluntati qui se illic sepeliri deliberaverint nullus obsistat, salva tamen justicia illarum ecclesiarum à quibus mortuorum corpora assumuntur. Decernimus ergo ut nulli omnino hominum liceat prefatum monasterium temere perturbare, aut ejus possessiones auferre, vel ablatas retinere, minuere, seu quibuslibet vexationibus fatigare; sed omnia integra conserventur eorum pro quorum gubernatione ac substentatione concessa sunt usibus omnimodis profutura, salva sedis apostolici auctoritate et diocesani episcopi canonica justitia. Si qua igitur in futurum ecclesiastica secularisve persona hanc nostre constitutionis paginam sciens contra eam temere venire temptaverit, secundo tertiove commonita nisi reatum suum digna satisfactione correxerit, potestatis honorisque sui dignitate careat, et à sacratissimo corpore ac sanguine Dei ac domini redemptoris nostri Jhesu Cristi aliena fiat, atque in extremo examine districte ultioni subjaceat; cunctis autem eidem loco sua jura servantibus sit pax domini nostri Jhesu Christi, quatinus et hic fructum bone actionis percipiant et apud districtum judicem premia eterne pacis inveniant. Amen. Amen. Amen. Ego Alexander catholice ecclesie episcopus. Ego Hugo presbiter cardinalis tituli sancti Clementis. Ego Matheus presbiter cardinalis tituli S. Marcelli. Ego Hubaldus Hostiensis episcopus. Ego Theodinus Portuensis et sancte Rufine episcopus. Ego Bernardus Prenestinus episcopus. Ego Gratianus diaconus cardinalis sanctorum Cosme et Damiani. Ego Matheus sancte Marie Nove diaconus cardinalis. Datum Sigium (Signiæ?) per manum Alberti, sancte romane ecclesie presbiteri cardinalis et cancellarii, xvii kal. octobris, indictione xii, incarnationis dominice anno MC LXXVIII°, pontificatus vero domini Alexandri pape III anno XX°.

Original, fonds de l'abbaye de Ghislenghien, aux Archives du royaume, à Bruxelles.

## CXLIV bis.

*Aimon, maître de l'Ordre du Temple en deçà des mers, cède à l'abbaye d'Hautmont, moyennant une rente annuelle de six marcs d'argent, une propriété de l'Ordre à Givri.*

(1179).

In nomine summe pacis. Amio, Dei gratia fratrum Templi Hierosolimitani dictus magister et ipsorum in citramarinis regionibus precipuus procurator, et cuncti fratres Templi, omnibus christianis sic favere terrene Jherusalem ut celestis mereantur habitationem. In diversis professionibus summo regi militantes de regno ejus, quod est ecclesia, scandalorum repellere debemus inquietudines. Hinc est profecto quod presenti carta confirmamus negotium inter nos et Altimontensem ecclesiam dispositum, scilicet ut ex scripto firma perseveret actionis cognitio et per cognitionem de medio fiat malignitatis vel dubietatis controversia. Erat igitur nobis apud Gyvri [1] quedam mansio cum appenditiis suis, quam minori sollicitudine et faciliori questu nobis profuturam credidimus, si, statuto censu contenti, alicui eam possidendam concederemus. Agente ergo fratre nostro Balduino de Gant, cui, in comitatu Hainoensium, Wimacensium et Pontiviensium, procurationem commiseramus, fratribus Altimontensis ecclesie, qui finitima possidebant, concessimus, ut quicquid habebamus apud Gyvri in terris cultis et incultis, aquis, silvis, pratis, cum molendino, et hospitibus, et omni redditu, et terra que dicitur Elemosina-Wagonis, perpetuo et sine retractatione possideant, hoc pacto scilicet ut, in festo sancti Martini ante adventum, quo-

[1] Givri. Voy. partie II.

tannis nobis apud Flumetum ¹ reddant sex marchas argenti Flandrensi pondere, decem solidis probabilium sterlinorum marce deputatis. Hec autem, sicut gesta sunt, anno ab incarnatione Domini millesimo centesimo LXX° nono, indictione XII, epacta XI, scriptis et sigillis nostris datis et acceptis, utrobique roboravimus et omnium fratrum nostrorum transmarinorum et citramarinorum consensu astipulamur subscriptione. Signum Amionis de Aiz. S. Balduini de Gant et Eustachii li Chien, Guillelmi Caldelli. S. Gualteri de Odelaen-Villa, Balduini de Holong, Arnulfi de Lundres, Goberti de Feneen, Roberti de Araz, Rogeri de Avesnes, Alardi, cum ceteris omnibus.

*Cartulaire de l'abbaye d'Hautmont*, fol. 19 recto.

## CXLV.

*Le pape Alexandre III confirme au chapitre de Cambrai la possession de ses biens* ².

(14 Janvier 1179, 1180, nouveau style).

Alexander episcopus, servus servorum Dei, dilectis filiis Theoderico preposito, Hugoni decano, et capitulo Cameracensi, eorumque successoribus canonice substituendis in perpetuum. Effectum justa postulantibus indulgere et vigor equitatis et ordo exigit rationis, presertim quando petentium voluntatem et pietas adjuvat et veritas non relinquit. Eapropter, dilecti in Domino filii, vestris justis postulationibus clementer annuimus et ecclesiam vestram, in qua divino mancipati estis obsequio, sub beati Petri et nostra protectione suscipimus, et presentis scripti privilegio communimus; statuentes ut quascumque possessiones, quecumque bona eadem ecclesia impresentiarum rationabiliter

---

¹ Flumet, Flemiet, ou plutôt Felegnies, ferme de l'Ordre du Temple, à Jemmapes. Comparez n.ᵒˢ CXX bis et CXXVII quinquies.
² Voy. la note du n.° CXXVII.

possidet, aut in futurum, concessione pontificum, largitione regum vel principum, oblatione fidelium, seu aliis justis modis, propitiante Domino, poterit adipisci, firma vobis vestrisque successoribus et illibata permaneant. In quibus hec propriis duximus exprimenda vocabulis : villam de Fontenes et ecclesiam ejusdem ville cum pertinentiis suis; ecclesiam de Cantiene et de Noella [1] cum pertinentiis suis; Waercurt, Ribercurt, Alneus, Buxies, Doineis, et earum ecclesias : ecclesiam de Bello-Manso, ecclesiam de Morceis, ecclesiam de Clusa, ecclesiam de Ayerneurt et de Felcheriis; villam de Carneriis, villam de Bosseriis, et earum ecclesias cum omnibus earum pertinentiis; villam de Noveslis et ejusdem loci ecclesiam cum pertinentiis suis; tertiam partem terre de Ferreris; in pago Hainonensi, ecclesiam de Waudre cum appenditio suo Bince et aliis pertinentiis ejus, ecclesiam de Lestinis cum Brac et aliis appenditiis suis, ecclesiam de Goi super Sambram cum pertinentiis suis, ecclesiam de Sancto-Vedasto cum pertinentiis suis Bertreceis et Braugeis [2], villam nomine Onene, Monteni, Villare-Pontificale, cum earum ecclesiis et pertinentiis; alodium de Lessinis, de Ogi et de Yser, à bone memorie Lieberto quondam episcopo vestro vobis concessum cum eorum ecclesiis et pertinentiis; ecclesiam de Harene [3], cum appenditio suo Thidune [4]; in civitate Cameracensi, decimam thelonei, matheram, hostagia caponum, et redditus alios quos ibidem habetis, et liberam donationem tertie prebende in ecclesia vestra; domos etiam claustri vestri, et loca que vulgo dicuntur *Furnil* et *Cambil*, quecumque in eis sint edificia, et loca molendinorum vestrorum cum omni jure et libertate quam in eisdem domibus, locis et edificiis hactenus habuisse noscimini; donationem thesaurarie et prebendarum in ecclesia Sancte-Crucis. Antiquas quoque et rationabiles consuetudines ecclesie vestre ratas habemus et firmas, easque

[1] Noyelles, arr. de Cambrai, cant. de Marcoing.
[2] Sur ces dernières localités, voy. n.os CXXVIII et CXXIX.
[3] Herent, cant. de ce nom, arr. de Louvain.
[4] Thildonck, arr. de Louvain, cant. de Haecht.

perpetuis temporibus illibatas manere censemus. Decernimus ergo ut nulli omnino hominum liceat prefatam ecclesiam temere perturbare, aut ejus possessiones auferre, vel ablatas retinere, minuere, seu quibuslibet vexationibus fatigare ; sed omnia integra conserventur eorum pro quorum gubernatione ac substentatione concessa sunt usibus omnimodis profutura, salva sedis apostolice auctoritate et Cameracensis episcopi canonica justitia. Si qua igitur in futurum ecclesiastica secularisve persona hanc nostre constitutionis paginam sciens contra eam temere venire temptaverit, secundo tertiove commonita nisi reatum suum digna satisfactione correxerit, potestatis honorisque sui dignitate careat, reamque se divino judicio existere de perpetrata iniquitate cognoscat, et à sacratissimo corpore ac sanguine Dei et domini redemptoris nostri Jhesu Christi aliena fiat, atque in extremo examine districte ultioni subjaceat ; cunctis autem eidem loco sua jura servantibus sit pax domini nostri Jhesu Christi ; quatinus et hic fructum bone actionis percipiant, et apud districtum judicem premia eterne pacis inveniant. Amen. Amen. Amen. Ego Alexander catholice ecclesie episcopus. Ego Hubaldus Hostiensis episcopus. Ego Theodinus Portuensis et sancte Rufine sedis episcopus. Ego Matheus presbiter cardinalis tituli sancti Marcelli. Ego Ardicio diaconus cardinalis sancti Theodori. Ego Rainerus diaconus cardinalis sancti Georgii ad velum aureum. Ego Gratianus sanctorum Cosme et Damiani. Ego Johannes diaconus cardinalis sancti Angeli. Ego Matheus sancte Marie-Nove diaconus cardinalis. Ego Anilus sanctorum Sergii et Bachi diaconus cardinalis. Datum Velletri, per manum Alberti, sancte romane ecclesie presbiteri cardinalis et cancellarii, xviii kal. februarii, indictione xii, incarnationis dominice anno mclxxviiii, pontificatus vero domni Alexandri pape iii anno xv° [1].

> Original, muni de la bulle de plomb, fonds de la cathédrale de Cambrai, aux Archives du département du Nord, à Lille.

[1] Il faut évidemment « anno xx° » au lieu de « anno xv° ». Alexandre III monta sur le trône pontifical en 1159.

## CXLVI.

*Le pape Alexandre III confirme à l'abbaye de Liessies la possession de ses biens [1].*

(25 octobre 1186).

Alexander episcopus, servus servorum Dei, dilectis filiis Helgoto, abbati Liciensis ecclesie, ejusque fratribus tam presentibus quam futuris monasticam vitam professis inperpetuum. Religiosam vitam eligentibus apostolicum convenit adesse presidium, ne forte cujuslibet temeritatis incursus aut eos à proposito revocet, aut robur, quod absit, sacre religionis infringat. Eapropter, dilecti in Domino filii, vestris justis postulationibus clementer annuimus et prefatum monasterium, in quo divino mancipati estis obsequio, sub beati Petri et nostra protectione suscipimus, et presentis scripti patrocinio communimus; in primis siquidem statuentes ut ordo monasticus, qui in eodem monasterio, secundum Deum et beati Benedicti regulam atque institutionem Cluniacensium fratrum, institutus esse dignoscitur, perpetuis ibidem temporibus inviolabiliter observetur. Preterea quascumque possessiones, quecumque bona prefatum monasterium in presentiarum rationabiliter possidet aut in futurum, concessione pontificum largitione regum vel principum, oblatione fidelium, seu aliis justis modis, parante Domino, poterit adipisci, firma vobis vestrisque successoribus et illibata permaneant. In quibus hec propriis duximus exprimenda vocabulis : altare ville de Feron cum tota decima pertinente ad ipsum; altare de Trelon cum pertinentiis suis; altare de Fisciaco [2] cum pertinentiis suis; altaria de Lecies, de Carteniis, de Avesnis, et de Struem, in ea libertate quam ipsam hactenus habuisse noscimini; altare de Abanciis [3]

---

[1] Voy. ce que nous avons dit sous la charte n.° CXVI.
[2] Grand-Fissault, hameau de Saint-Hilaire. Voy. partie II.
[3] Lieu inconnu.

cum omnibus pertinentiis suis; altare de Sancto-Hylario; altare
de Haut cum tertia parte decime et pertinentiis suis; altare de
Formies cum pertinentiis suis; altare de Fontenellis cum pertinentiis suis; altare de Fontanis, altare de Florgies [1], altare de
Sclarbies [2], altare de Sars, cum eorum pertinentiis ; altaria de
Sermies et de Ramozies cum pertinentiis suis; altare de Ihi cum
pertinentiis suis Havai [3] et Geiniis [4]; altare de Parvo-Chevi cum
appenditio suo Magno-Chevi [5]; altare de Jeumont [6] cum appenditio suo Marpent [7]; altaria de Vilers, de Helpre et de Bavis [8] ;
altare de Atra [9] cum appenditiis suis, Arbra [10] et Mevergen [11] videlicet, et aliis ad ipsum spectantibus; altaria de Mafla et de Linia [12]
cum pertinentiis suis; altaria de Hosticio, de Wasnebecca, de
Mareha, de Antigone, de Corda, de Brafla et de Bavengies [13];
villam de Letiis ab omni advocatia liberam, et omnes redditus
tam in aquis quam in silvis et pratis, sicut fundus, villicatio et
parrochia determinant; allodium de Ferton [14] cum aquis, pratis,
silvis et aliis omnibus redditibus ejusdem ville, sicut villicatio et
parochia determinant; duas partes decime de Bethiniis [15]; totam
terram de Lambretengea [16] que adjacet territorio de Wasnebec,
sicut cam tenetis sub annuo censu dimidie marche ab ecclesia

---

[1] Floursies, arr. et cant. d'Avesnes.
[2] Eclaibes, arr. d'Avesnes, cant. de Maubeuge.
[3] Havay et sa dépendance Ihy. Voy. partie II.
[4] Gœgnies-Chaussée, arr. de Mons, cant. de Pâturages.
[5] Quévy-le-Petit et Quévy-le-Grand. Voy. partie II.
[6] Jeumont, arr. d'Avesnes, cant. de Maubeuge.
[7] Marpent, idem.
[8] Baives. Voy. partie II (la Fagne).
[9] Attre, arr. de Mons, cant. de Chièvres.
[10] Arbres, idem.
[11] Mévergnies, idem.
[12] Ligne, arr. de Tournai, cant. de Leuze.
[13] Bouvignies, arr. de Tournai, cant. d'Ath.
[14] Lieu inconnu.
[15] Betlignies, arr. d'Avesnes, cant. de Maubeuge.
[16] Lieu à Wannebecq.

sancti Laurentii Leodicensis; allodium de Furimis cum aquis, pratis, silvis, et omnibus redditibus ville; allodium de Viler eidem ville contiguum, de quo duos solidos censuales persolvitis; allodium de Cartiniis cum silvis, aquis et pratis suis; medietatem allodii de Fleon et de Chevirul [1] cum aquis, pratis, silvis et aliis omnibus redditibus suis; allodium de Fraxina [2] ex parte Adelidis et Galterii, cum servis et ancillis et omnibus pertinentiis suis; allodium Willelmi de Eudegin, allodium de Mevergin, ex parte Yuvani quindecim bonaria et dimidium, et in toto residuo sextam et septimam partem tam in terra quam in silva; ex parte Rabonis et Heluidis allodium sancti Remigii de Trelon cum terris et silvis ad ipsum pertinentibus, de quo decem solidos Laudunensis monete annuatim persolvitis ecclesie sancti Marculfi de Corbenio; allodium de Fontenellis à Guidone de Guisia traditum cum omnibus pertinentiis suis; allodium sancti Petri et sancti Ursmari eidem ville adjacens, quod censualiter ab ecclesia Lobiensi tenetis; allodium de Semeries, datum à Balduino comite Montensi cum omnibus pertinentiis suis; allodium de Ramolzies cum omnibus pertinentiis suis; allodium Gozuini de Melen et Nicholay et Juetre et participum eorum, situm apud Havay et Betinies et Salices [3], cum silvis, pratis et terris suis; totam hereditariam possessionem Junii de Obiis apud Donum-Petri [4] et citra haiam de Ayesnes; villam et allodium de Dono-Petri cum terris, silvis, pratis, aquis, decimis et aliis pertinentiis suis; molendinum de Fait; duo molendina apud Struem, et duas carrucatas terre, et partem tam in decimis quam in terragiis et ceteris redditibus; octo pensas caseorum de bertaria dicta *Tox* supro nivio (?) de Gistella [5]; allodium Beatricis Laudunensis in territorio de Brugis, cum terris, pratis, decimis et aliis redditibus suis; terram cultam et incultam

---

[1] Lieu inconnu
[2] Frasnes, canton de ce nom, arr. de Tournai.
[3] Lieu inconnu.
[4] Dompierre, arr. et cant d'Avesnes.
[5] Ghistelles, cant de ce nom, arr. de Bruges.

sancti Gervasii in Aziunvilla, sub censu duorum solidorum et sex modiorum frumenti annuatim solvendorum ecclesie sancti Gervasii; duas partes allodii de Aat et duas partes decime; totum molendinum de Bilchet [1] et totam terram quam Simon molendinarius tenet à vobis; molendinum ante vestram portam de Haat et omnes terras quas rationabiliter possidetis tam de allodio de Haat quam de allodiis ceteris in vicino positis, Bevengiis [2] videlicet et Lohia [3] ceterisque circumadjacentibus; allodium de Hanciis cum omnibus pertinentiis suis; molendinum sancti Michaelis de Sarto quod dicitur de Le Fertei [4]; terram sancte Benedicte in Aisonvilla sub censu duorum galeatorum frumenti; terram sancti Amandi sub trecensu; terram sancti Quintini in predicto loco sitam pro terragio; sextam partem decime de Herven [5]; terras de Fontanis et terras de Briastra tam emptas quam in elemosinam sub trecensu vobis collatas. Sane novalium vestrorum que propriis sumptibus colitis, sive de nutrimentis animalium vestrorum, nullus à vobis decimas presumat exigere. Liceat quoque vobis clericos et laycos liberos et absolutos è seculo fugientes ad conversionem recipere et eos absque ullius contradictione in vestro collegio retinere. Prohibemus autem ut nulli fratrum vestrorum post factam in eodem loco possessionem fas sit absque vestra licentia nec artioris religionis obtentu de claustro vestro discedere, discedentem vero sine communium litterarum cautione nullus audeat retinere. Cum autem generale interdictum terre fuerit, liceat vobis, clausis januis, expulsis excommunicatis et interdictis, non pulsatis campanis, suppressa voce, divina officia celebrare. Nulli quoque liceat vobis vel monasterio vestro, aut ecclesiis vel hominibus vestris, de novo angariam vel alias inde-

[1] Bilhée, dépendance d'Ath.
[2] Bouvignies, arr. de Tournai, cant. d'Ath.
[3] Lieu inconnu, aux environs d'Ath.
[4] Lieu inconnu.
[5] Harvengt, arr. de Mons, cant. de Pâturages.

bitas et novas exactiones imponere. Nulli etiam fas sit servos et ancillas monasterii vestri sine abbatis et capituli permissione suscipere. Obeunte vero te nunc ejusdem loci abbate vel tuorum quolibet successorum, nullus ibi qualibet subreptionis astutia seu violentia preponatur, nisi quem fratres communi consensu vel fratrum pars consilii sanioris secundum Deum et sancti Benedicti regulam providerint eligendum. Sepulturam quoque ipsius loci liberam esse decernimus, ut eorum devotioni et extreme voluntati qui se illic sepeliri deliberaverint, nisi forte excommunicati vel interdicti sint, nullus obsistat, salva tamen justicia illarum ecclesiarum à quibus mortuorum corpora assumuntur. Decernimus ergo ut nulli omnino hominum liceat prefatum monasterium temere perturbare, aut ejus possessiones auferre, vel ablatas retinere, minuere, seu quibuslibet vexationibus fatigare; sed omnia illibata atque integra conserventur eorum pro quorum gubernatione ac sustentatione concessa sunt usibus omnimodis profutura, salva sedis apostolice auctoritate et diocesani episcopi canonica justicia. Si qua igitur in futurum ecclesiastica secularisve persona hanc nostre constitutionis paginam sciens contra eam temere venire temptaverit, secundo tercióve commonita nisi reatum suum congrua satisfactione correxerit, potestatis honorisque sui dignitate careat; reamque se divino judicio existere de perpetrata iniquitate cognoscat, et à sacratissimo corpore et sanguine Dei et domini redemptoris nostri Jhesu Christi aliena fiat, atque in extremo examine districte ultioni subjaceat; cunctis autem eidem loco sua jura servantibus sit pax domini nostri Jhesu Christi, quatinus et hic fructum bone actionis percipiant et apud districtum judicem premia eterne pacis inveniant. Amen.....
Datum Tusculani per manum Alberti, sancte romane ecclesie presbiteri cardinalis et cancellarii, ix kal. novembris, indictione xiiii, incarnationis dominice anno M° C° L° xxx°, pontificatus vero domini Alexandri pape iii anno xxii

> Original, aux Archives de l'État, à Mons; *cartulaire de l'abbaye de Liessies*, fol. 6. aux Archive du département du Nord, à Lille.

## CXLVII.

*Le pape Alexandre III confirme au chapitre de Saint-Géry la possession de tous ses biens[1].*

(8 décembre 1180).

Alexander episcopus, servus servorum Dei, Balduino preposito, Alardo decano, et canonicis Sancti-Gaugerici Cameracensis, eorumque successoribus canonicis substituendis salutem in perpetuum. Effectum justa postulantibus indulgere et vigor equitatis et ordo exigit rationis, presertim quando petentium voluntatem et pietas adjuvat et veritas non derelinquit. Quocirca, dilecti in Domino filii, vestris justis postulationibus clementer annuimus, et præfatam ecclesiam, in qua divino mancipati estis obsequio, sub beati Petri et nostra protectione suscipimus et presentis scripti privilegio communimus ; statuentes ut quascumque possessiones, quæcumque bona eadem ecclesia in presentiarum rationabiliter possidet, aut in futurum, concessione pontificum, largitione regum vel principum, oblatione fidelium, seu aliis justis modis, prestante Domino, poterit adipisci, firma vobis vestrisque successoribus et illibata permaneant. In quibus hæc propriis duximus exprimenda vocabulis : villam Coteham, altare de Haucourt [2] cum appenditio suo Servin [3]; altare de Lagnicourt [4] cum dotibus et appenditio Noreul [5]; altare de Vaus cum dotibus et appenditio suo Evraucort [6]; altare de Buisnies [7] cum dotibus suis et allodium in eadem villa; in Maissendis-Cultura dimidiam villam, mansum

---

[1] La plupart des noms de lieux contenus dans cette bulle ont été expliqués aux n.os XVII et LXII.

[2] Haucourt, arr. d'Arras, cant. de Vitry (Pas-de-Calais).

[3] Servin, arr. de Béthune, cant. de Houdain (Pas-de-Calais).

[4] Lagnicourt, arr. d'Arras, cant. de Marquion (Pas-de-Calais).

[5] Noreuil, arr. d'Arras, cant. de Croisilles (Pas-de-Calais).

[6] Vaulx, Vraucourt, idem.

[7] Lieu inconnu.

unum et villicum liberum; in Villari-Gislani x hospites et dimidium ab omni advocatia liberos cum terra arabili et nemore; in Riberti-Curte quandam terram arabilem; altare de Marcoing cum dotibus suis et tres hospites, cum terra arabili et molendino ad quod molunt hospites de Meobris, de Felcheris [1] et de Borlonciel [2]; altare de Sumesennt cum dotibus suis et appenditiis Belvoir et Poncils [3]; villam Meobris cum altari et tota decima et cum districto; apud Inchis [4] tres solidos; apud Cellao [5] quinque solidos; in Rollencort terram arabilem cum districto; altare de Markion cum dotibus suis; totam villam de Fressies cum districto et medietate aquarum usque ad selusam Hami, et altare cum tota decima; totam villam Hammi cum districto, et altare cum tota decima, et totam aquam usque ad Wasnes [6]; Here et Ramillies [7] cum altari et tota decima, molendinis atque districto; Tunium cum districto suo; totam villam Hordaing cum districto, et altare cum tota decima; quinque solidos censuales in vivario ejusdem villæ cum decima anguillarum; totam villam Villers-in-Calceia cum districto sine advocatia, et altare; altare de Avesnis-Gauberti cum dotibus suis et tota decima; villam Roseias cum districto et quidquid ad villam pertinet in hospitibus, culturis et terra arabili; altare de Breina cum dotibus suis; apud Betencourt [8] x sol. censuales quos solvit pro episcopo decania de Vaus; apud Audencourt allodium liberum; apud Blaihiercort [9] sex capones et sex denarios; apud Soencort [10] octo capones et quatuor-

[1] Flesquières, arr. de Cambrai, cant. de Marcoing.
[2] Lieu inconnu.
[3] Beauvois, arr. de Cambrai, cant. de Carnières. C'est sans doute dans cette localité que se trouvent *Sumescunt* et *Poncils*.
[4] Inchy, arr. d'Arras, cant. de Marquion (Pas-de-Calais).
[5] Lieu inconnu.
[6] Lieu inconnu.
[7] Ramillies, arr. et cant. de Cambrai.
[8] Béthencourt, arr. de Cambrai, cant. de Carnières.
[9] Blécourt, arr. et cant. de Cambrai.
[10] Sancourt, idem.

decim denarios cum alodio ; apud Mancrias hospites et terram arabilem ; altare de Navia cum dotibus suis et appenditio Caignunculam, quæ tota vestra est cum districto ; Bezaing cum pertinentiis suis et districto, altare quoque cum dotibus suis et tota decima ; Bivilarium cum pertinentiis suis et districto ; Wambatium cum pertinentiis suis et districto, et altare cum dotibus suis et tota decima ; Busegnies cum districto et pertinentiis suis tam in silvis quam in terra arabili, et altare cum dotibus et tota decima ; altare de Roimont cum districto et appenditiis suis, et altare cum dotibus et tota decima ; altare de Honnechies [1] cum dotibus suis ; altare de Loimont cum dotibus suis ; altare de Quarta [2] cum dotibus suis ; altare de Waheries [3] cum dotibus suis ; in Strati-Curte medietatem tam in silvis quam in terra arabili ; in pago Suessionense, apud Clamechy [4], Bouny [5] et Bagnires [6], vineas, terras arabiles, culturas, redditus quos percipitis ab hominibus et hospitibus vestris, census quoque et gallinas ; in pago Cameracensi Novas-Villas [7] et Cerise cum districto, et altare cum dotibus et tota decima ; Farnerias [8] cum molendinis, et terra arabili, hospitibus et districto ; in toto ambitu claustri vestri, domorumque vestrarum, earum etiam quæ ex una parte duobus cellariis et ex alia parte camba et furno clauduntur, dominium et districtum ; in duobus festis beati Gaugerici, à nona hora precedentis diei et per totum festivum diem usque in crastinum, theloneum Cameraci ; decimam, matera, cambilia libera juxta claustrum, videlicet cambile Scoltees, et cambile Salomonis,

[1] Honnechy, arr. de Cambrai, cant. du Cateau.
[2] Quartes-sur-Sambre, Voy. partie II.
[3] Wallers, arr. d'Avesnes, cant. de Trélon, d'après M. Le Glay, Glossaire, p. 170.
[4] Clamecy, arr. de Soissons, cant. de Vailly.
[5] Lieu inconnu.
[6] Bagneux, arr. de Soissons, cant. de Vicq-sur-Aisne.
[7] Neuville-Bourjonval, arr. d'Arras, cant. de Bertincourt, ou Neuville-Saint-Remi, arr. et cant. de Cambrai.
[8] Farniers. Voy. M. Le Glay, Glossaire, pp. 106 et 206, et ci-dessus, n.° LXXVI.

et cambile Richardi; altare de Glin, altare de Nimi, altare de Noirchin cum appenditio suo de Maisieres [1]; in villa Fontanis, quæ est juxta Bezaing, viginti duo capones et tres solidos et octo denarios; apud Bantegnies viginti quatuor capones et quadraginta denarios; apud Marex [2] quoddam alodium in loco quod dicitur Palmont; apud Coriletum [3] octo capones et duos solidos; apud Palencort duo curtilia; apud Rive [4] duo curtilia; apud Caudri [5] quoddam alodium, et hospites et denarium, capones et avenam; villam Toiris (Boiris?) [6] cum pertinentiis suis; altare de Busenghien [7], altare de Etenghien [8], altare de Olde [9]; medietatem decimæ Oaing [10] sub censu xii denariorum annuatim reddendorum. Donationem quoque tertiæ præbendæ ecclesiæ vestræ, sicut à bonæ memoriæ Erluino Cameracensi episcopo vobis concessa est rationabiliter, auctoritate vobis apostolica confirmamus. Libertates etiam et immunitates ecclesiæ vestræ rationabiles hactenus observatas, vobis et eidem ecclesiæ auctoritate apostolica confirmatas, perpetuis temporibus illibatas manere censemus. Decernimus ergo ut nulli omnino hominum liceat præfatam ecclesiam temere perturbare, aut ejus possessiones auferre, vel ablatas retinere, minuere, seu quibuslibet vexationibus fatigare; sed

---

[1] Ghlin, Nimy, Noirchain, Maisières. Voy. partie II.
[2] Maretz, arr. de Cambrai, cant. de Clary.
[3] Lieu inconnu.
[4] Rieux, arr. de Cambrai, cant. de Carnières.
[5] Caudry, arr. de Cambrai, cant. de Clary.
[6] Il y a trois Boiry dans le Pas-de-Calais.
[7] Edeghem (?), arr. d'Anvers, cant. de Contich. — Le chapitre de Saint-Géry a toujours été collateur de la cure de ce lieu. Voy. M. Le Glay, Cameracum christianum, p. 510; M. Berthels (De Ridder), Notice sur les limites de l'ancien diocèse de Liége, dans la Revue d'histoire et d'archéologie, t. 1, p. 391.
[8] Iteghem, arr. de Malines, cant. de Heyst-op-den-Berg.
[9] Grobbendonck (?), arr. de Turnhout, cant. d'Hérentals. Voy. M. De Ridder, loco citato.
[10] Obain (?), arr. d'Avesnes, cant. de Trélon.

omnia illibata atque integra conserventur eorum pro quorum gubernatione concessa sunt usibus omnimodis profutura, salva sedis apostolicæ auctoritate et diocesanorum episcoporum canonica justitia. Si qua igitur in futurum ecclesiastica secularisve persona hanc nostræ constitutionis paginam sciens contra eam temere venire temptaverit, secundo tertiove commonita nisi reatum suum congrua satisfactione correxerit, potestatis honorisque sui dignitate careat, reumque se divino judicio existere de perpetrata iniquitate cognoscat, et à sacratissimo corpore et sanguine Dei et domini redemptoris nostri Jhesu Christi aliena fiat, atque in extremo examine districtæ ultioni subjaceat; cunctis autem ecclesiæ sua jura conservantibus sit pax domini nostri Jhesu Christi, quatenus et hic fructum bonæ actionis percipiant, et apud districtum judicem præmia æternæ pacis inveniant. Amen. Datum Tusculi, per manum Daifori sanctæ romanæ ecclesiæ subdiaconi, quinto idibus decembris, indictione quartadecima, incarnationis dominicæ anno MCLXXX, pontificatus vero domini Alexandri papæ tertii anno XXII°.

*Compilatio actorum capituli primariæ ecclesiæ collegiatæ Sancti-Gaugerici Cameracensis, etc.*, manuscrit ayant appartenu à M. J. LEGLAY.

## CXLVII bis.

*Le pape Alexandre III confirme au chapitre de Saint-Ursmar de Lobbes la possession de ses biens* [1].

(1159-1181).

Alexander episcopus, servus servorum Dei, dilectis filiis decano et canonicis ecclesie beate Marie et sancti Ursmari, salutem et apostolicam benedictionem. Devotos et humiles filios ecclesie apostolice sedis clementia solita benignitate consuevit respicere et sacris Dei ecclesiis sue protectionis presidium clementius indul-

[1] Comparez n.° LXXXbis.

gere, ut à pravorum esse valeant expugnatione secure. Quapropter, dilecti in Domino filii, devotionem quam erga beatum Petrum et erga.... diligentius attendentes, prescriptam ecclesiam cum omnibus que in presentiarum legitime possidet aut in futurum justis modis Deo propitio poterit adispici, sub beati Petri et nostra protectione suscipimus. Preterea altare de Laubiis[1] cum decimis et ceteris appendiciis suis, altare de Merbis[2] prope Sambram cum decimis et ceteris appendiciis suis; altare sancte Marie de Merbis[3]; altare de Sorro[4] prope Sambram; altare de Valle[5] cum decimis et ceteris pertinentiis suis; duas partes decime de frugibus de Resais[6] cum culturis; altare de Lerna[7] cum decimis et ceteris appenditiis suis; altare de duobus Forciis[8] cum decimis et appenditiis suis; altare de Tudinio[9] cum decimis et appenditiis suis, census de.... cum appenditiis suis; rogationes eciam de villis circumjacentibus......jure....rationabiliter possidetis, auctoritate apostolica confirmamus. Ad hec altare de Aucin[10] cum omnibus pertinentiis suis, viginti solidos de.... et viginti de Fontanis[11] prope Sambram ad.... quoque monachorum Sancti-Petri in refectorio, et terciam partem elemosinarum....... statuentes ut nullus in posterum hanc paginam nostre confirmationis infringere...... presumpserit......

Original en très mauvais état, sceau bien conservé, aux Archives de l'État, à Mons.

[1] Lobbes, arr. de Charleroi, cant. de Thuin.
[2] Merbes-le-Château, cant. de ce nom, arr. de Charleroi.
[3] Merbes-Sainte-Marie, arr. de Charleroi, cant. de Merbes-le-Château.
[4] Solre-sur-Sambre, idem.
[5] Leval-Trahegnies, arr. de Charleroi, cant. de Binche.
[6] Ressaix, arr. de Charleroi, cant. de Binche.
[7] Leernes, arr. de Charleroi, cant. de Fontaine-l'Évêque.
[8] Forchies-la-Marche, idem.
[9] Thuin, cant. de ce nom, arr. de Charleroy.
[10] Haulchin, arr. de Charleroi, cant. de Binche.
[11] Fontaine-Valmont, arr. de Charleroi, cant. de Merbes-le-Château.

## CXLVIII.

*Le pape Lucius confirme à l'église de Cambrai la possession de ses biens.*

(31 décembre 1181).

Lucius episcopus, servus servorum Dei, dilectis filiis Hugoni decano et canonicis ecclesie sancte Marie Cameracensis tam presentibus quam futuris canonice substituendis in perpetuum Quotiens à nobis petitur quod religioni et honestati convenire dinoscitur, animo nos decet libenti concedere et petentium desideriis congruum suffragium impertiri. Eapropter, dilecti in Domino filii, vestris justis postulationibus clementer annuimus, et prefatam ecclesiam, in qua divino mancipati estis obsequio, sub beati Petri et nostra protectione suscipimus et presentis scripti privilegio communimus; statuentes ut quascumque possessiones, quecumque bona eadem ecclesia impresentiarum juste et canonice possidet, aut in futurum, concessione pontificum, largitione regum vel principum, oblatione fidelium, seu aliis justis modis, prestante Domino, poterit adipisci, firma vobis vestrisque successoribus et illibata permaneant. In quibus hec propriis duximus exprimenda vocabulis: locum ipsum in quo prescripta ecclesia sita est cum omnibus pertinentiis suis; ecclesiam de Forlare [1] cum appenditiis suis, Lille [2] et Pudele [3]; ecclesiam de Casterle [4], ecclesiam de Voscotle [5], ecclesiam de Masselehove [6], ecclesiam de Halle [7], ecclesiam de Hierent cum appenditio Tieldone, altare Danderlet cum appenditiis suis et allodio, ecclesiam Dauden-

---

[1] Versslaer, arr. de Turnhout, cant. d'Hérenthals.
[2] Lille, idem.
[3] Poederlé, idem.
[4] Casterlé, idem.
[5] Boisschot, arr. de Malines, cant. de Heyst-op-den-Berg.
[6] Massenhove, arr. d'Anvers, cant. de Santhoven.
[7] Halle, idem.

gien [1] cum alodio; ecclesiam de Wetre, ecclesiam d'Ostreziele [2], ecclesiam de Winti [3], ecclesiam de Badelengien [4], ecclesiam de Miannes [5], ecclesiam de Nova-Ecclesia [6], ecclesiam de Chein cum appenditio suo Sancto-Brictio; ecclesiam de Mainwalt cum alodio, ecclesiam de Ogi cum alodio, scilicet dimidia villa; ecclesiam de Lessines et duas partes totius ville cum districtu, tam in terris quam in aquis et molendinis et silvis; alodium de Olrem [7] cum districtu, tam in terris quam in aquis et molendinis; ecclesiam de Yser cum dimidia villa et districtu; ecclesiam de Ath; ecclesiam de Jorbies cum alodio; alodium de Lens; alodium d'Ormegnies [8]; ecclesiam de Beverunes [9]; ecclesiam de Wandre cum appenditiis suis Bine et Espinoit; ecclesiam sancti Remigii de Lestines cum appenditio Velerelle; ecclesiam de Lestines-in-Valle cum appenditio; jus quod habetis in ecclesia de Sancta-Genovefa; jus quod habetis in ecclesia de Sancto-Medardo; altare de Goi super Sambram; ecclesiam de Blaregnies [10]; ecclesiam de Sancto-Vedasto; ecclesiam de Breaugies; ecclesiam de Bertrecies; ecclesiam de Pereus [11] cum appenditio suo Anfroiprent [12]; ecclesiam de Parvo-Waregni [13]; ecclesiam de Montegni cum alodio sine advocato; ecclesiam Daudernies [14]; ecclesiam Dangre cum appenditiis suis Botegnies [15],

[1] Audeghem, arr. et cant. de Termonde, ou Ottergem, arr. de Termonde, cant. d'Alost.
[2] Oosterzeele, cant. de ce nom, arr. de Gand.
[3] Scheldewindeke, arr. de Gand, cant. d'Oosterzeele.
[4] Baelegem, idem.
[5] Lieu inconnu. Serait-ce Wasnuy-Saint-Jean, arr. de Mons, cant. de Lens? Le chapitre de Cambrai avait la collation de la cure de ce lieu.
[6] Nieukerken, arr. de Termonde, cant. de Saint-Gilles.
[7] Hourrain, dépendance de Lessines.
[8] Ormegnies, arr. de Mons, cant. de Chièvres.
[9] Buvrinnes. Voy. partie II.
[10] Blaregnies, arr. de Mons, cant. de Pâturages.
[11] Preux-au-Sart, arr. d'Avesnes, cant. du Quesnoy.
[12] Amfroipret, arr. d'Avesnes, cant. de Bavai.
[13] Wargnies-le-Petit, arr. d'Avesnes, cant. du Quesnoy.
[14] Audregnies, arr. de Mons, cant. de Dour.
[15] Boutenie, dépendance d'Onnezies.

Honesies.¹ ; ecclesiam de Mosterol ² ; ecclesiam de Caurag ; ecclesiam de Quarobie cum tota villa sine advocato ; ecclesiam de Oneg cum villa sine advocato ; ecclesiam de Rombies cum appenditiis suis ; ecclesiam de Seborc cum appenditio suo ; ecclesiam de Quiregies ³ ; ecclesiam de Genlain ; ecclesiam de Villari cum tota villa sine advocato ; ecclesiam de Orsineval ; alodium de Waregni ; ecclesiam de Maerec et tres partes ville cum molendino sine advocato ; ecclesiam de Artre ; ecclesiam de Bermerag ; alodium de Wileries et de Terni ; ecclesiam de Thoregni cum alodio ; alodium de Ferrieres ; ecclesiam de Novis-Litibus ⁴ cum districtu totius ville sine advocato ; ecclesiam de Veteribus-Litbus ⁵ ; alodium Sancti-Vedasti ; ecclesiam de Caudri ; alodium de Montegnies-in-Arvisia ⁶ sine advocato ; alodium de Caueleri ⁷ ; ecclesiam de Dieheries ; alodium de Grand-Pont, ecclesiam de Wanbais ; ecclesiam de Colroi ⁸ ; ecclesiam de Carneriis cum tota villa ; capellam de Stromiel ⁹ ; ecclesiam de Bossieres ; ecclesiam de Fontanis-Mormont cum alodio ; alodium de Avennes sine advocato ; ecclesiam de Rive, participante Sancto-Auberto ; alodium de Horden ; alodium de Ivuir ; altare de Thun cum alodio ; altare de Scaldobrio cum alodio ; in civitate Cameracensi materam, molendinum de Bickeriel ¹⁰, cambas, curtilia, decimam monete, decimam totius thelonei, mansiones canonicorum sive infra claustrum sive extra ; ecclesiam de Anies cum alodio Thacort ; ecclesiam de Mohi ; ecclesiam de Corceles ; alodium de Flers ; dimidiam ecclesiam de Bairi cum dimidia villa ; ecclesiam de Sclusa ; ecclesiam de Cherso-

---

¹ Onnezies, arr. de Mons, cant. de Dour.
² Moulroeul-sur-Haine, arr. de Mons, cant. de Boussu.
³ Curgies, voy. partie II.
⁴ Neuviesly, arr. de Cambrai, cant. du Cateau.
⁵ Viesly, arr. de Cambrai, cant. de Solesmes.
⁶ Montigny-en-Arrouaise, arr. de Saint-Quentin, cant. de Bohain.
⁷ Caullery, arr. de Cambrai, cant. de Clary.
⁸ Cauroir, arr. et cant. de Cambrai.
⁹ Estourmel, arr. de Cambrai, cant. de Carnières.
¹⁰ Bekerel, moulin à Cambrai.

nières; ecclesiam de Stropegnies ; ecclesiam de Duri [1]; ecclesiam de Raumaucorth ; ecclesiam de Morties [2] cum appenditio Belmes [3]; alodium de ltre [4]; ecclesiam de Rualcort; ecclesiam de Ramincort; ecclesiam de Armies cum alodio; ecclesiam de Boties cum tota villa et appenditio; Doegnies cum tota villa; ecclesiam de Flekieres cum alodio et appenditio Haverucort; villas de Waircort et de Risbertcort; ecclesiam de Noïele; ecclesiam de Cantaing cum appenditio ; Anneus [5] cum tota villa; molendinos de Cantiniolo cum vivario et districtu; ecclesiam de Fontanis cum tota villa et districtu sine advocato; ecclesiam de Sains et de Borlon, et villam de Sains que est des ecclesie sine advocato; alodium de Salci; ecclesiam de Henecort et villam sine advocato cum appenditio Albentiolo; ecclesiam de Abancort cum appenditio Bantegnies; ecclesiam de Blahercort cum appenditio Fuencort; alodium de Blahercort et de Bantegnies ; allodium de Sancta-Olla et Relloncort. Institutionem quam de cotidiana prebenda canonicis assidue in ecclesia vestra deservientibus ministranda communi consensu fecistis, et redditus harum villarum, videlicet Villaris-Pontificalis, Oneg, Lestines-in-Valle, et quicquid ecclesie vestre elemosine intuitu deinceps obvenerit assignante, sicut auctoritate venerabilium fratrum nostrorum W., Remensis archiepiscopi, cardinalis sancte Sabine, et Cameracensis episcopi firmata est auctoritate apostolica, confirmamus et de cetero ratam manere sancimus. Jura etiam que habetis in Montiniaco Arvisiensis, ab Adam Wallecurtensi recognita et imperiali munimine confirmata, quemadmodum in privilegio predicti R. episcopi continetur, potestatem insuper ab eodem R. episcopo canonice vobis indultam, ut videlicet malefactores ecclesie vestre ad eam pertinentes ordine judiciario convictos anathematis vinculo ligare

[1] Dury, arr. d'Arras, cant. de Vitry.
[2] Morchies, arr. d'Arras. cant. de Bertincourt.
[3] Beaumez, idem.
[4] Lieu inconnu.
[5] Anneux, arr. de Cambrai, cant. de Marcoing.

possitis, velut idem episcopus suo privilegio confirmavit, presentis privilegii pagina duximus confirmandam. Immunitatem quam confirmatam habetis, ne scilicet canonicorum vestrorum domus claustrales vel extra claustrum constitute laice potestat subjaceont, sub eadem statuentes confirmatione concludi. Sancimus preterea ne infra terminos parochiarum vestrarum ecclesiam vel capellam aut oratorium, sine vestro et episcopi vestri consensu, liceat alicui fabricare, salvis privilegiis ab apostolica sede obtentis. Antiquas etiam et rationabiles consuetudines ecclesie vestre hactenus observatas ratas habemus et perpetuo illibatas manere censemus. Decernimus ergo ut nulli omnino hominum liceat ecclesiam vestram temere perturbare, aut ejus possessiones auferre, vel ablatas retinere, minuere, seu quibuslibet vexationibus fatigare; sed omnia integra conserventur eorum pro quorum gubernatione ac sustentatione concessa sunt usibus omnimodis profutura, salva sedis apostolice auctoritate et diocesani episcopi canonica justitia. Si qua igitur in futurum ecclesiastica secularisve persona hanc nostre constitutionis paginam sciens contra eam temere venire tentaverit, secundo tertiove commonita, nisi reatum suum digna satisfactione correxerit, potestatis honorisque sui dignitate careat, reamque se divino judicio existere de perpetrata iniquitate cognoscat, et a sacratissimo corpore ac sanguine Dei domini redemptoris nostri Jeshu Christi aliena fiat, atque in extremo examine divine ultioni subjaceat; cunctis autem eidem loco sua jura servantibus sit pax domini nostri Jeshu Christi, quatinus et hic fructum bone actionis percipiant, et apud districtum judicem premia eterne pacis inveniant. Amen. Amen. Amen. Ego Lucius catholice ecclesie episcopus. Ego Theodinus Portuensis et Sancte Rufine sedis episcopus. Ego Paulus Prenestinus episcopus. Ego Petrus tituli sancte Susanne presbiter cardinalis. Ego Vivianus presbiter cardinalis sancti Stephani in Celio monte. Ego Cynthius presbiter cardinalis tituli sancte Cecilie. Ego Hugo presbiter cardinalis tituli sancti Clementis. Ego Arduinus presbiter cardinalis tituli sancte Crucis in Jherosolima. Ego Matheus presbiter cardinalis tituli sancti Marcelli. Ego Laborans presbiter cardinalis sancte Marie trans Tiberim tituli Calixti. Ego Jacobus diaconus cardinalis sancte Marie in Cosmedyn. Ego Rainerius diaconus cardinalis sancti Georgii ad velum aureum. Ego Gratianus sanctorum Cosme et Damiani diaconus cardinalis. Ego Rainerius diaconus cardinalis sancti Adriani. Ego Matheus sancte Marie-Nove diaconus cardinalis. Datum Laterani, per manum Alberti sancte romane ecclesie presbiteri cardinalis et cancellarii, II kal. januarii, indictione XIIII, incarnationis dominice anno M°C° LXXX I., pontificatus vero domni Lucii pape III anno I.

<blockquote>Original, bulle de plomb, fonds de la cathédrale de Cambrai, aux Archives du département du Nord, à Lille.</blockquote>

## CXLVIII bis.

*L'abbaye d'Hasnon donne à Baudouin V de Hainaut la garde d'une partie de la forêt de Brocqueroie moyennant certaines conditions [1].*

(1181).

Consuetudo est ecclesiarum Déi, si habuerint aliquas pactiones de suis possessionibus cum secularibus viris seu religiosis, litteris eas annotare et sigillis confirmare, ne quod factum est oblivione deleatur et ne aliqua in posterum controversia inde oriatur. Ego igitur Hugo, Dei gratia Hasnoniensis abbas, significo tam modernis quam venturis, quod quamdam haiam, que est inter villam de Bajunriu [2] et veterem calciatam, que venientibus de castello Montensi pervia est, transit etiam per Novam-Villam [3] nostram indominicatam, que etiam haia extenditur in longum usque ad terram sancti Vincentii de Sonniis, ego et universitas capituli nostri domino Balduino, Hayonencium comiti, suo precatu custodiendam

---

[1] Comparez l'acte de partage de la forêt, en 1194 dans DE REIFFENBERG, *Monuments*, etc. t. I, p. 319.
[2] Bagenrieux, dépendance de Neufville, arr. de Mons, cant. de Lens.
[3] Neufville.

concessimus ; eo tenore quod, cum silva excreverit et ad vendendum ydonea fuerit, nos eam vendemus et de pretio media pars libera nostra erit, aliam partem comes habebit. Illud autem residuum ejusdem haie quod jacet ex altera parte calciate, prefato comite annuente, ad usus nostre curtis libere retinuimus. Hoc autem fecimus ut gratiam domini comitis habundantius haberemus et ut conventionem, quam antecessor meus Fulco abbas habuit cum patre suo bone memorie Balduino, in capitulo nostro, coram baronibus suis, de silva que dicitur Brochroie, veraciter et sicut decet principem fideliter conservaret, nullumque alium preter se nobis associaret. De his omnibus cyrographum fecimus, sigilla apposuimus, cujus media pars in archivis ecclesie nostre servabitur, altera ubi domino comiti placuerit reponetur. Hujus rei testes sunt : Eustatius de Ruet, Balduinus castellanus, Hawellus miles, Karolus, Almannus de Prouvi, Robertus bajulus. Actum anno dominice incarnationis M° C° LXXX° primo.

*Cartulaire du Hainaut* (XIIIe siècle), à la Bibliothèque de Valenciennes, n.° 584 du catalogue, pièce n.° 93. — *Premier cartulaire du Hainaut*, à Lille, pièce n.° 93.

## CXLIX.

*Le pape Lucius confirme à l'abbaye d'Hautmont la possession de ses biens*[1].

(1183).

Lucius episcopus, servus servorum Dei, dilectis filiis Clarbaudo, abbati monasterii Altimontensis, ejusque fratribus tam presentibus quam futuris regularem vitam professis, in perpetuum. Religiosam vitam eligentibus apostolicum convenit adesse presidium, ne forte cujuslibet temeritatis incursus aut eos à proposito revocet, aut robur, quod absit, sacre religionis infringat. Eaprop-

---
[1] Comparez n.°s LXVI et CXVI bis.

ter, dilecti in Domino filii, vestris justis postulationibus clementer annuimus, et presatum monasterium, in quo divino estis obsequio mancipati, sub beati Petri et nostra protectione suscipimus, et presentis scripti privilegio communimus. In primis siquidem statuentes ut ordo monasticus, qui secundum Deum et beati Benedicti regulam in eodem monasterio institutus esse dinoscitur, perpetuis ibidem temporibus inviolabiliter observetur. Preterea quascumque possessiones, quecumque bona idem monasterium impresentiarum juste et canonice possidet aut in futurum, concessione pontificum, largitione regum vel principum, oblatione fidelium, seu aliis justis modis prestante Domino poterit adipisci, firma vobis vestrisque successoribus et illibata permaneant. In quibus hec propriis duximus exprimenda vocabulis: locum ipsum, in quo presatum monasterium situm est, cum omnibus pertinentiis suis; duas ecclesias à canonicis Aquensibus acquisitas, scilicet Granreeng et Chuinies [1] cum omnibus pertinentiis suis. terris videlicet cultis et incultis, pratis, silvis et aquis, sub conditione annui census perpetuo possidendas, id est, ut infra ebdomadam pentecostes decem marcas Coloniensis monete eis solvat, duodecim solidis marce deputatis, sicut inter utrosque imperiali privilegio confirmatum est. Presidium quoque de Lovroiles [2] cum ecclesia et cunctis sibi adjacentibus, terris cultis et incultis, pratis, silvis et aquis, à Nivellensi ecclesia sub annuali censu perpetuo tenendum possidet, reddendo scilicet in festo sancte Gertrudis sex libras Valensianensis monete, sicut imperiali privilegio et utriusque ecclesie sigillis confirmatum est Fundum dictam Holetel [3] cum appendiciis suis, terris cultis et incultis, pratis, silvis et aquis, à clericis Malbodiensibus tenet eadem ecclesia Altimontensis, reddendo scilicet in cena Domini tres solidos annui census Preterea hereditatem quam acquisivit

---

[1] Grand-Reng et Chevesnes. Voy. partie II, et comparez n.ᵒˢ CXXXVII et CLVI.
[2] Louvroil. Voy. partie II.
[3] Forêt à Sebourg. Comparez n.º CXXXV bis.

Amolrici nobilis viri et comparticipis ejus Mainsendis, apud Harigni [1]; possessionem quoque Alardi de Resino, W. Curiel, Obaldi Cervi, apud Buignies [2], ecclesias scilicet de Vileir [3], de Lesmes [4], de Monsello, de Sancto-Vedasto [5], de Semuzies [6], quas bone memorie N., quondam Cameracensis episcopus, monasterio vestro concessit cum quatuor solidis annui census, quos ei debebat parrochia Altimontensis, proprio confirmamus privilegio ; commutationem quoque, factam inter vos et dilectos filios nostros fratres cenobii Sancti-Andree de Castello super ecclesiis de Mainrivo [7] et Bercillies [8] et fundo qui dicitur Basuel [9], de assensu utriusque capituli, presentibus Remensi archiepiscopo et Cameracensi episcopo, sicut in scripto autentico utriusque cenobii contineri dinoscitur et rationabiliter facta est auctoritate apostolica, duximus confirmandam Sane novalium vestrorum que propriis manibus vel sumptibus colitis, seu de nutrimentis animalium vestrorum, nullas à vobis decimas exigere vel extorquere presumat. Liceat quoque vobis clericos et laicos è seculo fugientes liberos et absolutos ad conversionem vestram recipere, eos absque contradictione aliqua retinere. Cum autem generale interdictum terre fuerit, liceat vobis, clausis januis, exclusis excommunicatis et interdictis, non pulsatis campanis, suppressa voce, divina officia celebrare. Sepulturam quoque loci ipsius liberam esse decernimus, ut eorum devotioni et extreme voluntati qui se illic sepeliri deliberaverint, nisi forte excommunicati vel interdicti sint, nullus obsistat, salva tamen illarum ecclesiarum justi-

[1] Hargnies. Voy. partie II.
[2] Beugnies, arr. d'Avesnes, cant. d'Avesnes-Nord.
[3] Villers-sire-Nicole. Comparez n.ᵒˢ CXXXIV bis et CXLIX ter.
[4] Elesmes, arr. d'Avesnes, cant. de Maubeuge.
[5] Monceau-Saint-Vaast. Comparez n.ᵒ CXVII bis.
[6] Semouzies, arr. d'Avesnes, cant. d'Avesnes-Nord.
[7] Mairieux, arr. d'Avesnes, cant. de Maubeuge.
[8] Bersillies-l'Abbaye, arr. de Charleroi, cant. de Merbes-le-Château, ou Bersillies-au-Bois, arr. d'Avesnes, cant. de Maubeuge.
[9] Bazuel. Voy. partie II.

cia à quibus mortuorum corpora assumuntur. Obeunte vero te nunc ejusdem loci abbate vel tuorum quolibet successorum, nullus ibi qualibet subreptionis astutia seu violentia proponatur, nisi quem fratres communi consensu vel fratrum pars consilii sanioris secundum Dei timorem et beati Benedicti regulam providerint eligendum. Consuetudines etiam antiquas, libertates et immunitates eidem monasterio concessas et hactenus observatas, ratas habemus; insuper ne quis in vos vel ecclesias vestras sine manifesta et rationabili causa excommunicationis vel interdicti sententiam audeat promulgare. Decernimus ergo ut nulli omnino hominum liceat prefatum monasterium temere perturbare, aut ejus possessiones auferre, vel ablatas retinere, minuere, seu quibuslibet vexationibus fatigare ; sed omnia integra conserventur eorum pro quorum gubernatione ac sustentatione concessa sunt usibus omnimodis profutura, salva nimirum apostolice sedis auctoritate et diocesani episcopi canonica justicia. Si qua igitur in futurum ecclesiastica secularisve persona hanc nostre constitutionis paginam sciens contra eam temere venire temptaverit, secundo tertiove commonita nisi reatum suum digna satisfactione correxerit, potestatis honorisque sui dignitate careat, reamque se divino judicio existere de perpetrata iniquitate cognoscat, et à sacratissimo corpore ac sanguine Dei et domini redemptoris nostri Jeshu Christi aliena fiat, atque in extremo examine divine ultioni subjaceat; cunctis autem eidem loco sua jura servantibus sit pax domini nostri Jhesu Christi, quatinus et hic fructum bone actionis percipiant et apud districtum judicem premia eterne pacis inveniant. Amen. Amen. Amen. Ego Lucius catholice ecclesie episcopus. Ego Petrus presbiter cardinalis tituli sancte Susanne. Ego Vivianus tituli sancti Stephani in Celio monte presbiter cardinalis. Ego Laborans presbiter cardinalis sancte Mariæ trans Tiberim tituli Calixti Ego Rainerus presbiter cardinalis tituli sanctorum Johannis et Pauli tituli Pagmachii (?). Ego Hubertus presbiter cardinalis tituli sancti Laurentii in Damaso. Ego Theodinus Portuensis et sanctæ Rufine sedis episcopus. Ego Jacynctus diaconus cardinalis sancte Marie in Cusmidin Ego Ardivo diaconus cardinalis sancti Theodori. Ego Bobo sancti Angeli diaconus cardinalis. Ego Octavianus diaconus cardinalis sanctorum Sergii et Bacchi. Ego Soffredus diaconus cardinalis sancte Marie in via lata. Ego Albinus diaconus cardinalis sancte Marie Nove. Datum Velletri, per manum Alberti sancte romane ecclesie presbiteri cardinalis et cancellarii, II nonas aprilis, indictione I, incarnationis dominice anno MCLXXXIII°, pontificatus vero domini Lucii pape III anno secundo.

*Cartulaire de l'abbaye d'Hautmont*, fol. 6 recto.

## CXLIX.

*Les abbayes d'Hautmont et de Liessies constatent par écrit un échange opéré antérieurement, et relatif à des biens situés à Flaumont.*

(1184).

In nomine sancte trinitatis. Ne faciamus alii vel ne patiamur ab alio quod fieri nobis vel ab alio pati nolumus, cujusdam conventionis pactum inter Altimontenses et Letienses fratres dispositum presenti scripto commendamus, ut dum ex serie litterarum rei geste cognoscitur veritas, nequaquam turbetur inter amicos pacis integritas. Est autem res hujus modi : erat quedam terra Altimontensis ecclesie, vicina terris sancti Lamberti Letiensis in via de Rembricis ; itemque erat terra de dotario parrochie de de Waudriciis [2] que subjecta est Letiensi ecclesie, et ipsa terra proxima est territorio de Wlfraumont [3], alodio scilicet sancti Petri Altimontensis. Temporibus igitur abbatum Helgoti Letiensis et Clarembaldi Altimontensis, vicinie et compendii causa, facta est terrarum commutatio, ita ut queque pars frugum suarum ter-

[1] Lieu à Flaumont.
[2] Waudrechies ou Wauderchies, ancien village aujourd'hui réuni à Flaumont.
[3] Flaumont. Voy. partie II.

ragium possideret. Ne ergo per succedentia tempora cujuslibet oriatur dissentionis occasio, quod gestum est presenti confirmat mur chirographo, alternatim dato et accepto utriusque ecclesie sygillo. Hec actio perfectionem sui sortita est anno ab incarnatione Domini M° C° LXXX° III°.

Cartulaire de l'abbaye d'Hautmont, fol. 49 recto.

## CXLIX ter.

*Roger, évêque de Cambrai, confirme à l'abbaye d'Hautmont la donation de l'autel de Villers-sire-Nicole* [1].

(1185).

In nomine Domini. Rogerus, Dei gratia Cameracensis episcopus, tam futuris quam presentibus in perpetuum. Nos qui vigilias noctis supra gregem nostrum custodire jubemur, subjectorum nostrorum tenemur utilitati pastorali diligentia communiter providere, presertim tamen eorum curam gerere quos suis vacare jugiter officiis mater ecclesia gloriatur. Eapropter, Altimontensis ecclesie utilitati in posterum consulere decernentes, notum fieri duximus universis, quod, ejusdem loci venerabilis abbatis Roberti et fratrum devotis et honestis pulsati precibus, pulsantibusque aperientes, memorate ecclesie altare de Villari in confinio Gyvri [2] sito, quod eidem pie recordationis Nicholaus, venerabilis predecessor noster Cameracensis episcopus, contulerat et suo firmaverat autentico, ad exemplum summi pontificis et universi pape Lucii idem confirmantis, ut ipsum pace bona teneat, salvo ministrorum jure nostrorum nostrique scripti beneficio confirmamus. In hujus igitur tam sancte confirmationis nostre conservatores divinam diffundentes benedictionem, in prevaricatores ejus econtrario eterne maledictionis sententiam promul-

[1] Comparez n.os CXXXIV bis et CXLIX.
[2] Villers-sire-Nicole. Voy. partie II.

gantes ut ea ipsa maneat inconvulsa, eam appensi sigilli nostri karactere et debita subsignatione testium communimus. Signum Walteri Haynoensis archidiaconi. Signum Walcheri dicti Bavacensis decani. Signum Egidii de Gundelcurt. S. Walteri capellani. Signum Ingebrandi. Signum Rogeri Insulensis. Actum anno verbi incarnati M° C° LXXX° V°, presulatus vero nostri VIII°. Ego Walcherus cancellarius subnotavi et recensui.

*Cartulaire de l'abbaye d'Hautmont*, fol. 32 verso.

## CL.

*Aimon, maître de l'Ordre du Temple en deçà des mers, acquiert d'Anselme de Mont-Sainte-Aldegonde une terre à Ciply, du consentement de l'abbé d'Hautmont.*

(1185).

Aimo, Dei permissione magister fratrum Templi Jherosolimitani in partibus citramarinis, cunctis fidelibus tam futuris quam presentibus, imperpetuum. Pacem et veritatem diligendam prophetica et apostolica nobis indicit auctoritas. Eapropter rei veritatem presenti scripto commendamus, de qua pacem perpetuam servari cupimus actionis ordinem subjungentes. Itaque quidam miles, Anselmus nomine de Monte-Sancte-Aldegundis, apud Cypli[1] terram censualiter tenebat, de qua Altimontensi ecclesie censum trium solidorum annuatim solvebat; quam videlicet terram fratres Templi Jherosolimitani adquisierunt, agente Balduino de Gant, procuratore suo in comitatu Hainoensi, et concedente Roberto abbate Altimontensi, consensu capituli sui, hoc pacto, ut eis reddant fratres Templi prescriptum censum trium solidorum Valencenensis monete in festo sancti Martini ante adventum Domini, sicut alios tres solidos pro quadam terra sita apud Cypli, quam eis dedit in elemosinam Alardus de Louvenies

[1] Ciply. Voy. partie II.

sicut eam tenuerat antiquitus de Altimontensi ecclesia. Factum est ergo anno ab incarnatione Domini M° centesimo LXXXVI°, ut predictus Anselmus apud Altummontem abbati Roberto eandem terram resignaret, et abbas in manum Balduini de Gant perpetuo tenendam juxta supradictum pactum redderet sub testimonio fratrum subscriptorum. Signum Roberti abbatis, Wedrici, Antoni, Gilleberti, priorum; Herieri prepositi, Gossuini secretarii, et aliorum omnium. Hanc etiam nos conditionem consensu capituli nostri et testium subscriptorum assertione et sygilli nostri caractere roboramus. Signum Aimonis de Aiz, Oilardi de Novavilla, Willelmi de Paris, Roberti de Arras, Rogeri de Avennes, Balduini de Holen, Cononis de Birbas.

*Cartulaire de l'abbaye d'Hautmont, fol. 45 verso*

## CL.bis.

*Jacques d'Avesnes exempte l'abbaye d'Hautmont de tout droit de péage dans la terre d'Avesnes sur le vin destiné à l'usage des religieux, à la condition de faire enseigner les belles-lettres aux enfants fréquentant l'école.*

(1186).

In nomine sancte trinitatis. Ego Jacobus, princeps Advesnensis et Altimontensis ecclesie advocatus, heredibus meis et cunctis fidelibus, imperpetuum. Altimontensis ecclesie bona delectatus opinione, et fratrum ejusdem loci precibus adquiescens, concedo ut, in omni terra que principatui Advesnensi [1] subjacet, vecture eorum quibus vinum, non mercationis studio sed tantum in usibus ejusdem ecclesie expendendum, devehunt, immunes habeantur vectigali. Quod nimirum hac conditione decerno, ut scolaribus pueris magistrum grammatice artis semper abbas procuret,

[1] On a déjà vu qu'Herimanus donne le titre de *principes* aux seigneurs d'Avesnes. Voy. chap. VIII.

quatinus eadem domus alumnorum suorum scientia et probitate manu teneatur et michi et successoribus meis precibus eorum quorum utilitati provideo merces eterna conferatur. Hec autem elemosina ut inviolabiliter conservetur, sigilli nostri caractere et subscriptorum testimonio confirmo, anno ab incarnatione Domini M° C°. LXXX° VI°. Signum Jacobi Advesnensis, Gualteri et Jacobi filiorum ejus. S. Drogonis de Tupiuio. S. Balduini de Squilinio, Arnulfi de Resino, hominum ejus. S. Roberti abbatis et monachorum ipsius ecclesie, Wedrici, Gozuini, Herieri, Roberti, cum reliquis omnibus.

*Cartulaire de l'abbaye d'Hautmont, fol. 14 recto.*

### CL ter.

*Ade ou Adeline, femme de Jacques d'Avesnes, confirme à l'abbaye d'Hautmont la possession d'un héritage à Saint-Remi-mal-Bâti* [1].

(1189).

In nomine Domini. Ego Adeleuya domina Avesnensis et advocata ecclesie Altimontensis, cum filio meo Waltero, presentis scripto sigilli nostri appensione munito testificor nos concessisse ut predicta ecclesia perpetuo teneat et ratum permaneat quicquid de hereditate sua, apud Sanctum-Remigium le Mal-Batuth [2] sita, Johannnes qui vocatur Jehuce eidem ecclesie tradidit in elemosinam cum uxore sua Frescende. Et hujus concessionis testes sunt hii. Signum domine Adeleuye. Signum Walteri filii ejus. S. Gos-

[1] Cette charte, donnée par Ade ou Adeline, femme de Jacques d'Avesnes, prouve que celui-ci était déjà parti pour la croisade. Il avait donné la même année une charte sur le même objet à l'abbaye d'Hautmont. *Cartulaire*, etc, fol. 18 verso. Sur la croisade de Jacques d'Avesnes, voyez la *Revue trimestrielle*, t. x, p. 90.
[2] Saint-Remi-mal-Bâti. Voy. partie II.

suini de Dorleir, Goberti de Altomonte, Balduini del Marchiet. Acta sunt hec anno incarnationis Domini M° C° LXXX VIIII°, in adventu Domini.

*Cartulaire de l'abbaye d'Hautmont*, fol. 54 verso.

## CL quater

*Accord entre l'abbaye de Saint-Denis de France et Jacques d'Avesnes au sujet des bois de Wignehies, Buironfosse, etc.*

(1186-1189).

In nomine sancte et individue trinitatis, amen. Fines causarum scriptis insinuandi sunt, ne processu temporis in dubium revocentur. Quapropter ego Hugo, beati Dyonisii abbas, et capitulum notum facimus presentibus et futuris quod causa, que vertebatur inter nos et nobilem virum Jacobum de Avesnis super quibusdam nemoribus in territorio de Guignehies[1], et super quodam nemore contiguo haie de Novion[2], que haia est inter Buironfosse[3] et Flamengeriam[4], et super nemoribus in potestate et districto de Sorbato[5] constitutis, hunc tandem utriusque partis assensu finem suscepit. Nos enim predicto viro et ejus heredibus concessimus ut, quociens pretaxata nemora vel aliqua pars eorum vendita fuerit, ipse vel heredes ejus medietatem precii, nos vero alteram medietatem percipiemus, salvo jure proprietario fundi quod in predictis nemoribus ad nos specialiter pertinet. Si autem ipse vel heredes ejus predicta nemora vel partem eorum vendere voluerit nobis etiam contradicentibus, salva tamen portione nostra, vendere poterit. Similiter si nos aut successores nostri sepedicta

---

[1] Wignehies, arr. d'Avesnes, cant. de Trélon.
[2] Nouvion, cant. de ce nom, arr. de Vervins (Aisne).
[3] Buironfosse, arr. de Vervins, cant. de la Capelle (Aisne).
[4] La Flamengrie, idem.
[5] Sorbais, idem.

nemora vel eorum partem vendere voluerimus, contradicere vel prohibere non poterunt, salva tamen eorum medietate. Omnes etiam proventus et omnia emolumenta, que quocumque modo de predictis nemoribus exierint, inter nos communia erunt et equaliter dividentur, salvo jure servientium beati Dyonisii. Sciendum quoque quod predicta nemora nisi assensu utriusque partis extirpari non poterunt; si vero extirpata fuerint, fundus ex toto ecclesie beati Dyonisii remanebit. Hoc autem pro defensione terra prospiciendum erit ut, cum nemora resecanda fuerint, ita rescentur ne terra omnino discooperiatur[1]. Hanc pactionem predictus Jacobus et uxor ejus ac filii approbarunt et se fideliter observaturos jurejurando promiserunt. Quod ut ratum permaneat, sigillo nostro muniri et testium subscriptione roborari fecimus. Signum Hugonis abbatis. Signum prioris. Signum P. camerarii. Signum Eustachii capellani. Signum Hugonis monachi. Signum R. Landunensis decini. Signum Lamberti Surdi. Signum magistri Anselmi Parisiensis. Signum magistri Mathei de Sancto-Dyonisio. Signum magistri Herberti de Guisia. Signum Petri militis de Villa-Vodo. Signum Odonis de Maubuisson. Signum Johannis de Housseel. Signum Drochonis de Bello-Ramo. Signum Gerardi de Bari. Signum Henrici hospiciarii. Signum Gerardi de Wuinehies.

*Cartulaire de l'abbaye de Saint-Denis de France* (cartulaire blanc), tome II, fol. 125, aux Archives impériales, à Paris.

## CL quinquies.

*Vautier de Pont et Nicolas Bourgeois, prevots de la commune de Valenciennes, attestent l'accord intervenu entre l'abbaye d'Hautmont et Goberi de Verchin au sujet de possessions à Verchin, accord garanti par la commune de Valenciennes*[2].

---

[1] Comparez n.os CXXXVbis et CXLIII.
[2] Il existe une charte du mois de février précédent, par laquelle le comte Baudouin confirme une convention avenue entre l'abbaye d'Hautmont et

(1190).

In nomine Domini. Cunctis qui hec legerint notum esse volumus quod, eo tempore quo Walterus de Ponz et Nicholaus Burgensis erant prepositi pacis Valencenensis, facta est hec compositio que infra continetur inter fratres Altimontenses et Gobertum militem de Werein, in audientia et assensu virorum qui in eadem pace principales esse videbantur, qui etiam contra omnem querelam debitorum et reclamatorum se tutores fore promiserunt. Predictus igitur Gobertus fratribus supradicte ecclesie concessit ut teneant quicquid possidebat apud Wercin [2] et apud Beri [3], donec ex fructibus predictarum rerum cccc$^{tas}$ libras Valencenensis monete recipiant; et, si aliquo casu eisdem fratribus defecerit Beriz, predictam summam recipient apud Wercin; et, si Wercins defecerit, eandem summam recipient apud Beri. Et postquam predicti fratres receperint predictas cccc$^{tas}$ libras, colent terram de Wercin novem annis, fructus ex equo partientes. De hac pactione tenenda dedit Gobertus fidem cum Mathilde uxore sua, et postea dederunt obsidem pacem Valencenensem, et ipsa suscepit hujus pactionis protectionem et firmam custodiam, assensu et testimonio subscriptorum. Signum prepositorum Walteri de Ponz et Nicholai Burgensis. S. Symonis de Alneto, Raineri de Trith, Willelmi fratris comitis, Serwardi des Marliis, Mathei Maloart, Willelmi Brisecloche, Walteri de Bermeraing, Helvini majoris, Wedrici de Petra, Almanni de Provi, Petri filii Landrici, Drogonis filii Roimundi, Petri de Sautaing, Almanni de Pons. S. juratorum et scabinorum Mathei Rum, Andree Coulete, Johannis de Bavai, Walberti de Ripa, Walcheri Alicocet. Hanc etiam pactionem laudavit Willelmus de Haussi coram hominibus suis, Waltero de Ponz et Hugone de Haussi. Sciendum autem quod Mathildis, uxor

Gobert et Guillaume de Verchin, au sujet de ce dernier village. Voy. aussi une charte de 1186 sur les possessions de l'abbaye dans cette localité. *Cartulaire*, etc, fol. 25 verso et 45 recto.

[2] Verchin-Maugré. Voy. partie II.
[3] Barry, arr. de Tournai, cant. de Leuze.

Goberti, totum redditum infra villam Beri recipiet et de campestri annona decem modios singulis annis ; cetera cedent in solutione debiti. Quod si redempta fuerit Beriz ccc^tis libris minoris monete, ipsam pecuniam suscipient Altimontenses, et de eadem adquiretur alius redditus consilio Symonis de Alneto. Unde predicti decem modii reddentur uxori Goberti ; quod superfuerit cedet in solutionem cccc^tarum librarum. Ad firmamentum ergo hujus compositionis, scripsimus presens cyrographum, sigillis pacis Valencenensis, et ecclesie Altimontensis, et Willelmi fratris comitis munitum, in cujus scilicet Willelmi manum Baldricus de Resigno resignaverat quicquid apud Beri clamabat. Actum anno ab incarnatione Domini M° C° LXXXX°.

*Cartulaire de l'abbaye d'Hautmont*, fol. 26 verso

### CL sexies.

*Baudouin V, comte de Hainaut, fait justice des prétentions de ses gens dans le bailliage de Binche, qui voulaient imposer les droits d'avouerie, de mortemain, etc., à certains serfs et serves du chapitre de Sainte-Waudru. Il a été reconnu que les dits serfs et serves descendent de Diedela, femme noble, qui s'asservit, elle et sa postérité, sous Baudouin III, à des conditions déterminées, et qu'ils sont par suite exempts des droits qu'on leur réclame* [1].

(1193).

Balduinus, Flandrie et Hainoïe comes et primus marchio Namuci, universis tam presentibus quam futuris, in perpetuum. Noverit univertatis vestre discretio quod, cum ministri mei, qui in bajulatione Binciensi jura mea habebant conservare, à quibusdam servis et ancillis Sancte-Waldedrudis, in villa que

[1] Cette charte, insérée au cartulaire d'Hautmont, concerne le chapitre de Sainte-Waudru.

Sanctus-Vedastus[1] dicitur et in vicinia illa, exactiones et servicia advocatie et angarias ac mortuas manus ex parte mea extorquere voluissent, clamore exinde pro removenda violentia ad me delato, decrevi et volui ut omnis super hoc postponeretur injuria et mere veritatis investigatione omnis tam vir quam femina illius originis in solita lege et conditione maneret perpetuo. Cujus quidem legis et originis tunc temporis caput esse videbatur Mathildis, uxor quondam Gilleberti de Lobiis, mater Balduini et Petri. Bone igitur veritatis inquisitione cognovi certius quod olim quedam Diedela de villa que Cella dicitur, virgo nobilis nobilibus orta parentibus, antequam viro nuberet, tradidit corpus suum et libertatem suam Deo et sancte Waldedrudi ad ejus altare in ecclesia Montensi, ea legis institutione et conditione perpetua, ab ipsa ecclesia et à predecessore meo comite Haynoensi Balduino scilicet avo meo[2] sanccita, ut omnis ab ipsa Diedela in posterum progrediens, tam masculus quam femina, duos denarios census annuatim ad predictum altare persolveret; in morte vero cujusque viri duodecim denarii, in morte autem femine sex denarii de mobilibus suis traderentur ecclesie; sicque omnes hujus originis et conditionis ab omni servili exactione et mortua manu et angaria et advocatia liberi debent permanere. Diedela vero satisdicta genuit Helvidem, Helvidis autem genuit Mathildem jam dictam et alias filias. Ego autem hujus originis legem et conditionem, ut libera permaneat secundum veritatem supradictam, diligenter approbo scriptoque et sigillo meo cum sigillo beate Waldedrudis idem confirmo. Testes: Nicholaus de Barbencione, Eustachius de Lens, Willelmus de Kevi, Hugo de Crois, Rogerus de Condato, Gillebertus prepositus, et Renerus decanus Sancti-Germani, et quamplures alii. Actum Montibus, anno verbi incarnati M° C° LXXXXIII°.

*Cartulaire de l'abbaye d'Hautmont*, fol. 17 recto.

[1] Saint-Vaast, arr. de Mons, cant. de Rœulx.
[2] Baudouin III, qui régna de 1099 à 1120.

## CLI.

*Jean, évêque de Cambrai, et le chapitre de cette ville établissent une règle au sujet de la collation des bénéfices, et de la résidence des chanoines, doyens, archidiacres, etc.*

(Octobre 1195).

Johannes, Dei gratia episcopus, et capitulum Cameracense, omnibus ad quos littere presentes pervenerint, in Domino salutem. Ad instar humani corporis, in corpore ecclesie singula membra singulis sibique competentibus convenit deputari officiis, ut quedam interius alia exterius impleant, sed numquam à fundamento corporis et unitate recedant. Hac igitur ratione collegii nostri statum ordinare volentes, unanimi consensu statuimus ut officia sive personatus ecclesie nostre non nisi canonicis nostris singulaque singulis sine monstruosa confusione deinceps conferantur, et prepositus, decanus, tesaurarius, cantor et scolasticus, qui intra parietes ecclesie sua debent officia exequi, assiduam in ecclesia residentiam faciant; archidiaconique similiter, nisi cum ipsos archidiaconatus suos oportuerit visitare, pari lege residentie constringantur. Vigente autem necessitate peregrinationis, vel studii, aut cujusque alterius rationabilis tamen negotii, petenti licentia non negetur. Quod si non canonicus ecclesie nostre ad officium fuerit aut personatum electus, nullatenus admittatur. Oneratus autem personatu vel officio, si vocetur ad aliud, vel statum primum deponat aut ejus vocatio irrita decernatur. Numquam etiam privilegio dignitatis vel officii quisquam prebende sue integritatem obtineat, sed, nisi sicut preordinatum est residentiam fecerit, ad legem privatorum sustineat sectionem. Ut igitur hec nostra utilis et honesta constitutio maneat inconcussa, ipsam presentis scripti testimonio et sigillorum nostrorum appensione duximus communire. Datum in capitulo nostro, anno verbi incarnati M° C° XC° V°, nonas octobris.

- Original, sceau presque détruit, fonds de la cathédrale de Cambrai, aux Archives du département du Nord, à Lille.

## CLII.

*Baudouin V, comte de Hainaut, reconnaît et confirme l'abandon fait par son père, au profit du chapitre de Sainte-Waudru, de certains droits qu'il s'arrogeait à Braine-le-Comte.*

(8 décembre 1195)[1].

In nomine sancte et individue trinitatis. Notum sit universis Christi fidelibus tam presentibus quam futuris, quod Balduinus, comes Hainoensis, marchio primus Namucensis, Balduini comitis et Alidis comitisse filius, uxorem habuit nobilissimam Margaretam, Theoderici comitis Flandrie filiam, Philippi comitis potentissimi Flandrie et Viromandie sororem, de qua filios habuit, scilicet Balduinum, Philippum, Henricum, milites strenuos, et filias quarum una fuit Elizabeth, gloriosissima Francorum regina, Philippo illustri ac potentissimo Francorum regi desponsata. Philippo quidem potentissimo Flandrie et Viromandie comite defuncto, predictus Balduinus, comes Hainoensis, marchio Namucensis, cum Margareta uxore sua Flandriam per aliquot annos possedit. Defuncta autem Margareta et Brugis sepulta, Balduinus eorum filius in comitatu et hereditate Flandrie successit, et, patre suo sepedicto Balduino in comitatu Hainoensi et marchia Namucensi dominante, Flandriam potenter tenuit. Sepedictus autem Balduinus, comes Hainoensis et marchio Namucensis, periculum anime metuens incurrere et Montensem ecclesiam in jure suo nolens defraudare, cum ipse super quibusdam redditibus que oblationes nominantur in burgo de Brania Wilhotica, super concambio quod pater suus cum ipsa ecclesia de ipsa villa fecerat, contra eamdem ecclesiam controversiam moverat, tandem penitens et inceptam adversus ecclesiam injuriam recognoscens, asseruit et confirmavit ut ecclesia Montensis decimam oblationum, tam in burgo Branie quam in villa, sine calumpnia et detrimento in perpetuum habeat,

[1] Baudouin V mourut quelques jours après le 17 ou le 21 décembre 1195.

salvis ad usus ecclesie ipsius omnibus aliis in allodio Branie sibi retentis. Ut autem hoc ratum permaneat et à sepedicto comite et ejus successoribus inconcussum observetur, scripti annotatione et sigilli sui appositione et testium subscriptione dominus comes roborari decrevit. Testes : Balduinus Camberonensis, Hugo Sancti-Gisleni, Bartholomeus Sancti-Dyonisii in Brocercia, Abraham Maricolensis, Nicholaus Sancti-Foillani, Wedricus Sancti-Johannis Valencenensis, abbates. De hominibus ipsius comitis testes : Henricus et Wilelmus fratres ejus, Nicholaus de Barbencione, Eustacius de Lens, Rogerus de Condato, Gislebertus prepositus Sancti-Germani Montensis. De ecclesia vero testes : Nicholaus Cameracensis archidiaconus, ipsius ecclesie prepositus; Gislebertus ipsius ecclesie vice-prepositus et custos; Renerus decanus et scolarius Sancti-Germani; Nicholaus Nata, Nicholaus de Suvei, Romundus, Wilelmus, canonici ; Sarra decana, Elisabeth de Abechies, Sarra de Ham, Helvidis de Villa, Mainsendis de Frasne, Hawidis Piet Docheon, Maria et Beatrix de Hyun, Hawidis de Gaia, Matildis et Agnes de Fontanis, Berta et Maria de Quarignon, Gela de Horuetis. Actum mense decembri, in sollempnitate Conceptionis gloriose virginis Marie, anno dominice incarnationis M° C° LXXXV°.

Original, sceau presque détruit, fonds de la cathédrale de Cambrai, aux Archives du département du Nord, à Lille.

## CLIII.

*Baudouin V, comte de Hainaut, confirme l'institution des chanoines de la Salle-le-Comte, à Valenciennes, qu'il avait fondée* [1].

(13 décembre 1195).

In nomine sancte et individue trinitatis, amen. Notum sit

---

[1] Baudouin V avait établi, en 1192 dans sa chapelle, à Valenciennes, des

universis Christi fidelibus tam presentibus quam futuris, quod Balduinus, comes Hainoensis, marchio primus Namucensis, Balduini comitis et Alidis comitisse filius, qui ex parte ejusdem matris sue et Henrici avunculi sui Namucensis et Lusceleborchensis comitis Namucum jure hereditario adeptus fuit, unde factus fuit marchio et princeps imperii, uxorem habuit nobilissimam Margaretam Theoderici comitis Frandrensis filiam, Philippi illustris ac potentissimi comitis Flandrie et Viromandie sororem, de qua filios habuit Balduinum, Philippum, Henricum, milites egregios, et filias quarum una fuit Elisabeth, gloriosissima Francorum regina, Philippo illustri Francorum regi desponsata. Philippo quippe Flandrie et Viromandie comite defuncto, ipse Balduinus, comes Hainoensis et marchio Namucensis, Flandriam per aliquot annos cum Margareta uxore sua jure hereditario possedit. Defuncta autem Margareta et Brughis sepulta, Balduinus eorum filius in comitatu Flandrie successit, et, vivente sepedicto patre suo Balduino et in comitatu Hainoensi et marchia Namucenci dominante, Flandrie principatum potenter tenuit. Sepedictus autem Balduinus, comes Hainoensis, marchio Namucensis, vir potens et prudens, saluti anime sue volens attentius providere, in capella sua, quam Valencenis in honore gloriose Dei genitricis Marie construxit, canonicos instituit et eis bona perpetuo possidenda assignavit. Sed cum pauci essent numero, ipse comes, prebendarum augere attendens numerum, quinque, de suis bonis propriis scilicet decimis terrarum, ordinavit prebendas, ad quarum portiones quadraginta duos modios segetis mensura Valencenensi, medietatem scilicet jerunagii et medietatem avene, quoquo anno attribuit, statuens ut, in decima quam apud Tongram [1] in

chanoines en l'honneur de Notre-Dame. La charte d'institution est rapportée d'une manière très incomplète dans Miræus, t. II, p. 980, et plus complètement par M. Le Glay, Revue, etc., p. 94. Comparez Lebouco, Hist. eccl. de la ville de Valenciennes, p. 43. Un fragment de la présente confirmation se trouve dans Miræus, loc. cit. Elle est en entier, mais avec des fautes, dans Lebouco, p. 42.

[1] Tongre-Saint-Martin et Tongre-Notre-Dame, arr. de Mons, cant. de Chièvres.

Brabantia prope Cirviam ipse comes habebat, quantum capi possit ad usus prebendarum illarum plenarie accipiatur. Quod autem ibi defuerit, usque ad quadraginta duos modios apud Brainam Wilhoticam in decima domini comitis quoquo anno sine calumpnia et detrimento percipiatur, post quindecim modios capellarie, in Sonegiensi ecclesia ab ipso comite institute, mensura Montensi assignatos; ita, inquam, quod satis dicti Valencenensis capelle canonici quadraginta duos modios segetis mensura Valencenensi, tam in Tongra quam in Braina, annuatim percipiant, ut quod in alio illorum loco defuerit in altero suppleatur, quousque utrinque suos quadraginta duos modios segetis plenarie ad mensuram Valencenensem perceperint. Ut autem harum pia collatio elemosinarum rata habeatur et à comite suisque successoribus inviolata conservetur, scripti annotatione et sigilli sepedicti comitis appositione et testium subscriptione ipse dominus comes Hainoensis, marchio Namucensis, eam confirmari decrevit. Testes: dominus Balduinus Camberonensis, dominus Hugo Sancti-Gisleni abbates; Wilelmus, frater ipsius comitis, Nicholaus de Barbencione, Eustachius de Lens, Gislebertus Montensis prepositus, Saiwardus de Marliz. Actum in festivitate sancte Lucie, anno dominice incarnationis millesimo centesimo nonagesimo quinto.

> Original, sceaux perdus, fonds de Saint-Jean de Valenciennes, aux Archives du département du Nord, à Lille.

### CLIV.

*Baudouin de Constantinople confirme l'échange, opéré entre son aïeul Baudouin IV et le chapitre de Sainte-Waudru, de l'alleu de Braine-le-Comte contre diverses possessions*[1].

(Février 1195. 1196, nouv. style).

Ego Balduinus, Flandrie et Hainonie comes, Balduini comitis

[1] Voy. l'acte d'échange, n.° CXXIV. GISLEBERT, p. 288, relate cette confirmation.

Hainoensis et primi machionis Namurcensis filius, universorum Christi fidelium tam modernorum quam posterorum discretioni dignum duxi significare, quod sana predecessorum meorum facta circa Montensem ecclesiam B. Waldetrudis, quam in universis bonis suis, tanquam ipsius ecclesie abbas et major advocatus, diligere præ ceteris teneor et conservare, à me vel à meis successoribus in nullo volens immutari, plenius ea recognoscere decrevimus et confirmare. Sciendum igitur quod avus meus bone memorie Balduinus, comes Hainoensis, in pago Bregbatensi, villam que Brena Vilhota dicitur, quam possidebat ipsa ecclesia et tanquam proprium allodium suum ab antiquo libere obtinebat, sibi in proprietatem acquirere necessarium existimavit, et hoc ipsum eidem ecclesie non fore inutile judicavit. Requisivit igitur à capitulo ut villam sibi posterisque suis concederet, ita tamen ut pro ea terram aliosque redditus reciperet in commutatione congrua, et conferret quod eidem comiti necessarium putabatur, et assumeret ecclesia quod sibi utilius videbatur. Visa est quidem sepe dicte ecclesie et sepe nominati comitis petitio non esse contempnenda et que illi comes offerebat nequaquam repellenda; assensuque mutuo predicta commutatio terminatur, sicut descriptione presentis pagine subnotatur. Quidquid enim ecclesia in predicta villa tenebat domino comiti assignavit, duos etiam manipulos decimarum sub censu duodecim denariorum, in natali sancti Johannis Baptiste solvendorum attribuit. Retinuit autem sibi ecclesia tertium manipulum et ceteras decimas et reditus ad altaria pertinentes, servosque et ancillas in lege pristina manentes, totas etiam decimas culturarum, decimas censuum, decimas oblationum, et quod ei Henricus de Brena pro anima sua contulit, et quod ad feodum pertinet prepositure, et propriam curtem suam, et, de sylvis allodii ejusdem, sine alicujus licentia, ad edificationem et usum curtis necessaria. Ipse vero comes, avus meus, in presentia corporis S. Waldetrudis, assensu uxoris sue Adelidis comitisse et liberorum suorum, Montensi ecclesie contulit, in territorio de Lessines [1], quinquaginta boneria terre arabilis, sex

[1] Les Estinnes. Voy. partie II.

etiam libras nummorum census ejusdem ville, quorum medietas medio maio et alia in festo S. Andree persolvenda est capitulo, duorum etiam manipulorum medietatem decime ecclesiarum Sancte-Genovefe et Sancti-Martini, et tertiam partem duorum manipulorum decime ecclesie in Monte-Sancti-Remigii. Addidit preterea ipse comes, in allodio suo de Gualdrei [1], duos manipulos totius decime ecclesie beati Remigii, et, in villa Gamapia [2], duos manipulos tertie partis terragii, et, apud Frameries [3], tertiam partem terragii, quam eque legitime possidebat, ecclesie resignavit. Hujus equidem commutationis bona, Montensi ecclesie assignata, sepe nominatus avus meus, comes Hainoensis, et ejus successor et filius meusque pater, illustris ac potens comes Hainoensis et marchio primus Namurcensis, sepedicte ecclesie in fidei robore et justicie rigore inviolata conservaverunt. Sed, quia sepe nominatus avus meus in sepe dicto allodio de Brena sibi acquisito burgum novum construxit, successor ejus pater meus decimas oblationum per aliquot annos sibi retinere, non sano usus consilio, præsumpsit, quas ipse postmodum se injuste usurpasse et eas esse ecclesie recognovit et confirmavit. Ego vero his omnibus prelibatis grato concurrens assensu et commendabili favore, ea justa esse, et inviolabiliter tam à me quam à meis successoribus plenius tenenda censui, et eadem Montensi ecclesie tam effectu quam affectu confirmari, et scripti annotatione et sigilli mei appositione et testium subscriptione reborari decrevi. Testes: Maria ejusdem comitis uxor, Flandrie et Hanonie comitissa; Philippus et Henricus, fratres ejusdem comitis; ejusque patrui, Henricus et Willelmus; Nicholaus de Ruez [4], Cameracensis epis-

[1] Waudrez. Voy. partie II.
[2] Jemmapes. Voy. partie II.
[3] Frameries, idem.
[4] M. Le Glay fait remarquer que cette qualification d'évêque de Cambrai, donnée en 1195 à Nicolas du Rœulx, semble prouver qu'il occupait ledit siège avant la date fixée par les historiens à son élévation au trône épiscopal (1197). Le diplôme original suivant, donné à la même date et en faveur du même chapitre, prouve qu'il faut lire ici *archidiaconus* au lieu de *episcopus*

copus, ejusdem ecclesie prepositus; Ghislebertus prepositus Sancti-Germani, ejusdem ecclesiæ custos; Walterus de Avesnis; Nicholaus de Ruminio; Gerardus de Jacea; Nicholaus de Barbancione; Eustachius de Lens; Eustachius de Ruez; Henricus Montensis castellanus; Ghislenus Bellomontis castellanus; et quamplures alii domini comitis Hainoniensis fideles. Actum mense februario, anno dominice incarnationis MCXCV.

Publié, d'après une copie moderne, par M. LE GLAY, Mémoire sur les archives de l'abbaye de Saint-Jean de Valenciennes (Valenciennes, 1862), p 26.

## CLV.

*Baudouin de Constantinople déclare que Nicolas, prévôt de Saint-Germain, a restitué au chapitre de Sainte-Waudru les dîmes qu'il percevait injustement dans les possessions du chapitre* [1].

(1195).

Ego Balduinus, Flandrie et Hainoie comes, Balduini comitis Hainoensis et primi marchionis Namucensis filius, universorum Christi fidelium tam modernorum quam posterorum discretioni dignum duxi significare, quod bona patris mei bone recordationis, comitis Hainoensis et marchionis primi Namucensis, vestigia sequi intendens, bona ipsius facta circa Montensem ecclesiam beate Waldetrudis recognoscere et eidem ecclesie tam effectu quam affectu confirmare decrevi. Sciendum est igitur quod Nicholaus, Sancti-Germani in Montibus prepositus, qui in terris Sancte-Waldedrudis decimas censuum et decimas culturarum diu injuste possederat, ad querimoniam ecclesie et ad commonitionem avi mei bone memorie Balduini, comitis Hainoensis, ab his injustis possessionibus cessavit, et eas in proprios usus ecclesie beate Waldedrudis restituit, scilicet, de villis in Bregbantia, decimas

[1] Comparez GISLEBERT, p. 277.

censuum et culturarum scilicet de Hal ¹, de Herinis ², de Castris ³, de Bronia-Castello ⁴, de Brania-Wilhota ⁵, et, in Hainoia, de villis scilicet Kevi, Frameriis et de Quarinon ⁶. Insuper decimam altaris de Frameriis, decimam centum jornalium, decimam terre Segardi de Crokes, sicut enim ad usum pauperum in domo hospitali hee beneficia decimarum antiquitus fuerant instituta, sic ad usus pauperum sunt restituta. Et ne super his aliqua in posterum moveri possit questio, avus meus scripto et sigillo suo ea confirmavit. Ego vero, hec approbans, à me et à meis successoribus rata volo observari, eademque sigilli mei appositione et testium subscriptione confirmari. Testes : Maria, Flandrie et Hainoie comitissa, ipsius comitis uxor, Philippus et Henricus ipsius comitis fratres, Henricus et Willelmus patrui ipsius comitis, Walterus de Avethnis, Nicholaus de Ruminio, Alardus de Cymaco, Nicholaus de Barbencione, Eustachius de Lens, Eustachius de Ruez, Willelmus de Kevi, Nicholaus de Ruez, Cameracensis archidiaconus, ipsius ecclesie prepositus, Gislebertus prepositus Sancti-Germani, ejusdem ecclesie custos; Henricus Montensis castellanus, Gislenus Bellimontis castellanus, et alii quamplures domini comitis fideles. Actum mense februario, anno dominice incarnationis M° C° LXXXX° V.

Original, sceau bien conservé, fonds du chapitre de Sainte-Waudru, aux Archives de l'État, à Mons.

## CLVI.

*Le pape Innocent III confirme à l'abbaye d'Hautmont la chapelle de Grand-Reng* ⁷.

---

¹ Hal, cant. de ce nom, arr. de Bruxelles.
² Herines, arr. de Bruxelles, cant. de Lennick-Saint-Quentin.
³ Castres, arr. de Bruxelles, cant. de Hal.
⁴ Braine-le-Château, arr. et cant. de Nivelles.
⁵ Braine-le-Comte.
⁶ Quévy, Frameries, Quaregnon. Voy. partie II.
⁷ Voy. n.ᵒˢ CXXXVII et CXLIX.

(1189).

Innocentius episcopus, servus servorum Dei, dilectis filiis abbati et conventui Altimontis, salutem et apostolicam benedictionem. Justis petentium desideriis dignum est nos facilem prebere consensum et vota que orationis tramite non discordant effectu prosequente complere. Eapropter, dilecti in Domino filii, vestris justis postulationibus, grato concurrente consensu, capellam de Grantreng, sicut juste ac pacifice possidetis vobis et per vos ecclesie vestre auctoritate apostolica confirmamus, et presentis scripti patrocinio communimus. Nulli ergo omnino hominum liceat hanc paginam nostre confirmationis infringere vel ei ausu temerario contraire. Si quis autem hoc attemptare presumpserit, indignationem omnipotentis Dei et beatorum Petri et Pauli ejus se noverit incursurum. Datum Laterani, nonas junii, pontificatus nostri anno secundo.

*Cartulaire de l'abbaye d'Hautmont*, fol. 2 recto.

## CLVII.

*Nicolas de Fontaine, évêque de Cambrai, divise le grand archidiaconé de Brabant en deux archidiaconés, celui de Brabant et celui de Bruxelles* [1].

(1272).

Universis presentes litteras inspecturis, Nicholaus, Dei gratia Cameracensis episcopus, salutem in Domino sempiternam. Liberis hominibus civitatem fore repletam expedire si lege gentilium censeatur, quanto magis inenarrabiliter reverentissimam Christi civitatem, sanctam videlicet matrem Ecclesiam, personis digni-

[1] M. Le Glay a publié un fragment de cette charte importante dans son *Cameracum christianum*.

tate preditis decorari lege divina deceat et expediat cunctis liquet, quarum precipue sapientia, providencia industriaque cultus divini nominis augmentetur et excessus delinquentium correctionis malleis decentius puniantur, ne subditorum sanguis de manibus requiratur illorum quorum correctioni eorumdem punienda scelera committantur. Sane cum nostra sancta mater Cameracensis ecclesia in spiritualibus hactenus reflorere consueverit et in temporalibus habundare, non mirandum est si nos, in eadem velut in vinea Domini Sabahot cultores positi ad quorum spectat officium colere, dividere, evellere et plantare, ad ejusdem exaltationem ecclesie, solertia curiosa operosaque diligentia, ex cordis nostri primevis hyatibus anelemus multiplicando dignitates in ea, maxime quarum proprie suppetunt commode facultates, cum ex provisione talium ab omnium retributore, qui Deus est, in presenti speremus gratiam, et ex Christi affluenti misericordia gloriam in futuro. Cum igitur archidyaconatus Cameracensis in Brabantia usque ad hec tempora sic diffusus exstiterit et extensus quod unius archidyaconi cura regi commode nequiverit ut decebat, licet ad ipsius divisionem in duos redditus sufficiant atque jura, Deum pre oculis habentes et utilitatem multipliciter animarum, convocato presbiterorum et jurisperitorum consilio, obtento etiam dilectorum in Christo filiorum, prepositi, decani, tociusque capituli Cameracensis consensu pariter et assensu, predictum archidyaconatum Cameracensem in Brabancia, vacantem per mortem magistri Geraldi de Abbatisvilla quondam ejusdem archidyaconi, in duos archidyaconatus dividimus et divisum instituimus in hunc modum, in nomine sancte et individue trinitatis, patris, et filii, et spiritus sancti. Decanatus christianitatis beati Brietii [1], de Chirvia [2], de Hal [3] et de Geraldimonte [4] duntaxat uni archidyaconatui applicamus, que quidem

[1] Saint-Brice, paroisse de Tournai.
[2] Chièvres, cant. de ce nom, arr. de Mons.
[3] Hal, cant. de ce nom, arr. de Bruxelles.
[4] Grammont, cant. de ce nom, arr. d'Audenarde.

nuncupabitur Brabantinus. Hujus etiam archidyaconus locum, stallum et ordinem in ecclesia Cameracensi in omnibus observabit, prout archidyaconi Brabantini consueverunt hactenus observare. Decanatus quoque christianitatis Bruxellensis [1], de Pamella [2] et de Alost [3] dumtaxat ad alium archidyaconatum spectare decernimus et ex nunc instituimus spectaturum, cujusmodi archidyaconus vocabitur Bruxellensis; et, cum novissime sit creatus, inter alios archidyaconos Cameracensis ecclesie erit ultimus et postremus. Hii vero duo archidyaconi in suis archidiaconatibus, ita quam quislibet in suo, eadem obtinebit jura que archidiaconus Brabantinus habere in eisdem hactenus consuevit. Sic ergo premissa dividimus, et divisa laudamus, approbamus, et sigilli nostri munimine roboramus, presentium testimonio litterarum. Datum anno dominice incarnationis millesimo ducentesimo septuagesimo secundo, in octavis beati Martini hyemalis.

Original, fonds de la cathédrale de Cambrai, aux Archives du département du Nord, à Lille.

## CLVIII.

*Le chapitre de Cambrai approuve la division de l'archidiaconé de Brabant.*

(1272).

Universis presentes litteras visuris, prepositus, decanus capitulumque totum ecclesie Cameracensis, salutem in domino sempiternam. Tenore presentium notum facimus universis, quod nos divisioni archidiaconatus in Brabantia, in duos divisi per reverendum in Christo patrem dominum Nicholaum, Dei gratia Cameracensem episcopum, de consensu et assensu nostro, prout

---

[1] Bruxelles, capitale de la Belgique.
[2] Pamèle, paroisse d'Audenarde.
[3] Alost, cant. de ce nom, arr. de Termonde.

in litteris hiis annexis plenius continetur, nostrum prebemus consensum pariter et assensum, et, quantum in nobis est, sigilli nostri impressione munimus, presentium testimonio litterarum. Datum anno Domini millesimo ducentesimo septuagesimo secundo, in octavis beati Martini hyemalis.

> Original joint à l'acte précédent, fonds de la cathédrale de Cambrai, aux Archives du département du Nord, à Lille.

## CLIX.

*Vautier de Ville-Pommerœul fait connaître que Nicolas, clerc de Gottignies, a donné à l'abbaye de Saint-Denis en Brocqueroie quinze bonniers de terre.*

( 13.<sup>e</sup> siècle ).

Ego Walterus de Villa [1] in Brabantia, vir nobilis, notum facio omnibus tam presentibus quam futuris, quod Nicholaus, clericus de Gotiniis [2] filius domini Renardi, quondam homo meus, dedit ecclesie Sancti-Dyonisii in Brokeroia medietatem duorum boneriorum terre in Berchis [3] in elemosinam, me assentiente et testimonió feodotorum meorum approbante, scilicet Alardi villici, Nicholai del Moncel, Nicholai de Tongria, et Mathei hominis mei, et Balduini Hanon.

> *Cartulaire de l'abbaye de Saint-Denis en Brocqueroie, aux Archives de l'Etat, à Mons, folio 27 verso.*

[1] Ville-Pommerœul, arr. de Tournai, cant. de Quevaucamps.
[2] Gottignies, arr. de Mons, cant. du Rœulx.
[3] Lieu inconnu.

FIN.

# TABLE ALPHABÉTIQUE

DES

noms de lieux

## CITÉS DANS LE VOLUME.

## A.

Aaht, Aath. Voy. ATH.
ABANCOURT, Abancort, 639.
ABBEVILLE. Seigneurs de ce nom, 666.
Abentiolum, Albentiolum. Voy. AUBENCHEUL-AU-BAC.
Abiciæ. Voy. AUBECHIES.
Ablatonæ. Voy. BLATON.
ABSCON, Absconium, 530.
Acancionensis contena, VI n.
ACHENNE, Aciniagæ, 148 n.
Achiniagæ, Aginiagæ. Voy. HAULCHIN.
Acquinium. Voy. ANCHIN.
ACREN (les —), Akerne, 617.
Aculeus, 552.
Adæ-Sartum, 61 n.
Adat. Voy. ATH.
Adeburc. Voy. OUDENBOURG.
Adeheimerus marca, VI n.
Adengien. Voy. ENGHIEN.

Ad-flumen, lieu près de la Scarpe, 528.
Adra, 299.
Aelst. Voy. ALOST.
Æpra aqua. Voy. HELPE-MINEURE.
AERSEELE, Arcella, 812.
AERTRYCKE, Artiriacum, 325.
Aesna. Voy. ESNE.
Ætimundi. Voy. NEUMONT.
AESNÉ, Afsna, 345.
AGNEZ-LES-DUISANS, Anez, 390.
Ahanciæ, Hanciæ, 625, 628.
AIBES, Albys, 313. — Décanat de Maubeuge, 290.
Ainau, pagus Ainau. Voy. HAINAUT.
Ais (sires de —), 445, 622, 649.
AISONVILLE, Aisonvilla, Aisunvilla, Azionvilla, Aziunvilla, 514, 555, 628. — Sires de ce nom, 471, 555, 559, 561, 586, 598.
AIX-LA-CHAPELLE, Aquisgranum, 303, 305, 606.

Aix-la-Chapelle (église d'—). Donations, 322, 606.
Akerne. Voy. Acrèn.
Alain, Alenium, 74 et n. — Situé en Brabant, ibid.
Albrechies, territoire à Saint-Vaast (arr. de Cambrai, cant. de Solesmes), Albertiæ, 545.
Albuniaco. Voy. Beugnies et Harbignies.
Alburg. Voy. Obourg.
Alci. Voy. Auchy.
Aldaniæ. Voy. Odeigne.
Aldenarda. Voy. Audenarde.
Alderegia, 315.
Aldoncurtis. Voy. Audencourt.
Alesta. Voy. Donstiennes.
Allemagne. Travaux géographiques, vii. — Cartulaires et collections, viii. — Divisions territoriales et administratives, ix. — Introduction de la féodalité, 71. — Empereurs et rois, 290, 293, 295, 300, 339, 348, 349, 368, 369, 370, 376, 377, 381, 384, 391, 392, 396, 413, 431, 433, 442, 456, 460, 461, 462, 483, 507, 559, 601.
Allodium. Voy. Lalue.
Almanni, 36 n.
Alne (abbaye d'—), Alna, Alneum, 59 n., 86 n., 308. — Cartulaire, viii. — Fondation, 68. — Située dans le *Sambrensis* et le *Lommensis*, 49, 55 n., 76.
Alnes, hameau de Wandignies (arr. de Douai), Alno, 528.
Alneus. Voy. Anneux.
Alodium, lieu aux environs de Cambrai, 553.
Alost, Aelst, Alosta, Alost, 112 n., 311, 405. — Situé dans la Charbonnière, 21.

Alost (comté d'—). Appartenait au Brabant, 111. — Réuni au Hainaut, 113.
Alost (décanat d'—), 34. — D'abord archidiaconé de Brabant, puis archidiaconé de Bruxelles, 667.
Alsonia. Voy. Ossogne.
Altporto, Altoporto. Voy. Happart.
Altrethe. Voy. Hautrage.
Altus-mons. Voy. Hautmont.
Amblise (bois d'—), Ambligia, Ambligis, Amligis silva, 151 et n.
Ambularis campus, lieu près de Cambrai, 552.
Amerim. Voy. Aymeries.
Amfroipret, Anfroiprent, 637. — Décanat de Valenciennes, 256.
Amiens (diocèse d'—). Ses évêques, 406. — Ses archidiacres, 33.
Amobriengeheim. Voy. Woubrechtegem.
Ampolinis. Voy. Roeulx.
Anappe, Hanapio, 47 et n.
Ancrin (abbaye d'—), Acquinium, Aquiscinetum, Aquiscinium, 445, 450, 468, 478, 500. — Située dans l'Ostrevant, 478. — Donations, 450, 477, 478, 499, 514, 523, 593, 612. — Ses abbés, 450, 468, 476-478, 479, 499, 514, 523, 593, 612.
Andenne (décanat d'—), dans l'archidiaconé de Hainaut et le diocèse de Liége, 109.
Anderlecht, Anderlert, Anderlet, Andrelech, Andrelet, Danderlet, 386, 501, 565, 575, 636.
Anderlues, Anderlobia, Anderluviæ, Andreluvia, 152 et n., 273, 313, 610. — Antiquités, 58, 126. — Placé à tort dans le

Brabant, 43, 152 n. — Décanat de Binche, 232. — Ses dépendances d'Ansuelle, de Lalue, de Saint-Médard. Voy. ces mots.

Andra. Voy. SAINT-AUBERT.

Angien. Voy. ENGHIEN.

ANGLETERRE. Travaux historiques, collections, VIII. — Rois, 580, 581.

ANGER, Angra, Angre, Dangre, 152 et n., 466 et n., 420, 501, 565, 575, 637.

ANGREAU, Angrel, 153 et n., 531. — Décan. de Bavai, 41, 218.

ANICHE, Aniz, Enice, 471, 530.

ANJOU, Andecavus pagus, 16 n.

Ankre, lieu à Flobecq ou Ellezelles, 619.

ANNEUX, Alneus, Anies, Aulneis, Auneus, Elneus, 565, 576, 623, 638, 639. — Sa dépendance appelée Thacort. Voy. ce mot.

ANOR, dépendait de la terre d'Avesnes, 104 n. — Décanat d'Avesnes, 245.

ANOR (haie d'—), dépendance de la Fagne, 102 et n.

Anseromia, VII n.

ANSUELLE, dépend. d'Anderlues, Haincuelles, 313.

Antigon. Voy. ETICHOVE.

ANTOING, Antonium, 74, 75 n., 307. — Situé dans la Charbonnière et dans l'ancien Brabant, 21 n., 54 n., 74 et 75 n. — Son monastère, 21 n.

ANVAIN, Anvinium, Anven, 74 et n., 335, 537. — Situé en Brabant, 74 et n. — Sires de ce nom, 537.

ANVERS (pays d'—), Antwerpiensis pagus, Rien, 10, 39, 312.

ANVERS (archidiaconé d'—). Ses archidiacres anciens, 34, 36.

ANZIN, Azinium, 45, 404. — Sires de ce nom, 587.

Apeiz. Voy. POIX.

Aquarum porta, à Cambrai, 246.

Aquiscinium, Aquiscinctum. Voy. ANCHIN.

ARBRE, ruisseau à Attre, Asbra, 366.

ARBRE, dépendance d'Attre, Arbra, 626. — Sires de ce nom, 619.

Arcella. Voy. AERSEELE.

Ardena. Bois près de Ruesnes? 583.

ARDENNE (forêt et pays d'—), Ardenna Ardennensis pagus ou comitatus, Arduennensis pagus, V, VI et n., 16, 26, 72 n., 337, 412. — Origine de la dénomination, V. — Confinait à la Charbonnière, 13, 16. — Renfermait le pays de Lomme, 16, 412 n. — Faisait partie du diocèse de Liège, 38 n.

ARDOYE, Hardoga, 308.

ARARGS, seigneurs de ce nom, 407.

Argilia rivus, 153 et n., 213 et n., 505.

Argillariæ, lieu à Morenchies, 583.

Aridagamantia. Voy. AROUAISE.

Armies. Voy. HERNIES.

AROUAISE (forêt d'—), Aridagamantia, 13. — Partie de cette forêt appelée Humidagamantia, 20 n. — Confinait à la Thiérache, 20 n., 78.

ARQUENNES, Arkenna, 62 n. — Antiquités, 126. — Décanat de Mons, 41, 224.

ARRAS, Atrebatum, 385, 476, 547.

ARRAS (diocèse d'—). Uni au diocèse de Cambrai, III n., 35. — Ses évêques, 163, 471, 475, 483-485. — Ses archidiacres, 33,

48

35, 451, 475. — Sires de ce nom, 622, 649.
Arras (avoués d'—), 407.
Artiriacum. Voy. Aertrycke.
Artois, Attrebatensis pagus ou comitatus, 72 n., 316, 375, 396, 416, 530 — Avait une subdivision du même nom, 72.
Artres, Artra, Artre, 153, 520, 534, 638. — Décan. de Valenciennes, 256. — Sires de ce nom, 597.
Asbania. Voy. Hesbaie.
Asbra fluvius. Voy. Arbre.
Asche-en-Refail, Ascur, 311.
Asnerius (Walterus de —), 513.
Asnoit. Voy. Aulnoy et Aulnoye.
Asnonium. Voy. Hasnon.
Asquillies, décan. de Mons, 224.
Assche, Asça, Asia, 122 n., 368.
Assevent. Antiquités, 126.
Astigiæ. Voy. Athis.
Ath, Aat, Aath, Adat, Aiat, Ath, Atum, Haat. 421, 501, 513, 536, 539, 542, 605, 626, 628, 637. — Situé dans la Charbonnière et l'ancien Brabant, 21, 51 n. — Son villicus ou mayeur, 537. — Sires de ce nom, 536, 537. — Sa dépendance de Bilhée. Voy. ce mot.
Athies, Astigia, Atheia, Athenæ(?), 375, 426, 496.
Atingohova. Voy. Etichove.
Atrebates, leur cité ou territoire, ii.
Attigny, Attiniacus, 285, 286, 332. — Palais royal, ibidem.
Attre, Atra, 626. — Sa dépendance appelée Arbre. Voy. ce mot.
Atuatiques. Leur fusion avec d'autres peuples, iii.

Aubechies, Abbecæ, Abecies, Abiciæ, 468, 485, 537. — Chaussée romaine, 59. — Seigneurs de ce nom, 537, 658.
Aubechies (abbaye d'—). Sa fondation et sa suppression, 485 n. — Donations, 485. — Ses abbés, 468, 485, 489.
Aubencheul-au-Bac, Abentiolum, Albentiolum, 502, 639.
Aubencheul-au-Bois, Scurvilèr, 397, 545.
Aubenton, Albento, 78.
Aubenton (décanat d'—), dans l'archidiaconé de Thiérache, 78 n.
Auberchicourt, Obercicurt, Obercieurtis, 431, 471.
Aubert. Son hameau de Haut et Bas-Pommereau. Voy. ce mot.
Aubiaus, territoire à Douchy, 160 n.
Aubigny-au-Bois, 160 n.
Aublain, Alblinium, 340.
Auchy, Alci, 529.
Aucin. Voy. Haulchin (Belg.).
Audeghem, Daudenghien, 636, 637.
Audenarde, Aldenarda, 441. — Situé dans la Charbonnière, 21. — Seigneurs de ce nom, 406, 441, 472 n., 618.
Aubencourt, Aldoncurtis, Audencort, 427, 634.
Audiegies, prevôté et décanat de Bavai, 85 n., 220.
Audigny-les-Fermes, 160 n.
Audregnies. Daudernies, 637. — Chaussée romaine, 59. — Antiquités, 126. — Décanat de Bavai, 228
Aulerci, i n.
Aulicourt, ferme à Béthencourt,

Hinliniourtis, 386.
Aulnels. Voy. ANNEUX.
AULNOIS, (Belgique), chaussée romaine, 59. — Antiquités, 127.
AULNOY (arr. de Valenciennes), Asnoit (?), 313. — Décanat de Valenciennes, 256 — Seigneurs de ce nom, 556, 560, 579, 582, 587, 593, 653, 654.
AULNOYE (arr. d'Avesnes), Asnoit (?), 313.
Auneus. Voy. ANNEUX.
Auriniacum. Voy. ORIGNY.
AUSTRASIE, Austria, 21 n. — Division de la Gaule, 26 n., 69. — Bornée par la Charbonnière, 13.
Austrobannensis, Austrovadensis pagus. Voy. OSTREVANT.
Autreglum. Voy. HAUTRAGE.
AUTREPPE, Altaripa, Altripa, 47, 78. — Situé dans le Laonnais et la Thiérache, ibidem.
Averncurt. Voy. HAVRINCOURT.
AVESNELLES, antiquités, 127. — Dépendait de la terre et du décanat d'Avesnes, 104 n., 246. — Sa dépendance appelée la Hutte. Voy. ce mot.
AVESNES, Avennas, Avesnæ, Avesne, Avethnæ, 140 n., 133, 437, 468, 488, 491, 497, 498, 508, 515, 530, 543, 625. — Antiquités, 127. — Seigneurs de ce nom, 440, 441, 445, 447, 448, 462, 467, 468, 471, 473, 477, 488, 489, 491, 496, 502, 511-513, 515, 535, 536, 538, 537, 538, 562, 563, 568-572, 577 n., 579, 593, 598, 610, 611, 622, 649-651, 663, 664. — Prévôts, 572, 580. — Bourgeois, 572.

AVESNES ( arrondissement d'—). Nombreuses découvertes d'antiquités, 87 n.
AVESNES (décanat d'—), mentions anciennes, 44. — Sa composition, 44, 183 n., 245, 590. — Doyens, 44, 572.
AVESNES (garde d'—), dépendance de la haie d'Avesnes, 103 n.
AVESNES (haie d'—), Haia, Haya, 174, 503, 506, 627. — Mentions anciennes, 103 n. — Dépendait de la Fagne, 102 et n. — Sa consistance, ibidem.
AVESNES (terre d'—). Sa consistance ancienne, 99, 104 n.
AVESNES-LE-SEC, Avennas, Avesnæ-siccæ, Avisinæ, 134, 208, 398, 345, 638. — Appartenait au Hainaut et au Fanomartensis, 46, 208. — Situé dans le décanat d'Haspres, 251.
AVESNES-LEZ-AUBERT, Avesnæ-Gauberti, Avesnæ, 320, 423, 437, 631. — Appartint primitivement au Cambrésis, puis en partie au Hainaut, 45 n. — Sa dépendance appelée Roussies. Voy. ce mot.
AYMERIES, Ameriæ, Ameries, Haimeries, 151 et n., 174, 612, 613. — Décanat d'Avesnes, 247.
Azinium. Voy. AUZIN.
Azionvilla. Voy. AISONVILLE.

# B.

BACHANT: Décan. d'Avesnes, 247 n.
BADANCOURT (?), Baddanis-Curtis, 280-282.
Baddiniense territorium. Voy. BATTIGNIES.

— 674 —

Baelegem, Badelengien, 637.
Baesrode, Baceroth, 294, 297.
Bafla. Voy. Bauffe.
Bagacum Nerviorum, Baganum. Voy. Bavai.
Bagenrieux, à Neufville (Belg); Bagenriu, Bajunriu, 64 n., 641.
Bagneux, Bagneires, Banniolæ, 320, 632.
Bahaphyum. Voy. Bauffe.
Baillièvre. Etang y situé et nommé *Raillhies*. Voy. ce mot.
Bairi. Voy. Boiry-Notre-Dame.
Baiseium. Voy. Baisieux et Basuel.
Baisieux, Baiseum, Baiseium, Basiacum, Basiu (*alias*: Haisieu), Basium, 152 n., 155, 220, 396, 502. — Décan. de Bavai, 220.
Baisy, Baisinum, 310.
Baives, Baivia, Bavia, Bavis, 156, 212 n., 213 n., 214 n., 314, 626. — Situé dans la Fagne et le décanat d'Avesnes, 214, 246. — Bois de Neumont y situé. Voy. ce mot.
Bajoarii, 26 n.
Baldulium, Baldurnium. Voy. Baudour.
Baliolis. Voy. Beaulieu.
Banlieue-Basse, partie de la terre d'Avesnes, 104 n.
Banlieue-Haute, partie de la terre d'Avesnes, 104 n.
Bantigny, Dantegnies, Banteneiæ, Bantenim, Bantineis, Beldigeis (?), 272, 426, 517, 547, 552, 633, 639.
Barastre, Barastra, Barastrum, 466, 545.
Barbençon, Barbenzon, 308 — Seigneurs de ce nom, 508, 601, 655, 658, 660, 663, 664.

Barbye, Berbacis, 315.
Bariacum. Voy. Boiry-Sainte-Rictrude.
Bariarinsis vicaria. Voy. Bavai (vicairie de —).
Barisis, Barisiacus, 176 n., 295.
Barracum, Borai, Borracum, 371.
Bary, Beri, Beriz, 653, 654. — Seigneurs de ce nom, 612, 652.
Barzies, partie de la terre d'Avesnes, 104 n.
Baschien, Basthien, lieu près d'Ath, 537, 540.
Basècles, Baseskliæ, Basiliæ, 113 n., 495.
Bascium. Voy. Basuel.
Bes-Lieu, antiquités, 127.
Baslum. Voy. Elsloo.
Basse-Lorraine. Voy. Lotharingie.
Bassée (la —), Basceja, 329.
Basuel, Baiseium, Baseium, Basuel, Basuellum, 156, 159 n., 387, 416, 417, 644. — Appartenait au diocèse de Cambrai, 156 n. — Placé à tort dans le décanat du Cateau-Cambrésis, 44, 251. — Sa dépendance appelée Joncquières. Voy. ce mot.
Batayes, Batavi, Battauni pagus, 266, 323. — Servaient en Angleterre, 56 n. — Rescrit des empereurs romains en leur faveur, 266.
Batices, hameau de Marbais (France), Batices, 570.
Battignies-lez-Binche, Baddineiæ, Badengies, Batineiæ, Batiniense territorium, Batingeiæ, 154, 524, 531, 574. — Antiquités, 127.
Battiniacus, 309.
Baudignies, Bealdengies, Bealdeniæ, Beldigeis (?), 272, 583,

593. — Décanat d'Haspres, 251. — Seigneurs de ce nom, 583, 593, 594.
BAUDOUR, Baldulium, Baldurh, Baldurnium, 53 n., 155, 365, 401, 495. — Bois de ce nom, 60. — Antiquités, 122, 125, 127, 144. — Décanat de Mons, 224. — Ses hameaux de Tertre et de Douvrain. Voy. ces mots.
Bauegnies, lieu à Busigny, 425.
BAUFFE, Bafia, Bahaphyum, 526, 619.
Baulengien. Voy. BOUDRENGHIEN.
Bauni-Fossá, lieu près de Cambrai, 552.
Bauveniæ. Voy. BRUGNIES (France) et BOUVIGNIES.
BAVAI, Bagacum, Bagacum Nerviorum, Baganum, Bavaca civitas, Bavacum, Bavaium, Cavaca vico, 13 n., 42 n., 85 n., 140 n., 155, 437, 543, 588. — Capitale des Nerviens, IX n. — Chaussées romaines, 58, 59. — Population sous les Romains, 31. — Antiquités, 127. — Ornements chrétiens y découverts, 67 n. — Sa destruction, 81. — Monnaies franques, 66. — Son château-fort, 66, 85. — Seigneurs de ce nom, 564, 572, 653.
BAVAI (décanat de —), appelé aussi décanat de Hornu, 42, 155 n., 588. — Mentions anciennes, 42. — Sa composition, 42, 218 et suiv. — Doyens, 42, 613, 648. — Correspondait au *pagus* ou *vicaria Bavacensis*, 42.
BAVAI (prévôté de —). Sa composition, 84.
BAVAI (vicairie de —), Bavacensis pagus, Bavacinsis (*alias* : Bariarinsis) vicaria, 84, 156, 207, 272, 329. — Mentions, VII, 84, 207, 208. — Sa composition, 85. — Correspondait au décanat du même nom, 42. — Possédée par les comtes Garnier et Arnould, 91, 92, 93. — Revient à Régnier IV, 93.
Bavengies. Voy. BOUVIGNIES.
Bavinite, Baweniæ, Bawineis. Voy. BRUGNIES (hameau d'Harmignies).
BAVISSIAUX, hameau d'Obies, Baviseis, Bavisiel, 156, 207, 272, 405. — Situé dans la vicairie de Bavai, 85, 207. Comparez OBIES.
BAZÈLE, Bersalis (?), 298.
Bealdengies, Bealdeniæ. Voy. BAUDIGNIES.
BEAUFORT, Kiviniæ, Belfors, X n., 164 n. — Antiquités, 128. — Appartenait au décanat de Maubeuge, 239. — Bois de Beaufort, 185 n.
BEAULIEU, dépend. d'Havré, Baliolis, 53 n., 155, 311, 313. — Décanat de Mons, 226.
BEAUMETZ, Bellus-Mansus, Belmeis, Belmes, Biaumeis, Pulcher-Mansus, 545, 547, 575, 591, 623, 639. — Seigneurs de ce nom, 545, 547, 591.
BEAUMONT (comté de —). Incorporé dans le Hainaut, 98, 109, 166 n. — Châtelains, 616, 663, 664.
BEAURAIN, Bellus-Ramus, Braina (?), 427, 579, 631, 652. — Sires de ce nom, 652.
BEAUREPAIRE, décan. d'Avesnes, 246. — Faisait originairement partie de la terre d'Avesnes, 104 n.

— 676 —

Beaurieux. Faisait originairement partie de la terre d'Avesnes, 104 n.
Beauvais (évêques de —), 406.
Beauvais (arr. de Saint-Quentin), Belveverth, 547.
Beauvois, Belvoir, 634. — Ses dépendances de *Sumescunt* et de *Poncils*. Voy. ces mots.
Beauvoisis, Belloacensis, Belluacensis pagus, 306, 314.
Becquigny, Beccenniæ, 417.
Beda pagus. Voy. Betgau.
Bekenem, Berneham, 298.
Beheriæ, 542.
Bekerel, Biekericl, moulin à Cambrai, 638.
Belchi. Voy. Blicquy.
Beldigels. Voy. Bantigny et Baudignies.
Beleng (Ado de —), 438.
Belgiæ. Voy. Blaugies.
Belgique. Collections historiques et chroniques, vi, viii. — Carte archéologique, vi n. — *Pagi* et *vicairies*, vi n., vii. — Divisions ecclésiastiques, iv. — Premiers ducs et comtes, vi n. — Ancienne division de la Gaule, ix, 359.
Bellecourt. Décan. de Binche, 236.
Belleux (garde de —), dépendance de la haie d'Avesnes, 102 n.
Bellignies. Antiquités, 122, 123. — Chaussée romaine, 59. — Décanat et prevôté de Bavai, 85 n., 159, 220. — Son hameau de Dreaugies. Voy. ce mot.
Belloacensis, Belluacensis pagus. Voy. Beauvoisis.
Bellus-Mansus, Belmeis, Belmes. Voy. Beaumetz.
Bellus-Ramus. Voy. Beaurain.
Belmontes, 18.
Belslanglo centena, vi n.
Belveverth. Voy. Beauvais.
Beneium. Voy. Besny.
Benutfelt, vi n.
Berbacis. Voy. Barbye et Berbigny.
Berbigny, Berbacis (?), 315.
Bercelieæ, Bercillies. Voy. Bersillies-les-Bois.
Bercetriæ, Berchetriæ. Voy. Bettrechies.
Berchis, 668.
Berclerœ. Voy. Berelles.
Berelles, Berela, Bereleiæ (*alias* Berclerœ), Berella, Berellum, 43 n., 146 n., 156, 405, 436, 437, 537, 540, 542, 543, 591. — Décan. de Maubeuge, 239. — Seigneurs de ce nom, 513, 537, 540.
Berezeis. Voy. Berzes.
Berfrigiæ, 315.
Bergeseis. Voy. Bersillies.
Beri, Beriz Voy. Bary.
Berilgiæ, lieu près d'Elincourt, 543.
Berlaimont, Berlaimont, Berlanmons, Berlensmors, 146 n., 437, 543, 597. — Antiquités, 123. — Situé à la limite du Hainaut proprement dit et du *Fanomartensis*, 85. — Décanat d'Avesnes, 246. — Sa chapelle d'Oberchies. Voy. ce mot.
Bermerain, Bermerag, Bermerain, Bermeren, Bermerenc, Bermerennium, 152 n., 153 n., 156 n., 157, 387, 405, 504, 638. — Antiquités, 123 — Station

d'*Hermoniacum*, 178 n.— Décanat d'Haspres, 251, 252. — Seigneurs de ce nom, 580, 587, 615.
Bermereis. Voy. BIESMERÉE.
Bermies. Voy. BUVRINNES.
Berneham. Voy. BEERGEM.
Berones, Berunes, Berunnes. Voy. BUVRINNES.
Bersalis. Voy. BAZÈLE.
BERSILLIES-L'ABBAYE, Bergeseis (?), 313. — Décan. de Maubeuge, 239.
BERSILLIES-LES-BOIS, Berceliæ, Bereillies, Bersileiæ (*alias* : Bersiseiæ), Bertileæ, 157, 172 n., 272, 305, 599, 644.
Bertreceis, Bertreciés, Bertriceiæ. Voy. BETTRECHIES.
Bertruvium, 315.
BERZÉE, Berezeis, 309.
BESNY, Bencium, 385.
BETGAU, Beda pagus, II n.
BÉTHASIENS, Bœtasii, Bethasil, 56 n., 266.— Servaient en Angleterre, 58 n. — Resorits des empereurs romains en leur faveur, 266.
BÉTRENCOURT, Betencourt, 631.— Son hameau de Liaugies. Voy. ce mot.
BÉTHUNE, Betunia, Bitunia, 451, 469, 489.— Seigneurs de ce nom, ibid.
BÉTHUNE (doyen de —), 451.
Bettignies, Bethiniæ, Betinies, 626, 627. — Décan. de Maubeuge, 239.
BETTRECHIES, Berchetriæ, Bertreceis, Bertrecies, Bertriceiæ, 153 n., 155 n., 157, 267, 272, 599, 623, 637.— Vicairie et décanat de Baval, 85, 207, 230.
BEUGNIES (France), Albaniaco (?), Bauvénia, Bueniæ, Buenies, Bulguies, Buiniæ, 149, 160 n., 286, 488, 511 n., 537, 540, 644. — Faisait partie de la terre d'Avesnes, 104 n.
BEUGNIES (garde de —), partie de la haie d'Avesnes, 102 n.
BEUGNIES, hameau d'Harmignies, Daviniæ, Baweniæ, Bawineis, 155 n., 429, 495.
Beurislon. Voy. BOUILON.
Beurnes, Beurunes. Voy. BUVRINNES.
Reutvillare. Voy. BEVILLERS.
BEUVRAGE. Seigneur de ce nom, 587.
BEUVRY, Beuvri, 528. — Seigneur de ce nom, 586.
Bevena. Voy. BIENNE-LEZ-HAPPART.
Bevena. Voy. BIESMES-SOUS-THUIN.
Bevengiæ. Voy. BOUVIGNIES.
BEVEREN, Beverna, Beverne, 551, 619.
Beverunes. Voy. BUVRINNES.
BEVILLERS, Reutvillare, Bivilarium, 319, 632.
BEZIN, dépend. de Fontaine-au-Pire, Bizinium, Bezaing, 319, 426, 632, 633.
Bezunnes. Voy. BUVRINNES.
BIENNE-LEZ-HAPPART, Bevena, 160, 307. — Décan. de Binche, 232. —Ses dépendances de Happart et de Grignard. Voy. ces mots.
BIERCÉE, Bercéis, 308.
BIESMERÉE, Bermereis, 309. — Sa dépendance de Fraire. Voy. ce mot.
BIESMES-SOUS-THUIN, Bevena, 308.
Bilchi. Voy. BLICQUY.

— 678 —

Bilcon, 396.
Bilefurt. Voy. Vilvorde.
Bilmée, dépendance d'Ath, Bilchet, 628.
Binche, Binc, Bince, Binchium, Bincium, Bins, Binzium, 18 n., 42 n., 43 n., 54 n., 153 n., 154 n., 157 n., 158, 532, 589, 596, 623, 637. — Antiquités, 128. — Dépendait autrefois de Waudrez, 43, 532, 623, 637. — Son hameau de Prisché. Voy. ce mot.
Binche (alleu de —). Sa consistance au xiii° siècle, 43 n.
Binche (bailliage de —) 654.
Binche (décanat de —). Mentions anciennes, 42. — Sa composition, 42; 232, 589. — Doyens, 42, 511, 610.
Binche (prévôté de —). Sa composition, 84.
Binche ou Lobbes (vicairie de —). Correspondait vraisemblablement au décanat, 206.
Birbais, Seigneur de ce nom, 649.
Bireium, 386.
Bladoldi-villa, 306.
Blahercort, Blahercurt, Blaihiercort. Voy. Blécourt.
Blandain (monastère de Saint-Pierre de —), à Gand, Blandiniensis locus, Blandinium, 338, 344, 345, 352, 356, 358, 367, 368, 382, 383. — Cartulaires, viii. — Donations, asservissements, possessions, 338, 344, 352, 355, 356, 358, 367, 383, 389, 585. — Abbés, 338, 344, 355, 356, 358, 367, 383, 585.
Blandain (arr. de Tournai). Son hameau d'Espain, 298.
Blaregnies, Blaregnies, 637. —
Décanat de Maubeuge, 239.
Blargnies. Enclave du Cambrésis dans le Hainaut, 75 n.
Blaton, Ablatonæ, Plato, 19 n., 115 n. — Situé dans la Charbonnière et dans le Brabant, 21 n., 88 n — Appartint aux comtes de Flandre, 115 — Seigneurs de ce nom, 557.
Blaugies, Belgiæ (?), Bleelgiæ, 174 n., 494. — Décan. de Bavai, 230.
Blécourt, Blahercort, Blahercurth, Blaihiercort, 546, 631, 639. — Sa dépendance appelée Fuencort, 639.
Blicti (alias : Bluei), 78, 79 n., 271.
Blicquy, Belchi, Bilchi, 440, 485, 486, 537. — Chaussée romaine, 59. — Seigneurs de ce nom, 513, 537.
Bluei. Voy. Blicti.
Boeseghem, Boserich (?), 406.
Boesinghe, Boserich (?), 406.
Bogronensis comitatus. Voy. Brabant.
Boheries, hameau de Vadoncourt, Bohereiæ, 436.
Boiry-Notre-Dame, Baircium, Bairi, 396, 638.
Boiry-Sainte-Rictrude, Bariacum, Bairis (?), 530, 633.
Bois-d'Haine. Antiquités, 122.
Boisschot, Voscotle, 636.
Bois-Seigneur-Isaac. Chatellenie de Braine-le-Comte, 54 n.
Boistrancourt, Bostrancurth, 552.
Bolanfa, 313.
Boleen, Boleum. Voy. Bouchain.
Bolinne, Bubliniacus, 309.
Bolroner, Bolrover, Bolzonium.

Voy. BUVRINNES.
BONART, Bogarda, 298.
BONEFFE, Bons (?), 400. — Constitué en dot à Régnier IV, ibid.
— Son hameau d'Havrenche, 372, 373.
BONISNE, Bons (?), 400. — Constitué en dot à Régnier IV, ibid.
BONNE-ESPÉRANCE (abbaye de—), Bona-Spes, 554, 583, 584, 607, 609. — Donations, ibid. — Abbés, ibid.
Bons. Voy. BONEFFE, BONISNE, BOUGES, BOUSIN.
Bonvillare, 111 n.
Borai, Borracum. Voy. Barracum.
Borbac, 371.
BORGNE (taille du—), bois à Wallers, Brolium silva, Bruelh nemus, 212 n., 213 n., 214. — Partie de la Fagne, 214.
Borlonciel. Voy. BOURLON.
Boserich. Voy. BORSEGHEM et BORSINGRE.
Bosserie. Voy. BOUSSIES.
Bosseriæ. Voy. BOUSSIÈRES.
Bossoni-Vallis. Voy. BOUSVAL.
Boties, 639.
BOTTELAERE, Bottelaere, 357.
BOUCHAIN, Bolcein, Bolcen, Bolceum, Bolceum, Bulceum, 395, 402, 415, 421, 446, 470, 471, 534, 535, 566, 587. — Situé dans l'Ostrevant, 45. — Sa châtellenie, 98. — Ses seigneurs, 395, 402, 415, 424, 446, 470, 471, 534, 535, 586, 587.
BOUCHAUTE, Bocholt, 346.
BOUDRENGHIEN, dépendance de Flobecq, Baulengien, 521.
BOUFFIOULX, Buffols, 48. — Situé dans le Lommenais, ibid.

BOUGES, Bons (?), 400. — Constitué en dot à Régnier IV, ibid.
BOUGNIES, Bugnhe, Buignie, 520, 535. — Décan. de Mons, 234.
BOUILLON (seigneur de—), 472 n.
Bouler. Voy. OVERBOULAERE.
BOULOGNE (cité et diocèce de—), pagus Gesoriacus, II n.
BOULOGNE (arr. d'Avesnes), Bolonia, 497, 536. — Décan. d'Avesnes, 246. — Son villicus ou mayeur, 536.
BONY, lieu dans le Soissonnais, 632.
BOURBOURG, Bruetburc, 466.
BOURLON, Beurislon, Borlon, Borlonciel, Burlon, Burisloneur, 320, 565, 575, 631, 639.
BOURS, Bursa (?), 450.
BOURSE (LA—), Bursa (?), 450.
BOUSIES, Bosserie, Bunzeis, Bussies, Buxies, 575, 576, 580, 623. — Seigneurs de ce nom, 580.
BOUSIES, Bozeiæ, Buzies, Bunzeis(?), 438, 446. — Enclave du Cambrésis dans le Hainaut, 75 n. — Décan. d'Haspres, 252. — Seigneurs de ce nom, 438, 446, 813.
BOUSIN, Bons (?), 400. — Constitué en dot à Régnier IV, ibid.
BOUSSIÈRES (arr. d'Avesnes). Antiquités, 129. — Partie de la terre d'Avesnes, 404 n. — Décan. de Maubeuge, 240.
BOUSSIÈRES (arr. de Cambrai), Bosseriæ, Bossieres, Busseriæ. 550, 623, 638.
Boussois (France). Antiquités, 129. — Chaussée romaine, 59. — Décan. de Maubeuge, 242.
BOUSSOIT (Belgique), Boussois,

49

Bussoit, 48 n., 159 n., 160. — Décan. de Binche, 233, 238. — Seigneurs de ce nom, 556.

Boussu, Bossuth, Bussaud, Bussuth, Busud, Buxu, Buxut, Buxutum, 159, 338, 393, 407, 416, 429. — Antiquités, 129. — Décan. de Bavai, 220. — Seigneurs de ce nom, 612. — Sa chapelle de Hanneton, 220.

Boussu-en-Fagne, Boussu, Bursutum (?), 103, 158, 542.

Bousval, Bossoni-Vallis, 310.

Boutenie, hameau d'Onnezies, Bolegnies, 637.

Bouvignies (arr. de Tournai), Bevengie, Bovengies, Bovenies, 537, 626, 628.

Bouvignies (arr. de Douai), Bovingeiæ, 528.

Bouvines, Bovoniscos, 199.

Bovo. Voy. Elsloo.

Brabant, Bogronensis comitatus; Brabantia; Brabantissis pagus; Brabantum; Brabbatensis, Bracalensis, Bracbantinsis, Bracbantissis pagus; Bracbantum; Bracbantus pagus; Bracbatensis provincia; Bracbatensis, Bracbatinsis pagus; Brachantum; Brachbantum; Brachbatensis pagus; Brackbant; Bragbantinensis comitatus; Bragbantinsis, Bragbantus, Bragbatensis pagus; Bragbentum; Brageratensis comitatus; Bragobantus pagus; Braibanth, Braibantum; Bregbatensis pagus; Bregbantia, x, 20, 21 n., 26 n., 74 n., 111 n., 112 n., 116 n., 152 n., 272, 277, 289, 292, 294, 297, 306, 329, 335, 342, 346, 357, 365, 369,

371, 385 n., 386, 390, 396, 501, 517, 529, 534, 551, 567, 660, 661, 663, 665, 667, 668. — Origine et étymologie de la dénomination, v., 21. — Compris dans la Charbonnière et dans la Basse-Lorraine, 20, 25 n. — Bornait le Hainaut au nord, 50. — Concordance avec l'archidiaconé de Brabant, 38. — Ses quatre comtés, 74. — Avait une division du même nom, 72. — Appartint à Louis-le-Germanique, 26 n. — Apporté en dot en partie à Regnier V, 112. — Ses morcellements, 56 n. — Divisé entre le Hainaut et la Flandre, 111, 112, 147. — Sa dénomination conservée dans le Hainaut jusqu'au xvie siècle, 50. — Comtes, 341, 342, 351, 352, 355, 356.

Brabant (archidiaconé de —). Concordait avec le *pagus* de ce nom, 38 n. — Sa division en deux archidiaconés, 34, 665-667. — Archidiacres anciens, 35 n., 36, 451, 454, 458 n., 459, 477, 549, 666.

Brabant (archidiaconé de —), dans le diocèse de Liége, 34 n.

Brabant-Wallon. Situé dans le pays de Lomme et le diocèse de Liége, 38 n., 47. — Bornait le Hainaut à l'est, 47.

Brabant, ruisseau. Affluent de la Senne, à Marche-les-Ecaussinnes, 48 n.

Bracheul, hameau de Masnières, Brachiol, 427.

Brachiorum-Locus, lieu près de la Scarpe, 528.

Brachna, 358.
Bracna. Voy. BRAINE-L'ALLEUD et VAUTIER-BRAINE.
Braé. Voy. BRAY.
BRAFFE, Braffia, 476, 477, 539, 626.
BRAINE-L'ALLEUD, Bracna (?), Braina (?), Breca (?), 273, 277, 434.
BRAINE-LE-CHATEAU, Breina (?), Braina-Castellum, 163 n., 427 n., 631, 664. — Appartenait à la chatellenie de Braine-le-Comte, 54 n.
BRAINE-LE-COMTE, Braina (?), Brania-Willotica, Brania-Wilhota ou Wilhotica, Brena-Wilhota, Brena, Brene, 54 et n., 163 n., 454, 458, 559, 567, 580, 657, 658, 660, 661, 662, 664. — Etait situé dans l'ancien Brabant, 41 n., 54, 567, 661, 667. — Acquis par Baudouin IV pour y bâtir une forteresse, 567, 660. — Réuni à l'archidiaconé de Hainaut, décanat de Mons, 41, 54, 225. — Seigneurs de ce nom, 458, 559, 567, 580, 661.
BRAINE-LE-COMTE (chatellenie de —), 54 n.
BRAISNE, Briania (?), 315.
BRAKELE, Brakela, 72 n.
BRAY, Braé, 157 n., 158, 608, 623. — Antiquités, 123, 139. — Décanat de Binche, 234.
BRAUGIES, hameau de Bellignies, Braugeis, Braugies, Brebelgeiæ, 153 n., 155 n., 157 n., 159, 588, 623, 637.
BREBIÈRES, Berbiariæ, 316.
Breca. Voy. BRAINE-L'ALLEUD et VAUTIER-BRAINE.
BRETEUIL, Britcolum, 522.

Breue, 426.
BRIASTES, Briastra, Briastrum, 386, 416, 628. — Appartint d'abord au Cambrésis, puis fut réuni au Hainaut, 45 n., 109.
BRIENNE, Briania (?), Briene (?), 315, 580. — Sires de ce nom, 580.
Brocum, 273, 277.
Brolium, Bruelh, nemus. Voy. BORGNE (taille du —).
BROQUEROIE (forêt de —), Brocherul, Brochroie, Brokeroia, Brokerul, Broqueroia, Brotherota, 53 n., 61, 155 n., 159, 313, 642. — Partie de la Charbonnière, 61. — Située partie en Hainaut et partie en Brabant, 53, 61. — Appelée haia, 102 n.
BROQUEBOIS (Saint-Denis en —). Voy. SAINT-DENIS.
BROXEELE, Bruggesela, Bugginsela, 348. — Son hameau de Wamebrugghe. Voy. ce mot.
Brucheim. Voy. BRUSSEGHEM et BUEKEN.
Bruel (Gonterus de —), 458.
Bruethurc. Voy. BOURBOURG.
BRUGELETTE, Brugeloiæ, 410, 411.
BRUGES, Brugæ, Brughe, 627, 657, 659. — Sa chatellenie, 539.
BRUILE (bois de —). Partie de la forêt de Broqueroie, 61.
BRUILLE (bois de —), au nord d'Erre (arr. de Douai), Bruilium, 530.
BRUILLE-SAINT-AMAND, ou BRUILLE-LEZ-MARCHIENNES. Seigneurs de ce nom, 386, 615.
BRUILLE (paroisse de Tournai). Seigneurs de ce nom (?), 564.
BRUILLE, hameau de Waudrez.

Bruilium, 158 n., 159, 532. — Situé dans l'alleu de Binche au XIII° siècle, 43 n. — Sa chapelle, 238.
Brule, ruisseau de la Fagne, 214 n.
Brumbaix, ruisseau de la Fagne, 214 n.
BRUNHAUT-LIBERCHIES. Voy. LIBERCHIES.
BRUSSEGHEM, Brucheim (?), 312.
BRUXELLES (archidiaconé de —). Sa création, 34, 35, 685. — Archidiacres anciens, 37.
BRUXELLES (décanat de —) D'abord archidiaconé de Brabant, puis archidiaconé de Bruxelles, 34, 687.
BRY, décan. de Valenciennes, 257.
Bubliniacus. Voy. BOLINNE.
BUCILLI, Buciliacum, 78. — Situé en Thiérache, ibid.
BUEKEN, Brucheim (?), 312.
Buenies, Buinia. Voy. BEUGNIES (arr. d'Avesnes.)
Bugginsela. Voy. BROXEELE.
Bugniæ, Buigniæ. Voy. BEUGNIES.
BUIRONFOSSE. Possession de Saint-Denis de France, 193 n., 651.
Buisnia, Buisnies. Voy. BUSIGNY.
BUISSIÈRE (La —). Son hameau de Ghoy. Voy. ce mot.
Buitrunes. Voy. BUVRINNES.
Bulceum. Voy. BOUCHAIN.
Bullare. Voy. OVERBOULAERE.
Bunzels. Voy. BOUSIES.
Burgundia, 21 n.
Burisloneur, Burlon. Voy. BOURLON.
Bursinæ-Novæ. Voy. BOURSEIGNE-NEUVE.
Bursum, 542.
Bursutum. Voy. BOUSSU-EN-FAGNE.
Busenghien. Voy. EBEGHEM.

BUSIGNY, Businiacæ, Boisniæ, Buisnies, Busegnies, Buzegniæ, Buzegnies, 319, 425, 427, 630, 632. — Appartint d'abord au Cambrésis, puis fut réuni en partie au Hainaut, 45 n., 110.
Bussies. Voy. BOUSIES.
Bussoit. Voy. BOUSSOIT.
Bussud, Bussuth, Bussutum, Busud. Voy. BOUSSU.
BUVERNIAT, hameau de Clermont, Boverniæ, 308.
BUVRINNES, Berones (alias: Bermiés), Berunes, Berunnes, Beurnes, Beurunes (alias: Berunnes et Bezunnes), Beverunes, Bolroner (alias: Bolrover et Bolzenium), Buitrunes, 112 n., 153 n., 158, 313, 343, 369, 371, 388, 637. — Donné à l'abbaye de Saint-Vannes de Verdun, 87, 112. — Situé dans l'alleu de Binche au XIII° siècle, 43 n. — Décan. de Binche, 234.
Buxies. Voy. BOUSIES.
Buxu, Buxot, Buxutum. Voy. BOUSSU.

# C.

CAGNIOOURT, Cawchicurt, Cotegnicurt, 479, 523.
CAGNONCLE, Caignuncula, Caignunculum, 319, 632.
Caing. Voy. KAIN.
Calliodunum. Voy. CRAULNES.
Calneius, 161 n.
Calviniaca, Calviniacus. Voy. CAVINS.
Calvus-Mons, 436.
CAMBRAI, Cameracum, Cambre, Cameracense castellum, Came-

racum, 23 n., 74, 75 n., 319, 339, 396, 397, 398, 418, 423, 426, 473, 485, 502, 580, 586, 632. — Chaussée romaine, 59. — Capitale des Nerviens, ix. — Ses rois, x. — Ses comtes, 106. — Pris par Clodion, 23. — Ses évêques, 270 et passim. — Ses portes. Voy. *Aquarum porta* et Selles. — Moulin de Bekerel. Voy. ce mot.

Cambrai (chapitre cathédral de —). Donations, 339, 395, 419, 421, 442, 469, 500, 516, 531, 549, 553, 564, 574, 587, 588, 603, 604, 608, 622.

Cambrai (cité de —), Cameracensis civitas, x, 20 n. — Correspond au territoire nervien et au diocèse de Cambrai, x, 20 n. — Ses rois, x. — Ses *pagi*, ibid.

Cambrai (diocèse de —). Pouillés, 218 n. — Représente exactement le territoire des Nerviens, ix. — Son union avec le diocèse d'Arras, iii n. — Renfermait la Charbonnière, 15, 20. — Compris dans la Basse-Lorraine, 25 n. — Séparé du diocèse de Tournai par l'Escaut, 549 n. — Compétition de Gaucher et de Manassés, 471, 472, 483, 484. — N'eut d'abord que cinq archidiaconés, 34 et suiv. — Époque de leur création, 37. — Création de l'archidiaconé de Bruxelles, 34. — Concordance des archidiaconés avec les *pagi*, 38. — Archidiacres, leur règle, leur rang, 33, 37, 656, 666. — Décanats ruraux, leur création, leur règle, 40, 656. — Concordance avec les divisions civiles,

ibidem.

Cambrésis (archidiaconé de —). Localités, 551. — Archidiacres, 34, 36, 479, 490, 510, 515, 638.

Cambrésis (pays de —), Cameracensis pagus, Cameracesium, Kameracensis pagus, x, 19, 27, 39, 47 n., 69 n., 74 n., 161 n., 272, 320, 395, 397, 416, 419, 502, 523, 530, 576, 632. — A-t-il fait partie de la Charbonnière? 19. — N'a jamais dépendu du Brabant ni du Hainaut, 74, 75. — Ses comtés, 107. — Sa limite du côté du Hainaut, 55. — Bornait le *Fanomartensis* à l'ouest et au sud, 97.

Cambron (abbaye de —). Abbés, 658, 660.

Cambron-Casteau et Cambron-Saint-Vincent, Cambaronna, Cambrione, Cambron, 289, 292, 306, 391. — Pris à tort pour *Karubium*, 181 n.

Cambron-Saint-Vincent, Cambron, 534.

Cambronaria Servia. Voy. Charbonnière.

Camphin, Camphin, 346.

Campi-Fossa, 553.

Campus-Plectrudis, 553.

Canatha. Voy. Quernast.

Cantaing, Gantaing, Cantengh, Canthen, Cantieno, Cantinium, 502, 552, 553, 560, 623, 639. — Seigneurs de ce nom, 560.

Cantimpré. Décan. de Mons, 225.

Cantin, Cauventin, 404.

Cantinjolum, lieu à Cantaing, 639.

Cantorbery. Archevêque, 580, 581.

Capelle, Capella, 161, 500, 523, 593. — Possession de l'abbaye d'Anchin, ibid.

Capelle (La —) Capella, 78 — Chaussée romaine, 59. — Appartenait à la Thiérache, 73.

Capremons. Voy. Chièvremont.

Caprinum, Caprinium. Voy. Quiévrain.

Carbonaria, Carboneria, etc. Voy. Charbonnière.

Carembant (pays de —), Karabantensis pagus, Karrabantum, 346, 352, 359.

Carisiacum, Carisiagus. Voy. Kierzy.

Carnettum. Voy. Charleroi.

Carnières (France), Carneræ, Carneriæ, Carnieres, 396, 576, 623, 638.

Carnières (Belgique), Carneriæ, Carnieres, 152 n., 162, 318, 609. — Décan. de Binche, 234.

Carrays, lieu près de Vregny, 531.

Gartignies, Garteniæ, 153 n., 468, 488, 497, 625, 627. — Décan. d'Avesnes, 246. — Partie de la terre d'Avesnes, 104 n.

Gartignies (haie de —). Dépendance de la Fagne, 102. — Sa consistance, ibid.

Carvin, Carvin, 346, 359. — Sa dépendance appelée Steflæ. Voy. ce mot.

Casa-Dei. Voy. Vicogne.

Casteau, Castel, Castellum, 52, 61 n., 160 n., 162, 299, 346, 455, 520. — Antiquités, 129. — Situé en Hainaut, à la limite du Brabant, 52. — Placé dans l'ar-

chidiaconé de Brabant, décanat de Chièvres, 41, 52, 33 n.

Castellum-Novum. Voy. Cateau.

Casterlé, Casterle, 636.

Castillon, Castillion, 308. — Son hameau de Merienne. Voy. ce mot.

Castraloc. Voy. Mons.

Castres, Castra, 163 n., 664.

Gastrice (comté de —), Castricensis pagus ou comitatus, Castritium, 27 n., 69 n., 82. — Situé sur la Meuse, 82. — Appartenait en 833 à l'empereur Lothaire, 27 n.

Castrilocus, Castrilucium, Castrorum locus. Voy. Mons.

Castritium. Voy. Chastres.

Cateau - Cambrésis, Castellum, Castellum-Sanctæ-Mariæ, Novum-Castrum, Novum-Castellum, Perona, Vendelgeiæ, Vendelgyes, x n., 46, 407 n., 161 n., 385, 387, 429, 489, 517, 523. — Chaussée romaine, 59. — Appartenait au Cambrésis, 46 — Seigneurs de ce nom, 580. — Prévôts, 560. — Son abbaye de Saint-André. Voy. ce mot.

Catelenne (haie —), dépendance de la Fagne, 102 et n. — Sa consistance, ibid.

Gattenières. Lieu y situé et nommé Chémentiæ. Voy. ce mot.

Caudacia. Voy. Chaudun.

Caudry, Caudri, 633, 638. — Appartenait primitivement au Cambrésis, 45 n., 109. — Passa en partie au Hainaut, ibid.

Gaulricia. Voy. Colleret.

Gaullery, Caueleri, Colrium (?), Colrit (?), 423, 426, 638.

Caulny. Seigneurs de ce nom, 400.
Caurag. Voy. Gaurain et Quiévrain.
Caurinium. Voy. Gaurain.
Cauroir, Colrium (?), Colroi, 425, 638.
Cauventin. Voy. Cantin.
Cavaca. Voy. Baval.
Cavellanii. Voy. Quiévelon.
Cavins, hameau de Sirault, Calviniaca, Calviniaeus. 52, 160, 316. — Situé à la limite du Hainaut et du Brabant, 52.
Cavrem, Cavren. Voy. Quiévrain.
Cawencurt. Voy. Cagnicourt.
Cella, Cella-Sancti-Ghislent. Voy. Saint-Ghislain.
Cella-Sanctæ-Trinitatis. Voy. Petit-Cresbin.
Cella, Cellula. Voy. l'Echelle et Saint-Algis.
Cellao, 631. Comparez Colen.
Ceoes, Cenes, Ceoes (Segardus de —), 440, 441.
Cerasia silva. Voy. Thiérache.
Cérèses. Leur fusion avec d'autres peuples, III.
Cerfontaines. Décan. de Maubeuge, 242.
Cerise, 632.
Cersariæ, 298.
Cervia. Voy. Chièvres.
Chain, Chein. Voy. Kain.
Chaum. Voy. Quéant.
Chapelle-lez-Herlaimont. Décan. de Binche, 235.
Charbonnière (forêt —), Cambronaria Servia, Carbonaria silva, silva de Carbonariis, Carbonceriæ, Carbonia, Charbeneira silva, Cherbonirensis silva, 11 n., 12 n., 14 n., 20 n., 26 n., 62 n., 151 n., 162. — Etymologie du mot, 11, 12. — Sa situation, 14. — Sa consistance, 11. — Ses limites, 13 et suiv. — Peuplée par une colonie de Francs, 22. — Les Francs y subissent une défaite, 23. — Traversée par Clodion, 23. — Citée dans la loi Salique, 23, 24 n. — Figure dans les possessions de Pepin de Landen, 25. — Fait partie de l'Austrasie dont elle forme la frontière occidentale, 25. — Appartient ensuite à la Lotharingie et au duché de Basse-Lorraine, 25. — Les Normands y sont vaincus, 27, 28. — Ses morcellements et ses divisions au moyen-âge, 22, 60.
Charbonnière (forêt —) proprement dite. Division de la Charbonnière, 63. — Sa situation, ibid.
Charleroi, Carnetlum, Karnoit, 55 n., 310. — Situé à la limite de la Charbonnière, 17. — Appartenait au pays de Lomme, 55 n.
Chartres (abbaye de Saint-Père de —), Cartulaire, VIII.
Chastres, Castritium, 309.
Chateau-l'Abbaye. Chaussée romaine, 59.
Chatelineau. Appartenait au pays de Lomme, 49 n.
Chaudun, Caudacia (?), 314.
Chaulnes, Calliodunum (?), 314.
Chaussée - Notre - Dame. Chaussée romaine, 59. — Son hameau de Louvignies. Voy. ce mot.
Chavren. Voy. Quiévrain.
Chementiæ, lieu à Cattonières, 546.
Chen, fleuve, Charus, 350.

Chereum. Voy. GAURAIN et QUIÉVRAIN.

Chersonieres, Cressonières, 575, 638.

CHEVESNES, hameau de Sars-la-Buissière, Chieniæ, Chivegniæ, Chiweneis, Chuinegæ, Chuinies, Kinneræ, Kuinegæ, Kuinei, Kuineiæ, Kuivei, 148 n., 163, 164, 182, 606, 643.

Chevi. Voy. QUÉVY (arr. de Cambrai).

Chevi parvum et magnum. Voy. QUÉVY-LE-GRAND et QUÉVY-LE-PETIT.

Chevirul, 627.

Cheym. Voy. KAIN.

CHIÈVREMONT (abbaye de —), Capremons, 322. — Donations, ibid.

CHIÈVRES, Cervia, Chirvia, Cirvia, parrochia Cirviënsis, 85, 86 n., 366, 441, 493, 535, 537, 619, 660. — Monnaies franques, 66. — Seigneurs de ce nom, 441, 535, 537.

CHIÈVRES (décanat de —). Appelé aussi décanat de Soignies, 48 n. 451. — Situé dans l'archidiaconé de Brabant, 112, 666.

CHIÈVRES (comté ou vicairie de —), 85, 86 n. — Appartint au x.ᵉ siècle au comte Egbert ou Herbert, 366.

Chihem. Voy. KIEHAM.

CHIMAI, Cimai, Cymacum, Simai, 50 n., 406, 499. — Situé dans le pays de Lomme et dans la forêt de Fagne, 50 n., 103. — Sa seigneurie tenue en fief des comtes de Hainaut, 98, 109. — Son chapitre 251. — Seigneurs de ce nom, 499, 513, 590, 593, 601, 664.

CHIMAI (fagne de —), dépendance de la Fagne, 102.

Chimeis, 387.

CHIN. Seigneurs de ce nom (?), 513.

Chiuvrain. Voy. QUIÉVRAIN.

Chuinegæ, Chuinies, Chivegniæ. Voy. CHEVESNES.

Cimbresacra. Voy. SOMMERZAEKE.

Ciperium. Voy. le mot suivant.

CIPLY, Ciperium, Cipleium, Cipliacum, Cypli, 149 n., 164, 350, 436, 544, 648. — Antiquités, 123, 129. — Chaussée romaine, 89. — Décanat de Mons, 225.

Cirau, 60.

Cirina, 273, 277. Comparez Corma.

Cirvia. Voy. CHIÈVRES.

CLAIRE-FONTAINE (abbaye de —), 561.

CLAIR-MÉNAGE, lieu à Vendegies-sur-Ecaillon. Ancien Hermoniacum, 13 n., 178 n., 200 n.

CLAIR-VOYANT, ruisseau à Eppe-Sauvage, Clarus Voionus, Voion, 165, 212-214.

CLAMECY, Clamechy, 632.

CLEREFAYTS. Décan. de Maubeuge, 240.

CLERMONT (Auvergne), Clarus-Mons, 463. — Son concile, 463, 471 n.

CLERMONT (Namur), Clarus-Mons, 308. — Son hameau de Viscourt. Voy. ce mot.

Clusa. Voy. l'ÉCLUSE.

COBRIEUX, Corulis (?), 352.

Coinuverea, 314.

Cokenllare. Voy. COUKELAERE.

Colem, 319. Comparez CELLAO.

COLLERET, Cauliricia, Colliricium, Colrit (?), 157 n., 165, 201 n.,

271, 277. — Décan. de Maubeuge, 240. — Bois de Frasnelle y situé, 273.
Cologne, Colonia, 340, 349.
Cologne (archevêché de —). Appartenait à la Basse-Lorraine, 25 n.
Cologne (pays de —), Coloniensis pagus, 517.
Coloscampus. Voy. Coolscamp.
Combescura. Voy. Lapscheure.
Combles, 157 n.
Combles, Combles, Cumbis, 304, 399, 400, 401.
Compiègne, Compendium, 20 n.
Compiègne (forêt de —), 13.
Concisa-Fossa, lieu près de Cambrai, 552.
Condé, Condatum, 51 n., 60 n., 74, 75 n., 165, 402. — Monnaie franque, 66. — Situé dans la Charbonnière, 21 n. — Situé partie en Hainaut et partie en Brabant, 21 n., 51, 54, 74, 75. — Son monastère, 21 n. — Seigneurs de ce nom, 512, 655, 658.
Condroz, Condrustis pagus, Condustrius pagus, 2 n., 337 — Autel votif trouvé en Angleterre, 2 n. — Division du diocèse de Liège, 38 n.
Condruses. Leur fusion avec d'autres peuples, 2, 3 n.
Contés, Conteham, Coteham, 425, 630.
Convesuria, 314.
Coolscamp, Coloscampus, 298.
Copinium. Lieu de la Fagne, 165, 213 n., 214, 504.

Corbery, Corbenium, 627.
Corbie (abbaye de —), Corbeiæ, 407. — Abbés, 406.
Corbion, ruisseau de la Fagne, Corbriolum, 165, 213 n., 214, 505.
Cordes, Corda, 511 n., 539, 626.
Coriletum, 633.
Corma, 273.
Corulis. Voy. Cobrieux.
Coteham. Voy. Contes.
Cotegnicurt. Voy. Cagnicourt.
Cottia silva. Voy. Cuise.
Coukelaere, Cokenllare, 298.
Courcelles (France), Curcellæ, 419, 553, 638.
Courrières, dépendance de Marche-les-Ecaussinnes, Courrieres, 48 n., 405.
Court-sur-Heure, Curt, 309.
Court-au-Bois, Teoderici-mansus, 528.
Courtrai, Curtriacum, 3 n., 298.
Courtrai (pays de —), Curtracinsis pagus, 356.
Cousolre, Consorne, Curtisalra, Curtissolra, Curtissorra, 157 n., 166, 271, 277, 362. — Décan. de Maubeuge, 240.
Couvin, Cubinium, Cuvinium, 48, 400. — Situé dans le pays de Lomme, 48. — Uni au Hainaut et donné en dot à Regnier IV, 109, 400. — Vendu à l'évêque de Liège, 109, 400 n., 483 n.
Cran, 320.
Crécy (décanat de —), dans l'archidiaconé de Thiérache, 78 n.

50

CRESPIN, Crespin, Crispin, Crispiniaeum, Crispinio, Crispinium, 70 n., 151 n., 164 n., 165, 303, 333, 350, 364, 460, 462, 480. — Situé en Hainaut, 52. — Décan. de Bavai, 220.
CRESPIN (abbaye de —). Sa fondation, 68. — Citée au traité de 870, 70 n. — Tenue en commende par le comte Sigebard, 89 n.—Donations, 302, 332, 333, 349, 350, 455, 459, 462, 470, 479. —Asservissements, 363, 457. — Abbés, 302, 303, 332, 333, 349, 350, 363, 455, 459, 462, 468, 470, 477, 479, 489, 568, 598, 599.
Cressonieres. Voy. *Chersonieres*.
CRÈVECOEUR. Son hameau de Vinci. Voy. ce mot.
Cririacum. Voy. CEIRY.
Croha, 115 n.
CROISETTE (garde de la —). Dépendance de la haie d'Avesnes. 102 n.
CROIX (France, cant. de Landrecies), Cruce, Crux, 149 n., 166, 208 n., 209, 284, 286, 287, 289, 291. — Situé dans le pays de Famars, 209.
CROIX (France, cant. de Roubaix), Cruces, Crux, 299, 471.
CROIX-LEZ-ROUVEROY (Belgique), Crux, Licroiz, 152 n., 166, 313, 609.—Décan. de Binche, 234. — Seigneurs de ce nom, 313, 535, 612, 655. — Son hameau de Joncquières. Voy. ce mot.
Crokes (Segardus de —), 664.

Crombrugge, Crumbrigga, 356 n., 357.
Cubinium. Voy. COUVIN.
CUESMES. Antiquités, 123, 129. — Décanat de Mons, 228. — Sires de ce nom, 582.
CUIRY, Cririacum, Curiacum, 272, 277.
CUISE (forêt de —), Cottia silva, 13, 20. — Combat qui s'y livra, 25.
Culipia, 315.
Cumbis. Voy. COMBLES.
CURGIES, Quiregies, Quirigiacum, 153 n., 192, 573, 638. — Décan. de Valenciennes, 257.
Curiosolitæ, 1 n.
Curt. Voy. COUR-SUR-HEURE.
Curtisalra, Curtissolra, Curtissorra. Voy. COUSOLRE.
Cuvinium. Voy. COUVIN.
Cymacum. Voy. CHIMAI.
Cypli. Voy. CIPLY.

## D.

DAILLY, Daleis, 310.
DAMES-DE-MONS (bois des —). Partie de l'ancienne forêt de Broqueroie, 61.
DAMOUSIES, Damolziæ, 43 n., 156 n., 166, 591. — Partie de la terre d'Avesnes, 104 n. — Décan. de Maubeuge, 240.
DAMPREMY, Dantremi, 310.
Danderlet. Voy. ANDERLECHT.
DANEMARCK. Antiquités des âges primitifs, 121.
Dangre. Voy. ANGRE.

Darmiensis pagus. Voy. Darnau.
Darnau (comté ou pays de —), Darmiensis pagus, Darnuensis comitatus ou pagus, 72, 310. — Dépendance et division du pays de Lomme, 48, 72.
Daudengien. Voy. Audeghem et Ottergem.
Daudernies. Voy. Audregnies.
Dechy, Diptiacus, 299.
Decla. Voy. Dickele.
Deheries, Dehereciæ, Dieheries, 545, 638.
Denain. Seigneurs de ce nom, 561, 564, 579, 587, 613.
Denderwindeke, Ventica, Wenteka super flavium Thenra, Winthi, Winti, 357, 619. — Seigneurs de ce nom, 619.
Dendre, Tenera, Tenre, 116 n., 405.
Denée, Dithineis, 310.
Derivilla, 405.
Destelberg, Thisla, 345.
Dicclevenne, (abbaye de —), Diclivinia, 468. — Abbés, ibid.
Dickele, Decela, Decla, 294, 297.
Didineicæ, Didmeycæ, Dieneniæ. Voy. Dinche.
Diest (pays de —), Diestensis pagus, 72 n.
Dimechaux, Dimencellum, Dimoncel, 43 n., 149 n., 156 n., 166 n., 167, 437, 543, 591. — Confondu à tort avec Didineicæ, 166 n. — Faisait partie de la terre d'Avesnes, 104 n. — Dé-

canat de Maubeuge, 43, 240. — Appartint aussi au décanat d'Avesnes, 43.
Dimont. Confondu à tort avec Magnus-Mons, 166 n., 186 n. — Faisait partie de la terre d'Avesnes, 104 n. — Décan. d'Avesnes, 247.
Dinant, Dionant, Diovant, Dirvant, 343.
Dinche, hameau de Prisches, Didineicæ (alias : Didmeycæ). Dieneniæ. 166. — Confondu à tort avec Dimechaux, ibid. — Diffère de Liduneicæ (Voy. ce mot), ibid. — Possession de l'abbaye de Maroilles, ibid.
Diptiacus. Voy. Dechy.
Dispargam. Voy. Duysbourg.
Dithineis. Voy. Denée.
Doelseiæ. Voy. Douzies.
Doherpa. Voy. Dourbes.
Doignies, Doegnies, Doeennies, Doineis, 395, 576, 623, 639.
Dombasle, Domnus-Basolus, 371.
Dompierre, Donum-Petri, 627. — Partie de la terre d'Avesnes, 104 n. — Décan. d'Avesnes, 247. — Son hameau de Flobodeica. Voy. ce mot.
Dompierre (garde de —). Partie de la haie d'Avesnes, 102 n.
Donchéri. Situé dans le comté de Castrice, 82.
Donstiennes, Alesta (?), Donum-Stephani, 309.
Dörlarium. Voy. Dourlers.
Douai, Duacum, Duacense castrum, 110, 383, 402, 405, 445, 456, 530, 619. — Réuni

au Hainaut, 110. — Chatelains, 407. — Doyens, 451. — Prévôts, 476. — Seigneurs de ce nom, 402, 445, 456.

Doucur, Dulciaca, Dulciacus, 45, 167, 189 n., 346, 356 n., 357, 383, 389. — Ses dépendances appelées Aubiaus et Helet. Voy. ces mots. — Décan. d'Haspres, 252. — Sires de ce nom, 586.

Dour, Doûr, Durb, Durnum, 155 n., 159 n., 168, 393, 409, 494, 581. — Antiquités, 58, 130. — Fut occupé par les Francs, 58. — Décan. de Bavai, 221. — Son hameau d'Offegnies. Voy. ce mot.

Dourbes, Doherpa, 310.

Dourlers, Dorlarium, Dorlers, Durlerus, 149 n., 152 n., 168, 435, 502, 543. — Antiquités, 130. — Décan. d'Avesnes, 247. — Sa dépendance appelée Sart-de-Dourlers. Voy. ce mot. — Seigneurs de ce nom, 651.

Douvrain, dépendance de Baudour, Dura (?), 53 n.

Douzies, hameau de Feignies, Doelseixe, 279.

Dringham, Drincham, 406.

Duchon, lieu à Moustier-en-Fagne, Ducionis silva, 167, 212, 214.

Ducia, 311.

Dulcelun (Evrardus de —), 513.

Dulciaca, Dulciacus. Voy. Doucry.

Duo-Flumina. Voy. Vendegies-sur-Escaillon.

Dura. Voy. Douvrain.
Duransart, 61 n.
Durbecca, 312.
Durbuy (comté de —), 618.
Durlerus. Voy. Dourlers.
Durb, Durnum. Voy. Dour.
Duronum. Voy. Etroeungt.
Dury, Duri, 639.
Dusta, 20 n.
Duysbourg, Dispargum, 15, 23. — Situé entre la Charbonnière et Tournai, 23. — Séjour de Clodion, 13, 23. — Est-ce Duysbourg en Brabant ? 23, 24 n.
Dyle. Limite du territoire nervien et de la Tongrie, de la Charbonnière et du diocèse de Liège, 16, 17 n., 24 n.

## E.

Ecaussinnes-d'Enghien et Ecaussinnes-Lalaing, Scalcina, Scancia, 14 n., 54 n., 289, 292. — Situés en Brabant, 54.

Ecaussinnes-d'Enghien. Situé dans la chatellenie de Braine-le-Comte, 54 n. — Décan. de Mons, 41, 229. — Placé à tort dans le décanat de Binche, 43, 237.

Ecaussinnes-Lalaing. Situé dans la chatellenie de Braine-le-Comte, 54 n. — Décan. de Mons, 41, 228. — Placé à tort dans le décanat de Binche, 43, 237.

Echelle (L' —). Voy. Saint-Algis.

Eclaibes, Sclarbies, 629. — Faisait partie de la terre d'Avesnes, 104 n. — Décan. d'Avesnes, 247.

Ecluse (L' —) (arr. de Douai), Clusa, Sclusa, Sculusa, 531, 575, 623, 638.

Ecourt-Saint-Quentin, Hailcort, 530.

Ecuelin, Squilium, Squilinium, 149 n., 194 n., 197, 437, 447, 469, 519, 643. — Antiquités, 130. — Décan. d'Avesnes. 250 n. — Seigneurs de ce nom, 447, 469, 489, 499, 512, 543, 611, 650.

Edeghem, Buseughien, 633.

Eenham (abbaye d' —). Donations, 492. — Abbés, 492, 564.

Eenham (château d' —), Eiham, Iham, 111 n., 112 n., 115 n., 116 n. — Apporté en dot à Régnier V, 112. — Sa destruction, 115.

Eenham (comté d' —). Appartenait au Brabant, 111. — Apporté en dot à Regnier V et réuni au Hainaut, 112, 115. Comparez Pamèle (décanat de —).

Elemosina - Wagonis, terre à Givry, 621.

Elesmes, Lesmes, 644. — Antiquités, 130. — Décan. de Maubeuge, 240.

Elincourt. Sa dépendance appelée Berilgia. Voy. ce mot.

Ellezelles. Ses dépendances appelées *Ankre* et Place-à-l'Aunoi. Voy. ces mots.

Ellignies-Sainte-Anne, Heliæ(?), 495.

Elneus. Voy. Anneux.

Elno, Elnon. Voy. Saint-Amand.

Elouges, Eslogia, Eslogium, Heslogels, Slogia, Slogium, 12 n., 149 n., 155 n., 157 n., 168, 196, 387, 436, 495, 542. — Antiquités, 130. — Décan. de Bavai, 224. — Son hameau de Monceau. Voy. ce mot.

Elpra. Voy. Helpe.

Elsegem, Hesenghem, 405.

Elsloo, à Everghem, Baslium (?), Bovo, Haslud, Hasluth, 111, 342, 371, 388, 390. — Situé dans l'ancien Brabant, 111.

Emines, Grimines (?), 314.

Empele, Empla, 333.

Encra, 20 n.

Enghien, Adengen, Adengien, Angien, 458, 564, 598. — Situé dans l'ancien Brabant, 55. — Pris à tort pour *OEnengium*, 190 n. — Seigneurs de ce nom, 458, 564, 598.

Englefontaine. Antiquités, 130. — Décan. d'Haspres, 252.

Enice. Voy. Aniche.

Epinois ou Espinois, Espinoit, Spinethum, 43 n., 153 n., 158, 197, 313, 532, 637. — Décan. de Binche, 235.

Eppe-Sauvage, Helpra, Helpre, 213 n., 205, 504, 505, 626. — Antiquités, 130. — Situé dans la Fagne, 215. — Décan. d'Avesnes, 247. — Son ruis-

— 692 —

seau appelé Clair-Voyant. Voy. ce mot.

ERBAUT, Erbaut, Herbaut, 378, 619. — Seigneurs de ce nom, 561.

Erbelines, lieu inconnu, placé dans le décanat de Bavai, 221.

ERBISOEUL, Erbisuel, Herbisuels, 61 n., 618. — Situé dans la forêt de Broqueroie, ibid.

Erchana. Voy. ERQUENNES.

Erchelines. Voy. ERQUELINNES.

ERCHIN, Ercinium, 272, 277.

Ercliacus. Voy. HERLY et SAINT-ERMIN.

Ermefredegehem, Ermefredeghe. Voy. HEMELVEERDEGHEM.

ERONDEGEM, Eroldingeheim, 312.

ERPION, Herpion, 308.

ERQUELINNES, Erchelines, Hercheline, Irecenna (?), 178, 273, 310, 607. — Décan. de Maubeuge, 240.

ERQUENNE, Erchana, Herchaneih, 168, 393, 495. — Décan. de Bavai, 221.

ERRE, Hera, Here, Scalia, 319, 427, 530, 631.

Erwetengem (Sigerus de —), 619.

ESCAILLON, ruisseau, Escalon, Escalius fluviolus, Escalus, 98, 161 n., 168, 500. — Son cours, 168 n.

Escalpont. Voy. ESCAUPONT.

ESCARMAIN. Décan. d'Haspres, 252.

ESCAUDAIN, Scaldem, Scaldinium, 299, 404, 586. — Seigneurs de ce nom, 586, 587.

ESCAUDOEUVRES, Scaldeurium, Scaldeuvrium, Scaldobrium, 396, 546, 553, 638. — Situé en Cambrésis et réuni en partie au Hainaut, 45 n., 109.

ESCAUPONT, Escalpont, Pons-Scaldis, Scaldpons, Scalpoutis, Scalponz, Scalpur, 13 n., 162 n., 168 n., 187 n., 191, 195, 299, 331. — Antiquités, 58, 131. — Chaussée romaine, 59. — Occupé par les Francs, 58. — Situé en Hainaut, 45, 52. — Décan. de Valenciennes, 261, 263. — Seigneurs de ce nom, 537.

ESCAUT, Scaldis, Scaldus, Scalta, Scalthus, 27 n., 111 n., 210 n., 329, 330, 332, 344, 345, 346, 356, 426, 530. — Bornait la Charbonnière, 15. — Séparait l'Austrasie de la Neustrie, et le royaume de France de l'Empire, 15, 114. — Limite des possessions de Pepin de Landen, 17 n. — Séparait le Hainaut de l'Ostrevant, 45. — Limite-ouest du pays de Famars, 97.

Eschelmes. Voy. ESQUERMES.

Eslogia, Eslogium. Voy. ELOUGES.

ESNE, Aesna, 546. — Son hameau de Grand-Pont. Voy. ce mot.

ESPAIN, hameau de Blandain, Spidinium, 298.

ESPAING, dépend. de Wambrechies, Spidinium (?), 298.

ESPAIX (L'—), à Valenciennes, Spalt, Spatium, 197. — Sa seigneurie, 197, 262, 556.

— 693 —

Espinoy (France), Spinetum, 298.
Esplechin, Espelcin, 529.
Esquermes, Eschelmes, 529.
Essennis (Marcellinus de —), 407, 408.
Esterpigny, Sterpegnies, Sterpeniæ, 502, 639.
Estinnes-au-Mont et Estinnes-au-Val., Lephstinæ, Leptinæ fiscus, Lessinæ, Lestina, Lestinæ, Lestines, Lietsines, Liphtinæ, 152 n., 171 n., 184, 313, 402, 407, 520. — Antiquités, 58. — Chaussée romaine, 59. — Occupés par les Francs, 58. — Monnaies franques, 66. — Palais royal, ses restes, 65. — Concile, 65. — Diplômes datés de ce lieu, ibid. — Souvenirs de Pépin, ibid. — Philippe d'Alsace y campe en 1185, 18. — Seigneurs de ce nom, 402, 407.

Estinnes-au-Mont, Lestinæ, Lestines, Lethinæ-Sancti-Remigii, Mons-Sancti-Remigii, 153 n., 158 n., 185. 532, 565, 567, 575, 637, 662. — Antiquités, 131. — Décan. de Binche, 235.
Estinnes-au-Val, Lessines, Lestinæ, Lestines-in-Valle, 153 n., 157 n., 158 n., 185, 567, 608, 623, 637, 639, 661. — Antiquités, 121, 137. — Décan. de Binche, 235. — Son église de Saint-Martin. Voy. ce mot.
Estourmel, Stromiel, 638.
Estrées. Décan. d'Avesnes, 247.

Estrées (arr. de Douai), Strata, 551.
Estrom, Estruen. Voy. Etroeungt.
Estron, Estruem. Voy. Etroeux.
Etenghien. Voy. Iteghem.
Eth. Antiquités, 131. — Chaussée romaine, 59 n. — Décan. de Valenciennes, 257.
Ethuové, Antigon, Atingohova, 539, 626.
Etreaupont, Strata-ad-Pontem, 78. — Situé dans la Thiérache, ibid.
Etroeungt, Duronum, Estrom, Estruem, Estruen, Struem, Struen, Struhen, Strumum, 153 n., 168, 197, 436, 490, 543, 625, 627. — Antiquités, 131. — Chaussée romaine, 59. — Faisait partie de la terre d'Avesnes, 104 n. — Décan. d'Avesnes, 247. — Seigneurs de ce nom, 536.
Etroeux, Estron, Estruem, Struem, 149 n., 164 n., 169, 350. — Chaussée romaine, 59 n. — Décan. de Valenciennes, 257.
Etrun, Srumum, 517.
Eudegin. Voy. OEdeghien.
Eugies, Obigiæ, 190, 436. — Décan. de Mons, 229.
Eumont. Voy. Neumont.
Eurchalia, 310.
Euviler ou Troisville, Otviller, Otvilers, 398, 545.
Eve, dépendance d'Evelette, Eva (?), 400. — Dot de Régnier IV, ibid.
Everghem. Situé dans l'ancien

Brabant, 111. — Son hameau d'Elsloo. Voy. ce mot.

Evraucort. Voy. Vrancourt.

Eyrehaille, Eva (?), 400. — Dot de Régnier IV, ibid.

## F.

Faches, Fessan (?), 405.

Fagetus, Fagidus. Voy. Fayt-le-grand et Fayt-le-petit.

Fagne (forêt de —), Fangiæ, Fangnes, Fania, Faniæ, 10 n., 13, 77, 101, 169, 212, 213, 214, 307, 503 et suiv., 561. — Origine de la dénomination, 5. — Premières mentions, 102. — Était composée de diverses forêts, 102. — Ne formait pas un canton distinct, 77, 104. — — Ne dépendait pas de la Charbonnière, mais de l'Ardenne, 14, 18, 19, 102. —, Située en partie dans le pays de Lomme, 18, 19, 105. — Couvrait l'arrondissement d'Avesnes, 77. — S'étendait dans l'ancien décanat de Maubeuge, 105. — Confinait, au sud, à la Thiérache, 78. — Son étendue, sa consistance, ses limites, 102 et suiv., 212 et suiv. — Prédications de saint Ursmar, 105.

Fagne (bois de —), partie de la grande forêt de Fagne, Fangiæ, Fania, 214.

Fagnol, 103 n.

Fairoul, hameau de Fraire, Ferreolis, 310.

Famars, Fanum-Martis, Famars, 13 n., 19 n., 96 n., 169, 209, 210 n. — Origine du mot, 31. — Antiquités, 132. — Forteresse romaine, 95. — Motif de sa construction, 96. — Sa population sous les Romains, 31. — Donne son nom au *pagus Fanomartensis*, 96. — Chef-lieu de ce canton, 209. — Décan. de Valenciennes, 257.

Famars (pays de —), Falmartinsis pagus, Famartensis pagus, Faminartensis, Fanmartensis, Fanomartensis pagus, Martinsis pagus, 10, 19, 31 n., 96 n., 169, 208-210, 283, 289, 291. — Origine de la dénomination, 5. — Orthographe du nom, 96. — Premières et dernières mentions de ce canton, 96. — Cité aussi sous le nom de Marche de Valenciennes, 100. — Nom primitif du Hainaut sous les Romains, 30, 31. — Dépendait de la Charbonnière, 19. — Devint plus tard une division du *pagus major Hainoensis*, 95, 98. — Se confond avec le Hainaut, 97. — Correspondait à l'archidiaconé de Valenciennes, 97. — Sa consistance et ses limites, 97, 208-210. — Sa démarcation avec le Hainaut (*pagus minor*), 97. — Ses divisions en vicairies et comtés, 98 et suiv., 211, 212. — Ses rivières, 98. — Ses monastères, ibid.

— Omis au traité de 870, ibid.
— Ses morcellements au XII<sup>e</sup> siècle, ibid.
FAMILLEUREUX. Décan. de Binche, 234.
Fania jocunda, forêt aux environs de Stavelot, 101 n. — Confondue à tort avec Liessies, ibid.
FANTECNIES. Lieu situé dans l'alleu de Binche au XIII<sup>e</sup> siècle, 43 n.
Faresbus. Voy. FRASNELLE.
Farinaria. Voy. FERRIÈRE-LA-GRANDE ET FERRIÈRE-LA-PETITE.
Farinariæ, Farneriæ, lieu à Broville, 453, 632.
FAUROEULX, Fories, 313. — Décan. de Valenciennes, 257.
Faustia. Voy. FOSSES.
FAVRIL. Partie de la terre d'Avesnes, 104 n. — Décan. d'Avesnes, 247.
FAYTS (LES —) (FAYT-LA-VILLE ou GRAND-FAYT, et FAYT-LE-CHATEAU ou PETIT-FAYT), Fagetus, Fagidus, Fait, Fayt, 166 n., 169, 182 n., 569, 627. — Origine de la dénomination, 101 n.
FAYT-LA-VILLE ou GRAND-FAYT, autrefois village distinct, aujourd'hui partie du village des Fayts. Appartenait à la terre d'Avesnes, 104 n. — Décan. d'Avesnes, 247. — Son pont appelé Lancius pontellus, 169 n., 182.
FAYT-LE-CHATEAU ou PETIT-FAYT, autrefois village distinct, aujourd'hui partie du village des Fayts. Appartenait à la terre d'Avesnes, 104 n. — Décan. d'Avesnes, 247.
FAYT-LE-FRANC (Belgique). Décan. de Bavai, 221.
FAYT-LEZ-SENEFFE (Belgique). Confondu à tort avec LES FAYTS, 169 n.
Fedimiago. Voy. FEMY.
FEIGNIES, Fiencis, Fineis, 170, 419. — Antiquités, 132. — Chaussée romaine, 59. — Décan. de Maubeuge, 240. — Son hameau de Douzies. Voy. ce mot.
Feilsecum, Felsica. Voy. VELSIQUE.
Felcheræ, Felcheriæ. Voy. FLESQUIÈRES.
Felegnies. Voy. FELLIGNIES.
FELLERIES, Feleriæ, 536, 539. — Antiquités, 132. — Dépendait de la terre d'Avesnes, 104 n. — Décan. d'Avesnes, 247. — Seigneurs de ce nom, 469, 489.
FELLIGNIES, dépendance de Neufville, Felegnies, Feleniæ, 162 n., 444, 455.
Felseél. Voy. VELSIQUE.
FELUY, Fellui, Felluy, 152 n., 170, 275, 610. — Antiquités, 132. — Appartenait-il au pays de Lomme? 47. — Situé dans la prévôté de Braine-le-Comte, 48 n., 54 n. — Appartenait à l'archidiaconé de Hainaut et au décanat de Mons, 41, 48 n., 225.
FEMY, Fedimiago, Fidemium, 47

n., 78. — Appartenait à la Thiérache, 78. — Situé dans le diocèse et dans le pays de Cambrai, 47 n.

FEMY (abbaye de —). Abbés, 468, 599.

FENAIN. Seigneurs de ce nom, 622.

FÈRE (La —) (décanat de —). Appartenait à l'archidiaconé de Thiérache, 78 n. — Forêt de ce nom, 77.

Ferières, lieu près de Lille, 405.

FÉRON, Feron, 153 n., 170, 213 n., 214, 468, 489, 497, 505, 625. — Situé dans la Fagne, 214. — Décan. d'Avesnes, 247. — Son *villicus* ou mayeur, 536.

Ferrariis. Voy. FRAIRE (arrond. de Philippeville).

Ferrariis. Voy. FRAIRE (dépend. de Biesmerée).

Ferreoliis. Voy. FAIROUL.

FERRIÈRES, hameau de Saint-Benin, Ferires, Ferrerae, Ferrières, 517, 623, 638.

FERRIÈRE-LA-GRANDE et FERRIÈRE-LA-PETITE, Farinaria, Ferariae, Fernes, Ferrariae, Ferières, Ferrieres, 149 n., 153 n., 157 n., 169, 286, 385, 435. — Confondus à tort avec Moulins, 169 n. — Seigneurs de ce nom, 512.

FERRIÈRE-LA-GRANDE, Ferrariae superiores, Ferrariae, 149 n., 169, 435, 541. — Antiquités, 132. — Partie de la terre d'Avesnes, 104 n. — Décan. de Maubeuge, 241.

FERRIÈRE-LA-PETITE, Ferrariae, Ferrariae inferiores, 149 n., 169, 435, 541. — Décan. de Maubeuge, 241.

FERTÉ (La —), moulin à Sart-les-Moines (?), Fertei, 628.

Ferton (Feron ?), 626.

Fessan. Voy. FACHES.

Fesseca. Voy. VELSIQUE.

Filanes, Filoniis (Vuenricus de —), 513.

Fineis. Voy. FEIGNIES.

FISSAULT (Grand —), hameau de Saint-Hilaire, Fiscau, Fisciacum, 153 n., 170, 209, 625. — Situé dans le pays de Famars, 209. — Sa chapelle, 248. — Décan. d'Avesnes, 247, 248.

FLAMANDS ou TEUTONS (Flandrenses seu Theutonici), donnés à l'abbaye de Crespin, 462.

FLAMENGRIE (La —) (Belgique). Appartenait à la prévôté de Bavai, 85 n. — Décanat de Bavai, 221.

FLAMENGRIE (La —) (France), Flamengeria, 651. — Possessions de Saint-Denis de France en ce lieu, 193 n. — Décan. d'Avesnes, 247.

FLANDRE, Flandrae, Flandria, Flandriae, Flandrinsis pagus, Franderes, 26 n., 294, 298, 312, 320, 325, 345, 346, 391, 405. — Sa description, VI n. — La Flandre orientale était située en partie dans la Charbonnière, 15. — Appartint à

Louis-le-Germanique, 26 n. — Ses comtes, 338, 344, 368, 375, 382, 383, 406, 657, 659.

FLAUMONT, Mons-Wlframni, Wlfraumont, Wulframnus-Mons, 170 n., 203 n., 205, 436, 543, 646. — Ne doit pas être confondu avec *Flobobeycæ* ou *Flobodeicæ*, 170 n. — Antiquités, 132. — Faisait partie de la terre d'Avesnes, 104 n. — Décan. d'Avesnes, 248. — Ses dépendances de Rembrechies et de Wauderchies. Voy. ces mots.

Fledelciolum. Voy. FLEURUS.

FLEIGNIES, FLEINIES, ferme à Frameries, Fleignies, Fleinies, Flemet, Flumeium, Flumetum, 556 n., 582, 622.

Fleon. Voy. FLOXON.

FLENS, Flers, 638.

FLESQUIÈRES, Felcheræ, Felchieriæ, Felchieres, Felchires, Flekieres, 565, 575, 623, 624, 639.

FLEURUS, Fledelciolum (?), 310. — Situé dans le pays de Lomme, 49 n. — Chef-lieu du décanat de ce nom dans l'archidiaconé de Hainaut (diocèse de Liège), 109.

FLINES-LEZ-MORTAGNE, Fœlinæ, 298, 300.

Flobobeycæ, Flobodeicæ, Florbeck, lieu à Dompierre, 166 n., 170. — Confondu à tort avec Flobecq (Belgique) et Flaumont.

FLOBECQ (Belg.) Florsbeka, 619. — Lieu y situé et appelé *Ankre*. Voy. ce mot.

FLORENNES, Florinæ, Florines, 48, 87 n., 374. — Situé dans le pays de Lomme, 48. — Réuni au Hainaut, puis aliéné, 109. — Chef-lieu du décanat de ce nom, dans l'archidiaconé de Hainaut (diocèse de Liège), 109. — Ses seigneurs, 374, 379, 380.

FLOURSIES, Florgiæ, 153 n., 626. — Antiquités, 133. — Faisait partie de la terre d'Avesnes, 104 n. — Décan. d'Avesnes, 248.

FLOXON, Fleon, 78, 79 n., 170, 314, 627. — Situé à la lisière du Hainaut, dans la Thiérache, 47, 78, 79, 103, 104. — Faisait partie de la terre d'Avesnes, 104 n. — Décan. d'Avesnes, 248. — Son ancienne dépendance de Fontenelles. Voy. ce mot.

Flumeium, Flumetum. Voy. FLEIGNIES.

Fœlinæ. Voy. FLINES-LEZ-MORTAGNE.

FOIGNY, Fusniacus, 78. — Situé dans la Thiérache, ibid.

FOLIE. Décan. d'Haspres, 252.

FONTAINE. Seigneurs de ce nom, 560, 638.

FONTAINE, section de Limont-Fontaine, Fontanæ, 435, 541, 626, 628. Comparez LIMONT-FONTAINE.

FONTAINE-AU-BOIS, Fontanæ,

Fontana Pura (?), 149 n., 157 n., 171, 301, 313, 385, 387.
— Son hameau de Wattigny. Voy. ce mot.

FONTAINE-AU-PIRE, Fontana-Pura (?), Fontanæ, 313, 427, 633. — Son hameau de Bezin. Voy. ce mot.

FONTAINE-AU-TERTRE, hameau de Viesly, Fontanæ, Fontanæ-Mormunt, 386, 396, 545, 547, 565, 605, 638.

FONTAINE-L'ÉVÊQUE, Fontanæ, 308, 313, 596. — Situé à la limite de la Charbonnière et du diocèse de Cambrai, 17. — Contesté entre les évêques de Liége et de Cambrai, 49. — Décan. de Binche, 234.

FONTAINE-NOTRE-DAME, Fontaines, Fontanæ, Fontenes, 395, 442, 565, 575, 576, 623, 639. — Son hameau de Prémy. Voy. ce mot.

FONTAINE-VALMONT, Fontanæ probe-Sambram, Fontanæ (?), 308, 635. — Antiquités, 133. — Son hameau de Sattalar. Voy. ce mot.

FONTENAY. Bataille de ce nom, 26.

FONTENELLES. Décan. de Valenciennes, 261.

FONTENELLES, Fontenellæ, 497, 626, 627. — Ancienne dépendance de Floyon, 47, 79 n. — Mont-Fontenelles, 104 n. (Voy. ce mot). — Possessions de l'abbaye de Saint-Denis de France, 193 n. — Décan. d'Avesnes, 248.

Fontes-Rivie. Voy. RIEUX.

FORBACH, Forbacum, 371.

FORCHIES-LA-MARCHE, Forceiæ, Forciæ, 461, 635. — Formait autrefois deux villages distincts, ibid. — Situé à la limite du Hainaut et du pays de Lomme, 47. — Décan. de Binche, 234.

FORENVILLE, Forisvilla, 551.

FOREST (France), Forest, 175 n., 517. — Antiquités, 133. — Chaussée romaine, 59. — Décan. d'Haspres, 252.

FOREST (bois de —) (Belgique). Dépendance de la forêt de Soigne, 62.

FORESTAILLE, à Bienne-lez-Happart, Forestella, 171.

Fories. Voy. FAUROEULX.

Forlare. Voy. VORSSLAER.

Formestraus, lieu à Lesquin, 529.

FOSSART, lieu à Valenciennes, 199 n.

FOSSES, Fossæ, Faustia (?), 48 n., 48, 74, 75, 89, 310. — Situé à la limite de la Charbonnière, dans le pays de Lomme, 18, 48, 74, 75, 89 n.

FOURMIES, Formiæ, Formies, Furimæ, 153 n., 159 n., 171, 417, 494, 512, 539, 626, 627. — Faisait partie de la terre d'Avesnes, 104 n. — Décan. d'Avesnes, 248.

FOURMIES (haie de —). Dépendait de la Fagne, 102. — Sa consistance, 102 n.

FOURNES, Furnæ, 385, 387.

Fraire, dépendance de Biesmerée, Ferrariis, 310.
Fraire (arrond. de Philippeville), Ferrariis, 310. — Son hameau de Fairoul. V. ce mot.
Frameries, Framerciæ, Frameriæ Frameries, 12 n., 163 n., 171, 556, 568, 662, 664. — Antiquités, 123. — Décan. de Mons, 226. — Seigneurs de ce nom, 557. — Ferme de Fleignies. Voy. ce mot.
Framnabus, Framnabuscet. Voy. Frasnelle.
France. Travaux historiques, collections, vii, viii. — Divisions ecclésiastiques, 4. — Ses rois, 278, 280, 283, 290, 293, 295, 302, 304, 305, 307, 316, 323, 331, 344, 368, 373, 398, 399, 406, 479, 490, 514, 516. — Maires du palais, 285, 288, 291.
Franco (Alemannus de —), 407.
Francs. Dénomination de leurs *pagi*, 5. — Divisions civiles et territoriales, 4, 5, 6. — Une de leurs colonies s'établit chez les Tréviriens et les Nerviens, 22.
Frasnelle (bois de —) à Colleret, Framnabus, Framnabuscet, Faresbus, Frarosbus, Fratrorumbuscet (??), 274, 278.
Frasnes (Hainaut), Frana, Frasnoth (?), Fraxina, 568, 601, 627. — Situé dans la Charbonnière et dans l'ancien Brabant, 21 n. — Seigneurs de ce nom, 568, 601, 658.

Frasnes (prov. de Namur), Fraxinus, 48, 400. — Situé dans le pays de Lomme, ibid. — Donné en dot à Régnier IV, 400.
Frasnes. Voy. Fresnes-lez-Montauban.
Frasnoy, Fraisnoit, Frasnois, 437, 543. — Seigneurs de ce nom, 580, 597.
Fratrorumbuscet. Voy. Frasnelle.
Fréhart. Voy. Louvignies-Bavai.
Fresnes-lez-Montauban, Frasnes, 530.
Fressies, Fressies, Frisciacæ, 319, 425, 427, 631.
Frise, Frisiæ, 26 n. — Appartint à Louis-le-Germanique, ibid.
Frisons, Fresones, Frisiani, Frislav, 17 n., 21 n., 265, 266. — Servaient en Angleterre, 56 n. — Rescrits des empereurs romains en leur faveur, 265, 266.
Froidchapelle, Froaldi-Capella, 271.
Froidmont. Seigneurs de ce nom, 619.
Fuencort, lieu à Blécourt? 639.
Fulcheneiæ, 542.
Funderlo. Voy. Pont-de-Loup.
Furimæ. Voy. Fourmies.
Furnæ. Voy. Fournes.
Furnes (pays de —), Furnensis pagus, ministerium Furnense, 375, 405.
Fusniacus. Voy. Foigny.

## G.

Gabuncurth. Voy. WANCOURT.
Gaia (Hawidis de —), 658.
Gaisbæ, 299.
Galdeciatæ. Voy. WAUDERCHIES.
Galdenegiæ. Voy. GOCHENÉE.
Galdripunt. Voy. WATTRIPONT.
Galeroiz, 311.
Gamapia, Gamapium, Gemapia, Voy. JEMMAPES.
Gambais. Voy. WAMBAIX.
GAND, Gandavum, 15, 344, 368. — Chaussée romaine, 59. — Ses comtes étaient-ils aussi comtes de Valenciennes ? 107, 108, 352. — Seigneurs de ce nom, 406, 407, 621, 622, 648, 649.
GAND (pays de —), Gandinsis pagus, 72 n.
Gararainga, Gararaniga. Voy. QUÉRENAING.
Gasnei. Voy. GUESNAIN.
Gaugiacum. Voy. GOUY-SOUS-BELLONNE.
GAULE. Sa division en peuplades et en cités, 4, 5. — Divisions sous les Francs, 4. — Divisions ecclésiastiques, 3. — Partages de la Gaule au IXᵉ siècle, 27, 28.
GAURAIN, Caurinium, Caurag (?), 396, 638.
GAVRE, Gavera, 546. — Seigneurs de ce nom, 557, 558, 568, 618.
GEER OU JAAR, ruisseau, Ligeris (?), 24 n. — Cité dans la loi Salique, ibid.

Geimont, 427.
Geiniæ. Voy. GOEGNIES-CHAUSSÉE.
Geizefurt villa, 6 n.
Gelliniacum. Voy. GHLIN.
GEMBLOUX, Geminiacum (?), Gemblacum, Gembolium, 13 n., 72 n., 595. — Chaussée romaine, 59. — Situé dans le pays de Lomme, 109.
GENEREZ, Geneticium, 337.
Genewilra, dans le pays de Cologne, 517.
Gengeania, Gengeavia, Gengranum. Voy. JAGNÉE et JENEFFE.
Genlain, Genlaing, Gentlinium. Voy. JENLAIN.
GENLY, Genli, 377. — Antiquités, 193. — Chaussée romaine, 59. — Décan. de Mons, 226.
GERGNY, Gerolziæ, 514.
GERMANIE. Envahie par les Francs, 23.
Germenni, 417.
GERNES (Les —), dépendance de Soignies, Germiniacus, Germinium, 54, 381. — Situé dans l'ancien Brabant, 54. — Appartint aux comtes de Flandre, 115.
Gesoriacus pagus. Voy. BOULOGNE (pays de —).
Geudeuls. Voy. GONTREUL.
Geveringehem. Voy. GODVEERDEGEM.
Ggitfledis, 311.
GHISLAGE, dépendance d'Havré. Décan. de Mons, 226.
GHISLENGIEN, Gillegien, Gillengem, 617, 619. — Seigneurs de ce nom, 618, 619.

GHISLENGIEN (abbaye de—). Donations, 617.
GHISTELLES, Gistella, 627.
GHLIN, Gelliniacum, Clin, 164 n., 173, 350, 633. — Antiquités, 123, 125, 133. — Placé dans la forêt de Broqueroie, 61. — Décan. de Mons, 226.
GHLIN (bois de —). Dépendait de la forêt de Broqueroie, 64.
GHOY, hameau de la Buissière, Goi super Sambram, Goïeum super Sambram, 42 n., 153 n., 157 n., 173, 589, 623, 637. — Décan. de Binche, 234.
GHOY (arrond. de Tournai), Goï, 618.
GIBECQ, Gisebeke, 618.
GILLY, Gillier, 310.
GIMIACUS. Voy. JUMETZ.
GIVENCHY. Son hameau d'Ouvert. Voy. ce mot.
Givintcurt. Voy. JUVINCOURT.
GIVRY, Givreyum, Givri, Gyvreium, Gyvri, 149 n., 172, 485, 541, 542, 562, 599, 621, 647. — Antiquités, 133, 147. — Chaussée romaine, 59. — Décan. de Maubeuge, 241. — Son église de Saint-Martin. Voy. ce mot.
GLAGEON, Glaion, 173, 213 n., 215, 505. — Situé dans la Fagne, 215. — Faisait partie de la terre d'Avesnes, 104 n. — Décan. d'Avesnes, 248.
Glin. Voy. GHLIN.
GLISEULE, chapelle à Mairieux, 242.

Gnaclinis. Voy. QUENESTINNE.
Gocelies. Voy. GOSSELIES.
GOCHENÉE, Galdenegiæ (?), 542.
GODVEERDEGEM, Geveringehem(?), 312.
GOEGNIES-CHAUSSÉE, Geiniæ, Gognies, Golgeiæ, 153 n., 436, 541, 626. — Antiquités, 134. (Voy. le mot ROGERIES). — Chaussée romaine, 59. — Décan. de Maubeuge, 241.
Goharmutt. Voy. GOYSAIX.
Goï, Goïeum. Voy. GHOY.
Goïeum. Voy. Goy (arr. de Saint-Quentin).
Goigniæ. Voy. GOMMEGNIES.
Gollant-Caisnoit, 584.
Goldeciacæ. Voy. WAUDERCHIES.
Gombles, 507. Comparez COMBLES.
GOMMEGNIES, Goigniæ, Gomereis (Gomeneis?) Gominies, Gumeneiæ, Gumcniæ, 149 n., 313, 437, 543, 597. — Seigneurs de ce nom, 597. — Décan. de Valenciennes, 257.
Gomont, Gomuodi-Mons, 212 n., 213.
Gondreceiæ, 157 n., 387.
GONRIEUX, Gonthereis, 310.
GONTREUL, hameau de Quévy-le-Grand, Geudeuls (?), 172, 375.
Gorgechon, 168 n.
GOSSELIES, Gocelies, 539. — Situé à la limite de la Charbonnière, 17. — Sa dépendance de Sart-les-Moines. Voy. ce mot.
GOTTIGNIES, Gothignies, Gotignies, Gotiniæ, 160 n., 313,

520, 521, 668. — Antiquités, 134. — Situé dans la forêt de Broqueroie, 61. — Décan. de Mons, 226.
Gougnies. Antiquités, 134.
Gourdinne, Gordinæ, 499. — Seigneurs de ce nom, ibid.
Gouy-le-Piéton. Situé à la limite de la Charbonnière, 18.
Gouy-sous-Bellonne, Gaugiacum, 530.
Goy (arrond. de Saint-Quentin), Goieum, 545.
Goysaix, dépendance de Jumetz, Goharmunt (?), 310.
Gozée, Gozeis, 309.
Grammont (décanat de —). Réuni au Hainaut, 112. — Division de l'archidiaconé de Brabant, 666.
Grand-Fayt. Voy. Fayt-la-Ville.
Grand-Fissault. Voy. Fissault.
Grandglise. Chaussée romaine, 59.
Grandis rivus. Voy. Grandrieux.
Grandmont, dépendance de Semeries, Magnus-Mons, 166 n., 186. — Pris à tort pour Dimont, ibid.
Grandovillare, lieu à Villers-Pol, 172 n., 173.
Grandpont, hameau d'Esne, Grandipons, Grandpont, Grand-Ponth, 546, 553, 638.
Grand-Quévy. Voy. Quévy.
Grand-Reng, Granreeng, Grantreng, Grantreega, Herinium, Hrinium, Ren, Rench, Reng, 148 n., 164 n., 173, 178, 179, 192, 322, 323, 606, 616, 643, 665. — Ses antiquités, 58, 134. — Occupé par les Francs, 58. — Décan. de Maubeuge, 241.
Grandrieux, Grandisrivus, 157 n., 173, 271, 277. — Décan. de Maubeuge, 241.
Grand-Rosières, Roseriæ (?), 311, 379.
Grand-Wargnies. Voy. Wargnies.
Grararainga, Graroraniga. Voy. Querenaing.
Graux, Grau, 310.
Grignard, hameau de Bienne-lez-Happart, Groignacus, Gruduracus, Gruniacum, 171 n., 174, 307.
Grignard, ruisseau à Bienne-lez-Happart, Grunghart rivus, 171 n., 174. — Son cours, ibid.
Grimines. Voy. Emines.
Grobbendonck, Olde, 633.
Groignacus, Gruduracus, Gruniacum. Voy. Grignard.
Grunghart rivus. Voy. Grignard.
Gualdrel. Voy. Waudrez.
Gualtercourt ou Wahiercourt, Hahiercurt, Waercurt, Waircort, Walhericurtis, Walhircurt, Wallericurtis, 395, 552, 565, 576, 623, 639. — Village détruit, ix n.
Guamiæ. Voy. Wasmes.
Guariniacum. Voy. Wargnies-le-Grand et Wargnies-le-Petit.
Guarmeium, 542.
Guarneston. Voy. Warneton.

Guasconis-Curva, lieu près de la Scarpe, 528.
Guaslaris. Voy. WALLERS.
Guasmæ, Guasmæ, Guasuir. Voy. WASMES.
Guatremal. Voy. WATERMAEL-BOITSFORT.
Guedrenegiæ, 542.
GUELDRE. Faisait partie de la Basse-Lorraine, 25 n.
Guennecurth, 546.
GUESNAIN, Gasnei, 272.
Guignehies. Voy. WIGNEHIES.
Guillemel. Voy. WILLEMEAU.
GUISE, Guzia, 513. — Seigneurs de ce nom, 513, 627, 652.
GUISE (décanat de —). Situé dans l'archidiaconé de Thiérache, 78 n.
Guislimum, Guisline. Voy. WILLEMEAU.
GUISNES (comtes de —), 407.
Guiticonia. Voy. VICOGNE.
Gumeneiæ Voy. GOMMEGNIES.
Gundelcurt (Egidius de —), 648.
GUSSIGNIES. Décan. de Bavai, 221.
Gyvreium, Gyvri. Voy. GIVRY.

# H.

Hâat. Voy. ATH.
Hagna. Voy. HAINE (rivière).
Hahiercurt. Voy. GUALTERCOURT.
Haia. Voy. AVESNES (baie d'—).
HAIE-LE-COMTE (bois de la —). Partie de la forêt de Broqueroie, 61.
Hailcort. Voy. ECOURT-SAINT-QUENTIN.
Haimeries. Voy. AYMERIES.
Haimon-Caisnoit, Haimons-Canoit. Voy. QUESNOY.
HAINAUT (*pagus major*), Haginau, Haginaus, Hagnanus pagus; territorium Hagnau; pagus Hagnoensis; Hagnou; Hagnuensis, Haienoensis, Hainacus, Hainau, Hainaucus pagus; Hainaugia; Hainaus, Hainecensis pagus; Hainegau; Hainensis pagus; Hainia; Hainiacus pagus; Hainioum; Hainnoum; Hainoavius pagus; Hainodium; Hainocencis, Hainoensis, Hainoginensis pagus; Hainoia; Hainonensis pagus ou comitatus; Hainou; Haionensis pagus; Hanioum; Hannonia; Hannoniensis pagus; Haonaunum territorium; Haymon (Hayniou) pagus; Haynau; Hayno comitatus; Haynoensis pagus; Haynonensium provincia; Heinia pagus; Heinigowe; Henegau, Hennuca, Mons-Hainau, 5, 10, 20 n., 21 n., 30 n., 31 n., 62 n., 66, 69 n., 70, 74 n., 99 n., 100 n., 271, 272, 278, 286, 287, 298, 301, 303, 312, 316, 325, 327, 329, 339, 343, 346, 355, 357, 369, 374, 375, 389, 390, 396, 398, 405, 413, 416, 419, 429, 430, 432, 447, 452, 462, 501, 531, 545, 559, 575, 578, 593, 596, 621, 623, 664. — Origine du nom et étymologie, 5, 29, 31. — Mentions anciennes, 30. — Antiquités, x, 57, 121

et suiv. — Chaussées romaines, 58. — État physique sous les Romains et les Francs, 57, 59, 64. — Caractère de ses habitants, 64. — Introduction du christianisme, 67. — Création des monastères au viie siècle, 68. — Missionnaires, 67 n. — Défrichements opérés par les abbayes, 68. — Situation du Hainaut au centre de la Charbonnière, 15, 21. — Compris dans le royaume de Metz, puis dans l'Austrasie, 69. — Fut souvent le séjour des rois mérovingiens et carlovingiens, 64. — Monnaie mérovingienne, 30, 66. — Fit partie de divers *missatica* au ixe siècle, 70. — Cité dans les actes de partage entre les fils de Louis-le-Débonnaire, 69. — Fit partie de la Lotharingie et passa à Charles-le-Chauve par le traité de 870, 69, 70. — Ses localités citées dans ce traité, 70 n. — Entra dans la composition de la Basse-Lorraine, 25 n. — Ne dépendait pas du Brabant, 74. — Son inféodation à l'évêque de Liége, 413. — Sa consistance, territoires qu'il embrassait, 55. — Ses localités citées antérieurement au xiiie siècle, 148 et suiv. — Ses accroissements jusqu'au xiie siècle, 109. — Politique des comtes de Flandre à ce sujet, 111 et suiv. — Extension du Hainaut dans l'ancien Brabant, 111. — Ses enclaves dans le Cambrésis, 45, 46. — Sa limite orientale, 47. — Elle concorde avec celle de la Charbonnière, 50. — Ses limites au nord, à l'ouest et au sud, 45 et suiv. — Ses divisions en *pagi* inférieurs, 72, 74, 81. — Avait une division du même nom, 72. — Fonctionnaires et gouverneurs royaux, 284, 303, 304. — Cité sous le titre de comté au commencement du xe siècle, 71 et n. — Ses comtes deviennent indépendants, 71. — Comtes, 87 et suiv., 105 et suiv., 337, 338, 339-342, 348, 349, 353-356, 359, 361, 369-371, 376, 377, 381, 390-392, 400-402, 408-410, 413, 415, 424, 430-432, 438, 442, 444, 447, 448, 456, 459, 460, 463, 468-472, 483-485, 489, 496 et suiv., 503, 512, 513, 520, 521, 524, 534, 554, 556-560, 562, 566, 578, 582, 585, 586, 591-593, 597, 600, 602, 613-615, 618, 627, 641, 654, 657, 658, 660, 663.

HAINAUT (*pagus minor*). Division du Hainaut (*pagus major*), 81. — N'en dépendait pas sous le rapport administratif, 73. — Son union au comté de Valenciennes, sous un seul comte, 113 et suiv. — Ses limites, 83, 97. — Ses divisions en vicairies et en prévôtés, 83, 84, 205 et suiv. — Ses comtes, 87 et suiv.

Hainaut (archidiaconé de —). Ses archidiacres anciens, 36, 610, 648. — Correspondait au Hainaut (*pagus minor*), 39. — Sa composition, ses divisions en décanats, x, 41, 152 n., 153 n., 156 n., 179 n., 218 et suiv., 551, 589, 591, 609.

Hainaut (archidiaconé de —), dans le diocèse de Liége et dans le pays de Lomme, 34 n., 109. — Ses *concilia*, 34 n.

Haincuelles. Voy. Ansuelle.

Haine, rivière, Hagna, Hagne, Haina, Hayna, 52 n., 159 n., 165 n., 175, 199, 338, 402. — Parties de cette rivière appelées *Hagna viva et mortua*, 51 n. — Ne séparait le Hainaut du Brabant que dans une faible partie de son parcours, 46, 50. — Bornait le pays de Famars au nord, 97.

Haines (arr. de Béthune), Haines, 529.

Haine-Saint-Paul et Haine-Saint-Pierre, Hagna, Haina, 175, 313, 327.

Haine-Saint-Paul, Haina, Haina Poterie, Haina Poteriensis, 152 n., 175, 549, 609, 610. — Décan. de Binche, 235.

Haine-Saint-Pierre. Antiquités, 123. — Décan. de Binche, 235.

Hainin. Décan. de Bavai, 221.

Haisa, 552.

Haisieu, pour Baisieux. Voy. ce mot.

Haisou. Voy. Masau, 55 n.

Hal, Hal, 163 n., 664.

Hal (bois de —). Dépendait de la forêt de Soigne, 62.

Hal (décanat de —). Situé dans l'archidiaconé de Brabant, 112, 660. — Son territoire réuni au Hainaut, ibid.

Halciacum, Halciacus. Voy. Haussy.

Halcim, Halcinis. Voy. Haulchin (France).

Halcin. Voy. Haulchin (Belgique).

Halle (arr. d'Anvers), Halle, 636.

Hallut, Hallut, Halut, 272, 277 n.

Haltrigiæ. Voy. Hautrage.

Ham (Sarra de —), 658.

Hamage, hameau de Wandignies (arr. de Douai), Hamagium, 528.

Hamaide. Seigneurs de ce nom, 593.

Hamatia rivus, ruisseau à Gottignies ? 520.

Hamberliæ, 521.

Hamel, Hamel, 551.

Hamelincourt, Hamelinicurtis, 319.

Hamimum, Hamum, Hammum. Voy. Hem-Lenglet.

Hamme (arrond. de Bruxelles), Ham (?), 385.

Hamme (arr. de Termonde), Ham, 312, 385.

Hamois, Ham, Harma, 343, 390.

Hamor, lieu à Waudrez, 175 n., 176, 327.

Ham-sur-Heure, Ham super Hur, 309.

Hanaen. Voy. Havay.

Hanapio. Voy. Anappe.

Hanceniæ. Voy. Hansinne.
Hanciæ. Comparez Ahangle.
Hanneton, hameau de Boussu. Sa chapelle, 220. — Décan. de Bavai, ibid.
Hanret, Hanrec, 311.
Hansinne, Hancenia, 76. — Situé dans le *pagus Sambrensis*, ibid.
Hantes, Hantæ, 308.
Haplincourt, Haplencurth, 545.
Happart, à Bienne-lez-Happart, Altoporto, Altporto, 148 n., 150.
Harauua, 323.
Harbignies, hameau de Villereau, Albuniaco (?), Harbeneiæ, Harbignies, Harbineiæ, Harbinies, 149, 160 n., 176, 286, 436, 437, 542, 543, 597, 603. — Autrefois localité distincte, x n. — Forêt appelée *Morteruel*. Voy. ce mot et Beugnies.
Hardigisheim, Hareligisheim. Voy. Herdesem.
Hardoga. Voy. Ardoye.
Harenc. Voy. Herent.
Hargnies, Harigni, Harigniacense territorium, Harigniacum, Harinegium (?), Harnegium (?), Hornensis locus, 175 n., 176, 179, 437, 543, 600, 614, 644. — Antiquités, 134. — Pris à tort pour *Hrinium*, 179 n. — Décan. de Bavai, 222. — Seigneurs de ce nom, 598.
Harilegiæ. Voy. Hengies.
Harinæ. Voy. Hérin.
Harmies. Voy. Hermies.
Harmignies, Harmegiacum, Harmeniæ, Harmenium, Harmigniuin, Harminiacum, Harminium, 53 n., 155 n., 157 n., 165 n., 177, 272, 313, 333, 428, 434, 495, 510. — Antiquités, 123. — Décan. de Binche, 234. — Seigneurs de ce nom, 556, 557. — Ses dépendances de Beugnies et de Petit-Harvengt. Voy. ces mots.
Harten. Voy. Hertain.
Harvengt, Harvennium, Harviuium, Herven, 313, 434, 510, 628. — Décan. de Mons, 226. — Seigneurs de ce nom, 535, 564, 609. — Comparez Petit-Harvengt.
Harvia, 111 n.
Haslud, Hasluth. Voy. Elsloo.
Hasnoch, 72 n.
Hasnon, Asnonium, Hasnon, Hasnonia, 72 n., 404, 449, 468, 475. — Donné à l'abbaye de ce nom, 440.
Hasnon (abbaye de —). Donations, 402, 444, 449, 454, 475, 641. — Abbés, 444, 449, 451, 454, 468, 475, 477, 479, 489, 586, 641.
Hasnon (bois d'—). Partie de la forêt de Broqueroie, 61.
Haspres, Haspera, Hasprae, Haspre, Hasprea, Hasprum, 156 n., 177, 210, 368, 405. — Situé dans le pays de Famars et dans le décanat d'Haspres, 209, 252.
Haspres (décanat d'—). Mentions anciennes, 44. — Sa composition, 44, 251. — Doyens, 44.

Haspres ou Solesmes (vicairie d'—), 211.
Hastium. Voy. Elsloo.
Hattuaria pagus, 6 n.
Haucourt, Hailcort(?), Haucourt, Houlcurt, Otburcurt (?), 314, 546, 630.
Haudilcourt, Odiliacus, 315.
Haulchin (Belgique), Achiniagæ (?), Aginiagæ (?), Aucin, Halcin, 148, 313, 635. — Antiquités, 58, 126, 134, 147. — — Occupé par les Francs, 58. — Décan. de Binche, 234.
Haulchin (France), Halcim, Halcinis, 151, 176. — Décan. d'Haspres, 253.
Hauraincurt. Voy. Havrincourt.
Hausmis, 378.
Haussy-sur-Selle, Halciacum, Halciacus, Haltiacus, Hausinimiacum, Haussi, 45 n., 46 n., 160 n., 162 n., 164 n., 176, 177, 294, 298, 350. — Antiquités, 135. — Placé à la fois en Ostrevant, en Cambrésis et en Hainaut, 45, 176 n. — Décan. d'Haspres, 253. — Seigneurs de ce nom, 561, 580, 643, 653.
Haut-Ittre. Situé dans la châtellenie de Braine-le-Comte, 54 n.
Hautmont, Altusmons, 30 n., 70 n., 149 n., 160, 435, 436, 447, 448, 541, etc. — Seigneurs de ce nom, 651. — Décan. de Maubeuge, 242.
Hautmont (abbaye d'—). Citée au traité de 870, 70 n. — Tenue en fief par Godefroid de Florennes, 86. — Donations, 435, 447, 518, 541, 548, 562, 597, 598, 599, 602, 605, 610, 613, 615, 621, 642, 646, 647-650, 652, 654, 664. — Abbés, 435, 447, 465, 468, 470, 479, 489, 499, 506, 512, 518, 536, 541, 548, 562, 563, 568, 572, 597-599, 602, 605, 610, 613, 615, 621, 642, 646-650, 652, 654.
Hautmont ou Maubeuge (vicairie d'—), 86. — Gouvernée par Sigebard, 89. — Possédée par Herman, comte de Verdun et d'Eenham, 86, 94.
Hautrage, Altrethe, Autregium, Haltrigiæ, 51, 464, 495. — Situé dans l'ancien Brabant, 51.
Havay, Hanaen, Havacum, Havaium, Havay, 149 n., 153 n., 157 n., 177, 274, 436, 437, 541, 626, 627. — Antiquités, 135. — N'appartenait pas au décanat de Mons, mais au décanat de Maubeuge, 44, 227, 231 n. — Son hameau appelé Ihy. Voy. ce mot.
Havelange. Son hameau d'Ossogne. Voy. ce mot.
Haverucort. Voy. Havrincourt.
Havinnes, Hauvines, 529.
Havré, Havrech, 521. — Antiquités, 135. — Décan. de Mons, 226. — Seigneurs de ce nom, 616. — Ses hameaux de Beaulieu et de Ghislage. Voy. ces mots.
Havré (bois d'—), silva de

Havrech, 61, 521. — Partie de l'ancienne forêt de Broquerote, ibid.
HAVRENCHE, hameau de Boneffe, Havretum, 372, 373.
HAVRINCOURT, Averneurt, Haurain-curt, Haverncort, Havraincurt, 565, 575, 628, 639.
Haymon pagus. Voy. HAINAUT.
Haymon-Chaisnoit, Haymonis-Quercetus. Voy. QUESNOY.
Hayna. Voy. HAINE, rivière.
Haynau, Hayno comitatus, Haynoensis pagus. Voy. HAI-NAUT.
HAYNGOOURT, Henecort, 639.
HECQ (?). Décan. d'Haspres, 252 n.
HEIGNE, hameau de Jumetz, Hunia castellum, 310.
Heinia pagus. Voy. HAINAUT.
Helchies. Voy. HERCHIES.
HELESMES, Helëmæ, Helemium, Helena, 299, 300, 530.
Helet, terre à Douchy? 586.
Heliæ. Voy. ELLIGNIES-SAINTE-ANNE.
Helliriacus super Ruram, 314.
HELPE-MAJEURE, rivière, Elpra, Helpra, Helpra major, 61 n., 98, 177, 182 n., 436, 504. — Son cours, 177 n.
HELPE-MINEURE, Æpra aqua, Elpra, Helpra, Helpra minor, 61 n., 98, 149, 166 n., 169 n., 177, 210, 212. — Son cours, 177 n.
Helpra. Voy. EPPE-SAUVAGE.
Helvetia, 2 n.
HEMELVEERDEGEM, Ermefredege-hem, Ermefredeghe, 111, 312. — Situé dans l'ancien Brabant, 111.
HEM-LENGLET, Haminum, Hammum, Hamum, 319, 427, 634.
Henecort. Voy. HAYNECOURT.
Henegau, Hennuca. Voy. HAINAUT.
HENNUYÈRES. Situé dans l'ancien Brabant, 55.
HENRIPONT. Situé dans la châtellenie de Braine-le-Comte, 54 n. — Appartenait à l'ancien Brabant, 54. — Appartint dans la suite au décanat de Mons, 41, 54, 227.
HENSIES. Antiquités, 135. — Chaussée romaine, 59. — Décan. de Bavai, 222.
HEPPIGNIES. Situé dans le pays de Lomme, 49 n.
Hera, Here. Voy. ERRE.
Herbaut. Voy. ERBAUT.
Herbisuels. Voy. ERBISOEUL.
Herchaneih. Voy. ERQUENNE.
Hercheline. Voy. ERQUELINNES.
HERCHIES, Helchies, 617.
HERDESEM, Hardigisheim, Hardigisheim, 312.
Hereneie. Voy. HERGNIES.
HERENT, Harene, Hierent, 623, 636.
HERGHENAUT, ruisseau, Hergnaut rivulus, 171 n., 178. — Son cours, 178 n.
HERGIES, partie du village de Hon-Hergies, Harilegiæ, Heregies super Hum, 172 n., 176, 312. Voy. HON-HERGIES.

HERGNIES, Hereneiæ, 279.
HERIN, Harinæ, 299.
Heriniolum. Voy. RIGNOEUL.
Herinium. Voy. GRAND-RENG.
HÉRINNES, Herinæ, 74 n., 163 n., 664. — Situé dans le Brabant, 74 n. — Pris à tort pour *Herinium* et *Hrinium*, 180 n.
HERINSART. Voy. RAINSART.
HERLY OU SAINT-ERMIN, Ercliacus, 345.
HERMIES, Armies, Harmies, 565, 575, 639.
Hermoniacum. Voy. CLAIR-MÉNAGE.
HERONFONTAINE OU HOIRONFONTAINE, chapelle à Mairieux, 241.
Herpion. Voy. ERPION.
HERTAIN, Harten, Horta (?), 404, 529.
Herven. Voy. HARVENGT.
HERZEELE, Hersele, 357.
HESBAIE, Hasbania, Hasbaniensis pagus, Hasbanius pagus, Hasbantum, 17, 72 n., 74 n., 311, 379, 520. — Division du diocèse de Liége, 38 n. — Ne dépendait pas de la Charbonnière, 17. — Appartint à Louis-le-Germanique, 26 n. — Régnier au Long-Col appelé duc de Hesbaie, 89. — Envahie par les Huns, 17 n.
HESDIN. Comtes de ce nom, 407.
Hesenghem. Voy. ELSEGEM.
Heslogels. Voy. ELOUGES.
HESTRUD, Heistrut, 313. — Décan. de Maubeuge, 241.
Hetlinge, 357.

Hevenges, 111 n.
Hidulfi-Mons. Voy. HODOUMONT.
Hierent. Voy. HERENT.
HINGÈNE, Hinge, 451. — Son hameau de Wintham. Voy. ce mot.
Hinlini-Curtis. Voy. AULICOURT.
Hionium. Voy. HYON.
HIRSON. Situé dans le Laonnais et la Thiérache, 47 n., 78.
HIRSON (forêt d' —). Partie de la Thiérache, 77.
Hisa. Voy. OISE.
HODOUMONT, hameau de Lobbes, Hidulfi-Mons, Hudulfi-Mons, 171 n., 307.
Hoiensis comitatus. Voy. HUY (comté de —).
HOLBEKE, dépendance de Woubrechtegem, Hotsubecce, 311.
Holen, Holong (Balduinus de —), 622, 649.
Holetel, Hosteleva, Hostelevæ, forêt à Sebourg, 185 n., 603, 643.
HOLLANDE. Travaux géographiques, VII.
HOMBLIÈRES (abbaye d' —). Abbés, 515.
Hon fluvius. Voy. HONNEAU.
HON-HERGIES, Hum, Hun, 312, 407, 555. — Antiquités, 135. — Chaussée romaine, 59. — Dépendait de la prévôté de Bavai, 85 n. — Décan. de Bavai, 221. — Seigneurs de ce nom, 407, 555. — Comparez HERGIES.
Honesies. Voy. ONNEZIES.
HONNEAU, rivière, Hon, Hum,

— 710 —

Huns, Hur, 98, 151 n., 165 n., 178, 181, 312, 364, 456, 596. — Son cours, 178 n.
Honnechy, Honnechies, 632.
Honnecourt, Hununicurt, Hunolecurt, Hunonis-Curia, 74, 75 n., 466, 477. — Situé dans le Cambrésis, ibid.
Honnecourt (abbaye d' —). Abbés, 466, 477, 479, 599.
Honoratus-Marcasius, lieu près de Cambrai, 552.
Hordain, Hordaing, Horden, Hordinium, 427, 631, 638. — Appartint au Cambrésis, puis fut réuni au Hainaut, 110.
Hornaing, Herninium, 530.
Hornensis locus. Voy. Hargnies.
Hornu, Hornud, Hornut, Hornuth, Hornutum, 42 n., 155 n., 159 n., 179, 393, 415, 494. — Antiquités, 135. — Son importance, sa Cour des chênes, 42. — Décanat de Bavai, 221.
Hornu (décanat d' —). Nom ancien du décanat de Bavai, 42, 155 n., 179 n., 588. — Doyens, 415, 446.
Horta. Voy. Hertain.
Horues, Ohrue, 586. — Seigneurs de ce nom, 586, 658.
Hosdeng. Voy. Houdain et Houdeng-Goegnies.
Hoslois, Hostois. Voy. Olloy.
Hosteleva. Voy. Holetel.
Hosticium. Voy. Ostiche.
Hotsubecce. Voy. Holbeke.
Houdain (France), Hosdeng, 179, 207 n., 208, 272. — Antiquités, 136. — Situé dans la vicairie, puis dans la prévôté de Bavai, 85, 208. — Décan. de Bavai, 222. — Seigneurs de ce nom (?), 512.
Houdeng-Goegnies (Belgique), Hosdeng, 179, 521. — Antiquités, 136. — Décan. de Binche, 235. — Seigneurs de ce nom (?), 512.
Houlcurt. Voy. Haucourt.
Houbrain, dépendance de Lessines, Olrem, 637.
Housseel (Johannes de —), 652.
Houtaing (Hainaut), Hultheim, 299.
Houttain-le-Val (Brabant). Situé à la limite de la Charbonnière, 17.
Houzée, hameau de Thuillies, Houzeis, 309.
Hoves, Hova, Hoves, 446, 618. — Seigneurs de ce nom, 446.
Hriniolum. Voy. Rignoeul.
Hrinium. Voy. Grand-Reng.
Hualdre. Voy. Waudrez.
Hudelin-Sart. Voy. Lodelinsart.
Hudulfi-Mons. Voy. Hodoumont.
Hugemont. Dépendait de la terre d'Avesnes, 104 n.
Huissignies. Pris à tort pour Hriniolum, 180 n.
Hulpiniacus. Voy. Upigny.
Hulta. Voy. Hotte.
Hultheim. Voy. Houtaing.
Hum. Voy. Hon-Hergies.
Hum, Huns, Hur. Voy. Honneau.
Humidagamantia. Voy. Arouaise.
Hunia castellum. Voy. Heigne.
Huniolum. Voy. Rignoeul.

Hunnulcurt. Voy. Honnecourt.
Hurtevent, ferme à Montay, 204 n. — Reste de l'ancien village de *Wasviller*. Voy. ce mot et Montay.
Hutte (La —), hameau d'Avesnelles, Hulta, 169 n., 180.
Huy, Huy, 595.
Huy (comté de —), Holensis comitatus, 72 n., 343, 379. — Renfermait le *comitatus Mainicensis*, 343.
Hyon, Hionium, 313. — Antiquités, 136. — Chaussée romaine, 59. — Décan. de Mons, 227. — Seigneurs de ce nom, 658.

# I.

Ichiaca, Ichiacum. Voy. Ihy.
Idegem, Idinghem, Ydinghehem, 346, 357.
Igrinium, 299.
Iham. Voy. Eenham.
Ihy, hameau de Havay, Ichiaca, Ichiacum, Ihi, Ittoiaen, 153 n., 157 n., 181, 274, 279, 626. — Décan. de Mons, 227.
Inchy (Nord ou Pas-de-Calais), Incheis, Inchis, 478, 631.
Insula. Voy. Lille.
Irchonwelz, Irricconwes, 618.
Irecenna. Voy. Erquelinnes.
Iricio, *alias*: Yretcoig (Rogerus de —), 512.
Isera. Voy. Oise.
Isères, Iser, Yser, 399, 565, 575, 623, 637.
Isla. Voy. Lille.

Itechem, Etenghien, 633.
Ittoiaen. Voy. Ihy.
Itre, 639.
Itre. Situé dans l'ancien Brabant, 55.
Ivoix, Ivois (?), Nois, 334.
Ivuy, Ivoriacum, Ivorium, Ivuir, Ivurium, 426, 427, 466, 545, 638. — Appartenait d'abord au Cambrésis, puis fut réuni au Hainaut, 45 n., 110. — son hameau de Ramecourt. Voy. ce mot.

# J.

Jaar. Voy. Geer.
Jacea. Voy. Jauche.
Jagnée, hameau de Pessoux, Gengeania, Gengeavia, Gengranum, 343, 390. Comparez Jeneffe.
Jamioulx, Jambimiel, 309.
Jauche, Jacea, 663. — Seigneurs de ce nom, ibid.
Jemmapes, Gamapia, Gamapium, Gemapia, 163 n., 165 n., 171 n., 172, 402, 526, 567, 662. — Antiquités, 124, 136. — Décan. de Mons, 226. — Sa dépendance appelée Fleignies. Voy. ce mot.
Jeneffe, Gengeania, Gengeavia, Gengranum, 343, 390. Comparez Jagnée.
Jenlain, Genlain, Genlaing, Gentlinium, 152 n., 153 n., 172, 565, 575, 658. — Décan. de Valenciennes, 257.
Jeumont, Jeumont, Jovis-Mono,

53

Jovis-Mons, 179 n., 181, 313, 616, 626. — Antiquités, 136. — Décan. de Maubeuge, 241.
JOLIMETZ, Décan. de Valenciennes, 258.
JONCQUIÈRES, hameau de Croix-lez-Rouveroy, 181 n.
JONCQUIÈRES, dépendance de Basuel, Junchinæ, 181.
JULIERS (pays de —). Partie de la Basse-Lorraine, 25 n.
Julii-Sartum, 61 n.
JUMETZ, Gimiacus, 510. — Dépendait de la principauté de Liége, 49 n. — Ses hameaux de Goysaix et de Heigne. Voy. ces mots.
Junchinæ. Voy. JONCQUIÈRES.
JURBISE, Jorbisa, Jorbies, 396, 619, 637.
JUSSY, Juseium, 385.
JUVINCOURT, Givincurt, 315.

## K.

KAIN, Caing, Chain, Chein, Cheym, 549, 565, 575, 637. — Pris à tort pour *Chuinegœ*, 164 n. Voy. CHEVESNES.
Kameracensis pagus. Voy. CAMBRÉSIS.
Karabantensis, Karabantinsis pagus, Karabantum. Voy. CAREMBANT.
Karnoit. Voy. CHARLEROI.
Karubium. Voy. QUAROUBE.
Keneberge, Keremberg, Keurbergh, Kineberg, 347.
Keniriniacum, Kerinain. Voy. QUERENAING.

KESNY. Pris à tort pour *Chuinegœ*, 164 n.
Kevi, Kevy. Voy. QUÉVY.
Keviriciniacum. Voy. QUIÉVRECHAIN.
Kevren. Voy. QUIÉVRAIN.
KIEHAN, KIEKAN, QUIÉHAN, hameau de Marbais (France), 570.
KIERZY, Carisiacum, Carisiagus, 26 n., 293.
Kinneræ, Kiunegæ, Kuevei, Kuinegæ, Kuinei, Kuineiæ, Kuivei. Voy. CHEVESNES.
Kiviniæ. Voy. BEAUFORT.
Kuarignon. Voy. QUAREGNON.
Kunu (Walterus de —), 559.

## L.

Lacium, 310.
Laetitia. Voy. LIESSIES.
LAGNICOURT, Lagnicourt, 630.
LALLAING, Lalinium, 528.
LALUE ou LALUEL, hameau d'Anderlues, Allodium, 150.
LAMBRES, Lambræ, 416.
LAMBRETENUES, lieu à Wannebecq, 626.
LAMERIES, hameau de Vieux-Reng, Lamereiæ, Lamerteriæ, Lanterteriæ, Lantmereiæ, 157 n., 182, 274, 279.
Lancius pontellus, pont à Fayt-la-ville ou Grand-Fayt, 169 n., 182.
LANDAST. Seigneurs de ce nom, 586, 615.
LANDELIES, Landeillies, 343.
LANDRECIES, Landreceiæ, Landrechies, Landréciæ, Landre-

cietæ, Landreiaco, 169 n., 171 n., 182, 301, 509, 569, 571, 612. — Appartint dans l'origine à la terre d'Avesnes, 104 n. — Décan. d'Haspres, 253.

Laniecæ. Voy. Linières.

Lanterteriæ, Lantmereiæ, Voy. Lameries.

Laon, Laudunium, Laudunum, 348, 543. — Seigneurs de ce nom, 513.

Laon (diocèse de —). Comprenait la plus grande partie de la Thiérache, 18. — Évêques, 515. — Archidiacres, 515.

Laonnais, Laudunensis pagus, 274, 277, 294, 315, 385, 436. — Bornait le Hainaut et le pays de Famars au sud, 46, 97. — Localités frontières, 47.

Lapscheure, Combescura, 346.

Lasne, rivière. Limite des diocèses de Liége et de Cambrai, 17 n.

Latus-fons. Voy. Lez-Fontaine.

Laubacum, Laubacus, Laubiæ. Voy. Lobbes.

Laucianæ. Voy. Loubches et Valenciennes.

Laumensis pagus. Voy. Lomme.

Leciæ, Lecies, Lethiæ. Voy. Liessies.

Lede, hameau de Meulebeke, Ledda, 298.

Lede (arrond. de Termonde), Lede, Letha, 346, 405.

Ledeberg, Lintberga, 357.

Leernes, Lederna, Lederva, Lerna, Leverda, 49 n., 76 n.,

183, 313, 625. — Situé en Hainaut, à la lisière du *pagus Sambrensis*, 49, 76. — Décan. de Binche, 236.

Leers, Liercis, 308.

Legia. Voy. Lys.

Legiscurt, Liegiscurch, 397, 545.

Leheries, Lescheriæ, 78. — Situé dans la Thiérache, ibid.

Lelgeiæ. Voy. Liaucies.

Lembecq, Lembeca super Sainam, Lembecca, 55, 521. — Situé dans l'ancien Brabant, ibid.

Lens, Lens, 407, 441, 526, 534, 619, 637. — Situé dans l'ancien Brabant, 51 n. — Seigneurs de ce nom, 407, 441, 458, 469, 489, 513, 534, 655, 658, 660, 663, 664.

Leodium. Voy. Liège.

Lephstinæ, Leptinæ, Lessinæ, Lestina, Lestinæ. Voy. Estinnes-au-Mont et Estinnes-au-Val.

Leporis-Vallis, 315.

Lerna. Voy. Leernes.

Lesceries, Letschiries, 513. — Seigneurs de ce nom, ibid.

Lesciæ. Voy. Liessies.

Lescheriæ. Voy. Leheries.

Lesdain, Lesden, 397, 545.

Lesmes. Voy. Elesmes.

Lespaix. Voy. Espaix.

Lesquin. Sa dépendance appelée Formestraus, 529.

Lessensis præpositus, 476.

Lessines. Voy. Estinnes.

Lessines, Lescines, Lessinæ, Lessines, Lietsines, Lissinæ,

407, 565, 575, 618, 619, 623, 637. — Sa dépendance de Hourrain. Voy. ce mot.

Lessines (décanat de —). Sa création, 218 n.

Letba. Voy. Lede (arr. de Termonde).

Lethiæ, Letiæ. Voy. Liessies.

Leuze, Luitosa, 74, 75 n. — Son monastère fondé ou restauré par Gérard de Roussillon, 21 n. — Situé dans la Charbonnière et dans l'ancien Brabant, 21 n., 51 n., 54 n., 74, 75 n.

Leval-Trahegnies, Vallis, Traiguies, 313, 685. — Décan. de Binche, 235.

Leval. Décan. d'Avesnes, 250.

Leverda. Voy. Leernes.

Lezère, rivière. Est-ce le *Ligeris* cité dans la loi Salique? 24, 25 n.

Lez-Fontaine, Latus-Fons, 44 n., 183, 590. — Antiquités, 136. — Décan. d'Avesnes, 248.

Liaugies, hameau de Béthencourt, Lelgeiæ, Lielgiæ, 416, 552.

Liberchies. Antiquités, 137. — Situé à la limite de la Charbonnière, 17.

Licroiz. Voy. Croix-lez-Rouveroy.

Lideneicæ, Liduneicæ. Voy. Linières.

Liége, Leodium, 372, 374, 413, 540, 595. — Ses évêques, 372, 373, 374, 391, 413, 461, 519, 521.

Liége (Saint-Lambert de —). Cartulaire, viii.

Liége (diocèse de —). Sa limite occidentale, 17 n. — Ses archidiaconés de Brabant et de Hainaut, 34 n. — Faisait partie de la Basse-Lorraine, 25 n.

Liége (pays ou canton de —), Liweensis pagus, 89 n. — Appelé *pagellus*, 5 n.

Liercis. Voy. Leers.

Liessies Lætitia, Lecies, Lesciæ, Lethiæ, Letiæ, 98, 153 n., 182, 183, 213 n., 215, 467, 488, 496 et suiv., 503 et suiv., 625, 626. — Situé dans la Fagne et dans le *Templutensis*, 105, 215. — Décan. d'Avesnes, 248. — Son *villicus* ou mayeur, 536.

Liessies (abbaye de —). Donations, 466, 467, 476, 477, 486, 487, 490, 493, 496, 502, 507, 511, 535, 538, 539, 604, 625, 646. — Abbés, 466, 467, 476, 477, 486, 487, 490, 493, 496, 502, 507, 511, 515, 535, 538, 539, 562-564, 598, 604, 612, 625, 646.

Lietsines. Voy. Lessines.

Lieu-Saint-Amand. Décan. d'Haspres, 253.

Ligeris. Voy. Geer, Lezère, Loire, Lys.

Ligne, Lignia, Linea, Linia, Linni, 471, 537, 555, 626. — Seigneurs de ce nom, 471, 513, 537, 555, 557, 558, 561, 564, 568, 586, 593, 598, 601.

Ligniacæ. Voy. Linières.

Ligny, Lineium, Liniacum, 385,

416. — Pris à tort pour *Lideneicœ*, 184 n. Voy. LINIÈRES.
LILLE, Insula, Isla, 405, 529.
LILLE (arr. de Turnhout), Lille, 636.
LIMAY. Pris à tort pour *Lidencicœ*, 184 n. Voy. LINIÈRES.
LIMBOURG. Faisait partie de la Basse-Lorraine, 25 n.
LIMONT-FONTAINE, Lismons, 149 n., 185, 435, 541. — Dépendait de la terre d'Avesnes, 104 n. — Décan. d'Avesnes, 248.
Linarilæ, 6 n.
Lineium, Liniacum. Voy. LIGNY.
LINIÈRES, hameau de Prisches (France), Laniecæ, Lideneicæ, Liduneicæ, Ligniacæ, Liniacæ, IX n., 104 n., 169 n., 184, 211. — Situé dans le *Templuttensis*, 211. — Faisait partie de la terre d'Avesnes, 104 n. — Diffère de *Didineicœ*, 166 n. Comparez DINCHE.
Lintberga. Voy. LEDEBERG.
Liphtinæ. Voy. ESTINNES.
Lis. Voy. VIESLY.
Listrigaugensis pagus. Voy. LYS (pays de la —).
Liwensis pagus. Voy. LIÉGE (pays de —).
LOBBES (abbaye et chapitre de —), Laubacum, Laubacus, Laubiæ, Lobiæ, Lobies, 49 n., 70 n., 76 n., 171 n., 183, 307, 327, 635. — Décan. de Binche, 236. — Seigneurs de ce nom, 655. — Son hameau d'Hodoumont. Voy. ce mot.

LOBBES (abbaye de —). Sa fondation, 68. — Située dans la Charbonnière, 22. — Placée en Hainaut, à la limite du *pagus Sambrensis*, 49, 76. — Considérée comme appartenant aux deux diocèses de Cambrai et de Liége, 183 n. — Citée au traité de 870, 70 n. — Attaquée par les Huns en 954, 28. — Donations, 307, 327. — Abbés, 451, 461, 568, 599.
LOBBES (chapitre de —). Donations, 460, 634. — Transféré à Binche, 238 n.
LOBBES OU WAUDREZ (vicairie de —). Située dans le Hainaut, (*pagus minor*), 87, 206. — Gouvernée par Sigehard, 89. — A-t-elle appartenu aux Régnier? 89. — Possédée par Herman de Verdun et d'Ecnham, 94.
Locheneiæ, 546.
LOCQUIGNOL. Décan. de Valenciennes, 258.
LODELINSART, Hudelinsart, 310.
LOGE (La —), Sorezin (?), 309.
Lohia, lieu près d'Ath, 628.
Loimont, 632.
LOME, fleuve. Est-ce le *Ligeris* de la loi Salique? 23 n., 24 n.
LOMME (pays de —), Laumensis pagus, Lomacensis comitatus, Lommacensis pagus, Lomensis et Lommensis pagus ou comitatus, 16, 27 n., 69 n., 72 n., 74 n., 271, 277, 295, 296, 308, 309. — Ne dépendait pas du Brabant, 74. — Situé

dans l'Ardenne et dans le diocèse de Liége, 16, 38 n., 412. — Renfermait une partie de la Fagne, 17, 18. — Appartint à l'empereur Lothaire en 843, 27 n. — Sa délimitation du côté du Hainaut, 47 et suiv. — Bornait le pays de Famars en partie, 97. — Ses localités frontiers, 48. — Avait une subdivision du même nom, à côté du *Darnuensis* et du *Sambrensis*, 72. — Partie de ce territoire réunie au Hainaut, 109. Comparez NAMUR (pays de —).

LONDRES. Seigneur de ce nom, 622.

LONGCHAMPS, Longus-Campus, 311.

LONGUE-RUE. Appartenait à la châtellenie de Braine-le-Comte, 54 n.

LONGUEVILLE (La —). Antiquités, 136. — Chaussée romaine, 59. — Situé dans la prévôté de Bavai, 85 n. — Décan. de Bavai, 222.

Lorcium, Lorsium. Voy. LOURCHES.

LORGIES, Lorgiæ, 529, 530. — Son hameau de Petit-Ligny. Voy. ce mot.

Loos, Los, 373, 374. — Ses comtes, 373, 374, 391.

LOTHARINGIE, Lotharingia, 15. — La Charbonnière y était située, 15. — Territoires qu'elle renfermait, 25 n. — Comprenait le Hainaut, 69. — Ses rois, 322. — Régnier I en est nommé duc, 88. — Disputée entre les empereurs d'Allemagne et les rois de France, 70. — Appartient à l'empire, 70. — Divisée en Haute et Basse Lorraine, 70, 413, 442.

Lothosa rivulus, 152 n.

Lotice, 311.

LOUPOIGNE, Lupiniacus, 309. — Situé à la limite de la Charbonnière, 17.

LOURCHES, Laucianæ(?), Lorcium, Lorsium, 45, 330, 530. — Situé dans l'Ostrevant, 45.

LOUVAIN. Appartenait au diocèse de Liége, 17 n. — Ses comtes et ses ducs, 369, 373, 618.

LOUVIGNIES, hameau de Chaussée-Notre-Dame (Belgique), Louvinies, 61 n. — Situé dans la forêt de Broqueroie, ibid.

LOUVIGNIES-BAVAI ou LOUVIGNIES-FRÉHART (France), Loveneiæ, Lovenie, 149 n., 185, 437, 443. — Antiquités, 137. — Appartenait à la vicairie et à la prévôté de Bavai, 85. — Décan. de Bavai, 222. — Seigneurs de ce nom (?), 648.

LOUVIGNIES-QUESNOY (France). Décan. d'Haspres, 253.

LOUVROIL, Loveroles, Loveruna, Lovrcilla, Lovroles, Luvroila, 185, 279, 602, 633. — Antiquités, 137.

Louzet. Voy. HOUZÉE.

LOVERVAL. Confondu à tort avec Louvroil, 185 n.

Luitosa. Voy. LEUZE.

Lupiniacus. Voy. Loupoigne.
Luscinciacum, Lustinciacum, 272, 277.
Lustre. Situé dans l'alleu de Binche au xiiie siècle, 43 n.
Luxembourg. Partie de la Basse-Lorraine, 25 n.
Lys, rivière, Legia, 345, 356. — Est-ce le *Ligeris* cité dans la loi Salique? 24 n.
Lys (pays de la —), Letigus pagus, Listrigaugensis pagus, 356, 529.

# M.

Maavilla, 546.
Maceriæ. Voy. Maisières.
Machicourt, Machikort, 586.
Maçon. Décan. d'Avesnes, 248.
Maerec, Maerech. Voy. Maresches.
Maeter. Son hameau de Meerhem. Voy. ce mot.
Maffles, Mafla, Mafles, 537, 539, 626. — Seigneurs de ce nom, ibid.
Magelenum, 300.
Magnus-Mons. Voy. Grandmont.
Maing, Mahen, Maheng, Maten, 154 n., 186, 474, 545. — Décan. de Valenciennes, 258.
Mainicensis comitatus. Comté dépendant du comté de Huy, 343.
Mainvault, Mainwalt, Majonis-Vualdum, 501, 637.
Mairieux, Mainrivus, Matridium (?), Meanri, 279, 343, 644. — Ses chapelles de Heronfontaine ou Hoironfontaine et de la Gliseule, 241, 242. — Décan. de Maubeuge, 241.
Maisendis-Cultura. Voy. Metzen-Couture.
Maisières, sur la Meuse, Maceriæ, 82, 83 n. — Dépendait du comté de Castrice, 82.
Maisières, partie de Nimy-Maisières, Maisières, 173 n., 186, 635. — Antiquités, 137, 139. — Situé dans la forêt de Broquefoie, 61. Comparez Nimy-Maisières.
Maisle. Voy. Melle (arr. de Tournai).
Maisnil. Voy. Neuf-Maisnil et Vieux-Maisnil.
Majonis-Vualdum. Voy. Mainvault.
Major-Silva. Voy. Sauve-Majeure.
Malbodium. Voy. Maubeuge.
Mald. Voy. Maulde.
Malincourt, Maslaincurth, 551.
Malines, Maslines, 565, 575.
Malna (Wibertus, Hugo de —), 612.
Malzy, Maliserius, Maliziacæ, 274, 277.
Mamaëcæ. Voy. Maumaques.
Manberceiæ, 552.
Maneriæ. Voy. Masnières.
Mannulfi-Villa, 314.
Mansille, ferme à Ramousies, Mansilium, 186, 212 n., 215. — Située dans la Fagne, 215.
Manullum, 546.
Marbais (Belgique), Marhais, 309.
Marbaix (France), Marbasium, 570. — Décan. d'Avesnes, 249.

— Ses hameaux de Batices et de Kiehan. Voy. ces mots.
Marca super Armasam, 314.
Marcha. Voy. Marcq.
Marcha sancti Remigii. Voy. Marcq-en-Bareul.
Marche-lez-Ecaussines. Situé à la limite du Hainaut, dans le Brabant (?), 47, 54. — Décan. de Mons, 41, 227. — Son hameau de Courrières. Voy. ce mot.
Marchiennes (abbaye de —), Marceniæ (?), 527, 551. — Donations, 524, 527, 573. — Abbés, ibid. et 451.
Marchiennes-au-Pont, Marcianæ, Marcinæ, 48, 296, 309. — Situé dans le pays de Lomme, 48. — Dépendait du décanat ou *concilium* de Fleurus, 38 n.
Marchipont. Origine du nom, 83 n. — Décan. de Bavai, 223.
Marcinelle, Marcianæ (?), 309.
Marcoing, Marceniæ (?), Marchonium, Marchun, Marcoing, 426, 551, 560, 631. — Seigneurs de ce nom, 560.
Marcq (arr. de Mons), Marcha, 539, 626.
Marcq-en-Bareul, Marcha-Sancti-Remigii (?), 405.
Marech. Voy. Maresches.
Maregium. Voy. Maurage.
Marelliæ, Marelliæ. Voy. Maroilles.
Mares. Voy. Marest.
Maresches, Maerec, Maerech, Marech, Marticium, Matricium, Matridium (?), Matritium, 152

n., 153 n., 155 n., 185 n., 187, 312, 313, 396, 504, 565, 575, 576, 638. — Décan. de Valenciennes, 258.
Marest (Pas-de-Calais), Mares, 375.
Maretz (Nord), Mares, Marex, Marez, 416, 584, 633. — Seigneurs de ce nom, 584. — Hameau appelé Palmont. Voy. ce mot.
Maricolæ, Mariculæ. Voy. Maroilles.
Marienbourg (fagne de —). Dépendance de la Fagne, 102.
Marigilum, Marillæ. Voy. Maroilles.
Maringeheim. Voy. Merchten.
Markedunum. Voy. Marquain.
Markion. Voy. Marquion.
Marly. Décan. de Valenciennes, 258. — Seigneurs de ce nom, 585, 653, 660.
Maroilles (abbaye de —), Marelliæ, Marelliæ, Maricolæ, Mariculæ, Marigilum, Marillæ, 70 n., 169 n., 182 n., 186, 210, 286, 287, 304, 387, 416, 568, 569. — Sa fondation, 68. — Située dans le pays de Famars et dans le *Templutensis*, 98, 105, 240. — Citée dans le traité de 860, 70 n. — N'était pas sous la domination des Régnier, 89 n. — Donations, 286, 300, 301, 304, 508, 568. — Abbés, 285, 264, 454, 465, 466, 468, 470, 479, 489, 499, 536, 561, 562, 599, 612, 613, 658. — Décan. d'Avesnes, 248.

Marpent, Marpent, 626. — Antiquités, 137. — Chaussée romaine, 59. — Décan. de Maubeuge, 241.
Marquain, Markedunum, 325.
Marquette, Marcheta, 530, 551.
Marquion, Markion, 631.
Marsna. Voy. Meersen.
Marsus fluvius, 281.
Marticium. Voy. Maresches.
Martinsis pagus. Voy. Famars (pays de —).
Masau, Masgau pagus. Voy. Meuse.
Masengarba. Voy. Mazingarbe.

Masnières, Maneriæ, 427, 632. — Son hameau de Bracheul. Voy. ce mot.
Masnuy-saint-Jean, Masnui, Miaunes (?), 61, 637. — Antiquités, 137. — Chaussée romaine, 59. — Situé dans la forêt de Broqueroie, 61.
Masnuy-saint-Pierre, Masnui, 61, 521. — Antiquités, 138. — Chaussée romaine, 59. — Situé dans la forêt de Broqueroie, 61.
Massenhove, Masselehove, 636.
Mastaing, Mastangeum, 530.
Masuic. Localité du *Masgau*, 55 n.
Matagne-la-Grande et Matagne-la-Petite, Matagnia, 310.
Matée. Situé dans l'alleu de Binche au xiii° siècle, 43 n.
Maten. Voy. Maing.
Matricium, Matritium. Voy. Maresches.

Matridium. Voy. Maresches et Mairieux.
Maubeuge (abbaye et chapitre de —), Malbodium, Melborium, Melbodium, 70 n., 157 n., 185 n., 186, 270, 273, 274, 275, 277, 278, 602. — Antiquités, 138. — Sa fondation, 68. — Citée au traité de 860, 70 n. — Son ruisseau appelé *Melbodius, Melbodiolus*, 274, 278, 279. — Sa chapelle de Salmoncamp, 242. — Donations, 268, 276, 278. — Revenus à Cousolre et à Solre-Saint-Géry au x° siècle, 361. — Appartient au décanat du même nom, 242. — Chanoines, 244.
Maubeuge (décanat de —). Sa composition, 43, 239 et suiv., 591. — Mentions anciennes, 43, 156 n., 591. — Doyens, 43.
Maubeuge (prévôté de —). Sa composition, 84.
Maubeuge ou Hautmont (vicairie de —). Voy. Hautmont (vicairie de —).
Maubuisson. Seigneurs de ce nom, 652.
Maugré. Décan. d'Haspres, 253.
Mauloe, Mald, 394. — Ses seigneurs, ibid.
Maumaques ou Montmacq, Mamaccæ, 285. — Palais royal, ibid.
Maurage, Maregium, 313, 558. — Antiquités, 138. — Décan. de Binche, 236. — Seigneurs de ce nom, 558.

Mauritania. Voy. MORTAGNE.
MAUROY, Moiri (?), 638.
MAZINGARBE, Masengarba, 529.
Meanri. Voy. MAIRIEUX.
MEAUX (pays de —), Meldensis pagus, 272, 277.
MECQUIGNIES. Antiquités, 138. — Prévôté de Bavai, 85 n. — Décan. de Bavai, 223. Comparez MORMAL.
Medenenti. Voy. MELANTOIS.
MEERHEM, hameau de Maëter, Meran, 345.
MEERSEN, Marsna, 88 n.
Meevriæ. Voy. MOEUVRES.
MEHAGNE, Mahagnia, 314.
MELANTOIS, Medenenti, Melentois, 26 n., 529. — Appartint à Louis-le-Germanique, ibid.
MELDEN, Milna (?), 358.
Melin. Voy. MESLIN-L'ÉVÊQUE.
MELLE (arrond. de Gand), Mella, 346, 459.
MELLE (arrond. de Tournai), Maisle, 459. — Situé dans l'archidiaconé de Brabant, 458 n.
MEMPISQUE, Mempiscus, territorium Menapiorum, Menapiscon, 5, 26 n., 294, 298, 256. — Appartint à Louis-le-Germanique, 26 n.
MÉNAPIENS, Menapii, 105 n., 346. — Leurs *pagi*, 2 n. — Se soumirent aux Romains, 266 n. — Servaient en Angleterre, 56 n. — Rescrits des empereurs romains en leur faveur, 266.
Meobrae. Voy. MOEUVRES.

Meran. Voy. MEERHEM.
Merbate fluvius, 72 n.
MERBES - LE - CHATEAU, Merbæ prope Sambram, Merbes, 440, 635. — Décan. de Binche, 236. — Seigneurs de ce nom, 440, 441, 513.
MERBES-SAINTE-MARIE, Merbæ-Sanctæ-Mariæ, Merbes, 440, 635. — Décan. de Binche, 236. — Seigneurs de ce nom, 440, 441, 513.
MERCHTEN, Maringeheim (?), 311.
MERDRIS, ruisseau à Wallers, Merdosus - vadus, Merdosusvadus, Merdosus - voionus, Merdosus-voius, 187, 212 n., 213 n., 215, 505. — Ruisseau de la Fagne, 214 n., 215.
Merena, Merona Bennonis. Lieu près d'Oostburg, 345.
Merlesart, Merlessart. Lieu situé entre la Fagne et la Thiérache, 103 n., 215, 561.
MERTENNE, hameau de Castillon, Mertines, 308.
MESLIN-L'ÉVÊQUE, Melen, Melin, 517, 627. — Seigneurs de ce nom, 627.
MESVIN. Décan. de Mons, 225.
METZ, Mettæ, 328. — Ses évêques, 391.
METZ (royaume de —). Renfermait le Hainaut, 69.
METZ-EN-COUTURE, Maisendis-Cultura, ix n., 425, 630.
MEULEBEKE. Son hameau de Lede. Voy. ce mot.
Meurengien. Voy. MÉVERGNIES.
MEUSE, Mosa, 16, 27 n., 400. —

Limite des possessions de Pépin de Landen, 17 n.
Meuse (pays de —), Masau, Masgau, 5, 55 n. — Origine de la dénomination, 5.
Mévergnies, Meurengien, Mevergen, Mevergin, 540, 626, 627.
Miaunes. Voy. Masnuy-Saint-Jean.
Mignaut, Miniacum, 54, 152 n., 272. — Situé dans l'ancien Brabant, 54. — Décan. de Mons, 41, 227.
Milna. Voy. Melden.
Milsiannus mons, 279.
Miniacum. Voy. Mignaut.
Mochæ (Segardus de —), 402.
Moeuvres, Meevriæ, Meobræ, Meovriæ, 319, 427, 546, 553, 631.
Moilans. Voy. Molain.
Moiri. Voy. Mauroy.
Molain, Moilans, 417.
Molenbais. Voy. Moulbaix.
Momignies. Décan. d'Avesnes, 249. — Ses hameaux de Grande et de Petite-Thiérache, 78 n.
Monampteuil, Monantolium, 315.
Monasteriolum, lieu à Proville, 330.
Monasteriolum. Voy. Montroeuil-sur-Haine.
Monasterium. Voy. Moustier-en-Fagne et Moustier.
Monceau, dépendance d'Élouge, Moncellus, 407.
Monceau-Saint-Vaast (France), Moncellum, Monsellum, 182 n., 187, 548, 571, 614. — Décan. d'Avesnes, 249. — Sa dépendance de Saint-Vaast. Voy. ce mot.
Monceau-sur-Sambre (Belgique). Appartint au pays de Lomme, 49 n.
Moncel (Nicholaus del —), 668.
Moncels. Voy. Petit-Harveng.
Monchaux, Moncelz, 187. — Antiquités, 138. — Décan. d'Haspres, 253.
Monchecourt, Mucinncort, 425.
Monchiacum juxta Ruriam, 426.
Monna. Voy. Munoz.
Mons, Castraloc, Castrilocus, Castrilucium, Castrorum-locus, Mons, Mons-Castrati-loci, Mons Castrilocus, Móns Castrorum-locus, Montes, 18 n., 66, 67, 81, 82 n., 94 n., 149 n., 162, 187, 199 n., 355, 360, 402, 409, 431, 436, 519, 568, 596, 601. — Antiquités, 121, 124, 138. — Monnaies franques, 66, 67. — Monnaie de Renaud, 91. — Situé dans la Charbonnière, 22. — Son monastère de Sainte-Waudru disparaît aux VIIIe et IXe siècles, 81. — N'est pas cité au traité de 860, 82. — Sa forteresse, 82. — Prise de cette ville en 946, 90, 359. — Possédée par Godefroid-le-Captif, 92, 354. — Reprise par Regnier IV, 92. — Prise par Baudouin V de Flandre, 117. — Son importance, 596. — Décan. de ce nom, 227. — Châtelains, 395, 445, 537, 663, 664. — Seigneurs de ce nom, 407;

408, 410, 415, 424, 441, 446, 465, 469, 470, 472 n., 489, 512, 513, 549, 557, 558, 564, 568, 612, 613, 619. — Chapitre de Sainte-Waudru, églises de Saint-Germain, de Saint-Pierre, de Cantimpré. Voy. ces mots.

— (bois de —), Montensis silva, 88. — Dépendait de la forêt de Broqueroie, 61.

Mons (comté de —), Montensis comitatus, 82, 400. — N'a pas toujours compris le Hainaut entier, ibid. — Comtes (Voy. Hainaut).

Mons (décanat de —). Appelé archidiaconé par erreur, 41, 541. — Sa composition, 41, 214 et suiv., 551. — Mentions anciennes, 41, 153 n., 511. — Doyens, 42, 511.

Mons (prévôté de —). Sa composition, 84.

Mons (vicairie de —). Située dans le Hainaut (*pagus minor*), 86, 206. — Possédée par Renaud, 91. — Possédée par Godefroid-le-Captif, 92.

Mons. Voy. Mons-en-Laonnais.
Mons-Cornutus. Voy. Montcornet.

Mons-Desiderius. Voy. Montdidier.
Monsellum. Voy. Monceau-Saint-Vaast.
Mons-en-Laonnais, Mons, 436.
Mons-en-Pevèle, Mons, Montes(?), 299, 375.
Mons-Sancti-Juliani, 60 n.

Mons-Sancti-Remigii. Voy. Estinnes-au-Mont.
Mons-Wifrаmni. Voy. Flaumont.
Montalis, 553.
Montay. Antiquités, 158. — Ferme de Hurteveut, et ancien village de Wasvillеr. Voy. ces mots.

Montbliard. Décan. de Maubeuge, 242.

Mont-Cassin, Mons-Casinus, 531.

Montcornet, Mons-Cornutus, 78.

Montdidier, Mons-Desiderius, 399. — Situé dans le *Santerr*, 272 n.

Montes. Voy. Mons et Mons-en-Pevèle.

Montescourt-Lizerolle, Montiscurt, 314.

Mont-Fontenelle. Partie de la terre d'Avesnes, 104 n. Comparez Fontenelle.

Monticulus. Voy. Petit-Harvengt.

Montignies-lez-Lens, Montiniacum, Montinium, 52 n., 61 n., 102 n., 404, 431, 444, 455, 520. — Situé dans l'ancien Brabant et dans la forêt de Broqueroie, 41 n., 42 n., 61.

Montignies-le-Tilleul, Montigni scabiosa, ix n.

Montignies-Saint-Christophe, Montiniacus, 309. — Antiquités, 138.

Montignies-sur-Roc, Montegni, Monteni, Montenneium, Montenni, Montenucium, Munliaco,

Muntenni, 152 n., 155 n., 157 n., 172 n., 188, 396, 565, 575, 623, 637. — Antiquités, 126. — Sa chapelle de la Trinité; 51 n. — Décan. de Bavai, 223.

Montigny-en-Arrouaise, Montegnies in Arvisia, Montiniacus Arvisiensis, 638, 639.

Montigny-sur-Sambre, Montiniacus, 310.

Montiniacum, 169 n.

Montlhéry (comtes de —), 406.

Montmorency. Seigneurs de ce nom, 406.

Montrecourt. Décan. d'Haspres, 253.

Montroeuil-en-Thiérache, Monasteriolum, 78.

Montroeul-sur-Haine, Mosterol, 637. — Antiquités, 139. — Décan. de Bavai, 223.

Mont-Sainte-Aldegonde, Mons-Sanctæ-Aldegundis, 152 n., 188, 609. — Seigneurs de ce nom, 648.

Mont-Sainte-Geneviève, Mons-Sanctæ-Genovefæ, Sancta-Genovefa, 152 n., 155 n., 188, 567, 608, 609, 637, 662. — Situé dans l'alleu de Binche au XIIe siècle, 48 n.

Mont-Saint-Eloi (abbaye de —), Mons-Eligii, Mons-Sancti-Eligii, 443, 476. — Abbés, ibid.

Mont-Saint-Martin (abbaye de —). Abbés, 560, 599.

Mont-sur-Marchiennes, Monz, 309.

Morchies, Morceis, Morchiæ,
Morties, 427, 565, 575, 623, 639.

Morenchies, Morenceiæ, 551. — Lieu appelé *Argillariæ*, 553.

Moreniis, Morennis, Morinies (Gerardus de —), 504, 564, 572.

Morins, Morini, 10 n. — Leur cité et leurs *pagi*, 2.

Morlain. Appartint d'abord au Cambrésis, 110. — Réuni au Hainaut, ibid.

Morlanwez, Morlainwes, 49 n. — Antiquités, 139. — Chaussée romaine, 59. — Situé à la limite du pays de Lomme, 48, 49 n. — Décan. de Binche, 236.

Mormal (forêt de —), Mormal silva, Mourmal, 63 n., 188, 603. — Antiquités, 139. — Chaussée romaine, 59, 603. — Confondue à tort avec la Charbonnière dont elle était une division, 11 n., 63. — Sa situation et son étendue à diverses époques, 63. Comparez Mecquignies.

Mormunt. Voy. Fontaine-au-Tertre.

Mortagne, Mauritania, 445, 513. — Seigneurs de ce nom, 445, 513, 564.

Mortarioli, 552.

Morteri, 554, 583.

Morteruel, forêt à Harbignies, 603.

Morties, Voy. Morchies.

Moscin (Gonterus de —), 499. Comparez Mochæ.

Moselle, Mosella, 17 n. — Limite des possessions de Pépin de Landen, ibid.
Mosonnæ. Voy. Mouzon.
Mosterol. Voy. Montroeul-sur-Haine.
Mouchin, Muscinium, 299.
Moulbaix, Molenbais, 485, 486.
Mourmal. Voy. Mormal.
Moustier (arr. de Tournai), Monasterium, 537. — Seigneurs de ce nom, ibid.
Moustier-en-Fagne (prieuré de —), Monasterium, Monasterium in Fania, Moustiers, 187, 212, 213 n., 215, 307, 308, 504, 505. — Situé dans la Fagne et dans le *Templutensis*, 212, 213. — Succède au monastère de Wallers, 105. — Lieu y situé et nommé *Duchon*, *Ducionis silva*. Voy. ce mot. Voy. aussi Neumont.
Mouzon, Mosonnæ, 372.
Movan. Voy. Munoz.
Muciancort, Voy. Monchecourt.
Muliacensis vicaria, 6 n.
Mulli, 188 n.
Munliaco, Muntegni, Muntenni. Voy. Montignies-sur-Roc.
Munoz, Monna, Movan, Munau, 343, 390.
Muscinium. Voy. Mouchin.

# N.

Naast. Antiquités, 139. — Décan. de Mons, 41, 218.
Naast (bois de —). Partie de la forêt de Broqueroie, 61.

Nalinnes, Nalines, 309.
Namur, Namurcum, 54 n.
Namur (pays de —), Namurcensis comitatus, 412, 618, 657, 659. — Faisait partie de la Basse-Lorraine, 25 n.
Naves, Navia, Navium, 517, 546, 642.
Néonifius, Neonisius, 294, 297.
Nerelum. Voy. Niergny.
Neropia fluvius, 379.
Nerviens, Nervii, 10 n., 22, 209 n., 265, 266, 267. — Leur territoire du temps de César, 9 n. — Leur défaite, ibid. — La *civitas* et le *pagus Nerviorum*, 2, 9, 10 n. — Leur origine germanique, inscription y relative, 57 n. — Troupes auxiliaires, 56 n. — Servaient en Angleterre, ibid. — Rescrits des empereurs romains en leur faveur, 265, 266, 267. — Leurs progrès dans l'agriculture, 59. — Diminution de leur puissance, 56. — Leurs terres données aux Francs, 22. — Leur territoire prend le nom de diocèse ou cité de Cambrai, 9. — Leur évêque, 67 n.
Nerviens (comté des —), Nerviorum comitatus, 10 n., 117 n. — Formait une partie de l'ancien Brabant, 117 n.
Nesplariæ, lieu près de Cambrai, 552.
Neuf-Maisnil, Maisnil, 198 n. — Décan. de Maubeuge, 241. Comparez Vieux-Maisnil.

Neufville (arr. de Mons), Nova-Villa, 64 n., 526, 641. — Ses hameaux de Fellignies et de Bagenrieux. Voy. ces mots.
Neufmaisons, Novæ-Domus, 52 n. — Situé dans l'ancien Brabant, 52 n.
Neumont (bois de —), à Baives, Moustier et Wallers. Ætimundi, Eumont, 169, 212 n., 213. — Situé dans la Fagne, ibid.— Sa consistance, 213 n.
Neustrie. Division de la Gaule, 69. — Bornée par la Charbonnière, 15.
Neuviesly, Novæ-Lites, Noveslis, Novislis, 397, 623, 638.
Neuville-au-Bois (France, arr. d'Avesnes). Décan. d'Haspres, 254.
Neuville-Bourjonval (arr. d'Arras), Novæ-Villæ (?), 632.
Neuville-sur-l'Escaut (France, arr. de Valenciennes), Nova-Villa, 299. — Décan. d'Haspres, 254.
Neuville-Saint-Remi (arr. de Cambrai), Novæ-Villæ (?), 632.
Niella, Niellæ, Nigella. Voy. Noyelles-sur-Selle.
Niergny, Néreium, 517.
Nieukerken, Nova-Ecclesia, 637.
Nieuwenhove, Ninnehovum, 453.
Nigella. Voy. Nivelle (France, arrond. de Valenciennes).
Nima. Voy. Nismes.
Nimègue, Noviomagus, 372.
Nimy-Maisières, Nimi, Nimy, 173 n., 186, 188, 633. — Antiquités, 124, 139. — Chaussée romaine, 59. — Situé dans la forêt de Broqueroie, 61. — Décan. de Mons, 228. — Seigneurs de ce nom, 559.
Ninnehovum. Voy. Nieuwenhove.
Nismes (Namur), Nima, 400. — Donné en dot à Regnier IV, ibid.
Nivelle (France, arr. de Valenciennes), Nigella, 299.
Nivelles (Belgique) (chapitre de —), Nivella, 62 n., 385, 433. — Cartulaire, viii. — Appartenait au diocèse de Liège, 17 n. — Situé dans le Brabant-Wallon et le pays de Lomme, 47. — Dépendait du concilium ou décanat de Fleurus, 38 n. — Donations, 327. — Abbesses, 327.
Noella, Noielé. Voy. Noyelles (arr. de Cambrai).
Nofius, Nofluz. Voy. Quesnoy.
Noirchain, Noirchiu, Norcin, 173 n., 189, 619, 683. — Antiquités, 140. — Chaussée romaine, 59. — Décan. de Mons, 226.
Nois. Voy. Ivorx.
Noreuil, Noreul, 650.
Normands, à Saint-Denis en Broqueroie, 440.
Notre-Dame de Paris. Cartulaire, viii n.
Noufluz. Voy. Quesnoy.
Nouvelles (Belgique). Décan. de Mons, 228.
Nouvion. Situé dans le Laonnais et la Thiérache, 47 n. — Possessions de l'abbaye de Saint-

Denis de France en ce lieu, 193 n.

Nouvion (forêt de —). Partie de la Thiérache, 77. — Son étendue, 77 n., 651.

Novæ-Bursinæ. Voy. Bourseigne-Neuve.

Nova-Ecclesia. Voy. Nieukerken.

Novæ-Domus. Voy. Neufmaisons.

Novæ-Lites. Voy. Neuviesly.

Novæ-Villæ. Voy. Neuville-Bourjonval et Neuville-Saint-Remi.

Nova-Villa. Voy. Neufville et Neuville-sur-l'Escaut.

Nova-Villa, dans le Noyonnais? 161 n.

Nova-Villa (Oilardus de —), 649.

Noviomagus. Voy. Nimègue.

Novialis. Voy. Neuviesly.

Novum-Castellum, Novum-Castrum. Voy. Cateau.

Noyelles-sur-Selle (France, arr. de Valenciennes), Niella, Niellæ, Nigella, Nyella, 181 n., 189, 346. — Situé à l'extrême limite du Hainaut, 46. — Décan. d'Haspres, 254.

Noyelles (France, arrend. d'Avesnes), Nigella, 570. — Décan. d'Avesnes, 249.

Noyelles (France, arr. de Cambrai), Noella, Noielle, 553, 623, 639.

Noyon, Noviomum, 604. — Évéques, 406. — Son abbaye de Saint-Eloi. Voy. ce mot.

Nuflus. Voy. Quesnoy.

Nyella. Voy. Noyelles-sur-Selle.

## O.

Oderchies. Chapelle dépendant de Berlaimont, 246.

Obercke. Voy. Obrechies.

Obercieurt, Obercicurtus. Voy. Auberchicourt.

Obies-Bavissiaux, Obiæ, Obsiæ, 156 n., 190, 405, 627. — Prévôté de Bavai, 85 n. — Seigneurs de ce nom, 627. — Son hameau de Bavissiaux. Voy. ce mot.

Obigiæ. Voy. Eugies.

Obourg, Alburg, 160, 520, 521. — Antiquités, 124, 140. — Situé dans la forêt de Broqueroie, 61. — Décan. de Mons, 228.

Obrechies, Oberciæ, Obreciæ, 511 n., 520, 539. — Décan. de Maubeuge, 242.

Obrizcourt (Walcherus de —), 561.

Obsiæ. Voy. Obies-Bavissiaux.

Obterbentum. Voy. Ostrevant.

Odeigne, Aldaniæ, 387.

Odelaen-Villa (Gualterus de —), 522.

Odilineus. Voy. Haudilcourt.

OEdeghien, Eudegin, 627. — Seigneurs de ce nom, ibid.

OEnengium. Voy. Onnaing.

Oeren, Oen (?), 406.

Oeumium. Voy. Obain.

Offegnies, hameau de Dour, Offigiæ, Offineis, 155 n., 495.

Offies. Partie de la terre d'Avesnes, 104 n.

— 727 —

OFFRIGIES, lieu dans le pays de Lomme, 308.
OGY, Ogi, Ogium, 396, 565, 575, 619, 623, 637.
OHAIN (arr. d'Avesnes), Oaing, Oeunium, 416, 633.
Ohrue. Voy. HORCES.
Oignesies. Voy. ONNEZIES.
Ointiel. Voy. RHONELLE.
OISE, Hisa, Isera, Oysia, 27 n., 60 n., 61 n., 78 n.
Oisies, Onzies. Voy. ONNEZIES.
Oistermont. Situé dans la Thiérache, 78.
OISY, Osgicum (?), 451. — Seigneurs de ce nom, 557, 579.
Olde. Voy. GROBBENDONCK.
OLIVE (L'—). Chappelle à Vellereille-le-Sec, 238.
OELOY, Hoslois, Hostois, 436, 541.
OLSENE, Olsna, 346.
Oltappe. Voy. OTEPPE.
Omnium. Voy. ONNAING.
ONNAING, OEnengium, Onainiæ, Onainville, Onech, Oneg, Onene, Oneng, Oninium (alias Omnium), Unaing, 152 n., 153 n., 155 n., 157 n., 165 n., 181 n., 185 n., 190, 199, 339, 396, 505, 575, 623, 639. — Décan. de Valenciennes, 261.
ONNEZIES, Honesies, Oignesies, Oisies, Onzies, 219, 222, 637. — Placé à tort dans le décanat de Valenciennes, 43, 261. — Décan. de Bavai, 219, 222. — Son hameau de Boutenie. Voy. ce mot.
OOSTBURG, Oostburch, 345.

OOSTERZEELE, Ostreziele, 637.
Orcetum. Voy. ORS.
ORIGNY, Auriniacus, 78. — Situé dans la Thiérache, ibid.
ORMEGNIES, Ormegnies, 637.
ORS, Orcetum, Ors, 385, 387, 517. — Décan. d'Haspres, 254.
ORSINVAL, Orsineval, Orsiurnez (?), Ursenens, Ursina-Vallis, 64 n., 152 n., 153 n., 188 n., 199, 402, 501, 638. — Origine du nom, 64 n. — Possession de l'église de Cambrai, 199 n. — Seigneurs de ce nom, 402. — Décan. de Valenciennes, 261. — Ferme de Tilloit y située. Voy. ce mot.
Osgicum. Voy. OISY.
Osismensis pagus, 6 n.
Osismii, 4 n.
OSSOGNE, hameau d'Havelange, Alsonia (?), 309.
OSTENDE, Testerep, 405.
OSTICHES, Hosticium, Osticium, 536, 539, 626.
OSTREVANT, Austrebannensis comitatus, Austrovadensis pagus, Obterbentum, Ostrebandensis pagus, Ostrebantensis pagus, Ostrebantum, Ostrevannum, Ostrevantum, 45 n., 51 n., 72, 110 n., 176 n., 272, 277, 294, 298, 299, 330, 416, 419, 475, 530, 551. — Division de l'Artois, 72. — Sa limite du côté du Hainaut, 45. — Réuni au Hainaut au XII<sup>e</sup> siècle, 110. — Servait d'apanage aux fils aînés des comtes de Hainaut, ibid. — Ses morcelle-

55

ments au XII⁰ siècle, 98. — Ses comtes, 110.
OSTREVANT (archidiaconé d'—), dans le diocèse d'Arras, 33. — Archidiacres, 35 n., 451, 476.
Ostreziele. Voy. OOSTERZEELE.
Otburcurt. Voy. HAUCOURT.
OTEPPE ou OTHEPT, Oltapæ, 374. — Ses seigneurs, ibid.
OTTERGEM, Daudengien (?), 637. Comparez AUDEGHEM.
Otviller. Voy. EUVILER et TROISVILLE.
OUDENBOURG, Adeburc, 312.
OUVERT, hameau de Givenchy, Ovèrt, 530.
OVERBOULAERE, Bouler, Bullare, 410, 411, 458.
OVILLERS, hameau de Solesmes, Otvillare, 552.
Oysia. Voy. OISE.
OXFORD, 381.

## P

Pabila, Pabula, Pabulensis pagus. Voy. PEVÈLE.
PAILLENCOURT, Palencort, Palencurz, 517, 653.
PALMONT. Lieu à Maretz, 633.
PAMÈLE (décanat de —). Apppartint d'abord à l'archidiaconé de Brabant, puis à celui de Bruxelles, 34, 35 n., 667. — Réuni au Hainaut, 112, 113. — Formait le comté d'Eenham, ibid. Comparez EENHAM (comté d'—)
Pannonia, 23 n.

PARFONDEVAL, Profonda-Vallis, 553.
Paris (Willelmus de —), 649.
Parvus-Lemnus. Voy. PETIT-LIGNY.
Parvus-Quercetus. Chapelle dépendant de Bavai, 220.
PATURAGES. Antiquités, 140.
PEISSANT, Pessant, 499. — Décan. de Binche, 237. — Seigneurs de ce nom, ibid.
Pelices silva. Voy. PRISCHE (Belgique).
PEMANES. Leur fusion avec d'autres peuples, 3.
Perarium. Voy. PRYS.
Peres, Percus, Perez. Voy. PREUX-AU-SART.
Perices curtis, Périches. Voy. PRISCHE (Belgique).
Perniciacum. Voy. PERWEZ et TAVIERS.
Perona. Voy. CATEAU-CAMBRÉSIS.
PÉRONNES. Lieu situé dans le pagus Santers, 272 n.
PÉRONNES (arr. de Lille), Perona, 529.
PÉRONNES (Belgique). Décan. de Binche, 237.
Perusium. Voy. PREUX-AU-BOIS.
PERUWELZ, Petræ-Boseræ, 115 n. — Appartint au comte de Flandre, ibid.
PERWEZ, Perniciacum? 13 n.
PESCHE, Pesco, 48. — Dépendait du pays de Lomme, ibid.
PETEGHEM, Petengin, 382. — Ses seigneurs, 381.
Petia ou Apeiz. Voy. POIX.
PETIT-CRESPIN, hameau de Pom-

merœul, Cella-Sanctæ-Trinitatis? 51 n. — Était situé dans le Brabant, ibid.
PETIT-HARVENGT, hameau d'Harmignies, Moncels, Monticulus, 434, 495, 510.
PETIT-LIGNY, hameau de Lorgies, Parvus-Lemnus, 529.
PETIT-QUÉVY. Voy. QUÉVY.
PETIT-ROEULX. Décan. de Mons, 41, 228.
Petra (Wedricus de —), 653.
Petræ-Boseræ. Voy. PERUWELZ.
Petrosa-Becca, 529.
Petrosum. Voy. PREUX-AU-BOIS.
PÉVÈLE (forêt et pays de —), Pabila, Pabula comitatus, Pabulensis pagus, Peula silva, 298, 299, 316, 375, 528. — Origine de la dénomination, 5.
PIERREFONDS. Seigneurs de ce nom, 406.
PIÉTON, Pieton, 18 n., 191. — Situé à la limite du pays de Lomme, 48.
PLACE-A-L'AUNOI, lieu à Ellezelles, Place, 619.
Platea (Odo de —), 580.
Plato. Voy. BLATON.
POEDERLÉ, Pudele, 636.
POIX, Apeiz ou Petja (?), 84 n., 85, 153, 190, 207, 329. — Situé dans la vicairie de Bavai, 84 n., 85, 207. — Décan. d'Haspres, 254. — Son hameau de Wagnouville. Voy. ce mot.
POMMEREAU (Haut et Bas —), hameau d'Aubert, Spumerel, 529.

POMMEROEUL (arr. de Cambrai), Pommeriolæ, 552.
POMMEROEUL (arr. de Tournai), Pomeriolum, 51. — Situé dans l'ancien Brabant, ibid. — Son hameau de Petit-Crespin. Voy. ce mot.
Poncils, lieu à Beauvois, 631.
Pons-Scaldis. Voy. ESCAUPONT.
PONT-DE-LOUP, Funderlo, IX n., 48, 295, 296. — Situé dans le pays de Lomme, 48.
PONTHIEU (comté de —), 621.
PONT-SUR-SAMBRE, Pons, Ponz, 653. — Antiquités, 140. — Chaussée romaine, 59. — Situé dans la prévôté de Bavai, 85 n. — Décan. de Bavai, 223 n. — Seigneurs de ce nom, 653. — Son hameau de Quartes. Voy. ce mot.
Popignies, 308.
PORCIEN (pays de —), Porcianus pagus, 316.
Porta (Waldricus de —), 580.
POTELLES, Poteles, 603. — Décan. de Valenciennes, 261. — Seigneurs de ce nom, 615.
Praella, 584.
Prato-Sancti-Petri (Alman de —), 587.
PRÉMY, dépendance de Fontaine-Notre-Dame, Premith, Primiacum, 320, 553.
PRÉSEAU. Décan. de Valenciennes, 262.
PREUX-AU-BOIS, Periciæ, Perusium, Petrosum, 149 n., 157 n., 159 n., 190, 386, 417,

437, 542, 543. — Décan. d'Haspres, 254.

PREUX-AU-SART, Peres, Pereus, Perez, 537, 540, 637. — Décan. de Valenciennes, 262.

PRISCHE, hameau de Binche, Pelices silva, Perices curtis, Periches, 154 n., 190, 531, 574.

PRISCHES (France). Antiquités, 124. — Faisait partie de la terre d'Avesnes, 104 n. — Décan. d'Avesnes, 249. — Ses hameaux de Dinche et de Linières. Voy. ces mots.

Profunda-Villa. Voy. PARFONDEVAL.

PROUVILLE (arr. d'Arras), Provilla, 546.

PROUVY. Seigneurs de ce nom, 438, 587, 642, 653.

PROVILLE (arr. de Cambrai), Prouvilla, Puerorum-Villa, 320, 426, 427, 516. — Ses dépendances appelées *Farinariæ* et *Monasteriolum*. Voy. ces mots.

PROVIN. Seigneurs de ce nom, 438, 586, 587.

PRYS, Perarium, 309.

Pudele. Voy. POEDERLÉ.

Puerorum-Villa. Voy. PROVILLE.

Pulcher-Mansus. Voy. BEAUMETZ.

Pura-Fontana. Voy. FONTAINE-AU-BOIS.

## Q.

QUAREGNON, Kuarignon, Quaregio, Quarignon, Quarinon, Quaternio, 155 n., 163 n., 182, 191, 494, 664. — Antiquités, 124,

140. — Mines de charbon citées au XIII$^e$ siècle, 12 n. — Décan. de Mons, 228. — Seigneurs de ce nom, 559, 561, 658.

QUAROUBE, Karubium, Quarobie, 153 n., 181, 638. — Antiquités, 141. — Confondu à tort avec Cambron, 181. — Décan. de Valenciennes, 262.

QUARTES, hameau de Pont-sur-Sambre, Quarta, Quartensis locus, 18 n., 149 n., 179 n., 191, 437, 533, 543, 632. — Antiquités, 140, 141. — Chaussée romaine, 59. — Décan. de Bavai, 223.

Quaterlesia, Quaternion. Voy. QUAREGNON.

QUÉANT, Chaum, 546.

QUENAST, Canatha, 521. — Situé dans la châtellenie de Braine-le-Comte, 54 n.

QUENESTINNE, hameau de Saintes, Gnactinis, 311.

Quercetus. Voy. PARVUS-QUERCETUS.

Querein (Noel de —), 579.

QUERENAING, Gara-Rainga, Gararaniga, Graraniga, Keniriniacum, Kerinain, 164 n., 172, 173, 181, 209, 283, 350. — Dépendait du pays de Famars, 209. — Décan. de Valenciennes, 258.

QUESNOY (Le —), Haimoncaisnoit, Haymon-Chaisnoit, Haymonis-Quercetus, Noflus, Nofluz, Noufluz, Nuflus, 175, 188, 517, 555, 559, 592, 593, 615. —

Acquis par les comtes de Hainaut, 559. — Décan. de Valenciennes, 258. — Seigneurs de ce nom, 614.

Quesnoy (prévôté du —). Sa composition, 99.

Quévy-le-Grand, Kevi, Kevy, Magnum-Chevi, 153 n., 163, 181, 626. — Antiquités, 141. — Confondu à tort avec *Chuinegœ*, 164 n. — Décan. de Maubeuge, 241. — Seigneurs de ce nom (?), 564, 655, 664.

Quévy-le-Petit, Kevi, Kevy, Parvum-Chevi, 153 n., 163, 181, 626. — Antiquités, 141. — Décan. de Maubeuge, 241. — Seigneurs de ce nom (?), 564, 655, 664.

Quévy (arr. de Cambrai), Chevi, 552.

Quiéhan. Voy. Kiehan.

Quiévelon, Cavellanii, 542. — Décan. de Maubeuge, 239.

Quiévrain, Caprinium, Caprinum, Caurag (?), Cavrem, Cavren, Chavrén, Chiuvrain, Kevren, 152 n., 153 n., 161, 325, 565, 593, 601, 604, 615, 628. — Antiquités, 141. — Chaussée romaine, 59. — Possession de l'abbaye de Saint-Eloi de Noyon, 161 n. — Décan. de Bavai, 222. — Seigneurs de ce nom, 593, 601, 615.

Quiévrechain, Keviriciniacum, 164 n., 182, 350. — Décan. de Bavai, 222.

Quiregies, Quirigiacum. Voy. Curgies.

## R.

Racemus. Voy. Roisin.
Radionacis. Voy. Ragnée.
Ragilleiæ, Ralleiæ. Voy. Renlies.
Ragnée, Radionacis, 308.
Rahiercurt. Voy. Ruyaucourt.
Railhies, étang à Baillièvre et Robechies, Railhies, Ralhiers, 192, 212 n., 213, 215. — Situé dans la Fagne, 215.
Raillencourt, Raillencort, Reiglencurth, Reilencurt, Rellencort, Rollencort, 427, 516, 556, 631, 639. — Son hameau de Sainte-Olle. Voy. ce mot.
Rainsart. Dépendait originairement de la terre d'Avesnes, 104 n. — Décan. d'Avesnes, 248.
Rainwez, Raueeis (?), 308.
Raismes, Rami (?), Resciniacæ (?), 158 n., 298.
Ramecourt, hameau d'Iwuy, Ramincouture (?), Ramincurt, Rammecurt, Ramocurth, 315, 320, 545, 565, 575, 639.
Ramensi, Rameniis (Gozuinus de —), 513.
Rameriæ, Rameries, 517, 542.
Rami. Voy. Raismes.
Ramillies (arr. de Cambrai), Rameliæ, Ramillies, 546, 553, 631.
Ramincouture. Voy. Ramecourt et Rumaucourt.
Ramousies, Rammousies, Ramolzies, Ramousies, Ramozies, Ramulgies, 153 n., 171 n., 192, 213 n., 216, 505, 512,

539, 626, 627. — Antiquités, 141. — Situé dans la Fagne, 216. — Dépendait de la terre d'Avesnes, 104 n. — Décan. d'Avesnes, 249. — Seigneurs de ce nom, 536. — Sa dépendance appelée Mansille. Voy. ce mot.

Ranche, Rancia, 192, 216. — Situé dans la Fagne, 216. — Placé à la limite du Hainaut, dans le pays de Lomme, 83.

Rangeliæ. Voy. Renlies.

Ranium. Voy. Vieux-Reng.

Rauceis. Voy. Rainwez.

Raucourt, Rovericurt (?), 315.

Rausidus. Voy. Rosoy.

Recquignies. Décan. de Maubeuge, 242. — Son hameau de Rocq. Voy. ce mot.

Regadoninse condita, 6 n.

Reiglencurth, Reilencurt, Rellencort. Voy. Raillencourt.

Remaucourt, Rovericurt (?), 315.

Rembrechies, lieu à Flaumont, Rembreneiæ, Rembriciæ, 542, 646.

Ren, Rench, Reng. Voy. Grand-Reng.

Renaix (monastère de —). Situé dans la Charbonnière et dans l'ancien Brabant, 21 n. — Fondé ou restauré par Gérard de Roussillon, ibid.

Reninghe, Reningens (?), Rinenga, 405, 529.

Reninghelst, Reningens (?), 405.

Renlies, Ragilleiæ, Ralleiæ, Rangeleiæ, 149 n., 436, 542.

Renniolum. Voy. Rignoeul.

Resai, Resatium. Voy. Ressaix.

Resciniacæ. Voy. Raismes.

Reseniæ, 495.

Resin, Resinium, Resinnium. Voy. Roisin.

Ressaix, Resai, Resatium, Ressai, Ressais, 152 n., 192, 313, 609, 635. — Décan. de Binche, 237.

Reumont, Roimont, Rotherus-Mons, 319, 425, 427, 632.

Rhedones, 1 n.

Rheims. Chaussée romaine, 59. — Capitale de la *Belgica secunda*, 9.

Rheims (métropole et diocèse de —). Conciles, 514 n., 518. — Archevêques, 406, 463, 471, 479, 485, 487, 490, 510, 511, 514, 606. — Archidiacres, 33.

Rheims (pays de —), Remensis pagus, 315.

Rhin, fleuve, Rhenus, 17 n., 23 n. — Limite des possessions de Pepin, 17 n.

Rhonelle, rivière, Ointiel, Unetius, Untiel, 98, 172 n., 199, 597. — Son cours, 199 n.

Ribécourt, Ribercurt, Riberti-Curtis, Ribulfi-Curtis, Risbecurt, Risbercurt, Risbertcurt, 319, 565, 576, 623, 631, 639.

Ribemont, Ribodimons, Ribuetmons, 433, 441, 442, 445. — Seigneurs de ce nom, 433, 441, 442, 445, 469, 489, 513.

Ribemont (décanat de —). Situé dans l'archidiaconé de Thiérache, 78 n.

Riberti-Curtis. Voy. Ribécourt.

Riboarensis, Riboariensis, Ribuarius pagus. Voy. Ripuaires.
Ribodimons, Ribuetmons. Voy. Ribemont.
Ribulfi-Curtis. Voy. Ribécourt.
Richet-Aulnoit, 402.
Ricoluvingaheim. Voy. Rolleghem.
Rien. Voy. Anvers (pays d'—).
Rieux, Fontes-Rivie (?), Riva, Rive, Rivia, Rued, 426, 466, 502, 545, 560, 633, 638. — Appartint primitivement au Cambrésis, 110. — Réuni en partie au Hainaut, ibid.
Rignoeul ou Rigneux (le Grand et le Petit —), fermes à Rouveroy, Hriniolum (alias : Heriniolum et Huniolum), Renniolum, 148 n., 178, 179 n., 180, 192. — Autrefois localité distincte, ix n. — Seigneurs de ce nom, 616.
Riolcurt. Voy. Ruyaucourt.
Ripa (Walberius de — ), 653.
Ripuaires (pays des —), Riboarensis, Riboariensis, Ribuarius pagus, Ribuariæ, Ripuariensis pagus, 26 n., 273, 277, 314. — Appartint à Louis-le-Germanique, 26 n.
Risbecurt, Risbercurt. Voy. Ribécourt.
Riva, Rivia. Voy. Rieux.
Rivium, Rivius. Voy. Rouveroy.
Robechies, Roberceiæ, Rotberceiæ, 436, 542. — Son étang appelé Railhies. Voy. ce mot.
Robersart. Décan. d'Haspres, 254.

Roche (comté de la —), 618.
Rochefort. Seigneurs de ce nom, 406.
Roco, hameau de Recquignies, Roca, 313. — Décan. de Maubeuge, 242.
Roelseice. Voy. Rousies.
Roeulx (Le —) (Belgique), Ampolinis, Ruez, Ruez cella, 53, 62 n., 151, 307. — Situé à la limite de la Charbonnière, et à la frontière-nord du Hainaut, 18, 53. — Brulé en 1185, 18. — Décan. de Binche, 237. — Seigneurs de ce nom, 504, 568, 598, 601, 615, 642, 662-664. — Son abbaye de Saint-Feuillan. Voy. ce mot.
Roeulx (France), Ruoth, 45. — Situé en Ostrevant, ibid.
Rogadi-Villa, 299.
Rogeri-Curtis. Voy. Roucourt.
Rogeries, hameau de Goegnies-Chaussée. Antiquités, 134. — Comparez Goegnies.
Rognée, Robignies, 309.
Roimont. Voy. Reumont.
Roisin, Racemus, Resin, Resinium, Roisin, Roysinus, 155 n., 192, 193, 402, 407, 436, 441, 469, 542. — Placé à tort dans le décanat d'Haspres, 44, 254. — Décan. de Bavai, 223. — Ses seigneurs, 395, 402, 407, 436, 441, 446, 461, 465, 469, 470, 489, 598, 644, 650, 654.
Rollare. Voy. Roulers.
Rolleghem, Ricoluvingaheim, 298.

Rollencort. Voy. Raillencourt.
Romains. Traces de leur séjour dans les Gaules, 57. — Leurs divisions civiles et politiques, 1 et suiv. — Empereurs, 265-267.
Rombies, Rombies, Runbies, 575, 638. — Décan. de Valenciennes, 262.
Romeries, Romeireiæ, Romeriæ, Romerteria, 157 n., 159 n., 192, 209 n., 210, 283, 286, 416. — Situé dans le pays de Famars, 210. — Décan. d'Haspres, 254. — Seigneurs de ce nom, 579, 580.
Roncgin, Roncinium, 529.
Ronquières. Situé dans l'ancien Brabant, 111 n. — Décan. de Mons, 41, 228.
Roseiæ. Voy. Roussies.
Rosetum. Voy. Rosoy.
Rosières-Notre-Dame (Belgique), Roseriæ (?), 311, 379.
Rosières (France), Roseriæ, Roseth (?), 314, 547.
Roslar. Voy. Roulers.
Rosoy, Rausidus, Rosetum, 47, 78. — Situé dans le Laonnais et dans la Thiérache, ibid.
Rotbodirodo, 316.
Rotgeri-Curtis. Voy. Roucourt.
Rotherus-Mons. Voy. Reumont.
Rothna. Voy. Ruesnes.
Rothsiæ. Voy. Roussies.
Roucourt, Rogeri-Curtis, Rotgeri-Curtis, 111, 388, 390. — Situé dans l'ancien Brabant, 111.
Rouillies (La —). Décan. d'Avesnes, 247 n.

Roulers, Rollare, Roslar, 294, 298.
Rousies, Roelseiæ, 279. — Décan. de Maubeuge, 242.
Roussies, hameau d'Avesnes-lez-Aubert, Roseiæ, Rothsiæ, 320, 631.
Rouveroy, Rivium (?), Rivius (alias : Vinium) (?), Ruvum (?), 274, 279. — Antiquités, 141. — Décan. de Binche, 237. — Fermes du Grand et Petit-Rignœul. Voy. Rignœul.
Roux, Ruez, 310.
Rovericurt. Voy. Raucour et Remaucourt.
Roysinus. Voy. Roisin.
Rozet, Roseth (?), 547.
Rualcort. Voy. Rutaucourt.
Rued. Voy. Rieux.
Ruesenpire (Alman de —), 586.
Ruesnes, Rothna, Rusne, 416, 583. — Antiquités, 141. — Décan. d'Haspres, 254. — Seigneurs de ce nom, 583.
Ruez. Voy. Rœulx (Belgique) et Roux.
Rumaucourt, Ramincouture, Rumalcurth, Rumaucorth, 320, 532, 639.
Rumigny, Ruminiacum, 78. — Situé dans la Thiérache, ibid. — Seigneurs de ce nom, 598, 601, 663, 664.
Rumillies (arr. de Tournai), Rumineis, 377.
Rumillies (arr. de Cambrai), Romelli, Rumelih, 553, 560. — Seigneurs de ce nom, ibid.
Ruminghem, Ruminghem, 347.

Runbies. Voy. Rombies.
Runcroet campus, 193, 213 n., 216. — Situé dans la Fagne, 213 n., 216, 504.
Ruoth. Voy. Roeulx (France).
Rupel, fleuve. Limite de la Charbonnière, 16.
Ruta-Truile, lieu à Grand-Reng, 616.
Ruvum. Voy. Rouveroy.
Ruyaucourt, Rahiercurth, Riolcurt, Rualcort, 545, 565, 575, 639.

## S.

Sabis. Voy. Sambre.
Sablonariæ, 320.
Sacherolas, 315.
Sagnières ou Sannières, ferme à Tupigny, 505 n.
Sagnières ou Sannières (ruisseau de —), Salneria, 193, 213 n., 216, 505.
Sailly, Salci (?), Salliacum, 530, 639. Comparez Solices.
Saina. Voy. Seine.
Sains, Sanctæ (?), Santa, 149 n., 152 n., 193, 213 n., 216, 286, 505. — Antiquités, 142. — Situé dans la Fagne, 216. — Dépendait de la terre d'Avesnes, 104 n. — Possessions de l'abbaye de Saint-Denis de France en ce lieu, 193 n. — Décan. d'Avesnes, 249.
Sains (fagne de —). Dépendance de la Fagne, 102. — Sa consistance, ibid.

Sains-lez-Marquion, Sanctæ, 565, 575, 639.
Saint-Algis ou l'Échelle, Cella, Cellula, 60, 78. — Situé dans la Thiérache, ibid.
Saint-Amand (abbaye de —), Elno, Sanctus-Amandus, 293, 297, 300, 331, 335. — Sa fondation, 68. — Donations, 293, 297, 316, 331, 335, 381, 525. — Abbés, 293, 297, 316, 331, 335, 381, 476, 477, 479, 525, 563, 586, 587.
Saint-André du Cateau (abbaye de —), Novum-Castellum, 479, etc. — Donations, 384, 415, 429, 644. — Abbés, 384, 415, 429, 465, 466, 468, 470, 479, 489, 506, 508, 515, 572, 577 n., 580, 599.
Saint-Aubert, André, 398, 545.
Saint-Aubert (abbaye de —), à Cambrai. Donations, 397, 422, 465, 473, 544. — Abbés, 422, 465, 470, 473, 479, 536, 544, 560, 563, 572, 574, 599.
Saint-Aubin, Sanctus-Albanus, 149 n., 193, 435, 436, 542. — Dépendait originairement de la terre d'Avesnes, 104 n. — Décan. d'Avesnes, 249. — Son hameau appelé le Temple. Voy. ce mot.
Saint-Bavon (abbaye de —), à Gand. Cartulaire, viii n.
Saint-Benin, Sanctus-Benignus, 385. — Son hameau de Ferrières. Voy. ce mot.
Saint-Bertin (abbaye de —). Cartulaire, viii n.

56

Saint-Brixe, paroisse de Tournai, à la rive droite de l'Escaut, Sanctus-Brictius, 565, 575, 637. — Appartenait au diocèse de Cambrai, 549.

Saint-Brixe (décanat de —). Situé dans l'ancien Brabant, 112, 666.

Saint-Denis de France (abbaye de —), Sanctus-Dionysius, 280 et suiv. — Donations, 280, 283, 285, 288, 290, 305, 481, 577, 651. — Abbés, 284, 286, 288, 290, 291, 305, 481, 577, 580, 651.

Saint-Denis en Broqueroie, Sanctus-Dyonisius, 53, 150 n., 155 n., 193, 313, 430, 520, 557, 558. — Antiquités, 142. — Situé dans la forêt de Broqueroie, à la limite du Hainaut et du Brabant, 53, 61. — Décan. de Mons, 229. — Foire accordée à ce lieu, 557.

Saint-Denis en Broqueroie (abbaye de —), Sanctus-Dyonisius, 193, etc. — Cartulaire, vIII. — Située dans les forêts de Broqueroie et de Mons, 64 n. — Dépendait de l'abbaye de Sauve-Majeure, 430, 432. = Sa fondation, 430, 432. — Donations, 430, 432, 438, 519, 534, 557, 668. — Abbés, 430, 432. 438, 476, 519, 534, 536, 557, 564, 658, 668.

Sainte-Croix (chapitre de —), à Cambrai, Sancta-Crux, 418, 623. — Donations, 418, 550.

Sainte-Élisabeth, paroisse et décan. de Valenciennes, 263.

Saint-Éloi (abbaye de —), à Noyon. Donations, 603.

Sainte-Olle, hameau de Raillencourt, Sancta-Olla, Santolla, 516, 639.

Saint-Ermin. Voy. Herly.

Saintes, Saentes, Sanctæ, Xantæ, Xantum, 55, 152 n., 311, 436, 458, 542. — Situé dans l'ancien Brabant et dans la châtellenie de Braine-le-Comte, 44 n., 45. — Son hameau de Quenestinne. Voy. ce mot.

Sainte-Waudru (chapitre de —), à Mons. Donations, 566, 654, 657, 660, 663.

Saint-Feuillen (abbaye de —), au Rœulx. Située dans la Charbonnière, 22. — Abbés, 564, 610, 658.

Saint-Germain-des-Prés (abbaye de —). Donations, 399.

Saint-Germain (chapitre de —), à Mons. Doyens, prévôts, 654, 655, 658, 660, 663, 664.

Saint-Géry (chapitre de —), à Cambrai. Donations, 317, 424, 451, 433, 533, 553, 630. — Abbés, doyens, prévôts, 317, 318, 479, 572.

Saint-Géry, paroisse et décanat de Valenciennes, 262.

Saint-Ghislain, Cella, Cella-Sancti-Ghisleni, Ursidungus, 52, 64, 159 n., 163, 199, 349, 351, 352, 354, 366, 377, 378, 380, 401, 407, 410, 429, 494, 510, 655. — Origine du nom, 64. — Situé en Hainaut, à la frontière du Brabant, 52. — Décan. de Bavai, 223.

SAINT-GHISLAIN (abbaye de —), Cella, Cella-Sancti-Ghisleni, Ursidungus (Voy. plus haut). — Cartulaire, VIII. — Sa fondation, 68. — Réformée par Gislebert et Régnier II, 90. — Miracles y opérés, 365. — Asservissements, 351, 353, 380, 394, 409, 415, 424, 446. — Possessions et donations, 348, 376-378, 392, 394, 401, 402, 407, 408, 428, 434, 437, 464, 469, 470, 494, 509, 526, 580, 581. — Abbés, 348, 351, 353, 376-378, 380, 394, 401, 402, 407-409, 415, 424, 428, 434, 437, 446, 464, 468-470, 489, 494, 509, 526, 536, 564, 568, 574, 580, 581, 658, 660.

SAINT-HILAIRE, Sanctus-Hylarius, 153 n., 193, 493, 539, 626. — Antiquités, 142. — Dépendait de la terre d'Avesnes, 104 n. — Décan. d'Avesnes, 249. — Son hameau de Grand-Fissault. Voy. FISSAULT.

SAINT-JEAN DE JÉRUSALEM (Ordre de —). Donations, 589, 590.

SAINT-JEAN (abbaye de —), à Valenciennes. Abbés, 658.

SAINT-LAMBERT (chapitre de —), à Liége. Cartulaire, VIII.

SAINT-MARTIN (abbaye de —), à Tournai. Donations, 506, 525. Abbés, 506, 525, 563.

SAINT-MARTIN DE TOURS (abbaye de —). Donations, 328. — Abbés, ibid.

SAINT-MARTIN (église de —), à Estinnes-au-Val, Sanctus-Martinus, 567, 662.

SAINT-MARTIN (église de —), à Givry, Sanctus-Martinus, 542.

SAINT-MARTIN-SUR-ESCAILLON, Sanctus-Martinus, 387. — Antiquités, 142.

SAINT-MÉDARD (église de —), à Anderlues, Sanctus-Medardus, 608, 637.

SAINT-MICHEL (abbaye de —). Située dans le pays de Laon et dans la Thiérache, 47 n., 78.

SAINT-MICHEL (forêt de —). Partie de la Thiérache, 77. — Son étendue, 77 n.

SAINT-NICOLAS, paroisse de Valenciennes. Décan. de ce nom, 262.

SAINT-PÈRE DE CHARTRES (abbaye de —). Cartulaire, VIII n.

SAINT-PIERRE DE BLANDAIN (abbaye de —). Voy. BLANDAIN.

SAINT-PIERRE (église de —), à Mons, 441.

SAINT-PYTHON, Sampiton, Sanctus-Piato, Sanctus-Piatonus, Sanctus-Piatus, 46 n., 416, 579, 580. — Décan. d'Haspres, 255.

SAINT-REMI-CHAUSSÉE, Senuesium, Senuescium-Sancti-Remigii, Sanctus-Remigius, 182 n., 436, 542, 543, 571. — Antiquités, 142. — Chaussée romaine, 59. — Décan. d'Avesnes, 250.

SAINT-REMI-MAL-BATI, Sanctus-Remigius, Sanctus-Remigius-

le-mal-Batuth, 194, 519, 650.
— Antiquités, 143. — Dépendait de la terre d'Avesnes, 104 n.

SAINT-REMI (abbaye de —), à Rheims. Abbés, 486.

SAINT-RICHER (abbaye de —). Abbés, 580.

SAINT-SAULVE, Sanctus-Salvius, 169 n., 194, 210, 502. — Situé dans le Hainaut et le pays de Famars, 45, 210. — Est-ce le *Sanctus-Salvius* d'une charte de l'an 860 ? 169 n. — Décan. de Valenciennes, 262.

SAINTE-SAULVE (abbaye de —), Sanctus - Salvius (Voy. plus haut). — Citée dans le traité de 360, 70 n. — Prieurs, 584.

SAINT-SÉPULCRE (abbaye de —), à Cambrai. Donations, 410, 416, 453, 591, 592. — Abbés, 453, 465, 466, 468, 470, 479, 489, 506, 508, 560, 563, 574, 591, 592.

SAINT-SYMPHORIEN. Décan. de Binche, 237.

SAINT-VAAST (Belgique), Sanctus-Vedastus, 194, 655. — Antiquités, 143. — Décan. de Binche, 237.

SAINT-VAAST-LEZ-BAVAI (France, arr. d'Avesnes, cant. de Bavai), Sanctus-Vedastus, Sanctus-Vedastus-in-Calciata, 42 n., 153 n., 155 n., 157 n., 194, 588, 611, 623, 637. — Antiquités, 143. — Chaussée romaine, 59, 611. — Dépendait de la prevôté de Bavai, 85 n. — Décan de Bavai, 155 n., 223.

SAINT-VAAST (arr. de Cambrai, cant. de Solesmes), Sanctus-Vedastus, 465, 545, 638. — Son territoire appelé *Albrechies*. Voy. ce mot.

SAINT-VAAST, partie de Monceau-Saint-Vaast (France. arr. d'Avesnes, cant. de Berlaimont), Sanctus-Vedastus, 187 n., 542, 548, 644.

SAINT-VAAST (église de —), à Cambrai, Sanctus-Vedastus, 514.

SAINT-VAAST, paroisse de Valenciennes, Sanctus-Vedastus, 45, 404, 475. — Situé en Ostrevant, 475.

SAINT-VAAST D'ARRAS (abbaye de —). Donations, 374. — Abbés, 374, 451, 476, 477, 479, 572.

SAINT-VANNES DE VERDUN (abbaye de —), Sanctus-Vitonus, Sanctus-Vittonus, 342, 369, 370, 371, 389. — Possessions et donations, 341, 368, 370, 388, 389. — Abbés, 341, 368, 370, 389.

SAISINNE, hameau de Thieusies, Saisina, 61 n.

Sal, Salis. Voy. SELLES.

Salcem. Voy. SAULTAIN et SIN.

Salci. Voy. SAILLY.

Sale. Voy. SELLE.

SALESCHES. Décanat d'Haspres, 255. — Seigneurs de ce nom, 580.

Salices, 627.
Saliens. Leur territoire, 24 n.
Salix, lieu à Valenciennes, 199. n.
Salle-le-Comte (chapitre de la —), à Valenciennes. Institution, 688.
Salles. Décan. d'Avesnes, 249.
Salmoncamp, chapelle à Maubeuge, 242.
Salneria. Voy. Sagnières.
Salra-Sancti-Gaugerici. Voy. Solre-Saint-Géry.
Salsoit. Voy. Saulzoir.
Saltem. Voy. Saultain.
Salz palatium, 296.
Samblensis pagus. Voy. Sambre (pays de —).
Sambre, fleuve, Sabis, Sambra, Samera, Zambra, 31 n., 193, 273, 274, 278, 296, 461, 533. — Limite de la Charbonnière, 17-19. — Ne formait pas la limite d'un pagus, 46.
Sambre (pays de —), Samblensis pagus, Sambrensis pagus, Sambreus pagus, Sambricus, Sambriensis pagus, Sambrinus pagus, 10 n., 31 n., 49 n., 75, 76, 183 n., 308. — Son origine, 75. — Sa consistance, 49. — Dépendait du pays de Lomme, 49, 76. — Incorporé dans le Hainaut, au xie siècle, 109.
Saméon, Samio, 298.
Samera. Voy. Sambre.
Samers. Voy. Santers.
Sampiton. Voy. Saint-Python.
Samsonis-Petra, 307.

Sana. Voy. Selle.
Sancourt, Santsuri, Seoncurtis, Soencort, 294, 517, 631.
Sanctæ. Voy. Sains, Saintes, et Sains-lez-Marquion.
Sancta-Genovefa. Voy. Mont-Sainte-Geneviève.
Sancta-Luna, 436.
Sancterræ, 314.
Sancto-Germano (Godescalcus de —), 374.
Sanctus-Albanus. Voy. Saint-Aubin.
Sanctus-Amandus. Voy. Saint-Amand.
Sanctus-Autbertus. Voy. Saint-Aubert.
Sanctus-Benignus. Voy. Saint-Benin.
Sanctus-Dyonisius. Voy. Saint-Denis de France et Saint-Denis en Broqueroie.
Sanctus-Gaugericus. Voy. Saint-Géry et Solre-Saint-Géry.
Sanctus-Germanus. Voy. Saint-Germain.
Sanctus-Hylarius. Voy. Saint-Hilaire.
Sanctus-Lambertus, 520.
Sanctus-Martinus. Voy. Saint-Martin, Saint-Martin de Tournai et Saint-Martin de Tours.
Sanctus-Piato, Sanctus-Piatonus, Sanctus-Piatus. Voy. Saint-Python.
Sanctus-Remigius. Voy. Saint-Remi-Chaussée, et Saint-Remi-mal-Bâti.

Sanctus-Salvius, Voy. SAINT-SAULVE.

Sanctus-Vedastus. Voy. SAINT-VAAST.

Sanctus-Vitonus, Sanctus-Vittonus. Voy. SAINT-VANNES.

Sandemon. Voy. SAUDEMONT.

Santa. Voy. SAINS.

Santers (*alias* : Samers) pagus. Appartenait au Vermandois, 272, 277 n.

Santolla. Voy. SAINTE-OLLE.

SARLARDINGEN, Soráldengies, 311.

SARS-LA-BRUYÈRE (Belgique). Antiquités, 143. — Chaussée romaine, 59. — Décan. de Mons, 229.

SARS-LA-BUISSIÈRE (Belgique). Antiquités, 143. — Décan. de Binche, 237. — Son hameau de Chevesnes. Voy. ce mot.

SARS-POTERIE (France). Antiquités, 124. — Dépendait de la terre d'Avesnes, 104 n. — Décan. d'Avesnes, 250.

SARS (POTERIE) (garde de —). Partie de la haie d'Avesnes, 102 n.

SART-DE-DOURLERS, dépendance de Dourlers. Fit originairement partie de la haie d'Avesnes, 104 n.

SART-EN-FAGNE, (Belgique). Situé dans la Fagne, 103. n.

SART-LES-MOINES, à Gosselies, Sars, Sartum, 488, 539, 626, 628.

SASSEGNIES, Sassigniacæ, Saxiniacum, 169 n., 194. — Décan. d'Avesnes, 250.

SASSOGNE (garde de —). Partie de la haie d'Avesnes, 102 n.

SATTALAR, hameau de Fontaine-Valmont, Staris, 308.

SAUDEMONT, Sandemon, 530.

Saulsoit. Voy. SAULZOIR.

SAULTAIN, Salcem, Saltem, 151 n., 193, 298. — Antiquités, 143. — Décan. de Valenciennes, 263. — Seigneurs de ce nom, 653.

SAULZOIR, Salsoit, Sausoiacum, Sausoit, Sausoith, Sausoium, 154 n., 188 n., 195, 466, 517, 545, 560. — Antiquités, 143. — Chaussée romaine, 59. — Décan. d'Haspres, 255.

SAUVE-MAJEURE (abbaye de —), Major-Silva, 431, 432. — Abbés, ibid.

Save, Savus. Voy. SELLE.

Saxiniacum. Voy. SASSEGNIES.

Saxones, 26 n.

Scalcinæ. Voy. ECAUSSINNES.

Scaldeurium, Scaldeuvrium, Scaldobrium. Voy. ESCAUDOEUVRES.

Scaldinium. Voy. ESCAUDAIN et SUMESCAUT.

Sealdis, Scalta, Scalt, Scaltus. Voy. ESCAUT.

Scaldpons, Scalpontis, Scalpons, Scalpur. Voy. ESCAUPONT.

Scalt. Voy. SELLE.

Scalia. Voy. ERRE.

Scancia. Voy. ECAUSSINNES.

Scantia, 342.

SCARPE, fleuve, Scarbus, 72 n., 528.

SCHELDEWINDEKE, Winti, 637.

Schendelbeke, Seemtlebecke, Schenlebeccha, 311, 551.
Scherræ, Scheriæ, 426, 546.
Schooten, Scota (?), 312.
Scingulsi-Villa. Voy. Zeghelzem.
Sclarbies. Voy. Eclaibes.
Sclusa, Sculusa. Voy. Ecluse.
Scota Hervini, 529.
Scuared, 315.
Scurviller. Voy. Aubencheul-au-Bois.
Sebourg, Seborc, Sebourck, Sebourg, Sevorch, Sevurc, Sevurch, Suvurch, 153 n., 178 n., 185 n., 195, 456, 575, 603, 638. — Chaussée romaine, 59 n. — Décan. de Valenciennes, 263. — Forêt appelée Hostelava. Voy. Holetel.
Securiacum, Securiacus. Voy. Sibault.
Seevergem, Sewaringahem, Siringhem, 345, 357.
Segnes, Segui, 3. — Leur fusion avec d'autres peuples, ibid.
Seine, rivière, Saina, 55 n.
Selle, rivière, Sale (alias: Scalt), Sana, Save, Savus, Sella, Seva, 98, 167, 181 n., 189, 195, 209 n., 283, 346. — Son cours, 195 n. — Ne délimitait pas un pagus, 46.
Selles (château et porte de —), à Cambrai, Sal, Sala, Salæ, Salis, Talis, 428, 516, 544.
Seloigne. Décan. d'Avesnes, 250.
Selvigny, Severa, Silviniacum, 320, 545.
Semeries, Semepries, Semereiæ (alias : Sevierœ), Semeriæ,
Semeries, Sermies, Simeri, 153 n., 195, 196, 213 n., 216, 468, 489, 491, 497, 498, 504, 626, 627. — Dépendait de la terre d'Avesnes, 104 n. — Confondu à tort avec Sagnières, 195 n. — Décan. d'Avesnes, 250. — Seigneurs de ce nom, 536. — Son hameau de Grandmont. Voy. ce mot.
Semousies, Semuzies, 644. — Faisait originairement partie de la terre d'Avesnes, 104 n. — Décan. d'Avesnes, 250.
Seneffe, Seneffla, Senephia, Senephyum, Senophe, Senophia, 48 n., 151 n., 195, 440. — Origine du nom, 63. — Situé à la limite de la Charbonnière, dans l'ancien Hainaut, 18, 48, 54. — Décan. de Binche, 237.
Seneffe (bois de —), Sonefia, Soneffla silva, 62, 197. — Sa situation, son étendue, 62. — Dépendait de la Charbonnière, ibid.
Sennesium, Senuescium. Voy. Saint-Remi-Chaussée.
Seoncurtis. Voy. Sancourt.
Sepmeries. Décan. de Valenciennes, 263.
Seri, Serrhi, Servi (Hubertus de —), 536, 539, 580.
Sermies. Voy. Semeries.
Servais, Serven (?), 314.
Servia Cambronaria. Voy. Charbonnière.
Serville, Severceis (?), 309.
Servin, Servin, 630.

Sesuvii, 1 n.
Seva. Voy. SELLE.
Severa. Voy. SELVIGNY.
Severceis. Voy. SERVILLE.
Seviercæ. Voy. SEMERIES.
Sévorch, Sevurc, Sevurch. Voy. SEBOURG.
Sewaringahem. Voy. SEEVERGEM.
SICAMBRES. Transplantés en Belgique, 22.
Siccæ-Avesnæ. Voy. AVESNES-LE-SEC.
Sikinghem. Voy. SYNGEM.
SILENRIEU, Silleni-rivus, 309.
SILLY, Siligium, Silli, 465, 470, 513. — Seigneurs de ce nom, ibid.
Silva, 373.
Simai. Voy. CHIMAI.
Simeri. Voy. SEMERIES.
SIN, Salcem (?), Sinium, 298, 405.
SIRAULT, Securiacum, Securiacus, Siran, Siriacum, 52, 160 n., 294, 297, 507, 525. — Confondu à tort avec Cerasta, 60. — Était situé en Brabant, 52. — Formait une prévôté de l'abbaye de Saint-Amand, 160 n. — Son hameau de Cavins. Voy. ce mot.
Siringhem. Voy. SEEVERGEM.
Siterpies. Voy. STRÉPY.
SIVRY, Suvriacum, 271, 277. — Décan. de Maubeuge, 242. — Sa chapelle de la Thure. Voy. ce mot.
Slaris. Voy. SATTALAR.
Slogia, Slogium. Voy. ELOUGES.
Smerlubium, 299.
SNELLEGHEM, Snellingehem, 346.

Soencort. Voy. SANCOURT.
SOIGNE (forêt de —), Sunnia, Sonniaca silva, 62, 197. — Origine du nom, 62, 63. — Dépendait de la Charbonnière, 16. 62. — Sa situation et son étendue, 62.
SOIGNIES, Sonegiæ, Sonniæ, Sunniacum, 18 n., 61 n., 74, 75 n., 451, 458, 641. — Était situé dans l'ancien Brabant, 54, 55. — Dépendait du décanat de Chièvres, ibid. — Seigneurs de ce nom, 458. — Avoués, ibid. — Sa dépendance appelée Les Germes. Voy. ce mot.
SOIGNIES (chapitre de —). Donations, 390, 457, 533, 641.
SOIGNIES (décanat de —) Voy. CHIÈVRES.
Soirut, 584.
SOISSONS. Chaussée romaine, 59. — Ses comtes, 406.
SOISSONS (diocèse de —). Ses archidiacres, 33, 531.
SOISSONS (pays de —), Suessionensis pagus, Suessoniacus pagus, 272, 277, 320, 517, 632.
SOLESMES, Solemes, Solemium, Solemius fiscus, Solemnium, Solemnio, Solemnium, Solempnium, 46 n., 149 n., 196, 208 n., 209 n., 210, 283, 284, 287, 289, 291, 482, 578, 579. — Était une propriété royale sous les Mérovingiens, 283, 284, 289, 291. — Situé dans le pays de Famars, 210. —

Décan. d'Haspres, 254. — Seigneurs de ce nom, 587. — Ses avoués et mayeurs, 482. 577 n., 578, 580. — Ses hameaux d'Ovillers, et de Vertigneul. Voy. ces mots.

Solesmes ou Haspres (vicaire de —). Correspondait au décanat d'Haspres, 99, 211.

Solman. Voy. Sommaing.

Solre-le-Chateau (France), Solra, Sorre castrum, 158 n., 503. — Antiquités, 125. — Situé à la limite du Hainaut et du pays de Famars, 83. — Décan. de Maubeuge, 243. — Seigneurs de ce nom (?), 402, 445, 513, 579, 580, 598.

Solre-Saint-Géry (Belgique), Solra-Sancti-Gaugerici, Solra-Sancti-Gaugerici, Sanctus-Gaugericus, 271, 277, 361. — Antiquités, 143. — Détail des biens du chapitre de Maubeuge en ce lieu au xe siècle, 361. — Seigneurs de ce nom (?), 402, 445, 513, 579, 580, 598.

Solre-sur-Sambre (Belgique), Solria, Sorrum prope Sambram, 461, 635. — Antiquités, 144. — Décan. de Maubeuge, 243.

Solrinnes, Solrinia, 437. — Décan. de Maubeuge, 243.

Sommaing - sur - Escaillon, Solman (?), Sumanum, 157 n., 197, 387. — Antiquités, 144. — Chaussée romaine, 59. — Est-ce *Hermoniacum* ? 178 n. — Décan. d'Haspres, 255. —

Seigneurs de ce nom, 580, 586.

Somme, rivière, Soma, 325.

Somergem, Sumeringchem, 346.

Sommerzaeke, Cimbresacra, 357.

Somzée, Sumuzeis, 309.

Sonefia silva. Voy. Seneffe (bois de —).

Sonegiæ, Sonniæ. Voy. Soignies.

Sonniaca silva. Voy. Soigne (forêt de —).

Soraldengies. Voy. Saelardingen.

Sorbais, Sorbatum, 651.

Sorée, Soreias, 343.

Sorrezin. Voy. Loge.

Sorre. Voy. Solre-le-Chateau.

Spalt, Spatium. Voy. Espaix.

Spidinium. Voy. Espain et Espaing.

Spiennes, Splienium, 303, 413. — Antiquités, 125.

Spinethum. Voy. Epinois.

Spinetum. Voy. Espinoy.

Spumerel. Voy. Pommereau.

Squamia. Voy. Wasmes.

Squilinium, Squilium. Voy. Ecuelin.

Squindresch. Voy. Zwyndriesch.

Srumum. Voy. Etrun.

Stabulau. Voy. Stavelot.

Stanchirca, Stancirca. Voy. Steenkerque.

Stave, Stabulis, 310.

Stavelot (abbaye de —), Stabulau, 337, 338. — Donations, 336. — Abbés, ibid.

Steenkerque, Stanchirca, Stancirca, Stenkirke, 436, 458, 541. — Dépendait de la chatellenie de Braine-le-Comte, 54 n. — Seigneurs de ce nom, 458.

STEFLE, lieu à Carvin. Voy. ce mot.

Sterpeiæ. Voy. STREPY.

Sterpeniæ. Voy. ESTERPIGNY.

Stirpiliacum, 272, 277.

Strada, 545.

Straicort, Strati-Curtis, 426, 632.

Strallant, 405.

Strata. Voy. STRÉE.

Strata-ad-Pontem. Voy. ETRÉAU-PONT.

Stratella. Voy. STRAZEELE.

Stràubise rivulus, 64 n.

STRAZEELE, Stratella, 295.

STRÉE, Strata, 308.

STRÉPY, Sitérpies, Sterpeiæ, Strepi, 53, 62 n., 151 n., 196. — Antiquités, 144. — Décan. de Binche, 237.

Stretta, 319.

Stromiel. Voy. ESTOURMEL.

Struem, Struen, Strumum, Voy. ETRŒUNGT.

Struem. Voy. ETRŒUX.

Suburc, Suvurc. Voy. SEBOURG.

SUÈDE. Antiquités des âges primitifs, 121.

Suessionensis, Suessoniacus pagus. Voy. SOISSONS (pays de —).

Suèves, Suevi, 2 n. — Transplantés en Belgique, 22.

Sumanium, Sumanum. Voy. SOMMAING-SUR-ESCAILLON.

Sumeringehem. Voy. SOMER-GEM.

SUMESCAUT, à Beauvois, Scaldinium (?), Sumescunt, 319, 631.

Summolum, 72 n.

Sumuzeis. Voy. SOMZÉE.

SUNIQUES, Sunici, Sunuci, 56 n., 266. — Servaient en Angleterre, 56 n. — Rescrits des empereurs romains en leur faveur, 266.

Sunniacum. Voy. SOIGNIES.

Suvriacum. Voy. SIVRY.

Swaldrei. Voy. WAUDREZ.

SYNGEM, Sikinghem, 345.

## T.

TAILLE-DU-BORGNE. Voy. BORGNE.

TAISNIÈRES-EN-THIÉRACHE, Taisneræ, Tassenariæ, Thaisneriæ, 78, 166 n., 182 n., 197, 213 n., 216, 505, 570, 571. — Situé dans la Thiérache, à la limite de la Fagne, 78, 104, 216. — Pont y mentioné, 182 n. — Décan. d'Avesnes, 250.

TAISNIÈRES-SUR-HON, Taisnieres, 313. — Antiquités, 144. — Chaussée romaine, 59. — Prévôté de Bavai, 85 n. — Décan. de Bavai, 224.

Talis. Voy. SELLES.

TAMISE, Themsica, 346.

Tassenariæ. Voy. TAISNIÈRES-EN-THIÉRACHE.

Taruennicus pagus. Voy. TÉROUANNE (pays de —).

TAVIERS, Perniciacum? 13 n.

TAXANDRIE, Thessandricus comitatus, 303, 333.

Tectis. Voy. THEUX.

Templacensis. Voy. *Templutensis pagus.*

TEMPLE, hameau de Saint-Aubin. N'avait aucun rapport avec le *Templutensis*, 101 n.

TEMPLE (Ordre du —). Donations, 556, 582, 621, 648. — Grands-maîtres et chevaliers, ibid.

TEMPLOUX. Différait du *Templutensis*, 101 n.

Templutensis pagus, Templacensis, Templucensis, 10, 76 n., 100, 101, 104 n., 184, 198. — Orthographe du nom, 101. — Mentions anciennes, 102. — N'avait aucun rapport avec le hameau du Temple, à Saint-Aubin, ni avec le village de Temploux, 101 n. — Dépendait du pays de Famars, 105. — Formait un *pagus* ou vicairie, 104. — Sa composition, 104, 214. — Correspondait à peu près à la Fagne, 100. — A formé le décanat et la terre d'Avesnes, 104. — Fut longtemps indépendant, 118. — Ses possesseurs font hommage aux comtes de Hainaut, ibid.

Tenera, Tenre. Voy. DENDRE.

Tenoliæ. Voy. THÉNAILLE.

Teoderici-Mons, 386.

Teoracia, Teracia, Terascia, Terascina silva. Voy. THIÉRACHE.

TERDEGHEM, Thuringehem, 346.

Terluinus. Voy. TRÉLON.

TERNY-SORNY, Terni, 517, 638.

TEROUANNE (pays de —), Taruennicus pagus, 347.

TERTRE, hameau de Baudour. Antiquités, 125, 144.

Testerep. Voy. OSTENDE.

Thacort, alleu à Anneux (?), 638.

THAIGNIES, Tingies, 306.

Thaisneriæ. Voy. TAISNIÈRES-EN-THIÉRACHE.

Themsica. Voy. TAMISE.

THÉNAILLE, Tenoliæ, 78. — Situé dans la Thiérache, ibid.

Theoliras. Voy. TILLIER.

Theonis. Voy. THIANT.

Theorascia, Theoracensis pagus. Voy. THIÉRACHE.

Thessandricus comitatus. Voy. TAXANDRIE.

THEUX, Tectis, 89 n. — Situé dans le pays de Liége, ibid.

THIANT, Theonis, Thiens, Tiens, 154 n., 154 n., 198, 423, 545. — Pris à tort pour Thun-l'Évêque, 198 n. — Décan. d'Haspres, 255.

Thidunc. Voy. THILDONCK.

THIELRODE, Tietrode, Tilroda, 58 n., 312, 365. — Pris à tort pour Thieusies, 58 n., 365.

THIÉRACHE (forêt de —), Teoracia, Teracia (*alias* : Gerasia), Terascia silva, Terascina silva, Theoracensis pagus, Theorascia, Theracensis pagus, Tirascia, 13, 60, 61 n., 77, 78 n., 79 n., 170 n., 198, 245 n., 217 n., 271, 314, 561. — Ne dépendait pas de la Charbonnière, mais plutôt de l'Ardenne, 14, 18, 19. — S'étendait dans le Laonnais, le Hainaut et le pays de Lomme, 77, 78, 79. — Confinait à l'Arouaise et à la Fagne, 20 n., 78. — Embrassait elle-même des forêts considérables, 77. — Ses limites, 78. — Ne formait pas un *pagus*, 79. — Limitait le pays de Famars au sud, 97.

THIÉRACHE (archidiaconé de —), dans le diocèse de Laon. Ses décanats, 78.

THIEU, Their, Thiu, Tyer, 48 n., 160 n., 469, 489, 521. — Confondu à tort avec Douvrain, 53 n. — Décan. de Binche, 233. — Seigneurs de ce nom, 469, 489.

THIEUSIES, Tiedeiæ, Tielgies, Tiosies, 53, 160 n., 198, 520, 521. — A été pris à tort pour Thielrode, 53 n., 365. — Situé dans la forêt de Broqueroie, 61. — Décan. de Mons, 229. — Son hameau de Saisinne. Voy. ce mot.

THILDONCK, Thidunc, Tieldonc, 623, 636.

Thilietum. Voy. TILLOIT.

THIMÉON, Thimium, Tumiomum, 27 n. — Situé à la limite de la Charbonnière, 17. — Les Normands y sont défaits, ibid. — Comparez THIN-LE-MOUTIER, THUIN et THUN-L'ÉVÊQUE.

Thineis. Voy. TIRLEMONT.

THIN-LE-MOUTIER. Est-ce le lieu appelé *Thimium* ? Voy. THIMÉON.

Thisla. Voy. DESTELBERG.

THISSELT, Tissingien ? 312.

Thoregni, 605, 638.

Thoringi, Thoringia. Voy. TONGRES.

THUILLIES, Tuwlleis, 309. — Sa dépendance de Houzée. Voy. ce mot.

THUIN, Tudiniacum, Tudinium, Tudunum, Tuin, Tuinium, 28 n., 50 n., 183 n., 307, 402, 469, 635. — Situé à la limite de la Charbonnière, 22. — Appartenait au *Sambrensis*, dans le pays de Lomme, 50 n. — Monnaies franques, 66. — Est-ce le lieu témoin de la défaite des Normands ? 28 n. (Voy. THIMÉON). — Incorporé dans le Hainaut, 109. — Seigneurs de ce nom, 402, 469, 489, 513.

THUIN (décanat de —), dans l'archidiaconé de Hainaut, diocèse de Liége, 109.

THULIN. Antiquités, 144. — Décan. de Bavai, 224. — Seigneurs de ce nom, 580, 581.

THUMAIDE, Thumaidæ, 376. — Situé dans la Charbonnière et dans l'ancien Brabant, 21 n.

THUN-L'ÉVÊQUE ou THUN-SAINT-MARTIN, Thum, Thunium, Tuinus, Tunium, 319, 517, 631, 638. — Seigneurs de ce nom, 586, 587.

THUN-L'ÉVÊQUE. Confondu à tort avec Thiant, 198 n. — Lieu de la défaite des Normands (?), 28 n. Voy. THIMÉON.

THUN-SAINT-MARTIN. Appartint d'abord au Cambrésis, puis

fut réuni en partie au Hainaut, 45 n.
THURE (La —), hameau de Sivry. Chaussée romaine, 59. — Chapelle de la Thure, 242.
Thuringehem. Voy. TERDEGEM.
THURINGE. Appartint à Louis-le-Germanique, 26 n.
THY-LE-CHATEAU, Tier, 309.
TIEL, en Gueldre, Tielum? 333.
Tielgies. Voy. THIEUSIES.
Tiens. Voy. THIANT.
Tier. Voy. THY-LE-CHATEAU.
Tietrode. Voy. THIELRODE.
Tigurinus pagus, 2 n.
Tiletum. Voy. TILLOY.
Tilietum, Tilioit, Tilloit. Voy. TILLOIT.
TILLIER, Theoliras, 311.
TILLOIT, ferme à Orsinval ou Villers-Pol, Thilietum, Tilietum, Tilioit, Tilloit, 188 n., 198, 555.
TILLOIT, hameau de Wandignies (arrond. de Douai, cant. de Marchiennes), Tiloit, 528. — Confondu à tort avec Tilloit qui précède, 188 n., 198 n.
TILLOIT, bois à Louvroil, Tilietum, 602.
TILLOY (France, arrond. de Cambrai, cant. de Cambrai-Ouest), Tiletum, Tilletum, 46, 75 n., 154 n., 181 n., 198, 398, 545. — Enclave du Hainaut dans le Cambrésis, 46, 75. — Situé dans l'archidiaconé de Cambrésis, 198 n.
Tilroda. Voy. THIELRODE.
Tingies. Voy. THAIGNIES.

Tiosies. Voy. THIEUSIES.
Tirascia. Voy. THIÉRACHE.
TIRLEMONT, Thineis, 520.
Tissingien. Voy. THISSELT.
TOENY. Seigneurs de ce nom, 615.
Toiris. Voy. DOURY et TORCY.
TONGRE-NOTRE-DAME et TONGRE-SAINT-MARTIN, Tongra, 551, 659, 660. — Seigneurs de ce nom, 668.
TONGRES (ville). Antiquités, 58. — Chaussée romaine, 59.
TONGRES (peuple), Thoringi (?), Toringi (?), Tungri, 2 n., 10 n., 23 n., 265, 266. — Comprenaient diverses peuplades, 3. — Leurs troupes auxiliaires servaient en Angleterre, 2 n., 56 n. — Rescrits des empereurs romains en leur faveur, 265, 266.
TONGRIE, Thoringia (?) Toringia (?), 23 n., 26 n. — Est-ce la contrée mentionnée par Grégoire de Tours ? 23 n.
TORCY (arr. de Montreuil), Toiris (?), Torci (?), 425, 633.
TORCY (arr. de Château-Thierry), Toiris (?), Torci (?), 425, 633.
Torhult, lieu près de Douai, 405.
TOURBE, Turba, 213, 216, 504. — Ruisseau de la Fagne, ibid.
TOURNAI, Tornacensium urbs, Tornacum, Tornaicum, 23 n., 86 n., 325, 329, 433, 549. — Ville romaine, 13 n. — Antiquités, 58. — Chaussée romaine, 59. — Conquis par Clodion, 15, 23. — Seigneurs

de ce nom, 407. — Sa cathédrale, donations, 323. — Sa paroisse de Saint-Brice. Voy. ce mot.

Tournai (cité de —), Tornacensis civitas, 10. — Territoire des Ménapiens, ibid. — Correspond au diocèse, ibid.

Tournai (diocèse de —). Evêques, 458. — Archidiacres, 33.

Tournai (comté ou pays de —), Tornacensis pagus ou comitatus, 72 n., 297, 329, 529. — Confondu avec le pays de Gand, 72 n.

Tournai (vicairie de —), Tornaicum vicaria, 7, 86 n., 329.

Tours. Voy. Saint-Martin.

Tours (pays de —), Turonicus pagus, 6 n.

Toussaint-en-l'Ile, monastère à Châlons-sur-Marne, 94.

Traignies. Voy. Leval-Trahegnies.

Trazegnies, Trasniacus, 313. — Antiquités, 145. — Chaussée romaine, 59.

Trele (Trecht?), 351.

Trelliis (Lambertus de —), 536.

Trélon, Terluinus, Trellum, Trelon, 153 n., 198, 213 n., 216, 271 n., 486, 497, 504, 505, 625, 627. — Origine du nom, 486 n. — Antiquités, 145. — Situé dans la Fagne, 103, 216. — Fit originairement partie de la terre d'Avesnes, 104 n. — Décan. d'Avesnes, 250.

Trélon (fagne de —). Dépendance de la Fagne, 102. — Sa consistance, 102 n.

Treslon, Trielongum, 486 n.

Trèves. Antiquités, 58. — Chaussée romaine, 59.

Tréviriens, Treveri, 22. — Leurs terres données aux Francs, ibid.

Tribocourt, 530.

Trielongum. Voy. Treslon.

Trith. Seigneurs de ce nom, 583, 585-587, 645, 653.

Trivières, Triveria, 520. — Antiquités, 145.

Troisville. Voy. Euviler.

Tronchiennes (abbaye de —), Berenger-Trunc, 617, 618. — Abbés, 618 n.

Trouille, rivière, Truila, Truilla, 165 n., 177, 199, 333, 349. — Son cours, 499 n.

Tubise. Situé dans l'ancien Brabant, 55.

Tudiniacum, Tudinium, Tudunum. Voy. Thun.

Tumiomum. Voy. Thiméon.

Tumus. Voy. Thun.

Tungri. Voy. Tongres.

Tupigny. Seigneurs de ce nom, 650. — Ferme de Sagnières. Voy. ce mot.

Turba. Voy. Tourbe.

Turonicus pagus. Voy. Tours (pays de —).

Turri, Turs (Radulfus, Stephanus de —), 535, 537, 559.

Tuwlleis. Voy. Thuillies.

Tyer. Voy. Thieu.

## U.

Ubiens, Ubii, 22. — Se fixent sur notre territoire, ibid.
Unaing. Voy. Onnaing.
Unctius. Voy. Rhonelle.
Unelli, 1 n.
Untiel. Voy. Rhonelle.
Upigny, Hulpiniacus, 311.
Ursenens. Voy. Orsinval.
Ursidongus. Voy. Saint-Ghislain.
Ursina-Vallis. Voy. Orsinval.
Utrecht. Chaussée romaine, 59.
— Ses évêques, 391.
Uverbena fluvius, 333.

## V.

Vacelleiæ. Voy. Vaucelles.
Vadencourt. Son hameau de Boheries. Voy. ce mot.
Valcurt. Voy. Walcourt.
Valdrœchiæ. Voy. Wauderchies.
Valenciennes, Valencenæ, Valenchenæ, Valenchinez, Valencianæ, Valencianis portus, Valentianæ, Valentianense castrum, Villa-Laucianæ (?), 45 n., 65, 67, 101 n., 107 n., 111 n., 200, 210, 281, 282, 330, 366, 372, 383, 402, 456, 475, 502, 596, 659. — Antiquités, 145. — Chaussée romaine, 59 n. — Premières mentions, 280. — Situé dans le Hainaut et le pays de Famars, 45, 210. — Son palais royal, 65, 280. — Ses plaids, ibid. — Monnaies franques, 67. — Diplômes datés de cette ville, 65. — Prise par Baudouin IV, 113, 114. — Possédée par les comtes de Flandre, 383. — Son importance, 596. — Ses fortifications, 383. — Sa coutume, 146 n. — Située dans le décanat du même nom, 259. — Ses comtes, 91, 92, 105 et suiv., 352-354, 356, 358, 372. — Ses châtelains, 110. — Seigneurs de ce nom, 383, 402, 407, 408, 581, 582. — Ses mayeurs, 470, 586, 587. — Ses prévôts, jurés et échevins, 583, 585, 652, 653. — Ses dépendances de l'Espaix et de Saltæ, son abbaye de Saint-Jean, son chapitre de la Salle-le-Comte, ses paroisses de Sainte-Elisabeth, Saint-Géry, Saint-Nicolas, Saint-Vaast. Voy. ces mots.
Valenciennes (archidiaconé de —). Partie du diocèse de Cambrai, 34. — Mentions anciennes, 183 n. — Archidiacres anciens, 36. — Sa composition, ses décanats, 43, 245 et suiv., 590. — Concordance avec le pays de Famars, x, 39.
Valenciennes (comté ou marche de —), Valentianensis comitatus ou marcha, Valentia marcha, 100, 101 n., 443. — Correspondait à tout ou partie du pays de Famars, 100. — Réuni au Hainaut (pagus minor), 113 et suiv. — Inféodation à l'évêque de Liége, 443.
Valenciennes (décanat de —).

Premières mentions, 43. — Sa composition, 43, 256 et suiv. — Doyens, 43.

VALENCIENNES (prévôté de — ), 98.

VALENCIENNES (vicairie de —). Correspondait au décanat de ce nom, 99, 211.

Vallis. Voy. LEVAL-TRAHEGNIES et VAUX.

Variniacum, Variniacus. Voy. WARGNIES-LE-GRAND et WARGNIES-LE-PETIT.

Vassonia. Voy. WASSOGNE.

VAUCELLE (prov. de Namur), Wacellis, 309.

VAUCELLES (Aisne), Vacelliæ, 272.

VAUCELLES (abbaye de —), à Crèvecœur. Ses abbés, 560, 599.

Vaulsor. Voy. WAULSORT.

VAULX (arr. d'Arras), Vaus, 630.

VAULX-EN-ARROUAISE, Vaus, 631.

VAUTIER-BRAINE, Bracna (?), Breca (?), Breina (?), 273, 277, 427 n., 631. — Châtellenie de Braine-le-Comte, 54 n.

VAUX, Vallis, 48. — Situé dans le pays de Lomme, ibid.

Vehut. Voy. VULT.

VELLEREILLE-LE-BRAYEUX et VELLEREILLE-LE-SEC, Villa-Relia, Vellerella, 202.

VELLEREILLE-LE-BRAYEUX, Velerelle, Velleregium, Vellerella-Braiosa, Wellereille-Umida, IX n., 153 n., 158 n., 202, 313, 532, 637. — Antiquités, 145. — Décan. de Binche, 238.

VELLEREILLE-LE-SEC, Welereille-Sicca, 313. — Décan. de Binche, 238. — Sa chapelle de l'Olive. Voy. ce mot.

Vellis. Voy. VIESLY.

VELSIQUE, Feilsecum, Felsecl, Felsica, Fesseca, 111, 112, 342, 371, 390, 405. — Situé dans l'ancien Brabant, 111, 112.

VENDEGIES-AU-BOIS, Wandigeis(?), 204, 207, 208, 272. — Situé dans la vicairie de Ravai, 85, 208. — Décan. d'Haspres, 208 n., 255.

VENDEGIES-SUR-ESCAILLON, Duo-Flumina, Vendelgies super Escalum, X n., 153 n., 164 n., 168, 200, 500, 551. — Antiquités, 145. — Chaussée romaine, 59. — Décan. d'Haspres, 256. — Seigneurs de ce nom, 580, 593, 594. — Sa dépendance de Clair-Ménage (ancien Hermoniacum). Voy. ce mot.

Vendelgeiæ, Vendelgyes. Voy. CATEAU-CAMBRÉSIS.

Vendul (Arnulfus de —), 513.

VENÈTES, Veneti, 1 n. —

Ventica. Voy. DENDERWINDEKE.

Verbinum. Voy. VERVINS.

VERCHIN, Vercinium (alias : Vertinnium), Verten, Vuercin, Wercin, Wercins, 159 n., 169 n., 170 n., 201, 419, 653. — Décan. d'Haspres, 255, 256.

VERDUN. Son abbaye de Saint-Vannes. Voy. ce mot. — Ses évêques, 370, 390.

Veretum. Voy. VRED.

Verlée, Waleias, 343.
Vermandois, Vermandensis pagus, Viromandorum pagus, 314, 325, 547. — Etait situé en dehors de la Charbonnière, 19 n. — Renfermait le *pagus Santers*, 272.
Vern, Vernum, 307. — Palais royal, ibid.
Verofele. Voy. Vierves.
Vertain, Vertenum, Vertinium, Vertinum, 149 n., 157 n., 201, 286, 305, 313, 319, 417. — Décan. d'Haspres, 256.
Verten, Vertinnium. Voy. Verchin.
Vertignkul, dépendance de Solesmes, Vertiniolum, 201. — Décan. d'Haspres, 256.
Vervins, Verbinum, 78. — Situé dans la Thiérache, ibid.
Verzenau. Voy. Virginal-Samme.
Vesinium. Voy. Visignon-lez-Lewarde.
Vesoniolum, 405.
Vesonium, Voy. Vezon.
Veteres-Lites. Voy. Viesly.
Vetus-Ranium. Voy. Vieux-Reng.
Vetus-Villa. Voy. Viesville.
Vezon, Vesonium, 405.
Viane, 229 n.
Vicogne, Guiticonia, Viconia, 298, 555, 573.
Vicogne (abbaye de —), Casa-Dei, Viconia, 555, 573. — Donations, ibid.
Vicq. Décan. de Valenciennes, 263.
Vienna, 325.

Vierves, Verofele (?), 310.
Viesly, Lis, Vellis, Veteres-Lites, 46, 638. — Dépendait du Cambrésis, 46. — Son hameau de Fontaine-au-Tertre. Voy. ce mot.
Viesville, Vetus-Villa, 54 n.
Vieux-Maisnil, Maisnil (?), 198 n. — Sa dîme, 203 n. — Décan. de Bavai, 224.
Vieux-Reng, Ranium (?), Vetus-Ranium, 149 n., 179 n., 192, 201, 435, 541. — Antiquités, 58, 145. — Occupé par les Francs, 58. — Pris à tort pour *Hrinfolum*, 180 n. — Dépendait de la terre d'Avesnes, 104 n. — Décan. de Maubeuge, 240, 243. — Son hameau de Lameries. Voy. ce mot.
Vilehirs, Vileirs. Voy. Villers-Pol.
Vilencen. Seigneurs de ce nom, 374.
Viler, lieu près de Fourmies, 627.
Vilers-Renardi. Voy. Villers-Outreau.
Vilers-secus-Cawenicurt. Voy. Villers-lez-Cagnicourt.
Villa-Relia. Voy. Vellereille-lé-Brayeux et Vellereille-le-Sec.
Villarem. Voy. Grand-Reng.
Villariculus. Voy. Villénoy.
Villariolum. Voy. Villerot.
Villa-Vode (Petrus de —), 652.
Villejae. Voy. Villers-sire-Nicole.

Villeroy, Villariculus (?), 272, 277.

Villereau (France, arr. d'Avesnes, cant. du Quesnoy-Ouest), Villerel, Villerellum, 175 n., 200 n., 202, 592. — Décan. de Valenciennes, 263. — Son hameau d'Harbignies. Voy. ce mot.

Villerot (Belgique, arr. de Mons, cant. de Boussu), Vilerot, Villariolum, 51 n., 495. — Situé dans l'ancien Brabant, ibid.

Ville-Pommeroeul (Belgique, arr. de Tournai, canton de Quevaucamps), Villa, 51, 495. — Situé dans l'ancien Brabant, ibid. — Seigneurs de ce nom, 543, 587, 559, 581, 658, 668.

Ville-sur-Haine (Belgique, arr. de Mons, cant. de Rœulx). Antiquités, 146. — Situé dans la forêt de Broqueroie, 61. — Confondu à tort avec Ville-Pommerœul, 51.

Villers-en-Cauchie (France, arr. de Cambrai, cant. de Carnières), Vilarium, Villare-de-Calceia, Villarium, Villers-in-Calceia, 153 n., 173 n., 201, 426, 451, 452, 551, 631. — Antiquités, 146. — Situé en Hainaut à la limite du Cambrésis, 46. — Décan. d'Haspres, 256.

Villers-en-Fagne (Belgique, arr. et cant. de Philippeville). Situé dans la Fagne, 103 n.

Villers-Ghislain, Vilarium-Dudonis, Villare-Gislani, 425, 631.

Villers-la-Tour (Belgique, arr. de Charleroi, cant. de Chimai, Villare, 78. — Situé dans la Thiérache, ibid. — Décan. d'Avesnes, 250.

Villers-la-Ville (abbaye de —), Villare, 596. — Son origine, ibid.

Villers-lez-Cagnicourt, Villare-secus-Cawenicurt, 523.

Villers-Outreau (France, arr. de Cambrai, cant. de Clary), Viler-Rainardi, 398, 545.

Villers-Perwin (Belgique, arr. de Charleroi, cant. de Gosselies), Villare, 48. — Situé dans le pays de Lomme, ibid.

Villers-Pol (France, arrond. d'Avesnes, cant. du Quesnoy-Ouest), Vilarium, Vilehirs, Vileirs, Villare, Villare pontificale, Villare super flavium Unctium, 152 n., 153 n., 155 n., 157 n., 172 n., 185 n., 188 n., 201, 202, 396, 513, 539, 565, 575, 623, 638, 639. — Antiquités, 146. — Chaussée romaine, 59. — Situé sur la Rhonelle, 199 n. — Possession de l'église de Cambrai, 173 n. — Décan. de Valenciennes, 263. — Seigneurs de ce nom, 584. — Échevins, ibid. — Ses dépendances appelées *Grandovillare*, Tilloit et Vult. Voy. ces mots.

Villers-Saint-Amand (Belgique,

arr. de Tournai, canton de Chièvres), Villare, 299.

VILLERS-SAINT-GHISLAIN (Belg., arr. de Mons, cant. de Rœulx), Vilarseniacum, Vilarium, Villare, 155 n., 159 n., 164 n., 199 n., 202, 348, 350, 393, 428, 495. — Déc. de Binche, 238.

VILLERS-SIRE-NICOLE (France, arr. d'Avesnes, cant. de Maubeuge), Villare, Villejæ, (?), Villeræ, Wideleiæ (?), 172 n., 202, 274, 279, 599, 626, 644, 647. — Antiquités, 146. — Décan. de Maubeuge, 243.

VILLETTE (garde de la —), partie de la haie d'Avesnes, 102 n.

VILVORDE, Bilefurt, 323.

VINCI, ferme à Crèvecœur, Vinciacus, Vinceium, 397, 416, 545. — Seigneurs de ce nom, 416.

Vindimia super Merciam, 314.

Vinium. Voy. ROUVEROY.

VIRELLES, Viralla, Virella, Virellis, 48, 271, 277. — Situé dans le pays de Lomme, 48.

VIRGINAL-SAMME, Verzenau (?), Vesignon (?), 311.

Viriniacum. Voy. VREGNY.

VISCOURT, hameau de Clermont, Viscurz, 308.

VISIGNON-LEZ-LEWARDE, Vesinium, 530.

Vitereium, 111 n.

VITRY, Vitriacum, 546.

Vivarium, 320.

Vodgoriacum. Voy. WAUDREZ.

Volon. Voy. CLAIR-VOYANT.

VORSSLAER, Forlare, 636.

Voscotle. Voy. BOISSCHOT.

VRANGOURT, Evraucort, 630.

VRED, Veretum, 451.

VREGNY, Viriniacum, 531.

Vuambia. Voy. WAMBAIX.

Vuarch, Vuare (Oto de —), 513.

Vuassoniaco. Voy. WAGNOUVILLE.

Vuilleuva. Voy. WIERS et WOLUWE.

VULT, ferme à Villers-Pol, Vehut, Wut, 200.

## W.

Wacellis. Voy. VAUCELLE (prov. de Namur).

WADELINCOURT, Wandalent-Curtis, Wandalinkurt, 357, 495.

Waercurt, Waircort. Voy. GUALTERCOURT.

WAES (pays de —), Waisia, Wasia pagus, 10, 312, 346.

WAGNOUVILLE, hameau de Poix, Vuassoniaca, 149 n., 203, 286. — Pris à tort pour Wassigny, 203 n.

Waberies. Voy. WALLERS.

Wahiercourt, Walhericurtis. Voy. GUALTERCOURT.

Waisviler. Voy. WASVILLER.

Walciodorum. Voy. WAULSORT.

WALCOURT, Valcurt, 542, 581. — Seigneurs de ce nom, 581.

Walderiego, Walderiegum. Voy. WAUDREZ.

Waldesciæ. Voy. WAUDERCHIES.

Waldiniacæ, Waldineiæ. Voy. WAUDIGNIES.

Waldraicum, Waldrechum. Voy. Waudrez.
Waldreciæ. Voy. Wauderchies.
Waldreia, Waldriacum, Waldrica. Voy. Waudrez.
Waldrisellum. Voy. Waudriselle.
Waldroschiæ. Voy. Wauderchies.
Waleias. Voy. Verlée.
Walhiers. Voy. Wallers.
Walincourt. Seigneurs de ce nom, 639.
Wallers (France, arrond. d'Avesnes, cant. de Trélon), Guaslaris, Waheries (?), Walhiers, Wallare, Walliers, Waslare, Waslaus, Wasleirs, Waslerus, Wasloi, 76 n., 101 n., 203, 212, 213 n., 217, 504, 505, 632. — Antiquités, 146. — Situé dans la Fagne et le Templutensis, 76 n., 101, 212, 217. — Décan. d'Avesnes, 250. — Seigneurs de ce nom, 613. — Ses bois appelés Neumont et Taille-du-Borgne. Voy. ces mots. — Son ruisseau nommé Merdris. Voy. ce mot.
Wallers (abbaye de —). Sa fondation, 68.
Wallers (France, arr. de Valenciennes), Wasleirs, Waslers, 404, 419. — Seigneurs de ce nom, 561, 564, 586, 587.
Walnesbeccha. Voy. Wannebecq.
Walzuncurt. Voy. Wancourt.
Wambace. Voy. Wannebecq.
Wambaix, Gambais, Vuambia, Wambasium, Wambatium, Wambia, 46, 75 n., 99 n., 152 n., 173 n., 201 n., 204,
320, 339, 502, 632, 638. — Enclave du Hainaut dans le Cambrésis, 46, 75 n. — Situé dans la vicairie de Solesmes, 99.
Wambrechies. Sa dépendance d'Espaing. Voy. ce mot.
Wamebrugghe, lieu à Broxeele, 346.
Wamiæ. Voy. Wasmes.
Wamiols. Voy. Wasmuel.
Wancourt, Walzuncurt, Cahuncurth, 198, 423, 546.
Wandaleni-Curtis, Wandalinkurt. Voy. Wadelingourt.
Wandigeis. Voy. Vendegies-au-Bois.
Wandignies (arr. de Douai), Wandegiæ, 528. — Ses hameaux d'Alnes, Hamage, Tilloy. Voy. ces mots.
Wannebecq, Wambace, Walnesbeccha, Wasnebec, Wasnebecca, 589, 626. — Sa dépendance appelée Lambretenges. Voy. ce mot.
Warchin, Warcinium, 74. — Situé dans l'ancien Brabant, ibid.
Wargnies-le-Grand et Wargnies-le-Petit, Guariniacum, Variniacus, Wariniacum, Warniacus, 160 n., 162 n., 174, 176 n., 187 n., 200, 204, 298.
Wargnies-le-Grand. Décan. de Valenciennes, 257.
Wargnies-le-Petit, Parvum Waregni, Waregni, 637, 638. — Antiquités, 146. — Chaussée romaine, 59. — Décan. de Valenciennes, 261.

— 755 —

Warneton, Guarneston, Warnestin, 445, 469. — Seigneurs de ce nom, 445, 469, 489.
Wasched, 530.
Wasers. Voy. Waziers.
Wasia. Voy. Waes.
Waslare, Waslaus, Waslerus. Voy. Wallers.
Wasmes, Guamiæ, Guasmæ, Guasuir, Guasnæ, Squamiæ, Wamiæ, 174, 469, 470, 489, 495. — Antiquités, 146. — Décan. de Mons, 229. — Seigneurs de ce nom, 469, 489, 512, 513, 580.
Wasmuel, Wamiols, 495. — Antiquités, 125, 147.
Wasnebecca. Voy. Warnebecq.
Wasnes, lieu aux environs de Hem-Lenglet, 631.
Wassigny, Watineis (?), 517. — Confondu à tort avec Wagnouville, 203 n.
Wassogne, lieu situé près de Laon, Vassonia, 203 n.
Wasviller, village détruit, dont il ne reste que la ferme de Hurtevent, à Montay, Waisviler, Wasviler, Wasvillare, 156 n., 171 n., 204, 301.
Watenniæ. Voy. Wattigny.
Watermael-Boitsfort, Guatremal, 329.
Wattigny, bois et ferme à Fontaine-au-Bois, Watenniæ, Waudineicæ, 156 n., 157 n., 171 n., 204, 301, 386. — Pris à tort pour Waudignies, 201 n.
Wattrelos, Watrelocium, 320.
Wattripont, Galdripunt, 618. —
Seigneurs de ce nom, 557, 558, 561, 618.
Wauderchies ou Waudrechies, autrefois village distinct, aujourd'hui réuni à Flaumont, Galdeciatæ, Goldeciacæ, Waldesciæ, Waldreciæ, Waldrœchiæ, Waudriciæ, 151 n., 157 n., 172, 173, 203, 274, 279, 646. — Faisait partie de la terre d'Avesnes, 104 n. — Décan. d'Avesnes, 246. Comparez Flaumont.
Waudignies, Waldiniacæ, 319. — Confondu à tort avec Wattigny, 204 n.
Waudignies, dépendance de Basècles, Waldineiæ (?), 495.
Waudrez, Gualdrei, Hualdre, Swaldrei, Vodgoriacum, Walderiego, Waldraicum, Waldre, Waldrechum, Waldreia, Waldriacum, Waldrica, Waudre, 13 n., 43 n., 148 n., 152 n., 153 n., 157 n., 158 n., 171 n., 174, 175 n., 180, 185 n., 192, 197, 203, 205, 313, 327, 524, 532, 565, 567, 575, 623, 637, 662. — Antiquités, 58, 147. — Chaussée romaine, 59. — Occupé par les Francs, 58. — Avait Binche et Epinois pour dépendances au XII° siècle, 43. — Faisait partie de l'alleu de Binche au XIII° siècle, 43 n. — Sa chapelle de Bruille, 238. — Décan. de Binche, 238. — Seigneurs de ce nom, 535. — Ses hameaux de Bruille, Hamor et Waudriselle. Voy. ces mots.

WAUDREZ OU LOBBES (vicairie de —). Voy. LOBBES.
Waudriciæ. Voy. WAUDERCHIES.
WAUDRISELLE, hameau de Waudrez, Waldrisellum, 158 n., 204, 532. — Dépendait de l'alleu de Binche au XIII° siècle, 43 n.
WAULSORT (abbaye de —), Walciodorum, 379, 412. — Cartulaire, VIII. — Donations, 379, 412. — Abbés, 379.
WAVRECHAIN, Wavercinium, Wauverchinium, Wavercins, 45, 53 n., 404. — Situé dans l'Ostrevant, 45.
WAZIERS, Wasers, 528.
WEERDE. Situé dans l'archidiaconé de Bruxelles, 35 n.
Welereille-Sicca. Voy. VELLEREILLE-LE-SEC.
Welereille-Umida. Voy. VELLEREILLE-LE-BRAYEUX.
Wendinum. Voy. WINTHAM.
Wenduinus fluviolus, 359.
Wenghine. Voy. WYNGÈNE.
Wenteka super fluvium Thenra. Voy. DENDERWINDEKE.
Wercin. Voy. VERCHIN.
WETTEREN, Wettra, Wetre, 501, n., 637. — Situé dans l'archidiaconé de Bruxelles, 35 n.
WIANCOURT, Willencurt, 315.
Wideleiæ. Voy. VILLERS-SIRE-NICOLE.
WIERS, Vuilleuva, Willerva, Wilteuva, Wiluva (?), 385.
WIGNEHIES, Guignéhies, 651. — Dépendait de la terre d'Avesnes, 104 n. — Possessions de l'abbaye de Saint-Denis de France en ce lieu, 193 n. — Décan. d'Avesnes, 250. — Seigneurs de ce nom, 652.
WIHERIES, Wileries, 638. — Décan. de Bavai, 224.
Wilhies. Voy. WILLIES.
Willamanus, Willemer, Willenier, lieu en Fagne, 205, 212 n., 213 n., 217.
Willare, lieu situé dans le pays de Cologne, 517.
WILLAUPUIS. Placé à tort dans le décanat d'Avesnes, 44, 250.
WILLEMEAU, Guillemel, Guislimum, Guisline, 329.
Willencourt. Voy. WIANCOURT.
Willerva. Voy. WIERS et WOLUWE.
WILLIES, Wilhies, Willies, 205, 212 n., 213 n., 217, 501, 505. — Situé dans la Fagne, 217. — Dépendait de la terre d'Avesnes, 104 n. — Son ruisseau appelé Clair-Voyant. Voy. ce mot.
WILLIES (garde de —). Partie de la haie d'Avesnes, 102 n.
Wilteuva, Wiluva. Voy. WIERS et WOLUWE.
WINEU (comté de —), 621.
WINTHAM, hameau d'Hingène, Wendinum, 450.
Winthi, Winti. Voy. DENDERWINDEKE et SCHELDEWINDEKE.
WISBECQ, Wisbecca, 450.
Wlengem, 618, 619.
Wlfraumont. Voy. FLAUMONT.
Wlgangi terra, 346.

— 757 —

Wodecq. Seigneurs de ce nom, 619.
Woluwe, Vuilleuva, Willerva, Wilteuva, Wituva (?), 385.
Woubrechtegem, Amobriengeheim, Woubriengeheim, 313.
— Son hameau d'Holbeke. Voy. ce mot.
Wulframnus-Mons. Voy. Flaumont.
Wut. Voy. Vult.
Wyngene, Wenghinœ, 298.

## X.

Xantæ, Xantum. Voy. Saintes.

## Y.

Ydingehem. Voy. Idegem.
Yretcoig, Yretcung. Voy. *Iricio*.
Yser. Voy. Isères.

## Z.

Zambra. Voy. Sambre.
Zeghelzem, Scingulsivilla, 311, 312.
Zwyndriesch, Squindresch, 297, 298.

# TABLE ANALYTIQUE

des

## MATIÈRES CONTENUES DANS CE VOLUME.

|  |  | Page. |
|---|---|---|
| Préface | | v |
| Introduction | | 1 |
| CHAPITRE | I. § 1. Le territoire nervien. — La *civitas Cameracensis*. — La forêt Charbonnière | 9 |
| | § 2. La forêt Charbonnière (suite). — Texte de la loi salique | 11 |
| | § 3. La forêt Charbonnière (suite) | 15 |
| | § 4. La forêt Charbonnière (suite) | 22 |
| CHAPITRE | II. Le Hainaut. — Orthographe et étymologie du nom. — Premières mentions | 29 |

|  | Page. |
|---|---|
| CHAPITRE III. Délimitation ancienne. . . . . . . . . . . . . . . | 32 |
| § 1. Archidiaconés de Hainaut et de Valenciennes. — Leurs décanats. — Archidiacres et doyens. — Concordance avec le *pagus Hainoensis* proprement dit et le pays de Famars (*pagus Fanomartensis*) . . . . . . . . . . . . . . . . . . . . . | 32 |
| § 2. Limites du Hainaut, à l'ouest, au sud, à l'est et au nord. . . . . . . . . . . . . . . . . . . . . . | 44 |
| CHAPITRE IV. État physique ancien. — Population. — Chaussées romaines, monnaies, palais royaux. — Forêts anciennes, divisions de la Charbonnière. | 56 |
| CHAPITRE V. Destinées politiques . . . . . . . . . . . . . . . | 69 |
| CHAPITRE VI. Divisions du Hainaut. — Territoires qui n'en faisaient pas partie : *pagus Cameracensis*, *pagus Sambrensis*, la Fagne (renvoi), la Thiérache . . . . . . . . . . . . . . . . . . . . . | 72 |
| CHAPITRE VII. *Pagus Hainoensis* proprement dit et *pagus Fanomartensis*. . . . . . . . . . . . . . . . . . | 81 |
| Section I. § 1. *Pagus Hainoensis* proprement dit. — Son origine, ses limites. . . . . . . . . . . | 81 |
| § 2. Ses divisions en vicairies . . . . . . . . . . . . | 85 |
| § 3. Ses comtes . . . . . . . . . . . . . . . . . . . | 87 |
| Section II. § 1. *Pagus Fanomartensis*. — Son origine, ses limites . . . . . . . . . . . . . . . | 95 |
| § 2. Ses divisions en vicairies . . . . . . . . . . . . | 98 |
| § 3 (suite). Le *Templutensis* et la Fagne, divisions du *pagus Fonomartensis*. . . . . . . . . . . | 100 |
| § 4. Comtes du pays de Famars ou de Valenciennes . . . . . . . . . . . . . . . . . . . . . | 105 |
| CHAPITRE VIII. Changements opérés dans la circonscription du | |

| | Page. |
|---|---|
| Hainaut jusqu'au xiie siècle. — Réunion de ses diverses parties. — Ses accroissements vers le Brabant. | 109 |
| PREUVES | 119 |
| PARTIE I. Antiquités celtiques, romaines et franques, trouvées dans l'ancien Hainaut et classées par localités. | 121 |
| § 1. Age de corne. | 121 |
| § 2. Age de pierre. | 122 |
| § 3. Age de bronze | 125 |
| § 4. Age de fer de l'époque romaine | 126 |
| § 5. Age de fer de l'époque franque. | 147 |
| PARTIE II. Liste des localités attribuées au *pagus Hainoensis* et à ses subdivisions, dans les documents antérieurs au xiiie siècle. | 148 |
| SECTION I. Localités du *pagus major Hainoensis*. | 148 |
| SECTION II. Localités situées dans les divisions du *pagus major*. | 205 |
| CHAPITRE I, ARTICLE I. *Pagus minor Hainoensis*. | 205 |
| ARTICLE II. Divisions du *pagus minor Hainoensis*. | 206 |
| § 1. *Vicaria Montensis*. | 206 |
| § 2. *Vicaria Binchiensis (Lobiensis?)*. | 206 |
| § 3. *Vicaria Melbodiensis* | 207 |
| § 4. *Vicaria* ou *pagus Bavacensis*. | 207 |
| CHAPITRE II, ARTICLE I. *Pagus Fonomartensis*. | 208 |
| ARTICLE II. Divisions du *pagus Fanomartensis* | 211 |
| § 1. *Vicaria Valentianensis* | 211 |
| § 2. *Vicaria Hasprensis (Solemnensis?)* | 211 |
| § 3. *Vicaria* ou *pagus Templutensis* | 211 |
| APPENDICE. Localités de la Fagne. | 212 |

|  | Page. |
|---|---|
| PARTIE III. Tableau des archidiaconés de Hainaut et de Valenciennes, avec leurs divisions en décanats, antérieurement au XVI<sup>e</sup> siècle. | 218 |
| ARCHIDIACONATUS HANNONIENSIS | 218 |
|    *Decanatus de Bavaco* | 218 |
|    » *de Montibus* | 224 |
|    » *de Binchio* | 232 |
|    » *de Malbodio* | 239 |
| ARCHIDIACONATUS VALENTIANENSIS | 245 |
|    *Decanatus de Avesnis* | 245 |
|    » *de Haspra* | 251 |
|    » *Valenchenensis* | 256 |
| PARTIE IV. CODEX DIPLOMATICUS | 265 |
| Table des noms de lieux cités dans le volume | 679 |
| Table analytique | 759 |

FIN DE LA TABLE ANALYTIQUE.

# ERRATA

Page viii, ligne 15, au lieu de Brocquerois, lisez Brocqueroie.
» 4, » 13, » vicissitudes, » vicissitudes.
» 33, note 2, » n° CLII, » CLI.
» 33, » 3, » n° CLIII, » CLI.
» 34, ligne 1, » 1277, » 1272.
» 34, » 3, » 1277, » 1272.
» 34, » 14, » 1277, » 1272.
» 34, » 15, » 1277, » 1272.
» 34, » 21, » 1277, » 1272.
» 34, » 24, » 1277, » 1272.
» 37, » 1, » 1277, » 1272.
» 30, » 20, » 1277, » 1272.
» 55, note 1, lig. 2, » 866, » 868-869.

Page 53, note 1, lig. 5, ajoutez : Voy. *Codex*, n° xv<sup>ter</sup>.
» 54, » 3, lig. 5, au lieu de *Scaleinæ*, lisez : *Scalcinæ*.
» 60, ligne 22, après « l'Echelle, » ajoutez : ou Saint-Algis.
» 62, note 7, au lieu de « Notitia, voy. Sonegiæ » lisez : *Notitia*, v°. *Sonegiæ*.
» 63, lig. 19, au lieu de Chap. VIII, lisez : Chap. VII, section II, § 4.
» 66, note 4, au lieu de Chap. VII, § 2, lisez : Chap. VII, sect. I, § 2.
» 67, note 1, au lieu de Chap. VII, § 3, lisez : Chap. VII, sect. I, § 3.
» 76, note 4, au lieu de : p. 41, lisez : p. 31.
» 77, note 1, au lieu de : p. 58, lisez : p. 48.
» 78, ligne 5, après l'Echelle, ajoutez : ou Saint-Algis.
» 93, note 1, ligne 6, effacez les mots : « c'est à tort » et suivants.
» 93, note 1, ligne 2, au lieu de : p. 101, lisez : 91.
» 93, note 7, au lieu de : p. 96 et p. 97, lisez : p. 86 et 87.
» 95, note 1, ligne 2, après : Richilde, ajoutez : Voy. *Codex*, n° li bis.
» 102, note 1, ligne 2, après : *Codex*, n°   , ajoutez : cxlviii bis.
» 147, ligne 13, au lieu de § II, lisez : § V.
» 157, ligne 1, au lieu de : Baganums, lisez : Baganum.
» 163, note 2, ligne 4, au lieu de : n° clii, lisez : n° clv.
» 169, note 9, au lieu de : candem, lisez : eandem.
» 170, notes, ligne 2, au lieu de : Lideneicas, lisez : Lideneicas.
» 172, notes, ligne 10, au lieu de n° cli, lisez : n° cliv.
» 172, note 4, ligne 5, au lieu de : 88, lisez : 885.
» 190, ligne 5, après « Le Glay » ajoutez : (911).
» 205, note 2, ligne 10, au lieu de : Wagouville, lisez : Wagnouville.
» 223, colonne 1, ligne 23, au lieu de « Quercelo » lisez : Querceto.
» 225, note 1, ligne 2, au lieu de : cli, lisez : cliv.
» 299, note 5, au lieu de : idem, lisez : Localité inconnue.
» 313, note 27, au lieu de : Lieu inconnu, lisez : Rocq, hameau de Recquignies, arr. d'Avesnes, canton de Maubeuge.
» 313, note 28, au lieu de : Hertrud, lisez : Hestrud.
» 353, ligne 23, au lieu de : dimimdiam, lisez : dimidiam.

Page 358, ligne 5, au lieu de : Statulau, lisez : Stabulau.
» 340, ligne 17, au lieu de : Haae, lisez : Hæc.
» 597, note 4, ligne 1, au lieu de : moderne, lisez : ancien.
» 427, note 3, au lieu de : Foutaine, lisez : Fontaine.
» 472, note 2, au lieu de : Godefroid de Bouillon, comme marquis d'Anvers, lisez : Godefroid de Louvain.
» 479, ligne 30, au lieu de : cx, lisez : xc.
» 507, note 1, après : partie II, ajoutez : au mot *Calviniaca*.
» 533, ligne 5, au lieu de : *l'aute*, lisez : *l'autel*.
» 551, note 7, au lieu de : Sehendelbeke, lisez : Schendelbeke.
» 606, ligne 2, au lieu de : *Hautmon*, lisez : *Hautmont*.
» 638, ligne 11, au lieu de : Veteribus-Litbus, lisez : Veteribus-Lutbus.
» 652, ligne 16, au lieu de : decini, lisez : decam.
» 657, note 1, ajoutez une virgule avant les mots : le 17
» 666, ligne 30, au lieu de : que, lisez : qui.

www.ingramcontent.com/pod-product-compliance
Lightning Source LLC
Chambersburg PA
CBHW060903300426
44112CB00011B/1326